Gerold Prauss – Die Welt und wir

Gerold Prauss

Die Welt und wir

Zweiter Band: Subjekt und Objekt der Praxis

Erster Teil: Form und Inhalt einer Absicht als Bewußtsein

Verlag J.B. Metzler
Stuttgart · Weimar

CIP-Titelaufnahme der Deutschen Bibliothek

Prauss, Gerold:
Die Welt und wir / Gerold Prauss. – Stuttgart ; Weimar : Metzler
ISBN 3-476-00697-2
Bd. 2. Subjekt und Objekt der Praxis
Teil 1. Form und Inhalt einer Absicht als Bewußtsein. – 1999
ISBN 3-476-00700-6

Satz: Typomedia Satztechnik GmbH, Ostfildern
Druck und Bindung: Franz Spiegel Buch GmbH, Ulm
Printed in Germany

Verehrte Leserin, verehrter Leser!

Mentales gibt es gar nicht, sondern nur Somatisches. So jedenfalls Empiriker, wie Physiker und Physiologen, doch auch Philosophen, die als Empiristen derlei willig glauben. Angeblich Mentales sei in Wirklichkeit vielmehr bloß Zustand oder Eigenschaft dieses Somatischen, worauf es sich empirisch müsse »reduzieren« lassen. – Doch allein schon die dem experimentierenden Physiologen unentbehrliche Versuchsperson sagt ihm etwas von Grund auf Anderes, wenn sie ihm beispielsweise über ihre Schmerzempfindungen berichtet. Sie hat dabei nämlich Zugang zu Mentalem, das ihm wie ein Saal, zu dessen Tür der Schlüssel fehlt, verschlossen bleiben muß. Treibt sie durch ihre Reflexion auf sich dabei im Ansatz doch bereits Philosophie, der das Mentale sich als etwas Nichtempirisches erschließt. – Der Saal dieses Mentalen aber ist von einem Reichtum, der auch noch die inneren Strukturen von Bewußtsein, Absicht, Zeit und Subjektivität umfaßt. Vor allem aber weist er auch die innere Struktur des Wahrnehmungsbewußtseins auf. Und das ist immerhin der Ort, an welchem immer wieder neu das Gegenüber zwischen Außenwelt und Innenwelt entspringt. Gerade dieser Ursprung aller Empirie jedoch ist für Empiriker und Empiristen nach wie vor das größte aller ungelösten Rätsel, und die Quantentheorie zum Beispiel zeigt es zur Genüge. – Wollen Sie zurückstehen, wenn wir diesen Saal betreten? Damit brächten Sie sich um Beträchtliches. Ein ansehnlicher Saal steht Ihnen offen, der Sie einlädt zur Besichtigung: Sie sollten den »reduktionistischen« Empirikern und Empiristen wenigstens berichten können, was Sie dort mit Ihren eigenen Geistesaugen einsehen konnten. Kann doch von der Empirie her dem »Reduktionisten« nicht im mindesten bekannt sein, was er alles auf Somatisches zu »reduzieren« hätte. Könnte er das auch nur im geringsten ahnen, müßte ihm beim »Reduzieren« bange werden. Nur aus Unkenntnis von all dem kann er unermüdlich-fröhlich weitermachen mit dem »Reduzieren«, weil ihm dadurch auch entgehen muß, daß er damit nach wie vor bloß auf der Stelle treten kann.

Oberbirken im November 1998 Gerold Prauss

I. SELBSTKRITIK AN UNSEREM EMPIRISMUS

§ 1. Wie wir empiristisch den Gesamtsinn von Intentionalität verfehlen

Im Anschluß an den nachgeholten Untertitel »Subjekt und Objekt der Theorie« des Ersten Bandes sei, verehrte Leserin, verehrter Leser, durch den Untertitel »Subjekt und Objekt der Praxis« dieses Zweiten Bandes für Sie nicht nur klargestellt, worum es nunmehr gehen wird. Vor allem soll er Ihnen auch von vornherein bereits verdeutlichen, worum es nicht zu tun sein wird. Nicht darum nämlich, nunmehr etwas anderes als jenes Gegenüber zwischen Subjekt und Objekt zum Thema zu erheben: Geht es nach wie vor doch um die Welt und uns. Es wird sich aber auch nicht darum handeln, innerhalb von diesem Gegenüber nunmehr »Praxis« im Vergleich zu »Theorie« als etwas Grundverschiedenes zu thematisieren: Ist doch beides, Theorie und Praxis, letztlich ein Subjekt, wie es auf ein Objekt sich richtet, nämlich ein Subjekt als Intention; und ist doch das Objekt, wie es als etwas Anderes zu beidem jeweils etwas Wirklich-Anderes durch beides wird, auch letztlich der Erfolg zu beidem.

Darin liegt mithin statt einer Grundverschiedenheit vielmehr zunächst einmal eine Gemeinsamkeit von Theorie und Praxis, so daß eine Unterschiedlichkeit von beiden dann von vornherein auch nur auf Grund dieser Gemeinsamkeit von beiden sinnvoll Thema werden kann. Gerade davon aber, diese Grundgemeinsamkeit von Theorie und Praxis einzusehen, ist man noch immer weit entfernt. Und eben darauf ist zurückzuführen, daß »Erkenntnistheorie« und »Handlungstheorie« nicht nur je für sich selbst seit jeher schon im Argen, ja inzwischen eigentlich im Ärgsten liegen, sondern insbesondere auch zusammen als die *Einheit* einer Theorie der *Einheit* des erkennenden *und* handelnden, weil *intendierenden* Subjekts.

Was dies betrifft, so sollten Sie sich von der Fülle diesbezüglicher Veröffentlichungen nicht täuschen lassen: auch nicht davon, daß man wie Erkenntnistheorie auch Handlungstheorie inzwischen als Versuch der Antwort auf die Frage unternimmt, was Handeln denn als solches selbst sei, nämlich diesseits aller Fragen danach, was es als moralisches oder als sittliches sei. Ja nicht einmal davon dürfen Sie sich täuschen lassen, daß man sich in solcher Handlungstheorie – besonders in der »Analytischen«[1], das heißt »Sprachanalytischen« – gelegentlich sogar auf die Intentionalität von Handeln und Erkennen einläßt. Trotzdem nämlich kann von einer Einsicht in den Ursprung und das Wesen von dergleichen keine Rede sein. Denn durchwegs bleibt man dabei außerstande, das Subjekt als das Spezifische von all dem gegenüber dem Objekt auf angemessene Weise zu behandeln. Nach wie vor steht dem vielmehr im Wege, daß man dem Objekt als dem Empirischen und damit der empirischen Erkenntnis buchstäblich verfallen ist und darum das Subjekt als etwas vielmehr Nichtempirisches für nichtempirische Erkenntnis der Philosophie als Reflexion auch schon von vornherein nicht zu Gesicht bekommen kann. Ja die Verfallenheit an Empirie als die angeblich einzig mögliche, weil einzig sinnvolle Erkenntnis hält man sich mit solcher Selbstverständlichkeit sogar als eigentliche Wissenschaftlichkeit zugute, daß man sie als vielmehr schlechteste Metaphysik des Empirismus überhaupt nicht mehr durchschauen kann. Die Blindheit dafür, daß nicht nur Empirisches wie die Objekte als das Naturale, Physische, Somatische, sondern auch Nichtempirisches wie die Subjekte als Mentales, Psychisches und Geistiges doch wohl von dieser Welt sind, ist denn auch zuletzt durch Selbstverblendung selbstverschuldet: Schließlich weiß man doch genau, daß als Kriterium für Wissenschaftlichkeit nicht Empirie, sondern nur Argumentation in Frage kommen kann, weil sonst Mathematik zum Beispiel keine Wissenschaft sein könnte. Was mithin als etwas Nichtempirisches nach Ausarbeitung von Philosophie als einer eigenen nichtempirischen Erkenntnis förmlich schreit, wird nicht gehört, weil nicht sein kann, was nicht sein darf. Und sei es letztlich um den Preis der

1 Vgl. z.B. *Analytische Handlungstheorie*, Bd.1 (hg. von G. Meggle), Bd.2 (hg. von A. Beckermann), Frankfurt a.M. 1977 (im folgenden zitiert als AH 1 und AH 2).

Selbstverleugnung statt der Selbsterkenntnis, ja recht eigentlich der Selbstverwehrung eines angemessenen, weil vollständigen Welt- und Selbstverständnisses: Philosophieverweigerungsphilosophie.

Jene empirische Verfallenheit an das Objekt und damit diese nichtempirische Verlegenheit vor dem Subjekt wird Ihnen denn auch nirgends deutlicher als an dem ungerechtfertigten Vorurteil, das Sie schon kennen: Gänzlich unabhängig von der Wirklichkeit des Subjekts sei die Wirklichkeit des Objekts immer schon für dieses Subjekt vorgegeben und mithin als solche selbst auch immer erst durch dieses Subjekt vorzufinden und entsprechend hinzunehmen, was angeblich als Erkenntnis vor sich gehe: ursprünglich als Wahrnehmung. Doch dieses unhaltbare Vorurteil verhindert nicht nur – wie Sie schon mitansehen mußten – jede angemessene Erkenntnistheorie, nein – wie ich Ihnen gleichfalls nicht ersparen kann – auch jede angemessene Handlungstheorie. Und zwar in beiden Fällen schon von vornherein, weil jede Einsicht in den Ursprung und das Wesen von Intentionalität als solcher, worin Subjektivität des Handelns und Erkennens doch geradezu besteht, von Grund auf fehlt. Die bare Ahnungslosigkeit herrscht darüber, daß ein Subjekt als Intention von vornherein auf nichts als auf Erfolg ausgeht, das heißt: auf etwas Anderes als sich, und daß Erfolg, wenn solch ein Subjekt nicht nur auf ihn zielt, sondern ihn auch erzielt, gerade in der Wirklichkeit von etwas Anderem als sich besteht, daß ein Subjekt mithin recht eigentlich als Intention auf die Verwirklichung von etwas Anderem als sich ergeht. Und das, obwohl dies alles schon allein aus der Semantik von »Intentionalität« oder »Absichtlichkeit« als solcher selbst hervorgeht und mithin gerade der »Sprachanalytischen« Philosophie zuallererst zur Einsicht kommen müßte. Seine falschen Vorurteile aber, die man allzu lieb gewonnen hat, die zieht man vor und hält man fest und nutzt Sprachanalyse eher dafür, sich zu überreden: Eine Intention sei doch bloß die »Gerichtetheit« auf etwas, und zwar als Erkennen ebenso wie auch als Handeln auf etwas schon immer Wirkliches, das sie als Handeln allenfalls noch zu verändern trachte[2]. Jedenfalls wird Ihnen nirgendwo, auch in Sprachanalytischer Philosophie

2 Gegenüber den unzähligen Belegen hierfür (a.a.O. zum Beispiel) wäre weitaus interessanter zu belegen, wer mit Gründen etwas anderes vertritt. Ich habe aber bisher niemanden gefunden.

nicht ein Beleg dafür begegnen, daß man sich verdeutlicht hätte: Statt »Gerichtetheit« auf etwas, das schon immer wirklich sei, ist eine Intention vielmehr recht eigentlich *Sich*richten auf etwas, das keineswegs etwas schon immer Wirkliches sein kann, sondern gerade umgekehrt etwas erst immer zu Verwirklichendes sein muß, nämlich zu verwirklichen durch diese Intention als solche selbst; sie hat mithin auch als Sichrichten auf Verwirklichung von etwas zu ergehen, und zwar schon als Erkenntnisintention und so erst recht als Handlungsintention. Im Gegenteil: Sie werden hier auf Schritt und Tritt – selbst was die Handlungsintention betrifft – auf Stellen stoßen, die es an der Einsicht fehlen lassen, daß Intentionalität als solche selbst gerade ein Sichrichten auf Erfolg sein muß, das nur ein Ausgehen auf Verwirklichung der Wirklichkeit von etwas Anderem als sich sein kann.

Was hier verfehlt wird, sind denn auch gleich beide Seiten, die des Intendierens ebenso wie die des Intendierten, und erst recht dann auch noch der notwendige Zusammenhang von beiden, und zwar aus demselben Grund: Statt daß man der Semantik folgte, dergemäß es sich bei einer »Absicht« oder »Intention« genau um dasjenige handelt, das zum notwendigen Korrelat »Erfolg« bzw. »Mißerfolg« hat, wie auch umgekehrt, hält man sich vielmehr – ohne sie genauer zu analysieren – an die Alltagssprachgebräuche, die den falschen Vorurteilen Vorschub leisten, die zunächst einmal wir alle hegen. So als sei ihr Sinn der selbstverständlich richtige, baut man mit seiner Theorie des Intendierens etwa darauf, daß ein Schütze beispielsweise mittels Pfeil und Bogen doch »auf eine Scheibe« ziele, seine Absicht oder Intention mithin »Gerichtetheit« auf diese Scheibe sei, wie wir zu sprechen pflegen. Und als das, worauf ein Schütze zielen und was er erzielen oder treffen könne, müsse diese Scheibe doch auch in der Tat etwas schon immer Wirkliches sein. Schließlich könne nicht erst eine Handlungs-, sondern auch bereits eine Erkenntnisintention nur dann auf etwas zielen, um es – sozusagen mit dem Blick-Pfeil – zu erzielen oder zu treffen, wenn es ebenfalls etwas schon immer Wirkliches sei. Habe doch ein Schütze seine Scheibe, um mit seinem Pfeil auf sie zu zielen und sie zu erzielen, auch erst einmal zu erblicken. Und für derart selbstverständlich hält man all dies, daß man meint, es immer wieder unanalysiert voraussetzen zu dürfen.

Ihnen aber zeigt bereits der erste, kleinste Schritt zur Analyse der

Semantik von »Intentionalität« oder »Absichtlichkeit« als solcher, wie verfehlt all dies von Grund auf ist. Sie brauchen nämlich nur hinzuzunehmen, daß allein schon ihrem allgemeinsten Sinn nach eine Absicht oder Intention nichts anderes als Erfolg beabsichtigen oder intendieren kann, und wie auf einen Schlag geht Ihnen auf, daß dies für Handlungsintention genausowenig gelten kann wie für Erkenntnisintention, weil dies in jedem Fall ein tiefreichendes Mißverständnis sein muß: Wäre es im eigentlichen Sinn von Absicht oder Intention tatsächlich jene Scheibe, worauf jener Schütze zielt, dann müßte eben diese Scheibe, wenn er sie auch trifft und so erzielt, gerade das sein, was im eigentlichen Sinn von Absicht oder Intention als der Erfolg derselben zu bezeichnen wäre, was jedoch schlechthin absurd ist[3].

Derlei auch nur zu erwägen, führt Sie vielmehr wie in einem Zug zur Einsicht: Nach dem eigentlichen Sinn von Absicht oder Intention muß als Erfolg derselben etwas gänzlich Anderes als das schon immer Wirkliche der Scheibe gelten. Denn in diesem eigentlichen Sinn von Absicht oder Intention zielt jener Schütze keineswegs auf jene Scheibe, sondern darauf, seinen Pfeil mit jener Scheibe an bestimmter Stelle, nämlich möglichst in der Mitte, zu vereinigen. Diese Vereinigung jedoch ist dabei keineswegs etwas schon Wirkliches, sondern im Gegenteil gerade etwas noch Unwirkliches, weil erst noch zu Verwirklichendes, auf dessen Verwirklichung mithin des Schützen Absicht oder Intention im eigentlichen Sinn sich richtet, denn sonst brauchte sie erst gar nicht zu ergehen.

So wenig also trifft es zu, daß eine Absicht oder Intention nur dann auf etwas zielen und etwas erzielen und mithin darauf »gerichtet« sein kann, wenn dies Etwas auch schon wirklich sei, daß vielmehr das gerade Umgekehrte gilt: Geradezu zum Wesen einer Absicht oder Intention gehört, daß sie in ihrem eigentlichen Sinn nur dann auf etwas zielen und etwas erzielen und mithin darauf »gerichtet« sein kann, wenn dies Etwas noch nicht wirklich ist. Denn schlechthin sinnlos, nämlich überflüssig wäre es danach, auf etwas, das schon wirklich ist, noch eigens eine Absicht oder Intention zu richten. Es sei denn, der Intendierende befände sich gerade darüber im Irrtum, so daß er – wie wir zu sagen pflegen – offene

3 Vgl. dazu unten § 3, S. 87, Anm.18.

Türen einzurennen trachtete, was aber nur noch eine weitere Bestätigung dafür ergibt: In ihrem eigentlichen Sinn kann eine Absicht oder Intention sich immer nur auf etwas Unwirkliches richten, nicht auf etwas Wirkliches, weil sie in diesem eigentlichen Sinn sich auf Verwirklichung von etwas richtet[4]. Demgemäß ist es auch ihr Erfolg, wenn Wirklichkeit von diesem Etwas sich dadurch tatsächlich einstellt, und ihr Mißerfolg, wenn Wirklichkeit von diesem Etwas dabei ausbleibt. Und ist nicht erst Handeln, sondern auch Erkennen schon im vollen eigentlichen Sinn gerade Absicht oder Intention, so muß dies alles auch schon für Erkennen gelten. Wie denn auch tatsächlich eine angemessene Erkenntnistheorie erst dann gelingen kann, wenn sie auch für Erkennen diesen eigentlichen Sinn von Absicht oder Intention schon voll zur Geltung bringt, wie Sie im Ersten Band verfolgen konnten.

Dies zu unterlassen, führt darum in jedem Fall, dem des Erkennens ebenso wie dem des Handelns, dazu, jeweils beide Seiten zu verfehlen, die des Intendierens ebenso wie die des Intendierten. Brauchen Sie doch nur zu fragen, welcher Sinn von Absicht oder Intention denn eigentlich noch übrig bleibt, wenn diese fälschlich als ein Zielen auf etwas oder Erzielen von etwas im Sinn einer »Gerichtetheit« auf etwas *Wirkliches* verstanden werden, und Sie sehen, wie vollständig man dabei dem empirischen Objekt verfallen und dem nichtempirischen Subjekt entfremdet ist: als ein grundsätzlich Reflektierender mithin zuletzt sich selbst entfremdet.

Denn zu meinen, als »Gerichtetheit« sei eine Absicht oder Intention jeweils »Gerichtetheit« auf etwas, das schon immer wirklich ist, so wie das Zielen und Erzielen jenes Schützen mittels Pfeil und Bogen ja »Gerichtetheit« auf jene Scheibe sei, läßt als den Sinn von Absicht oder Intention buchstäblich nur noch denjenigen eines

4 Diesbezüglich übt im *Philebos* schon Platon eine aufschlußreiche Selbstkritik an seiner Auffassung im *Staat*: Vertritt er hier (IV,437d2-e6), es richte sich die Intention des Durststillens auf ein *Getränk*, so nimmt er dies an Hand desselben Beispiels dort (34e-35a) wieder zurück, um nunmehr zu vertreten, daß die Intention des Durststillens sich vielmehr richte auf die *Anfüllung* durch ein Getränk. Den selbstkritischen Fortschritt, der zu dieser bahnbrechenden Einsicht führt, nimmt aber nicht einmal der jüngste Kommentar zum *Philebos* zur Kenntnis (Platon, *Philebos*, Übers.u.Komm.von D.Frede, Göttingen 1997). Doch vgl. H.-U.Baumgarten, *Handlungstheorie bei Platon. Platon auf dem Weg zum Willen*, Stuttgart 1998, S. 237f.

Winkels zu. Kann doch in diesem Sinn einer »Gerichtetheit« auf ein schon immer wirkliches Objekt auch nur ein anderes schon immer wirkliches Objekt »gerichtet« sein: nur in dem Sinn des Winkels nämlich, den der Pfeil oder der Bogen jenes Schützen und am Ende dessen Arme oder Hände usw. im Verhältnis zueinander bilden und zusammen dann zur Scheibe.

Sogar soweitgehend also unterwirft man sich dabei dem angeblich schon immer wirklichen Objekt, auf das angeblich eine Absicht oder Intention »gerichtet« sei, daß man sie nur noch als Verhältnis zwischen einem wirklichen Objekt und einem andern wirklichen Objekt zu sehen vermag. Auf Nimmerwiedersehen verliert man damit denn auch aus dem Blick, daß dies Verhältnis einer Absicht oder Intention gerade das von einem wirklichen *Subjekt* zu einem *unwirklichen* Objekt ist, das dieses *wirkliche* Subjekt dadurch gerade zu *verwirklichen* versucht. Und wie grundsätzlich man auf diese Weise das Subjekt gerade als das durch und durch Mentale oder Geistige von Absicht oder Intention verfehlt, das sehen Sie daran, daß in jenem Winkel-Sinn zum Beispiel auch der Wind auf etwas Wirkliches »gerichtet« ist, wie etwa auf ein Haus, wenn er von dessen Dach die Ziegel wegweht, oder auch auf Bäume, die er umweht.

Denn wohl schwerlich werden Sie auch nur von fern darauf verfallen, bloß auf Grund seiner »Gerichtetheit« auf etwas Wirkliches in solchem Winkel-Sinn auch diesem Wind noch eine Absicht oder Intention zu unterstellen. Und zwar deshalb nicht, weil dies für Sie auch überhaupt kein Grund ist, anzunehmen, dieser Wind sei, statt nur als ein wirkliches Objekt nur auf ein anderes wirkliches Objekt gerichtet, vielmehr auch noch als ein wirkliches *Subjekt* etwa auf ein *unwirkliches* Objekt »gerichtet«, um es zu *verwirklichen*. Damit etwas in diesem eigentlich intentionalen Sinn auf ein *unwirkliches* Objekt »gerichtet« sei, nämlich um es gerade zu *verwirklichen*, dazu gehört eben entscheidend mehr als nur »Gerichtetheit« im Winkel-Sinn. Und dieser eigentliche Sinn des Intendierten führt Sie damit auch zu jenem eigentlichen Sinn des Intendierens.

Denn als erstes macht er Ihnen einsichtig, woran es jene Auffassung von Absicht oder Intention als der »Gerichtetheit« des weiteren fehlen läßt, nämlich an jeder Auskunft darüber, wer oder was dabei denn eigentlich »gerichtet« hat, so daß dabei »Gerichtetheit«

besteht. Dies nämlich kann in solchem eigentlich intentionalen Sinn nur das Subjekt der Absicht oder Intention als solches selbst sein und nicht irgend etwas Anderes, wie beim Wind. Entsprechend kann in solchem eigentlich intentionalen Sinn dabei auch letztlich überhaupt keine »Gerichtetheit« durch irgend etwas Anderes bestehen, sondern nur ein *Sich*richten durch sich *selbst* ergehen: ein Selbstverhältnis absoluter Spontaneität von Subjektivität, wie es schon im Erkennen als Bewußtsein auftritt, und erst recht im Handeln. Und tatsächlich kann ein Intendieren eines unwirklichen Objekts, um es zu verwirklichen, auch nur als ein Bewußtsein dieses Objekts überhaupt verständlich werden, da es dieses Objekt, eben weil es nur ein unwirkliches sein kann, vorzustellen in der Lage sein muß, was Sie dann als zweites einsehen.

Nur ist eben all dieses Mentale oder Geistige gerade nur als etwas Nichtempirisches für nichtempirische Erkenntnis zugänglich. Und damit ist es auch gerade das, wovon man in sprachanalytischer Philosophie nichts wissen will – so daß ihr Fehlschlag auf der ganzen Linie auch nicht verwundern kann –, wovon jedoch sachanalytische Philosophie dann auch nur um so mehr wird wissen wollen. Und so werden wir uns denn auch noch viel eingehender als bisher mit dem Mentalen oder Geistigen als dem Bewußtsein zu befassen haben, das ursprünglich Selbstbewußtsein eines Subjekts ist, weil es danach kein Zufall sein kann, daß wir gleichbedeutend sagen können, jemand habe etwas »absichtlich« oder »bewußt« getan. Gerade als Bewußtsein nämlich muß dann Absicht oder Intention dem Handeln ebenso wie dem Erkennen immer schon zugrunde liegen. Und wie grundlegend sie in der Tat gerade als Bewußtsein ist, ersehen Sie denn auch gleich, wenn Sie sich einem Einwand stellen, der dagegen erhoben werden könnte, daß mit einer Absicht oder Intention ein Subjekt immer auf Verwirklichung von etwas ziele und mithin auf etwas Unwirkliches, weil gerade zu Verwirklichendes. Mindestens im Fall des Handelns nämlich, könnte eingewendet werden, richte eine Absicht oder Intention sich doch durchaus nicht immer nur auf etwas Unwirkliches, um es zu verwirklichen. Nein manchmal richte sie sich auch durchaus auf etwas Wirkliches, um es zum Beispiel zu »bewahren« oder zu »erhalten«, wie wir sagen, und im Unterschied zu jener Scheibe jenes Schützen sei das doch auch durchaus sinnvoll.

Denn um diesen Einwand zu entkräften, brauchen Sie auch nur

erneut zu überlegen, wodurch ein Bewahren oder ein Erhalten überhaupt ein Handeln sein kann. Kann es das doch nur, indem es als die Absicht oder Intention eines Subjekts ergeht, Maßnahmen zu ergreifen, die das Fortbestehen dieses Wirklichen zur Folge haben sollen, beispielsweise etwas abzuwenden, wovon ein Subjekt eine Bedrohung dieses Wirklichen erwartet. Und so richtet sich auch ein Erhalten oder ein Bewahren als ein Handeln ursprünglich und unmittelbar darauf, etwas zu verwirklichen und damit auf etwas entsprechend Unwirkliches, auch wenn die Verwirklichung desselben mittelbar und abgeleitet zur Erhaltung oder zur Bewahrung eines Wirklichen gedacht ist. Ja genau genommen handelt es sich auch bei dieser Rede von Erhalten oder von Bewahren eines Wirklichen um eine falsche, deren Falschheit jener gleichfalls falschen Rede von der Scheibe als dem Ziel des Schützen gleichkommt. Denn genau insoweit, wie ein Subjekt dabei den Verlust der Wirklichkeit von diesem Wirklichen gedanklich schon vorwegnimmt, ist auch die Erhaltung oder die Bewahrung dieses Wirklichen recht eigentlich Verwirklichung desselben, wenn auch eben mittelbar und abgeleitet. Offensichtlich aber wird daraus für Sie, wie grundlegend es in der Tat für Handeln ist, daß es in Absicht oder Intention gerade als Bewußtsein eines Subjekts gründet, ohne das es unvermögend bliebe, solche »Mittel/Zweck«-Verhältnisse, die noch viel größere Zusammenhänge bilden können, zu entwerfen.

Die Entkräftung dieses Einwands aber führt Sie noch viel weiter, nämlich über einen Zwischenschritt bis dahin, daß Bewußtsein dieser Art geradezu das Wesen einer Absicht oder Intention ist und nicht etwa nur ein Wesenszug derselben unter andern. Handeln eines Subjekts nämlich muß danach auch weiterhin als Absicht oder Intention einer Verwirklichung von etwas Unwirklichem gelten. Dann jedoch kann dieses Subjekt dessen Wirklichkeit – zumindest wenn es sich um die von einem Objekt handeln soll – doch nur vermittels anderer Objekte und zuletzt auch nur vermittels eines jeweils ausgezeichneten Objekts erzielen, an das es sich als Subjekt unlösbar gebunden findet: nur vermittels seines Körpers oder Leibes. Nur durch ihn kann ein Subjekt unter Objekten einen Mittel/Zweck-Zusammenhang als einen zwischen Ursache und Wirkung herstellen, nämlich nur durch seinen Körper als das jeweils erste Mittel oder als die jeweils erste Ursache in solch einem Zusammenhang. Denn daß ein solches Subjekt dies auch ohne seinen Körper oder Leib vermöge, dies zu meinen hieße, einem solchen Subjekt Spiritismus zuzutrauen.

Doch nur allzu leicht verleitet das zur Überzeugung, ursprünglich und wesentlich ergehe eine Handlung eines solchen Subjekts demnach als eine Bewegung dieses seines Körpers oder Leibes durch dieses Subjekt, wie man bis heute immer wieder meint, was Ihnen vornehmlich in der sprachanalytischen Philosophie auf Schritt und Tritt begegnen wird. Nur ausnahmsweise trägt man hier dagegen auch einmal Bedenken vor und tut selbst dies nur halbherzig: Nicht einmal dort lehnt man dies ab, wo man auf Beispiele zu sprechen kommt, die klar erweisen, daß dies falsch sein muß[5]. Denn zu vernichtend wären ja die Folgen für die empiristische Dogmatik, wenn man anerkennen müßte: Schon allein der Alltagssprache nach ist doch nicht nur das »Tun« von etwas, sondern auch das »Unterlassen« oder »Lassen« von etwas im vollen Sinn ein Handeln: so etwa die »unterlassene Hilfeleistung«, die doch strafbar, wie sie sogar ist, nur sein kann, wenn sie Handlung ist. Als eine Unterlassung aber läßt nun eine Handlung in entsprechendem Zusammenhang sich ohne weiteres auch so vollziehen, daß ein Subjekt – wie wir zu sagen pflegen – »keinen Finger rührt« oder »nicht einmal Miene macht«, etwas zu tun, und dennoch handelt, ja sogar auch – je nach Art der Situation, in der es sich befindet – strafbar handelt.

Daraus nämlich folgt, daß eine Handlung ursprünglich und wesentlich nur als Bewußtsein einer Absicht oder Intention eines Subjekts ergehen kann, das eben alles andere als passiv-rezeptiv, nämlich spontan-aktiv ist: wie schon im Erkennen, so erst recht im Handeln. Denn nur als Bewußtsein einer Absicht oder Intention hat ein Subjekt in einem solchen Fall gehandelt. Schließlich hat es dabei die Verwirklichung von etwas Unwirklichem als Erfolg für sich nur dadurch intendiert, daß es der Wirklichkeit, so weit es deren Lauf durch sein Bewußtsein von ihr überblickte, einfach ihren Lauf ließ, nämlich ohne durch Bewegung seines Körpers in ihn einzugreifen. Demgemäß war eben dieser Lauf, den solche Wirklichkeit dabei von sich aus nahm, genau so weit, wie er dadurch dann auch noch intendiert war, auch noch ein Erfolg für

5 Vgl. z.B. AH 1, S. 47.

dieses intendierende Subjekt. Genau so weit war nämlich dieses Subjekt dann vielleicht auch für ihn strafbar.

Daraus aber folgt des weiteren: Verglichen mit der Absicht oder Intention als dem Bewußtsein eines Subjekts muß es dann für das Entscheidende, ob eine Handlung dieses Subjekts vor sich geht, von Grund auf unerheblich bleiben, ob eine Bewegung seines Körpers oder Leibes vor sich geht. Denn auch wenn keine vor sich geht, sein Körper oder Leib sonach in Ruhe ist, kann eine Handlung vor sich gehen, wenn ein Subjekt durch diese Ruhe seines Körpers oder Leibes mit Bewußtsein eine Absicht oder Intention verfolgt, wie vorhin vorgeführt. Entscheidend ist danach vielmehr, ob ein Subjekt es dabei als Bewußtsein irgend worauf »abgesehen«, eben eine »Absicht« irgend worauf hat, gleichviel, ob durch Bewegung oder Ruhe seines Körpers oder Leibes.

Wenn Sie das zu Ende denken, kommen Sie denn auch zu dem Ergebnis: Was den Körper eines Subjekts anbetrifft, so ist die Handlung eines Subjekts weder einfach die Bewegung dieses Körpers durch ein Subjekt noch einfach die Ruhe dieses Körpers durch ein Subjekt. Vielmehr handelt ein Subjekt je danach, ob sein Körper nun in Ruhe oder in Bewegung ist, je dadurch, daß es seinen Körper diesbezüglich in Bewegung *setzt* bzw. *hält* oder in Ruhe *setzt* bzw. *hält*, nämlich *bewußt* oder *absichtlich* in Bewegung oder Ruhe setzt bzw. hält: aus dem Bewußtsein einer Absicht oder Intention heraus, von der es sich Erfolg verspricht. Und diese ist denn jeweils auch die eigentliche Handlung.

Nur ist solch ein In Bewegung oder Ruhe-*Setzen* oder -*Halten* seines Körpers oder Leibes – kürzer: ein Beschleunigen bzw. Nichtbeschleunigen desselben – eben nichts Empirisches, das diesem Körper oder Leib sich sozusagen ansehen ließe, sondern als Bewußtsein einer Absicht oder Intention eines Subjekts gerade etwas Nichtempirisches. Ein Zustand seines Körpers oder Leibes oder eine Zustandsänderung desselben sind als das Empirische an einem Subjekt denn auch nichts, dem diesbezüglich sich etwas entnehmen ließe: weder *welche* Absicht oder Intention eines Subjekts dabei im Spiel ist oder ins Spiel tritt bzw. aus dem Spiel geht, noch auch *ob* dabei dergleichen *überhaupt* im Spiel ist oder ins Spiel tritt bzw. aus dem Spiel geht.

Eben davor stehen Empiriker und Empiristen folglich wie seit jeher so auch weiter auf verlorenem Posten. Freilich wollen sie das nach wie vor nicht wahrhaben, da sie sonst ehrlich schweigen müßten. Deshalb machen sie sich vielmehr, weil sie trotzdem weiter reden möchten, zusätzlich auch noch die Illusion, daß aber doch zumindest »unsere Sprache« über dies Mentale von Bewußtsein, Absicht oder Intention etwas Empirisches sei, das sich stellvertretend für dies Nichtempirische »analysieren« lasse, um darüber Aufschluß zu gewinnen[6]: So als ob Somatischem wie Tinte, Kreide, Druckerschwärze oder Laut sehr wohl sich Sinn oder Bedeutung einfach ansehen oder anhören ließen, während sie ihm doch auch hier nur nichtempirisch als Bewußtsein einer Absicht oder Intention eines Subjekts zugrunde liegen können. So ist eben dies denn auch der Hauptgrund für Sprachanalyse als Philosophie-Ersatz, weil man Sachanalyse sich ersparen möchte. Sie gestattet nämlich nicht Bequemlichkeit der Empirie oder der Pseudo-Empirie des Empirismus; sie erfordert vielmehr Anstrengung der Reflexion, soll sie nicht so wie dieser als dogmatische Metaphysik mißlingen, sondern als die argumentative Wissenschaft von Nichtempirischem gelingen. Eben davor sind Sprachanalytiker denn auch schon seit Jahrzehnten auf der Flucht, auf der sie aber nur in die Tragikomödie geraten, diesbezüglich sich uneingestanden-wechselseitig in den Ohren zu liegen: Wasch mir den Pelz, aber mach mich nicht naß. Worauf es ankommt, wäre nämlich eben das, wogegen sie sich theatralisch sträuben: dies Mentale von Bewußtsein einer Absicht oder Intention als etwas Nichtempirisches gerade aufzuklären, denn eben damit steht und fällt Philosophie und so auch Handlungstheorie.

Bis in Einzelheiten können Sie denn auch verfolgen, wie entschlossen man doch ist, dieses Theater bis zum bittern Ende durchzuspielen, sei es auch bis zur Groteske. Um sich diesem Nichtempirischen als Allgemeinem aller Handlungen erst gar nicht stellen zu müssen, möchte man es schon von vornherein herunterspielen: Sich kritisch-skeptisch gebend setzt man dazu mit der Frage an, ob eine Handlung denn tatsächlich allgemein als Absicht oder Intention zu gelten habe, wie uns unsere Handlungssprache nahelege[7]. Schließlich gebe es doch Fälle, die uns einerseits als

6 Offen ausgesprochen hat dies M. Dummett, *Ursprünge der analytischen Philosophie*, Frankfurt a.M. 1988, S. 36f., S. 115, S. 122f.
7 Vgl. z.B. AH 1, S. 282ff.

Handlungen zu gelten pflegen, die sich anderseits jedoch durchaus nicht als intentionale oder als absichtliche verstehen lassen. So zum Beispiel solche wie die Tötung des Polonius durch Hamlet, eine Tat, von der sich doch nicht sagen lasse, daß Polonius von Hamlet absichtlich getötet worden sei[8]. Infolgedessen sei Absichtlichkeit oder Intentionalität auch nicht die allgemeine Wesenheit von Handlungen[9].

Dies aber ist fürwahr grotesk, wie Ihnen nicht entgehen kann, weil es für jedermannn doch auf der Hand liegt, daß Polonius, obwohl es Hamlet dabei auf die Tötung eines andern abgesehen hatte, nur durch eben diese Absicht Hamlets umkam. Mag jedoch auch noch so klar daraus hervorgehen, was der Sache nach der Fall ist, – da es nicht der Sprache nach der Fall ist, spielt man unbeeindruckt davon die Groteske weiter. Statt man fragt, *weshalb* man denn nicht sagen könne, daß Polonius von Hamlet absichtlich getötet worden sei, läßt man sich davon, *daß* man dies nicht sagen könne, eher zum grotesken Fehlschluß überreden. Denn die Sprache ist ja auch das einzige, was man dabei empirisch kennt, so meint man, weil die Sache, über die sie Sprache ist, falls überhaupt noch etwas ist, dann nur noch etwas Nichtempirisches. Als solches aber kennt man diese Sache überhaupt nicht, wie man meint, sondern man könne diese vielmehr allenfalls empirisch durch die Sprache kennenlernen, der man sich denn auch gedankenlos zu unterwerfen habe.

Derart fragen nämlich hieße denken statt bloß hören oder sehen, und zwar soweitgehend, daß solchem Denken bloßes Hören oder Sehen verginge. Denn auch nur dem Denken schließt auch noch die Sache selbst sich auf, zu der die Sprache allenfalls ein Weg ist, ohne Denken aber eben kein verläßlicher. Und von der Sache selbst her ist genannter Fehlschluß nicht allein grotesk, sondern auch wahrlich tragikomisch, weil die Sprache, der er empiristisch aufsitzt, schon der kleinsten Anstrengung des Denkens aufschließt, daß Absichtlichkeit oder Intentionalität sehr wohl die allgemeine Wesenheit von Handeln ist.

Der Sache nach ist nämlich eine Absicht oder Intention gerade das, was allgemein und wesentlich nichts anderes als Erfolg beab-

8 AH 1, S. 286. Vgl. S. 384f. im selben Sinn das Beispiel Laios-Ödipus.
9 Vgl. a.a.O, S. 284ff., S. 384.

sichtigt bzw. intendiert, worin auch immer sie ihn suchen möge. Und nur dies ist auch der Grund dafür, daß umgekehrt ausschließlich vom Erfolg, wenn sie ihn auch erzielt hat, gelten kann, daß er beabsichtigt bzw. intendiert war. Doch obwohl, ja eigentlich gerade weil sie allgemein und wesentlich nichts anderes als Erfolg beabsichtigt bzw. intendiert, ist eine Absicht oder Intention genauso allgemein und wesentlich auch das, was zum Erfolg *oder* zum Mißerfolg führt. Denn das Eintreten des einen wie des andern als des Korrelats zu Absicht oder Intention ist dann auch unvermeidlich eine Sache reiner Kontingenz, Tatsächlichkeit, Faktizität.

So gewiß jedoch auch Mißerfolg, wenn er sich statt Erfolg ergibt, nur derjenige einer Absicht oder Intention sein kann, so kann er ebenso gewiß doch nicht beabsichtigt bzw. intendiert sein[10], weil auch dabei intendiert oder beabsichtigt allein Erfolg ist: So gewiß mithin die Tötung des Polonius durch Hamlet nicht beabsichtigt bzw. intendiert war, so gewiß war sie doch eben deshalb Mißerfolg und somit das Ergebnis einer Absicht oder Intention von Hamlet, weil auch Mißerfolg sich nur als Korrelat zu einer Absicht oder Intention ergeben kann. Und daraus folgt mithin auch nicht nur nicht, daß Absicht oder Intention nicht allgemeine Wesenheit von Handeln sein kann, daraus folgt vielmehr, daß Absicht oder Intention gerade allgemeine Wesenheit von Handeln sein muß. Nur folgt derart Allgemeines oder Wesentliches freilich, wenn auch analytisch, so doch nicht der Sprache, sondern nur der Sache nach, die sich als Sache selbst, nämlich als Sinn von Absicht oder Intention als solcher selbst denn auch nicht hören oder sehen läßt, sondern nur denken. So genügt denn auch bereits das nichtempirische Durchdenken *eines Falls* von Intention oder von Absicht, um dies alles zu ermitteln. Dementsprechend würde auch bereits *ein Fall* davon genügen, um dies alles zu verwerfen, wäre er ein echtes Gegenbeispiel, während angeblich empirisches Durchsuchen noch so vieler Sprachgebräuche dazu außerstande bleiben muß.

Dies aufschlußreiche Scheitern ist denn auch die Regel, nicht

10 Doch obwohl man dies, für sich genommen, durchaus sieht (vgl. etwa AH 1, S. 285), verfällt man jenem Fehlschluß, weil man den notwendigen Zusammenhang der Sache selbst, nämlich der Absicht oder Intention mit dem Erfolg bzw. Mißerfolg, vor lauter zufälliger Einzelheit der Sprache empiristisch übersieht.

etwa die Ausnahme, so daß Sie es an einer Fülle weiterer Beispiele verfolgen können.

So versucht man Handlungstheorie mit Hilfe von Sprachanalyse etwa dadurch, daß man Verben untersucht, um eigens klarzustellen, daß nicht alle Verben Handlungen bezeichnen, auch nicht, wenn sie »mit einem persönlichen Subjekt« auftreten, was vielmehr ein »Mythos« sei[11]. Als Handlungsverben im Normalsinn gelten dabei nämlich solche wie zum Beispiel: Arm bewegen, Türe schließen, Fenster öffnen, Rasen mähen, Holz hacken. Von daher meint man allen Ernstes darauf hinweisen zu müssen, »Niesen« oder »Atmen« lasse sich nicht ohne weiteres als »Handeln« fassen. Doch auch nennenswerte Beispiele für Verben, wie etwa, ob »jemanden schachmattsetzen« oder »etwas zu tun versuchen« denn als Handeln gelten könne, müssen unergiebig bleiben. Denn von Grund auf unsicher ist man sich dabei, ob man damit überhaupt nach etwas fragt, das es tatsächlich gibt, und wenn, als was es dies dann gibt.

Bezüglich solcher »Handlungen« meint man sich nämlich sicher sein zu können: »Gewiß bestehen sie *nicht bloß*« (und damit also doch in jedem Falle *auch*) »in der jeweiligen Ausführung von Körperbewegungen«[12], weil diese ja auch sichtbar sind, womit jedoch der erste Fehler schon begangen ist. Entsprechend unsicher ist man sich deshalb bei der Frage, »was also hinzukommen muß«, denn als solche sind Körperbewegungen doch keine Handlungen: Sind, »was also hinzukommen muß«, etwa »Intentionen?«, die doch gar nicht sichtbar sind[13]. Und dies obwohl man dabei ausdrücklich von Fehlschlägen oder von Mißerfolgen ausgehen möchte, weil sie auch noch über die entsprechenden Erfolge und auf diese Weise über Handlungen als solche Aufschluß geben[14].

Denn dergleichen wie Erfolg bzw. Mißerfolg kann seinem Grundsinn nach doch wohl nur als Erfolg bzw. Mißerfolg von Absicht oder Intention auftreten, deren jedes aber eben gleicherweise etwas Unsichtbares ist. Kann doch auch keinem Ding oder Ereignis in der Außenwelt dergleichen etwa einfach angesehen

11 AH 1, S. 11ff.
12 AH 1, S. 13, vgl. S. 12, kursiv durch mich.
13 A.a.O.
14 Vgl. AH 1, S. 13f.

werden: weder eine Absicht oder Intention, noch ein Erfolg bzw. Mißerfolg. Deswegen findet man auch insbesondere keine Sicherheit bezüglich des notwendigen Zusammenhanges zwischen beidem, nämlich daß Erfolg bzw. Mißerfolg notwendig Absicht oder Intention voraussetzt, wie auch umgekehrt, daß Absicht oder Intention notwendig zum Erfolg oder zum Mißerfolg führt. Die Notwendigkeit dieses Zusammenhanges ist denn auch, anstatt aus Sprachgebräuchen abzulesen, vielmehr nur durch Denken aufzuklären, so daß auch gerade umgekehrt nur solches Denken solche Sprachgebräuche angemessen zu analysieren vermag.

So werden Sie denn auch nur, wenn Sie diesbezüglich Sicherheit gewonnen haben, sich verständlich machen können, inwieweit es sinnvoll ist, zu fragen, ob auch »jemanden schachmattsetzen« ein Beispiel eines Verbs für eine Handlung sei. Denn klarerweise wird durch solch ein Verb im einzelnen bezeichnet, was im allgemeinen etwa als »Gewinnen« oder »Siegen« ausgedrückt wird und im allgemeinsten als Erzielen von Erfolg zu gelten hat. Von daher aber müßte Sie zunächst einmal verwundern, wie man sinnvoll überhaupt in Frage stellen könne, ob auch so etwas wie »jemanden schachmattsetzen« ein Handeln sei: In Frage stehen könne das doch um so weniger, da dies sogar ein Handeln als erfolgreiches bezeichnet und sonach zumindest auch ein Handeln.

Wie man darauf komme, dies auch nur zu fragen, wird für Sie erst an der später sogenannten Theorie von den »Erfolgs-Begriffen« oder »-Wörtern« deutlich[15], die hier ansetzt. Mangels jeder Orientierung an der Notwendigkeit des Zusammenhanges von Erfolg bzw. Mißerfolg mit Absicht oder Intention mißlingt sie aber gründlich: Meint man dabei doch tatsächlich, daß mit Wörtern wie zum Beispiel »jemanden schachmattzusetzen« keine Handlungen bezeichnet seien, sondern nur Erfolge. Und zwar deshalb, weil man sinnvoll auch nur sagen könne, jemand habe eine Zeit lang Schach gespielt, doch keineswegs auch noch, er habe eine Zeit lang jemanden schachmattgesetzt. Erfolge doch Schachmattsetzen als der Erfolg beim Schachspielen vielmehr immer nur in Zeit als

15 Vgl. G.Ryle, *Der Begriff des Geistes*, Stuttgart 1969, S. 173f., S. 199ff., S. 326.

Punkt, Schachspielen dagegen als das Handeln immer nur in Zeit als Spanne[16].

So gewiß das aber richtig ist, so folgt daraus doch nicht im mindesten, worauf man damit eigentlich hinauswill, nämlich daß durch Wörter wie die letzteren ausschließlich Handlungen, durch Wörter wie die ersteren dagegen umgekehrt ausschließlich die Erfolge solcher Handlungen bezeichnet werden. Diese fälschliche Alternative ist vielmehr erneut bloß Folge oberflächlichster Betrachtung bloßer Sprachgebräuche. Die Bedeutung solcher Wörter nämlich liegt durchaus nicht an der Oberfläche, sondern sehr viel tiefer. Dort jedoch gibt sie sich Ihnen auch erst zu erkennen, wenn Sie voll in Rechnung stellen, daß Handeln in der Tat notwendig mit Erfolg bzw. Mißerfolg zusammenhängt, gerade weil es Absicht oder Intention ist.

Denn dann sehen Sie auch sofort: Mit »Schachspielen« wird keineswegs, wie man vermeint, bloß Handeln ausgedrückt, und umgekehrt auch mit »Schachmattsetzen« durchaus nicht bloß Erfolg von Handeln, wie man ebenfalls vermeint. Vielmehr wird auch mit »Schachspielen« schon »erfolgreich Schachspielen« ausgedrückt, doch ohne daß bloß deshalb damit auch sogleich »Schachmattsetzen« gemeint sein müßte. Schließlich handelt es sich dabei um verschiedene Verben mit verschiedenem Sinn, auch wenn sich beides ausdrücklich auf »Schach...« bezieht. Und in der Tat ist »Schachspielen« auch schon als solches selbst »erfolgreiches Schachspielen«, dadurch nämlich, daß es die Schachspielregeln befolgt. Denn nicht erst dadurch kann jemand beim »Schachspielen« verlieren, daß sein Gegner ihn »schachmattsetzt«, sondern auch schon unterwegs, indem er etwa die Bedenkzeit überschreitet oder Züge macht, die regelwidrig sind.

Sobald Sie das beachten, sehen Sie auch, daß zwischen »Schachspielen« und »Schachmattsetzen« ein gänzlich anderer Bedeutungsunterschied besteht, als man vermeint. Durchaus nicht heißt »Schachmattsetzen« einfach »erfolgreich Schachspielen«: Im genannten Sinn bedeutet nämlich »Schachspielen« schon als solches selbst »erfolgreich Schachspielen«. Vielmehr heißt »Schachmattsetzen« soviel wie »Schachspielen mit Erfolg *beenden*«. Daß dies nur in Zeit als Punkt und nicht in Zeit als Spanne möglich ist, liegt

16 Vgl. a.a.O., S. 199f.

deshalb auch bloß daran, daß es sich dabei um das *Beenden* eines Schachspiels handelt, und durchaus nicht etwa daran, daß es sich dabei um das *erfolgreiche* Beenden eines Schachspiels handelt, wie man meint. Denn auch beim »Schachspielen«, das in Zeit als Spanne abläuft, handelt es sich im genannten Sinn um ein *»erfolgreiches* Schachspielen«, nur eben nicht auch schon um ein »erfolgreiches *Beenden* von Schachspielen«. Bloß deshalb also, weil es widersinnig wäre, ›etwas eine Zeit lang *zu beenden*‹, ist es widersinnig, »eine Zeit lang jemanden *schachmattzusetzen*«, doch nicht etwa deshalb, weil es widersinnig wäre, ›etwas eine Zeit lang *mit Erfolg* zu tun‹, wie man vermeint. Denn durchaus sinnvoll ist es, »eine Zeit lang *schachzuspielen*«, was im genannten Sinn jedoch sehr wohl *»erfolgreich* eine Zeit lang schachzuspielen« bedeutet. Folglich unterscheiden sich »Schachspielen« und »Schachmattsetzen« ihrer Bedeutung nach nicht etwa darin, daß Erfolg nur in »Schachmattsetzen« zum Ausdruck käme, in »Schachspielen« dagegen überhaupt nicht. Ihr Bedeutungsunterschied bezüglich von Erfolg ist vielmehr nur, daß der je eigenartige Erfolg, der in »Schachspielen« wie auch in »Schachmattsetzen« zum Ausdruck kommt, im ersten Fall bloß implizit, im zweiten Fall dagegen explizit zum Ausdruck kommt. Und kommt in jedem solchen Fall mithin Erfolg zum Ausdruck, so in jedem solchen Fall auch Handeln.

Sind Sie darauf einmal aufmerksam geworden, sollten Sie dann auch die Gegenprobe dazu machen, nämlich ob sich Verben finden lassen, die zwar Handlungen zum Ausdruck bringen, doch in keinem Fall auch den Erfolg derselben, nicht einmal auf implizite Weise. Dabei werden Sie sogleich die überraschende Entdeckung machen: Unter denjenigen Verben, welche Handlungen bezeichnen, sind diejenigen, die implizit auch den Erfolg derselben mitbezeichnen, derart in der Überzahl, daß die gesuchten gar nicht leicht zu finden sind. Denn im Normalfall solcher Verben ist es eben dieser implizit noch mitbezeichnete Erfolg, der dabei angibt, *was* getan wird. Und dies eben weil es auch nur er ist, *was* dabei beabsichtigt bzw. intendiert wird, so daß auch nur er dabei das *Inhaltliche* zum Formalen eines Handelns angibt. Denn formal ist Handeln eben stets nur Intendieren von Erfolg, gleichviel, worin es den Erfolg in inhaltlicher Hinsicht suchen mag. Und dieses Inhaltliche eines Handelns gibt das Verb für dieses Handeln eben dadurch wieder, daß es implizit auch den Erfolg desselben noch bezeichnet.

Darum ist die Angabe, *was* jemand tut, in aller Regel auch die implizite Angabe, was er *erfolgreich* tut. Und zwar so grundsätzlich, daß es, wenn er dies *nicht* erfolgreich tut, auch sofort sinnvoll wird, dagegen einzuwenden, daß er dies doch gar nicht *tue*, sondern nur zu tun *versuche*: Arm bewegen, Fenster schließen, Türe öffnen, Rasen mähen, Holz hacken, jedoch auch »Schach spielen«. Denn behauptet jemand beispielsweise, der dort drüben spiele Schach, der aber jede Weile gegen die Schachspielregeln verstößt, so setzt sich der Behauptende dem Einwand aus: »Er spielt doch gar nicht Schach, sondern *versucht* nur, Schach zu spielen«. Oder auch: »Er hackt doch gar nicht Holz, sondern *versucht* nur, Holz zu hacken«, wenn er jede Weile an dem Holz vorbeischlägt. Und Entsprechendes gilt auch für alle andern solchen Fälle.

Wie von selbst gelangen Sie auf diesem Weg mithin auch noch zu einem Beispiel der gesuchten Verben, die zwar Handlungen bezeichnen, doch gerade nicht auch den Erfolg derselben mitbezeichnen, auch nicht implizit. Denn keine Frage kann es sein, daß auch »etwas zu tun versuchen« Ausdruck einer Handlung ist, auch wenn man dies in Frage stellen möchte. Nur daß dieser Ausdruck eben offen läßt, ob diese Handlung auch erfolgreich ist. Und fraglich sein kann dies auch um so weniger, als jeder Fall der vorgenannten überwiegenden Bezeichnungen für eine Handlung, eben weil er implizit sie als erfolgreiche bezeichnet, sie genauso implizit auch als Versuch bezeichnen muß. Als diesen impliziten aber muß ihn dann ein Einwand von der vorgenannten Art auch explizieren, wenn er sich dagegen wendet, eine Handlung, die erfolglos ist, so zu bezeichnen, als ob sie erfolgreich wäre. Ist doch der entsprechende Versuch dann auch das Einzige, was von ihr übrig bleiben kann, jedoch auch übrig bleiben muß.

Und in der Tat ist jeder Fall von Handeln wie von Arm bewegen, Fenster schließen, Türe öffnen, Rasen mähen usw. grundsätzlich ein Fall, wo jemand dies versucht, auch dann, wenn es ihm ohne weiteres gelingt, er ohne weiteres dadurch erfolgreich ist. Und nicht etwa versucht er dies, wie man vermeint, nur dann, wenn er dadurch erfolglos ist, ihm dies mißlingt, wie Sie gleich sehen werden. Auch erfolgreich nämlich kann nur ein Versuch sein, eben eine Absicht oder Intention, die damit als das Wesen einer Handlung, das ihr notwendig zugrunde liegen muß, erneut hervortritt. Ein Erfolg dagegen muß mit ihr durchaus nicht notwendig einhergehen, weil doch auch ein Mißerfolg mit ihr einhergehen kann, wiewohl er gleichfalls der von ihr als Absicht oder Intention sein muß.

Nur steht, weil er den Inhalt einer Handlung ausdrückt, der Erfolg trotz seiner Implizitheit in Bezeichnungen für Handlungen im Vordergrund, auch wenn er nicht ihr Wesen ist. Dagegen bleibt, auch wenn er als die Form das Wesen einer Handlung bildet, der Versuch bei gleicher Implizitheit in Bezeichnungen für Handlungen im Hintergrund. Durch solche Sprache wird mithin der Schein erzeugt, als läge so etwas wie ein Versuch und damit eine Absicht oder Intention im Fall von Handlungen wie den genannten überhaupt nicht vor, ein Schein, dem empiristische Sprachanalytiker denn auch sogleich erliegen.

Allen Ernstes nämlich fragen sie, ob in normalen Fällen solchen Handelns von Versuchen sinnvoll überhaupt die Rede sein kann, ob dies nicht vielmehr allein in anormalen Fällen gelten könne, wie etwa bei Lähmungen[17]. Denn der Normalfall eines Handelns sei doch, daß man »etwas einfach tue«, aber nicht, daß man »etwas zu tun versuche«[18]. Empiristische Sprachanalyse aber wird auf diese Weise zur Sachparalyse, weil sie abermals zu einer fälschlichen Alternative führt: hier nun zu derjenigen zwischen »etwas tun« und »etwas nur zu tun versuchen«, die zuletzt dazu verführt, daß man sich auch noch ernstlich fragt, ob denn »etwas zu tun versuchen« überhaupt Bezeichnung für ein Handeln sei[19]. Auf diese Weise nämlich geht die Sache selbst, das heißt, die Absicht oder Intention bzw. der Versuch als Wesen jeder Handlung abermals verloren: Zu gewinnen wie auch zu bewahren ist sie eben nur durch Denken.

Bleibt dies alles aber aus, hält dann auch nichts mehr davon ab, das Grundverhältnis zwischen Handeln einerseits und dem Erfolg bzw. Mißerfolg desselben anderseits trotz seiner Offenkundigkeit als Ganzes zu verfehlen, weil man empiristisch dafür blind sein muß, wie Ihnen nicht entgehen kann. Denn daß Erfolg bzw. Mißerfolg zu Handeln irgendwie dazugehören, sieht man zunächst

17 Vgl. AH 1, S. 104ff.
18 Vgl. AH 1, S. 107ff., S. 386, AH 2, S. 127, S. 144f.
19 Vgl. AH 1, S. 12.

durchaus, nur eben bloß am Sprachgebrauch: »Wir sprechen nämlich oft von Versuchen und Fehlschlägen«. Im Zusammenhang mit Vorigem indessen meint man daraus doch tatsächlich auch noch unmittelbar schlußfolgern zu dürfen: »Wenn wir also etwas versuchen können oder auch erfolgreich tun können, so sind das zwei verschiedene Dinge«[20]. Doch der Offenkundigkeit der Sache selbst schlägt man mit diesem Fehlschluß förmlich ins Gesicht. Der Sprache hörig, wie man willig weiter ist, läßt man dem Fehler, daß normales Handeln zwar erfolgreich, aber kein Versuchen sei, auch folgerichtig noch den umgekehrten Fehler folgen, daß Versuchen also bloß mißlingendes oder erfolgloses Versuchen sei. Denn auch nur so läßt sich hier das »versuchen« als Alternative zu »erfolgreich tun« verstehen. An Sprachgebräuche wie etwa »Versuch und Irrtum«, welche beides wie in einem Atemzuge nennen[21], ist man so verfallen, daß man beides gleich als eines nimmt und damit auch gleich beides dem Erfolg entgegensetzt. Und dies obwohl es offenkundig ist, daß ein Versuch auch zum Erfolg führen kann, worin sich die Tragikomödie der Sprachanalyse als Groteske auch nur einmal mehr vollendet.

Deshalb sei hier festgehalten, was dort preisgegeben wird und was Sie sich an einem Schaubild ein für alle Mal vor Augen stellen sollten:

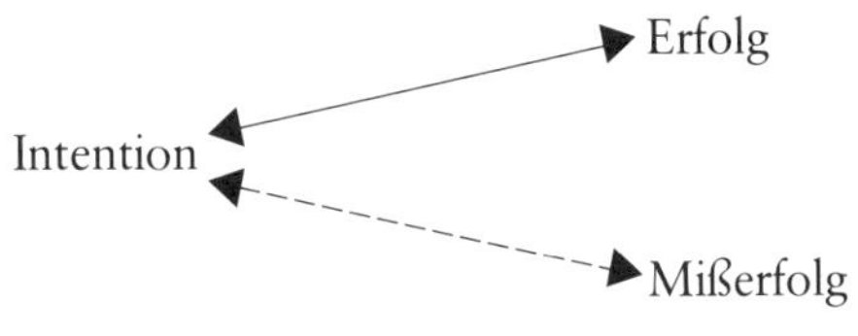

Dieses Schaubild eignet sich dazu gerade dadurch, daß die beiden Doppelpfeile in ihm eine zweifache Funktion erfüllen, nämlich eine allgemeine und eine besondere ineinem. Denn als Doppelpfeile überhaupt, im allgemeinen, stehen sie zum Zeichen der Notwendigkeit jenes Zusammenhanges einer Absicht oder Intention mit dem Erfolg bzw. Mißerfolg derselben, sowie umgekehrt. Tritt

20 AH 1, S. 108 Anm. Im Original noch klarer: »So, if we can try and also succeed, trying is one thing and succeeding is another«.
21 Vgl. a.a.O. »trying and failing« wie ›trial and error‹.

so etwas wie eine Absicht oder Intention auf, *muß* auch ein Erfolg bzw. Mißerfolg sich einstellen, sowie umgekehrt: Tritt so etwas wie ein Erfolg bzw. Mißerfolg auf, *muß* auch eine Absicht oder Intention ergehen. Und zugleich steht als ein durchgezogener der eine dieser Doppelpfeile im besonderen zum Zeichen der Notwendigkeit, daß Absicht oder Intention in jedem Fall gerade auf Erfolg ausgehen muß, in keinem Fall etwa genauso auch auf Mißerfolg ausgehen kann; und als ein unterbrochener steht zugleich der andere dieser Doppelpfeile im besonderen zum Zeichen der Notwendigkeit, daß gleichwohl doch genauso wie Erfolg auch Mißerfolg derjenige von Absicht oder Intention sein muß, auch wenn er nicht als solcher selbst beabsichtigt bzw. intendiert sein kann. Sobald Sie es vor Augen haben aber sollten Sie sofort nach Gegenbeispielen zu diesem Schaubild suchen, die es widerlegen könnten. Mag es dabei nämlich oft genug auch Ihnen scheinen, daß Sie eins gefunden hätten: Bei genauerem Durchdenken werden Sie bemerken, daß es dieses Schaubild vielmehr voll und ganz erfüllt, sofern nur immer es ein Fall von Handlung ist, und daß mithin gerade dieses Schaubild es als Fall von Handlung überhaupt erst voll erschließt, indem es ihren Grundsinn der Intentionalität im ganzen wie im einzelnen semantisch-analytisch wiedergibt.

Doch wenn Sie sich genau in diesem Sinn an dieses Schaubild halten, werden Sie an Hand von ihm dann immer wieder feststellen können, daß gerade dieser Sinn es ist, in dem man immer wieder an Intentionalität vorbeizugehen pflegt. Denn weil sich nichts davon empirisch feststellen läßt, mag man auch die Notwendigkeit dieses Zusammenhanges aller dieser Aufbaustücke nicht zur Kenntnis nehmen. Und dies um so weniger, als man die Folgerungen für den Wirklichkeitsbegriff, die unausweichlich sich daraus ergeben und im wesentlichen kantisch lauten, nicht zu ziehen bereit ist. Dies jedoch gilt nicht nur für Sprachanalytiker, sondern genausosehr auch beispielsweise für Brentano, Husserl, Heidegger und Sartre. Mag hier von Intentionalität auch noch so oft die Rede sein, so dringt man doch zu diesem eigentlichen Sinn derselben niemals durch, weil man zu ihr nicht einmal mitgehen mag, soweit Kant selbst doch immerhin schon zu ihr vorgestoßen war: zu ihr als Spontaneität. Geradezu vernichtend muß darum für deren Theorien des Erkennens ebenso wie Handelns jene eine Frage sein, was denn an etwas, das als etwas Wirkliches doch angeblich schon immer vorgegeben sei, sich überhaupt noch sinnvoll intendieren lassen sollte.

Worum man sich auf diese Weise selbst zu bringen pflegt, ist damit aber längst noch nicht in vollem Umfang aufgewiesen. Denn zur Sache selbst gehört danach des weiteren, daß Handeln als Versuch, das heißt als Absicht oder Intention, mithin auch beidem gegenübersteht, seinem Erfolg genausosehr wie seinem Mißerfolg, daß also zwischen Handeln auf der einen Seite und Erfolg bzw. Mißerfolg desselben auf der andern Seite förmlich eine Kluft besteht. Sie müssen danach nämlich trotz, ja eigentlich gerade wegen der Notwendigkeit ihres Zusammenhanges sich auch wechselseitig gegenüberstehen als ein zueinander schlechthin Anderes: Gerade weil so etwas wie Erfolg bzw. Mißerfolg nur derjenige einer Absicht oder Intention sein kann, muß er auch etwas Anderes als diese Absicht oder Intention sein, so wie umgekehrt auch diese etwas Anderes als er, was alles unser Schaubild gleichfalls wiedergibt. Und derart grundlegend ist diese prinzipielle Andersheit dazwischen, daß sie – wie bereits in der Erkenntnistheorie, so auch noch in der Handlungstheorie – sich für die Deduktion von Systematik als das Leitprinzip erweisen wird. Doch auch an ihr pflegt jedermann, der nur noch empiristisch auf die Sprache sieht, vorbeizugehen; und dies obwohl für jedermann, der auch noch nichtempirisch an die Sache denkt, für die sie Sprache ist, auch diese Andersheit dann aus der Sprache für sie Zug um Zug geradezu sich aufdrängt.

So besitzen beispielsweise jene Verben wie »etwas versuchen« nicht etwa in dem Sinn eine Sonderstellung, daß sie im Vergleich zu jenen andern Verben keine Ausdrücke für Handeln wären. Denn das ist der Sache nach unmöglich, wie Sie schon gesehen haben, weil ein jedes Handeln ein Versuchen sein muß. Ihre Sonderstellung haben solche Verben im Vergleich zu jenen anderen vielmehr im Gegenteil gerade in dem Sinn, daß sie sogar besonders ausgezeichnete Bezeichnungen für Handeln sind. Im Unterschied zu jenen nämlich sind sie solche Verben, die zwar Handeln, doch nicht auch Erfolg bzw. Mißerfolg von Handeln formulieren. Und besonders ausgezeichnete Bezeichnungen für Handeln sind sie somit dadurch, daß sie Handeln nur noch seiner Form nach, aber nicht auch seinem Inhalt nach bezeichnen. Wird doch Handeln seinem Inhalt nach gerade dadurch formuliert, daß auch Erfolg desselben noch mitformuliert wird. Wie gesagt: *Was* jemand tut, wird durch das formuliert, was er *erfolgreich* tut.

Formulierungen jedoch, die Handeln nur noch seiner Form nach formulieren, sind gerade solche Formulierungen, die Handeln nur noch seinem allgemeinen Wesen nach, nur noch als solches selbst bezeichnen. Und genau aus diesem Grund gibt es von solchen Verben derart wenige, daß Sie schon suchen müssen, um noch weitere zu finden, die desgleichen Beispiele für rein formale Fälle davon sind. Dazu gehören nämlich außer Verben wie »versuchen« nur noch solche wie zum Beispiel »wollen« oder eben »intendieren« und »beabsichtigen« selbst. Und ob es sich dabei um rein formale Fälle handelt, läßt sich sprachlich sehr wohl überprüfen. Alle andern Fälle nämlich, die auch irgendeinen Inhalt solchen Handelns noch mitformulieren, lassen sinnvoll sich mit rein formalen Fällen verbinden. Denn in allen Fällen wie »Arm bewegen«, »Fenster schließen«, »Rasen mähen« und dergleichen ist es ohne weiteres möglich, über jemanden zu sagen, daß er dies zu tun »versuche« oder dies zu tun »beabsichtige« oder »intendiere« oder dies tun »wolle«.

Bei dergleichen wie »versuchen«, »intendieren«, »beabsichtigen« oder »wollen« selbst jedoch ist dies unmöglich, weil von Grund auf sinnlos, wie etwa »versuchen, etwas zu versuchen« oder »intendieren, etwas zu intendieren« oder »beabsichtigen, etwas zu beabsichtigen« oder »etwas wollen wollen«. Und so ist das in der Tat allein schon von der Sprache her ein Widersinn, weil es dem Grundsinn von »Versuchen«, »Intendieren«, »Beabsichtigen« oder »Wollen« innerlich zuwiderläuft: Mit jedem einzelnen davon ist offenbar ein absoluter Ursprung formuliert, der nicht auf einen ›noch ursprünglicheren Ursprung‹ sich zurückführen lassen kann, der vielmehr aus sich selbst heraus begründet werden muß, wenn anders er sich überhaupt erklären lassen soll.

Nicht einmal dort indes, wo auch Sprachanalytiker gelegentlich auf diese sprachlich-auffällige Unmöglichkeit stoßen[22], fragen sie sich nach dem Grund für sie, der doch wohl nur die Sache selbst sein kann, die solche Sprache selbst zum Ausdruck bringen muß. Und daher ist es auch kein Wunder, daß vor lauter Sprache ihnen diese Sache selbst verborgen bleiben muß: versuchen, intendieren,

22 Vgl. z.B. AH 1, S. 375, Z.13ff. AH 2, S. 128, Z.18ff.

beabsichtigen oder wollen läßt sich sinnvoll eben prinzipiell nur etwas Anderes als dies Versuchen, Intendieren, Beabsichtigen oder Wollen selbst, das heißt: nur etwas als Erfolg desselben. Dementsprechend kann auch umgekehrt nicht dies Versuchen, Intendieren, Beabsichtigen oder Wollen selbst etwa sein eigener Erfolg sein, weil es dazu letztlich widersinnig etwas Anderes als es selbst sein müßte. Und das folgt auch zusätzlich noch daraus, daß es in unendlichem Regreß sonst eben dazu als Versuchen, Intendieren, Beabsichtigen oder Wollen immer neu ergehen müßte. Und ein widersinniger unendlicher Regreß wie dieser kommt denn auch nur dadurch überhaupt in Gang, daß man etwas Ursprüngliches als solches selbst verfehlt, indem man es auf etwas Anderes als es selbst und damit fälschlich auf ein noch Ursprünglicheres als es selbst zurückzuführen trachtet. Ist doch vielmehr umgekehrt auf ein Versuchen, Intendieren, Beabsichtigen oder Wollen als etwas Ursprüngliches gerade etwas Anderes zurückzuführen: sein Erfolg bzw. Mißerfolg. Und jene prinzipielle Andersheit dazwischen, wie sie unser Schaubild Ihnen zeigt, kann kaum noch schlagender als daran sich erweisen.

Doch was von der Sache her auch noch so klar sein mag, ist von der Sprache her bei weitem nicht genauso klar, zumindest nicht für empiristische Sprachanalytiker. Denn von der Sprache her ist es doch klarerweise Handeln *selbst*, nämlich Versuchen, Intendieren, Beabsichtigen oder Wollen *selbst*, von dem wir im Erfolgsfall immer wieder sagen, daß *es selbst* erfolgreich sei. Und das genügt dem Empiristen, um sprachanalytisch festzustellen, »eine erfolgreiche intentionale Handlung« sei zu definieren als eine Handlung, welche »so vollzogen werde, wie der Handelnde sie intendiere«[23]. Und dies kurz nachdem er selbst, der Empirist, sprachanalytisch festgestellt hat, daß ein Handeln als ein Intendieren nicht auch seinerseits durch Handeln oder Intendieren entspringen könne[24]. Trotzdem spricht er unbekümmert so, als ob Versuchen, Intendieren, Beabsichtigen oder Wollen als ein solches selbst es sei, was wir versuchen, intendieren, beabsichtigen oder wollen. Und dies bloß, weil wir der Sprache nach mit einem Ausdruck wie »erfolg-

23 Dies mein Vorschlag für die Richtigstellung der an dieser Stelle (AH 1, S. 375) falschen Übersetzung.
24 Vgl. a.a.O.

reich« uns ja in der Tat nur auf Versuchen, Intendieren, Beabsichtigen oder Wollen als ein solches selbst beziehen können, da ja in der Tat nur derlei überhaupt erfolgreich sein kann. Angesichts von solcher Ungereimtheit dieses Empiristen könnte ich es Ihnen nicht verdenken, wenn Sie hier denn doch den Eindruck hätten, Ihren Augen nicht recht trauen zu können. Wiederholt er Ihnen doch sogar noch einmal die »Definition... eines erfolgreichen Versuchs«, wonach er »eine Handlung« sei, die »in der Weise ausgeführt wird, wie der Handelnde sie intendierte«[25].

Sprachanalytisch also läßt der Empirist sich hiernach von der Sprache derart überwältigen, daß er nur deshalb, weil es im Erfolgsfall in der Tat das Handeln, das Versuchen, das Beabsichtigen oder Intendieren *selbst* ist, was *erfolgreich* ist, dann auch noch dazu sich verleiten läßt, es *selbst* sei dabei auch noch der *Erfolg*. Muß es doch eben hierauf jedenfalls unweigerlich hinauslaufen, weil es das Handeln, das Versuchen, das Beabsichtigen oder Intendieren *selbst* sein soll, was *intendiert* wird, so daß es sich dabei letztlich um das Intendieren eines Intendierens handeln muß. Nur ist, wie Sie schon wissen, beides eben von Grund auf verfehlt.

Vom bloßen Hören oder Sehen abzugehen, um auch noch zum Denken fortzuschreiten, ist der Empirist jedoch so wenig in der Lage, daß er nicht einmal bemerken kann, wie schon allein der Sprache nach ein Ausdruck wie »erfolgreich« und ein Ausdruck wie »Erfolg« sich zueinander eigentlich verhalten. Schon allein der Sprache nach ist nämlich etwas, das »erfolgreich« ist, durchaus nicht etwas, das »Erfolg« auch *ist*, sondern gerade etwas, das »Erfolg« bloß *hat*, was aus »successful« ebenso wie aus »erfolgreich« klar hervorgeht: wenn auch freilich nicht für bloßes Hören oder Sehen, sondern nur für Denken.

Erst für Denken nämlich geht auch noch hervor, daß diesem Unterschied der Sprache nach ein Unterschied der Sache nach zugrunde liegen muß, den Sie schon kennen: Etwas *sein* kann etwas nur, wenn es das, *was* es ist, nicht *hat*. Entsprechend gilt auch noch das Umgekehrte: Etwas *haben* kann etwas nur, wenn es dasjenige, *was* es hat, nicht *ist*. Und dieser Unterschied der Sache kommt als Unterschied der Sprache auch zum Ausdruck, nämlich

25 Dies mein Vorschlag für die Richtigstellung der an dieser Stelle (AH 1, S. 379) falschen Übersetzung.

als der Unterschied von »etwas *sein*« und »etwas *haben*«, der die grundsätzliche Andersheit dazwischen wiedergibt: Nur etwas *Anderes* als sich kann etwas sinnvoll *haben*, doch nicht etwa *sich*, was vielmehr sinnlos bleiben muß, denn alles, was es selbst ausmacht, muß es gerade *sein*. Und eine Intention ist eben, auch wenn sie erfolgreich ist, etwas grundsätzlich Anderes als der Erfolg, den sie darum nur haben kann. Infolgedessen kann dieser Erfolg, auch wenn es eine Intention ist, die ihn hat, dann umgekehrt nur etwas Anderes als diese Intention sein, und nicht etwa diese selbst. »Erfolgreich *sein*« ist folglich gleichbedeutend mit »Erfolg *besitzen*« oder »... *haben*«. Eben dies schließt aus, daß eine Intention, die *außerhalb* von sich »Erfolg *hat*« – in Gestalt von etwas *Anderem* als sich – und darin dann »erfolgreich *ist*«, nur deshalb etwa zusätzlich auch *innerhalb* von sich Erfolg hat oder ist. Denn dadurch könnte sie als Intention sich nur noch widersinnig in sich selbst verdoppeln und mithin auch nur unendlichem Regreß erliegen, dem durch Einsicht in die prinzipielle Andersheit dazwischen vorgebaut wird.

Was für eine Irreführung diesbezüglich von der Sprache ausgeht, so daß empiristische Sprachanalytiker ihr schwerlich widerstehen können, sehen Sie an folgendem: Mag es der Sprache nach auch noch so sehr den Anschein haben, als verhielte sich »erfolgreich« zu »Erfolg« etwa wie »rot« zu »Röte«, und das heißt, als wäre so, wie Röte eine Eigenschaft von einem Ding ist, welches rot ist, auch Erfolg die Eigenschaft von einer Intention, welche erfolgreich ist, – der Sache nach kann davon trotzdem keine Rede sein. Denn zwar ist auch die Eigenschaft von einem Ding nur etwas, das ein Ding bloß *hat*, nicht *ist*, so daß auch sie etwas grundsätzlich Anderes als dieses Ding ist. Gleichwohl hat ein Ding sie anderseits auch wieder nur als etwas innerhalb von sich: bloß deshalb hielt ja Platon eine Eigenschaft für einen Teil des Dings. Infolgedessen steht in diesem Fall die Andersheit der Eigenschaft (weshalb ein Ding auch sie bloß hat, nicht ist) zur Selbigkeit des Dinges (das sie hat, nicht ist) denn auch in einem einzigartigen Verhältnis, dessen Sinn wir systematisch-deduktiv noch weiter werden zu entwickeln haben[26]. Der Erfolg von einer Intention dagegen kann in keinem Sinn als etwas innerhalb von dieser Intention auftreten, nicht einmal im Sinn von

26 Vgl. dazu unten § 12, S. 456ff.

einer Eigenschaft derselben. Denn in keinem Sinn kann eine Intention in sich Erfolg sein oder haben.

Was empiristischen Sprachanalytikern entgeht, ist demnach die Gesamtstruktur jenes notwendigen Zusammenhanges zwischen Intention auf einer Seite und Erfolg bzw. Mißerfolg von ihr auf anderer Seite wie auch jener notwendigen Andersheit dazwischen. Denn gedankenlos vor lauter Sehen oder Hören können sie auch nicht zur Einsicht kommen: So gewiß es eine Intention als solche selbst ist, was »erfolgreich« oder auch »erfolglos« ist, so kann doch weder der Erfolg noch auch der Mißerfolg derselben etwas innerhalb derselben sein. Vielmehr muß beides etwas außerhalb derselben, eben etwas Anderes als sie sein, welches gleichwohl unlösbar von ihr als Korrelat zu ihr dann auch einhergehend mit ihr auftreten muß. Kann eine Intention jedoch, wie Sie schon eingesehen haben, grundsätzlich nur als die Intention einer Verwirklichung der Wirklichkeit von etwas Anderem ergehen, so kann das Auftreten ihres Erfolges auch nur im Sicheinstellen der Wirklichkeit von eben diesem Anderen bestehen sowie das ihres Mißerfolges dann auch nur im Ausbleiben der Wirklichkeit von diesem Anderen. Von daher aber kann es Sie auch wieder nicht verwundern, wenn der empiristische Sprachanalytiker sich dies entgehen läßt, weil ihm vor diesen Folgen für den Sinn von Wirklichkeit auch nur noch schaudern kann.

So folgt daraus denn auch noch weiteres, was empiristische Sprachanalytiker verfehlen. Das Auftreten von einer Intention als solcher nämlich muß danach im Rahmen der entfalteten Gesamtstruktur von einer Art sein, wie sie eigentümlicher sich kaum noch denken läßt, weil es sich von dem Auftreten eines Erfolges oder Mißerfolges dieser Intention dann auch von Grund auf unterscheiden muß. Denn ein Erfolg oder ein Mißerfolg zu einer Intention tritt ja gerade in dem Sinn auf, daß durch diese Intention die Wirklichkeit des zu verwirklichenden Anderen sich einstellt oder daß trotz dieser Intention die Wirklichkeit desselben ausbleibt. Doch damit in diesem Sinn Erfolg bzw. Mißerfolg zu ihr auftreten kann, muß eine Intention als solche selbst in einem davon grundsätzlich verschiedenen Sinn auftreten: Nicht in dem Sinn nämlich, daß sich deren Wirklichkeit dabei desgleichen einstellen oder auch ausbleiben könnte, sondern in dem Sinn vielmehr, daß deren Wirklichkeit dabei in jedem Fall ergehen muß. Kann doch auch nur bezüglich deren Wirklichkeit dann überhaupt so etwas wie Erfolg bzw. Mißerfolg auftreten, weil er ja nur jeweils der von ihr sein kann.

Allein von daher folgt mithin bereits, daß eine Intention als solche selbst von einer Wirklichkeit sein muß, die derjenigen gegenüber, die als ein Erfolg zu ihr sich einstellen oder als ein Mißerfolg von ihr ausbleiben kann, auch grundverschieden sein muß. Denn gerade dazu, daß dann letztere als Wirklichkeit von etwas Anderem zu ihr sich einstellen oder auch ausbleiben kann, muß erstere als Wirklichkeit der Intention in jedem Fall ergehen und mithin als eigentümlich grundlegende Wirklichkeit in jedem Fall erfolgen. Demnach muß sie das gerade so, daß dieses Auftreten von *ihr*, im Sinne des Ergehens oder des Erfolgens, gegenüber jenem Auftreten von etwas *Anderem* als ihr, im Sinne des Erfolgs bzw. Mißerfolgs von ihr, noch gänzlich indifferent bleibt: Muß doch sowohl einem Erfolg wie einem Mißerfolg dieses Ergehen als Erfolgen einer Intention als solcher immer schon zugrunde liegen.

Und tatsächlich kann auch schon allein von sich her so etwas wie eine Intention nicht nur nicht als ihr eigener Erfolg sich einstellen, sondern eben deshalb auch erst recht nicht als ihr eigener Mißerfolg ausbleiben. Schließlich müßte sie gerade auch für sich als ihren eigenen Mißerfolg dann immer schon als das Erfolgen einer Intention im Sinne des Ergehens immer neu zugrunde liegen, was den Widersinn jenes unendlichen Regresses vollends offensichtlich macht: Verglichen mit der durch sie intendierten Wirklichkeit von etwas Anderem als ihr – die als Erfolg zu ihr sich einstellen oder auch als Mißerfolg von ihr ausbleiben kann und darin eben eine von ihr abgeleitete, durch sie bedingte sein muß – kann die Wirklichkeit dieses Ergehens einer Intention dann vielmehr nur eine ursprüngliche und unbedingte sein. Der Ursprung einer Intention als solcher selbst muß dann jedoch von einer Problematik sein, vor der Sprachanalytiker als Empiristen vollends ratlos bleiben müssen.

Unzählig sind denn auch die Stellen, wo sie es gerade ohne jede Analyse bei der bloßen Redensart bewenden lassen müssen, wonach das Entspringen einer Intention als einer Handlung das »Hervorbringen« oder »Vollziehen« oder »Durchführen« dieser Intention als dieser Handlung sei. Genauso unzählbar sind darum auch die Texte, wo sie – sozusagen auf der Stelle tretend, weil in reiner Negativität verbleibend – nur beteuern können, dies Hervorbringen oder Vollziehen oder Durchführen einer Intention als einer Handlung sei als solches »keine« weitere Intention bzw. Handlung und mithin auch »nichts«, was etwa so, wie eine Intention bzw. Handlung etwas Anderes als sich »verursacht«, auch noch diese Intention bzw. Handlung selbst »verursachte«.

Das Nichtssagende dieser Redeweise wird entsprechend offenbar, sobald man deren leere Negativität durch Positivität erfüllen möchte. Denn gewöhnlich lautet diese etwas ärmlich dahin, daß man eine Intention als Handlung nicht verursacht, sondern »einfach tut«[27]. Gerade dort, wo Handeln seinen Ursprung haben muß und wo mithin auch Handlungstheorie erst eigentlich entfaltet werden müßte, dort wird Handlungstheorie vielmehr auf eben diese Weise schon von vornherein verweigert. Denn worauf es ankommt, wäre ja gerade eine Theorie darüber, was denn eigentlich geschieht, wenn jemand derlei im genannten Sinne »einfach tut«. Was empiristische Sprachanalytiker sich dort ersparen möchten, ist die Antwort auf die Frage, die für Sie hier notwendig sich stellen muß, und zwar im Rahmen von Begriffen der Verwirklichung von etwas.

Denn geht Handeln als ein Intendieren von etwas auf Erfolg aus, nämlich auf Verwirklichung der Wirklichkeit von etwas Anderem als sich und so auf Fremdverwirklichung, so fragt sich zwangsläufig, wie es dabei denn eigentlich zur Wirklichkeit von so etwas wie Handeln oder Intendieren als solchem selbst soll kommen können. Daß zu ihr es nicht erneut durch solches Handeln oder Intendieren kommen kann und somit auch nicht dadurch, daß sie ihrerseits sich als Erfolg von ihm und damit ihrerseits als Wirklichkeit von etwas Anderem zu ihm ergäbe, heißt dann nämlich: Die Verwirklichung von ihr kann sich dabei dann auch in keinem Fall als Fremdverwirklichung vollziehen. Trotzdem aber ist es keine Frage, daß in jedem Fall auch diese Wirklichkeit von Handeln oder Intendieren dabei durch Verwirklichung entspringen muß, wenn anders Handeln oder Intendieren doch wohl nicht einfach als etwas Fix- und Fertiges vom Himmel fallen kann, als etwas aller-

27 Vgl. z.B. AH 1, S. 107f., S. 206, S. 209, S. 306, S. 386; AH 2, S. 127, S. 144f.

erst Vollzogenes vielmehr auf Erden selbst entstehen muß. Und trifft das zu, kann die Verwirklichung der Wirklichkeit von Handeln oder Intendieren als solchem dann auch nur als Selbstverwirklichung entspringen.

Da jedoch Verwirklichung dabei in irgendeinem Sinne auch Verursachung bedeuten muß, kann in demselben Sinne dann auch Selbstverwirklichung nur Selbstverursachung bedeuten. Und so ist es letztlich denn auch überhaupt nichts anderes als diese, was dem empiristischen Sprachanalytiker nicht in den Kopf will, weil er eben nur empirische Verursachung im Kopf hat. Und da sie als solche ja gerade Fremdverursachung als Fremdverwirklichung bedeuten muß, kann so etwas wie Selbstverursachung als Selbstverwirklichung dann auch nur nichtempirische Verursachung als nichtempirische Verwirklichung bedeuten, was dem empiristischen Sprachanalytiker erst recht nicht in den Kopf kann: So etwas wie Selbstverursachung bzw. Selbstverwirklichung als zudem auch noch nichtempirische gilt ihm vielmehr als die Unmöglichkeit schlechthin. Und dies obwohl ein Nachweis ihrer Unmöglichkeit, etwa durch den Nachweis einer Widersprüchlichkeit ihres Begriffes, bisher nicht geführt ist und sich auch wohl kaum wird führen lassen. Statt eine Unmöglichkeit muß solche Selbstverwirklichung als Selbstverursachung vielmehr gerade eine Möglichkeit sein, ja recht eigentlich sogar auch eine Wirklichkeit, wenn anders in der Welt, wie wir sie kennen, so etwas wie Handeln oder Intendieren eine Wirklichkeit ist, weil sie mit der Wirklichkeit von Selbstverwirklichung als Selbstverursachung gerade steht und fällt.

Auf diese müssen darum Handlungstheoretiker am Ende unausweichlich stoßen, auch wenn sie als empiristische Sprachanalytiker mit ihr nichts anzufangen wissen können und sie deshalb aus den Händen lassen müssen[28]. Werden sie in ihrer empiristischen Dogmatik doch nicht einmal dadurch wankend, daß als etwas Nichtempirisches gerade all dies pünktlichst miteinander übereinstimmt. Denn wie diese Selbstverwirklichung als Selbstverursachung ist doch auch jenes Handeln als ein Intendieren sowie sein Erfolg bzw. Mißerfolg gerade nichts empirisch Feststellbares. Und so fragt es

28 Vgl. z.B. AH 1, S. 108 (»automotive« übersetzt durch »selbsttätig«), S. 153, S. 357, S. 360, S. 363, S. 366.

sich auch: Trotz der Fülle dessen, was wir gleichwohl davon wissen, sollten Sie und ich mit ihnen empiristisch daran glauben, nämlich daß bloß deswegen all dies in unserer Welt auch keine Wirklichkeiten seien?

§ 2. Unsere empiristische Verfallenheit an Dinge

Worum es dabei geht, ist denn auch nichts geringeres als das Mentale einer Handlung, die als Absicht wesentlich Bewußtsein bilden muß. Das haben Sie sich vorerst nur an jenem Beispiel einer Unterlassung klargemacht, die eine Handlung nur als eine Absicht, nämlich nur als ein Bewußtsein eines Subjekts von der Wirklichkeit sein kann, von deren Lauf, den sie von sich aus nimmt, es sich Erfolg für sich verspricht. Ob eine Handlung eines Subjekts vor sich geht, dafür ist danach nicht entscheidend, ob der Körper eines Subjekts dabei in Bewegung oder Ruhe *ist* bzw. *tritt*. Dafür entscheidend ist danach vielmehr ausschließlich, ob ein Subjekt seinen Körper dabei in Bewegung oder Ruhe *setzt* bzw. *hält*, will sagen, ob es ihn *intentional*, nämlich *bewußt* oder *absichtlich* in Bewegung oder Ruhe setzt bzw. hält. Entscheidend dafür ist sonach auch letztlich nur die Intention als das Bewußtsein einer Absicht selbst und damit etwas rein Mentales: Zwar kann ein Subjekt gewiß nicht spiritistisch etwas intendieren, sondern nur dadurch, daß es seinen Körper in Bewegung oder Ruhe setzt bzw. hält, weil es ja nur durch ihn auch andere Körper in Bewegung oder Ruhe setzen oder halten kann. Doch ebenso gewiß kann dieses In Bewegung oder Ruhe-*Setzen* oder -*Halten* seines Körpers als bewußtes, nämlich als absichtliches oder intentionales dann auch nur ein rein mentales sein.

Mag dies aber schon am Beispiel jenes Lassens oder Unterlassens deutlich werden, – wirklich hieb- und stichfest wird auch dies erst dann, wenn Sie es unserem Schaubild unterwerfen, das uns jene Kluft der grundsätzlichen Andersheit zwischen dem Handeln als dem Intendieren einerseits und dem Erfolg bzw. Mißerfolg desselben anderseits vor Augen stellt. Denn jene Kluft ist keine andere als diese Kluft zwischen Mentalem und Somatischem, und zwar obwohl, ja eigentlich gerade weil Mentales unzertrennlich an Somatisches gebunden sein muß. Ist im Rahmen eines Handelns doch die grundsätzliche Andersheit zwischen Mentalem und Somatischem genau die grundsätzliche Andersheit zwischen der Intention und dem Erfolg bzw. Mißerfolg derselben. Denn genau so weit, wie Handeln eines Subjekts eben nicht einfach nur Intendieren ist, sondern *als* Intendieren ein sonach intentionales In

Bewegung oder Ruhe-*Setzen* oder -*Halten* seines *Körpers*, ist es auch schon ein erfolgreiches oder erfolgloses, ein Intendieren, das bezüglich eben dieses Körpers dann auch schon Erfolg bzw. Mißerfolg hat.

Zwar muß dieser jeweils eigene Körper eines Subjekts gegenüber allen anderen Körpern auch grundsätzlich ausgezeichnet sein. Denn alle anderen Körper kann ein Subjekt ja nur dadurch in Bewegung oder Ruhe setzen oder halten, daß es sie mit Hilfe eines *Körpers*, eben *seines* Körpers in Bewegung oder Ruhe setzt bzw. hält, gleichviel, ob nur unmittelbar oder auch mittelbar, indem es beispielsweise nicht nur einen Stock mit Hilfe seines Arms, sondern mit Hilfe dieses Stocks auch einen Stein bewegt. Dagegen kann ein Subjekt seinen Körper auch ganz ohne Hilfe eines Körpers in Bewegung oder Ruhe setzen oder halten.

Trotzdem aber ändert dies nichts daran, daß wie jeder andere Körper auch der jeweils eigene Körper eines Subjekts gegenüber dem Mentalen dieses Subjekts als etwas Somatisches auch etwas Anderes ist. Mag ein Subjekt daher im Normalfall einen Körper auch mit noch so großer Virtuosität jeweils in Ruhe oder in Bewegung setzen oder halten können, weil es sich bei ihm um seinen eigenen Körper handelt, kann es diesen Körper doch in keinem Falle etwa unfehlbar in Ruhe oder in Bewegung setzen oder halten. Denn wie jeder andere Körper kann ihm auch sein eigener Körper als dies grundsätzliche Andere dabei gehorchen – wie es richtig, wenngleich animistisch-metaphorisch heißt – oder auch nicht. Dagegen muß auch hierzu jene Intention eines In Ruhe oder in Bewegung-*Setzens* oder -*Haltens* dieses Körpers als etwas Mentales gegenüber ihm als dem Somatischen tatsächlich unfehlbar ergehen oder erfolgen, nämlich ohne daß etwa auch sie dabei gehorchen kann oder auch nicht. Denn sie kann keineswegs ihr eigener Erfolg bzw. Mißerfolg sein, weil sie sonst unendlichem Regreß erliegen müßte, wie Sie schon gesehen haben.

Vielmehr kann dies immer erst im Anschluß an dieses Mentale eines Subjekts im Bereich dieses Somatischen geschehen, je danach nämlich, ob dieses Somatische so in Bewegung oder Ruhe kommt bzw. bleibt, wie es dieses Mentale einer Intention dieses Subjekts gerade intendiert, oder auch nicht: mithin zunächst der jeweils eigene Körper eines solchen Subjekts und durch ihn sodann auch andere Körper. Und steht Ihnen unser Schaubild voll vor Augen, sehen Sie auch förmlich vor sich, wie die grundsätzliche Andersheit zwischen Mentalem und Somatischem tatsächlich mit der grundsätzlichen Andersheit von Intention auf einer Seite und Erfolg bzw. Mißerfolg auf anderer Seite säuberlich zusammenfällt: Zu so etwas wie dem Erfolg bzw. Mißerfolg für eine Intention als das Mentale kommen kann es grundsätzlich nur innerhalb dieses Somatischen, sei es des jeweils eigenen Körpers eines Subjekts oder eines andern Körpers, nicht jedoch auch innerhalb dieses Mentalen einer Intention als solcher selbst, deren Erfolgen als Ergehen vielmehr unfehlbar entspringen muß.

Dann sehen Sie jedoch des weiteren, was alles auf der Strecke bleiben muß, wenn ständig gegen alles das verstoßen wird, was unser Schaubild als notwendige Gesamtstruktur entfaltet. Was man empiristisch nicht zur Kenntnis nehmen will, weil es sich nur als etwas Nichtempirisches zur Kenntnis nehmen läßt, ist danach letztlich nichts geringeres als das Mentale eines Intendierens selbst mit allen seinen Eigentümlichkeiten gegenüber dem Somatischen. Denn danach ist es keine Frage: Im notwendigen Zusammenhang eines intentionalen In Bewegung oder Ruhe-Setzens oder -Haltens eines Körpers muß in irgendeiner Weise auch ein Einwirken dieses Mentalen eines Intendierens auf dieses Somatische erfolgen. Und dies Einwirken durch etwas, das nach vorigem ja nur durch Selbstverwirklichung als Selbstverursachung entspringen kann, muß dann auch zusätzlich und widerspruchsfrei noch den Sinn der Fremdverursachung als Fremdverwirklichung besitzen, eben weil es sich dabei auch grundsätzlich nur um Mentales und Somatisches als zueinander Anderes handeln kann.

Doch Empiristen können unter zueinander Anderem, besonders wenn es sich dabei auch noch um Ursache bzw. Wirkung eines Anderen handeln soll, auch nur etwas Empirisches verstehen. Deshalb müssen sie vor so besonderem zueinander Anderem die Flucht ergreifen, auch wenn ihnen Wege für sie gar nicht offenstehen, weil jenen Folgerungen gar nicht zu entkommen ist. Und so ist ihre Flucht auch nichts als Ausflucht, wie Sie sie schon kennen. Nicht entgehen nämlich konnte Ihnen jene Ärmlichkeit, es werde eine Handlung oder Intention als solche nicht verursacht, und das heißt, nicht fremdverursacht, vielmehr werde sie »einfach getan«. Doch dem entspricht auch noch genau die umgekehrte Ärmlichkeit: Intentionales In Bewegung oder Ruhe-Kommen oder

-Bleiben eines Körpers sei nicht das *Ergebnis* eines Intendierens oder eines »Willensaktes«, sondern *sei* ein »Willensakt« oder ein Intendieren: »Die Willensanstrengung ist nichts von der Handlung Getrenntes, das zu ihr stünde wie die Ursache zur Wirkung ... Einen Arm bewegen ist also nicht das *Resultat* eines Willensaktes; es *ist* ein Willensakt«[1].

Armselig aber bleibt dies beides eben, weil man damit das Problem, zu dessen Lösung man doch angetreten ist, dogmatisch-empiristisch wie mit einem Federstrich beseitigt. Und dies beides auch nur, weil man nicht bereit ist zu beachten: Zwischen demjenigen, was dabei Erfolg bzw. Mißerfolg sein kann, und demjenigen, was dabei gerade nicht Erfolg bzw. Mißerfolg sein kann, muß demgemäß ein grundsätzlicher Unterschied bestehen. Und dieser muß dem grundsätzlichen Unterschied zwischen Mentalem und Somatischem entsprechen, auch wenn innerhalb jener Gesamtstruktur von solchem Handeln beides jeweils notwendig zusammenhängt. Insoweit solches Handeln als ein Intendieren auch noch ein Bewegen eines Armes ist, eines Somatischen, insoweit ist es auch noch ein erfolgreiches oder erfolgloses. Durchaus nicht aber ist es dies auch schon als das Mentale dieses Intendierens selbst. Als dieses ist es vielmehr etwas, das – ob es als ein Bewegen eines Armes nun erfolgreich oder auch erfolglos ist – erfolgen muß, ergehen muß, so daß es auch die Ursache dieses erfolgreichen oder erfolglosen Bewegens eines Armes als der Wirkung davon sein muß. Und zwar einerlei, ob solches Handeln als ein Intendieren erfolgreich oder auch erfolglos nur bezüglich dieses Armes ist, indem nur er sich so wie intendiert bewegt bzw. nicht so, oder ob auch über diesen Arm hinaus noch andere Körper gegenüber diesem eigenen Körper eines handelnden Subjekts in diesem Sinn gehorchen oder nicht gehorchen.

So jedoch entgeht dem Empiristen letztlich der gesamte Mittel/Zweck-Zusammenhang von Handeln, der verständlich überhaupt nur werden kann, wenn Intendieren gerade als etwas Mentales gegenüber dem Somatischen verstanden wird, nämlich gerade als Bewußtsein einer Absicht eines handelnden Subjekts. Denn auch nur als Bewußtsein einer Absicht kann ein handelndes Subjekt es jeweils nicht bloß auf das Nächstliegende abgesehen haben, näm-

1 AH 1, S. 107f.

lich nicht bloß darauf, daß es dadurch seinen eigenen Körper in Bewegung oder Ruhe setze oder halte, sondern auch auf Ferner-, ja auf Fernstliegendes noch, indem es durch den eigenen auch noch andere und durch diese wieder andere Körper usw. in Bewegung oder Ruhe setze oder halte. Denn *worauf* ein Subjekt es in dieser Weise jeweils *abgesehen* hat, das hängt entscheidend davon ab, *worauf* es sich *durch* sein Bewußtsein einer Absicht *richtet* und *wobei* es sonach *mit* seinem Bewußtsein einer Absicht sich *befindet.* Dazu nämlich hat es je nach dem, *worum* es ihm dabei zu *tun* ist, sein Bewußtsein einer Absicht unterschiedlich zu verteilen: mindest soweit, welchen oder welche Körper es dabei in Ruhe oder in Bewegung setze oder halte, und das heißt im allgemeinen, welche Wirkung es durch welche Ursache und damit welchen Zweck durch welches Mittel es herbeizuführen gedenke. Und tatsächlich kann ein Subjekt auch bezüglich jedes einzelnen, das es in diesem Sinn von Mitteln oder Zwecken unterscheiden mag, durch seine Absicht als Bewußtsein dann erfolgreich oder auch erfolglos sein.

Denn in der Tat ist das Bewußtsein einer Absicht eines Subjekts grundlegend für all dies auch gerade als etwas Mentales und sonach als etwas Nichtempirisches. Etwas Empirisches kann nämlich schlechterdings nicht in dem Sinn, in dem es beispielsweise rot ist oder rund ist oder Stein ist usw., etwa auch noch Mittel oder Zweck sein, so als könnte ihm dies ebenfalls empirisch einfach angesehen werden. Denn es wäre Unsinn, wollten Sie im Zuge einer Aufzählung, was es empirisch alles gebe, nämlich Rotes oder Rundes oder Steine usw., etwa dadurch fortfahren, daß Sie auch noch sagten: ... oder Mittel oder Zwecke. Daß dies Unsinn wäre, daraus geht im Gegenteil für Sie hervor: So wenig ist dergleichen etwa auch noch seinerseits und damit zusätzlich etwas Empirisches, daß vielmehr umgekehrt etwas Empirisches zum Mittel oder Zweck nur nichtempirisch werden kann, nur dadurch nämlich, daß ein Subjekt als das Nichtempirische eines Bewußtseins einer Absicht es zum Mittel oder Zweck erhebt[2]. So ist ein Stein zum Beispiel nicht als solcher selbst schon Mittel, sondern wird es je und je erst dadurch, daß ein Subjekt ihn etwa ergreift, um ihn für

2 Dasselbe gilt für Werte, denn ein Wert ist etwas gleichfalls nur, insoweit Wert auf es gelegt wird: durch ein Subjekt.

irgendetwas zu benutzen, das desgleichen dadurch erst zum Zweck erhoben wird. Etwas Empirisches auf diese Weise in Bewegung oder Ruhe setzen oder halten, heißt für ein Subjekt mithin, als etwas Nichtempirisches sich in etwas Empirisches gleichsam hineinzulegen, um in unlösbarer Einheit mit ihm auf Erfolg für sich zu zielen.

Ein Gegenbeispiel dazu aber werden Sie nicht finden. Und so können Sie daran erneut studieren, wieweit auch hierbei jeder von uns erst einmal dem Ding verfallen ist, weil jeder von uns erst einmal ein Ding als solches für ein Mittel hält. Das gilt jedoch nicht einmal für die Artefakte als die von uns hergestellten Dinge, wie zum Beispiel einen Hammer, der desgleichen nicht als solcher selbst schon Mittel ist, weil doch als solcher selbst ein Hammer vielmehr nur herumliegt, wie ein Stein. Und daran müßte Ihnen aufgehen: Nicht ein Hammer oder Stein als solcher selbst, sondern gerade das Ergreifen und das Schwingen usw. eines Hammers oder Steines, und das heißt zuletzt: ein Handeln ist ein Mittel zur Erreichung eines Zweckes. Und daß jeder von uns erst einmal dem Ding als dem Objekt verfallen ist, bedeutet demnach abermals, daß jeder von uns erst einmal sich selbst als dem Subjekt entfremdet ist.

Denn solches Handeln, das dabei das eigentliche Mittel bildet, ist ja überhaupt nichts anderes als das Subjekt selbst: Zunächst einmal macht ein Subjekt sich selbst zum Mittel und sonach sich selbst zur Ursache, um dadurch auch noch etwas Anderes als sich selbst zum Mittel und sonach zur Ursache zu machen, eben auch noch einen Körper als etwas Somatisches durch sich als das Mentale von Bewußtsein einer Absicht. Dies jedoch gilt grundsätzlich für jeden Körper, nämlich auch bereits für jenen Körper, den ein Subjekt dadurch je und je zum ersten Mittel und sonach zur ersten Ursache zu machen hat, den jeweils eigenen. Denn wie ein Stein oder ein Hammer kann auch er in diesem Sinne Mittel oder Ursache nicht immer schon als solcher selbst sein, sondern ebenfalls erst immer dazu werden. Kann ein Subjekt doch auch ihn erst immer dazu machen, nämlich je und je nur durch sich selbst als ursprüngliches Mittel und sonach als ursprüngliche Ursache, wozu es eben sich selbst machen muß, um dadurch diesen jeweils ersten Körper, dieses jeweils erste Andere als sich selbst dazu zu machen. Und das heißt: In jedem Fall, in dem ein Subjekt einen Körper, also etwas Anderes als sich, durch sich als das Bewußtsein einer Absicht in Bewegung oder Ruhe setzt bzw. hält, besteht dazwischen das Verhältnis einer Andersheit von Ursache und Wirkung: auch in jedem Fall, in dem es sich bei diesem Körper um den eigenen Körper dieses Subjekts handelt, weil es auch in diesem Fall sich als Mentales zu Somatischem verhält wie Ursache zur Wirkung. Und nur deren grundsätzliche Andersheit erklärt denn auch den Tatbestand, daß nicht erst hinsichtlich von irgend einem andern Körper das Mentale solcher Absicht im Somatischen erfolgreich oder auch erfolglos sein kann, sondern auch schon hinsichtlich des jeweils eigenen Körpers, weil auch schon der jeweils eigene Körper eines Subjekts, dieses jeweils erste Andere als es selbst, dabei gehorchen kann oder auch nicht.

Genau in dieser Hinsicht des Erfolges oder Mißerfolges unterscheiden sich der jeweils eigene Körper eines Subjekts und der jeweils andere gegenüber diesem eigenen Körper somit überhaupt nicht, wenn ein Subjekt als Mentales von Bewußtsein einer Absicht sich in solches Andere als sich hineinlegt, nämlich es durch sich in Ruhe oder in Bewegung setzt bzw. hält: ob nur den eigenen Körper oder durch den eigenen auch noch einen anderen. Der eigentliche Unterschied besteht dabei vielmehr gerade zwischen dem Subjekt als dem Mentalen von Bewußtsein einer Absicht – die dabei gerade nicht ihr eigener Erfolg bzw. Mißerfolg sein kann, sondern ergehen oder erfolgen muß – und dem Somatischen von jedem solchen Körper, in den ein Subjekt mit solcher Absicht sich hineinlegt. Gegenüber jeglichem Somatischen verhält es nämlich als Mentales sich dabei wie Ursache zur Wirkung, einerlei, ob es auf diese Weise sich nur in den jeweils eigenen Körper oder durch ihn auch in andere Körper noch hineinlegt.

Und tatsächlich legt ein Subjekt, wenn es beispielsweise nicht nur seinen Arm, sondern durch seinen Arm auch einen Hammer noch bewegt, sich als Mentales einer Absicht ins Somatische des Hammers ebenso hinein wie ins Somatische des Armes: Im Vollzug von solcherart Bewegung ist ein Subjekt als Mentales einer Absicht im Somatischen des Hammers ebenso wie im Somatischen des Armes, auch wenn das Somatische des Armes dabei sozusagen zwischen dem Subjekt als dem Mentalen einer Absicht und dem anderen Somatischen des Hammers liegt. Denn nicht nur nicht verhindert dies, sondern vermittelt dies sogar, daß ein Subjekt als das Mentale einer Absicht dabei eben insgesamt in beidem liegt. In diesem Sinne liegt es schließlich in der Regel doch sogar auch noch in dem, wozu es beides als ein Mittel einsetzt, nämlich im dadurch verfolgten Zweck: im Hufeisen zum Beispiel, das es schmiedet.

Um dies einzusehen aber ist es freilich auch entscheidend für Sie, zu begreifen, daß ein Subjekt dies gerade als Mentales, nämlich als Bewußtsein einer Absicht tut: *Wo* ein Subjekt als das Mentale einer Absicht jeweils ist, bemißt sich eben danach, wo es jeweils als *Bewußtsein* dieser Absicht ist. In diesem Sinne aber ist es jeweils *überall dort wo* es als Bewußtsein einer Absicht jeweils tätig ist, wie im zuletzt genannten Beispiel eben im dadurch bewegten Arm sowohl wie im dadurch bewegten Hammer wie auch im dadurch bewegten Eisen. Und ein Unterschied besteht nur darin, daß in diesem Sinne ein Subjekt in andern Körpern freilich in der Regel nur vorübergehend ist, im eigenen dagegen ständig ist. Hier nämlich ist es ständig das Mentale von Bewußtsein einer Absicht als die Ursache des In Bewegung oder Ruhe-Setzens oder -Haltens von Somatischem.

Was es infolgedessen zu begreifen gilt, ist dieses immer wieder nur Mentale von Bewußtsein einer Absicht oder Intention, dieses Grundgeistige, als das ein Subjekt in Somatischem gerade dadurch ist, daß es Somatisches durch sich betätigt: seinen eigenen Körper und durch ihn auch andere Körper. Nur daß dies für einen Empiristen eben überhaupt nicht zu begreifen ist.

Wenn er es von sich weist, daß ein Subjekt als dies Mentale auch schon zum Somatischen des eigenen Körpers im Verhältnis einer Ursache zu einer Wirkung steht und damit im Verhältnis eines Anderen zu einem Anderen, so nur, weil er als Empirist vermeint, daß dies Mentale sonst auch seinerseits etwas Somatisches oder Quasi-Somatisches sein müßte. Nur aus diesem Grund lehnt er es ab, daß nicht erst so etwas wie die Bewegung eines Hammers mittels der Bewegung eines Armes, sondern auch schon die Bewegung dieses Armes selbst die Wirkung einer Intention als einer Ursache sein könnte. Denn dann müßte diese Ursache und damit diese Intention auch etwas Anderes als diese Wirkung sein, weil auch nur von zwei zueinander anderen Ereignissen das eine Ursache des anderen als Wirkung sein kann. Dafür aber könnte nach der Auffassung des Empiristen eben nur etwas Empirisches oder

Quasi-Empirisches und damit letztlich nur etwas Somatisches oder Quasi-Somatisches in Frage kommen.

Danach nämlich müßte, wie Bewegung eines Armes durch Bewegung eines Muskels und Bewegung dieses Muskels wieder durch Bewegung eines anderen Somatischen verursacht wird, und diese wieder, und so weiter, so auch deren allererste ursprünglich durch einen »Willensakt« verursacht werden. Danach also könnte auch dieses Mentale nur so wie etwas Somatisches bewegen, so daß es auch als etwas Quasi-Somatisches bestehen müßte. Und bloß zur Vermeidung dieses Unbegreiflichen weist er zurück, Mentales wie den »Willensakt« als Ursache für eine Armbewegung als die Wirkung davon zuzulassen, sondern dekretiert dogmatisch-empiristisch: Statt die Wirkung eines »Willensaktes« als der Ursache für sie sei eine solche Armbewegung vielmehr selbst der »Willensakt«. Und erst im Anschluß daran könne es dann zum Verhältnis einer Ursache zu einer Wirkung kommen, wie etwa, wenn es durch die Bewegung eines Armes zur Bewegung eines Hammers kommt.

Nur macht es eben für die Ausweglosigkeit, in die er sich auf diese Weise selbst verstrickt, nicht den geringsten Unterschied, ob dieser Empirist nun meint, Mentales wie Somatisches oder Somatisches auch wieder wie Mentales auffassen zu müssen, wie im letzten Fall, um es als Ursache für eine Wirkung ansetzen zu können. Beides nämlich meint er ja nur, weil es sich dabei in jedem Fall um zueinander Anderes handeln müsse, das es doch nur als empirisch zueinander Anderes geben könne, wovon er nicht loskommt. Denn in beiden Richtungen verfehlt hat er dadurch die eigentliche Andersheit zwischen Mentalem und Somatischem und damit auch die eigentliche Andersheit dieses Mentalen im Somatischen, nämlich als einer Ursache für eine Wirkung im Somatischen. Und das ersehen Sie allein schon daraus, daß er dadurch dies Mentale schon allein als das *Bewußtsein* einer Absicht oder Intention verfehlt hat. Denn normalerweise kann Mentales, das gerade als *Bewußtsein* einer Absicht oder Intention die Ursache für eine Wirkung im Somatischen ist, sich hier keineswegs zurückziehen, um zum Beispiel jene Armbewegung dadurch zu bewirken, daß es statt die Ursache für *sie* die Ursache für etwas *Anderes* als sie ist, das erst seinerseits die Ursache für diese Armbewegung ist, wie etwa die Bewegung eines Muskels. Kann sich doch, wenn überhaupt, nur anormalerweise ein Subjekt als das Mentale oder das Bewußtsein einer Absicht darauf richten, daß es diesen Muskel bloß als solchen selbst bewege. Sich auch hinter ihn noch oder gar noch immer weiter auf Somatisches zurückzurichten, um in ihm schon eine Wirkung zu erzielen, ist für ein Subjekt jedoch nicht einmal anormalerweise möglich. Und dies eben weil es nur als das *Mentale*, nur als das *Bewußtsein* einer Absicht auf Somatisches sich richten kann, um in ihm etwas zu bewirken, und so auch nur auf Somatisches, von dem es ein *Bewußtsein* haben kann.

Dies aber ist ursprünglich Wahrnehmungsbewußtsein von Somatischem, wozu hernach auch noch Erinnerungsbewußtsein an Somatisches gehört, das so wie alles andere Somatische für dies Bewußtsein aber eben nichts als Außenwelt und damit auch nur Anderes als es selbst sein kann. Infolgedessen kann auch das Somatische des jeweils eigenen Körpers eines Subjekts nichts als Außenwelt für dieses Subjekt sein, so daß es umgekehrt auch das Bewußtsein von ihm immer nur von außen her sein kann: von daher eben, von woher es wahrgenommen werden kann. Und damit setzt auch jede Absicht als Bewußtsein grundsätzlich von außen her an diesem jeweils eigenen Körper an, genauso wie an jedem andern Körper, und in keinem Sinn etwa von innen her: so wie beim wahrgenommenen Eisen oder Hammer auch beim wahrgenommenen Arm, und nicht etwa beim Muskel oder gar am Ende – und das heißt recht eigentlich: am Anfang – beim Gehirn oder dergleichen.

Auf den Irrweg dieses Rückwegs aber muß unweigerlich geraten, wer wie jener Empirist darauf besteht, daß nur etwas Empirisches die Ursache für etwas anderes Empirisches als Wirkung davon sein kann, und auf diese Weise das Mentale von Bewußtsein einer Absicht als gerade Nichtempirisches verkennt, es vielmehr zu etwas Somatischem oder Quasi-Somatischem verfälscht. Denn diesen Rückweg auch nur zu erwägen[3], müßte letztlich unaufhaltsam in die Nähe jener Frage führen, die nicht weit von Albernheit ist, ob ein Subjekt seinen eigentlichen Sitz in seinem Körper nicht gerade im Gehirn hat. Hiernach nämlich winkt von gar nicht fern Descartes mit seiner Zirbeldrüse. Denn in Wahrheit hat ein Subjekt als Mentales von Bewußtsein einer Absicht seinen Sitz in

3 Vgl. z.B. AH 1, S. 360ff., S. 385ff.

seinem Körper insgesamt, in ihm als einer Ganzheit von Somatischem, in den hinein es auch sich selbst als dies Mentale je und je auf einmal, insgesamt, als Ganzheit legt, wenn es ihn dadurch in Bewegung oder Ruhe setzt bzw. hält: ob nun im ganzen oder nur im einzelnen von Gliedern. Und dies um so mehr, da ein Subjekt sich als Mentales von Bewußtsein einer Absicht oder Intention in aller Regel nicht nur in den eigenen Körper, sondern durch den eigenen Körper auch in andere Körper noch auf diese Weise selbst hineinlegt, wenn es beispielsweise mittels der Bewegung seines Armes die Bewegung eines Hammers vornimmt usw.

Wer indessen dies von Grund auf Geistige in allem solchen Körperlichen nicht zur Kenntnis nehmen will, weil es sich nicht empirisch darin feststellen läßt, der kann es freilich auch als jeweilige Geistesganzheit darin nicht mehr zu Gesicht bekommen, sondern nur zu einer Körpereinzelheit darin verkommen lassen. Und zuletzt verkommt es denn auch noch bis dahin, daß es als etwas Quasi-Somatisches dann beispielsweise nur noch im Gehirn sein Wesen treiben kann, das aber eigentlich das Unwesen jenes »Gespensts in der Maschine« ist, zu dem der Empirist es somit selber überhaupt erst macht. Und dazu machen muß er es geradezu, weil er es auszutreiben nur vermag, indem er wie auf einen Popanz auf es einschlägt[4]. Doch nur desto dringlicher stellt sich dann auch die Frage nach dem eigentlichen Sinn, in dem Mentales zu Somatischem sehr wohl wie Anderes zu Anderem und auch sehr wohl wie Ursache zu Wirkung sich verhalten muß, wenn es sich so nicht wie Somatisches zu anderem Somatischen verhalten kann.

Die Antwort auf sie finden werden Sie jedoch erst dann, wenn Sie das ganze Ausmaß der Dogmatik dieses Empirismus sich vor Augen führen. Im ganzen nämlich geht das sogar so weit, daß der Empirist bereit ist, eher noch Descartes und seiner Theorie, wonach Mentales als *res cogitans* zu gelten habe, zuzustimmen, als den Empirismus aufzugeben. Meint er doch tatsächlich: Zwischen der »Dualität« von »Geist« und »Körper« oder »Leib« und »Seele« als Mentalem und Somatischem zu unterscheiden, sei nur in dem Sinne möglich, daß sie dadurch als »Dualität« von zwei »Substanzen« unterschieden werden[5]. Und da dies natürlich nur in jene

4 Vgl. z.B. AH 2, S. 168f.
5 AH 2, S. 19, vgl. insbesondere das »also« Z.3.

unlösbaren Schwierigkeiten führen kann, lehnt er dies freilich ab. Dabei bemerkt der Empirist jedoch anscheinend nicht im mindesten: Sogar mit dieser Ablehnung der Lehre von Descartes gibt er noch dieser Lehre recht. Macht er mit seiner Art der Ablehnung derselben doch gerade das Entscheidende an dieser Lehre mit, denn die Alternative, die sie aufstellt, hält er dabei fraglos fest: Wenn Mentales und Somatisches sich unterscheiden, dann auch nur im Sinne von Substanzen, und wenn nicht im Sinne von Substanzen, dann auch überhaupt nicht. Die Alternative nämlich, etwas sei von etwas Anderem *entweder* so verschieden, daß es sich dabei um zwei Substanzen handle, *oder* gar nicht, ist auf diese Weise förmlich festgeschrieben.

Das Dogmatische dieser Alternative aber sieht der Empirist dabei so wenig, daß er sogar meint, auf solche Art zu unterscheiden, heiße »zwei verschiedene ontologische Bereiche voneinander unterscheiden«[6]. Denn in Wahrheit wird, wo nur Substanzen von Substanzen unterschieden werden, ontologisch überhaupt nicht unterschieden, sondern ontologisch vielmehr gleichgesetzt, weil ontologisch doch das eine wie das andere Substanz sein soll: Mentales wie Somatisches. Mentales ontologisch von Somatischem zu unterscheiden, hieße vielmehr ganz im Gegenteil, es gegenüber dem Somatischen als der Substanz gerade nicht als weitere Substanz zu unterscheiden und es dennoch als etwas von ihm Verschiedenes festzuhalten, das es gibt, auch wenn es dies nicht als Substanz gibt. Fragt sich nur: als was denn sonst. Und die Verfallenheit des Empiristen an Substanzen als Objekte oder Dinge können Sie hier abermals mit Händen greifen, weil für ihn es etwas eben nur gibt, wenn es dies auch als Substanz gibt.

Die entsprechende Entfremdung dieses Empiristen vom Subjekt und damit seine Selbstentfremdung aber geht am Ende so weit, daß sie Formen annimmt, angesichts von denen mir wie Ihnen nur noch festzustellen bleibt, in welche Öde dieser Empirismus schließlich ausläuft: Nicht allein, daß es wohlfeil ist, das Mentale abzulehnen, wenn man selbst es erst einmal zu einem weiteren Somatischen gemacht hat, eben zur Substanz. Nein auch ein solcher Empirist, der sich zugute halten möchte, daß er sich für eine

6 A.a.O.

solche Ablehnung zu schade sei[7], hält an Mentalem dann erst recht nur als etwas Quasi-Somatischem noch fest. Bloß deshalb nämlich sieht er sich gezwungen, eine Handlung als Verursachung von etwas durch Mentales in Somatischem zu leugnen, was dann aber nichts mehr helfen, sondern nur noch dazu führen kann, das Handeln letztlich zu verdoppeln. Meint er doch tatsächlich, »daß man … jemandem geistige Handlungen genau in derselben Weise zuschreiben kann, wie man jemandem körperliche Handlungen zuschreiben kann«[8]. So habe doch sogar Descartes trotz seiner Lehre von Mentalem als *res cogitans* vertreten, daß ein Subjekt »nicht so wie ein Steuermann in seinem Schiff« in seinem Körper sei: »Dann bin ich aber auch nicht in meinem Geist so wie ein Steuermann in seinem Schiff«[9].

Jedoch selbst wenn Sie davon absehen wollten, daß dies wieder einmal eine bloße negative Einsicht bleibt, – von einem können Sie dabei nicht absehen: Zwar nicht wie ein Steuermann in seinem Schiff soll ich danach in meinem Körper sein, – jedoch auf jeden Fall »in« meinem Körper; zwar nicht wie ein Steuermann in seinem Schiff soll ich danach in meinem Geist sein, – doch auf jeden Fall »in« meinem Geist: in beiden Fällen also grundsätzlich wie Ding in Ding. Nur daran nämlich liegt es, daß ich nicht einmal im letzten Fall etwa ein Geist *bin*, sondern nur etwas *in* meinem Geist bin, wie auch dieser Geist ja nur etwas *in* meinem Körper ist, nämlich desgleichen nur wie Ding in Ding. Hier haben Sie es schwarz auf weiß: Wenn das Verhältnis des Mentalen zum Somatischen in seiner Eigentümlichkeit erst einmal der Verdinglichung anheimgefallen ist, setzt diese sich auch immer weiter fort, auch dort, wo man Mentales grundsätzlich als etwas Anderes gegenüber dem Somatischen zu halten sucht. Auch »ich« verhalte mich danach zu meinem Geist wie Ding zu Ding. Und die absurde Geistesöde dieses Empirismus, der dafür der eigentlich Verantwortliche ist, wird danach denn auch unverzüglich offenkundig.

Setzt der Empirist diesen Verdinglichungen doch sogleich auch

7 Vgl. AH 1, S. 108 ff.

8 AH 1, S. 109, wobei er auch von vornherein schon jede Klärung schuldig bleibt, was unter einer »körperlichen Handlung« gegenüber einer »geistigen« sich überhaupt verstehen ließe.

9 A. a. O.

noch die Krone auf, indem er ihnen folgen läßt: Und so »verursache ich sowohl *mit* meinem Körper als auch *mit* meinem Geist, daß Dinge geschehen«[10]. Wie nämlich aus »verursache« hervorgeht, müssen Sie das jeweilige »mit« tatsächlich wörtlich nehmen, weil er beidenfalls so etwas wie Verursachung einer Bewegung eines Hammers *durch* eine Bewegung eines Armes meint. Denn auch nur zwischen solchem zueinander Anderen soll nach diesem Empiristen überhaupt die Möglichkeit einer Verursachung bestehen. Für eine Ursprungshandlung wie die Absicht oder Intention als solche nämlich, die er »Basis-Handlung« nennt, läßt er Verursachung auch nach wie vor in keinem Sinne zu[11]. Als Handlungsursprung ist sie somit auch in jedem dieser Fälle – in dem Fall, wo ich »mit« meinem Geist, sowohl wie in dem Fall, wo ich »mit« meinem Körper etwas Anderes »verursache« – in »mich« zurückverlegt, so daß das öde Spiel des Empiristen hier erneut beginnen müßte.

Daran können Sie zum ersten Mal studieren, woran es hier von Grund auf fehlt, nämlich an jeder Einsicht, ja recht eigentlich an jeder Ahnung: Keineswegs muß jedesmal, wenn etwas sich von etwas unterscheidet, dieses Etwas sich sogleich wie Ding von Ding von diesem Etwas unterscheiden, nämlich keineswegs sogleich im Sinne einer Differenz, die einfach diejenige zwischen zwei Identitäten wie zwei Dingen ist. Es kann dies vielmehr auch im Sinne einer Differenz, die nur diejenige von etwas gegenüber etwas innerhalb von einer einzigen Identität ist. So zum Beispiel unterscheidet eine Eigenschaft von einem Ding sich innerhalb von einem Ding gerade so von diesem Ding, daß sie gerade nicht ein zweites Ding ist, dennoch aber sehr wohl etwas und nicht nichts ist, was Sie vorhin schon gesehen haben und jetzt als Modell benutzen können: Gilt doch danach nicht einmal für Empirie, auf die der Empirist beschränkt ist, daß hier alles nur wie Ding von Ding verschieden wäre.

Etwas dem Vergleichbares ist es denn auch, worauf es angesichts der vorgeführten Problematik ankommt, nämlich eine Theorie zu finden, die erklären kann, daß zu meiner Absicht oder Intention als Ursprungshandlung oder Handlungsursprung eben

10 A.a.O, S. 110, kursiv von mir.
11 Vgl. a.a.O.

ich mich in Bewegung setze und mithin gerade dadurch meinen Körper in Bewegung oder Ruhe setze oder halte. Danach nämlich müßte dieses »ich mich« eine Differenz bedeuten – weil es ja durchaus nicht etwa tautologisch-uninformativ ist – und ineinem damit müßte es gerade eine Differenz in mir bedeuten und sonach in mir als der Identität, die sich zu dieser Differenz in sich auch selbst differenziert.

Was Ihnen damit noch genauer in den Blick kommt, den der Empirist dafür nicht haben kann, ist nämlich, was Sie gleichfalls vorhin schon gesehen hatten: Ein Subjekt tritt als der Handlungsursprung oder als die Ursprungshandlung einer Absicht oder Intention jeweils gerade dadurch auf, daß es zunächst einmal sich selbst zum Mittel macht und eben dadurch auch noch etwas Anderes als sich selbst zum Mittel macht: den eigenen Körper und durch ihn auch andere Körper. Denn gleichviel, ob es dies Andere als sich selbst dadurch nun in Bewegung oder Ruhe setzt bzw. hält, – sich selbst als diese Absicht muß es dazu doch in jedem Fall in die Bewegung dieser Absicht setzen, weil Ergehen einer Absicht eben grundsätzlich Bewegung ist. Und das ist eben jene Selbstbewegung einer Selbstverwirklichung als Selbstverursachung, die jetzt als das »ich mich in mir« von Differenz innerhalb von Identität hervortritt, in Gesamtgestalt von der allein verständlich werden kann, daß dazu eben durchwegs »ich mich in mir« in Bewegung setze.

Nichts als dies bedeutet es denn auch, daß als Subjekt oder als Geist dabei zunächst einmal ich mich zum Mittel machen muß: »ich mich in mir« nämlich zur Differenz in mir als der Identität eines Subjektes oder Geistes. Denn auch nur durch eine solche ursprüngliche Differenz in mir kann ich in mir zum ursprünglichen Mittel für mich werden. Also ist es danach auch durchaus nicht etwa so, daß ich »in meinem Geist« bin wie in etwas Anderem als mir und etwa »mit« ihm wie mit etwas Anderem als mir etwas verursache: so wie mit meinem Arm als Mittel die Bewegung eines Hammers. Vielmehr ist es danach so, daß ich in mir bin, eben eine Differenz in mir, zu der ich als Identität mich selbst differenzieren und durch die ich als Identität mithin mich selbst zum Mittel machen muß, um Absicht oder Intention zu werden.

Wie derlei einwandfrei sich denken läßt, ist freilich ein Problem, das sich nicht ohne Aufwand lösen lassen wird. Nur daß der Empirist sich darauf schon von vornherein erst gar nicht einläßt, eben weil er derlei wie Verursachung von etwas durch etwas auch nur empirisch, nur im Sinn von Dingen oder von Ereignissen[12] als zueinander anderen Identitäten zuläßt. Wie dogmatisch er dabei verfährt, ersehen Sie daraus, daß er noch in einer zweiten wesentlichen Hinsicht gegen Empirie als solche selbst bereits verstößt: nicht nur bezüglich jenes Unterschieds von Eigenschaft zu Ding, der innerhalb von Empirie bereits kein Unterschied von Ding zu Ding ist. Auch noch darin vielmehr, daß er immer wieder nur zwei zeitlich nacheinander folgende Ereignisse als Ursache bzw. Wirkung voneinander gelten läßt[13], wird dieser Empirist der Empirie auf keine Art gerecht. Vergeblich werden Sie denn auch nach Stellen suchen, wo er für die Problematik jenes Handlungsursprungs oder jener Ursprungshandlung einer Absicht einmal mitberücksichtigen würde, daß auch ein Ereignis, das zugleich mit einem anderen Ereignis auftritt, Ursache bzw. Wirkung von ihm sein kann. Nur der Wechsel jener Eigenschaften nämlich, welcher jeweils ein Ereignis ausmacht, muß ein Nacheinander sein, das aber eben je und je das Nacheinander eines einzigen Ereignisses ist und nicht etwa mehrerer[14]. Und die Dogmatik der Vernachlässigung dieser Möglichkeit ist um so größer, als es sich dabei sogar im eigentlichen Sinne um Verursachung von etwas handelt, nämlich um Beschleunigung von etwas durch etwas, die nur als jeweils gleichzeitige Wechselwirkung zwischen diesen beiden Etwas möglich ist. Denn zwischen zwei Ereignissen, die zeitlich nacheinander folgen, ist Beschleunigung als Wechselwirkung zwischen beiden ausgeschlossen.

Gänzlich unnötigerweise – nämlich bloß um zu verbürgen, daß es sich dabei nur ja um zwei empirisch zueinander andere Ereignisse und damit Dinge handelt – läßt der Empirist sich dabei immer wieder nur auf solche ein, die zeitlich nacheinander sind und damit zeitlich zueinander andere. Denn empirisch zueinander andere sind ja zweifellos auch solche, welche miteinander gleichzeitig auftreten. Und dies auch – ja eigentlich gerade dann – wenn

12 Wie Sie dazu weiterhin beachten müssen, läßt sich danach ein Ereignis nur verstehen als ein Ding, das als ein selbiges gerade Eigenschaften wechselt. Vgl. *Die Welt und wir,* Bd.1, S. 6ff., S. 769ff., S. 791ff.
13 Vgl. z.B. AH 1, S. 104f.; AH 2, S. 172ff.
14 Vgl. *Die Welt und wir*, Bd.1, S. 892ff.

sie dabei zu einer Wechselwirkung miteinander sich vereinigen, zumal sie darin auch in eigentlichem Sinne im Verhältnis einer Ursache bzw. Wirkung zueinander stehen. Und nichts geringeres als dieses letztere ist es, worum der Empirist durch seine empiristische Dogmatik selbst sich bringt, so daß es auch kein Wunder ist, wenn er vor jener Problematik ratlos bleibt. Bringt doch der Empirist sich damit um die Möglichkeit, von der allein erwartet werden kann, daß sie die Problematik jenes Handlungsursprungs oder jener Ursprungshandlung einer Absicht lösen könnte.

Denn worin auch immer dabei das Verhältnis von Mentalem zu sich selbst sowohl wie zu Somatischem im einzelnen bestehen mag, so kann es sich dabei in jedem Fall doch grundsätzlich nur je und je um ein Zugleich, nicht um ein Nacheinander handeln: was dabei das innere Verhältnis des Mentalen zu sich selbst betrifft, ja ohnehin; jedoch auch, was dabei das äußere Verhältnis des Mentalen zu Somatischem, das heißt, zu etwas Anderem als sich selbst betrifft. Denn einerlei, ob dies Verhältnis dahin geht, daß ein Subjekt als dies Mentale seinen Körper als Somatisches dadurch nun in Bewegung oder Ruhe setzt bzw. hält, so kann es doch als dies Mentale mit diesem Somatischen dabei nur jeweils gleichzeitig bestehen: wenn es seinen Körper dadurch in Bewegung oder Ruhe *setzt*, ja ohnehin, denn dabei handelt es sich um *Beschleunigung* desselben, ob nun positive als Geschwindigkeitserhöhung oder negative als Geschwindigkeitsverminderung; jedoch auch, wenn es dabei seinen Körper in Bewegung oder Ruhe *hält*, ihn nämlich *unbeschleunigt* läßt, um dadurch eine Absicht zu verfolgen.

Schlechthin widersinnig nämlich wäre es, daraus zu folgern, daß als Ursache für diese Wirkung in Somatischem ein Subjekt als Mentales gegenüber dieser Wirkung dann auch zeitlich früher sein muß. Dies daraus zu folgern, liefe vielmehr wieder einmal auf Verdinglichung dieses Mentalen zu etwas Quasi-Somatischem hinaus. Für das Verhältnis von Somatischem zu anderem Somatischen gilt nämlich zweifellos: Wenn sich Somatisches im Zustand einer Nichtbeschleunigung befindet, nämlich in geradlinig-gleichförmiger Bewegung oder Ruhe, kann das andere Somatische, das Ursache dafür als Wirkung davon ist, nur zeitlich früher als sie sein. Denn diese Ursache kann dann auch nur in der Beschleunigung bestanden haben, die ihm das Bestimmte der Geschwindigkeit dieser geradlinig-gleichförmigen Bewegung oder dieser Ruhe allererst verliehen hatte[15]. Und so liegt diese Beschleunigung als diese Ursache auch notwendigerweise jeweils in der Zeit zurück, das heißt, der Zeit vorweg, in der ein Zustand jener Nichtbeschleunigung besteht.

Seine Sonderstellung gegenüber dem Somatischen hat das Mentale aber eben auch noch darin, daß in seinem Fall dies auszuscheiden hat. Denn mindestens zu dem Somatischen, an das es als Mentales unlösbar gebunden ist, steht es in jedem Fall gerade im Verhältnis des Zugleich mit ihm: nicht nur in jenem Fall, in dem eine mentale Ursache als Wirkung in Somatischem eine *Beschleunigung* bewirkt, indem ein Subjekt seinen Körper in Bewegung oder Ruhe *setzt*; nein auch in diesem Fall, in dem ein Subjekt seinen Körper in Bewegung oder Ruhe *hält*, indem es ihn gerade *unbeschleunigt* läßt, weil dies als Wirkung in Somatischem desgleichen auf eine mentale Ursache zurückgeht. Dies jedoch liegt abermals an der Besonderheit dieses Mentalen als *Bewußtsein* einer Absicht oder Intention, wofür dem Empiristen das Verständnis fehlen muß. Gerade als *Bewußtsein* einer Absicht oder Intention ist ein Subjekt dabei in jedem Fall doch mindestens mit dem zugleich, mit dem es jeweils etwas zu erreichen sucht: mit seinem Körper als Somatischem; auch dann, wenn es mit ihm gerade dadurch etwas zu erreichen sucht, daß es ihn in Bewegung oder Ruhe *hält* statt *setzt*, wie jener Fall von Unterlassung zeigt, wo ein Subjekt »nicht einmal einen Finger rührt«. In jedem Fall ist ein Subjekt als das Bewußtsein einer Absicht oder Intention dadurch die volle Geistesgegenwart bei dem, an dem es sich zu schaffen macht: beim Arm, der einen Hammer schwingen soll, doch auch beim Finger noch, der sich nicht rühren soll. Ja letztlich ist es diese volle Geistesgegenwart sogar auch noch beim Hammer, der ein Eisen schmieden soll, wenn dies Subjekt ihn schwingend schon fest in der Hand hält.

Um alle diese Einsicht aber bringt der Empirist sich selbst, indem er diese Möglichkeit eines Zugleich von Ursache und Wirkung, das als Wechselwirkung jeweils hier und jetzt sogar die eigentliche Wirklichkeit eines Kausalgeschehens ist, dogmatisch ignoriert. Denn schon für Empirie als solche selbst müßte der Empirist gerade diese Möglichkeit zur Kenntnis nehmen. Nirgends deutlicher als daran sehen Sie denn auch: In Wahrheit ist der Empirist

15 Vgl. *Die Welt und wir*, Bd.1, S. 894ff.

vielmehr der schlechteste, und auch versteckteste, von allen schlechten Metaphysikern; denn ausgerechnet mit der Empirie als solcher selbst geht er nicht angemessen um, weil er sie letztlich nur mißbraucht. Um so verheerender dann aber auch die Folgen für Philosophie, die er zu pflegen vorgibt. Stellt der Empirist sich hiermit doch gerade dahin bloß, daß er Philosophie im Grunde gar nicht will, weil er sie letztlich auch nur scheinbar, nämlich nur zum Zweck von Unphilosophie betreibt. Als dieser Scharlatan vermag er sich hier nämlich nicht einmal mehr hinter Sprache zu verbergen, die er zu »analysieren« vorgibt.

Wie dogmatisch er die Wirklichkeit eines Zugleich von Ursache und Wirkung innerhalb von Wechselwirkung ignoriert, ersehen Sie des weiteren aus folgendem. Schon mehrfach hatte ich Sie darauf hingewiesen, daß er das Verhältnis von Mentalem zu Somatischem auf keinen Fall als ein Verhältnis der Verursachung von etwas in Somatischem durch das Mentale gelten lassen will. Und wie ich Ihnen dabei ferner aufgewiesen habe, führt dies dazu, daß der Empirist trotz allen Aufwands an »Sprachanalyse« jenen Handlungsursprung oder jene Ursprungshandlung einer Absicht letztlich ohne jede Analyse in unendlichem Regreß zurückverlegt, wenn er am Ende beispielsweise sagt: »Ich« sei es, der so wie »mit« seinem Körper auch »mit« seinem Geist ursprünglich handelt. Denn wie dieser Empirist auch selber oft genug verräterischerweise formuliert, läuft dies zuletzt darauf hinaus, daß »die Person« oder »der Mensch« als der oder die »Handelnde«[16] es sei, was dabei »handelt«. Und das ist denn auch nur noch Tautologie, zu der Sie diesen Empiristen wahrlich nicht benötigt hätten. Schließlich ist, was Sie gewinnen möchten, wenn Sie Handlungstheorie betreiben, doch gerade eine Theorie darüber, was denn unter ursprünglichem Handeln zu verstehen sei, wenn nicht einfach Bewegung, wie wir sie empirisch kennen. Und weil als ein Handlungstheoretiker sich nicht einmal ein Empirist dem ganz entziehen kann, muß er auf Möglichkeiten sinnen, wenigstens den Schein solch einer Theorie des Handelns zu erzeugen.

Das versucht er denn auch immer wieder dadurch, daß er feststellt: Was die Absicht oder Intention als Handlungsursprung

16 Vgl. AH 1, S. 89 ff.; AH 2, S. 354, S. 359 f.

oder Ursprungshandlung selbst betrifft, so handeln wir »direkt«[17]. Denn das klingt positiv und damit so, als werde dadurch auch noch eine positive Angabe gemacht, was unter solchem Handeln zu verstehen sei. Der jeweilige Kontext aber zeigt: Auch dabei handelt es sich abermals um jene bloße Negativität, daß wir dabei »nicht indirekt«, das heißt, nicht wieder dadurch handeln, daß wir etwas anderes tun, wodurch wir eine Handlung nur verursachen wie etwa die Bewegung eines Hammers durch die eines Armes. Mit »direkt« ist demnach nur »unmittelbar« gemeint im Sinne von »nicht mittelbar«, so daß das eigentliche Positive dabei nur das »mittelbar« ist, weil dies auch das einzig Positive ist, das Empiristen kennen können: so etwas wie die Bewegung eines Hammers *mittelbar* durch die Bewegung eines Armes. Und nur daran liegt es wieder, daß sie meinen: Eine ursprüngliche Handlung könne nicht eine Verursachung von etwas in Somatischem durch das Mentale sein, die dabei zueinander Andere wären; vielmehr müsse sie in diesem negativen Sinn eine »Direktheit« als »Unmittelbarkeit« bilden, weil die Empiristen meinen, dadurch hätten sie die Ursprungshandlung als Verursachung von Anderem durch Anderes vermieden.

Doch selbst wenn Sie wieder davon absehen wollten, daß auch dies nur nichtssagende Negativität bleibt, könnten Sie nicht übersehen, daß ein Empirist mit solcher Negativität nicht einmal negativ zu seinem Ziel kommt, ja mit ihr am allerwenigsten. Denn das Zugleich von Ursache und Wirkung innerhalb von Wechselwirkung, welches an Direktheit als Unmittelbarkeit nichts zu wünschen übrig läßt, zieht er ja nicht heran, obwohl es das empirische Kausalgeschehen im eigentlichen Sinn ist. So vermag er nicht zu sehen, daß er durch das Negative von Direktheit als Unmittelbarkeit jene ursprüngliche Handlung als Verursachung nicht nur nicht ausschließt, sondern dadurch überhaupt erst richtig einbringt, weil der eigentliche Vollsinn von Verursachung auch überhaupt erst hier am Platz ist. Und so übersieht er ferner, daß er durch das Negative von Direktheit als Unmittelbarkeit auch das zueinander Andere von Ursache und Wirkung innerhalb dieser Verursachung nicht nur nicht ausschließt, sondern dadurch überhaupt erst richtig einbringt. Denn daß Ursache und Wirkung,

17 AH 1, S. 108, S. 109, S. 385 (3x).

wenn sie zueinander ungleichzeitig liegen, zueinander andere Ereignisse bzw. Dinge sind, sagt nicht sehr viel, verglichen damit, daß sie es auch dann sind, wenn sie miteinander gleichzeitig auftreten, nämlich miteinander sich vereinigen zu einer Wechselwirkung als empirischem Kausalgeschehen im eigentlichen Sinn.

Und in der Tat bleibt an Direktheit oder an Unmittelbarkeit nichts zu wünschen übrig, wenn ein Subjekt etwa einen Hammer fest in seiner Hand hält und durch die Bewegung seiner Hand auch die Bewegung dieses Hammers noch verursacht, um ein Hufeisen zu schmieden. Zwischen Hand und Hammer nämlich liegt in diesem Falle nichts dazwischen, nichts zumindest, was dabei, wie dieser Hammer zwischen Hand und Eisen liegt, auch zwischen Hand und Hammer läge. Und genau insofern dabei nichts dazwischen liegt, tritt auch nichts auf, was dabei zwischen der Bewegung dieser Hand und dieses Hammers selbst vermittelte, wie die Bewegung dieses Hammers zwischen der Bewegung dieser Hand und dieses Eisens. Trotzdem aber waltet zwischen beiden das Verhältnis der Verursachung von beiden durcheinander wie auch das der Andersheit von beiden zueinander im genannten eigentlichen Sinn der Empirie jenes Zugleich von Wechselwirkung.

Daran sehen Sie sofort: Sein Rückzug auf Direktheit als Unmittelbarkeit leistet jenem Empiristen nicht im mindesten, was er dadurch erreichen möchte, nämlich nicht auch zwischen dem Mentalen und Somatischen eine Verursachung und damit eine Andersheit noch ansetzen zu müssen. Dies erreicht er vielmehr nur zum Schein, indem er nämlich das Zugleich von Wechselwirkung als Direktheit oder als Unmittelbarkeit zwischen zueinander anderer Ursache und Wirkung schon im Fall von Empirie einfach vernachlässigt[18]. Auf diese Weise aber bringt der Empirist sich selbst um jede Möglichkeit der Einsicht, was zur Lösung jener Problematik eigentlich geboten wäre. Eben dafür nämlich könnte dieser Fall eines empirischen Zugleich von zueinander anderer

18 Und wird er von der Sache selbst einmal geradezu darauf gestoßen, gibt er die Dogmatik der Vernachlässigung dieser Möglichkeit nicht etwa auf. Er führt sie vielmehr unbekümmert weiter: Wenn die Absicht einer Handlung zeitlich nicht vor dieser Handlung liegt, sondern mit ihr zugleich ist, dann ist diese Absicht auch erst recht »nicht Ursache für diese Handlung«: wie zum Beispiel dann, wenn man »beim Autofahren plötzlich und absichtlich auf das Bremspedal tritt«. AH 2, S. 350f.

Ursache und Wirkung innerhalb von Wechselwirkung lehrreich sein. Denn wie aus ihm für Sie ersichtlich ist, wäre dazu erforderlich, den Sinn einer Verursachung von etwas durch etwas, und damit auch den einer Andersheit von etwas gegenüber etwas, sich gerade nicht von Empirie diktieren zu lassen, nur um ihn sodann in äußerstem Gehorsam gegen dies Diktat auch wieder fallen zu lassen. Denn er müßte ja der Sinn empirisch zueinander anderer Dinge und Ereignisse sein, der dem Nichtempirischen der Ursprungshandlung nicht entsprechen könnte. Nötig wäre vielmehr umgekehrt, gerade gegen Empirie den Sinn einer Verursachung von etwas durch etwas, und damit auch den einer Andersheit von etwas gegenüber etwas, festzuhalten, um herauszufinden, ob nicht eine Möglichkeit bestünde, dies Verhältnis anzusetzen, ohne es bloß deshalb auch sogleich im Sinne des empirischen Verhältnisses zwischen Ereignis und Ereignis oder zwischen Ding und Ding als mehreren Identitäten aufzufassen. Und das liefe eben abermals auf den Versuch hinaus, es als Verhältnis zwischen Differenzen innerhalb von einer einzigen Identität zu denken, worauf wir uns schon im vorigen verwiesen sahen.

Nicht zu übersehen nämlich ist, daß die Direktheit als Unmittelbarkeit einer Ursprungshandlung, worauf sich der Empirist zurückziehen möchte, diesbezüglich ganz besonders aufschlußreich ist. Zwar gehört auch diese Ärmlichkeit, wonach ich dabei einfach »direkt« handle, in die Reihe jener Ärmlichkeiten, daß ich eine Ursprungshandlung einfach »tue« oder daß es einfach »ich« als »die Person« oder »der Mensch« oder »der Handelnde« bin, der sie tut. Vor ihnen aber zeichnet sie der Empirist auch wieder dadurch aus, daß er versucht, sie zu begründen. Dies sei deshalb so, weil Ursprungshandlungen »etwas ganz Einfaches« darstellen: »Sie setzen sich aus nichts zusammen, was elementarer wäre als sie selbst, sondern sie bilden ihrerseits die letzten einfachen Elemente, aus denen sich andere ... zusammensetzen«[19]. Aufschluß nämlich gibt diese Begründung diesbezüglich dadurch, daß mit Handlungen, die sich danach aus andern Handlungen zusammensetzen sollen, solche Handlungen gemeint sind wie zum Beispiel die Bewegung eines Hammers mittels der Bewegung eines Armes durch ein Subjekt, weil die letztere die erstere dabei verursacht.

19 AH 1, S. 105.

Eine solche Handlung insgesamt jedoch in dem Sinn als etwas Zusammengesetztes aufzufassen, daß sie sich aus andern Handlungen zusammensetze, ist sogleich in mehr als einer Hinsicht unhaltbar. Denn wo ist hier die andere Handlung, welche mit der einen, mit der Armbewegung als der angeblichen Ursprungshandlung, sich zusammensetzte?[20] Die Bewegung jenes Hammers nämlich kann auf keinen Fall dafür in Frage kommen, weil sie eine Handlung überhaupt nur dadurch ist, daß die Bewegung dieses Armes eine Handlung ist; denn wäre diese keine, wäre zweifellos auch jene keine. Nicht jedoch ist jene etwa darin eine Handlung, daß auch sie, wie die Bewegung dieses Armes eine Handlung ist, noch eine Handlung wäre und in diesem Sinn sonach auch eine andere solche Handlung. Daran ändert sich mithin auch dadurch nichts, daß die Bewegung jenes Hammers zweifellos verursacht ist durch die Bewegung dieses Armes und in solchem Sinn sonach tatsächlich eine andere Bewegung ist als die Bewegung dieses Armes.

Daraus folgt vielmehr im Gegenteil für jeden solchen Fall: Verursacht eine Handlung durch eine Bewegung wie zum Beispiel die Bewegung eines Armes eine andere Bewegung wie zum Beispiel die Bewegung eines Hammers, so wird diese dadurch nicht etwa zu einer anderen, zweiten Handlung gegenüber jener einen, ersten Handlung; vielmehr wird sie dadurch gleichsam zur Verlängerung von jener einen, ersten Handlung selbst, die eben darum auch gerade eine einzige und selbige und einfache sein muß: als Handlung nämlich, weil sie sich gerade nicht aus Handlungen zusammensetzen kann. Und die Verlängerung zu einer solchen Handlung reicht in einem solchen Fall nicht einmal nur bis zur Bewegung

20 Die Bewegung eines Armes, mittels derer die Bewegung eines Hammers statthat, wie etwa das Schwingen eines Hammers, dürfen Sie dabei ja nicht als so etwas wie das Ergreifen eines Hammers mittels der Bewegung eines Armes mißverstehen. Gegenüber dem Ergreifen eines Hammers mittels der Bewegung eines Armes nämlich ist das Schwingen eines Hammers mittels der Bewegung eines Armes ohne Zweifel eine weitere und damit andere Handlung. Doch nicht zufällig sind diese beiden dann auch zeitlich nacheinander und ist dann für jede dieser beiden auch ein eigenes Verb verfügbar. Wohingegen ebenfalls nicht zufällig im Fall des Schwingens eines Hammers zwischen der Bewegung eines Armes und der dieses Hammers zeitlich ein Zugleich besteht und keineswegs für jede dieser beiden auch ein eigenes Verb noch zur Verfügung steht.

dieses Hammers mittels der Bewegung dieses Armes, sondern mindestens bis zur Bewegung jenes Eisens mittels der Bewegung dieses Hammers mittels der Bewegung dieses Armes. Und so kann dabei von einer zweiten Handlung oder gar von einer dritten Handlung zusätzlich zu dieser ersten als der angeblichen Ursprungshandlung schlechthin keine Rede sein. Dann aber auch erst recht nicht davon, diese angebliche zweite oder dritte sei gleich dieser ersten etwa eine angebliche Ursprungshandlung, wie der Empirist sogar vertreten müßte, weil er ja der Meinung ist, daß jene Handlung als etwas Zusammengesetztes sich nicht nur aus Handlungen, sondern recht eigentlich aus Ursprungshandlungen zusammensetzt.

An all dem aber sehen Sie Schlag auf Schlag: Ist es auch Unsinn, hat es doch Methode. So verfährt, wer als ein Empirist den Dingen und Ereignissen als den Objekten so verfällt, daß er auch in Subjekten nur Objekte wie die Dinge und Ereignisse zu sehen vermag. Der Grund dafür, daß statt einer Zusammensetzung einer Handlung mit noch einer, oder gar noch mehr als einer, anderen Handlung hier vielmehr eine Verlängerung von einer einzigen und selbigen und einfachen zu einer Handlungsganzheit vor sich geht, liegt nämlich wieder einmal nur in jener Geistesganzheit. Nur als diese ist ein Subjekt jene Geistesgegenwart bei all dem, von all dem es sich als das Mentale des Bewußtseins einer Absicht insgesamt Erfolg verspricht: bei Arm und Hammer und auch Eisen. Nicht jedoch ist es in einem solchen Fall normalerweise etwa auch noch bei der Luft zum Beispiel, die durch die Bewegung dieses Armes oder Hammers oder Eisens ebenfalls bewegt, nämlich verdrängt wird, aber ohne daß deren Bewegung deshalb ebenfalls noch Handlung wäre. Und auch dies ist sie nur darum nicht, weil ein Subjekt als das Mentale von Bewußtsein solcher Absicht dabei in der Regel eben nicht auch noch auf sie sich richtet.

Innerhalb von einer solchen Handlungsganzheit waltet denn auch ein Verhältnis, das von dem einer Zusammensetzung einer Handlung mit noch einer, oder gar mit mehr als einer, anderen Handlung sich von Grund auf unterscheidet. Nicht etwa setzt darin eine Ursprungshandlung mit noch einer andern Handlung, oder gar mit einer weiteren Ursprungshandlung, sich zusammen, sondern dies entpuppt sich als Gedankenlosigkeit, die ihresgleichen sucht. Es legt sich darin vielmehr eine Ursprungshandlung insgesamt zugrunde, die aus all dem, was sie als ursprüngliche Verursachung im vorgenannten Sinn bewirkt, die Ganzheit einer Handlung macht und damit einer einzigen und selbigen und einfachen. Zwar sind ein Arm, ein Hammer und ein Eisen zueinander andere Dinge und auch die Bewegung eines Armes, eines Hammers oder eines Eisens zueinander andere Ereignisse, bloß deshalb aber nicht sogleich auch zueinander andere Handlungen. Sie gehen vielmehr in eine Ursprungshandlung, welche ihnen durch und durch zugrunde liegt, gerade so ein, daß sie diese dadurch hergestellte Handlungsganzheit ihrer Einzigkeit und Selbigkeit und Einfachheit nach nicht etwa beeinträchtigen, sondern inhaltlich gerade gliedern: Je nach dem, was in sie eingeht, handelt es sich dabei eben um das Schmieden eines Hufeisens, und nicht um das eines Hufnagels, oder um das Schwingen eines Hammers, und nicht eines Hämmerchens, bzw. um ein Schwingen mittels beider Arme, und nicht mittels eines Armes, und dergleichen.

Was der Empirist verkennt, wenn er vermeint, daß solche Handlungen Zusammensetzungen aus Handlungen sein müßten, ist infolgedessen nichts geringeres, als daß schon hier statt des Verhältnisses von Differenzen zwischen mehreren Identitäten vielmehr das von Differenzen innerhalb von einer einzigen Identität bestehen muß. Schon hier, wo es sich in der Tat um das Verhältnis von empirisch zueinander anderen Dingen handelt oder von empirisch zueinander anderen Ereignissen, die Ursache bzw. Wirkung voneinander sind, wie die Bewegungen von Arm, von Hammer und von Eisen, können sie nur Differenzen innerhalb von einer einzigen Identität sein: innerhalb der Einzigkeit und Selbigkeit und Einfachheit von einer Handlung. Daß es sich dabei um Differenzen von empirisch zueinander anderen Dingen und Ereignissen als mehreren Identitäten handelt, ändert daran nämlich, daß als Handlung diese eine einzige Identität ist, überhaupt nichts.

Und das heißt: Schon hier, wo es sich ohne Zweifel um empirische Verursachung von etwas Anderem durch etwas Anderes handelt, folgt daraus in keiner Weise, daß dies dann zwei zueinander andere Handlungen sein müßten, deren eine Ursache und deren andere Wirkung wäre, und die dann auch nur empirisch zueinander andere Handlungen sein könnten. Vielmehr folgt dies nur als Fehlschluß für den Empiristen, der in all dem nur Empirisches wie Dinge und Ereignisse erblicken kann und darum das

Besondere einer Handlung als etwas gerade Nichtempirisches in all dem auch verfehlen muß. Denn daß dabei durch das Empirische von solchen Dingen und Ereignissen hindurch das Nichtempirische von Subjektivität als das Mentale des Bewußtseins einer Absicht oder Intention ergeht, das ist und bleibt dabei nun einmal nichts empirisch Feststellbares. Vielmehr ist und bleibt dies dabei nur ein nichtempirisch Denkbares: seinem Woher- genauso wie seinem Wohin- und so erst recht auch diesem seinem Durch und durch-Ergehen nach.

Im Rahmen dieses Nichtempirischen von einer Handlungsganzheit also ist sogar schon das empirische Verhältnis der empirischen Verursachung empirisch zueinander anderer Dinge und Ereignisse als ein Verhältnis zwischen Differenzen innerhalb von einer einzigen Identität zu denken. Doch erst recht ist solcherart Verhältnis dann auch dort schon anzusetzen, wo es sich im Rahmen dieses Nichtempirischen um ein empirisches Verhältnis der empirischen Verursachung empirisch zueinander anderer Dinge und Ereignisse noch gar nicht handeln kann, wie an der Ursprungsstelle jener Ursprungshandlung. Denn ein zweites Ding oder Ereignis, das als ein empirisches dies auch nur fraglich machen könnte, liegt hier gar nicht vor. Verhält doch ein Subjekt als das Mentale von Bewußtsein einer Absicht sich zu seinem Körper als Somatischem oder Empirischem gerade nicht auch selbst wie ein Somatisches oder Empirisches, so daß hier auch noch gar nichts auftritt, was zu dieser einen noch als weitere und damit andere empirische Identität auch nur in Frage käme. Eine Differenz dazwischen kann danach vielmehr erst recht nur eine innerhalb von einer einzigen Identität sein: eben eine innerhalb der einzigen empirischen Identität des jeweils eigenen Körpers eines Subjekts.

Und zumindest eine Differenz muß innerhalb der einzigen empirischen Identität des jeweils eigenen Körpers eines Subjekts in der Tat bestehen, nämlich diejenige zwischen dem Mentalen als Bewußtsein einer Absicht oder Intention und dem Somatischen, das ihr gehorcht oder auch nicht. Genau in diesem Sinn muß diese Differenz dann aber auch schon diejenige zwischen einer Ursache und einer Wirkung sein. Infolgedessen muß es sich auch hier an dieser Ursprungsstelle einer Ursprungshandlung schon um eine Handlungsganzheit der Verursachung von etwas Anderem durch etwas Anderes handeln und nicht etwa dort erst, wo ein Subjekt durch den eigenen Körper auch noch andere Körper in Bewegung oder Ruhe setzt bzw. hält. Und diese Differenz kann dann auch nur in derjenigen zwischen einer Ursache als etwas Nichtempirischem und einer Wirkung als etwas Empirischem bestehen, weil ein Subjekt seinen eigenen Körper eben ursprünglich gerade nicht durch einen Körper in Bewegung oder Ruhe setzt bzw. hält, sondern durch sich als das Mentale von Bewußtsein einer Absicht oder Intention.

Bereits für eine angebliche Ursprungshandlung, wie das ursprüngliche In Bewegung oder Ruhe-Setzen oder -Halten seines eigenen Körpers durch ein Subjekt, folgt sonach in keiner Weise, daß sie deshalb, weil sie etwas Einziges und Selbiges und Einfaches sein muß, auch etwas schlechthin Einziges und Selbiges und Einfaches sein müßte, das in keinem Sinn in sich komplex bzw. different sein könnte, wie der Empirist vermeint. Es folgt für sie vielmehr nur: In sich different oder komplex kann sie nicht dadurch sein, daß sie aus mehr als einer Handlung sich zusammensetzte. Und tatsächlich ist bei einem ursprünglichen In Bewegung oder Ruhe-Setzen oder -Halten seines eigenen Körpers durch ein Subjekt ja das In Bewegung oder Ruhe-Kommen oder -Bleiben dieses Körpers für sich selbst genausowenig eine Handlung wie jene Bewegung eines Hammers. Für sich selbst ist beides vielmehr bloß die Wirkung einer Ursache, und nur, wenn diese eine Handlung ist, ist es auch jene. Und so ist auch in der Tat das In Bewegung oder Ruhe-Kommen oder -Bleiben dieses Körpers eines Subjekts gegenüber diesem Subjekt als der Absicht eines In Bewegung oder Ruhe-Setzens oder -Haltens seines Körpers mindestens insoweit etwas Anderes, als es im Unterschied zu ihr schon ein Erfolg bzw. Mißerfolg von ihr sein kann, sie selbst dagegen nicht.

Schon eine solche angebliche Ursprungshandlung muß mithin genau in diesem Sinn von Ursache und Wirkung in sich selbst komplex bzw. different sein, ohne daß sie dies im Sinn einer Zusammensetzung aus zwei Handlungen sein kann. Sie kann dies vielmehr nur im Sinn von Differenz und Komplexion im Rahmen einer einzigen Identität und Einfachheit als einer Handlungsganzheit sein. Das heißt: Es kann gar keine Rede davon sein, daß eine solche angebliche Ursprungshandlung, nur weil sie eine Identität und Einfachheit sein muß, dies etwa so sein müßte, daß sie dann ausschließlich eine Ursache sein könnte und in keinem Sinn auch eine Wirkung, die vielmehr ausschließlich etwas außerhalb von ihr sein könnte. Eben darauf nämlich will der Empirist hinaus, wenn er dafürhält, eine solche angebliche Ursprungshandlung gehe dahin, daß wir dabei »direkt handeln« oder etwas »einfach tun«.

Als eine einzige Identität und Einfachheit muß danach vielmehr auch schon eine solche angebliche Ursprungshandlung eine Ursache und eine Wirkung innerhalb von sich vereinigen und damit eine Handlungsganzheit bilden. Und als diese muß sie sich dann auch mit jener andern Handlungsganzheit, wie zum Beispiel der Bewegung eines Hammers durch die eines Armes, mindestens vergleichen lassen, nämlich insoweit auch dabei die Identität und Einfachheit von einer Handlung vorliegt. Und zumindest dann liegt diese auch tatsächlich vor, wenn dabei ein Zugleich von Ursache und Wirkung innerhalb von einer Wechselwirkung zwischen der Bewegung dieses Armes und der dieses Hammers statthat. Denn auch jeder solche Fall läßt an Direktheit als Unmittelbarkeit einer Handlung nichts zu wünschen übrig, weil Vereinigung von Ursache und Wirkung innerhalb von einer Wechselwirkung daran überhaupt nichts ändert.

Nur daß jene Empiristen eben keinen solchen Fall dabei berücksichtigen, der als Fall einer Beschleunigung von etwas durch etwas sogar der eigentliche Fall einer empirischen Verursachung von etwas ist, und so sich das Entscheidende entgehen lassen: Daß es sich bei jener angeblichen Ursprungshandlung um eine Identität und Einfachheit im Sinne der Direktheit als Unmittelbarkeit handeln soll, das stellt in keiner Weise sicher, daß es sich dabei nicht um eine Vereinigung von Ursache und Wirkung und so auch nicht um eine Vereinigung von mindest zwei Ereignissen bzw. Dingen handelt, sondern nur um eine Ursache und so auch nur um ein Ereignis oder Ding. Entscheidend aber ist das deshalb, weil daraus hervorgeht, daß es gar nicht darauf ankommt, das *Verhältnis* der *Verursachung* von etwas *Anderem* durch etwas *Anderes* loszuwerden, wie der Empirist dies untauglicherweise durch dogmatische Beschränkung auf das Nacheinander, nämlich durch dogmatische Vernachlässigung des Zugleich von Ursache und Wirkung unternimmt. Worauf es ankommt, wäre vielmehr, das *empirische* Verhältnis der *empirischen* Verursachung *empirisch* zueinander anderer *Ereignisse* bzw. *Dinge* loszuwerden, sprich: zugunsten eines *nichtempirischen* Verhältnisses der *nichtempirischen* Verursachung von etwas Anderem durch etwas Anderes, die zueinander sich gerade nicht wie das Empirische von Dingen und Ereignissen verhalten. Denn als etwas Nichtempirisches steht das Mentale von Bewußtsein einer Absicht eines Subjekts zum Somatischen als dem Empirischen des eigenen Körpers auch tatsächlich nur in einem nichtempirischen Verhältnis. Ein empirisches Verhältnis nämlich kann nur dort bestehen, wo auch ein jedes Glied dieses Verhältnisses etwas Empirisches ist, wie zum Beispiel Arm und Hammer. So genügt es denn auch schon, wenn eines dieser Glieder etwas Nichtempirisches ist, wie Mentales gegenüber dem Somatischen als dem Empirischen, daß sein Verhältnis gegenüber dem Somatischen als dem Empirischen auch selbst zu einem nichtempirischen Verhältnis wird.

Genau in diesem Sinne aber müßte dann auch schon im Rahmen einer angeblichen Ursprungshandlung zwischen dem Mentalen und Somatischen das nichtempirische Verhältnis einer nichtempirischen Direktheit oder einer nichtempirischen Unmittelbarkeit des Mentalen zum Somatischen bestehen. Könnte sich doch das Mentale zum Somatischen als dem Empirischen darin gerade nicht so wie ein anderes Somatisches als anderes Empirisches verhalten. Deshalb müßte die Direktheit als Unmittelbarkeit des Mentalen zum Somatischen darin auch schon als solche selbst von so besonderer Art sein, daß sie jegliche Direktheit als Unmittelbarkeit, die bloß eine zwischen Ding und Ding oder Ereignis und Ereignis wäre, *als* Direktheit oder *als* Unmittelbarkeit sozusagen überböte.

Und tatsächlich muß, wie Sie schon eingesehen haben, ein Subjekt als das Mentale von Bewußtsein einer Absicht oder Intention mit dem Somatischen des eigenen Körpers je und je auf eine Art zugleich sein, die sich gegenüber dieser Art eines Zugleich von Ding und Ding oder Ereignis und Ereignis als der Ursache bzw. Wirkung innerhalb von einer Wechselwirkung unterscheidet, und zwar von Grund auf. Denn jene volle Geistesgegenwart bei seinem Körper, ja sogar auch noch bei anderen Körpern, ist ein Subjekt nicht nur, wenn es ihn bzw. sie beschleunigt, wie im Fall eines Zugleich von Ursache und Wirkung innerhalb von einer Wechselwirkung zwischen Ding und Ding oder Ereignis und Ereignis. Vielmehr ist ein Subjekt solche volle Geistesgegenwart auch dann noch, wenn es ihn bzw. sie gerade unbeschleunigt läßt, um dadurch etwas zu erreichen: Kann im Fall der Nichtbeschleunigung doch zwischen einem *bloßen* Ding oder Ereignis als der Ursache und einem anderen *bloßen* Ding oder Ereignis als der Wirkung auch nur das Verhältnis eines Nacheinander walten. Und schon diese grundsätzliche Gleichzeitigkeit von Mentalem mit Somatischem ist eine Weise der Direktheit als Unmittelbarkeit von Mentalem zu Somatischem, die jene zwischen bloßem Ding und Ding oder Ereignis und Ereignis *als* Direktheit oder *als* Unmittelbarkeit in der Tat von Grund auf überbietet.

Eine solche aber müßte sich dann auch erst recht noch innerhalb von jener eigentlichen Ursprungshandlung denken lassen, nämlich innerhalb von ihr als der Identität und Einfachheit von einer Handlungsganzheit, die im Unterschied zu dieser angeblichen Ursprungshandlung nicht einmal ein einziges Somatisches oder Empirisches in sich umfaßt, geschweige sogar mehr als eines, wie etwa die Handlungsganzheit der Bewegung eines Hammers durch die eines Armes. Anders nämlich als die angebliche kann die eigentliche Ursprungshandlung ja nicht auch noch das Somatische als das Empirische des eigenen Körpers in sich mitumfassen. Vielmehr kann sie nur als das Mentale des Bewußtseins einer Absicht oder Intention des Subjekts selbst auftreten, weil Somatisches, das diesbezüglich als Gehorchendes bzw. Nichtgehorchendes auftritt, bereits Erfolg bzw. Mißerfolg desselben ist und damit etwas Anderes als es. Und dennoch muß auch diese eigentliche Ursprungshandlung innerhalb von sich als der Identität und Einfachheit von einer Handlungsganzheit eine Differenz und Komplexion von Ursache und Wirkung noch umfassen: auch wenn es sich dabei nicht nur nicht um eine zwischen dem Somatischen von Ding und Ding oder Ereignis und Ereignis handeln kann, wie zwischen Arm und Hammer, sondern nicht einmal um eine zwischen dem Mentalen und Somatischen, wie zwischen dem Subjekt und seinem Körper.

Diese eigentliche Ursprungshandlung nämlich kann dann nur als das Mentale von Bewußtsein einer Absicht selbst ergehen: nur dadurch, daß dabei als ein Subjekt in jedem Fall »ich mich in mir« bewege, das heißt einerlei, ob oder wie ich dadurch auch noch meinen Körper oder durch ihn auch noch andere Körper in Bewegung oder Ruhe setze oder halte, nämlich ob erfolgreich oder nicht. Und so gewiß dabei durch das »ich mich« nichts Tautologisch-Uninformatives ausgedrückt sein kann, muß dabei zwischen dem, was mittels »ich«, und dem, was mittels »mich« bezeichnet wird, die Differenz und Komplexion bestehen von Ursache und Wirkung: auch wenn sie allein »in mir« bestehen kann als der Identität und Einfachheit der Handlungsganzheit dieser eigentlichen Ursprungshandlung. Zwischen dem, was mittels »ich«, und dem, was mittels »mich« zum Ausdruck kommt, muß dann jedoch trotz aller Differenz und Komplexion von Ursache und Wirkung auch erst recht noch ein Verhältnis walten, welches an Direktheit und Unmittelbarkeit dem Verhältnis zwischen Ursache und Wirkung, wie es innerhalb von einer angeblichen Ursprungshandlung zwischen dem Mentalen und Somatischen besteht, nicht nachstehen kann. Denn ein Zugleich muß danach nicht nur zwischen dem Mentalen und Somatischen bestehen, sprich, zwischen mir und meinem Körper, sondern auch erst recht noch innerhalb dieses Mentalen zwischen dem, was mittels »ich«, und dem, was mittels »mich« bezeichnet wird, weil beides ja »in mir« bestehen muß. Im ganzen also muß es sich bei solcher Selbstbewegung auch um das Zugleich von Selbstverwirklichung als Selbstverursachung und Fremdverwirklichung als Fremdverursachung ineinem handeln: um die Absicht oder Intention von In Bewegung oder Ruhe-Setzen oder -Halten eines oder sogar mehr als eines Körpers. Damit aber stellt sich eben jenes bisher ungelöste Grundproblem, wie solches Nichtempirische inmitten von Empirischem sich widerspruchsfrei denken lassen könnte.

Daß dies nicht von vornherein schon aussichtslos sein kann, wird Ihnen einsichtig, wenn Sie genauer in Erwägung ziehen, was jener Empirist dabei des weiteren dogmatisch ignoriert, daß nämlich das Empirische von Dingen und Ereignissen, dem er verfallen ist, als solches selbst gerade etwas Nichtempirisches in sich enthält, das dem gesuchten zum Modell gereichen könnte. Wie ich Ihnen mehrfach schon im vorigen verdeutlicht habe, muß die Eigenschaft von einem Ding als etwas innerhalb von diesem Ding sich gegenüber diesem Ding zwar unterscheiden, doch nicht etwa in dem Sinn, als wäre sie so wie ein Teil von diesem Ding auch selbst ein Ding, so daß sie innerhalb von diesem Ding sich wie ein Teil von andern Teilen dieses Dinges unterschiede. Ist ein Ding zum Beispiel rot, so ist die Eigenschaft der Röte, die es dabei hat, nicht etwas, das von ihm zum Beispiel so sich unterschiede, wie der Arm an meinem Körper sich von andern Teilen meines Körpers unterscheidet: eben nicht wie Ding von Ding.

Dies aber stürzt – wie schon seit jeher, so auch noch bis heute – jeden Empiristen in die größten Peinlichkeiten. Denn in aller Klarheit geht daraus hervor, daß eine Eigenschaft von einem Ding sich dann von diesem Ding auch nicht empirisch unterscheiden kann, sondern gerade nichtempirisch unterscheiden muß, weil ja in jedem Falle unterscheiden muß, da sie in jedem Falle auch zu diesem Ding als dem Empirischen gehören muß. Und so kann eine Eigenschaft von einem Ding zu diesem Ding auch nur in einem nichtempirischen Verhältnis stehen, das sich von dem empirischen Verhältnis zwischen Teil und Teil von einem Ding und damit zwischen Ding und Ding von Grund auf unterscheiden muß. Und so muß in Gestalt von ersterem Verhältnis denn auch schon inmitten des Empirischen, inmitten jedes Dings, gerade etwas Nichtempirisches bestehen, das ihm als dem Empirischen auch notwendig zugrunde liegen muß. Denn jedes Ding, ob nun als ganzes oder nur als Teil von einem ganzen, läßt sich als etwas Empirisches doch nur ermitteln durch die Eigenschaften, welche an ihm entweder bestehen oder wechseln, nämlich wenn es ein Ereignis ist.

Der Peinlichkeit, die solche Offenkundigkeit von Nichtempirischem inmitten des Empirischen dem Empiristen schafft, sucht er sich freilich gleichfalls immer wieder einfach zu entziehen, indem er sie dogmatisch ignoriert: Von einem nichtempirischen Verhältnis zwischen einem Ding und seinen Eigenschaften könne keine Rede sein, weil jedes Ding ja letztlich nur ein »Bündel« solcher Eigenschaften sei wie Röte, Härte, Schwere usw.[21] und mithin auch nur eine Zusammensetzung daraus, über die hinaus nichts anderes dabei als Ding zugrunde liege. Daß er damit diese Eigenschaften nicht nur kurzerhand als Teile auffaßt und sonach verdinglicht, sondern daß sich eben deshalb auch für jeden dieser angeblichen Teile jene Peinlichkeit erneuern würde, scheint den Empiristen dabei nicht zu stören, und auch nicht, daß er auf diese Weise jenen Fehler Platons wiederholt, den Aristoteles bereits berichtigt hat, wenngleich nur negativ[22].

21 Vgl. z.B. B.Russell, *An Inquiry into Meaning and Truth*, London 1940, 7.Aufl. 1966, S. 97.

22 Vgl. *Die Welt und wir*, Bd.1, S. 31ff., S. 40f.

Wie unhaltbar dies alles ist, geht denn auch klar für Sie daraus hervor, daß jedes Ding zumindest eine Art von Eigenschaft besitzen muß, die auch noch den dogmatischsten der Empiristen eines Besseren belehren könnte, wenn er sie beachten würde. Denn auch noch die Form, die jedes Ding besitzt, ist eine Eigenschaft desselben, wie etwa die Kugelform, durch die es in genau demselben Sinne rund ist wie durch seine Röte rot und seine Härte hart und seine Schwere schwer. Und zwar ist rund und rot und hart und schwer dabei dasselbe Ding und nicht etwa die jeweils andere Eigenschaft als angeblicher Teil. Sonst wäre nämlich wieder einmal ein unendlicher Regreß im Gange, was der Empirist jedoch desgleichen übersieht. Und mindestens an solcher Form wird offenkundig unabweisbar, daß ein Ding durchaus nicht »Bündel« seiner Eigenschaften ist, aus denen es sich wie aus seinen Teilen zusammensetzen würde: Eine Form besitzt ein Ding nun einmal ganz gewiß nicht so wie einen Teil, was selbst für einen Empiristen vollends deutlich werden müßte, wenn ein Ding gerade ein Ereignis ist, indem es eine Form bekommt oder verliert. Denn eine Form bekommt oder verliert ein Ding nun einmal ganz gewiß nicht so wie einen Teil, auch dann nicht, wenn es eine Form bekommt oder verliert, *indem* es einen Teil bekommt oder verliert, wie Masse oder Energie, nämlich indem es dadurch *umgeformt* wird.

Mindestens an solcher Form tritt Ihnen denn auch Zug um Zug vor Augen, was dem Empiristen Zug um Zug entgeht, weil er nur Augen fürs Empirische besitzt und so sogar das am Empirischen bestehende Nichtempirische verfehlt. Denn eine Form ist ohne Zweifel etwas, das zu einem Ding als solchem, als Empirischem, dazugehört, und zwar so wesentlich, daß es das, was es ist, zum Beispiel eine Kugel, nur durch solche Form ist. Dennoch ist sie keineswegs wie solch ein Ding auch ihrerseits etwas Empirisches: eben kein Teil, sondern gerade eine Eigenschaft desselben. Nur ein Ding als ganzes – wie auch nur ein Teil von ihm als ganzer, nämlich mit der Form als Eigenschaft zusammen – ist etwas Empirisches, wogegen seine Form bzw. seine Eigenschaft als solche und mithin auch ihr Verhältnis zu ihm etwas Nichtempirisches ist innerhalb von ihm als dem Empirischen.

Genau entsprechend aber ist dann eine Form als eine Eigenschaft an einem Ding auch so direkt oder unmittelbar an diesem

Ding, wie es ein Ding grundsätzlich nicht vermag. Denn mag ein Ding auch noch so nah an diesem Ding sein, beispielsweise dadurch, daß es dieses Ding berührt, wie etwa, wenn es innerhalb von einer Wechselwirkung mit ihm eben wechselwirkt, so bleibt doch die Direktheit als Unmittelbarkeit zwischen diesen Dingen zweifellos von Grund auf hinter der Direktheit als Unmittelbarkeit zwischen einem Ding und seiner Form als seiner Eigenschaft zurück. Gehört doch, trotz seiner Direktheit als Unmittelbarkeit zu ihm, solch ein Ding nicht so zu diesem Ding dazu, wie dessen Form als dessen Eigenschaft zu ihm dazugehört. Gerade innerhalb von Empirie heißt nämlich, eine solche Form als eine solche Eigenschaft erblicken, dieses Ding als solches selbst und nicht etwa ein anderes Ding erblicken.

So jedoch geht Ihnen, wie es schlagender kaum denkbar ist, noch weiter auf, daß jedes Ding als das Empirische, auf das der Empirist so festgelegt ist, schon das Beispiel eines Dualismus ist, wie er dualer gar nicht sein kann: eben der von Nichtempirischem inmitten von Empirischem. Entsprechend kann auch das Verhältnis zwischen beidem jeweils nur ein nichtempirisches Verhältnis sein: das von »Substanz und Akzidens«, in welchem Sinn auch immer es erklärlich werden mag[23]. Dann aber wäre es durchaus nicht schon von vornherein als Unsinn abzuweisen, träte auch jenes Mentale von Bewußtsein einer Absicht noch als etwas Nichtempirisches in einem solchen nichtempirischen Verhältnis nichtempirischer Direktheit und Unmittelbarkeit zum Somatischen als dem Empirischen auf, wie schon jede Form bzw. Eigenschaft desselben. Ganz im Gegenteil: Das letztere Verhältnis kann dann für das erstere geradezu Modell sein, was ein Empirist jedoch desgleichen nicht zu sehen vermag.

Genau in dieser Hinsicht ist denn auch sogar schon Aristoteles dem Empiristen überlegen, wenn er grundsätzlich erfaßt: *anima forma corporis.* Denn einen Fehler wie den der *res cogitans* Descartes' hat Aristoteles auf diese Weise schon von vornherein vermieden und so auch dem Empiristen seinen Vorwand für den Empirismus schon von vornherein entzogen. Darum gilt es auch gerade eine Theorie zu finden, die verständlich macht, in welchem

23 Vgl. unten § 12, S. 456ff.

Sinn von Form dies in der Tat der Fall sein könnte[24]. Nur kann einem Empiristen freilich gar nicht erst vor Augen treten, daß es aussichtsreich sein könnte, nach so etwas auszuschauen. Denn vor lauter Empirie geblendet, muß ein Empirist für so etwas vielmehr auf beiden Augen blind sein, weil es sich bei ihnen nur um Körper-Augen handelt, die als körperliche auch nur die für Körperliches sind. Ausschließlich für das eine Geistes-Auge, das als geistiges auch das für Geistiges ist, kann dies einzusehen sein, eben ausschließlich für Denken. Und so werden wir das Denken denn auch anzustrengen haben, um nach dem Modell des einen nichtempirischen Verhältnisses, das für sich selbst spricht, auch noch andere nichtempirische Verhältnisse auf den Begriff zu bringen.

24 Vgl. unten §§ 7–9.

§ 3. Der Empirist als Gegner unserer Freiheit

Die Kritik am Empirismus, die ich Ihnen bisher vorgetragen habe, reicht indes noch längst nicht aus. Geht es bei ihr doch letztlich darum, jenes Subjekt oder jenen Geist recht eigentlich als Freiheit zu begründen. Denn allein als Freiheit kann ein Geist oder ein Subjekt jener Handlungsursprung oder jene Ursprungshandlung sein, worin so etwas wie ein Handeln seinen wesentlichen Grund hat und mithin auch eine Theorie des Handelns ihren wesentlichen Gegenstand. Kein Zufall war es demgemäß, daß jene Ursprungshandlung oder jener Handlungsursprung schon im vorigen gelegentlich als »Willensakt« zur Sprache kam, weil damit letztlich auch nur *Freiheitsakt* gemeint sein kann im Sinn von Akt des *freien* Willens oder Akt der Willens*freiheit*. Nur vermag ein Empirist mit einem Subjekt oder Geist *als Freiheit* dann erst recht nichts anzufangen, denn *als Freiheit* ist ein Subjekt oder Geist empirisch auch erst recht nicht einfach festzustellen oder vorzufinden. Und so kann, was solche Freiheit angeht, jener Empirismus auch erst recht nur noch zum Trauerspiel geraten, und zwar um so mehr, als man dabei zunächst durchaus bereit ist, unserem Selbstverständnis stattzugeben.

So verstehen wir uns jeweils selbst sowohl wie jedes andere Subjekt zumindest dann als eines, das aus Freiheit handelt, wenn wir davon ausgehen, daß es dabei je und je auch anders hätte handeln können: Unserem Selbstverständnis nach sind wir aus Freiheit handelnde Subjekte darin, daß wir etwas, das wir tun, auch hätten unterlassen können, oder umgekehrt, weil *nichts* uns dazu *zwingt*, etwas zu tun oder zu unterlassen, wenn wir etwas tun bzw. unterlassen, und das heißt: wenn wir aus Freiheit, als Subjekte handeln. Wohlberechtigt aber sei dies Selbstverständnis, daß wir je und je auch anders hätten handeln können und mithin auch jeweils frei sind, wenn uns dabei nichts im Weg steht, was uns daran hindert, so der Empirist. Ein Trauerspiel ist dies jedoch allein schon darin, daß der Empirist auf diese Weise unser Selbstverständnis, wie wir es bereits in unserer Alltags- oder Umgangssprache niederlegen, förmlich auf den Kopf stellt und in dieser Stellung somit auch noch gegen Sprache aufrecht hält, als deren Analytiker er aufzutreten vorgibt.

Was uns damit zugemutet wird, ist nämlich spätestens seit Hume bekannt, wird aber noch bis heute unbekümmert wiederholt[1], obwohl man schon durch anfänglichste Analyse unserer Alltags- oder Umgangssprache feststellen könnte, wie verfehlt das ist. Will man uns damit doch in allem Ernste glauben machen, frei sei diesem unserem Selbstverständnis nach ein jeder von uns dann, wenn er sich sozusagen frei bewegen könne, weil er beispielsweise nicht gefangen sei, wogegen er, wenn er gefangen sei, nach diesem unserem Selbstverständnis unfrei sei. Dies aber ist so offenkundig falsch, daß Sie gleich mir sich wundern müßten, wie man darauf überhaupt verfallen konnte.

Denn das könnte nur bedeuten: Diesem unserem Selbstverständnis nach sei jeder, der zum Beispiel im Gefängnis sitzt, in dem Sinn unfrei, daß er in genau dem Maß, in dem er dadurch mindestens geringer frei ist, auch geringer Subjekt sei. Das müßte nämlich heißen, daß ein jeder, der zum Beispiel nicht allein gefangen, sondern auch noch bis zur Unbeweglichkeit gefesselt ist, in diesem Sinn auch überhaupt nicht mehr Subjekt sei. Doch als Wiedergabe unseres Selbstverständnisses kommt dies in keiner Weise in Betracht.

Im Gegenteil geht unser Selbstverständnis vielmehr dahin, daß Gefangen- oder gar Gefesseltsein so schlimm, wie es tatsächlich ist, gerade deshalb ist, weil dasjenige, das davon betroffen ist, in vollem Sinn ein Subjekt ist. Das Schlimme daran ist, daß ein *Subjekt in vollem Sinn* dadurch beschränkt wird, darauf eben, sich als Freiheit eines Handelns, als die es auch dann in vollem Sinn ergeht, nur innerhalb von eng gezogenen Grenzen noch betätigen zu können: Im Extremfall nämlich kann es dies dann nur als jene eigentliche Ursprungshandlung einer bloßen Absicht noch, wie etwa als Versuch, sich seiner Fesseln zu entledigen. Genau in diesem Sinn ist nämlich daran, daß etwa ein Stein gefangen oder gar gefesselt ist, so wenig schlimm, daß es bei ihm schon lächerlich ist, überhaupt davon zu sprechen, selbst wenn es der Fall ist, weil dies letztlich animistisch klingt.

Die Freiheit, die wir meinen, ist infolgedessen unserem Selbstverständnis nach gerade nicht die »äußere«, wie sie mit Recht bezeichnet wird, nicht die »Bewegungsfreiheit« unseres jeweiligen

1 Vgl. z.B. FH, S. 157ff.

Körpers als eines Objektes unter anderen Objekten in der Außenwelt. Als äußere ist nämlich diese Freiheit grundsätzlich etwas Quantitatives, etwas, wovon dieser Körper je nach dem, in welcher Situation er ist, mehr oder weniger oder auch gar nichts haben kann. Vielmehr ist gegenüber solcher äußeren die Freiheit, die wir meinen, eine grundverschiedene, nämlich »innere« Freiheit eines Subjekts. Und als »innere« wird sie ebenfalls mit Recht bezeichnet, weil sie anders als die äußere Freiheit eines Objekts unserem Selbstverständnis nach gerade nichts Quantitatives, sondern etwas rein Qualitatives ist, als welches diese innere von jener äußeren auch gänzlich unabhängig ist.

Mag nämlich äußere Bewegungsfreiheit eines Körpers als eines Objektes unter anderen Objekten nun mehr oder weniger bestehen oder nicht, so hindert dies doch keineswegs, daß innerhalb von einem solchen Körper ein Subjekt als innere Freiheit einer Absicht oder Intention ergeht. Denn daß es nur mehr oder weniger oder auch nicht vermag, sie in Bewegung dieses seines Körpers umzusetzen, ändert überhaupt nichts daran, daß sie grundsätzlich ergeht, auch wenn ein Subjekt es bei bloßer Absicht oder Intention als bloß Mentalem einer bloßen Ursprungshandlung gegenüber dem Somatischen belassen muß. Denn auch nur dann vermögen Sie sich letztlich zu erklären, worin jenes Schlimme eigentlich bestehen muß. Bloß darin nämlich kann es liegen, daß in diesem Fall als dem Extremfall solche Absicht oder Intention, obwohl sie auf Erfolg zielen muß, doch nichts als Mißerfolg ergeben kann, nur weil sie als Mentales in Somatischem zu keiner Wirkung führen kann. Denn daß ein Subjekt dabei etwa nur noch sich zum Ziel setzt, bloßen Druck auf seine Fesseln auszuüben, ist nicht anzunehmen.

In welchem Sinn das ein Extremfall ist, läßt Sie denn auch erkennen, wie verfehlt es wäre, äußere mit innerer Freiheit zu verwechseln oder innere von äußerer Freiheit auch nur abhängig zu machen. Ein Extremfall ist das nämlich in dem Sinn gerade, daß dies nur das Äußerste und damit Quantitativ-Äußerste der Situation ist, in der ein Subjekt, das immer innerhalb von einem Körper sich befindet, immer sich befindet. Immer nämlich stößt der Körper, innerhalb von dem es sich befindet, irgendwie auf andere Körper, weil er sich ja nicht in einem Vakuum befindet, falls es überhaupt so etwas geben sollte. Und von diesen andern Körpern gleichen auch die allerwenigsten der Luft, die im Normalfall ihn zunächst einmal umgibt und die er im Normalfall leicht zerteilen und verdrängen und durchdringen kann. Die allermeisten dieser andern Körper in Umgebung eines Körpers, innerhalb von dem sich ein Subjekt als innere Freiheit einer Absicht oder Intention befindet, stehen vielmehr als Hindernisse ihm entgegen, die sich in der Regel wie Gefängniswände oder Fesseln gar nicht oder schwer nur überwinden lassen. Und so wird die äußere Freiheit eines solchen Körpers unter andern Körpern eben nicht bloß, wenn es sich bei diesen andern Körpern um Gefängniswände oder Fesseln handelt, eingeschränkt oder gar unterbunden, sondern buchstäblich auf Schritt und Tritt. Denn jedesmal und überall, wo solch ein anderer Körper ihm zunächst einmal im Wege steht, wird er von ihm zunächst einmal auch aufgehalten oder kommt nur dadurch weiter, daß er ihn umgeht oder auf irgendeine Art bewegt: So wird ja letztlich auch so etwas wie ein Hammer statt zum Hindernis vielmehr zum Werkzeug nur, indem er durch den Arm bewegt wird.

Daß die äußere Bewegungsfreiheit eines solchen Körpers demnach ständig irgendwie beschränkt oder gar unterbunden ist, heißt aber eben keineswegs, daß damit etwa auch die innere Handlungsfreiheit eines Subjekts, das in einem solchen Körper sich befindet, eingeschränkt oder gar unterbunden wäre. Innere mit äußerer in dieser Weise zu verwechseln oder auch nur von ihr abhängig zu machen, hieße vielmehr, den Gesamtzusammenhang der Freiheit dieses Handelns eines Subjekts innerhalb von einem Körper zu verkennen. Denn in keinem Sinn ist solche Freiheit etwa minder Freiheit oder solches Handeln etwa minder Handeln, wenn ein Subjekt dabei »nicht mit seinem Kopf gleich durch die Wand will«, wie wir anschaulich zu sagen pflegen, sondern sich je danach seinen Weg sucht, »wie die Dinge liegen«, sei es auch auf einem Umweg.

Dies zu meinen, hätte vielmehr letztlich zu bedeuten, ein Subjekt der Freiheit und des Handelns sei dies Subjekt nur, sofern es jedem Hindernis von vornherein enthoben, letztlich also nicht von dieser Welt sei; und soweit es doch von dieser Welt und damit Hindernissen ausgesetzt ist, sei es ein Subjekt der Freiheit und des Handelns nur, sofern es in der Lage sei, auch gegen die Gesetze der Natur zu wirken, was jedoch absurd ist. Schließlich gilt es Freiheit, mag sie eine noch so große Macht sein, nicht mit Allmacht zu verwechseln: Daß ein Subjekt nur, indem es den Gesetzen der Natur sich unterwirft, zu wirken in der Lage ist, worin denn der Gesamtzusammenhang des Handelns eines Subjekts in der Welt auch in der Tat geradezu besteht, bedeutet darum gegen jene Freiheit dieses Handelns nicht nur keinen Einwand. Vielmehr ist es eben diese Unterwerfung, nämlich daß ein Subjekt nicht bloß gegen die Naturgesetze nicht verstößt, sondern sie sich sogar auch noch zunutze macht, wodurch ein Subjekt diese Freiheit seines Handelns allererst zu ihrer vollen Macht entfaltet. Und unübersehbar ist es denn auch eben diese Handlungsfreiheit von Subjekten, was auf Schritt und Tritt sich in der Tat auf eben diese Weise äußert: Macht gewinnend über die Natur, weil den Gesetzen der Natur sich unterwerfend und sie ihren eigenen Gesetzen nach verändernd.

Wie auch immer nämlich solcherart Subjekte ihren jeweiligen Körper und durch diesen andere und wieder andere Körper in Bewegung oder Ruhe setzen oder halten mögen, so vermögen sie das doch grundsätzlich nur nach den Naturgesetzen. Denn auch überhaupt nur dadurch können sie als jeweilige Absicht oder Intention dann zum Erfolg gelangen. Nicht das mindeste besagt es demnach gegen jene innere Handlungsfreiheit, wenn aus ihr heraus ein Subjekt dieser äußeren Bewegungsfreiheit seines Körpers Rechnung trägt, indem es sich als ein Beabsichtigen oder Intendieren danach richtet, was auf Grund der jeweiligen Situation, in der sein Körper unter andern Körpern sich befindet, ihm an Möglichkeiten für Erfolge offensteht. Und sei es auch, daß es als ein gefangenes oder gefesseltes Subjekt den Widerstand dagegen aufgibt und als ein Beabsichtigen oder Intendieren nur noch innerhalb von Fesseln oder von Gefängnismauern sich bewegt, so schauerlich Sie davon auch berührt sein mögen. Ist doch dadurch ein Subjekt die innere Handlungsfreiheit von Beabsichtigen oder Intendieren nicht weniger als dadurch, daß es etwa gegen diese Mauern anrennt oder gegen diese Fesseln ankämpft. Denn auch das in einer solchen Situation Erlittene erleidet es genauso wie in jeder andern Situation gerade als Subjekt der Freiheit und des Handelns.

Daran aber müßten Sie zuletzt noch sehen, daß all dies dann auch schon für den jeweils eigenen Körper eines Subjekts gelten muß. Denn auch schon seinen eigenen Körper kann ein Subjekt mit Erfolg nur dadurch in Bewegung oder Ruhe setzen oder halten, daß es jene Macht der Freiheit seiner Absicht oder Intention als eine Kraft auf diesen seinen Körper ausübt und mithin auf einen Körper, der als solcher selbst schon den Naturgesetzen unterworfen ist. Und dies bedeutet, daß ein Subjekt auch schon den Naturgesetzen, denen dieser Körper unterworfen ist, sich unterwerfen muß, um je nach dem, wie dieser eine Körper, worin solch ein Subjekt sich befindet, aufgebaut und eingerichtet ist, sich als Beabsichtigen oder Intendieren zu gestalten. Nur je danach nämlich, wie ein solcher Körper als ein Stück Natur beschaffen ist – indem er etwa krank oder gesund, alt oder jung, groß oder klein, schwer oder leicht, gelenkig oder ungelenkig ist – kann er zu einem Werkzeug werden, womit ein Subjekt es bis zur Virtuosität bringt, oder auch zu einem Hindernis. Ja zum Gefängnis oder gar zur Fessel kann sein Körper einem Subjekt werden, worin es als Absicht nur in kleinstem Umfang noch Erfolg erzielen kann, oder auch gar nicht mehr, wie wenn es beispielsweise als Gelähmter oder als Gelähmte nur noch zum Mentalen bloßen Wollens als des bloßen Intendierens in der Lage ist, das keine intendierte Wirkung in Somatischem mehr haben kann.

Nur deshalb aber, weil hier keine äußere Bewegungsfreiheit mehr bestünde, läge hier dann auch in keinem Sinne mehr ein Fall von Freiheit oder Handeln eines Subjekts vor: auch nicht im Sinne innerer Freiheit einer – wenngleich bloßen – Ursprungshandlung, wie der Empirist uns glauben machen möchte? Ganz im Gegenteil verliert ein Subjekt durch Verlust der äußeren Bewegungsfreiheit, wie etwa durch Lähmung, seine innere so wenig, daß es umgekehrt auch durch Gewinn der äußeren Bewegungsfreiheit, wie etwa durch Heilung einer Lähmung, seine innere nicht gewinnt. Zumindest steht dies nicht im Einklang mit dem Selbstverständnis, das wir haben, wenn wir uns als frei betrachten, wonach solche innere von solcher äußeren Freiheit vielmehr schlechthin unabhängig ist.

Und in der Tat erstreckt sich jener Sinn, in dem wir uns danach als frei verstehen, nämlich daß wir etwas, das wir tun, auch hätten unterlassen können, voll und ganz auch noch auf diese Ursprungshandlung einer Absicht oder Intention als solche selbst. Denn auch noch etwas, das wir mindestens in dem Sinn tun, daß wir es intendieren oder beabsichtigen, einerlei, ob wir es dadurch als Erfolg erzielen, hätten wir danach auch unterlassen können, um statt seiner etwas anderes zu intendieren oder zu beabsichtigen. Aber wohlgemerkt: Auch immer nur ein solches *Etwas* hätten wir zugunsten eines andern solchen *Etwas* dann zu intendieren oder zu beabsichtigen unterlassen können, und nicht etwa das Beabsichtigen oder Intendieren selbst. Von einem solchen Etwas her gesehen muß dieses vielmehr immer schon ergehen, wenn auch nur irgendetwas – ob nun dieses oder etwas anderes – zu intendieren oder zu beabsichtigen möglich sein soll. Denn sonst wäre abermals jener unendliche Regreß die Folge.

Dieses Etwas gegenüber einem andern Etwas aber, das in diesem Sinn jetzt vom Beabsichtigen oder Intendieren unterschieden werden muß, ist etwas Inhaltliches, im Vergleich zu dem das Intendieren oder Beabsichtigen selbst sowohl wie der Erfolg, den es beabsichtigt bzw. intendiert, etwas Formales ist. Denn seiner Form nach ist es eben immer wieder nur das Selbige des Intendierens oder des Beabsichtigens, eben von Erfolg, das etwas je und je Verschiedenes nur seinem Inhalt nach sein kann: nur danach nämlich, *was* es jeweils als Erfolg beabsichtigt bzw. intendiert. Entsprechend kann die jetzt erforderliche Unterscheidung auch nicht zur Verwirrung führen, wenn Sie beachten: In formaler Hinsicht kann, *was* intendiert oder beabsichtigt wird, nach wie vor allein Erfolg sein und mithin gerade nicht genausogut auch Mißerfolg als anderes Etwas. Doch in inhaltlicher Hinsicht kann, was als Erfolg beabsichtigt bzw. intendiert wird, danach sehr wohl dieses oder jenes Etwas, sehr wohl dieser oder jener Inhalt sein, womit all das gemeint ist, was Subjekte an Objekten jeweils wollen können. Deshalb ist es auch kein Zufall, daß die eigentliche Auseinandersetzung immer wieder dieser Differenz an dieser Ursprungsstelle dieser Ursprungshandlung gilt. Und diese Differenz erweist sich Ihnen nunmehr inhaltlich-konkret als eine zwischen dem Beabsichtigen oder Intendieren als solchem und dem jeweiligen *Etwas, das* dabei beabsichtigt bzw. intendiert wird, einerlei, ob dieses Etwas dadurch als Erfolg erzielt wird oder nicht. Denn auch, wenn dieses Etwas dadurch als Erfolg gerade nicht erzielt wird, was als Mißerfolg zu gelten hat, kann es sich dabei nur um dieses Etwas handeln, das dadurch nicht als Erfolg erzielt wird, und nicht etwa um das Intendieren selbst, sonst drohte wieder der unendliche

Regreß. Und so muß dieses Etwas als das jeweils inhaltliche Was des Intendierens auch vom Intendieren selber unterschieden werden. Und bezüglich eben dieses jeweils inhaltlichen Etwas soll nach unserem Selbstverständnis solches Intendieren jene *innere* Freiheit einer *Willens*freiheit als der *eigentlichen* Handlungsfreiheit sein, weil es, auch wenn es immer ein bestimmtes Etwas *intendiert*, doch niemals dieses Etwas intendieren *muß*, statt seiner vielmehr immer auch ein anderes bestimmtes Etwas *hätte* intendieren *können*.

Und so ist denn vom »Begriff der Freiheit« letztlich auch in eben diesem Sinn die Rede, wenn zum Beispiel Kant sich klarmacht: »Der Begriff der Freiheit ist der Stein des Anstoßes für alle Empiristen«[2]. Denn gerade diese Differenz dazwischen – nämlich zwischen diesem Etwas und dem Intendieren dieses Etwas, in Bezug auf das es frei ist – muß für jeden Empiristen grundsätzlich verschlossen bleiben. Vielmehr kann sie sich nur einem nichtempirisch reflektierenden Philosophen öffnen, weil auch sie nur etwas Nichtempirisches sein kann. Muß nämlich dieses Etwas gänzlich unabhängig davon, ob es als Erfolg erzielt oder als Mißerfolg verfehlt wird, dieses intendierte Etwas sein, so kann es dies doch eben darum dann auch nur auf seiten dieses Intendierens selbst sein. Und so folgt, daß es in diesem Sinn dann als das Intendierte auch vom Intendieren noch zu unterscheiden sein muß. Denn es muß dies dann als etwas sein, das mit zu diesem Intendieren selbst gehört, wenn auch gerade so, daß dieses Intendieren selbst zu diesem Intendierten sich in sich differenziert. Zu einem solchen Intendieren kann ein solches Etwas als das Intendierte denn auch nur in einer innerlichen Differenz stehen, die ein solches Intendieren innerhalb von sich besitzt, indem es eben sich in sich dazu erstellt; denn etwas außerhalb von ihm und damit etwas Anderes als es ist dieses Intendierte gegenüber diesem Intendieren ja nur dann, wenn es als der Erfolg, als der es intendiert wird, nicht nur intendiert wird, sondern auch erzielt wird.

Wesentlich besteht denn solches Intendieren auch gerade darin, daß es nie nur einfach intendiert – bloß um des Intendierens willen oder gar, um in unendlichem Regreß sich selbst zu intendieren –, sondern daß es stets auch *etwas* intendiert. Und dieses Etwas, das

2 Bd.5, S. 7.

von diesem Intendieren somit als das Intendierte nur wie Inhalt von der Form verschieden ist, in der es Inhalt ist, wird demnach dadurch von ihm intendiert, daß dieses Intendieren eben sich in sich zu diesem Intendierten selbst differenziert. Und so ist dieses Etwas, wie ein Intendieren sich in sich zu ihm differenziert, denn auch genau die Weise, wie ein Intendieren sich in sich zum Mittel wird und werden muß, weil es auch nur durch eine solche Differenz in sich als der Identität von einer Intention dann insgesamt etwas als den Erfolg für sich zu intendieren vermag.

Daran aber sehen Sie erneut, wie grundsätzlich es sich dabei um jene innere Selbstbewegung eines Subjekts handeln muß, wonach »ich mich in mir« bewege, eine Selbstbewegung, die im Grunde auch nur jene Selbstverwirklichung als Selbstverursachung sein kann. Und abermals erweist sich Ihnen damit auch noch, daß »ich mich« dabei nicht etwas Tautologisch-Uninformatives heißen kann, weil »ich mich« danach vielmehr »ich zu mir« bedeuten muß. Verwirklichen muß nämlich ich mich selbst zu mir als einem Mittel in mir, um dadurch aus mir als der Identität mit solcher Differenz in sich gerade etwas außer mir und damit etwas Anderes als mich zu intendieren, einerlei, ob nun erfolgreich oder nicht, wie schon gesagt. Denn auch, wenn außerhalb von solchem Intendieren dieses intendierte Etwas nicht als ein Erfolg sich einstellt, sondern als ein Mißerfolg gerade ausbleibt, muß doch innerhalb von solchem Intendieren dieses intendierte Etwas grundsätzlich gebildet sein und damit innerhalb von ihm als der Identität des Intendierens auch die Differenz des Intendierten zu ihm als dem Intendieren.

Solch ein Ineinander von Identität und Differenz jedoch, worin ein Subjekt als Mentales von Bewußtsein eines Intendierens gegenüber dem Somatischen geradezu besteht, ist aber eben nur für nichtempirisch reflektierende Philosophen einzusehen und nicht etwa für Empiristen und Empiriker empirisch festzustellen. Für diese nämlich kann es eine Differenz nur zwischen mehreren Identitäten geben und so auch nicht innerhalb, sondern nur außerhalb von einer einzigen Identität, wie jenes Beispiel Ihnen schlagend zeigt, wonach sogar die Differenz von Eigenschaft zu Ding nur eine zwischen Dingen sein soll. Gegenüber dem Somatischen von Dingen aber ist ein Subjekt als Mentales von Bewußtsein eines Intendierens, und das heißt gerade eines Ineinander von Identität und Differenz, bereits im ganzen etwas Nichtempirisches, und so erst recht auch noch im einzelnen von allen Differenzen innerhalb desselben. Und so muß es insbesondere auch als Differenz der Freiheit dieses Intendierens gegenüber jedem intendierten Etwas, die desgleichen nichts Empirisches sein kann, dem Empiristen und Empiriker ein Buch mit sieben Siegeln bleiben.

Wenn er Handlungsfreiheit nur als jene äußere Freiheit gelten lassen möchte, hat er dabei nämlich auch noch folgendes im Hintergrund. Daß ein Subjekt das, was es tut, auch hätte unterlassen können, um stattdessen etwas anderes zu tun, das heiße insgesamt: Bei Fehlen von äußeren Hindernissen hätte ein Subjekt auch etwas anderes tun können, wenn es etwas anderes »gewollt« oder dergleichen hätte[3]. Damit aber wäre jene Freiheit unseres Handelns, die wir unserem Selbstverständnis nach besitzen, jetzt zurückgeführt auf eine Freiheit unseres Wollens oder Willens. Denn dem Sinn, in dem wir danach frei sind, nämlich daß wir etwas, das wir tun, auch hätten unterlassen können, um stattdessen etwas anderes zu tun, entspräche jetzt, daß wir an Stelle dessen, was wir dabei wollen, auch etwas anderes hätten wollen können.

Doch was damit auch nur sinnvoll, nämlich ohne einen Widersinn in sich, gemeint sein könnte, ist für einen Empiristen vollends eine nicht mehr zu bewältigende Problematik, und sogleich in mehr als einer Hinsicht. Da er jene Handlungsfreiheit nur als äußere Freiheit, nämlich nur als Freiheit von Behinderungen oder Zwängen jenes Körpers eines handelnden Subjektes in der Außenwelt verstehen möchte, muß er Handeln, um es überhaupt als Handeln eines Subjekts aufrecht zu erhalten, im genannten Wollen oder Willen dieses Subjekts gründen lassen. Jene Freiheit aber, die nach unserem Selbstverständnis dann auch schon in diesem Willen oder Wollen liegen müßte, könnte er nicht abermals als solche äußere Freiheit in der Außenwelt verstehen. Denn dieses Wollen oder dieser Wille ist gerade Innenwelt des Subjekts selbst, so daß die Freiheit dieses Willens oder Wollens auch schon Freiheit in der Innenwelt sein müßte und mithin auch schon allein in diesem Sinn nur innere sein könnte.

Und tatsächlich kann, der Auffassung des Empiristen nach, als Sinn von solcher Freiheit allenfalls noch folgender in Frage kom-

3 Vgl. z.B. AH 1, S. 357ff.

men: Frei sei solcher Wille oder solches Wollen dadurch, daß sein Ursprung eben innerhalb, nicht außerhalb eines Subjekts liegt, so daß auch ein Handeln, das darauf zurückgeht, jeweils innerhalb, nicht außerhalb eines Subjekts entspringt und darin eben frei ist. Damit aber wird im Grunde nichts als jenes »Willentliche« oder auch »Freiwillige« umschrieben, das schon Aristoteles als Ursprung freien Handelns ansetzt[4] und das in der Überlieferung des Empirismus sich bis Kant gehalten hat[5], ja eigentlich bis heute hält: Nach Kants mißlungenem Versuch, die Praktische Philosophie tatsächlich zu begründen[6], ist auch heute noch kein Weg zu diesem Ziel gefunden, so daß immer wieder dieser Empirismus dafür eintritt. Nach der Auffassung des Aristoteles ist Handeln nämlich unfrei, wenn es seinen Ursprung in Gewalt oder in Zwang von außen her besitzt; und dementsprechend ist es frei, wenn es stattdessen seinen Ursprung im Subjekt als solchem selbst, nämlich von innen her in jenem Willentlichen oder auch Freiwilligen besitzt, das Aristoteles bereits mit Trieben, Neigungen, Begierden usw. gleichsetzt.

Dann jedoch muß für den Empiristen in der Tat von Grund auf fraglich werden, was es in Bezug auf so verstandenes Wollen oder so verstandenen Willen eigentlich bedeuten sollte, ein Subjekt sei vielmehr darin frei, daß es an Stelle dessen, was es jeweils will, auch etwas anderes hätte wollen können. Denn selbst wenn es sich dabei um etwas Inneres statt um etwas Äußeres handelt, so ist damit doch noch längst nicht ausgeschlossen, daß auch Wollen oder Wille dieses Sinnes nur ein Zwang ist, eben innerer statt äußerer; zumal wenn dieses Innere als Trieb, Begierde, Neigung usw. letztlich auch durch Äußeres, nämlich Somatisches hervorgerufen wird. Und mindestens durch das Somatische des jeweils eigenen Körpers eines Subjekts wird es dies in jedem Fall. Infolgedessen könnte Freiheit, wie sie vordem für den Empiristen nur als Abwesenheit äußeren Zwangs in Frage kam, so nunmehr für ihn nur als Abwesenheit inneren Zwangs in Frage kommen, was für diesen Empiristen aber eine unlösbare Schwierigkeit bedeuten

4 Vgl. z.B. *Eudemische Ethik* 1223 aff., *Nikomachische Ethik* 1109 bff.
5 Vgl. Bd.5, S.96f.
6 Vgl. Dazu G.Prauss, *Kant über Freiheit als Autonomie,* Frankfurt a.M. 1983.

müßte, nämlich eine Abwesenheit jedes Handlungsgrundes selber: Seinen Ursprung könnte Handeln danach sozusagen nur in einer absoluten Leere haben, was jedoch gerade für den Empiristen unverständlich bleiben müßte. So vermag er denn die Freiheit, die wir unserem Selbstverständnis nach besitzen, auch nur entweder zu leugnen oder – um sie aufrecht zu erhalten – außerhalb von solchem Wollen oder Willen anzusetzen, nämlich wieder einmal im Subjekt als Handelndem[7]. Nur daß es umgekehrt dann solches Wollen oder solchen Willen doch zumindest mit in sich umfassen müßte, weil sein Handeln als ein Intendieren auch nur darin jeweils diesen oder jenen Inhalt haben könnte, nur von daher nämlich je und je als Intendieren dieses oder jenes inhaltlichen Etwas zu ergehen vermöchte.

Angesichts von diesem dadurch wieder einmal ohne jede Analyse bleibenden Subjekt jedoch liegt abermals für Sie zutage: Dabei handelt es sich nach wie vor um nichts als jene Problematik einer Differenz, die innerhalb einer Identität bestehen muß, eine Problematik, die sich nicht nur jedem empiristischen, sondern auch jedem anderen Versuch der Lösung noch bis heute widersetzt. Genau an dieser Stelle nämlich, die er systematisch hätte ausarbeiten müssen, ist auch Kant gescheitert. Zwar gelingt es ihm, sich gegenüber jedem solchen Empiristen klarzumachen: Ausgeschlossen ist es, Handlungsfreiheit eines Subjekts, wie wir sie verstehen, auf Willensfreiheit dieses Subjekts in dem Sinn zurückzuführen, daß Handeln des Subjekts je innerem als je eigenem Willen oder Wollen des Subjekts entspringe. Laufe das zuletzt doch bloß hinaus auf das je Innere als das je Eigene von Trieb, Begierde oder Neigung. Denn in diesem Sinn ist Willensfreiheit für ihn vielmehr bloß »ein elender Behelf«, den er mit Recht als bloße »Freiheit eines Bratenwenders« abtut[8]. Ja zuletzt macht er sich darüber hinaus sogar noch weiter klar, daß zur Erklärung einer Handlung eine Willensfreiheit gänzlich andern Sinns erforderlich ist, nämlich eine »absolute Spontaneität« des Subjekts selbst, in die es jede Art von »Triebfeder« schon immer »aufgenommen« haben muß, um ihr gemäß zu handeln: »So allein«, das heißt allein durch eine solche Aufnahme, »kann eine Triebfeder, welche sie auch sei,

7 Vgl. AH 1, S. 359f.
8 Bd.5, S. 96f.

mit der absoluten Spontaneität der Willkür (der Freiheit) zusammen bestehen«.[9]

Eine »Triebfeder« als solche mag daher auch noch so sehr ein innerer Zwang sein, in dem Sinn, daß ein Subjekt es niemals in der Hand hat, was an Trieb, Begierde oder Neigung usw. in ihm auftritt: Trotzdem ist genau wie jener äußere Zwang auch dieser innere Zwang doch nicht im mindesten ein Einwand gegen solche absolute Spontaneität oder Intentionalität von Willensfreiheit. Und dies eben weil sie danach wie mit jenem äußeren auch mit diesem inneren Zwang gerade nicht einfach zusammenfällt, sich wie zu jenem äußeren auch zu diesem inneren Zwang vielmehr verhält. Tut sie dies doch auch dann, wenn sie ihm folgt, indem sie sich als diese absolute Spontaneität oder Intentionalität der Willensfreiheit nach ihm richtet wie nach äußerem[10], was ich Ihnen noch im einzelnen entwickeln werde. Denn auch dann, wenn eine Handlung einer solchen »Triebfeder« gemäß erfolgt, kann sie als Handlung doch allein aus dieser »absoluten Spontaneität« der Willensfreiheit eines Subjekts selbst erfolgen, wenn sie nicht so etwas wie eine Reflexbewegung sein soll. Eine solche »Triebfeder« muß demgemäß zu dieser »absoluten Spontaneität« der Willensfreiheit eines Subjekts ebenfalls in einer Differenz stehen, die nur eine innerhalb derselben als einer Identität sein kann. Infolgedessen muß auch jede solche Handlung dann genau in diesem Sinn ein Fall solcher Identität mit solcher Differenz in sich sein. Was mithin als jene absolute Leere für den Empiristen und Empiriker nur unverständlich bleiben kann, wird für den Nichtempiriker der Reflexion auf sie als absolute Spontaneität sonach verständlich: vorerst mindest soweit, daß sie als das rein Formale von Intentionalität, die sie nach Kant begründet, jedem Inhaltlichen und mithin auch jedem intendierten Etwas gegenüber eben different und darin frei bleibt.

Mag Kant jedoch mit dieser Einsicht, die ihn jedem Empiristen überlegen macht, auch noch so weit, ja bisher eigentlich am weitesten von allen Philosophen vorgestoßen sein: zu einer Analyse dieses einzigartigen Verhältnisses, geschweige zu seiner Synthese, ist auch er nicht mehr gekommen. Hätte dies doch nichts geringeres erfordert als die weitere Einsicht: Was denn könnte es dann für

9 Bd.6, S. 24.
10 Vgl. oben S. 68ff.

Intentionalität als absolute Spontaneität der Willensfreiheit eines Subjekts eigentlich bedeuten, so etwas wie Neigung, Trieb, Begierde »in sich aufzunehmen« und »mit ihm zusammen zu bestehen«, nämlich als in sich komplexe Einheit einer inhaltlich-bestimmten Intention gerade auszugehen auf etwas Inhaltlich-Bestimmtes? Denn was damit unausweichlich angeschnitten wird, ist eine weitere Frage, die noch keine Antwort hat, weil sie womöglich noch viel schwieriger als die bisher gestellten Fragen ist.

Bisher war schwierig nämlich nur, wie ein Subjekt als das Mentale von Bewußtsein einer Absicht oder Intention es eigentlich vermag, auf das Somatische des jeweils eigenen Körpers einzuwirken, so daß es ihn dadurch in Bewegung oder Ruhe setze oder halte. Nunmehr aber stellt sich auch die umgekehrte Frage noch, wie nämlich das Somatische des jeweils eigenen Körpers eines Subjekts es vermag, auch auf dieses Subjekt als das Mentale von Bewußtsein einer Absicht oder Intention noch einzuwirken, so daß diese dadurch so etwas wie Trieb, Begierde oder Neigung »in sich aufnehme«, um so »mit ihm zusammen zu bestehen«: wie Form mit Inhalt. Und tatsächlich kann doch eine Einwirkung jenes Mentalen auf dieses Somatische, falls überhaupt, so nur verständlich werden, wenn auch umgekehrt noch eine Einwirkung von letzterem auf ersteres verständlich werden kann, weil dies im ganzen eine Wechselwirkung zwischen beidem bilden muß. Sie aber ist als Wirkung von Somatischem auf das Mentale mindestens so schwierig zu verstehen wie als Wirkung des Mentalen auf Somatisches: auch wenn die erstere als letztliches Ergebnis einer »Reizung« oder auch »Erregung« der somatischen »Sinnesorgane« eines Subjekts schon seit jeher als die bare Selbstverständlichkeit zu gelten pflegt.

Deshalb tun Sie gut daran, zu überprüfen, ob nicht solche Selbstverständlichkeit es wieder einmal ist, die einer Klärung dieser ganzen Schwierigkeit im Weg steht, weil sie eine falsche Selbstverständlichkeit ist. Demgemäß beachten müssen Sie, daß diese Überzeugung, die Sie auf den Prüfstand stellen sollen, sogar von solcher Selbstverständlichkeit ist, daß sie die gesamte abendländische Philosophie geradezu beherrscht. Betrifft auch sie doch eine Auffassung, die jeder von uns erst einmal von Grund auf hegt. Und dementsprechend nachdrücklich ist dann der Widerstand, der sich dagegen regt, auch nur zu fragen, ob es damit seine Richtigkeit tatsächlich hat, ein Widerstand, mit dem Sie bei sich selbst schon rechnen müssen.

Denn wie könnte auch nur fraglich sein, daß das Somatische der wirklichen Objekte in der Außenwelt es ist, was auf dem Weg über das ebenfalls Somatische des jeweiligen Sinnesorgans so etwas wie Triebe, Neigungen, Begierden in uns rege macht, auf Grund von denen wie auch immer zu verstehende Handlungen in uns entspringen? Muß es nicht vielmehr als fraglos gelten, daß den Grund für unsere Handlungen gerade so erregte Triebe, Neigungen, Begierden bilden, die wir mittels unseres wie auch immer zu verstehenden Handelns zu befriedigen versuchen? Schließlich muß es sich bei der Erregung solcher Triebe, Neigungen, Begierden auch um die Bewirkung als Verursachung derselben handeln, die doch nur durch etwas Wirkliches zustande kommen kann, so daß jenes Somatische dann auch gerade als das Wirkliche von Außenweltobjekten solche Wirkungen zustande bringen muß. Und ist es nicht auch in der Tat gerade dieses oder jenes Ding als etwas Wirkliches, wie ein Stück Brot oder ein Apfel und dergleichen, was in jemandem Begierde, Neigung oder Trieb danach erregt, um nämlich »zu genießen, was ihm schmeckt«[11], weil doch auch nur die Wirklichkeit von diesem oder jenem Ding es ist, wodurch so etwas wie Begierde, Neigung oder Trieb danach befriedigt werden kann?

Zumindest pflegt sogar noch Kant genau in diesem Sinne auszudrücken, was zum ersten Mal schon spätestens durch Aristoteles zum Ausdruck kommt, der wiederholt und nachdrücklich vertritt, das ursprünglich Bewegende dabei sei das Begehrte selber, eben weil es selber die Begierde nach ihm in Bewegung setze[12]. Ja sogar die Überlegung und mithin auch noch Verstand oder Vernunft, soweit sie zur Erreichung des Begehrten nötig werden, setze das Begehrte selber in Bewegung, weil Verstand oder Vernunft von sich aus nichts bewegen[13]. Unter dem in diesem Sinn Begehrten aber werden mindest auf den ersten Blick auch Sie nur etwas Wirkliches wie einen Apfel oder ein Stück Brot verstehen können:

11 Bd.4, S. 399.
12 Vgl. z.B. *De anima* 433 a 9ff.
13 Vgl. a.a.O. 433 a 15–20 und 434 a 16 mit *Nikomachische Ethik* 1139 a 35f.

schon bei Aristoteles[14], doch auch bei Kant noch, ja bei ihm erst recht. Denn im Zusammenhang des Ganzen seiner Praktischen Philosophie, in dem es ihm auch um Begründung der Moralität des Handelns geht, gibt Kant im Unterschied zu Aristoteles noch näher an, von welcher Art diese Bewegung ist, die als Begehren im Begehrenden durch das Begehrte ausgelöst wird.

Dabei nämlich handelt es nach Kant sich nicht nur um Kausalität oder Verursachung oder Bewirkung überhaupt, sondern um eine von der Art der »Heteronomie«, das heißt, der Fremdgesetzlichkeit oder der Fremdbestimmung für den Willen eines Subjekts: »Etwas Anderes« bzw. »das Objekt« nämlich »gibt diesem das Gesetz« dabei[15]. Nur das Moralgesetz ist Kant zufolge ein Gesetz, das ein Subjekt sich selbst gibt, und mithin »Autonomie« als Selbstgesetzgebung oder als Selbstbestimmung seines Willens[16]. Und so werden Sie denn auf den zweiten Blick, nämlich auf Grund des Lehrstücks von der Heteronomie erst recht nur finden können, daß auch Kant, ja er sogar noch viel entschiedener als Aristoteles vertritt: Was im Subjekt jeweils Begierde, Neigung oder Trieb und dadurch zur Befriedigung derselben Handeln in Bewegung setzt, sei das Begehrte als das Wirkliche von Brot oder von Apfel und dergleichen. Und zwar um so mehr, als doch auch Ihnen – wie Sie gleich mitüberprüfen sollten – dies als selbstverständlich gilt.

Und doch ist eben diese Selbstverständlichkeit die sozusagen falscheste und gleichzeitig verborgenste von all den falschen und verborgenen Selbstverständlichkeiten, die seit jeher und bis heute nicht nur Praktische, sondern auch Theoretische Philosophie des Abendlands auf einen Irrweg führen. Und der stellt sich als eine Sackgasse heraus, aus der es kein Entkommen gibt, solange diese angebliche Selbstverständlichkeit nicht aufgegeben ist. Mag es auch noch so sehr den Anschein haben, – es ist keineswegs die Wirklichkeit des Apfels oder Brotes und dergleichen, was Begierde oder Neigung oder Trieb und dadurch Handeln zur Befriedigung derselben in Bewegung setzt, weil es auch umgekehrt nicht diese Wirklichkeit des Apfels oder Brotes und dergleichen ist, wonach

14 Schon Aristoteles verstößt auf diese Weise gegen jene bahnbrechende Einsicht Platons, vgl. oben § 1, Anm.4.
15 Bd.4, S. 441. Vgl. ferner besonders S. 444.
16 Bd.4, S. 440.

sich Trieb, Begierde oder Neigung regt und worauf Handeln zur Befriedigung derselben ausgeht. Und die Art der Täuschung, der wir alle dabei unterliegen, können Sie ermitteln, wenn Sie unsere Alltagssprachgebräuche, die wir dabei pflegen, einmal näher in Erwägung ziehen.

Denn versteht es sich nicht in der Tat von selbst, daß wir im Recht sind, wenn wir in entsprechendem Zusammenhang von jemandem zu sagen pflegen: Er will einen Apfel oder er will ein Stück Brot? Und ist nicht, was er will, auch in der Tat ein Apfel oder ein Stück Brot als etwas Wirkliches, weil es auch nur als Wirkliches dem Wirklichen zugute kommen kann, dem es zugute kommen soll: dem Wirklichen des jeweils eigenen Körpers oder Leibes dieses Subjekts? Doch so richtig dies auch ist – und davon geht die Täuschung aus – so falsch ist es gleichwohl im Hinblick auf das Handeln zur Befriedigung von Neigung, Trieb oder Begierde eines Subjekts, worum es ihm dabei geht. Denn mag ein Apfel oder ein Stück Brot auch noch so wirklich sein, so kann die Wirklichkeit desselben doch der Wirklichkeit des Körpers oder Leibes eines Subjekts nicht zugute kommen, wenn sie ihm zum Beispiel unerreichbar ist, weil sie ihm beispielsweise nicht genügend nahe ist.

Und daran sehen Sie sofort, worum es einem Subjekt dabei eigentlich zu tun ist, nämlich nicht um diese Wirklichkeit von Apfel oder Brot als solche. Denn als solche ist sie nach Voraussetzung der Auffassung vom Handeln als heteronomem ja bereits vorhanden. Dabei geht es diesem Subjekt vielmehr darum, sich in irgendeinem Sinn in den *Besitz* der Wirklichkeit von Apfel oder Brot zu setzen, also eigentlich nur darum, einen Apfel oder ein Stück Brot zu *haben* oder auch zu *essen*, nämlich sich einzuverleiben, oder auch nur zu besitzen, um sie sonstwie zu benutzen. Der *Besitz* von Apfel oder Brot in irgendeinem Sinn ist aber eben durch die *Wirklichkeit* von Apfel oder Brot als solche selbst noch *keine* Wirklichkeit, sondern gerade etwas, das noch der Verwirklichung bedarf: Um auch in den *Besitz* der Wirklichkeit von Apfel oder Brot zu kommen, muß ein Subjekt diese Wirklichkeit zum Beispiel mindestens in seine Hand bekommen, wo sie in der Regel nicht von vornherein schon ist, wohin ein Subjekt sie sonach erst bringen muß.

Sobald Sie das ermittelt haben, sehen Sie sogleich, daß jene

Sprachgebräuche, die wir pflegen, äußerste und dadurch irreführende Verkürzungen für das sind, was allein wir damit meinen können und auch meinen, weil wir das dabei Entscheidende gerade auszulassen pflegen: Er will einen Apfel oder er will ein Stück Brot, kann keineswegs so kurz wie wörtlich etwa heißen, daß er diese Wirklichkeit von Apfel oder Brot als solche will. Denn diese Wirklichkeit als solche, die jener Voraussetzung gemäß bereits besteht, läßt schlechterdings nichts mehr zu wollen übrig. Wenn wir sagen: Er will einen Apfel oder er will ein Stück Brot, so meinen wir recht eigentlich gerade, daß er einen Apfel oder ein Stück Brot nur *essen* oder *haben* will, und nicht etwa, daß er die Wirklichkeit von ihm als solche selbst will, was vielmehr nur für den Gärtner oder Bäcker beispielsweise Sinn hat, insofern er Wirklichkeit von Apfel oder Brot erst schaffen will. Doch wie gesagt: Bloß dadurch, daß die Wirklichkeit von *Apfel* oder *Brot* besteht, besteht die Wirklichkeit des *Essens* oder *Habens* dieses Apfels oder dieses Brotes ja noch keineswegs. Und so ist es denn auch nur diese Wirklichkeit des *Essens* oder *Habens* dieses Apfels oder Brotes, welche jemand schaffen will, der im Normalsinn einen Apfel oder ein Stück Brot will.

Eben daran aber können Sie erneut das ganze Ausmaß unserer Dingverfallenheit ermessen: gleich als ob es wie schon beim Erkennen so auch noch beim Handeln immer nur um angeblich schon immer vorgegebene Wirklichkeit von Dingen ginge. Denn in Wahrheit geht es doch gerade umgekehrt um Wirklichkeit in dem Sinn, daß es diese allererst zu schaffen gilt, und wie durch Handeln, so auch durch Erkennen. Und das werden Sie von hier aus jetzt auch noch der Analyse dieses Handelns nach und nach entnehmen können, weil sie beides nunmehr einheitlich als Intendieren aufdeckt.

Die Verkennung, die auch hier im Fall des Handelns schon seit jeher und noch immer wegen dieser Dingverfallenheit im Gang ist, können Sie verfolgen, wenn Sie es zunächst einmal vergleichen mit dem Handeln als dem Herstellen von Artefakten. Eine angemessene Durchführung dieses Vergleichs führt nämlich zur Entlarvung unserer vorgenannten Auffassung als einer förmlichen Groteske. Als ein Artefakt betrachten wir zum Beispiel den aus Holz durch einen Tischler hergestellten Tisch, und auch ansonsten pflegen wir als Artefakte nur in diesem engsten Sinne hergestellte Dinge anzusehen. Wäre nun die Auffassung, wonach ein Apfel oder ein Stück Brot es sei, was jemand will, die wörtlich richtige, so müßte gelten, daß verglichen damit auch nur dieses Holz als solches selbst es sei, was dieser Tischler wolle, wenn er aus ihm einen Tisch verfertigt, was indessen so absurd ist, daß es wahrlich schon grotesk ist. Denn um dieses Holz als dieses bloße Material für diesen Tisch geht es dem Tischler dabei überhaupt nicht, sondern eben ausschließlich um diesen Tisch. Genau im selben Sinn jedoch ist auch der Apfel oder das Stück Brot, das oder den angeblich jemand im Normalsinn will, ein bloßes Material, das er als solches dabei überhaupt nicht will. Mag dies auch unser aller feste Überzeugung sein, so ändert das doch nichts daran, daß dies auch unser aller falsche Überzeugung ist, weil es auch ihm dabei vielmehr ausschließlich um die Schaffung eines Artefakts aus diesem bloßen Material zu tun ist. Und nur weil es sich in diesem Fall von Material, als bloß gegessenem oder gar bloß besessenem, nicht wie in jenem Fall von Material, als dem getischlerten oder gezimmerten, um eine ›runde Sache‹ handelt, wie bei einem Tisch als einem Ding, gilt es uns Dingverfallenen normalerweise nicht als Artefakt.

Im Rahmen einer allgemeinen Handlungstheorie kommt es jedoch gerade darauf an, diese Verfallenheit zu überwinden und den Artefaktbegriff entsprechend zu verallgemeinern, nämlich zu der aufschlußreichen Folgerung, daß schlechthin jedes Handeln somit auf das Herstellen von Artefakten zielt. Denn schlechthin alles, was statt aus Natur heraus vielmehr aus Freiheit einer Intention heraus entspringt, ob als Erfolg oder als Mißerfolg derselben, läuft aus eben diesem Grund auf Überformung jeglicher Natur zu einem Artefakt hinaus. In Form von ihm droht die Natur denn auch inzwischen förmlich zu verschwinden, weil zu einer Einzigkeit von Artefakt zu werden, mindest hier auf Erden. Und was damit handlungstheoretisch zur Verallgemeinerung gelangt, ist demgemäß auch nur, was Ihnen vorhin bloß am Beispiel jenes Schützen klar sein mochte[17]. Denn es wäre mindest ebenso absurd und so auch mindest ebenso grotesk, zu meinen, jene Zielscheibe als solche selbst werde von jenem Schützen derart inniglich gewollt,

17 Vgl. oben § 1, S. 4ff.

daß er mit Pfeil und Bogen auf sie ziele, um sie zu erzielen[18]. Worauf er zielt, ist vielmehr gleichfalls bloß ein Artefakt: jene Vereinigung von Pfeil und Zielscheibe; nur daß er es aus einem Material will, das als Pfeil und Zielscheibe komplexer ist als etwa bloßes Holz, aus dem der Tischler einen Tisch will. Und so zielen wir mit Hilfe noch komplexeren Materials zum Beispiel auch auf Uhren, Autos, Waschmaschinen, Flugzeuge, Raketen, Satelliten, die wir wollen, und so weiter. Doch auch jeder, der wie ein Stück Brot oder wie einen Apfel etwa auch noch eine Uhr oder ein Auto oder eine Waschmaschine will, und das heißt etwas, das als solches fertig ist, will seinerseits nichts anderes als ein weiteres Artefakt aus ihm. Er will es nämlich auch noch haben und, wenn nicht gleich essen, so doch mindestens benutzen, und so will er immer weiter eben nichts als Artefakt auf Artefakt.

Genau in diesem Sinn jedoch gilt dann auch schlechthin allgemein, daß Handeln sich in keinem Fall – ob nun in einem Fall wie dem des Apfels oder dem des Satelliten – darauf richtet, etwas Wirkliches als solches etwa nur noch gleichsam anzuzielen, wie jener falsch verstandene Schütze. Vielmehr richtet es sich umgekehrt gerade über etwas Wirkliches hinaus auf etwas Unwirkliches, um es zu verwirklichen, das heißt, um es als etwas Wirkliches erst zu erwirken, nämlich wirklich erst zu machen. Solches Handeln richtet sich mithin auf etwas, das als etwas Wirkliches nur noch gewissermaßen anzuzielen ihm gar nicht möglich wäre, weil es etwas Wirkliches noch gar nicht ist. In voller Allgemeinheit also richtet jedes Handeln sich in eben diesem Sinn gerade stets auf etwas Unwirkliches, nie auf etwas Wirkliches.

Und haben Sie das eingesehen, dann müßte, so als würden Ihnen Schuppen von den Augen fallen, für Sie sichtbar werden, daß im ganzen wie im einzelnen verfehlt ist, was die abendländische Philosophie an Handlungs- wie auch an Erkenntnistheorie auf diesem Fehler aufzubauen pflegt: schon spätestens seit Aristoteles und bis zu Kant, ja über Kant hinaus bis heute noch. Denn wie durch einen plötzlich weggezogenen Vorhang wird auf solche

18 Zu meiner Freude wird dies, das ich schon seit meiner *Einführung in die Erkenntnistheorie* (Darmstadt 1980, 2.Aufl.1988, S. 173f.) vertrete, jetzt im Ansatz auch von anderen gesehen. Vgl. dazu M.L.Gill, J.G.Lennox (Hg.): *Self-Motion*, Princeton 1994, S. 69, Anm.6. Doch bleibt mir zweifelhaft, daß dies auch Aristoteles schon eingesehen habe (vgl. a.a.O).

Weise aufgedeckt, was diese Überlieferung gerade zugedeckt hat: Es kann schlechterdings nicht richtig sein, der Ursprung von Bewegung eines Handelns sei das Wirkliche eines Begehrten, wie nach Aristoteles, weil dieses Wirkliche eines Begehrten ein Begehren im Subjekt errege und dadurch ein Handeln zur Befriedigung desselben in Bewegung setze. Richtig sein muß vielmehr etwas schlechthin anderes als das, was Kant durch seine Theorie der Heteronomie sogar noch gründlicher als Aristoteles zu sichern meinte, nämlich daß dergleichen durch kausale Einwirkung von etwas Wirklichem verursacht werde, auf das solches Handeln sich dann richte. Und so gläubig auch wir alle immer noch daran zu glauben willens sind, – es wäre an der Zeit, uns klarzumachen, und das heißt, uns aufzuklären, daß wir selbst uns damit schon seit jeher die wohl wesentlichste Einsicht in uns selbst bis heute vorenthalten.

Danach soll es so sein, daß der Ursprung von Bewegung, die als Handeln eines Subjekts auftritt, ein Objekt als etwas Wirkliches der Außenwelt sei, da es ein Begehren in einem Subjekt errege, zu dessen Befriedigung dieses Subjekt sein Handeln in Bewegung setze. Doch allein schon darum ist dies schlechterdings unmöglich, weil es niemals ein Objekt als etwas Wirkliches der Außenwelt sein kann, worauf sich Handeln eines Subjekts richtet. Vielmehr ist es umgekehrt gerade immer ein Objekt als etwas Unwirkliches in der Außenwelt, worauf sich Handeln eines Subjekts richtet: etwas also, das als etwas Unwirkliches schlechterdings nichts in Bewegung setzen kann, ob nun Begehren oder Handeln oder beides. Und am allerwenigsten vermag es dies etwa im Sinn von Heteronomie kausaler Einwirkung von etwas Anderem als diesem Subjekt auf dieses Subjekt, weil sie auch immer eine Ursache als etwas Wirklich-Anderes voraussetzt. Folgerichtig müßte gelten, daß es überhaupt kein Objekt, überhaupt nichts Wirklich-Anderes als ein Subjekt ist, was Begehren oder Handeln eines Subjekts in Bewegung setzt.

Doch was denn dann?, so werden Sie wohl fragen wollen. Und wie im Anschluß daran sich Ihr Widerstand dagegen noch verstärkt, das sollten Sie erneut mitüberprüfen: Ist es nicht doch dieser Apfel, rot und saftig wie er ist, der ein Begehren oder Handeln oder beides in mir in Bewegung setzt? Ist doch gerade er es, dieser Apfel, rot und saftig wie er ist, der so erregend für mich ist, und ist doch auch gerade er es, dieser Apfel, rot und saftig wie er ist, auf den ich so begierig bin. – Und doch trifft das nicht zu, weshalb es hier ein Äußerstes an Folgerichtigkeit zu wahren gilt: Nicht er als dieser rote oder saftige ist so erregend für mich, denn auch so begierig bin ich nicht auf ihn als diesen roten oder saftigen, sondern ausschließlich darauf, ihn als diesen roten oder saftigen zu essen oder zu besitzen. Und als ein gegessener oder besessener ist dieser Apfel keineswegs wie als ein roter oder saftiger etwas schon Wirkliches, sondern etwas noch Unwirkliches. Und so muß es dabei bleiben, daß er als dies Unwirkliche auch nichts in Bewegung setzen kann, weshalb es auch zu jener Heteronomie von vornherein nicht kommen kann[19].

Was dabei irreführt, ist, daß er als ein roter oder saftiger durchaus etwas schon Wirkliches ist; doch das ist er eben bloß als Material, um das es dabei überhaupt nicht geht, weil es dabei ausschließlich um ein Artefakt aus diesem Material geht. Und genau so weit, wie dieses Artefakt dabei noch etwas Unwirkliches ist, kann dieses Artefakt auch nicht der Ursprung der Bewegung von Begehren oder Handeln oder beidem sein. Und nichts als falsches Spiel ist es, das Unwirkliche dieses Artefakts behende auszutauschen gegen jenes Wirkliche des Materials, das denn auch nur geeignet ist, die Falschheit unserer Dingverfallenheit durch falsche Nahrung durchzufüttern. Und worauf es hier entscheidend ankommt, wäre somit, umgekehrt gerade durch Entzug der falschen Nahrung diese Falschheit auszuhungern.

Schon der erste solche Hunger nämlich hat Erstaunliches zur Folge, wie auch Ihnen an sich selber nicht entgehen wird: Nun gut! Zwar kann es weder dieses Material noch dieses Artefakt sein, was mich in Bewegung des Begehrens oder Handelns setzt, weil ersteres als etwas Wirkliches nicht das sein kann, worum es dabei

19 Und diese Problematik ist auch unabhängig davon, daß ich sie am Beispiel solcher Dinge vorzuführen versuche, nämlich unserer Dingverfallenheit gemäß, und nicht am Beispiel von Ereignissen: Auch wenn Sie dabei Dinge durch Ereignisse ersetzen wollten, weil ja stets nur ein Ereignis Ursache bzw. Wirkung eines anderen Ereignisses sein könne, würde diese Problematik nicht verschwinden. Denn auch nur ein wirkliches Ereignis könnte so erregend für mich und ich so begierig auch nur auf ein unwirkliches sein. Entsprechend müßte dabei gleichermaßen problematisch bleiben, was Begehren oder Handeln oder beides in mir in Bewegung setzen könnte.

geht, und letzteres, worum es dabei geht, nicht etwas Wirkliches sein kann, – sehr wohl jedoch die Vorstellung davon, so könnten Sie sich überlegen wollen[20]. Denn was auch immer dies im einzelnen bedeuten mag, im ganzen muß dabei mit »Vorstellung« doch etwas auf der Seite des Subjekts statt etwas auf der Seite des Objekts gemeint sein. Schließlich ist es als Versuch gedacht, der vorgeführten Problematik zu entkommen, der mit etwas auf der Seite des Objekts nicht zu entkommen ist. Und in der Tat: Mit diesem Schritt vom Objekt weg zum Subjekt hin ist wie mit einem Schlag die vorgenannte Schwierigkeit von Grund auf abgeändert: möge dieser Schritt vermutlich auch bloß zur Beschreitung eines Schleichwegs für die Rückkehr in die alte Dingverfallenheit erfolgen. Ist es nämlich diese Vorstellung davon, was mich in die Bewegung des Begehrens oder Handelns setzt, so ist doch mindest diese Vorstellung auch etwas, das dadurch in mir hervorgerufen wird, so dürfte dies gemeint sein. Demgemäß ist es auch in der Tat gerade etwas Anderes und damit Heteronomie durch etwas Anderes, was mich in die Bewegung des Begehrens oder Handelns setzt[21]: zwar nicht unmittelbar, doch sehr wohl mittelbar, nämlich durch diese Vorstellung davon vermittelt.

Nur genügt jetzt eine kurze Frage, um auch diesen letzten Rückweg in die falsche Dingverfallenheit noch abzuschneiden, nämlich: Mittelbar durch eine Vorstellung *wovon*? Doch nicht durch eine Vorstellung vom *Material*: Als etwas Wirkliches vermag es diese zwar hervorzurufen; aber weshalb sollte diese als die Vorstellung von etwas Wirklichem nun ihrerseits Begehren oder Handeln oder beides in mir in Bewegung setzen können? Also wenn, dann bloß durch eine Vorstellung vom *Artefakt*. Die aber kann dann nicht durch dieses Artefakt als etwas Unwirkliches, sondern eben nur durch etwas Wirkliches hervorgerufen sein, und dieses Wirkliche kann dann auch kein Objekt sein, sondern nur das Subjekt selbst.

Und in der Tat ist damit wie auf einen Schlag das alte Blatt im

20 So Kant schon, wenn er sagt, daß es »Vorstellungen« sind, »die den Willen bestimmen«. Bd.5, S. 44.

21 So jedenfalls auch Kant schon, denn an der zuletzt zitierten Stelle sagt er insgesamt, daß »die Objekte Ursachen der Vorstellungen sein müssen, die den Willen bestimmen«. A.a.O.

Buch des Abendlands gewendet und ein neues darin aufgeschlagen, mag, was darauf sichtbar wird, Sie auf den ersten Blick auch noch so sehr befremden. Diese Vorstellung als solche nämlich kann nur etwas Subjektives sein und damit auch nur etwas innerhalb des Subjekts selbst. Als solche aber kann dann diese Vorstellung auch nicht auf Heteronomie von seiten des Objekts zurückgehen, sondern nur hervorgehen aus Autonomie von seiten des Subjekts als solchen selbst. Und ist es demnach solche Vorstellung von solchem Artefakt, was im Subjekt jeweils Begehren oder Handeln oder beides in Bewegung setzt, so ist es eben auch recht eigentlich das Subjekt selbst, das solcher Vorstellung als ein sich aus sich selbst heraus bewegendes zugrunde liegt. Denn danach kann es immer nur als etwas immer schon sich selbst Bewegendes und damit autonom sich selbst Verwirklichendes sich auch noch zu einer Vorstellung von etwas selbst verwirklichen, gleichviel von welchem Etwas.

Demgemäß muß Handeln auch gerade dann, wenn es als Handeln aus Begehren von etwas ergeht, von dem ihm eine Vorstellung zugrunde liegen muß, als solches selbst schon auf Autonomie beruhen. Und als solche selbst kann diese auch noch nicht moralische Autonomie sein, weil nur das, was grundsätzlich schon Handeln und sonach auch grundsätzlich schon autonom ist, sich genauso autonom auch ein Moralgesetz noch auferlegen kann. Und dies mithin so grundsätzlich, daß es zur allergrößten Problematik werden muß, wie Handeln, das nach einer Seite auf Autonomie beruhen muß, nach anderer Seite auch auf Heteronomie beruhen kann, ja ebenfalls beruhen muß, weil es allein durch sie doch inhaltlich-bestimmtes Handeln sein kann, nämlich inhaltlich-bestimmte Intention eines Erfolgs als eines inhaltlich-bestimmten Etwas.

Das Problem, das hier sich stellt, betrifft nämlich durchaus nicht nur das Handeln, sondern auch noch das Erkennen des Subjekts. Denn auch Erkennen ist ein inhaltlich-bestimmtes doch nur dadurch, daß es gleichfalls irgendwie auf Heteronomie beruht, auch wenn Kant aufschlußreicherweise sie im Fall dieses Erkennens nicht so nennt. Kann auch Erkennen doch ein inhaltlich-bestimmmtes nur durch irgendeine Art der »Reizung« oder der »Erregung« sein, die im erkennenden Subjekt auf irgendeine Art hervorgerufen wird und die Kant in der Regel bloß als »Affektion« bezeichnet.

Doch so weit man sich bisher auch diesem sogenannten »Affektionsproblem« bereits gewidmet hat, – das eigentlich darin verborgene Problem hat man bislang noch nicht einmal gesehen, geschweige denn behandelt.

Seine eigentliche Problematik nämlich liegt gerade darin, daß es Handeln und Erkennen des Subjekts ineinem und durchaus nicht nur Erkennen des Subjekts betrifft, wie man bisher vermeint. Denn wie »Erregung« oder »Reizung« oder »Affektion« ein Fall von »Heteromomie« durch ein Objekt, das heißt, durch etwas Wirklich-Anderes als ein Subjekt sein könnte, wird noch weitaus problematischer, wenn Sie dabei den grundsätzlichen Unterschied von Handeln und Erkennen, wie man ihn seit jeher schon mit größter Selbstverständlichkeit zugrunde legt, in Rechnung stellen. Soll es danach etwa von der Seite des Objektes her entschieden werden – dadurch nämlich, daß ein Subjekt durch ein Objekt jeweils theoretisch/praktisch unterschiedlich »affiziert« oder »gereizt« oder »erregt« wird –, ob dies Subjekt auf dies Objekt sich erkennend oder handelnd oder auch erkennend ebenso wie handelnd richtet? Liegt es danach etwa am Objekt als einer Art Subjekt, durch ein spezifisch theoretisches bzw. ein spezifisch praktisches »Erregen« oder »Reizen« oder »Affizieren« auf der Seite des Subjekts spezifisch Theorie hervorzurufen oder auch spezifisch Praxis oder beides? Noch dazu, wo solche Heteronomie doch immer wieder nur neutralerweise in Kausalität bestehen soll?

Spätestens an dieser letzten Konsequenz, die diese ganze Konzeption der Lächerlichkeit preisgibt, werden Sie denn auch in aller Klarheit sehen, was hier eigentlich vonstatten geht: die reine Projektion, und als Erfolg davon: der reine Animismus. Nicht ich selbst, das Subjekt, bin es, was dabei bewegt, nein, etwas Anderes als ich, das Objekt, ist es, was dabei bewegt. Nicht ich bin dafür, daß ich etwas will, die Ursache, nein, etwas Anderes als ich verursacht dies – Objektverfallenheit infolge von Subjektunkundigkeit: zumindest soweitgehend, daß wir uns dabei als die ursprünglich und eigentlich Bewegenden selbst unterschlagen und Bewegung ausschließlich dem Ding als Objekt unterstellen. Und was diesen Unterschied von Theorie und Praxis des Subjekts betrifft, so kann Bewegung statt einfach auf Heteronomie durch das Objekt vielmehr erst recht nur auf Autonomie durch das Subjekt beruhen. Und so wird Heteronomie denn auch erst recht zur allergrößten

Problematik, die wir vorerst nur für Handeln, später aber auch noch für Erkennen werden zu verfolgen haben[22].

Daran nämlich sehen Sie sofort, daß jene Kant-Kritik, wie ich sie Ihnen schon vor Jahren vorgetragen habe[23], noch viel tiefer reicht, als ich es damals sehen konnte: Dabei war mir noch nicht klar, daß Kant mit seiner Theorie der Heteronomie im Grunde nur zu Ende denkt, was Aristoteles mit seiner Theorie jenes Begehrten als des ursprünglich Bewegenden begonnen hatte. Wird doch deren Abwegigkeit erst bei Kant in vollem Umfang klar, weil er an vielen Stellen neben seiner Theorie der Heteronomie durchaus vertritt, es könne Handeln nicht auf etwas Wirkliches sich richten, sondern nur auf etwas Unwirkliches[24]. Denn mit seiner Theorie der Heteronomie stimmt dies in keiner Weise überein, wie unsere letzte Überlegung Ihnen zeigt. Dies hätte ihn vielmehr zu einer noch entschiedeneren Ausarbeitung seiner Theorie der Subjektivität des Subjekts führen müssen. Und nur dahin hätte diese gehen können, daß der Ursprung jeglicher Bewegung einer Handlung nur die ursprüngliche Selbstbewegung als die ursprüngliche Selbstverwirklichung eines Subjekts sein kann, das darin autonome Willensfreiheit oder absolute Spontaneität ist, daß es als ursprüngliche Intentionalität ergeht, was Kant jedoch gerade schuldig bleibt.

In eben diese Richtung jedenfalls weist wenigstens noch jene späte Einsicht Kants: »Die Freiheit der Willkür ist von der ganz eigentümlichen Beschaffenheit, daß sie durch keine Triebfeder zu einer Handlung bestimmt werden kann, als nur sofern der Mensch sie in seine Maxime aufgenommen hat (es sich zur allgemeinen Regel gemacht hat, nach der er sich verhalten will); so allein kann eine Triebfeder, welche sie auch sei, mit der absoluten Spontaneität der Willkür (der Freiheit) zusammen bestehen.«[25] Grundsätzlich ist damit nämlich eingesehen: Nur indem zunächst einmal ein Subjekt sich aus sich heraus bewegt, kann es im Zuge eben dieser Selbstbewegung seines Handelns dazu kommen, daß in solche grundsätzliche Selbstbewegung auch in irgendeinem Sinn noch Fremdbewegung eingeht und so auch als »Triebfeder« sein Handeln noch

22 Vgl. unten § 7.
23 Vgl. oben S. 78, Anm.6.
24 Vgl. z.B. Bd.4, S. 417, Z.11–18; Bd.5, S. 34, Z.9 ff.
25 Bd.6, S. 23 f.

bewegt, nämlich »bestimmt« zu einem eben inhaltlich-bestimmten Handeln. Anders nämlich müßte derlei als Bestimmung eines Inhalts eines *Handelns* vielmehr unverständlich bleiben: Nur ein solches Subjekt, das aus Selbstbewegung einer Selbstverwirklichung heraus als absolute Spontaneität der autonomen Freiheit eines Wollens oder Intendierens immer schon im Gange ist, kann je und je auch noch ein dies und das begehrendes und danach handelndes Subjekt als inhaltlich-bestimmtes Wollen oder Intendieren werden. Eingesehen ist damit nämlich grundsätzlich, daß jede Art von Umkehrung davon als ein dogmatisch-schlechter Empirismus nicht verständlich werden kann, wie Ihnen vorhin aufgewiesen. Das Entscheidende ist somit wieder einmal – und das heißt: auch hier bei Kant – gerade solche ursprüngliche Selbstbewegung einer Selbstverwirklichung als Selbstverursachung, an der jedoch auch er gescheitert ist. Worauf es ankommt, ist auch danach und bis heute, wie sich derlei widerspruchsfrei denken lassen könnte, und zwar so, daß sich auch noch verstehen ließe: Wie kann nicht allein solches Mentale auf Somatisches, sondern auch umgekehrt Somatisches noch auf solches Mentale wirken, um dann jeweils als Ergebnis einer Wechselwirkung davon die in sich komplexe Einheit einer inhaltlich-bestimmten Handlung eines Subjekts als einer Identität mit einer Differenz in sich zu zeitigen.

Ein aufschlußreiches Beispiel dafür, wie Kant selbst dies immerhin versucht, wenn auch noch nicht erreicht, zeigt Ihnen eine Stelle, wo er folgendes sich überlegt: Unzweifelhaft ist es, daß wir empirisch nur Natur erkennen, innerhalb von der nach dem Kausalgesetz ein jeder Anfang von etwas nur relativer Anfang sein kann, weil er als die Wirkung einer Ursache auf letztere als etwas Anderes zurückgehen muß. Wie aber läßt sich dann dergleichen wie ein absoluter Anfang von etwas verstehen? Jede freiheitliche Handlung nämlich – sei es diejenige eines Gottes, ob nun eines transzendenten oder eines immanenten, sei es diejenige eines Menschen – muß in einem solchen absoluten Anfang von etwas bestehen. Denn nur so läßt sie nach Kant als Fall von Handlung, und das heißt, als Fall von Freiheit sich verstehen, nämlich gegenüber einem Fall bloßer Natur als einem Fall bloß relativen Anfangs im genannten Sinn. Genau in dieser Hinsicht jedenfalls greift Kant für beide, Gott und Mensch, auch den seit Aristoteles geläufigen Begriff eines »ersten Bewegers« auf, um damit nämlich »eine freihandelnde Ursache« als solche zu bezeichnen, die etwas spontan, das heißt, »von selbst« oder »zuerst« anfängt[26]. Im Rahmen der »Antinomien« spricht er darum in der dritten nicht allein vom Menschen, sondern auch von Gott, und in der vierten nicht allein von Gott, sondern auch vom Menschen, wenn er diese Problematik freiheitlichen Handelns anspricht. Und so gilt, was Kant bezüglich dieser Problematik in der »Vierten Antinomie« über Gott sagt, gleicherweise für den Menschen, insofern er ebenfalls aus Freiheit handeln und in diesem Sinn dabei etwas spontan oder »von selbst« oder »zuerst« anfangen soll[27].

Zu dieser ganz besonderen Art des Anfangens, mit der nur absoluter Anfang von etwas gemeint sein kann, stellt Kant hier eine Überlegung an, die für die Lösung dieser Problematik aufschlußreich ist, auch wenn sie den Weg zu ihr nur weist, nicht geht. Was mit spontan oder »von selbst« oder »zuerst« gemeint ist, das versucht er nämlich zu erläutern mittels einer Anmerkung zum Ausdruck »zuerst anfangen«. Doch ihrem Sinn nach ist sie schwer verständlich, und so hat man sie bisher anscheinend noch nicht ausgewertet. Kant merkt an: »Das Wort: Anfangen, wird in zwiefacher Bedeutung genommen. Die erste ist aktiv, da die Ursache eine Reihe von Zuständen als ihre Wirkung anfängt (*infit*). Die zweite passiv, da die Kausalität in der Ursache selbst anhebt (*fit*). Ich schließe hier aus der ersteren auf die letzte.«[28] Und in beiden Fällen ist mit »da« soviel wie »wo« gemeint.

Schwer verständlich ist das, weil Sie zum Verständnis erstens wissen müssen, daß im Unterschied zum klassischen Latein das spätere Latein, schon seit Apuleius, einen Gebrauch des Wortes *infit* kennt, bei dem es mit Akkusativ-Objekt gebraucht wird und sonach ein transitives Verb ist, während es im klassischen Latein anscheinend nur intransitiv verwendet wird. Und damit im Zusammenhang müssen Sie zum Verständnis dieses Textes zweitens wissen, daß die Unterscheidung mittels der Begriffe »transitiv« und »intransitiv« bei den Verben erst um 1780 aufkommt[29], so daß sie

26 A 450 B 478.
27 Vgl. dazu A 450 B 478 mit A 455 B 483.
28 A 455 B 483.
29 Durchgesetzt hat diese Unterscheidung sich anscheinend erst seit Adelung. Vgl. J. C. Adelung, *Umständliches Lehrgebäude der Deutschen Sprache*, Bd.1, Leipzig 1782, § 396f., S. 751f. Vorher schwanken die Bezeichnungen

hier Kant noch nicht geläufig ist. Infolgedessen meint er mit den zwei Bedeutungen von »anfangen«, die er hier mittels der Begriffe »aktiv«/»passiv« unterscheidet, eigentlich die »transitive« und »intransitive«, wie zum Beispiel die von *infit* und von *fit*. Daß er die letztere mithin als »passive« bezeichnet, führt sonach zur gänzlichen Verdeckung der Bedeutung, die er dabei eigentlich im Auge hat.

Denn die Bedeutung eines solchen Anfangens wie *fit* (*entsteht, entspringt*) ist zwar intransitiv, bloß deshalb aber doch nicht passiv, sondern ist sogar, wenn auch nicht der Grammatik und mithin der Sprache nach, so doch sehr wohl der Sache nach die eigentlich aktive. Sie ist nämlich die Bedeutung eines ursprünglichen Anfangens von etwas, das gerade nicht durch etwas Anderes verursacht wird. Denn umgekehrt ist auch die der Grammatik und mithin der Sprache nach aktive, die von *infit*, nur die transitive, nämlich die Bedeutung eines Anfangens von etwas, das grammatisch-sprachlich als Akkusativ-Objekt zum Ausdruck kommt, und damit eines Anfangens von etwas, das als Wirkung einer Ursache auch etwas Anderes als diese ist. Der Sache nach ist eine solche Wirkung aber etwas, das durchaus nicht aktiv anfängt, sondern passiv anfängt, dadurch nämlich, daß es als die Wirkung einer Ursache durch letztere bewirkt wird. Und ist dabei überhaupt etwas im Spiel, das aktiv anfängt, so nur diese Ursache.

Doch aktiv an fängt diese dann auch nur, wenn sie nicht ihrerseits als Wirkung einer andern Ursache durch letztere bewirkt wird und sonach desgleichen passiv anfängt, und so weiter. Letztlich also heißt dies, daß nur *die* Ursache *aktiv* anfängt, die im vorgenannten Sinn des absoluten Anfangens *spontan*, nämlich »von selbst« oder »zuerst« anfängt. Und so ist eigentlich aktives Anfangen gerade dasjenige, welches Kant als passives bezeichnet, so daß er den Sinn desselben, um den es ihm eigentlich zu tun ist, dadurch vollständig entstellt. Worauf es ankommt, ist denn auch, ihn daraus erst einmal als grundsätzlich aktiven wiederherzustellen und als solchen festzuhalten.

erheblich zwischen »aktiv«/»passiv«, so daß man zunächst versucht hat, gegenüber »aktiv«/»passiv« mittels »neutrum« zu bezeichnen, was zuletzt »intransitiv« genannt wird. Vgl. dazu M.H.Jellinek, *Geschichte der neuhochdeutschen Grammatik*, Bd.2, Heidelberg 1914, S. 287ff.

Überhaupt erst so gewinnen Sie den Zugang dazu, was Kant vorschwebt, wenn er danach trachtet, gegenüber jenem eigentlich passiven Anfangen, im Sinn des transitiven *infit*, dieses eigentlich aktive Anfangen, in der Bedeutung des intransitiven *fit*, zu charakterisieren. Nur im Hinblick darauf nämlich sehen Sie dann auch noch, daß es etwas wahrhaft Außerordentliches ist, das Kant hier unternimmt, um wenigstens im Ansatz zu verdeutlichen, was ein in diesem Sinn aktives Anfangen an innerer Struktur besitzen müßte, um begreiflich sein zu können. Diese sprachlich nun geklärte Anmerkung erläutert nämlich nicht allein im nachhinein den Ausdruck, an den sie unmittelbar sich anschließt, sondern auch im vorhinein den Ausdruck, vor dem sie unmittelbar vorhergeht, weil ein jeder dieser Ausdrücke die Ursache im Sinn des eigentlich aktiven Anfangens betrifft. Denn lautet ersterer, es würde diese dann »zuerst« anfangen, und das heißt: »von selbst« oder spontan, so lautet letzterer: »Nun müßte sie aber alsdann auch anfangen zu handeln«.

Im Gesamtzusammenhang kann dies jedoch nur heißen, daß sie dann als Ursache nicht nur die *Wirkung* ihres Handelns, nämlich etwas außerhalb von sich und damit Anderes als sich anfangen müßte, sondern auch ihr *Handeln* und mithin auch etwas innerhalb von sich und so nicht Anderes als sich. Denn auch nur dadurch, und das heißt, nur durch ihr *Handeln* wird erklärlich, daß sie etwas außerhalb von sich und damit Anderes als sich durch sich als Ursache bewirkt. Und so ist es auch eben dieser Sinn von eben diesem Satz, was Kant durch diese Anmerkung bereits im vorhinein erläutern möchte, weil er äußerst schwierig ist. Und so ist Kernstück der Erläuterung denn auch gerade das, was eben diesen Sinn von eben diesem Satz betrifft, indem es ihn noch weiter ausführt: Ein besonderer Fall von Anfangen als einem absoluten oder ursprünglichen Anfangen im Sinn von *fit* ist eine solche Ursache gerade darin, daß dabei »die Kausalität in der Ursache selbst anhebt (*fit*).« Und das Besondere von Anfangen in diesem Sinn ist es denn auch, dem Kant noch eigens Rechnung trägt, indem er einen eigenen Ausdruck dafür wählt, wonach dergleichen nicht einfach nur »anfängt«, sondern feierlicher vielmehr »anhebt«[30].

30 So auch in den *Prolegomena*, Bd.4, S. 344, Z.35.

Und tatsächlich ist auf diese Weise etwas angesprochen, das es wahrlich in sich hat. Das »in« ist nämlich, wie Kant durch das »selbst« noch eigens sicherstellt, betont zu lesen und besagt sonach, daß diese »Kausalität« oder dieses »Handeln« etwas ist, das *innerhalb* von dieser Ursache als solcher *selbst* entspringen muß. Es muß mithin als eine Wirkung dieser Ursache entspringen, die gerade nicht schon jene Wirkung außerhalb von dieser Ursache und damit auch nicht etwas Wirklich-Anderes als diese Ursache sein kann und dennoch eine eigene Wirkung dieser Ursache sein muß und somit auch nur eine innerhalb von ihr sein kann. Als eine Wirkung von ihr, die nur innerhalb von ihr bestehen kann, muß dieses »Handeln« dieser Ursache als die »Kausalität« derselben aber auch in einer Differenz zu ihr als Ursache bestehen, und umgekehrt, weil auch nur dann von Ursache und Wirkung dabei sinnvoll überhaupt gesprochen werden kann. Und so muß diese Ursache, da diese ihre Differenz zu ihrer Wirkung dann nur eine innerliche innerhalb von dieser Ursache sein kann, als die Besonderheit einer Identität mit dieser Differenz in sich auftreten. Die Bewegung dieser Ursache als »Handeln« oder als »Kausalität« derselben kann mithin zuletzt auch nur in jener Selbstbewegung einer Selbstverwirklichung als Selbstverursachung bestehen, ja recht eigentlich nur als die autonome ebenso wie absolute Spontaneität jener Intentionalität ergehen.

In sich aber hat es diese Formulierung dieser Überlegung Kants, weil sie nach meiner Kenntnis weit und breit der einzige Beleg dafür ist, daß er mit der absoluten Spontaneität, die er als Ursprung freiheitlichen Handelns ansetzt, so etwas wie autonome Selbstbewegung einer Selbstverwirklichung als Selbstverursachung, kurz: so etwas wie *causa sui*, durchaus in Erwägung zieht[31]. Stellt er sie hier doch auch in einen ausgezeichneten Zusammenhang, den er zum Schluß der vorgeführten Anmerkung gerade dadurch stiftet,

31 Und nichts geringeres als dies wird somit dadurch, daß die Unterscheidung zwischen »transitiv« und »intransitiv« selbst bei Kant noch fehlt, verdeckt. – Über *causa sui*-Theorien vor und nach Kant orientiert vorzüglich Bernhard Casper: *Der Gottesbegriff »ens causa sui«*, in:*Philosophisches Jahrbuch*, Bd.76, 1968/69, S. 315ff. Er hat mir den Blick geschärft, darauf zu achten, wo auch Kant, der darüber zu schweigen scheint, zu einer solchen Theorie ansetzen könnte, die er mindest für den Menschen ebenfalls benötigt.

daß er sagt: »Ich schließe hier aus der ersteren auf die letzte«. Meint Kant mit der »ersteren« doch jenes Anfangen im Sinn von *infit*, nämlich eine Ursache, die eine Wirkung dadurch anfängt, daß sie letztere im Sinn von etwas Anderem als sich durch sich bewirkt, und damit einen Fall von Fremdbewegung einer Fremdverwirklichung als Fremdverursachung. Dagegen meint er mit der »letzten« dieses Anfangen im Sinn von *fit*, das nur in einer Ursache und einer Wirkung als einer Identität mit einer Differenz in sich bestehen kann und damit letztlich auch ergehen muß als diese Selbstbewegung einer Selbstverwirklichung im eigentlich aktiven Sinn der Selbstverursachung. Und mit dem Schluß von jener ersteren auf diese letztere ist denn auch nichts geringeres gemeint als folgendes Bemerkenswerte: Soll dergleichen wie die Fremdbewegung einer Fremdverwirklichung als Fremdverursachung von etwas freiheitliches Handeln sein, so nur, wenn ihr zugrunde liegend erst einmal dergleichen wie die Selbstbewegung einer Selbstverwirklichung als Selbstverursachung erfolgt. Und dies auch immer wieder schon von Anbeginn der allerersten solchen Fremdbewegung einer Fremdverwirklichung als Fremdverursachung von etwas Anderem, nämlich der des jeweils eigenen Körpers eines Subjekts.

Denn so entschieden Kant auch jeden Empirismus zur Erklärung dieser Einzigartigkeit verwirft, so sieht er doch nicht weniger genau als jene Empiristen: Als Mentales innerhalb dieses Somatischen des jeweils eigenen Körpers kann ein Subjekt nur, indem es diesen seinen Körper in Bewegung oder Ruhe setzt bzw. hält, auch andere Körper in Bewegung oder Ruhe setzen oder halten, weil dies sonst der reine Spiritismus wäre. Gleich den Empiristen orientiert er sich darum wie folgt: »Wenn ich jetzt (zum Beispiel) völlig frei ... von meinem Stuhle aufstehe, so fängt in dieser Begebenheit, samt deren natürlichen Folgen ins Unendliche, eine neue Reihe schlechthin an ... Denn diese Entschließung und Tat liegt gar nicht in der Abfolge bloßer Naturwirkungen, und ist nicht eine bloße Fortsetzung derselben, sondern ... in Ansehung der Kausalität ein schlechthin erster Anfang«.[32] Nur ist Kant mit jener Überlegung, auch wenn sie im Ansatz stecken bleibt, in jeder Hinsicht jedem Empiristen überlegen, der zuletzt nur ärmlich auf der Stelle treten kann, es sei das Handelnde, das handelt. Durch die klare Ab-

32 A 450 B 478.

grenzung von jeder Fremdbewegung einer Fremdverwirklichung als Fremdverursachung führt nämlich seine Einsicht in die innere Struktur der Selbstbewegung einer Selbstverwirklichung als Selbstverursachung zumindest ansatzweise noch bis dahin: Solche Selbstbewegung kann auch schlechterdings nicht so etwas wie ein besonderer Fall von solcher Fremdbewegung sein, als ob sie nämlich grundsätzlich ein Fall von bloßer Fremdbewegung wäre, deren Weg jedoch in irgendeinem Sinn zu einer Rückbezüglichkeit als einer Selbstbezüglichkeit von solcher Fremdbewegung führte. Selbstbewegung kann ein freihandelndes Subjekt danach nicht in dem Sinn sein, daß es sich etwa so bewegte, wie wenn es mit seiner einen seine andere Hand bewegt, indem zum Beispiel ein Subjekt »sich wäscht« und damit eben »sich bewegt«. Verglichen hiermit muß die von Kant eigentlich gemeinte Selbstbewegung eines Subjekts als die Ursprungshandlung oder als der Handlungsursprung vielmehr so verlaufen, daß sie als Mentales in Somatischem gerade diesseits von Somatischem des jeweils eigenen Körpers eines Subjekts abläuft und ihn dennoch dadurch in Bewegung oder Ruhe setzt bzw. hält. Ihr Ablauf muß danach in gänzlich positivem Sinn gewissermaßen kurzschlüssig, ja kürzestschlüssig, eben in sich selbst verlaufen. Und wie dieser Sinn von Selbstbewegung sich in seinem vollen Umfang auch gedanklich einwandfrei noch nachvollziehen ließe, eben dies ist das Problem, zu dessen Lösung auch der Ansatz Kants nicht hinreicht. Bleibt in allen Beispielen wie dem zuletzt genannten doch gerade dieser Sinn zutiefst verborgen, darin nämlich, daß »ein Subjekt« eben »seine« Hand »bewege«, ob nun diese oder jene oder beide, was jedoch nur dadurch, daß zunächst einmal »ein Subjekt« dabei »sich bewege«, vor sich gehen kann. Und was dies sinnvoll heißen könnte, darauf kommt es an.

Das Wagnis, das Kant schon allein mit diesem bloßen Ansatz eingeht, sehen Sie denn auch am besten an der Stellung, die er dabei jenem »Handeln« einer Ursache als der »Kausalität« derselben gibt. Denn letztere ist im Normalsinn doch zunächst einmal nur jene »Relation« zwischen Ereignissen der Außenwelt, von denen eines Ursache des anderen als Wirkung sein soll. Diese »Relation« ist aber, wie Sie wissen, von der Art, daß sie durchaus nicht etwa wie ein jedes der Ereignisse, wozwischen sie besteht, auch ihrerseits noch etwas Wahrnehmbares und sonach etwas

Empirisch-Feststellbares sein kann, wie dies spätestens seit Hume bekannt ist[33]. Kant jedoch zieht daraus, wie Sie gleichfalls wissen, den gerade umgekehrten Schluß als Hume, der Empirist, der sie aus diesem Grund als etwas Objektives an Objekten selber fallen läßt. Der Grund dafür, so Kant, ist vielmehr, daß es sich bei dieser »Relation« um eine der »Kategorien der Relation« und so um etwas handelt, das ein Subjekt einem Objekt immer schon als etwas Nichtempirisches zugrunde legen muß, um dieses Objekt als etwas Empirisches, in diesem Fall als ein Ereignis, in Erfahrung bringen überhaupt zu können. Als dies Subjektivste, nämlich ihrem Ursprung im Subjekt nach, ist »Kausalität« als »Relationskategorie« mithin zugleich das Objektivste, demzufolge etwas zum Ereignis als Objekt nur werden kann, wenn es im Sinn der Wirkung irgendeiner Ursache als irgendeines anderen Ereignisses auf dieses durch ein Subjekt selbst von vornherein bezogen wird.

Ist das gegenüber Hume, dem Empiristen, eigentlich bereits gewagt genug, so wird dies Wagnis doch von Kant sogar noch überboten. Ist »Kausalität« danach zwar etwas Nichtempirisches, doch immerhin zwischen Empirischem, zwischen Objekten als Ereignissen, so nimmt Kant dieses Nichtempirische doch auch noch in das gänzlich Nichtempirische des Subjekts selbst zurück, wo dieses Nichtempirische einer »Kausalität«, wenn überhaupt noch eine »Relation«, so nur noch eine zwischen Nichtempirischem sein könnte. Gegenüber einem so verwegenen Vorstoß in das nur noch Nichtempirische inmitten des Empirischen jedoch bleibt jeder Empirist getrost im Lande des Empirischen und nährt sich redlich, wie er meint, von »Willensakten« des Subjekts, die er mit Trieben, Neigungen oder Begierden des Subjekts zusammenfallen läßt. Und doch ist Kant nur folgerichtig, wenn er soviel weiter geht: Soll so etwas wie freiheitliches Handeln eines Subjekts wirklich sein, so muß es möglich sein, auch innerhalb von diesem Subjekt noch, das heißt, auch innerhalb von diesem Nichtempirischen noch zwischen Nichtempirischem als Unterschiedlichem zu unterscheiden; und zwar so, daß zwischen solchen Differenzen innerhalb von einer einzigen Identität auch noch »Kausalität« im Sinn von Ursache und Wirkung einer Selbstverursachung als

33 Vgl. D.Hume, *Eine Untersuchung über den menschlichen Verstand*, Hamburg 1984, Abschnitt VII, S. 74ff.

Selbstverwirklichung der Selbstbewegung möglich wird. Und als von Fremdbewegung grundsätzlich verschiedene, so folgere ich weiter, könnte solche Selbstbewegung dann auch nur Bewegung sein, die etwas keineswegs durch etwas Anderes von außen her bekommt.

Dies aber müßte dann bedeuten, daß Bewegung eines solchen Etwas, die es nicht von außen her bekommt, Bewegung auch nicht in dem Sinne ist, daß es nur *in* Bewegung kommt und damit auch nur *in* Bewegung ist, wonach es in Bewegung bloß als einem *Zustand* wäre, den es auch bloß *hätte* und statt dessen es mithin auch einen *andern* Zustand haben *könnte*, den der Ruhe. Vielmehr könnte das nur heißen: Solch ein Etwas muß etwas Bewegtes in dem Sinne sein, daß es nicht *etwas in* Bewegung ist, sondern *Bewegung* ist, schlechthin als solches selbst, indem es überhaupt nichts als Bewegung ist. Es könnte sich dabei mithin auch nur um etwas handeln, das so durch und durch Bewegung ist, daß ihm als derartig Bewegtem nichts zugrunde liegt, das etwas *anderes* als Bewegung wäre, so daß dieses andere nur *in* Bewegung wäre, weil es danach vielmehr überhaupt nur *ist*, indem es solcherart *Bewegung* ist.

Und in der Tat vermöchte etwas nur als solcherart Bewegung aufzutreten, wenn es als ein Etwas auftritt, das Bewegung *deshalb* nicht von außen her durch etwas Anderes als sich *bekommt*, weil es Bewegung vielmehr nur von innen her aus sich heraus *erstellt*, indem es *sich* zu *ihr* erstellt und somit *Selbst*bewegung seiner *Selbst*verwirklichung als seiner *Selbst*verursachung ist. Denn auch nur als solcherart Bewegung ließe so etwas wie Selbstbewegung seiner Selbstverwirklichung als seiner Selbstverursachung sich widerspruchsfrei denken und mithin auch einer Handlungstheorie zugrunde legen: als Begriff eines Subjekts, das eben darin autonome Freiheit oder absolute Spontaneität von Ursprungshandlung oder Handlungsursprung als dem je und je von Grund auf neuen Anfangen von etwas ist. Und mindestens ein Hinweis darauf, daß es sich dabei um solche Durch und durch-Bewegung handeln müßte, liegt in jenem Tatbestand, den Sie schon kennen: Nicht nur etwas tun, sondern auch etwas unterlassen ist ein Handeln, das mithin auch dann in vollem Gang ist, wenn ein Subjekt seinen Körper ganz und gar in Ruhe hält, um damit etwas zu erreichen. Als die *Absicht* des In Ruhe-*Haltens* seines Körpers ist dieses

Subjekt auch dabei durch und durch Bewegung: Das Ergehen einer Absicht als Bewußtsein des durch Ruhe oder durch Bewegung seines Körpers zu erreichenden Erfolges ist in jedem Fall Bewegung, eben Selbstbewegung eines Subjekts, einerlei, ob dieses Subjekt seinen Körper dadurch nun in Ruhe oder in Bewegung setzt bzw. hält.

Worauf es ankommt, wäre demnach eine widerspruchsfreie Begriffsbildung zum Zweck der Unterscheidung dessen, was dann innerhalb von jedem nichtempirischen Subjekt an Unterschiedlich-Nichtempirischem beschlossen liegen muß, wenn es ein solcher Fall der Selbstbewegung ist. Gilt somit, daß als ein Subjekt »ich mich« bewege, wobei schon allein der Sprache nach »ich mich« durchaus nicht etwa tautologisch-uninformativ ist, so muß »ich« als Ursache für »mich« als Wirkung eben unterscheidbar sein. Entsprechend muß dazwischen eine Differenz sein, auch wenn sie nur eine innerhalb von einer einzigen Identität eines Subjekts sein kann, als das »ich mich« gerade so bewege, daß »ich mich« danach »in mir« bewege, also grundsätzlich im Selbstverhältnis.

Widerspruchsfrei denkbar werden könnte solche Durch und durch-Bewegung einer Selbstbewegung des Subjekts jedoch nur, wenn als Form für sie auch Zeit noch widerspruchsfrei denkbar werden könnte, weil dergleichen wie Bewegung – welcher Art auch immer – ohne Zeit sich schlechterdings nicht denken lassen kann. Gerade dafür aber hätte Kant die allerbesten Mittel, weil nach ihm wie Raum auch Zeit nur im Subjekt entspringen kann, so daß wie Raum auch Zeit danach etwas ursprünglich Subjektives sein muß. Und tatsächlich tritt gerade Kant zufolge so etwas wie objektiver Raum und objektive Zeit erst immer dadurch auf, daß solcher subjektive Raum zu objektivem Raum und solche subjektive Zeit zu objektiver Zeit erst immer werden: dadurch nämlich, daß in Form von ihnen ein Subjekt etwas zu einem Objekt allererst gewinnt, indem es die Erfahrung von ihm macht.

Was hierbei aber dasjenige Objekt anbetrifft, durch das die subjektive *Zeit* zu objektiver wird, durch ein Ereignis nämlich, so gewinnt nach Kant ein Subjekt etwas zum Ereignis eben nur, indem es dieses Etwas als die Wirkung eines andern Etwas auffaßt als der Ursache für dieses und es somit als Ereignis auf ein anderes Ereignis durch Kausalität im Sinn der Fremdverursachung bezieht. Aus eben diesem Grund, aus dem sich objektive Zeit nach Kant von subjektiver unterscheidet, müßte also auch gerade Kant die objektive und die subjektive Zeit von Grund auf auseinanderhalten, was er aber schuldig bleibt. Und wie an andern Stellen seiner Systematik[34] hat dies auch an dieser Stelle schwerwiegende Folgen, denen wir uns kritisch widersetzen sollten.

Meint er doch tatsächlich, daß, sobald etwas in Form von Zeit auftrete, es auch gleich in objektiver Zeit auftreten müsse und mithin auch gleich als ein Ereignis im Zusammenhang mit einem anderen Ereignis und sonach als Wirkung von ihm als der Ursache für es im Sinn der Fremdverursachung. Gerade Kant zufolge aber gilt das eben nur für ein Objekt unter Objekten, nicht jedoch für ein Subjekt, das keineswegs auch seinerseits nur ein Objekt unter Objekten ist. Und mindestens insoweit kann ein Subjekt dies auch gar nicht sein, als es doch auch noch Handlungsursprung oder Ursprungshandlung sein soll, was es nur als autonome Freiheit oder absolute Spontaneität der Selbstbewegung einer Selbstverwirklichung als Selbstverursachung sein kann. Die Unterlassung dieser Unterscheidung zwischen Zeit als objektiver und als subjektiver hat denn auch zur Folge, daß Kant ferner meint, er könne dieses Subjekt als die autonome Freiheit oder absolute Spontaneität von Ursprungshandlung oder Handlungsursprung nicht als etwas zulassen, das ebenfalls in Form von Zeit auftritt. Er müsse es vielmehr als etwas auffassen, das gänzlich außerhalb von Zeit besteht, weshalb es ihm auch als Bewegung nicht begreiflich werden kann. Und nur aus diesem Grund nimmt Kant zuletzt wieder zurück, wozu er selbst an jener vorgeführten Stelle doch zumindest ansetzt: jene Einsicht, daß es sich dabei sogar um Selbstbewegung handeln müßte und mithin auch nur um Durch und durch-Bewegung eines Etwas handeln könnte, das nichts als Bewegung wäre.

Daß er in der Tat nur deshalb diese Einsicht nicht zum Zuge kommen läßt, das sehen Sie denn auch schon im Zusammenhang mit jener Anmerkung, wo Kant so vielversprechend zwischen jenen zwei Bedeutungen von »anfangen« im Sinn von *fit* und *infit* unterscheidet. Nur aus diesem Grund, daß auch ein Anfangen im Sinn von *fit* dann »in die Zeit ... gehören« müßte, die er dabei ausschließlich als objektive in Erwägung zieht, weist er ein solches Anfangen zurück. Und vollends klar wird das im weiteren Zusam-

34 Vgl. dazu G.Prauss, *Die Welt und wir*, Bd.1, Teil 2, §§ 28 und 29.

menhang, wo er im Gegenzug dazu das Gegenteil davon vertritt: Im Fall des freiheitlichen Handelns müßte ein Subjekt als Ursache dafür zuerst oder von selbst oder spontan zu handeln anfangen, und zwar in dem Sinn, daß das Handeln oder die Kausalität dabei auch »in der Ursache selbst anhebt (*fit*)«, so heißt es hier. Dort aber heißt es dann von diesem Subjekt, »daß es seine Wirkungen in der Sinnenwelt von selbst anfange, ohne daß die Handlung in ihm selbst anfängt«[35]. Und so vertritt er jetzt geradezu im Widerspruch zum vorigen auch folgerichtig, daß dabei »in« diesem »nichtempirischen« Subjekt als solchem, das er in der Regel das »intelligible« nennt[36], gerade »nichts geschieht«[37].

Ganz recht: Im Sinn der Fremdverursachung eines Ereignisses als der »Veränderung«[38] eines Objektes durch ein anderes Objekt als dem Normalsinn von empirischem Kausalgeschehen geschieht dabei in einem nichtempirischen Subjekt tatsächlich nichts. Denn in der Tat kann ihm auch nicht, wie einem Objekt in der objektiven Zeit ein anderes Objekt vorhergeht, etwas Anderes in objektiver Zeit vorhergehen, das als dieses Andere die Ursache für es als Wirkung ist. Dies aber ist geradezu trivial, wenn freiheitliches Handeln seinen Ursprung im Subjekt als Selbstbewegung einer Selbstverwirklichung im Sinn der Selbstverursachung besitzen soll, weil diese dann als Fremdverursachung durch ein Objekt als etwas Anderes in objektiver Zeit auch schon von vornherein nicht vor sich gehen kann.

Daß sie nur deshalb aber überhaupt nicht vor sich geht, weil dabei schlechthin nichts geschieht, das folgt daraus in keiner Weise. Und dies um so weniger, als Zeit gerade Kant zufolge nicht von vornherein mit objektiver Zeit zusammenfallen kann, sondern zunächst einmal als subjektive Zeit im Subjekt selbst entspringen muß. Und damit böte sie als Zeit des Subjekts selbst sich förmlich an und somit auch als Form der Selbstbewegung dieses Subjekts selbst, zumal sie als Ergehen einer Absicht doch wohl auch nur als Geschehen denkbar ist. Nur könnte freilich diese Zeit als dieses

35 A 541 B 569. Dasselbe auch noch mehrfach in A 551f. B 579f., A 553f. B 581f.
36 Vgl. z.B. A 544 B 572.
37 A 541 B 569.
38 A.a.O.

Angebot erst angenommen werden, wenn sie sich als subjektive gegenüber objektiver auch begrifflich widerspruchsfrei fassen ließe, wo für Kant denn auch die eigentlichen Schwierigkeiten liegen.

Offenkundig werden sie, wenn Kant aus diesem Grund am Ende eine Handlungstheorie vertreten muß, die ihre Abwegigkeit an der Stirn geschrieben trägt: Es müsse eine und dieselbe Handlung – je nach dem Gesichtspunkt, den man anlegt, nämlich je nach dem, ob man sie im Zusammenhang der Empirie auf ein empirisches Objekt zurückführt oder auf ein nichtempirisches Subjekt – als etwas natural Verursachtes oder als etwas freiheitlich Verursachtes betrachtet werden[39]. Doch das ist unhaltbar, wie Sie gleich mir finden werden. Denn es könnte dann im ersten Fall auch schon von vornherein gar keine Handlung vor sich gehen. Ein empirischer Gesichtspunkt also ist bezüglich einer Handlung überhaupt nicht möglich. Denn geschieht etwas aus Freiheit, dann in diesem Sinn gerade nicht auch aus Natur, und umgekehrt. Und mag im Fall von Handlungen empirisch etwas vor sich gehen oder nicht, indem der wahrnehmbare Körper eines Subjekts dabei in Bewegung oder Ruhe kommt bzw. bleibt, so geht doch eine Handlung dieses Subjekts dabei nur vor sich, sofern die Ursache dafür in diesem Sinn gerade nicht Natur ist, wie bei Lähmungsruhe oder bei Reflexbewegung, sondern eben Freiheit. Und bezüglich dieses Nichtempirischen kann demgemäß auch nur ein einziger, ein nichtempirischer Gesichtspunkt möglich sein.

Was Ihnen darin, daß Kant diese zwei Gesichtspunkte für möglich hält, vor Augen tritt, ist denn auch nichts als ein Zerfall des in sich einheitlichen Handelns selbst. Die Problematik der Bewegung dieses Nichtempirischen der Freiheit, die ja nicht als höhere Reflexbewegung in Betracht kommt, hat er nicht bewältigt. Deshalb kennt er nur empirische Bewegung, die als Handlungsursprung aber gleichfalls nicht in Frage kommt. Infolgedessen kann er ausgerechnet Handeln letztlich nur auf Ruhe noch zurückführen und

39 Vgl. z.B. A 549ff. B 577ff., wo Kant in A 550 B 578 ausdrücklich sagt, daß »eben dieselben Handlungen« es sind, die unter solchem unterschiedlichen Gesichtspunkt zu erwägen seien. Vgl. ferner besonders A 541 B 569: »So würde denn Freiheit und Natur, jedes in seiner vollständigen Bedeutung, bei eben denselben Handlungen, je nachdem man sie mit ihrer intelligiblen oder sensiblen Ursache vergleicht, zugleich und ohne allen Widerstreit angetroffen werden.«(Textverbesserung nach Vorländer).

muß Handeln demnach buchstäblich zur Ruhe bringen und als Handeln somit fallen lassen. Denn die Freiheit als der Ursprung dieses Handelns kann doch wohl als Ruhe, sei es auch als höhere, erst recht nur unverständlich bleiben.

II. UNSERE THEORIE UND PRAXIS IHREM INHALT NACH

§ 4. Der angebliche und der eigentliche Unterschied von Theorie und Praxis

Unsere Analyse der Probleme, die das Handeln von Subjekten aufwirft, haben wir bisher auf dieses Handeln selbst beschränkt. Doch wie Sie dem Verlauf des letzten Paragraphen schon entnehmen konnten, geht aus dieser Analyse mehr und mehr hervor, daß wir sie nicht auf dieses Handeln selbst beschränken dürfen. Vielmehr müssen wir auch das Erkennen des Subjekts in sie miteinbeziehen, weil ersichtlich zwischen beidem ein Zusammenhang bestehen muß, der noch bis heute alles andere als klar ist. Und dies um so weniger, als schon allein von Grund auf unklar ist, worin die Unterschiedlichkeit sowohl wie die Gemeinsamkeit von beidem, die bestehen muß, denn eigentlich bestehen kann. Im Rahmen einer Handlungstheorie wie hier im *Zweiten Band* kann diese Einbeziehung des Erkennens aber nicht noch einmal wie im *Ersten Band* als eigenständige Erkenntnistheorie erfolgen, die Sie jetzt vielmehr noch mit vor Augen haben sollten. Denn in eine Theorie miteinbezogen wird dieses Erkennen des Subjekts von nun an nur noch soweit, wie es in die Theorie des Handelns dieses Subjekts einbezogen werden muß, weil dessen Analyse mehr und mehr erweist, daß ohne eine Theorie dieses Erkennens eine Theorie des Handelns dieses Subjekts gar nicht möglich werden kann.

Ersichtlich für Sie wurde dies im vorigen besonders dort, wo sich ergab, es könne keine Rede davon sein, daß etwa ein Objekt als einem Subjekt gegenüber Wirklich-Anderes die Ursache dafür sein kann, daß in einem Subjekt jene Bewegung des Begehrens oder Handelns zur Befriedigung dieses Begehrens auftritt. Und zwar kann es das allein schon deshalb nicht, weil es auch keineswegs ein Objekt als ein wirkliches sein kann, worauf Begehren oder Handeln eines Subjekts als Befriedigung seines Begehrens ausgeht. Vielmehr kann das nur ein Objekt sein als ein gerade unwirkliches, das jedoch als dieses Unwirkliche auch nicht Ursache sein kann, gleichviel wofür. Von welcher Ursache oder Verursachung jene »Erregung« oder »Reizung« eines Subjekts herrührt, die in ihm Begehren oder Handeln zur Befriedigung seines Begehrens in Bewegung setzt, erwies sich damit als von Grund auf problematisch, was jedoch auch wieder nicht verwundert. Schließlich geht es dabei doch um nichts geringeres als die noch immer nicht beantwortete grundsätzliche Frage, wie es zwischen so etwas wie einem Subjekt und Objekt als dem Mentalen und Somatischen zu so etwas wie einer Wechselwirkung überhaupt soll kommen können. Solches Handeln aus Begehren nämlich muß dabei zum einen irgendwie auf Einwirkung als »Reizung« oder als »Erregung« von Mentalem durch dieses Somatische beruhen, zum andern aber umgekehrt auch irgendwie auf Einwirkung dieses Mentalen auf Somatisches: Kann solches Handeln doch nur vor sich gehen, indem ein Subjekt als Mentales seinen Körper als Somatisches absichtlich in Bewegung oder Ruhe setzt bzw. hält. Und um so problematischer ist dabei jene Einwirkung im Sinn der »Reizung« oder der »Erregung« des Begehrens oder Handelns eines Subjekts, als ja nur auf sie zurückgehen kann, daß dies Begehren oder Handeln auch ein inhaltlich-bestimmtes ist, indem es als ein Intendieren jeweils auch ein inhaltlich-bestimmtes Etwas intendiert.

Genau an dieser Stelle aber muß dies vollends problematisch werden, weil nicht erst das Handeln, sondern auch schon das Erkennen als ein Intendieren doch nur dadurch inhaltlich-bestimmtes Intendieren eines inhaltlich-bestimmten Etwas sein kann, daß es ebenfalls auf irgendeine Art kausaler Einwirkung zurückgeht. Nur daß sie in diesem Fall – wenn anders Handeln und Erkennen sich in jenem Sinn von Theorie und Praxis unterscheiden – freilich nicht als »Reizen« oder als »Erregen« zum Begehren oder Wollen oder Handeln vor sich gehen könne, sondern eben bloß als »Affizieren« zum Anschauen oder Begreifen oder Wahrnehmen oder Erkennen, das auch als empirisches bloß Theorie, nicht Praxis sei: im Alltag wie in Wissenschaften.

Wie aber soll sich das verstehen lassen? Kann doch keinesfalls in Frage kommen, es sei etwa ein Objekt, das dabei jeweils dafür sorgt, ob ein Subjekt dadurch nun als erkennendes oder als handelndes oder als beides auftritt, je nach dem, ob dieses Objekt dieses Subjekt nun spezifisch theoretisch »affiziert« oder spezifisch praktisch »reizt« oder »erregt« bzw. beides. Kann vielmehr an Stelle eines solchen Animismus nur neutral-kausale Einwirkung durch ein Objekt dabei verständlich sein, so kann es auch allein an diesem Subjekt liegen, ob auf Grund von Einwirkung, die so neutral-kausal ist, nun Erkennen oder Handeln dieses Subjekts oder beides auftritt: Wie Bewegung eines Intendierens überhaupt muß danach auch Bewegung eines Intendierens, das als ein spezifisch theoretisches oder als ein spezifisch praktisches oder als beides auftritt, grundsätzlich auf jene Selbstbewegung des Subjekts zurückgehen, die jedoch für sich allein schon schwer genug zu fassen ist. Sogar noch schwerer faßlich aber wird sie danach, weil sie sich dann auch noch dazu aus sich selbst heraus differenzieren müßte, nämlich als Identität von Intendieren auch noch zu den Differenzen von spezifisch theoetischem und von spezifisch praktischem oder von beidem.

Kann der Unterschied von Theorie und Praxis nämlich nicht auf Einwirkung durch ein Objekt zurückgehen, sondern nur als Auswirkung eines Subjekts aus diesem selbst hervorgehen, muß er auch als solcher selbst gerade problematisch werden. Und dies um so mehr, als beides doch nur Intendieren sein kann – Theorie nicht weniger als Praxis und Erkennen ebenso wie Handeln – und mithin auch beider Intendiertes nur Erfolg als etwas Wirklich-Anderes zu beider Intendieren. Unausweichlich für Sie wird die Problematik dieses Unterschieds jedoch, weil sich im Anschluß daran reihenweise Fragen stellen müssen, die ihn nur in Zweifel ziehen können. Damit nämlich, daß es sich in beiden Fällen nur um Intendieren eines dadurch Intendierten, eben nur um Intendieren von Erfolg als etwas Wirklich-Anderem handeln kann, muß sich als erstes die genannte Problematik jener Einwirkung eines Objekts auf ein Subjekt erneuern und erweitern.

Problematisch war sie ja bisher allein für Handeln, weil sie als kausale einerseits die Einwirkung durch etwas Wirkliches sein muß, weil anderseits jedoch das Handeln seiner Intention nach nicht auf etwas Wirkliches gerichtet sein kann, sondern nur auf etwas Unwirkliches, das als solches demnach nicht das dabei Einwirkende sein kann. Deshalb könnte es für Sie zunächst den Anschein haben, als ob für Erkennen, wie es nunmehr noch mit in den Blick tritt, diese Problematik von kausaler Einwirkung entfalle. Schließlich müsse, wenn auch nicht das Handeln, so sehr wohl doch das Erkennen eines Subjekts seiner Intention nach auf ein wirkliches Objekt gerichtet sein. Und ist denn nicht auch in der Tat zum Beispiel eine Wahrnehmung von etwas als ursprüngliche empirische Erkenntnis eines Objekts eben dies, nämlich Erkenntnis dieses Objekts nur, wenn es auch eben dieses Objekt ist, was dabei umgekehrt auf das Subjekt dieser Erkenntnis einwirkt? Schließlich könne sie doch auch nur dadurch überhaupt den Inhalt haben, der sie zur Erkenntnis eben dieses Objekts mache.

Jedenfalls meint dies der Empirist[1], wie er zunächst einmal in jedem von uns steckt. Und darum könnten Sie mit ihm auch leicht der Meinung sein, die Einwirkung eines Objekts auf ein Subjekt als die neutral-kausale festzuhalten, um den Animismus fernzuhalten, führe wie von selbst zu einer Unterscheidung zwischen Theorie und Praxis: Theorie oder Erkenntnis sei die Intention, die auf genau das Wirkliche sich richte, durch das sie dem Inhalt nach hervorgerufen werde[2], während Praxis oder Handlung sich als Intention auf die Veränderung desselben richte[3]. Nach wie vor jedoch kann dies nicht stimmen, weil auch dabei wieder offen bleiben muß, wodurch denn diese Intention von Praxis oder Handlung dann dem Inhalt nach hervorgerufen werde. Doch nicht erst für diese Intention von Handlung oder Praxis, nein auch schon für jene Intention von Theorie oder Erkenntnis ist das alles andere als stimmig, was ein überzeugter Empirist indes nicht merken kann, weil er bereits die Intention von Theorie oder Erkenntnis nicht in ihrem Wesen einzusehen vermag. Entsprechend haben wir auch weiter mindest ebenso wie gegen jenen äußeren Empiristen gegen diesen inneren Empiristen in uns selber anzukämpfen.

Auch in dieser Hinsicht nämlich macht er dadurch wieder sich bemerkbar, daß er nicht gewillt ist, in gebotenem Umfang zu berücksichtigen, daß ein jeder Fall empirischer Erkenntnis, auch schon der von ursprünglichster Wahrnehmung eines Objekts der

1 Vgl. z.B. J.Searle, *Intentionalität*, Frankfurt a.M. 1991, S. 70ff., S. 92, S. 154. So auch schon Aristoteles, vgl. z.B. *De anima* 417 b 20–22.

2 Vgl. Searle, a.a.O.

3 Vgl. a.a.O. mit S. 22ff.

Außenwelt, ein Fall von Irrtum sein kann, weil er grundsätzlich ein Fall von Urteil sein muß. Dies jedoch hat schon für jeglichen elementarsten Fall zu gelten wie »Dies ist ein Apfel« oder »Dies ist rot«, – von jeglichem komplexen ganz zu schweigen. Demzufolge kann ein solcher Irrtum wesentlich nur darin liegen, daß genau der dabei vorgestellte Gegenstand, der durch das Urteil in der Wahrnehmung als wirklich hingestellt wird, dabei wirklich gar nicht ist. Und an speziellen Fällen irrtümlicher Wahrnehmung wie Träumen oder Halluzinationen ist das auch, wenngleich nur gegen diesen Empiristen in uns kämpfend, deutlich für uns einzusehen: Um eine Halluzination oder um einen Traum von einem Apfel handelt es sich, wenn genau der Apfel, der auch dabei gegenständlich ist, nicht wirklich ist. Und das gilt auch für jeden andern Irrtum in der Wahrnehmung als sogenannter »Sinnestäuschung«, gleichviel, was dabei statt Wirklichem der Außenwelt an Wirklichem der Innenwelt im Spiel sein mag.

Ganz wie beim Handeln kann mithin auch beim Erkennen nicht das Unwirkliche dieses Apfels dasjenige sein, was dabei auf ein Subjekt einwirkt und was dadurch dem Erkennen dieses Subjekts seinen Inhalt liefert; und gleichwohl muß es auch dabei sich im Vollsinn um Erkennen dieses Subjekts handeln, wenngleich um gerade »falsches«, wie der Empirist in uns und außer uns dies auffaßt. Und schon damit ist es um das feste Vorurteil von ihm geschehen, wonach Erkennen doch auf etwas Wirkliches gerichtet sei, worunter dieser Empirist etwas dafür schon immer vorgegebenes Wirkliches der Außenwelt verstehen möchte. Und die Unhaltbarkeit dieses Vorurteils wird durch die Problematik jener Einwirkung, wie sie sich aus der Handlungstheorie jetzt auch noch zusätzlich für die Erkenntnistheorie ergibt, denn auch noch nachträglich zu ihr bestätigt. Umgekehrt kann nämlich dasjenige Wirkliche der Außenwelt, das auch in einem solchen Fall von Irrtum in der Wahrnehmung oder Erkenntnis auf ihr Subjekt einwirkt, sei es auch nur dessen Körper, dann in keinem Fall etwas dabei Erkanntes sein.

Ändert an der Unhaltbarkeit dieses Vorurteils sich doch auch dann nichts, wenn Sie dabei von empirischer Erkenntnis nur als »wahrer« statt als »falscher« ausgehen, – mag es noch so sehr den Anschein haben. Denn auch dabei müssen Sie von Wahrnehmung eines Objekts der Außenwelt als ursprünglichem und elementarem

Fall empirischer Erkenntnis dieses Objekts ausgehen. Und als »wahre« statt als »falsche« muß sie dann auch darin liegen, daß genau der dabei vorgestellte Gegenstand, der durch das Urteil in der Wahrnehmung als wirklich hingestellt wird, dabei wirklich auch tatsächlich ist. Entsprechend könnten Sie der Meinung sein, es müsse mindestens im Fall von »wahrer« Wahrnehmung oder empirischen Erkenntnis dieses dabei wirklichen Objekts der Außenwelt auch eben dieses wirkliche Objekt sein, was dabei auf das Subjekt so einwirkt, daß es in ihm den Gehalt bewirkt, der solche Wahrnehmung oder empirische Erkenntnis dieses Subjekts zur Erkenntnis eben dieses Objekts macht[4]: In »wahrer« Wahrnehmung oder empirischen Erkenntnis eines Apfels wie »Dies ist ein Apfel« sei ein Subjekt dann begriffen, wenn gerade dieser Apfel als ein wirkliches Objekt es sei, der dabei auf dies Subjekt einwirkt und in ihm Gehalt bewirkt, den es in sich auf irgendeine Weise zur empirischen Erkenntnis dieses Apfels umwirkt.

Dies jedoch ist gleich in mehr als einer Hinsicht unhaltbar. Denn unter dem Gesichtspunkt der Bewirkung von Gehalt in einem Subjekt als Mentalem ist doch mindestens ein weiteres Objekt im Spiel, das dabei mindestens genauso, ja recht eigentlich noch eher als der Apfel für die Rolle jenes wirklichen Objektes in Betracht kommt, das diesen Gehalt bewirkt: der jeweils eigene Körper des erkennenden Subjektes. Jede solche Einwirkung nimmt nämlich ihren Weg zunächst einmal durch dieses oder jenes körperliche »Sinnesorgan« des erkennenden Subjektes, bis sie dann auf irgendeine Weise, die noch immer zu den größten ungelösten Rätseln zählt, zuletzt sich auch im Subjekt als Mentalem auswirkt. Mag jedoch zum Beispiel bei der Wahrnehmung oder Erkenntnis als dem Sehen eines Apfels dieser Apfel noch so sehr an dem beteiligt sein, was auf die Augen des erkennenden Subjektes dabei einwirkt: Trotzdem ist das eigentliche wirkliche Objekt, das im Mentalen des erkennenden Subjektes den Gehalt bewirkt, ausschließlich dies Somatische des jeweils eigenen Körpers des erkennenden Subjektes: einerlei, wie sehr sich dies Somatische von diesen Augen her bis hin zu jener rätselhaften Stelle dehnen mag, wo das Mentale an es anschließt. Dennoch kann beim Sehen eines Apfels, sprich:

4 So jedenfalls der Empirist, vgl. oben Anm. 1 ff.

bei einer Wahrnehmung oder Erkenntnis wie »Dies ist ein Apfel«, das Erkannte schlechterdings nicht irgendetwas von all dem Somatischen des jeweils eigenen Körpers des erkennenden Subjektes sein.

Und das gilt auch, wenn ein Subjekt statt so etwas wie einen Apfel vielmehr einen Teil des eigenen Körpers sieht und somit Wahrnehmung oder empirische Erkenntnis von ihm hat. Auch dabei nämlich ist nur dieser Teil des eigenen Körpers das Erkannte und nicht irgendetwas von all dem Somatischen, das sich auch dabei von den Augen des erkennenden Subjektes her bis hin zu jener rätselhaften Stelle dehnt. Obwohl mithin auch dabei irgendetwas von all dem Somatischen dazwischen als ein Wirkliches das Einwirkende ist, so ist es dabei doch nicht das Erkannte. Ganz genauso muß ja auch in jenem Fall des Irrtums in der Wahrnehmung von einem Apfel, welche unter anderem in der körperlich verankerten Erinnerung an einen Apfel gründen muß, die körperliche Grundlage dafür als etwas Wirkliches auch etwas Einwirkendes sein: dies aber ohne daß die Wahrnehmung es dabei überhaupt mit etwas Wirklichem zu tun hat, weil der irrtümlich durch sie als wirklich hingestellte Apfel dabei wirklich gar nicht ist.

Und daran sehen Sie zuletzt: Entscheidend ist hier nur, was dadurch *für* ein Subjekt als Mentales von Bewußtsein einer Wahrnehmung oder Erkenntnis je und je *bewußt* im Sinne von *thematisch* wird, und nicht etwa, was dabei *auf* ein Subjekt als Mentales von Bewußtsein einer Wahrnehmung oder Erkenntnis jeweils *einwirkt.* Und *bewußt* im Sinne von *thematisch* werden kann für ein an seinen Körper als ein makroskopisches Objekt gebundenes Subjekt mithin zunächst einmal auch immer wieder nur ein anderes solches makroskopisches Objekt in der Umgebung seines Körpers, wie zum Beispiel seiner Augen. Solch ein Subjekt kann daher ursprüngliche empirische Erkenntnis auch genau in diesem Sinne nur als Wahrnehmung gewinnen. Folglich kann es jede weitergehende empirische Erkenntnis auch allein durch solche makroskopischen Objekte sich vermitteln, wie zum Beispiel durch ein Mikroskop oder ein Fernrohr usw.

Insgesamt jedoch kann dies dann nur bedeuten: Was dabei für ein Subjekt bewußt im Sinne von thematisch wird, ist eben das, worauf ein Subjekt als Mentales von Bewußtsein einer Absicht oder Intention sich richtet, und nicht das, wodurch ein Subjekt als Mentales von Bewußtsein einer Absicht oder Intention dabei neutral-kausal beeinflußt wird. Entsprechend kann – wie insbesondere der Fall des irrtümlichen Wahrnehmungsbewußtseins zeigt – das dadurch Intendierte mit dem dabei Einwirkenden auch grundsätzlich nicht zusammenfallen: Es kann dies also nicht nur nicht beim Handeln, sondern auch nicht beim Erkennen, weil nicht einmal im elementarsten Fall ursprünglichsten empirischen Erkennens als der Wahrnehmung eines Objekts der Außenwelt. In beiden Fällen wird vielmehr bewußt im Sinne von thematisch für ein Subjekt eben das, was *durch* ein Subjekt dabei intendiert oder beabsichtigt wird, nicht jedoch, was *auf* ein Subjekt dabei einwirkt. Denn als solches bleibt das auf ein Subjekt dabei Einwirkende für dies Subjekt vielmehr umgekehrt gerade ein in diesem Sinne Unbewußtes oder Unthematisches, das heißt, ein Unerkanntes.

Vollends unausweichlich für Sie wird das schließlich dadurch, daß nicht einmal dann, wenn das in einer Wahrnehmung als wirklich Hingestellte wirklich auch tatsächlich ist, dies Wirkliche dabei als etwas dabei Einwirkendes das Erkannte sein kann, weil es dies grundsätzlich nur für einen andern Fall empirischer Erkenntnis sein kann. Zwischen einem Fall empirischer Erkenntnis wie »Dies ist ein Apfel« und wie »Dieser Apfel wirkt bei seiner Wahrnehmung auf das ihn wahrnehmende Subjekt ein« besteht denn auch formal wie inhaltlich ein solcher Unterschied, daß letztere grundsätzlich nie wie erstere ein Fall elementarer und ursprünglicher empirischer Erkenntnis als der Wahrnehmung eines Objekts der Außenwelt sein kann: Elementare und ursprüngliche empirische Erkenntnis setzt als Wahrnehmung durch ein Subjekt von außen her an makroskopischen Objekten an und nicht etwa von innen her an irgendwelchen mikroskopischen Objekten innerhalb des eigenen Körpers dieses Subjekts oder gar bei diesem Subjekt selbst, worauf wir gleich zu sprechen kommen werden. Um so rätselhafter aber auch, worin der Ursprung und der Unterschied von Theorie und Praxis dann noch liegen sollten: Wo doch sicherlich erst recht nicht in Betracht kommt, daß Objekte es vermöchten, auf Subjekte nicht allein spezifisch theoretisch oder auch spezifisch praktisch einzuwirken, sondern auch noch so, daß sie im ersten Fall etwa spezifisch theoretisch-wahr oder spezifisch theoretisch-falsch einwirkten, so daß Wahrnehmung auch noch als wahre oder falsche durch Objekte selbst hervorgerufen würde: Was uns aber eben ganz und gar nicht hindert, daß wir dingverfallen, wie wir sind, durchaus so sprechen, beispielsweise von der »Sinnestäuschung«, weil »wir uns« ja nur in dem Sinn täuschen, daß recht eigentlich die »tückischen Objekte« als die animistisch »bösen, bösen Dinge« unsere Sinne täuschen.

Gleich in mehr als einer Hinsicht müßte Ihnen somit auch von hier aus fraglich werden, was den Unterschied von Theorie und Praxis, den wir für so selbstverständlich halten, eigentlich begründen sollte. Denn ist dafür, welches Objekt einem Subjekt in der Wahrnehmung bewußt oder thematisch wird, gerade das Mentale seiner Absicht oder Intention entscheidend und nicht das Somatische, das dabei auf es einwirkt, so genügt ein Blick auf jenen Fall der Unterlassung, und Sie sehen: So theoretisch, wie zunächst einmal ein jeder von uns meint, kann solche Wahrnehmung durchaus nicht sein. Denn nichts als das Mentale des Bewußtseins einer Wahrnehmung von etwas Wirklichem – das ganz von sich aus einen Lauf nimmt, der dem Subjekt dieser Wahrnehmung zustatten kommt – ist dabei das Mentale des Bewußtseins einer Absicht oder Intention als einer Handlung dieses Subjekts. Kann sie ihm doch zugerechnet werden, so daß dieses Subjekt sogar strafbar für sie sein kann. Solch ein Wahrnehmen als angeblich bloß theoretisches Erkennen ist danach vielmehr recht eigentlich ein Handeln als ein gänzlich praktisches und deshalb auch verwerfliches, je danach, was es als »Mitansehen« eines Wirklichkeitsverlaufs geschehen läßt, indem ein Subjekt dabei »keinen Finger rührt«, um ihn zu ändern oder aufzuhalten.

Daraus aber werden Sie nur folgern können, daß in diesem Fall dann solche Theorie gerade solche Praxis ist, und umgekehrt, daß also mindestens in diesem Fall dann auch der Unterschied von Theorie und Praxis alles andere als selbstverständlich ist. Denn es entscheidet darüber, was für das Wahrnehmen als das empirische Erkennen zum Erkannten wird, danach nur das Mentale von Bewußtsein solcher Absicht des erkennenden Subjektes, und nicht das Somatische, das dabei einwirkt. Demgemäß geht mindestens in diesem Fall der Unterlassung auch der Ursprung jenes Unterschieds von Theorie und Praxis nicht auf solches Einwirken zurück. Dann kann er vielmehr, wenn er überhaupt besteht, desgleichen nur auf das Mentale von Bewußtsein solcher Absicht selbst zurückzuführen sein. Nur fragt sich freilich eben daher gleich noch weiter, ob er überhaupt besteht.

Denn wie: Ist etwa Theorie in diesem Fall dann etwas Praktisches bzw. Praxis etwas Theoretisches? Ist dann in diesem Fall Erkennen gar nicht mehr Erkennen, sondern Handeln, oder Handeln dann in diesem Fall kein Handeln mehr, sondern Erkennen? Oder ist in diesem Fall nicht beides vielmehr eines und dasselbe, das in diesem Sinn sich gar nicht unterscheiden läßt, und um so weniger, als beides doch Mentales von Bewußtsein einer Absicht oder Intention ist? Und wird eben daran nicht auch ferner klar, in welchem Sinn sich beider Unterscheidung nicht mehr aufrechthalten läßt? In dem Sinn nämlich, gegenüber Praxis Theorie zu unterscheiden, und nicht etwa umgekehrt. Denn daß ein Fall von Unterlassung nur ein Fall von Theorie sein sollte, der aus diesem Grunde nicht verwerflich und entsprechend auch nicht strafbar wäre, kommt gewiß nicht in Betracht.

Ist also etwa allgemein, das heißt, nicht nur in Fällen solcher Unterlassung, sondern auch in allen andern Fällen das, was wir als Theorie von Praxis auszunehmen pflegen, vielmehr Praxis? Hat dies folglich etwa auch für jeden Fall des Wahrnehmens als des empirischen Erkennens schon zu gelten, das mit Handeln doch noch nichts gemein hat, wie zunächst einmal wir alle glauben, weil es doch gerade »wahr« ist oder »falsch« ist, während »wahres oder falsches« Handeln doch nicht den geringsten Sinn hat? Denn wodurch auch sollten sich die Fälle einer Wahrnehmung als der empirischen Erkenntnis unterscheiden, so daß sie in einem Fall wie dem der Unterlassung eben Praxis ist, in einem andern Fall dagegen nicht, in dem sie vielmehr Theorie ist – wo es doch in jedem Fall um Wahrnehmung oder empirische Erkenntnis nur als solche selbst sich handelt?

Damit sind Sie aufmerksam darauf geworden, welch ein Ausmaß an Voraussetzung in dieser angeblichen Selbstverständlichkeit des Unterschieds von Theoretischem und Praktischem beschlossen liegt. Dann aber ist es auch geradezu methodisches Gebot für Sie, sich dabei nicht mehr auf die Fälle solcher Unterlassung zu beschränken, sich vielmehr auf alle solchen Fälle einer Wahrnehmung als der empirischen Erkenntnis gleicherweise einzulassen. Damit nämlich tritt dann auch in vollem Umfang die Bedeutsamkeit der Tatsache hervor, daß schon allein für Handeln oder Praxis nicht entscheidend sein kann, ob ein Subjekt seinen Körper dabei in Bewegung oder Ruhe setzt bzw. hält, weil dies jetzt auch noch für Erkennen oder Theorie gilt.

Der Extremfall einer Unterlassung kann darin bestehen, daß ein Subjekt jeglicher Bewegung seines Körpers sich enthält, indem es ihn dabei in Ruhe hält und sich sonach beschränkt auf ruhiges »Verweilen bei« oder »Betrachten von« all dem, was ganz von sich aus vor sich geht. Selbst letzteres nimmt dieser Unterlassung aber nicht nur nichts von ihrer Wesenheit als Handlung in dem Sinn der Praxis. Vielmehr macht es sie vor allem auch nicht zur Erkenntnis in dem Sinn der Theorie, wie dieses ruhige »Verweilen bei« oder »Betrachten von«, das ja Bewußtsein einer Wahrnehmung als der Erkenntnis von all dem ist, nahelegen könnte. Umgekehrt macht es auch das Bewußtsein einer Wahrnehmung oder Erkenntnis von etwas nicht gleich zu einem Fall von Handlung in dem Sinn der Praxis statt zu einem von Erkenntnis in dem Sinn der Theorie, sobald ein Subjekt dabei seinen Körper in Bewegung setzt bzw. hält, indem es wie beim Sehen etwa seine Augen in Bewegung setzt bzw. hält. Entscheidend ist für beides eben nur jenes Mentale von Bewußtsein einer Absicht oder Intention dieses Subjekts, das heißt zuletzt: nur das, *worauf* die Absicht oder Intention dieses Subjekts sich dabei *richtet*, eben *was* dieses Subjekt dabei *beabsichtigt* bzw. *intendiert.*

Und was ein Subjekt je und je beabsichtigt bzw. intendiert, das läßt sich auch tatsächlich allgemein beantworten, das heißt, tatsächlich diesseits jeder Unterscheidung zwischen Theorie und Praxis, wie Sie wissen. Nur führt diese Antwort wegen ihrer Allgemeinheit auch zu Folgerungen, die wir nunmehr folgerichtig ziehen müssen, wenn die Selbstverständlichkeit des Unterschieds von Theorie und Praxis sich nicht aufrechthalten läßt. Und diese Folgerungen liefern denn auch ein Ergebnis, demgemäß der Sinn und Unterschied von Theorie und Praxis sich von Grund auf neu gestalten muß. Denn wenn es richtig bleibt, daß eine Absicht oder Intention grundsätzlich nur Erfolg beabsichtigt bzw. intendiert und dieser nur in etwas Wirklich-Anderem zu solcher Absicht oder Intention bestehen kann, so kann zumindest darin auch tatsächlich zwischen Theorie und Praxis schlechterdings kein Unterschied bestehen, sondern nur eine Gemeinsamkeit von beiden. Jedes davon muß danach vielmehr als Absicht oder Intention gerade auf

Erfolg als etwas Wirklich-Anderes ausgehen, und so wird von daher denn auch nur noch problematischer, worin ihr Unterschied bestehen könnte. Nur daß sich auch dieser Folgerichtigkeit – wie Sie auch weiter an sich selbst mitüberprüfen sollten – alles in uns widersetzt, weil ihr desgleichen unsere ganze Dingverfallenheit entgegensteht.

Trotz allem nämlich, was im vorigen bereits im allgemeinen dafür sprach, daß Theorie nichts anderes als Praxis sein kann, muß der Widerstand dagegen wiederkehren, sobald es nun im einzelnen daraus zu folgern gilt, daß Theorie ganz einfach Praxis ist. Denn müßte das nicht heißen, daß für Theorie dann Punkt für Punkt all das zu gelten hätte, was im vorigen für Praxis sich ergeben hatte? Doch gerade jenes Wesen dieser Praxis, wie wir es für sie ermittelt haben, läßt in keinem Sinn auf Theorie sich übertragen. Schließlich sahen wir uns zwecks Bestimmung ihres Wesens zur Verallgemeinerung des Artefaktbegriffs gezwungen. Danach richtet Praxis allgemein sich auf die Schaffung eines Artefakts aus einem Material, wobei das Artefakt gerade etwas Unwirkliches ist und etwas Wirkliches allein das Material, weil aus dem Wirklichen des Materials dabei das Wirkliche des Artefakts erst werden soll. Wie aber sollte dieses Wesen aller Praxis wohl auch nur in einem Punkt auf Theorie sich übertragen lassen?

Ja folgt nicht vielmehr im Gegenteil sogar aus diesem Wesen aller Praxis selber jenes Wesen aller Theorie, und zwar als diesem gegenüber grundverschiedenes? Denn selbst dann, wenn Sie zunächst von jener Problematik absehen wollten, könnten Sie nicht übersehen, daß eben dieses Wesen solcher Praxis aus sich selbst heraus doch, wie es scheint, den grundsätzlichen Unterschied zu jener Theorie erfordert, der angeblich nicht bestehen kann. Gerade wenn sich Praxis nicht auf etwas Wirkliches, sondern auf etwas Unwirkliches richtet, um es überhaupt erst zu verwirklichen, muß Praxis doch, da sie dies nur aus jenem Material als etwas Wirklichem heraus vermag, zunächst einmal auf dieses Wirkliche des Materials sich richten. Schließlich kann sie jenes Artefakt auch nur aus etwas, nicht aus nichts heraus verwirklichen und muß mithin als diese Praxis auch bei eben diesem Etwas als dem Wirklichen des Materials ansetzen, um es umzuwirken in ein Artefakt.

Nur tritt auf diese Weise eine schlimme Schwierigkeit hervor. Denn so gewiß dann Praxis auch auf dieses Material als etwas

Wirkliches sich richten muß, um bei ihm dazu anzusetzen, so gewiß kann dies doch nicht der Sinn sein, in dem solche Praxis sich dabei auf jenes Artefakt als etwas Unwirkliches richtet, eben um es zu verwirklichen. Auch dieses Material als etwas Wirkliches dabei noch zu verwirklichen, bleibt nämlich ohne jeden Sinn. Gleichwohl muß solche Praxis dann jedoch auch noch im vollen Sinn von Absicht oder Intention dabei auf dieses Wirkliche des Materials sich richten. Und in welchem Sinn sie das auch dabei muß, sei doch nicht schwierig einzusehen, so könnte Ihnen scheinen. Schließlich leuchte ohne weiteres ein, daß etwa jener Tischler, um aus Holz zum Beispiel einen Tisch zu schaffen, dieses Holz dazu doch erst einmal erblicken und auch weiter sehen müsse, wenn er bei ihm ansetzend dann aus ihm einen Tisch soll herstellen können. Und der Vollsinn einer Absicht oder Intention, in welchem Praxis dabei auch auf dieses Wirkliche des Materials sich richten muß, sei somit kein geringerer als der, daß Praxis oder Handeln als Erkennen oder Theorie auf dieses Wirkliche des Materials sich richten muß. Und eben daraus, daß im Unterschied zu jenem Artefakt als etwas Unwirklichem dabei dieses Material auch etwas Wirkliches sein muß, erhelle klar, daß gegenüber jener Intention als Praxis oder Handlung diese Intention als Theorie oder Erkenntnis dann auch etwas Grundverschiedenes sein muß.

Nur wissen Sie bereits, daß dies nicht stimmen kann, weil je nach Intention auch solche Theorie schon Praxis ist, wie jene Unterlassung zeigt, und weil es nicht die Situation, kurz das Objekt sein kann, was darüber entscheidet, ob ein Subjekt dabei nun in Praxis oder Theorie begriffen ist. Sie haben also allen Anlaß, kritisch auf der Hut zu sein, ob hier nicht wieder einmal eine angebliche Selbstverständlichkeit uns einen Streich spielt, weil sie eine falsche ist. Und dazu fragen Sie am besten, inwiefern denn eigentlich im Unterschied zu jenem Artefakt als etwas Unwirklichem dabei dieses Material gerade etwas Wirkliches sein muß. Denn dann geht Ihnen sofort auf: Das muß es dabei nur insofern, als das Unwirkliche dieses Artefakts zu etwas Wirklichem ja nicht aus etwas Unwirklichem werden kann, und damit nur insofern, als dies Material in solchem Sinn bezogen auf dies Artefakt wird. Doch für sich betrachtet muß es dies dabei durchaus nicht sein. Für sich betrachtet kann dies Material dabei durchaus auch etwas Unwirkliches sein, genauso wie dies Artefakt. Kann jene Intention der Theorie oder Erkenntnis, die dabei auf dieses Material sich richtet, doch auch Irrtum sein wie etwa irrtümliche Wahrnehmung von Holz als etwas Unwirklichem, so daß schon allein aus diesem Grunde auch das Artefakt dabei nur etwas Unwirkliches bleiben kann: Aus nur geträumtem oder nur halluziniertem Holz zum Beispiel läßt ein Tisch sich nicht verfertigen.

Wo aber bleibt dann jene Selbstverständlichkeit, wonach es sich bei jener Intention, sofern sie sich dabei auch auf dies Material noch richten müsse, nur um Theorie oder Erkenntnis handeln könne, die von ihr als Praxis oder Handlung sich grundsätzlich unterscheiden müsse? Ist doch damit diese Selbstverständlichkeit nicht nur verschwunden, sondern an die Stelle dieser Selbstverständlichkeit sogar auch schon ein erster Punkt getreten, welchen jene Intention als angebliche Theorie vielmehr gemeinsam hat mit eigentlicher Praxis. Denn wodurch soll eine Intention als Theorie und Praxis sich in dieser Hinsicht dann noch unterscheiden, wenn es demgemäß für sie als Theorie genauso wie für sie als Praxis doch bei etwas Unwirklichem bleiben kann: im Fall des Materials genauso wie im Fall des Artefakts? Zumal sie doch in jedem Fall als Intention ergehen und infolgedessen auf Erfolg ausgehen muß, als solche dann jedoch genauso wie Erfolg auch Mißerfolg ergeben kann. Und daraus folgt denn auch sogleich ein weiterer Punkt, worin Gemeinsamkeit von Praxis und von Theorie besteht.

Denn dieses Unwirkliche, wobei es sonach in beiden Fällen bleiben kann und worin auch in jedem Fall der Mißerfolg bestehen muß, ist ja in jedem Fall auch etwas Vorgestelltes, weil für das Mentale von Bewußtsein einer Absicht oder Intention auch nur durch Vorstellen von etwas sich etwas beabsichtigen oder intendieren läßt. Es handelt sich dabei infolgedessen auch beim Material, genauso wie beim Artefakt, gerade um ein vorgestelltes Material und um ein vorgestelltes Artefakt. Im Fall des Mißerfolgs bleibt es daher beim Material genauso wie beim Artefakt als vorgestelltem ebenso wie auch als unwirklichem, und das heißt: beim vorgestellten ebenso wie unwirklichen Material genauso wie beim vorgestellten ebenso wie unwirklichen Artefakt.

Dann aber stehen Sie vor einer weiteren Folgerung, die einen weiteren Punkt einer Gemeinsamkeit von Praxis und von Theorie ergibt, wogegen spätestens auch Sie sich wieder wehren werden, was Sie sich auch wieder zu Bewußtsein bringen sollten. Kann es dabei nämlich nicht allein im Fall des Artefakts, sondern genauso auch im Fall des Materials bei etwas Vorgestelltem ebenso wie Unwirklichem bleiben, so nur deshalb, weil sich Absicht oder Intention dabei nicht erst im Fall von *Praxis* auf ein *Artefakt* als etwas Unwirkliches richtet, sondern auch im Fall von *Theorie* schon auf ein *Material* als etwas Unwirkliches, welches sie zu etwas Wirklichem erst immer zu verwirklichen versucht. Daß jenes Urteil in der Wahrnehmung gerade dahin geht, das dabei Vorgestellte allererst als wirklich hinzustellen, hat genau den Sinn, es als zunächst einmal bloß Vorgestelltes-Unwirkliches auch noch zu verwirklichen. Es durch ein Urteil allererst als wirklich hinzustellen, hat somit auch recht eigentlich den vollen Sinn, es dadurch allererst als wirklich herzustellen, einen Sinn sonach, der sich von dem des Herstellens des Artefakts zunächst einmal nicht unterscheiden läßt.

Und dies, so werden Sie vielleicht sich widersetzen wollen, ist denn doch zuviel des Zuzumutenden: Wo kommen wir denn hin, wenn wir, die wir doch durch Natur Geschaffene sind, uns umgekehrt nun zu den Schöpfern der Natur aufwerfen? Deren Wirklichkeit ist doch gerade die uns vorgegebene und von uns vorgefundene. Und dieses unser Vorfinden von ihr als dem uns Vorgegebenen ist doch gerade das, was wir als unsere empirische Erkenntnis von ihr kennen, die als ursprüngliche jeweils Wahrnehmung von Außenweltobjekten ist, indem sie diese hinnimmt, eben wahrnimmt, wie sie ganz von sich aus sind.

Und doch ist, wenn Sie weiter folgerichtig bleiben wollen, vielmehr diese unsere Dingverfallenheit, die damit sich zuletzt als diese unsere Wirklichkeitsverfallenheit entpuppt, die eigentliche Zumutung. Denn jene angebliche Zumutung ist keineswegs einfach die Umkehrung der Tatsache, daß doch Natur die Schöpferin von uns ist und nicht wir die Schöpfer von Natur. Sind wir nach allem, was wir wissen, die Geschaffenen durch Natur als diese Schöpferin doch keineswegs im Sinn von Artefakten durch Natur als eine Absicht. Uns dafür zu halten, wäre vielmehr nur ein weiterer Fall von reinem Animismus. Folglich maßen wir uns damit auch durchaus nicht etwas an, was ihr zukäme. Vielmehr ist die eigentliche Anmaßung im Gegenteil gerade diese Dingverfallenheit als Wirklichkeitsverfallenheit des Empiristen in uns allen. Erhebt er uns durch seine Auffassung von unserer empirischen Erkenntnis doch zu einer Art von transzendenten Göttern, die der umgekehrt genauso transzendenten Wirklichkeit enthoben sind und ihr mithin auch nur betrachtend gegenüberstehen, nämlich ohne daß sie dabei mit zu ihr dazu gehörten.

Wenn wir nämlich die Geschaffenen durch Natur sind, dann gehören wir insofern auch gerade mit zu ihrer Wirklichkeit hinzu. Infolgedessen kann es sich bei unserer empirischen Erkenntnis von ihr auch allein um irgendeine Art der Wechselwirkung mit ihr handeln, so daß Wirklichkeit, wenn sie sich als Ergebnis solcher Wechselwirkung einstellt, dann auch abhängig von unserer Mitwirkung an solcher Wechselwirkung sein muß. Und ist unsere Mitwirkung dabei gerade die von Absicht oder Intention, so steht gerade solche Wirklichkeit dadurch auch immer wieder auf dem Spiel, weil sie sich als Erfolg von solcher Absicht oder Intention dann eben einstellen oder auch als Mißerfolg von ihr ausbleiben kann, wie bei der irrtümlich-empirischen Erkenntnis. Und die Einsicht, daß wir in der Tat in diesem vollen Sinn die Schöpfer der Natur sind, die wir immer nur durch unsere empirische Erkenntnis kennen können, hat sonach auch nicht das mindeste zu tun mit jener Hybris eines absoluten, nämlich unfehlbaren Schöpfertums, die dieser Einsicht schon seit jeher fälschlich vorgeworfen wird. Nur wer nach schlechter Empiristenart die allgemeine Irrtumsmöglichkeit empirischer Erkenntnis nicht in vollem Umfang in Erwägung zieht, kann diesen falschen Eindruck haben und ihn ständig unberechtigt gegen diese Einsicht Kants und der Kantianer richten und sich damit selber um ein angemessenes Welt- und Selbstverständnis bringen.

Was es gilt, ist somit nichts geringeres als eine weitere Verallgemeinerung des Artefaktbegriffs; und angesichts von dieser Forderung geraten Sie vielleicht in eine weitere Versuchung, diesem Empiristen in uns allen Recht zu geben. Kann dies doch nur heißen, daß in die Verallgemeinerung des Artefaktbegriffs auch noch das jeweilige Material miteinbezogen werden müsse, wie es bei der Herstellung von einem Artefakt zugrunde liege, nämlich mindestens als ein empirisch dabei wahrgenommenes oder erkanntes Wirkliches. Denn immer dann, wenn dieses Material ein solches Wirkliches dabei tatsächlich ist, hat Intention als Theorie oder Erkenntnis danach immer schon erzielt, was Intention als Praxis oder Handlung immer erst erzielen kann, will sagen: dieses oder jenes Wirkliche. Ist dann doch dieses Wirkliche des Materials auch schon Erfolg von Intention als Theorie oder Erkenntnis ebenso wie jenes Wirkliche des Artefakts auch noch Erfolg von Intention als Praxis oder Handlung.

Was als diese weitere Verallgemeinerung des Artefaktbegriffs erforderlich wird, ist infolgedessen eine Neubestimmung unseres Wirklichkeitsbegriffs von Grund auf, nämlich eine Preisgabe der Auffassung des Wahrnehmens als Hinnehmens von Wirklichkeit als einer Fix- und Fertigkeit. Gerade insofern sie nur Ergebnis einer Wechselwirkung mit uns sein kann – weil wir mit zu ihr gehören – und mithin auch grundsätzlich Ergebnis einer Mitwirkung von uns sein muß – da wir von einer andern Wirklichkeit empirisch keine Kenntnis haben können –, kann sie als in diesem Sinn von uns erkannte eine solche Fix- und Fertigkeit nicht sein: Empirisches Erkennen kann danach nicht einfach im Entgegennehmen einer Wirklichkeit bestehen, die als alles das, als was sie das Erkannte ist, etwas schon immer Vorgegebenes wäre, so wie unsere inneren und äußeren Empiristen meinen.

Folglich tun Sie, da dies Vorurteil nicht stimmen kann, auch gut daran, es vor seiner Verabschiedung noch als Herausforderung zu benutzen, um daran zu überprüfen, was aus jener weiteren Verallgemeinerung des Artefaktbegriffs als einer Neubestimmung unseres Wirklichkeitsbegriffs sich Punkt für Punkt ergeben muß. Erzwingt sie doch als ersten Punkt allein schon eine weitere und noch genauere Bestimmung des Verhältnisses, das zwischen Intention als Praxis und dem Artefakt als solchem selbst besteht: noch vor Miteinbeziehung des Verhältnisses von Intention als Theorie zum Material. Denn ersteres Verhältnis hatten wir im vorigen zunächst nur so bestimmt, daß eine Intention als Praxis sich in keinem Fall auf etwas Wirkliches, sondern in jedem Fall auf etwas Unwirkliches richtet, eben auf ein Artefakt, das etwas Wirkliches dadurch ja erst noch werden soll.

Ist Ihnen dies jedoch geläufig und ein Rückfall somit ausgeschlossen, so vermögen Sie des weiteren einzusehen, wie grundsätzlich im eigentlich intentionalen Sinn dann vielmehr umgekehrt gerade gelten muß, daß eine Intention als solche sich in keinem Fall auf etwas Unwirkliches richten kann, sondern in jedem Fall auf etwas Wirkliches sich richten muß, das heißt, um etwas Wirkliches gerade zu erwirken, sprich, intentional gerade zu erzielen. Da indes wie dieses letztere auch jenes erstere grundsätzlich richtig bleibt, erzwingt das ferner, solchen Doppelsinn des Sich auf etwas-Richtens zu bereinigen. Und da es um den eigentlich intentionalen Sinn gerade geht, ist es auch der uneigentlich intentionale, den es sprachlich anders auszudrücken gilt, um dieses Sich auf etwas-Richten festzulegen auf den eigentlich intentionalen Sinn.

Richtet eine Intention als Praxis sich in diesem Sinn sonach gerade nicht auf jenes Wirkliche des Materials, so deswegen, weil sie in diesem Sinn gerade *über* dieses Wirkliche des Materials *hinaus* auf etwas *anderes* Wirkliches sich richtet, eben auf das zu verwirklichende Wirkliche des Artefakts als des gerade Unwirklichen. Dies jedoch, daß sie sich *über* dieses Wirkliche des Materials *hinaus* auf dieses Andere richtet, heißt dann grundsätzlich, daß sie zunächst einmal sich *über* dieses Wirkliche des Materials *hinweg*, sprich, *in* das Unwirkliche dieses Artefakts *hinein* sich richtet. Und so richtet sie zunächst einmal *aus* Wirklichem *heraus* und *über* Wirkliches *hinaus* sich folglich *in* Unwirkliches *hinein*, mit andern Worten: aus dem Sein ins Nichts.

Und das ist nicht Rhetorik zwecks Dramatik, wie Sie auf den ersten Blick vielleicht bemängeln möchten, sondern angemessener Ausdruck für das Wagnis, das mit jeder Intention als Praxis eingegangen wird, indem durch jede solche Intention ein Abgrund überschritten wird: der Abgrund zwischen Wirklichem und Unwirklichem. Ist doch keiner solchen Intention gewährleistet, daß sie zu Wirklichem, das zu verwirklichen sie intendiert, dadurch auch kommt und so bei Wirklichem, auf das sie ausgeht, dann auch anlangt. Dieser Abgrund ist mithin genau die Stelle zwischen solchem Intendieren einerseits und solchem Intendierten anderseits, an der noch gänzlich offen ist und auch sein muß, ob Wirklichkeit sich dazu einstellt oder davon ausbleibt, so daß es bei dieser Unwirklichkeit, wohinein sich solches Intendieren ja in jedem Fall zunächst einmal begibt, dabei auch bleibt. Denn Wirklichkeit ist dabei eben das dadurch gerade Intendierte und mithin auch dadurch allererst Erwirkte oder Unerwirkte. Und daß ein durch Intention als Praxis zu verwirklichendes Artefakt als etwas Unwirkliches dabei grundsätzlich auch etwas Unwirkliches bleiben kann, dazu benötigen Sie doch wohl kaum noch einen eigenen Beleg, weil Sie es als die Fälle des Mißlingens aller Art von Praxis zur Genüge kennen.

Doch genauso klar, wie damit schon allein der Fall von Intention als Praxis ist, sei dann auch noch, daß er sich auf den Fall von Intention als Theorie nicht übertragen lassen kann, so leihen Sie vielleicht dem Widerstand des Empiristen in sich selbst jetzt noch entschiedenere Worte. Denn den Artefaktbegriff nunmehr in diesem Sinn vom Artefakt aufs Material und dementsprechend von der Intention als Praxis auf die Intention als Theorie zu übertragen, könne Punkt für Punkt nur in sich widersinnig werden. So gewiß es nämlich richtig sei, daß eine Intention als Praxis sich *auf* Wirkliches und darum erst einmal *in* Unwirkliches richtet, so gewiß vermöge sie das nur, weil sie zunächst *in* Unwirkliches und sodann *auf* Wirkliches doch grundsätzlich *aus* Wirklichem *heraus* sich richtet, eben aus dem Wirklichen des *Materials* heraus. Denn auch, wenn man den Fall von Intention als irrtümlicher Theorie berücksichtige, wonach einer Intention auch einmal Mißerfolg beschieden und dies Material mithin auch einmal etwas Unwirkliches sein kann, bleibe es doch immer noch ein Widersinn, im Fall der Wirklichkeit das Material als Artefakt verstehen zu wollen.

Möge nämlich Theorie oder Erkennen auch mit Handeln oder Praxis die Struktur des Intendierens Punkt für Punkt gemeinsam haben, so doch mindest eines nicht, worin sie sich vielmehr von Grund auf voneinander unterscheiden. Denn gerade dann, wenn dabei auszugehen sei vom Material als etwas Wirklichem, vermöge solches Material nicht auch noch seinerseits ein Artefakt zu sein. Als etwas Wirkliches entspringe nämlich solch ein Artefakt nur dann, wenn dabei auch das Material für solch ein Artefakt bereits als etwas Wirkliches bestehe. Solle aber auch noch dieses Material ein Artefakt sein, – welches wäre dann für *dieses* Artefakt das Material, das gleichfalls etwas Wirkliches sein müßte?

Dieses nämlich sei aus prinzipiellem Grund nicht aufzuweisen, weil im Unterschied zum Artefakt das Material, wie es für eine Intention als Theorie vorliege, als *ursprünglich* Wirkliches bestehe, doch das Artefakt, wie es für eine Intention als Praxis sich ergebe, bloß als *abgeleitet* Wirkliches: als aus dem Wirklichen des Materials bloß hergestelltes Wirkliches. Auch noch das Wirkliche des Materials als Artefakt verstehen zu wollen, müsse demgemäß zum Widersinn eines unendlichen Regresses führen, weil dann immer wieder neues Material als immer wieder neues Wirkliches erforderlich sein würde. Und tatsächlich komme ein unendlicher Regreß doch immer dann in Gang, wenn etwas Ursprüngliches fälschlich etwas Abgeleitetes sein soll: in diesem Fall das Wirkliche des Materials ein Wirkliches als Artefakt.

Nur müssen Sie auch weiterhin beachten, daß dies Material, wie es für eine Intention als Theorie auftritt, als etwas Wirkliches sich gleichfalls immer erst ergibt: als der Erfolg von dieser Intention, und damit ganz genauso wie ein Artefakt. Was aber zwänge dazu, hierbei stehenzubleiben, nämlich daß sich dieses Material dadurch nur *wie* ein Artefakt ergebe, und nicht weiter fortzuschreiten, nämlich daß sich dieses Material dadurch auch *als* ein Artefakt ergebe? Etwa dies, daß solches Material dann *nicht* im selben Sinn wie jenes Artefakt durch »Artefakt« bezeichnet werden könne, weil es sich bei »Artefakt« dann um eine Metapher handeln müsse? Und dies etwa deshalb, weil doch, dieses Material im *selben* Sinn wie jenes Artefakt ein »Artefakt« zu nennen, heißen müßte, daß es dann als etwas Wirkliches auch nur aus etwas Unwirklichem sich ergeben haben könnte, da es ja als etwas Wirkliches dabei etwas *ursprünglich* Wirkliches sein müsse? Letztlich also darum, weil wir sonst erst recht als jene Überheblichen dastünden, nämlich nun erst recht wie transzendente Götter, die zu diesem Wirklichen sich keineswegs als bloßes ruhiges »Verweilen bei« oder »Betrachten von« verhielten, sondern als tatsächlich absolutes Schaffen dieses Wirklichen aus Unwirklichem: dieses Seins aus Nichts?

Behalten Sie dabei jedoch auch folgendes noch weiterhin im Blick: Bloß deshalb, weil dies Schaffen nur ein Schaffen von *ursprünglich* Wirklichem sein könnte, müßte solch ein Schaffen keineswegs sogleich ein absolutes, nämlich unfehlbares sein, und als intentionales Schaffen ist und bleibt es ja auch in der Tat gerade fehlbares. Steht diese Tatsache doch auch gerade damit im Zusammenhang, daß solch ein Schaffen, bloß weil es ein Schaffen von *ursprünglich* Wirklichem sein müßte, keineswegs nur Schaffen dieses Wirklichen aus Unwirklichem oder dieses Seins aus Nichts sein könnte: Ist denn das, woraus dann solches Sein geschaffen würde, etwa Nichts, bzw. das, woraus dann solches Wirkliche geschaffen würde, etwa Unwirkliches, wenn es doch aus einer Absicht oder Intention heraus geschaffen wird? Ist denn ein Subjekt, weil es kein Objekt ist, etwa Nichts, bzw. weil es nichts empirisch-naturales Wirkliches ist, etwa Unwirkliches? Doch wohl kaum, ja um so weniger, als wir doch, wie Sie kritisch wissen, als Subjekte grundsätzlich Geschaffene von Natur sind, wie auch immer dies im einzelnen begrifflich zu bewältigen sein mag. Und als der somit letzte Grund für all das ist Natur doch wohl gewiß nicht Nichts.

Halten Sie das alles folgerichtig fest, so kommen Sie vielmehr zur Einsicht: Spätestens an dieser Stelle wird es für uns wirklich zwingend, uns aus unserer Ding- oder Objektverfallenheit herauszuholen und uns erstmals angemessen mit uns selbst bekannt zu machen: was mithin allein schon durch die Folgerichtigkeit der bloßen Analyse von uns als den Handelnden erzwungen wird. So wenig können wir als die Subjekte dabei etwa Nichts bzw. Unwirkliches sein, daß vielmehr unser Sein bzw. unsere Wirklichkeit sogar als Wirksamkeit der Mitwirkung bei solcher Wechselwirkung das Entscheidende sein muß. Denn Wirklichkeit einer Natur, die es nur als empirische Objekte für uns als Subjekte geben kann, kann sich danach auch immer nur durch eben diese Mitwirkung von uns für uns ergeben und entsprechend immer nur als eine in gerade diesem Sinn auch von uns abhängige Wirklichkeit.

Wozu wir hier gezwungen werden, ist infolgedessen nichts geringeres als die Reflexion darauf, daß einerseits wir die Geschaffenen von Natur sein müssen, anderseits jedoch auch wieder nur die Schöpfer von Natur sein können, und wie dieses äußerst Schwierige sich widerspruchsfrei denken lassen könnte. Denn was dabei vor sich geht, kann letztlich ja nur dahin gehen, daß die Natur auf irgendeine Weise aus sich selbst heraus sich gegenüber, nämlich in Gestalt von uns als den Subjekten zu sich selbst in ein Verhältnis tritt, indem sie in Gestalt von uns als den Subjekten zur Erkenntnis von sich selbst als den Objekten kommt, nämlich Erfahrung von sich macht und so Bewußtsein von sich hat.

Entsprechend ist das Anstößige jener Unausweichlichkeit, den Artefaktbegriff auch auf das Material zu übertragen und mithin auch Theorie in vollem Sinn als Praxis aufzufassen, nur der Ausdruck unseres Widerstandes, solche Reflexion auf uns wie auch auf Anderes als uns in vollem Umfang aufzunehmen. Doch es hilft nichts: Unausweichlich wird danach, daß jegliches empirische Objekt, das Material ja erst bezüglich jenes Artefakts als des Erfolgs von Praxis ist, als der Erfolg von Theorie auch seinerseits schon Artefakt ist und daß Theorie mithin auch ihrerseits schon Praxis ist. Und ferner unausweichlich wird danach, daß dann das Material für solche Theorie als Praxis und entsprechend auch das Material für die Objekte als die Artefakte solcher Theorie als Praxis jeweils nur noch die Subjekte selbst sein können: Nur aus sich als einer Wirklichkeit von Absicht oder Intention heraus, die ein Subjekt dabei schon immer *ist*, kann es danach auch noch zur Wirklichkeit von Anderem als sich gelangen, die ein Subjekt dann jedoch erst immer *hat*: als den Erfolg oder als das Objekt für sich als Intendieren oder als Erkennen. Also kann auch keine Rede davon sein, daß ein Subjekt als dieses angeblich nur Theorie sei und nur dahin gehe, ein Objekt bloß aufzunehmen oder hinzunehmen, eben ursprünglich bloß wahrzunehmen, wonach ursprüngliche Wirklichkeit eines Objekts für ein Subjekt nur Wahrgenommenheit im rezeptiven Sinn der »Theoria« sei: der bloßen »Schau« von solcher Wirklichkeit als fix und fertig vorgegebener sowohl wie fix und fertig vorgefundener. Vielmehr hat Intendieren auch schon als Erkennen den spontanen Sinn von Theorie als Praxis, wonach auch schon solche ursprüngliche Wirklichkeit eines Objekts für ein Subjekt nur die durch ein Subjekt jeweils verfertigte sein kann und somit gleichfalls Artefakt aus einem Material sein muß. Und dieses eben kann dann nur das Subjekt selbst sein.

Doch nur um so problematischer wird dadurch freilich jene »Affektion« als »Heteronomie«, auf Grund von der allein verständlich werden kann, daß dabei ins Formale solchen Intendierens auch noch Inhaltliches eingeht, wodurch solches Intendieren je und je auch noch zum Intendieren eines inhaltlich-bestimmten Etwas wird. Denn wird es dadurch ursprünglich erfolgreich, wird es damit auch Erkennen einer ursprünglichen Wirklichkeit als einer inhaltlich-bestimmten. Und noch problematischer womöglich wird dann umgekehrt, wie es zum Ursprung jenes Unterschieds von Theorie und Praxis oder Handlung und Erkenntnis überhaupt soll kommen können, wenn er doch in keinem Fall auch seinerseits auf Affektion als Heteronomie zurückgehen kann. Mag nämlich Theorie oder Erkennen auch in vollem Sinn als Praxis oder Handeln zu verstehen sein, weil beides gleicherweise Intendieren von Erfolg als etwas Wirklich-Anderem sein muß, so bleibt von beider Unterschied doch mindest soviel übrig: Zu Erfolg als etwas Wirklich-Anderem kann Intendieren demgemäß auf zwei verschiedene Weisen kommen, nämlich zu Erfolg als etwas *ursprünglich* oder als etwas *abgeleitet* Wirklich-Anderem, und so zu letzterem auch nur auf Grund von ersterem. Mag Intendieren also herkömmlich auch noch so fälschlich in Bezug auf ersteres Erkennen heißen und mithin genau so fälschlich auch ausschließlich in Bezug auf letzteres als Handeln gelten, weil es vielmehr in Bezug auf beides Handeln ist, so sind und bleiben ersteres und letzteres als *ursprünglich* und *abgeleitet* Wirkliches doch grundverschieden. Daraus folgt, daß Intendieren als genau das Handeln, das es in Bezug auf jedes dieser beiden ist, von jedem dieser beiden her auch weiter unterschieden werden muß, wenngleich nicht mehr als Theorie und Praxis unterschieden werden kann. Denn danach muß es vielmehr als ein Handeln oder eine Praxis von zwei Arten unterschieden werden, deren Unterschied sich statt aus jenem Affizieren nur aus diesem Intendieren selbst ergeben kann.

Zu einer Lösung dieser ganzen Problematik aber werden Sie nur kommen können, wenn Sie vorerst noch genauer auf die Folgerungen reflektieren, die sich zwingend daraus, daß auch jenes Material nur Artefakt sein kann, ergeben. Denn was damit unausweichlich wird, ist nichts geringeres als das, was Kant schon vorschwebt, wenn er als Ergebnis seiner Reflexionen formuliert, daß es ein Objekt für ein Subjekt nur als »Phänomen« oder »Erscheinung« geben kann. Doch bleiben Termini wie »Phänomen« oder »Erscheinung« eben außerstande, auszudrücken, welche Einsicht damit eigentlich gewonnen ist. Denn die Bedeutung dieser Termini ist ja von Grund auf die des herkömmlichen Theoretizismus, dem gemäß für Wahrnehmung als rezeptive »Schau« im Sinn der »Theoria« etwas Wirklich-Anderes, das als solches selbst schon vorgegeben ist, auch noch »zum Phänomen wird« oder »in Erscheinung tritt«. Der von Kant eigentlich damit gemeinte Praktizismus jedenfalls kommt dadurch nicht nur nicht zum Ausdruck, sondern wird dadurch von vornherein und vollständig verdeckt.

Ihn wenigstens im nachhinein noch aufzudecken und voll auszudrücken, dazu ist denn auch allein ein Terminus geeignet, der von Grund auf praktische Bedeutung hat, wie eben »Artefakt«. Und daß auch nur ein solcher Ausdruck angemessen sein kann, dafür läßt sich dann geradezu der Nachweis führen. Denn aus dem Artefaktbegriff nebst allem, was er mit sich bringt, geht schon allein durch Analyse Punkt für Punkt all das hervor, was Kant als hinreichenden Grund dafür betrachtet, jene Folgerung zu ziehen. Daß ein Objekt für ein Subjekt nur Erscheinung oder Phänomen sein kann, liegt Kant zufolge nämlich daran, daß ein Objekt für ein

Subjekt *abhängig* sein müsse von »Verstand« und »Sinnlichkeit« dieses Subjekts, weil ein Objekt als etwas Wirklich-Anderes zu einem Subjekt der Erfolg von einer Intention dieses Subjekts sein müsse. Und das hat zur Folge, daß an jeglichem empirischen Objekt als solchem selbst »Verstand« und »Sinnlichkeit« dieses Subjekts *beteiligt* sein muß, weil ein jedes davon innerliches Aufbaustück von jeder Intention dieses Subjekts sein muß. Zwar setzt Kant selbst auch diese Terminologie von Intention und von Erfolg bzw. Mißerfolg derselben niemals ein und führt die Systematik seiner Theoretischen und Praktischen Philosophie entsprechend niemals durch. Doch ist auch diese Terminologie dafür die einzig angemessene, unter anderem deshalb, weil ausschließlich sie die Durchführung des Sinns gestattet, den Kant insgesamt mit dieser seiner Reflexion auf das Objekt im Auge hat.

Denn notwendig gehört mit seiner Reflexion auf das empirische Objekt als Phänomen oder Erscheinung seine weitere Reflexion auf dieses selbige empirische Objekt zusammen, der gemäß es nicht allein als Phänomen oder Erscheinung, sondern auch noch »an sich selbst« betrachtet werden muß, kurz: als Ansichsein. Was allein damit gemeint sein kann, so daß es sich auch nachvollziehen läßt, ist nämlich folgendes: Muß immer gleicherweise eine Intention ergehen, die immer gleicherweise Intention eines Erfolgs als etwas Wirklich-Anderen sein muß – das heißt gleichviel, ob sie nun zum Erfolg und so zu etwas Wirklich-Anderem gelangt oder zum Mißerfolg und damit nicht zu etwas Wirklich-Anderem –, dann muß in allen Fällen, in denen sie tatsächlich, faktisch, kontingent dazu gelangt, ein zusätzlicher Grund dafür vorhanden sein. Und der kann nicht wie diese Intention auf seiten des Subjektes, sondern nur auf seiten des Objektes liegen. Denn bei immer gleicher Intention eines Erfolges muß für eben diesen Unterschied eines tatsächlich, faktisch, kontingent auch eingetretenen Erfolges gegenüber einem Mißerfolg und so für eben dieses Wirklich-Andere des Objekts dann auch ein Grund vorliegen, nämlich eben diesem Wirklich-Anderen des Objekts selbst zugrunde liegen.

Nur läßt dieser Grund sich dann nicht auch noch seinerseits wie dieses Wirklich-Andere des Objekts selbst vermöge von empirischer Erkenntnis als etwas Empirisches erkennen, sondern nur durch nichtempirische Erkenntnis einer Reflexion auf ihn als etwas Nichtempirisches und damit durch Philosophie. Und eben dies versucht Kant auszudrücken, wenn er sagt, ein jedes wirklich-andere empirische Objekt empirischer Erkenntnis müsse nicht-empirisch mittels Reflexion oder Philosophie zum einen als Erscheinung oder Phänomen betrachtet werden und zum andern an sich selbst und damit als Ansichsein, auch wenn sich von ihm als solchem selbst empirisch nichts erkennen lasse. Und wird durch dies eine auf das Nichtempirische des Subjekts reflektiert, von dem das Objekt als etwas Empirisches gerade abhängt, so wird durch dies andere auf das Nichtempirische im Objekt reflektiert, wodurch es dieser seiner Abhängigkeit vom Subjekt zum Trotz ein Objekt ist als etwas Wirklich-Anderes und Empirisches. Kann es als solches selbst doch auch nur kontingenter, faktischer, tatsächlicher Erfolg dieses Subjekts als Intention sein, wenn auch nur mit diesem Nichtempirischen darin als Grund dafür.

Wie weit sich die Notwendigkeit für diese Doppel-Reflexion auf das empirische Objekt erweisen läßt, wird Ihnen einsichtig, sobald Sie sehen, wie weit ihr erstes Glied, die Reflexion auf das empirische Objekt als Phänomen oder Erscheinung, sinngemäß tatsächlich jene Reflexion auf das empirische Objekt als Artefakt bedeutet und entsprechend auf das nichtempirische Subjekt als Material für dieses Artefakt. Und dieser Sinn derselben tut sich Ihnen sofort auf, wenn Sie berücksichtigen, daß in jenem andern Fall von Artefakt der Praxis statt der Theorie als Material ja nicht nur das zu gelten hat, auf das wir uns bisher zumeist beschränkten, wie zum Beispiel das des Holzes für den Tisch des Tischlers. Denn ein Material dafür – was ja zunächst nur heißt: ein Mittel dafür – ist doch auch noch jenes andere Mittel oder Material, das dieser Tischler dafür gleichfalls handhabt, auch wenn wir es als das Werkzeug umgangsprachlich davon unterscheiden: und aus gutem, wenn auch bisher undurchschautem Grund, wie Ihnen gleich erhellen wird. Kann dieser Tischler doch auch nur, indem er *jenes* Mittel oder Material und *dieses* Mittel oder Material in eine ganz bestimmte Wechselwirkung miteinander bringt, die wir zum Beispiel als das Sägen oder Hobeln oder Fugen oder Nageln dieses Holzes zu bezeichnen pflegen, einen Tisch daraus verfertigen. Denn ohne dieses Mittel oder Material des Werkzeugs – ob nun das von Säge oder Hobel usw. oder dem zuvor schon das der Hand oder der Hände dieses Tischlers – wäre ein Verfertigen von einem Tisch erneut der reine Spiritismus.

Aber so gewiß in diesem Sinn das eine wie das andere dabei als Material dafür betrachtet werden muß, so sicher muß in einem andern Sinn das letztere als Werkzeug gegenüber ersterem als dem dann eigentlichen Material auch wieder unterschieden werden. So gewiß das eine wie das andere nämlich Material im Sinn des Mittels dafür ist, so sicher ist gerade *als* ein Mittel doch das eine auch vom andern wieder grundverschieden. Und bei erstem Hinsehen würden Sie den Grund dafür vielleicht in folgendem erblicken wollen: Von dem einen Mittel als dem Material im eigentlichen Sinn, wie jenem Holz zum Beispiel, unterscheide sich das andere Mittel als das Werkzeug dadurch, daß von diesem letzteren gerade nicht so wie von jenem ersteren etwas in jenes Artefakt miteingeht. Schließlich sei ja jener Tisch zum Beispiel zwar *aus* Holz, in diesem Sinn jedoch durchaus nicht etwa auch *aus* Säge oder Hobel noch, geschweige denn *aus* Händen oder Hand. Dies aber trifft zwar zu, doch gibt es für das Werkzeug keine positive Charakterisierung an. Und so ist denn auch nicht einmal die negative Charakterisierung, die es angibt, nämlich daß das Mittel dieses Werkzeugs dasjenige Material ist, das gerade *nicht* in jenes Artefakt miteingeht, hinreichend für eine Unterscheidung dieses Werkzeugs gegenüber jenem eigentlichen Material.

Haben Sie doch auch bezüglich letzterem zu unterscheiden zwischen demjenigen Material, das in das Artefakt miteingeht, so daß, wenn es fertig ist, dies Artefakt dann auch genau *aus* diesem Material ist, und demjenigen, das *nicht* miteingeht, sondern abfällt als der Abfall, *aus* dem es gerade *nicht* ist. Trotzdem nämlich hat, verglichen mit dem Material des Werkzeugs, beides gleicherweise als das eigentliche Material zu gelten. Denn es wäre gänzlich sach- und sprachwidrig, als Material dafür von vornherein nur dasjenige zu betrachten, das, *nachdem* das Artefakt daraus verfertigt ist, das Material für es ist, und das heißt, nicht dasjenige, das, *bevor* das Artefakt daraus verfertigt ist, das Material für es ist. Schließlich ist doch klarerweise beides miteinander dasjenige Material, das mit dem Werkzeug als dem andern Material dabei in Wechselwirkung tritt, so daß daraus das Artefakt wird. Material ist danach also auch das nicht miteingehende, keineswegs nur das miteingehende Material, was vielmehr sachlich ebenso wie sprachlich ausgeschlossen wäre. Und so wäre jene negative Charakterisierung dieses Werkzeugs als des Materials, das nicht ins Artefakt miteingeht, als

Kriterium jenes Unterschieds sogar so wenig hinreichend, daß danach auch der Abfall noch als Werkzeug gelten müßte, was dann vollends widersinnig wäre.

Eine positive und als solche hinreichende Charakterisierung für den Sinn und Grund der Unterscheidung zwischen jenem eigentlichen Material und diesem Material als Werkzeug werden Sie nur finden, wenn Sie einmal strengstens darauf reflektieren, was denn eigentlich im Fall eines Entstehens eines Artefakts bei ausschließlich empirisch-physikalischem Gesichtspunkt vor sich geht. Denn dann wird einsichtig für Sie, daß eben immer wieder nichts als Wechselwirkung zwischen diesem Material und jenem Material dabei im Gange ist, von denen keines vor dem anderen in irgendeiner Weise ausgezeichnet ist, solange Sie dabei tatsächlich einen ausschließlich empirisch-physikalischen Gesichtspunkt wahren. Unter dieser Art Gesichtspunkt gibt es keinen Grund und hat es keinen Sinn, das eine Material als dieses Werkzeug und das andere Material als jenes eigentliche Material zu unterscheiden. Denn auf solche Wechselwirkung gleichsam abgeblendet, wirkt das eine auf das andere Material dabei genauso ein wie auch das andere auf das eine, nähert sich zum Beispiel dieses Material des Werkzeugs jenem eigentlichen Material nicht weniger als jenes diesem, so daß sie am Ende miteinander wechselwirken.

Darauf abzublenden nämlich heißt nichts anderes, als jedes Subjekt und mithin auch jede Art der Intention eines Subjekts gerade auszublenden und in dieser Weise ausschließlich auf das zu reflektieren, was dabei Objekt ist. Und sofern Sie diese Art der Reflexion bis hierhin durchgehalten haben, werden Sie gewahr: Das eine Material dabei dem andern gegenüber etwa als das Werkzeug auszuzeichnen vor ihm als dem bloßen Material im eigentlichen Sinn, heißt umgekehrt nichts anderes, als ein Subjekt und damit auch die Intention eines Subjekts dabei gerade einzublenden, auch wenn dies normalerweise ohne solche ausdrückliche Reflexion darauf geschieht. Nur vom Subjekt und seiner Intention her gibt es einen Grund und hat es einen Sinn, etwa zu sagen, dieses Werkzeug nähere sich dabei diesem Material, nicht umgekehrt, und dieses Werkzeug wirke dabei ein auf dieses Material, nicht umgekehrt. Denn ohne ein Subjekt und seine Intention, die ihren Weg gerade über dieses Werkzeug und nicht über dieses Material nimmt, würde es zu dieser Näherung und Einwirkung auch gar nicht kommen wie etwa zum Sägen eines Stückes Holz. Kann dies doch, wie bekannt, durchaus auch umgekehrt geschehen, wie zum Beispiel, wenn ein Tischler solches Holz durch eine feststehende Säge durchschiebt, wobei diese Intention des Tischlers ihren Weg ausschließlich über dieses Material nimmt. Und bekanntlich kann sie diesen ihren Weg in manchen Fällen auch verzweigen, beispielsweise, wenn ein Tischler mit dem Holz in einer Hand und mit dem Werkzeug in der andern eine Intention verfolgt. Verschiedene Verhältnisse je danach, welchen Weg die Intention eines Subjekts nimmt, können demgemäß auch zwischen Teil und Teil des jeweils eigenen Körpers eines Subjekts selbst bestehen, nämlich je nach dem, wie es durch einen Teil auf einen andern Teil des eigenen Körpers einwirkt.

Jede Art von Auszeichnung aus solchem Grund in solchem Sinn jedoch geht letztlich auf den jeweils eigenen Körper oder einen Teil des jeweils eigenen Körpers eines Subjekts selbst zurück, der gegenüber jedem andern Körper eben darin seinen Vorrang hat, weil jede solche Einwirkung ja grundsätzlich von diesem Körper oder Teil desselben ausgehen muß. Kann jede Intention eines Subjekts doch ihren Weg nur über diesen nehmen, wie auch solche Einwirkung und damit solche Auszeichnung von solchem Vorrang sich von diesem Körper ausgehend auf andere übertragen muß: zum Beispiel von der Hand des Tischlers als dem allerersten Werkzeug, gegenüber dem die Säge beispielsweise erst einmal nur Material ist, auf die Säge als das Werkzeug, gegenüber dem das Holz dann Material ist, oder eben umgekehrt. Denn das Entscheidende und Einzige, das einen Vorrang dabei auszuzeichnen nicht allein gestattet, sondern auch erzwingt, sind demgemäß die unterscheidbaren Stationen sozusagen, die das Handeln eines Subjekts von der Intention desselben als der Ursprungshandlung her durchläuft, indem ein Subjekt nach und nach in dieses oder jenes Objekt sich gewissermaßen selbst hineinlegt. Schließlich legt ein Subjekt je und je auch schon in seinen eigenen Körper als Objekt sich selbst in diesem Sinn gleichsam hinein, indem es seiner Intention nach ihn ursprünglich in Bewegung oder Ruhe setzt bzw. hält und dadurch etwa auch noch andere Objekte.

Grundsätzlich folgt somit insgesamt: In jedem Fall von Artefakt der Praxis, die als jeweilige Wechselwirkung zwischen mehr als einem Material erfolgen muß, kann jedes solche Material zum

Ursprung solcher Praxis, zum Subjekt als Intention, in einem unterschiedlichen Verhältnis stehen; es kann ihm näher oder ferner als ein anderes Material stehen oder auch gleichauf mit einem andern Material dieselbe Nähe oder Ferne zu ihm haben, wie im Fall jener Verzweigung jener Intention in beide Hände jenes Tischlers mit dem Holz in einer Hand und mit dem Werkzeug in der anderen. Und eben diese Mehrzahl wie auch diese gleichen oder unterschiedlichen Verhältnisse von Material zu Material bzw. zum Subjekt sind es, die vom Objekt der Praxis aufs Objekt der Theorie sich übertragen müssen, wenn auch letzteres als Artefakt der Theorie zu gelten hat. Und nicht nur müssen sie es, sondern können sie es auch. Denn umgekehrt läßt sich auch erst durch ihre Übertragung überhaupt verstehen, was alles Punkt für Punkt im Spiel sein muß, wenn es für eine Intention als Theorie zur ursprünglichen Wirklichkeit eines empirischen Objekts als dem Erfolg für sie soll kommen können. Und das heißt: Erst handlungstheoretisch kann in vollem Sinn begreiflich werden, was Kant immer nur erkenntnistheoretisch darzutun versuchte, wenn er das empirische Objekt einer empirischen Erkenntnis immer nur als *Phänomen* oder *Erscheinung* für sie charakterisierte, weil es vielmehr *Artefakt* von ihr ist.

Wirklich zwingend wird das nämlich in der Tat erst handlungstheoretisch und nicht schon erkenntnistheoretisch. Denn erst handlungstheoretisch läßt sich als notwendig einsehen, daß und wie sich auch das Material für dieses Artefakt der Theorie in eine Mehrzahl davon gliedern muß und diese Glieder zueinander wie auch noch zum Ursprung dieser Intention als Theorie in gleichem oder unterschiedlichem Verhältnis stehen können. Und dies alles jeweils innerhalb von einem Subjekt selbst, denn Material für dieses Artefakt der Theorie kann eben nur noch dieses jeweilige Subjekt selbst sein. Und so hatten wir uns auch schon klargemacht, daß so etwas wie eine Intention eines Subjekts – ob nun als theoretische oder als praktische – nur denkbar sein kann, wenn ein Subjekt jene innere Struktur von Differenz innerhalb von Identität annehmen kann, weil es dazu in sich zum Mittel für sich werden muß.

Aus nunmehr handlungstheoretischem Gesichtspunkt aber muß es dann zum Mittel für sich auch im Sinn von mehr als einem Mittel für sich werden, zwischen denen dann auch gleiche oder unterschiedliche Verhältnisse im vorgenannten Sinn bestehen müssen. Handlungstheoretisch also, und das heißt bisher allein schon handlungsanalytisch, läßt sich das, was Kant im wesentlichen immer wieder nur dogmatisch einzuführen vermochte, nunmehr mindestens im Ansatz argumentativ einführen, nämlich daß empirische Erkenntnis des Subjekts auf ein Zusammenwirken mehrerer Prinzipien zurückgehen muß, die dazu auch in mehr als ein Verhältnis zueinander treten müssen. Denn als Phänomen oder Erscheinung zu betrachten ist ja das empirische Objekt einer empirischen Erkenntnis auch nur wegen seiner Abhängigkeit von Verstand und Sinnlichkeit des Subjekts, und das heißt nach Kant: von zwei Vermögen, deren erstes das der Spontaneität und deren letztes das der Rezeptivität sein soll. Trotz dieser Grundverschiedenheit von beiden kann es sich danach bei beiden erst einmal nur um Vermögen des Subjekts, das heißt, um Möglichkeiten handeln. Demzufolge können sie zu Wirklichkeiten für Zusammenwirken miteinander immer erst im Zuge jener Selbstverwirklichung dieses Subjekts verwirklicht werden, so daß auch die Wirklichkeit von Rezeptivität auf die von Spontaneität zurückgehen muß.

Infolgedessen muß es dazu innerhalb jener Identität eines Subjekts nicht nur zu mehr als einer Differenz im Sinn von mehr als einem Mittel kommen, sondern auch zu Rangverhältnissen dazwischen. Denn auch diese Mittel müssen dann in jenem Sinn von Material als Werkzeug und als bloßem Material sich ordnen, danach nämlich, welchen Weg die Spontaneität des Subjekts im Zusammenwirken mit der Rezeptivität des Subjekts nimmt. Zu richten hat die Ordnung von all dem sich somit je nach dem, wofür das eine oder andere jeweils Werkzeug oder bloßes Material ist, so daß es dabei ein erstes Werkzeug für ein erstes bloßes Material wie auch ein letztes Werkzeug für ein letztes bloßes Material im Rahmen eines und desselben Subjekts geben muß. Und daran müßte Ihnen jetzt auch um so klarer werden, daß der Sinn jener drei Stufen innerhalb von jeder Intention eines Subjekts, wie er im *Ersten Band* erkenntnistheoretisch auftrat[5], nunmehr handlungstheoretisch auftritt und in dieser Weise nur noch deutlicher hervortritt.

Muß genau in diesem Sinn doch ein Subjekt in sich auf mehr als

5 Vgl. *Die Welt und wir*, Band 1, Teil 1 und 2, §§ 14–30.

eine Art mit sich zusammenwirken: So zum Beispiel von der ersten hin zur zweiten Stufe, um zunächst durch sich als »Anschauung« und als »Begriff« etwas ursprünglich vorzustellen; doch auch von der zweiten hin zur dritten, um sodann durch sich als »Urteil« in der Wahrnehmung dies Etwas ursprünglich als wirklich hinzustellen oder gar, wenn ein Subjekt als diese Intention Erfolg erzielt, dies Etwas ursprünglich als wirklich herzustellen. Denn auch als Erkennen oder Theorie hat ein Subjekt ein solches Etwas zum empirischen Objekt und so zum Phänomen bzw. zur Erscheinung nicht in dem Sinn, daß ein solches Etwas von sich selbst her *fertig* wäre und als dieses *Fertige* dann von sich selbst her *diesem Subjekt* nur noch zusätzlicherweise in Erscheinung *träte* und so Phänomen auch nur noch zusätzlicherweise *würde*. Phänomen oder Erscheinung ist es dabei umgekehrt gerade in dem Sinn, daß vielmehr *dieses Subjekt*, nämlich *durch* sich ebenso wie *aus* sich, solch ein Etwas dabei allererst *verfertigt* und mithin *zum* Phänomen auch überhaupt erst *macht* bzw. *zur* Erscheinung überhaupt erst *bringt* und so als Artefakt *hervorbringt*. Denn das tut es eben, wie ein Tischler einen vorgestellten Tisch als Artefakt aus Holz heraus hervorbringt, nämlich *ursprünglich* zum Phänomen macht oder zur Erscheinung bringt, indem er ihn daraus *verfertigt*, eben buchstäblich daraus *entspringen* läßt.

Und wie in diesem Fall von Praxis solch ein Artefakt, wenn es als der Erfolg von einer solchen Intention gelingt, nur faktisch, kontingent, tatsächlich, und nicht etwa unfehlbar gelingt, so auch in jenem Fall von Theorie. Und handelt es sich somit auch in jedem Fall – in dem von Theorie genauso wie in dem von Praxis – um ein Schöpfertum, so doch in keinem Fall um die Verstiegenheit von absolutem, unfehlbarem Schöpfertum, sondern in jedem Fall um die Gediegenheit von relativem, fehlbarem, weil materialbezogenem. Verstiegen hat sich vielmehr immer schon der Empirist in uns, indem er sich für eine Art von Gott hält, der aus seiner Transzendenz heraus in Theorie als »Theoria« eintritt und von dort her kommend dann auch prompt dem Ding verfällt[6]. Gediegen

6 Als dieser eigens ausgewiesen hat der Empirist sich erstmals in Gestalt von Aristoteles, der meint, in Theorie als »Theoria« trete man wie etwas »Göttliches von außerhalb her« ein. Vgl. z.B. *De generatione animalium* 736 b 28, 744 b 21f.; ferner *Eudemische Ethik* 1248 a 25ff.

kann er darum auch erst immer werden, nämlich erst, indem er mittels Reflexion auf sich zur Einsicht seiner Immanenz als seiner eigentlichen Stellung kommt. Und diese Immanenz bedeutet, daß als Intention ein Subjekt eben aus Natur hervorgeht oder daß Natur es ist, die ein Subjekt als Intention hervorbringt. Kann es doch auch nur auf solche Immanenz zurückgehen, wenn bei Auftreten der Wirklichkeit von Intention in das Formale dieser Wirklichkeit auch Inhaltliches noch als Wirklichkeit des Materials miteingeht, das auch jenem Artefakt von Intention der Theorie zugrunde liegen muß: Zwar muß sich das Mentale des Bewußtseins dieser Intention eines Subjekts als Wirklichkeit von Grund auf unterscheiden von der Wirklichkeit des Körpers als Somatischem dieses Subjekts; gleichwohl muß dies Mentale in genau dem Sinn, in dem es nur aus dem Somatischen als einem Stück Natur hervorgehen kann, als eigene Wirklichkeit diesem Somatischen auch immanent sein, in dem Sinn, den es zu klären gilt.

Und in der Tat kann doch die *Wirklichkeit* des Artefakts als des Objekts der Theorie eines Subjekts auch nur auf Grund der *Wirklichkeit* desselben als des Materials verständlich werden, *aus* dem oder *durch* das dieses Artefakt dabei entspringt. Denn daran ändert sich auch dadurch nichts, daß als ein weiterer Grund für es als den Erfolg im Unterschied zum Mißerfolg von solcher Intention auch *innerhalb* von diesem Artefakt noch etwas liegen muß, das dazu zwingt, es nicht allein als Phänomen oder Erscheinung zu betrachten, sondern auch noch an sich selbst, kurz: als Ansichsein. So gewiß von diesem nämlich sich empirisch nichts erkennen lassen kann, so läßt doch nichtempirisch, mittels unserer Reflexion auf es, von ihm sehr wohl sich noch erkennen: Jene Intention, die dabei mit im Spiel sein muß, kann dabei keinesfalls von ihm ausgehen, sondern nur von etwas Anderem als ihm. Muß sie doch immer schon ergangen sein, damit so etwas wie Ansichsein innerhalb ihres Erfolges aufzutreten überhaupt vermag.

Denn etwa auch noch von Ansichsein innerhalb des Mißerfolges einer Intention zu sprechen, wäre ohne jeden Sinn: Mit Mißerfolg ist ja gerade Ausbleiben eines Erfolges und entsprechend Ausbleiben der Wirklichkeit des intendierten Artefakts gemeint, so daß in diesem Fall nicht einmal eine Möglichkeit, geschweige denn eine Notwendigkeit besteht, auch noch auf Wirklichkeit als ein Ansichsein mitzureflektieren. Stellt in diesem Fall sich Wirklichkeit doch nicht einmal als Phänomen oder Erscheinung ein und so von vornherein auch nichts, was außer als Erscheinung oder Phänomen auch zusätzlich noch an sich selbst betrachtet werden müßte oder als Ansichsein. Intendieren ist sonach in diesem Fall des Mißerfolges eine Wirklichkeit von Wirksamkeit, die sozusagen wirkungslos verpufft. Das tut sie nämlich in dem Sinn, daß sich zu ihr dabei gerade nicht die Wirklichkeit des durch sie intendierten Anderen ergibt, obwohl auch hierbei sie als solche selbst durchaus ergeht und irgendeine Wirkung hat.

Ergibt indes zu ihr als Wirklichkeit von solcher Wirksamkeit sich demgemäß auch nicht die Wirklichkeit des durch sie intendierten Anderen, ergeht doch umgekehrt sie selbst als diese Wirklichkeit der Wirksamkeit dabei sehr wohl. Und so ergeht sie umgekehrt denn auch sehr wohl als Wirklichkeit von etwas Anderem gegenüber diesem Anderen, welches sich in diesem Fall des Mißerfolgs von ihr zu ihr nicht einstellt. Bei dem Material, aus dem oder durch das sich im Erfolgsfall jenes Artefakt der Theorie ergibt, kann es sich darum nur um diese Wirklichkeit von Form und Inhalt eines Intendierens handeln, wenn auch freilich jenes immanenten, weil es seinerseits dabei nur durch Natur geschaffen sein kann. Und als solches hat es demnach trotzdem – und das heißt, obwohl es seinerseits nur aus Natur hervorgegangen sein kann – gegenüber jeglicher Natur, die sich erst als die Wirklichkeit jenes Erfolgs zu einer Intention ergibt, im vorgenannten Sinn von Werkzeug einen grundsätzlichen Vorrang: Die Bewegung, welche in Gestalt von Theorie oder von Praxis oder beidem zu Natur als Artefakt führt, kann danach allein von jenem Intendieren ausgehen. Das heißt zuletzt: Solche Bewegung kann allein von der Natur ausgehen, der dieses Intendieren jeweils immanent sein muß, wenn anders sich erklären lassen soll, daß es formal wie inhaltlich imstande ist, *aus* sich wie auch *durch* sich Natur als Artefakt hervorzubringen.

Dieser grundsätzliche Vorrang aber muß sich dann von solchem Intendieren, von welchem solcherart Bewegung ausgeht, auch auf die Natur noch übertragen, aus der solches Intendieren hervorgeht. Denn als solche, welche Intendieren hervorbringt, muß Natur sich dann von solcher, welche als ein Artefakt durch solches Intendieren hervorgebracht wird, auch von Grund auf unterscheiden, und das heißt zuletzt: von Grund auf in sich selbst noch unterscheiden. Und dies eben dadurch, daß sie mit sich selbst auf eine ganz bestimmte Art in Wechselwirkung tritt, in der sie zwar in jedem Fall zu einer Intention wird, doch durchaus nicht auch in jedem Fall zum intendierten Artefakt als etwas Wirklich-Anderem zu dieser Intention wird, sondern eben nur im Fall eines Erfolges dieser Intention.

Von Grund auf in Natur als solcher selbst muß dieser Unterschied infolge dieses grundsätzlichen Vorrangs also mindest in dem Sinn bestehen, daß sie als diejenige, welche Intendieren hervorbringt, prinzipiell nicht auch zu derjenigen werden kann, als welche sie zum Artefakt von solchem Intendieren wird. Als erstere wird sie dadurch vielmehr zur Theorie oder zur Praxis, kurz: zur Empirie als einem immer wieder neuen Urexperiment gewissermaßen, das sie mit sich selbst anstellt. Infolgedessen setzt sie sich als letztere dadurch auch immer wieder neu aufs Spiel, als erstere dagegen niemals, weil ja Intendieren dabei immer schon ergeht. Nur kann sie sich als erstere, als die sie sich dabei gerade nie aufs Spiel setzt, dann auch nie als letztere erreichen, sondern muß als erstere gerade immer wieder uneinholbar sich entgehen, einerlei, wie weit sie auch zu sich als letzterer gelangen mag: Durch keine Art von Empirie, ob nun als Praxis oder Theorie, vermag Natur sich als diejenige, als die sie je und je ein Intendieren hervorbringt, selbst zum Artefakt durch dieses Intendieren zu machen: weder innerhalb von einem einzigen Subjekt, noch gar verteilt auf mehrere Subjekte, wie zum Beispiel, wenn einer »Versuchsperson« ein »Experimentator« gegenübertritt.

Vielmehr ist die Natur in jedem solchen Fall als diejenige, als die sie dabei ein Intendieren hervorbringt, sich als derjenigen, als die sie dabei zum Artefakt wird, immer schon vorweg und so entgangen. Denn auch immer erst für Nichtempirie der Philosophie als Reflexion vermag Natur als diejenige, als die sie ein Intendieren hervorbringt, zugänglich zu werden, nicht etwa für Empirie. Denn die entspringt ja allererst als dieses Auseinander- und Sichgegenübertreten der Natur im Intendieren einerseits und anderseits im Artefakt durch dieses Intendieren. Der bekannte, doch bis heute nicht verstandene Abgrund zwischen dem Somatischen als dem Empirischen und dem Mentalen als dem Nichtempirischen, der sich von keinem her zum anderen hin überbrücken läßt, erweist sich damit als notwendig und in diesem Sinn auch als erklärlich. Er ist nichts als diese prinzipielle Kluft dazwischen, hinter die zurückzukommen zur ursprünglichen Natur, aus der sie allererst entspringt, nur nichtempirisch möglich werden kann.

Auf diesem Weg der Reflexion kann die Natur, die dabei das Mentale solchen Intendierens mit allen seinen innerlichen Aufbaustücken je und je hervorbringt, somit nur noch nichtempirisch Thema werden, womit auch noch nachgewiesen ist: Ein angemessenes und vollständiges Welt- und Selbstverständnis ist aus prinzipiellem Grund empirisch-empiristisch unerreichbar, ist vielmehr, wenn überhaupt erreichbar, dann nur so, daß zusätzlich zu Empirie auch noch Nichtempirie der Reflexion auf Empirie erfolgt und so Philosophie. Und anzusetzen hat sie darum auch nur dort, wo jeweils die Natur gerade so in Wechselwirkung mit sich selbst tritt, daß ein Intendieren aus ihr entspringt, das seiner Form wie seinem Inhalt nach im schon genannten Sinn ihr immanent sein muß als das Mentale in Somatischem des Körpers oder Leibes von Subjekten. Schließlich ist nach allem, was wir wissen, dies nicht überall in der Natur der Fall. Denn schwerlich kann davon die Rede sein, daß die Natur in jeder Form, in der sie auftritt, als ein Fall aufträte, der Intentionalität hervorbringt. Vielmehr tut sie das, soweit wir wissen, nur, indem sie Formen annimmt, worin sie ein solches Maß an Organisation hat, daß sie in Gestalt von sich als dem Somatischen gerade zu Mentalem führt.

Die Einzigartigkeit von jedem solchen Fall wird Ihnen aber überhaupt erst einsichtig, wenn Sie ihr bis zu jenem Punkt nachgehen, wo klar wird, daß auch Theorie bereits in vollem Sinne Praxis sein muß, weil auch das Objekt von Theorie bereits in vollem Sinne Artefakt von Theorie sein muß. Denn dann wird Ihnen ferner klar, daß jene Wechselwirkung von Natur mit sich, auf die ein jeder Fall von Praxis oder Theorie zurückgehen muß, aus prinzipiellem Grund in keinem solchen Fall die Wechselwirkung mit dem Artefakt von Theorie oder von Praxis sein kann. Daß dies ausgeschlossen ist, hat man bisher anscheinend nicht einmal im Fall von Praxis klar gesehen. Jedenfalls ist mir nicht ein Beleg dafür bekannt, wo man dies einmal offen ausgesprochen hätte, sei es auch nur, weil man es vielleicht für trivial gehalten hat, was es indessen gar nicht ist.

Daß es sich bei jener Wechselwirkung beispielsweise, die zu jenem Tisch als Artefakt von Praxis führt, um eine Wechselwirkung handeln könnte, die dabei *mit* diesem Tisch als Artefakt erfolgt, ist schlechterdings unmöglich. Und das gilt auch schon für jeden einzelnen der Schritte auf dem Weg, der schließlich zu ihm führt, und so ganz allgemein für jede Art von Praxis. Immer ist das Artefakt dabei gerade das, was aus der Wechselwirkung zwischen gänzlich anderem nur entspringt, indem es dadurch sozusagen davon abspringt, davon abfällt: ganz genauso, wie ja auch der Abfall dabei abfällt und als solcher gleichfalls nichts ist, *mit* dem dabei etwas wechselwirkte. Vollends sehen Sie das, wenn Sie auch dieses gänzlich andere, zwischen dem allein dabei die Wechselwirkung statthat, noch in Ihre Reflexion miteinbeziehen: Weder jenes Material im eigentlichen Sinn, wie jenes Holz des Tischlers, noch auch jenes Material im Sinn des Werkzeugs, noch gar beides miteinander ist etwas, das bei der Herstellung des Tisches etwa *mit* dem Tische wechselwirkte.

Dazu ist er nämlich gar nicht in der Lage, weil er überhaupt erst dadurch, daß vielmehr allein das Material des Holzes und das Material des Werkzeugs *miteinander* wechselwirkt, verwirklicht wird oder erwirkt wird, so daß er für diese Wechselwirkung auch noch gar nicht zur Verfügung *stehen* kann. Gerade umgekehrt ist es vielmehr die bloße Wechselwirkung zwischen diesem bloßen Material, die diesen Tisch erst zur Verfügung *stellen* kann, der darum zur Verfügung *stehen* dann auch nur für eine andere und neue Wechselwirkung kann, aus welcher dann auch nur ein anderes und neues Artefakt entstehen kann. Und so ist dieser Tisch als Artefakt gerade das, was jene Wechselwirkung zwischen gänzlich anderem allein aus sich heraus auch überhaupt erst hinstellt oder herstellt, so daß umgekehrt sich dieser Tisch davon auch überhaupt erst ablöst oder absetzt, daraus eben allererst entspringt: für jene Wechselwirkung unerreichbar. Und so wirft dies auch noch nachträglich ein helles Licht auf die Unmöglichkeit, wonach angeblich jene Heteronomie der »Reizung« und »Erregung« durch etwas »Begehrtes« eine Praxis in Bewegung setzt[7].

Doch was in diesem Fall von Praxis wohl bisher nur nicht gesehen worden ist[8], das ist in jenem Fall von Theorie ausdrück-

7 Vgl. oben § 3, S. 80 ff.

8 Erst nachdem ich dies geschrieben hatte, stieß ich darauf, daß dies gleichfalls falsch gesehen wird. So bei M. L. Gill, J. G. Lennox (Hg.): *Self-Motion*, Princeton 1994, S. 108 f., wo das Herstellen einer Couch genau in diesem Sinn verfehlt wird.

lich falsch gesehen worden und hat nachweislich zu einer grundverfehlten Theorie geführt. Genau in dieser Hinsicht nämlich unterläuft bis heute ständig jener Fehler[9], der am krassesten bei Kant zutage tritt, weil er hier systematisch explizit wird: Daß im Fall von Theorie das jeweilige Objekt dieser Theorie es sei, was mit dem Subjekt dieser Theorie in irgendeinem Sinne wechselwirkt, das ist unhaltbar[10], wenn das jeweilige Objekt dieser Theorie das jeweilige Artefakt von dieser Theorie sein soll, worauf Kants Reflexion zuletzt unweigerlich hinausläuft. Denn als Artefakt von ihr kommt das Objekt zu jeder solchen Wechselwirkung mit dem Subjekt dieser Theorie dann immer schon zu spät. Und eben darin liegt denn auch der letzte Grund dafür, daß Kants Behauptung einer »Affektion« des Subjekts dieser Theorie durch das Objekt derselben sich in keinem Sinn, den dieses Objekt innerhalb von Kants System besitzen kann, in dessen Systematik zirkel- oder widerspruchsfrei durchführen läßt: im Sinn des Objekts als empirischen genausowenig[11] wie im Sinn des Objekts als Erscheinung oder Phänomen bzw. als Ansichsein.

Kann mit diesem Objekt dieser Theorie doch im Zusammenhang mit Affektion nur das *empirische* Objekt als etwas *Wirklich-Anderes* gegenüber dem Subjekt gemeint sein und mithin auch nur *Natur* als *Artefakt.* An deren Artefaktcharakter nämlich kann sich

9 Vgl. oben S. 112 ff., Anm. 1 ff.
10 Eben dieses Unhaltbare aber hält man umgekehrt vielmehr geradezu für das Kriterium von Theorie oder Erkenntnis als empirischer. Nur dadurch, daß bei einer Wahrnehmung zum Beispiel es tatsächlich das Objekt von ihr sei, was dabei auf das Subjekt derselben einwirkt, könne es bei solcher Wahrnehmung sich um empirische Erkenntnis von ihm handeln: Theoretizismus, wie er falscher nicht mehr sein kann. Vgl. a.a.O., S. 71 f. Das Kriterium für Wahrnehmung ist vielmehr, daß das jeweils auftretende Sinnesdaten-Material zu einer Deutung als Versuch einer Erdeutung von etwas herangezogen wird, kurz: für das Intendieren von Erfolg als etwas Wirklich-Anderem, auch wenn es dadurch unverwirklicht bleibt. Denn Wahrnehmung gibt es doch auch als »falsche«, welche »falsch« doch auch nur sein kann, wenn genau das Wahrgenommene etwas Wirklich-Anderes dabei gerade nicht ist und mithin auch einzuwirken dabei nicht vermag, gleichviel, was sonst einwirken mag.
11 Auch von dieser Einsicht war ich, als ich *Kant und das Problem der Dinge an sich* schrieb (Bonn 1974, 3. Aufl. 1989), noch weit entfernt: nicht nur von dem, was ich schon in *Die Welt und wir*, Band I, Teil 1, S. 278, Anm. 37 eingesehen hatte.

durch deren Betrachtung als Erscheinung oder Phänomen bzw. als Ansichsein schlechterdings nichts ändern, weil ja beides wesentlich zu ihr als Artefakt hinzugehört[12]. Von Grund auf unterscheiden aber muß Natur sich als diejenige, als die sie zum Artefakt wird, und als diejenige, als die sie durch Wechselwirkung mit sich selbst zu jenem Subjekt als dem Intendieren wird, das seiner Form und seinem Inhalt nach sowohl *durch* sich wie auch *aus* sich als Material jeweils Natur als Artefakt doch allererst verfertigt. Eine Ansetzung von Affektion als Ursache dafür, daß es in Form von solchem Intendieren je und je auch noch zu ganz bestimmtem Inhalt kommt und somit insgesamt zu einem Material, durch das oder aus dem Natur desgleichen je und je zu einem inhaltlich bestimmten Artefakt wird, ist denn auch ganz folgerichtig. Nur kann es sich dabei eben ausschließlich um Affektion im Rahmen dieser Wechselwirkung der Natur mit sich auf seiten dieses Subjekts handeln, eben nur um die an jener Ursprungsstelle, an der immer wieder innerhalb jenes Somatischen jenes Mentale als ihm Immanentes allererst entspringt.

Dies alles aber ist bis einschließlich derjenigen Natur, die dabei mit sich selber wechselwirken muß, für jede Empirie gerade unerreichbar, und zwar in genau dem umgekehrten Sinn, in welchem jedes Artefakt von solcher Wechselwirkung für sie unerreichbar ist, wie Sie im vorigen gesehen haben. Denn vermöge diese Empirie auch noch so weit und gründlich vorzudringen in jenes Somatische, so hat Natur sich doch als diejenige, als die sie Mentales in

12 Gerade dies wird durch den Sinn von »Artefakt« gesichert, während es durch den von »Phänomen« oder »Erscheinung« und »Ansichsein« ungesichert bleibt, weil durch »Erscheinung« oder »Phänomen« ein gänzlich anderer Sinn zum Ausdruck kommt als durch »Ansichsein«. Davon aber geht dann immer wieder die unwiderstehliche Versuchung aus, zu meinen, damit würden zwei entsprechend zueinander andere Wirklichkeiten angesprochen, also eine Art Zweiweltentheorie vertreten. Deshalb ist diese Versuchung auch noch nicht gebannt, wenn klar ist, daß mit beidem vielmehr nur verschiedene Ergebnisse der Reflexion auf eine und dieselbe Wirklichkeit des Natural-Empirischen zum Ausdruck kommen (vgl. die in voriger Anmerkung als erste angeführte Arbeit). In dem Ausdruck »Artefakt« dagegen ist der Sinn von beidem jeweils derart klar enthalten ebenso wie auch vereinigt, daß er keinen Zweifel daran zuläßt, wie grundsätzlich er ausschließlich die dem Natural-Empirischen als solchem wesentliche innere Struktur bezeichnet.

Somatischem hervorbringt, vor derjenigen, als die sie dabei Artefakt wird, immer schon zurückgezogen und entsprechend prinzipiell entzogen. Zwar vermeint der Physiologe, wenn er als Empiriker auch noch zum Empiristen wird, daß aber er zumindest sie als solche gleichsam dingfest mache oder machen könne und darum auch eines Tages dingfest machen werde. Dies jedoch vermag er sich nur einzubilden, weil er das Subjekt als die »Versuchsperson«, von der allein er das Entscheidende dabei erfahren kann, auch immer schon voraussetzt und mit ihr als diesem Subjekt eben auch schon immer eine Nichtempirikerin der Philosophie als Reflexion. Und weder das Mentale noch gar das Somatische als die Natur, durch deren Wechselwirkung mit sich selbst dieses Mentale je und je entspringt, vermag für solche Nichtempirie jemals Artefakt zu sein oder zu werden. Dies allein schon deshalb nicht, da jedes einzelne davon gerade nicht gleich einem Artefakt erst immer wirklich werden kann, weil jedes einzelne davon vielmehr gerade umgekehrt dabei schon immer wirklich sein muß. In Gestalt von Reflexion vermag ein Subjekt ja tatsächlich nur auf sich als das zurückzukommen, als das es im Intendieren immer schon begriffen und als diese Wirklichkeit der Wirksamkeit mithin auch immer schon im Gange ist. Und so vermag ein Subjekt auch noch auf die Wirklichkeit Natur, die solche Wirklichkeit der Wirksamkeit von Intendieren hervorbringt, ebenfalls nur auf dem Weg der Reflexion zurückzukommen und mithin auch sie nur nichtempirisch zu erschließen: durch Philosophie.

Genau in diese Richtung aber unterläuft Kant einer seiner größten Fehler: Nicht nur führt er seine Reflexion auf das empirische Objekt als Phänomen oder Erscheinung und Ansichsein niemals durch, zumal sie im Zusammenhang mit Affektion sich auch von vornherein nicht durchführen läßt. Aus eben diesem Grund vermeint er vielmehr ferner, solche Reflexion auf das Objekt betreffe auch noch das Subjekt, das wie das Objekt gleicherweise als Erscheinung oder Phänomen und als Ansichsein zu betrachten sei. Jedoch im ganzen wie im einzelnen ist das verfehlt für dieses Subjekt, nämlich nicht nur in Bezug auf das Mentale, sondern auch auf das Somatische desselben: in Bezug auf die Natur, von der es als Mentales in Somatischem jeweils geschaffen wird. Denn nichts von all dem, auch nicht letztere, läßt sich mit Sinn einer Betrachtung als Erscheinung oder Phänomen bzw. als Ansichsein unterwerfen. Schließlich ist doch weder dies Mentale noch auch dies Somatische, das ersteres in sich als Wechselwirkung der Natur mit sich hervorbringt, jemals Artefakt durch Empirie, wofür allein die Reflexion auf es als Phänomen oder Erscheinung und Ansichsein zutrifft.

Diese vom Objekt auf das Subjekt zu übertragen, wie es Kant mit größter Selbstverständlichkeit zu tun pflegt, heißt denn auch, von vornherein an jeder Eigentümlichkeit des Subjekts gegenüber jeglichem Objekt vorbeizugehen, wie auch schon in andern Fällen. So gewiß Philosophie durch Reflexion nicht nur das Objekt, sondern auch das Subjekt seiner inneren Struktur nach nichtempirisch zu erschließen hat, so ist doch jede dieser inneren Strukturen jeweils eine dem Objekt bzw. dem Subjekt gerade eigentümliche. Und letztere genauso angemessen einzusehen wie erstere, vermöchte Kant mithin auch nur vermittels einer gänzlich andern Art von Reflexion als der auf erstere. Denn dazu hätte Kant sie schon allein als Analyse des Subjektes mittels gänzlich andersartiger Begriffe durchzuführen als mit denen von Erscheinung und Ansichsein, die ihm aber nicht verfügbar sind und auch bis heute noch nicht zur Verfügung stehen. Handelt es sich dabei doch um die Begriffe vom Subjekt als dem Sich-Äußern eines Inneren, die widerspruchsfrei noch bis heute nicht gebildet und verwendet worden sind. Und das Sich-Äußern eines Inneren ist denn auch nur ein anderer Ausdruck jener inneren Struktur von Differenz innerhalb von Identität eines Subjekts, die widerspruchsfrei bisher ebenfalls noch nicht begriffen ist.

§ 5. Die Art des Auftretens von uns als Theorie und Praxis

Wiewohl er es versuchte, so ist Kant doch auch in dieser Hinsicht jenen Empirismus, der zugleich ein Theoretizismus ist, nicht gänzlich losgeworden. Daß der Empirist, der gar nicht erst versucht, den Empirismus loszuwerden, an Strukturen dieser Art vorbeigehen muß, ist nicht verwunderlich. Das tut er denn auch dort sogar, wo diese Art Strukturen sich ihm förmlich aufdrängt. So vermag doch selbst ein Empirist nicht einfach darüber hinwegzusehen, daß zwischen irgendeiner Äußerung eines Subjekts, wie etwa einer sprachlichen, und diesem Subjekt zwar ein Unterschied besteht, doch nicht in dem Sinn, daß sie etwa wie zwei Dinge oder zwei Ereignisse verschieden wären. Insbesondere stößt der Empirist als Handlungstheoretiker zum Beispiel unausweichlich darauf, daß es *gleichbedeutend* ist, im Fall von einer tadelnswerten Handlung »*sie* zu tadeln oder *jemanden* für sie zu tadeln«[1]. Ja er geht sogar so weit, sich auch noch klarzumachen: Eine solche Handlung sei im Grunde nur ein »Ausdruck«[2] eben dieses Subjekts selbst: in dem Sinn nämlich, daß es als die Absicht, als die es dabei zugrunde liege, »*in* der Handlung liegt«[3], daß also in Gestalt von einer solchen Handlung als dem »Ausdruck« einer Absicht oder eines Subjekts letztlich diese Absicht oder dieses Subjekt selbst auftrete. Deshalb lasse sich von der »Beziehung« zwischen ihnen auch nicht als einer »externen« reden[4]. Und wie klar das in der Tat sogar für einen Empiristen sein muß, können Sie sich leicht an Beispielen verdeutlichen.

So brauchen Sie von einer Tube etwa, welche offen ist und unter Druck steht, nur zu sagen, daß sie etwas »äußert« oder »ausdrückt«, und Sie hören förmlich an dem Unsinn, auf den das hinausläuft, wie der Sinn von »äußern« oder »ausdrücken« gerade auf Subjekte festgelegt ist und hier gänzlich anderes bedeutet. Von Subjekten nämlich gilt, daß sie, indem sie *etwas* ausdrücken bzw.

1 AH 1, S. 98 (kursiv und Textverbesserung von mir).
2 AH 2, S. 181.
3 AH 2, S. 180.
4 A. a. O.

äußern, eben *sich* ausdrücken oder äußern, was von dieser Tube nicht gilt. Schlechthin widersinnig nämlich wäre es, von ihr zu sagen, daß es diese Tube *selbst* ist, was *sich* äußert oder ausdrückt, wenn sie ihren *Inhalt* äußert oder ausdrückt, weil sich Tube und ihr Inhalt eben als zwei Dinge, und das heißt, als zwei Identitäten unterscheiden. Wohingegen zwischen demjenigen Etwas, das ein Subjekt äußert oder ausdrückt, und dem Subjekt selbst zwar gleichfalls eine Differenz bestehen muß, doch keine zwischen zwei Identitäten, sondern eine innerhalb von einer einzigen Identität. Nur daran nämlich kann es liegen, daß in diesem Fall es vielmehr umgekehrt gerade sinnvoll-angemessen ist, zu sagen, daß es dieses Subjekt *selbst* ist, was *sich* äußert oder ausdrückt, wenn es *etwas* äußert oder ausdrückt. Also kann die Differenz dazwischen auch keine »externe« oder äußerliche sein wie zwischen Ding und Ding oder Ereignis und Ereignis, was sogar der Empirist sieht. Diese Differenz kann vielmehr nur noch eine innerliche oder auch ›interne‹ innerhalb von einem Subjekt selbst sein, die der Empirist jedoch gerade nicht mehr sieht, weil gar nicht sehen kann, da es bei ihr sich eben nur um etwas Nichtempirisches inmitten dieses selber nichtempirischen Subjektes handeln kann.

Verglichen damit ist nun Kant zwar einerseits dem Empirismus grundsätzlich entkommen, insofern er nichtempirische Strukturen grundsätzlich entdeckt und ernst genommen hat, wie etwa die von Phänomen oder Erscheinung und Ansichsein, die ein jedes der empirischen Objekte in sich selbst als nichtempirische Struktur besitzen muß. Er ist ihm aber anderseits nicht vollständig entkommen, insofern er meint, daß er die nichtempirische Struktur des *nichtempirischen Subjekts*, die er desgleichen grundsätzlich entdeckt und ernst genommen hat, genau wie diese nichtempirische Struktur *empirischer Objekte* aufzufassen habe: Jene sei genau wie diese als Struktur von Phänomen oder Erscheinung und Ansichsein zu behandeln, und ein nichtempirisches Subjekt mithin auch letztlich ebenso wie ein empirisches Objekt. Und dieser dingverfallene Empirismus, das empirische Objekt nach seiner inneren Struktur auch in das nichtempirische Subjekt hineinzutragen, geht zuletzt auf jenen Theoretizismus Kants zurück, der seinen eigentlichen Praktizismus nicht zu voller Geltung kommen läßt. Und dies hat nicht allein zur Folge, daß Kant Eigentümlichkeiten der Struktur dieses empirischen Objekts ins nichtempirische Subjekt hineinträgt, sondern umgekehrt auch Eigentümlichkeiten der Struktur des nichtempirischen Subjekts noch ins empirische Objekt; und alles nur, weil er vor lauter anhaltendem Theoretizismus seinen Praktizismus fürs empirische Objekt als Artefakt nicht wirklich durchführt.

Nur aus diesem Grund vertritt er beispielsweise neben seiner eigentlichen Auffassung, wonach das im empirischen Objekt als Phänomen oder Erscheinung mitenthaltene Ansichsein sich gleichwohl empirisch nicht erkennen lasse, auch noch eine andere Auffassung, die damit unvereinbar ist und bleibt. Im Unterschied zum eigentlich gemeinten praktizistischen Begriff des Artefakts verwendet Kant den theoretizistischen Begriff des Phänomens bzw. der Erscheinung fürs empirische Objekt. Und deshalb meint er, es sei möglich, das Ansichsein des empirischen Objekts – gerade weil es in ihm mitenthalten sein muß – *analytisch* mit seinem Erscheinung- oder Phänomensein zu verbinden. Darum sagt er: »Es *folgt* auch *natürlicherweise* aus dem *Begriffe* einer Erscheinung überhaupt: daß ihr etwas entsprechen müsse, was an sich nicht Erscheinung ist«, weil doch »das *Wort* Erscheinung schon eine Beziehung auf etwas anzeigt«, das »an sich selbst … Etwas … sein muß«[5]. Andernfalls wäre dies ein *Widerspruch*: »Denn sonst würde der *ungereimte* Satz daraus *folgen*, daß Erscheinung ohne etwas wäre, was da erscheint«[6]. Als das, »was da erscheint«, wäre Ansichsein dann jedoch auch das, ›was da erkannt wird‹, nämlich als empirisches Objekt erkannt wird, denn genau so theoretizistisch wird »Erscheinung« ja verstanden; mit der Unerkennbarkeit dieses Ansichseins aber ist und bleibt das unvereinbar.

Doch auch davon gänzlich abgesehen, ist und bleibt dies unhaltbar, weil aus Erscheinung- oder Phänomensein keineswegs Ansichsein folgt, was aber eben allererst am eigentlich gemeinten praktizistischen Begriff eines empirischen Objekts als Artefakt hervortritt. Denn Erscheinung oder Phänomen ist das empirische Objekt nach Kant gerade deshalb, weil es eben dies, empirisches Objekt, nur dadurch sein kann, daß es etwas Vorgestelltes ist, ein vorgestellter Gegenstand, an dessen Vorstellung jeweils Begriff und Anschauung beteiligt sind und so Verstand und Sinnlichkeit

5 A 251 f. (kursiv von mir).
6 A XXVI f. (kursiv von mir).

eines Subjekts. Doch dieser dafür notwendige Anteil an Erscheinung- oder Phänomensein liegt mit all dem, was zu ihm dazugehört, auch schon im Fall von einem zu verwirklichenden Artefakt vor. Denn als etwas zu Verwirklichendes muß es gleichfalls etwas Vorgestelltes sein, doch ohne daß es dann bloß dadurch schon etwas Verwirklichtes sein müßte oder auch nur könnte, was für es als Artefakt der Theorie genauso wie als Artefakt der Praxis gilt. Verwirklicht werden kann es als in beiden Fällen erst einmal bloß Vorgestelltes vielmehr auch in beiden Fällen immer erst durch eine in sich vollständige Intention, die über bloßes Vorstellen von etwas durch Begriff und Anschauung hinausgeht. Denn erst eine solche Intention geht dahin, etwas nicht nur vorzustellen, sondern dieses vorgestellte Etwas auch als wirklich hinzustellen und es dadurch im Erfolgsfall auch als wirklich herzustellen. Darum ist der Grund für dieses Artefakt als den Erfolg im Unterschied zu jenem Mißerfolg, wenn es zum einen als Erscheinung oder Phänomen betrachtet wird, auch nur noch dadurch einzusehen, daß es zum andern auch noch als Ansichsein zu betrachten sei. Durch die Betrachtung des empirischen Objekts als Artefakt jedoch wird das, wie Sie schon sahen, auf vorteilhafte Weise einheitlich vollzogen.

Der Vorteil dieser Einheitlichkeit zeigte sich zunächst nur am empirischen Objekt, und auch nur daran, daß dadurch eine Zweiweltentheorie und damit ein Zerfall desselben schon von vornherein vermieden wird. Doch dieser Vorteil zeigt sich nunmehr auch noch daran, daß durch diese Einheitlichkeit ebenfalls von vornherein entschieden wird, in welchem Sinn denn am empirischen Objekt als Artefakt dann etwas unerkennbar sei. Schon oben wurde Ihnen klar, daß das an ihm beteiligte Ansichsein nur empirisch unerkennbar sein kann, weil es nichtempirisch als der Grund dafür, daß in Gestalt von einem Artefakt jeweils Erfolg statt Mißerfolg für eine Intention auftritt, durchaus erkennbar ist. Und nichtempirisch wird des weiteren daraus noch einsichtig, daß diese Intention nicht vom dabei beteiligten Ansichsein ausgehen kann[7]. Gerade dann jedoch kann dies am Artefakt beteiligte Ansichsein auch nicht dasjenige sein, »was da erscheint«, sprich, ›was empirisch da erkannt wird‹, wenn ein Artefakt erkannt wird.

Eben daher aber droht die tiefe Irreführung, der Kant immer

7 Vgl. oben § 4, S. 139 ff.

wieder unterliegt, dies dahingehend aufzufassen, daß nicht als Ansichsein, sondern nur als Phänomen oder Erscheinung solch ein Artefakt empirisch zu erkennen sei, wie er dies immer wieder fälschlich-theoretizistisch formuliert. Und dadurch, daß der in sich einheitliche Artefaktbegriff auch diese Irreführung schon von vornherein vermeidet, hat er einen weiteren Vorteil. Auch als Phänomen oder Erscheinung nämlich ist ein Artefakt nur nichtempirisch, nur durch Reflexion auf all das zu erkennen, was ein nichtempirisches Subjekt zu ihm als dem empirischen Objekt von jener ersten bis zu jener dritten Stufe beizutragen hat, um etwas vorzustellen und dieses vorgestellte Etwas auch als wirklich hinzustellen bzw. herzustellen. Denn ein *empirisches* Objekt *empirisch* zu erkennen, heißt ja vielmehr praktizistisch, es zu einem Artefakt durch all dies überhaupt erst zu artifizieren; wohingegen all dies, was an ihm als dem gelungenen Erfolg beteiligt sein muß, sein Erscheinung- oder Phänomensein ebenso wie sein Ansichsein, keineswegs auch seinerseits empirisch zu erkennen sein kann, nämlich keineswegs auch seinerseits zu einem Artefakt noch zu artifizieren sein kann.

Den Vorteil seiner Einheitlichkeit aber zeigt der Artefaktbegriff in vollem Umfang Ihnen erst, wenn Ihnen Schritt für Schritt zur Einsicht kommt, was alles daraus folgt, daß er aus eben diesem Grund in eben diesem Sinn auf nichtempirische Subjekte schlechterdings nicht anwendbar sein kann, sondern ausschließlich auf empirische Objekte. Daraus nämlich folgt sogleich als erstes, daß es – weil der Artefaktbegriff ja beides in sich selbst vereinigt – weder Sinn besitzen kann, ein nichtempirisches Subjekt als Phänomen oder Erscheinung zu betrachten, noch auch Sinn besitzen kann, es als Ansichsein zu betrachten, was Kant aber durchwegs tut. Die Einsetzung des Artefaktbegriffs für beides aber fegt dies förmlich weg. Denn anders als ein Objekt ist ein Subjekt eben etwas, das grundsätzlich niemals dadurch auftritt, daß es wie ein Objekt als ein Artefakt, das heißt, als ein Erfolg durch eine Intention verwirklicht würde. Handelt es sich dabei doch auch immer nur um jene Fremdverwirklichung, wie sie für jedes Artefakt gilt, das gerade dadurch als Objekt etwas Empirisches ist: Empirizität als reine Faktizität des Erfolges, die denn auch recht eigentlich desselben Artefaktizität ist. Das Auftreten eines Subjekts erfolgt vielmehr demgegenüber immer so, daß es nicht *durch*, sondern *als*

Intention entspringt, die aller *Fremd*verwirklichung durch irgendeine Intention *vorweg* schon immer jene *Selbst*verwirklichung sein muß, die jene Schwierigkeiten macht. Und eben darin kann ein Subjekt dann mit allem, was zu ihm als solcher Intention formal und inhaltlich dazugehören muß, auch nur als etwas Nichtempirisches ergehen statt bestehen wie etwas Empirisches: Nichtempirizität von Selbstverwirklichung als prinzipielle Unerreichbarkeit für jene Fremdverwirklichung. Als solche Selbstverwirklichung ist danach jedes Subjekt jeder solchen Fremdverwirklichung von vornherein entzogen und in eben diesem Sinn von Grund auf unverfügbar: Weder sich, noch auch ein anderes Subjekt als sich, vermag ein Subjekt jemals auf dem Weg der Fremdverwirklichung desselben zu erreichen, nämlich schlechterdings nicht dadurch, daß es sich, oder ein anderes Subjekt als sich, zum Artefakt etwa artifizierte. Denn als Selbstverwirklichung ist jedes andere Subjekt ihm ebenso wie auch es selbst sich immer schon entgangen und mithin für jede solche Fremdverwirklichung schon immer uneinholbar, so daß diese prinzipiell zu ihr zu spät kommt und sonach vor ihr zurückbleibt.

Eben dies ist die Erklärung für das bisher unerklärte Faktum, daß ein Subjekt weder für sich selbst noch für ein anderes Subjekt etwas Empirisches wie ein Objekt sein kann, als das es gleicherweise wahrnehmbar oder erfahrbar wäre. Zur Verschleierung der Härte dieses Faktums hat darum bis heute die Erfindung einer »inneren« Erfahrung oder Wahrnehmung des Empiristen in uns herzuhalten, der sich selbst sowohl wie andere dadurch überreden möchte, daß ein Subjekt doch zumindest von sich selbst empirisch wisse. Könne es als das Mentale in Somatischem doch, wie in einem Zimmer, nicht allein nach draußen, sondern auch nach drinnen blicken, um dort sich mit all seinen Empfindungen, Gefühlen und dergleichen wie die Möbel dieses Zimmers zu erblicken.

Und wenn diese Überredung erst einmal gelungen ist, gelingt dann die noch weitere, auch andere Subjekte seien doch für ein Subjekt etwas Empirisches, von dem es auch empirisch wisse. Schließlich höre oder sehe dieses Subjekt doch, was andere Subjekte wollen oder tun, wenn sie zum Beispiel einen Tisch herstellen oder auch nur etwas sprechen oder etwas schreiben – sei es auch vielleicht nur dadurch, daß ein Subjekt dabei solches, was es angeblich empirisch von sich wisse, für die angeblich empirische Erkenntnis anderer Subjekte mit zugrunde lege. Zudem trete wie es selbst auch jedes andere Subjekt doch überhaupt nur dadurch in Erscheinung, daß es als Mentales in Somatischem auftrete, das doch zweifellos etwas Empirisches sei. Was dadurch verschleiert werden soll, ist denn auch nichts geringeres, als daß ein jedes Subjekt von sich selbst wie auch von jedem anderen Subjekt nur nichtempirisch wissen kann: und zwar bereits von ihm bzw. sich als fühlendem, empfindendem, wahrnehmendem, doch auch erst recht noch als begreifendem oder als urteilendem usw. Die Erkenntnis von all dem als nichtempirische Erkenntnis zuzulassen, ist für einen Empiristen aber eben eine solche Härte, daß er eher fest vor all dem seine Augen schließt, weil nicht sein kann, was nicht sein darf: weil wirklich nur empirisch zu Erkennendes sein darf, so daß er das nur nichtempirisch zu erkennende Mentale gegenüber dem Somatischen als eigene Wirklichkeit der Selbstverwirklichung nur leugnen kann.

Von diesem Empiristen aber hat auch Kant noch soviel in sich, daß er vom empirischen Objekt her dieses nichtempirische Subjekt, das er grundsätzlich kennt, gleichwohl verkennt, indem er es wie das empirische Objekt als Phänomen oder Erscheinung und Ansichsein aufzufassen trachtet. Denn der Grund dafür ist auch bei Kant nur die bis heute noch gehegte, doch von Grund auf falsche Überzeugung, daß es Sinn hat, davon auszugehen, wie Objekte seien auch Subjekte erst einmal etwas Empirisches und etwas Nichtempirisches genauso wie Objekte allenfalls ihrem Ansichsein nach. Etwas Empirisches – ob nun je für sich selbst oder für andere – sind sie vielmehr in keinem Sinn: als etwas Psychisches so wenig wie als etwas Physisches; und letzteres sogar obwohl dies Physische als solches selbst, der Körper oder Leib eines Subjekts, durchaus etwas Empirisches sein muß. Denn keineswegs vermag ein Körper oder Leib als solcher selbst schon ein Subjekt zu sein. Was Kant in keiner Weise sieht, ist, daß die Härte dieses Faktums eine noch viel größere einschließt, weil das heißt: Als etwas Nichtempirisches tritt ein Subjekt gerade in Gestalt dieses Empirischen von Leib oder von Körper in Erscheinung, so daß insgesamt dieses Empirische dabei gerade dieses Nichtempirische selbst ist und damit eine Eigentümlichkeit, ja Einzigartigkeit, die ihresgleichen sucht. Besäße jene Redeweise jenen Sinn, wonach das nichtempirische Ansichsein dasjenige sei, »was da erscheint«, nämlich empirisch, so gerade hier.

Nur kann mit ihr vielmehr bloß jener gänzlich andere Sinn gemeint sein, den der Artefaktbegriff dafür zusammenfaßt, so daß für diesen neuen Sinn die Terminologie von Phänomen oder Erscheinung und Ansichsein auch in keiner Weise mehr in Frage kommen kann. Das ohnegleichen Eigentümliche, ja Einzigartige von Nichtempirischem inmitten von Empirischem, wie dieses Subjekt es zwar ebenfalls, jedoch in grundsätzlichem Unterschied zu jenem Objekt ist, bedarf darum gerade einer gänzlich anderen Terminologie mit gänzlich anderem Sinn. Was angeblich ein In »Erscheinung«-Treten eines nichtempirischen Subjekts in der Gestalt eines empirischen Objekts sei, das ist eigentlich jenes Sich-Äußern als Sich-Ausdrücken von Innerem, das dabei auch im Äußersten dies Innere bleibt: auch im Empirischen des Objekts dieses Nichtempirische des Subjekts. Gilt dies von Ansichsein und Erscheinung oder Phänomen im Fall des bloßen Objekts doch gerade nicht. Und so ist gegenüber *jenem* Nichtempirischen inmitten des Empirischen, im Fall von bloßem Objekt, *dieses* Nichtempirische inmitten des Empirischen, im Fall von Objekt als Subjekt, denn auch erst recht nichts Zusätzliches hinter dem Empirischen, wozwischen etwa das Verhältnis von »zwei Welten« waltete. Vielmehr ist es erst recht nur etwas innerhalb desselben, weil gerade etwas in Gestalt desselben, eben als das Innere im Äußeren desselben.

Darin liegt denn auch der eigentliche Grund dafür, daß immer dann, wenn in Gestalt von seinem Körper oder Leib ein solches Subjekt auftritt, eben dieser Körper oder Leib gerade dieses Subjekt *ist* und nicht etwa bloß *hat*, was gänzlich widersinnig wäre. Und dies deshalb, weil er dann als Äuß*eres* gerade Äuß*erung* ist, nämlich Äußerung von diesem Subjekt selbst als Innerem, das dieses Innere auch überhaupt nur ist, *indem* es sich als dieses Innere in diesem Äußeren selbst äußert. Und das ist und tut es eben dadurch, daß es dieses Äußere – den eigenen Körper oder Leib und durch ihn auch noch anderes Äußere – absichtlich in Bewegung oder Ruhe setzt bzw. hält; und wie es das vermag, ist ja gerade das zu lösende Problem. Entsprechend kann auch dasjenige Körperliche, das ein Subjekt jeweils sprechend oder schreibend in Bewegung oder Ruhe setzt bzw. hält, dabei nur etwas sein, das Sinn oder

Bedeutung *ist* und nicht etwa bloß *hat*, weil in Gestalt von jeweiligem Sprechen oder Schreiben als *Sich-Äußern* eines Subjekts dies Empirische dies Nichtempirische selbst *ist* – und damit eine eben dadurch in sich hochkomplexe *Ganzheit* ist.

Doch so gewiß Kant das Subjekt auch schon als dieses »Innere« im Unterschied zu diesem »Äußeren« kennt und als Besonderheit der »absoluten« Spontaneität des »Denkens« auffaßt, so verkennt er es gleichwohl, indem er es als unerkennbares Ansichsein auffaßt, das im »Äußeren« nicht in Erscheinung tritt, weil hier »das Absolute fehlt«[8]. Und dies obwohl nach Kant im Fall des Objekts doch angeblich das Ansichsein dasjenige ist, »was da erscheint«, nämlich empirisch. Daran sehen Sie, daß Kant hier mangels Durchführung der ganzen Reflexion die Sache auf den Kopf stellt, weil vielmehr im Unterschied zum Objekt das Subjekt gerade dasjenige ist, das im Empirischen als Nichtempirisches, im Äußeren als Inneres hervortritt. Denn im Unterschied zum Nichtempirischen inmitten des Empirischen im Fall des Objekts, ist gerade das Subjekt der Fall von Nichtempirischem inmitten von Empirischem, in welchem dieses Nichtempirische in der Gestalt dieses Empirischen selbst auftritt, weil es als ein Inneres in diesem Äußeren *sich selbst* gerade *äußert* oder *ausdrückt*. Ist und bleibt dies doch bei einem bloßen Objekt wie bei jener Tube ohne jeden Sinn. Und was mithin als Nichtempirisches unwahrnehmbar sein müßte, wenn es abgesondert für sich selbst auftreten könnte – ein Subjekt als das Mentale von Bewußtsein oder Denken einer Intention –, das wird, weil es nur durch Somatisches hervorgebracht und damit auch nur unlösbar von ihm auftreten kann, in der Gestalt von ihm gerade wahrnehmbar, und zwar *als* Nichtempirisches: Ich *sehe* oder *höre*, daß er Holz hackt usw.

Dagegen bleibt das Nichtempirische, das dem Empirischen dieses Somatischen, soweit es Artefakt wird, ebenfalls zugrunde liegen muß, als sein Ansichsein sehr wohl unwahrnehmbar und empirisch somit unerkennbar. Doch auch nichtempirisch wird von ihm erkennbar nur, daß es der Grund für dieses Artefakt als den Erfolg von einer Intention sein muß und deshalb nicht das sein kann, wovon diese ausgeht, wie Sie schon gewahr geworden sind. Demgegenüber wird jedoch das Nichtempirische, das im Em-

8 A 265 B 321, vgl. Bd.23, S. 37.

pirischen dieses Somatischen *sich selbst* gerade *äußert* oder *ausdrückt,* nichtempirisch weitgehend erkennbar, eben durch Philosophie als Reflexion: Zwar kann ich sehen oder hören, *daß er Holz hackt*; aber *was er ist*, indem er Holz hackt, nämlich ein Subjekt als das Mentale von Bewußtsein oder Denken einer Intention, das kann ich nur noch nichtempirisch einsehen: durch Philosophie als Reflexionserkenntnis, aber eben immerhin.

Denn niemals ist ein Subjekt als Mentales von Bewußtsein oder Denken einer Intention in dem Sinn etwas Nichtempirisches, daß es Ansichsein wäre, das all dem als einem Artefakt zugrunde läge, weil all dies gerade niemals Artefakt sein kann, wie Ihnen ebenfalls schon klar geworden ist. *Empirisch* muß ein Subjekt dann als all dies, *was es ist*, zwar unzugänglich bleiben: Wird das an ihm mitbeteiligte Empirische von Körper oder Leib, soweit es Artefakt wird, doch auch bloß Objekt und nicht etwa Subjekt, da letzteres mit allem, *was es ist*, gerade niemals Artefakt wird. *Nichtempirisch* aber wird es durchaus zugänglich, und zwar im Unterschied zu jeglichem Ansichsein sogar soweit, daß die dreistufige innere Struktur von ihm sich einsehen läßt als etwas, das auf jene Wechselwirkung von Natur mit sich auf seiten dieses Subjekts selbst zurückgehen muß, so daß auch letztere nur nichtempirisch zugänglich sein kann.

Doch ausgerechnet Kant, der diesen Weg der Reflexion so weit wie niemand vor ihm eingeschlagen hat, läßt sich entgehen, was nicht einmal der Empirist verleugnen kann, daß nämlich auch in diesem Fall, wenngleich in anderem Sinn, die nichtempirisch-innere Struktur von Differenzen innerhalb von einer einzigen Identität bestehen muß. Obwohl er das Subjekt, im Unterschied zum Äußeren-Empirischen, als etwas Nichtempirisch-Inneres nicht nur kennt, sondern entgegen jedem Empiristen auch voll anerkennt, ringt Kant genausowenig wie der Empirist sich jemals dazu durch: Es muß dann eben darum zwischen Innerem und Äußerem gerade das Verhältnis des *Sich*-Äußerns dieses Inneren *selbst* bestehen. Dies aber ist geradezu verhängnisvoll. Denn ausgerechnet der, dem mindestens im Ansatz klar ist, wie grundsätzlich Subjektivität als Spontaneität oder Intentionalität in jener Selbstbewegung einer Selbstverwirklichung als Selbstverursachung bestehen muß, kann letzteres allein aus diesem Grunde auch an dieser Stelle nicht mehr weiterführen. Und förmlich ein Verhängnis ist das deshalb, weil gerade hier die Möglichkeit bestanden hätte, diesen Empiristen endlich eines Besseren zu belehren, nämlich ihn beim Wort zu nehmen, um ihn eines Widerspruchs zu überführen, eine Möglichkeit, die darum noch bis heute nicht genutzt ist. Als die schwächste Stelle seines Empirismus nämlich wäre sie der Ansatzpunkt, um ihn von Grund auf als unhaltbar zu entlarven. So jedoch treibt dieser Empirist sein Unwesen auch noch bis heute weiter.

Wie Sie schon gesehen haben, will der Empirist von so etwas wie Selbstbewegung einer Selbstverwirklichung als Selbstverursachung nichts wissen. Wissen nämlich könne man ausschließlich von etwas Empirischem, wie er sich überzeugt hält, und mithin auch nur empirisch. Von Bewegung als Verwirklichung oder Verursachung von etwas aber könne man empirisch auch nur wissen, wenn etwas Empirisches die Ursache von etwas anderem Empirischen als Wirkung sei, bzw. umgekehrt. Jedoch kann zwischen dem Mentalen von Bewußtsein oder Denken einer Intention, als etwas Innerem, und etwas Äußerem wie dem Somatischen, als deren Äußerung, gerade kein Verhältnis eines solchen Anderen zu einem solchen Anderen bestehen; dazwischen könne also schon von vornherein auch kein Verhältnis der Bewegung als Verwirklichung oder Verursachung des einen durch das andere bestehen.

Und für derart unanfechtbar hält er diesen Schluß aus jener empiristischen Prämisse, daß der Empirist auf diese Weise blind wird dafür[9], wie grundsätzlich doch auch eine Intention in irgendeinem Sinn verursacht werden muß, weil sie am allerwenigsten als etwas Fix- und Fertiges gleichsam vom Himmel fallen kann. Gerade darüber jedoch war Kant sich grundsätzlich im klaren, so daß diese falsche empiristische Prämisse ihn nicht hätte blenden können: Wäre ihm nur auch die andere und richtige Prämisse dieses Empiristen klar gewesen, auf Grund deren diese falsche erst zu diesem Fehlschluß führt, daß nämlich zwischen jenem Inneren und Äußeren gerade kein Verhältnis eines Anderen zu einem Anderen bestehen kann, daß also eine Intention gerade als *Sich*-Äußern eines Inneren *selbst* ergehen muß.

Denn auch erst damit hätte Kant die Möglichkeit besessen, darauf hinzuweisen: Ein Skandal ist es, daß ausgerechnet diese empiristische Prämisse, die sich nicht einmal im Rahmen dieses

9 Vgl. insbesondere dazu nochmals AH 2, S. 180ff.

Empirismus halten läßt, der Grund dafür sein soll, daß ausgerechnet eine Intention, als das *Sich*-Äußern eines Inneren *selbst*, in keinem Sinn der Fall einer Bewegung als Verwirklichung oder Verursachung von etwas sei. Das offen Skandalöse daran ist denn auch kein Hindernis, daß dies bis heute noch vertreten wird. Gerade Empiristen aber müßten doch am besten wissen, daß es schlechterdings nicht angeht, so zu tun, als wäre empiristisch ausgemacht, daß ein Kausalverhältnis nur als ein empirisches Verhältnis zwischen zueinander anderen Objekten als Ereignissen bestehen kann. Und doch wird ständig so getan, das heißt, als ob es außer Zweifel stünde, daß kausale Einwirkung nur als empirische von Physischem oder Somatischem auf anderes Physische oder Somatische verständlich sei: Entsprechend sei kausale Einwirkung als nichtempirische von Physischem oder Somatischem auf Psychisches oder Mentales, ebenso wie umgekehrt, und dann erst recht von Psychischem oder Mentalem innerhalb von sich gerade unverständlich. Und so skandalös ist das sogar, daß es schon schwerfällt, noch daran zu glauben, daß es dabei redlich zugeht.

Denn wie Empiristen wissen, ist es doch gerade ein Ergebnis ihres Empirismus, daß es empiristisch vielmehr ausgeschlossen ist, Kausalität zwischen Empirischem wie Physischem oder Somatischem auch ihrerseits noch als etwas Empirisches dazwischen wahrzunehmen und sonach empirisch zu erkennen. Empiristisch ausgemacht ist danach vielmehr das genaue Gegenteil, und dies denn auch schon spätestens seit Hume, der das Kausalverhältnis eben deswegen als etwas Objektives zwischen zueinander anderen Objekten leugnet. Empiristisch also ist Kausalität als ein Verhältnis zwischen zueinander Anderem gerade unverständlich und mithin auch als der Maßstab für den Sinn, in dem allein so etwas wie Kausalität verständlich sei, gerade ungeeignet. Demgemäß ist es vielmehr von Grund auf fragwürdig, woher der Sinn, den jeder von uns mit Kausalität verbindet, wenn er etwas als die Ursache für etwas als die Wirkung von ihr ansieht, überhaupt in unsere Welt kommt, wenn er keinesfalls empirisch von Objekten herkommt.

Daß er deshalb vielmehr nichtempirisch von Subjekten her in unsere Welt kommt und auch nur von daher kommen kann, schlägt als die Antwort Kants auf Hume jedoch bis heute nicht recht durch. Bei ihrer Ausarbeitung nämlich läßt Kant etwas Wesentliches aus, das darum nachzuholen und mit einzubringen ist, weil es entscheidend dafür wird, in welchem Sinn Kausalität durchaus als etwas Objektives in der Welt ist. Denn die Antwort Kants auf Hume hat erst einmal die Einsicht Kants zum Grund, daß trotz der Einsicht Humes an dieser Objektivität von Kausalität festgehalten werden müsse. Könne doch auch nur in deren objektivem Sinn erklärlich werden, in welch großem Umfang die Naturkausalzusammenhänge für die Theorie und Praxis nicht allein des Alltags, sondern auch der Wissenschaft und Technik jedermann geläufig, weil verläßlich sind. Gerade darin aber hatte Kant schon einen Vorgänger, der ihm anscheinend unbekannt war[10], Thomas Reid, der Hume aus diesem Grund sogar noch schärfer kritisiert als Kant[11]. Vor allem aber tut er dies in einem Sinn, der zu dem Schritt, den Kant tut, einen Zwischenschritt bedeutet, den Kant nicht tut, so daß sein Ergebnis ohne diesen Zwischenschritt, der systematisch wesentlich ist, auch bis heute noch nicht recht verständlich werden kann.

Was Ihnen bei Kant unverständlich bleiben muß, ist nämlich nichts geringeres als folgendes. Nach ihm kann jener Sinn von objektiver Kausalität in der Welt gleichwohl nicht als empirischer aus dem Verhältnis zwischen zueinander anderen empirischen Objekten stammen, sondern nur als nichtempirischer aus einem nichtempirischen Subjekt, das ihn empirischen Objekten aus sich selbst heraus als »apriorische Kategorie« zugrunde legt. Gerade wenn ein nichtempirisches Subjekt dies a priori aus sich selbst heraus tun soll, kann Ihnen aber nicht verständlich werden, weshalb es dies ausgerechnet in dem Sinn tun sollte, daß Kausalität dann a priori eine zwischen zueinander anderen Objekten sei, wie Kant vertritt. Denn daß ein nichtempirisches Subjekt dies a priori aus sich selbst heraus tun soll, heißt Kant zufolge, daß es dies aus sich als dem Mentalen von Bewußtsein tun soll, das ursprünglich Selbstbewußtsein sei. Aus dem Bewußtsein von sich selbst jedoch kann solch ein nichtempirisches Subjekt nach Kant am allerwenigsten über den Sinn von Kausalität als der zwischen zueinander Anderem verfügen, der doch den von Heteronomie darstellt. Verfügen kann ein solches nichtempirisches Subjekt aus dem Bewußtsein von sich

10 Trotz seiner Erwähnung in den *Prolegomena*, Bd.4, S. 258.
11 So z.B. in den *Essays on the Active Powers of Man*, in: *Werke*, Bd. 2, Edinburgh 1880, S. 520–522.

selbst nach Kant vielmehr ausschließlich über den der Autonomie, die es selbst ist. Diese aber könnte eben nur eine Kausalität im Sinn der ursprünglichen Selbstbewegung einer Selbstverwirklichung bzw. Selbstverursachung des Subjekts sein, mit der Kant seine Schwierigkeiten hat.

Doch nicht nur von der Seite des Subjekts, sondern auch nach der Seite des Objekts kann Ihnen dies nur unverständlich bleiben. Denn zum Wesentlichsten, was Kant gegen Hume ins Feld zu führen vermag, gehört das Argument: Bereits für jedes einzelne Objekt als solches ist Kausalität notwendig, soll ein Subjekt die Erfahrung von ihm als Ereignis machen können, und das heißt: von ihm als Ding oder Substanz, woran zumindest eine Eigenschaft oder ein Akzidens gerade wechselt. Liegt die wesentlichste Schwäche Humes doch darin, daß er empiristisch meint, auch als Ereignis sei eine Substanz oder ein Ding in dem Sinn ein Objekt, daß es als solches selbst schon immer fix und fertig vorgegeben und von einem Subjekt ohne jede Zutat seinerseits auch fix und fertig vorgefunden, eben wahrgenommen werde. Macht doch auch erst diese seine empiristisch falsche Meinung es so auffällig für diesen Empiristen, daß im Unterschied zu dieser Substanzialität, als der vermeintlich wahrnehmbaren, jene Kausalität zwischen Substanzialität und Substanzialität gerade keine, nicht einmal eine vermeintlich wahrnehmbare ist, weshalb es sie dort auch nicht geben solle.

Die entsprechend wesentliche Stärke Kants geht denn auch dahin, nachzuweisen, daß dies schon im Fall von Substanzialität ein Irrtum ist, die es dann ebenfalls nicht geben dürfte. Vielmehr zeigt er, daß in beiden Fällen etwas vorliegt, das ein Subjekt einem Objekt immer schon zugrunde legen muß, um es zu einem Objekt einer Wahrnehmung zu machen: ob es dabei als Substanz oder als Ding nun eine Eigenschaft oder ein Akzidens gerade wechselt und mithin Ereignis ist oder auch nicht, wie wenn es statt Bewegungs- vielmehr Ruhefall ist. Weil auch Substanzialität nach Kant nur etwas sein kann, das ein Subjekt einem Objekt immer schon als etwas Nichtempirisches aus sich heraus zugrunde legen muß, so kann im Fall von solchem Wechsel aber nicht von vornherein entschieden sein: Auch dabei handelt es sich um den Austausch mindest einer Eigenschaft durch eine andere an Substanz oder an Ding als etwas *Selbigem* und so auch dabei um *eine* Substanz oder *ein* Ding als *ein* Ereignis. Denn stattdessen könnte es im Fall von solchem Wechsel sich genausogut auch um den Austausch von zwei Dingen oder zwei Substanzen handeln – auf die solche Eigenschaften sich verteilen, ohne an ihnen zu wechseln – und mithin um zwei verschiedene Ereignisse, weil dies empirisch vom Gehalt her überhaupt nicht zu entscheiden sein kann. Ob es dabei je und je um ein Ereignis und mithin um einen Fall von Substanzialität sich handelt, kann vielmehr nur danach zu entscheiden sein, ob es sich dabei auch um Wirkung durch Kausalität im Sinn einer Verursachung von etwas handelt, das als Wirkung etwas Anderes zu seiner Ursache besitzen muß.

Genau in diesem Sinn setzt Kausalität ebenso wie Substanzialität nach Kant bereits bei jedem einzelnen Objekt als solchem selbst an und mithin gerade nicht erst zwischen einzelnem Objekt und anderem einzelnen Objekt, wie Hume zufolge. Und dies deshalb, weil Kausalität genausosehr wie Substanzialität als nichtempirisch-apriorische Kategorie bereits für die Gewinnung jedes einzelnen Objekts als solchen selbst notwendig ist, so daß nur mit Kausalität zusammen Substanzialität von jedem einzelnen Objekt als solchem selbst gesichert werden kann: Nur wenn in jenem Wechselfall auch noch ein anderes solches einzelnes Objekt sich finden läßt, das Ursache für ihn als Wirkung ist, kann auch ein solcher Fall von Wechsel noch als Fall von Substanzialität und so als Fall von einem Ding, einer Substanz, einem Ereignis gelten. Jeder solche Wechselfall erfordert somit einen andern solchen Wechselfall als Ursache für ihn als Wirkung von ihr, um als Einzelfall von Ding, Substanz oder Ereignis und mithin als ein Objekt für ein Subjekt auftreten überhaupt zu können[12]. Und auch nur durch diesen Ansatz schon beim einzelnen Objekt als solchem selbst wird somit dieser Übergang zu einem andern einzelnen Objekt dann überhaupt notwendig, der als Übergang zur Kausalität dieses letzteren als Ursache für jenes erstere als Wirkung führt[13]. Und in der Tat vermag

12 Vgl. dazu insgesamt *Die Welt und wir*, Band 1, Teil 2, §§ 28 und 29.

13 Daß die angestrebte Argumentation für Apriorität von Kausalität auch nur so verlaufen kann, ist Kant anscheinend erst allmählich klar geworden. Denn erst nach den Ansätzen in der *Kritik der reinen Vernunft* (vgl. A 205–209 B 250–254) hebt er dies häufiger und deutlicher hervor wie etwa in den *Prolegomena* (vgl. Bd.4, S. 295, Z.19 f.; S. 296, Z.30 ff.; S. 305, Z.29 f.; S. 307, Z.19 ff.).

die Ursache für einen Wechsel mindest einer Eigenschaft an Ding oder Substanz als etwas Selbigem, und so für ein Ereignis, doch wohl nicht *in* diesem Ding, dieser Substanz, diesem Ereignis *selbst* zu liegen.

Wirklich nicht? Und wissen Sie es nicht auch längst schon besser? Denn wie steht es eigentlich in einem Fall, wo solch ein Wechsel ein Ereignis von der Art ist, daß es sich dabei um die Bewegung eines Körpers handelt, der als Leib eines Subjekts absichtlich durch dieses Subjekt bewegt wird? Liegt in einem solchen Fall die Ursache dafür nicht sehr wohl *innerhalb* von diesem Körper oder Leib und so sehr wohl *in* diesem Ding, dieser Substanz, diesem Ereignis *selbst*, weil dieses Subjekt dabei eben als ein Inneres *in* dieses Äußere als *Äußerung* von diesem Inneren und damit von sich selbst gerade *eingeht*? Handelt es sich dabei somit nicht auch insgesamt um einen solchen Fall, wo sich ein Körper als ein Leib *von selbst* oder *spontan* bewegt, weil er in diesem Sinn gerade solch ein Subjekt *ist* und dieses Subjekt, wenn es seinen Leib als seinen Körper *absichtlich* bewegt, *sich selbst* jeweils *von selbst* oder *spontan* bewegt: als *Ganzheit* dieses Inneren *in* diesem Äußeren? Und trifft das zu, wie steht es dann in einem Fall, wo sich ein Körper wie etwa ein Stein bewegt und Sie so sicher sind, daß er doch keineswegs *sich selbst* oder *von selbst* oder *spontan* bewegt, was widersinnig wäre, daß er vielmehr nur bewegt ist, weil er nur durch etwas Anderes bewegt wird? Denn woher die Sicherheit, wenn letzteres doch ebenso wie ersteres gerade nichts empirisch Wahrnehmbares sein kann?

Doch wie sicher oder unsicher es damit stehen möge, – letzteres auch nur gedanklich anzusetzen, heißt zumindest, ersteres gedanklich immer schon vorauszusetzen: so gewiß die Negation von etwas dieses Etwas als das zu Negierende bereits voraussetzt. Diese Negation von etwas aber liegt tatsächlich jedem solchen Fall, will sagen, jedem Fall der Ansetzung von Kausalität zwischen zueinander anderen Objekten immer schon zugrunde, nämlich daß ein solches Objekt dabei doch gerade *nicht* sich selbst oder von selbst oder spontan bewege. Und so liegt auch eben dies, sprich, daß etwas »sich selbst« oder »von selbst« oder »spontan« bewege, als durch diese Negation Negiertes jedem solchen Fall der Ansetzung von Kausalität zwischen zueinander anderen Objekten immer schon zugrunde. Und was diesem Sinn von Kausalität als der Heteronomie von Fremdbewegung einer Fremdverwirklichung bzw. einer Fremdverursachung von Anderem durch Anderes in der Gestalt dieses Negierten immer schon zugrunde liegt, ist somit auch gerade jener Sinn von Kausalität als der Autonomie jener Selbstbewegung einer Selbstverwirklichung bzw. einer Selbstverursachung von etwas durch sich selbst. Und das gilt demnach allgemein für die gesamte Auffassung von Kausalität zwischen zueinander anderen Objekten, auf der unsere Theorie und Praxis nicht allein des Alltags, sondern auch der Wissenschaft und Technik immer schon beruht. Und so kommt *dieser* Sinn von Kausalität auch nur durch Negierung *jenes* Sinns von Kausalität überhaupt zustande – und in unsere Welt mithin auch überhaupt nur dadurch, daß zunächst einmal in unsere Welt gerade *jener* kommt: der Sinn von Kausalität als der Selbstbewegung einer Selbstverwirklichung bzw. Selbstverursachung. Demnach kommt letzterer in unsere Welt gerade so, daß einzig er ursprünglich-positiv ist und als solcher auch verständlich, während ersterer, der Sinn von Kausalität als der Fremdbewegung einer Fremdverwirklichung bzw. Fremdverursachung, nur abgeleitet-negativ ist und als solcher ohne letzteren auch unverständlich.

Doch genau an dieser Einsicht mangelt es bei Kant von Grund auf, und das müßte Ihnen sonderbar erscheinen. Hätte doch gerade Kant dies einsehen können, eben weil er mit Kausalität bereits beim einzelnen Objekt als solchem ansetzt und mithin gerade nicht erst zwischen einzelnem Objekt und anderem einzelnen Objekt, wie Hume. Denn im genannten negativen Sinn von Kausalität ist der Übergang von diesem einzelnen Objekt zu einem anderen einzelnen Objekt als Ursache für es als Wirkung von ihm letztlich nichts als die Zerlegung und Verteilung dessen, was im positiven Sinn von Kausalität innerhalb von Einem unlösbar vereinigt auftritt. Ursache und Wirkung, wie sie in Gestalt von Selbstbewegung einer Selbstverwirklichung bzw. Selbstverursachung als Differenzen innerhalb von einer einzigen Identität in unlösbarer Einheit miteinander stehen, werden so zerlegt zu einer Zweiheit und verteilt auf eine Zweiheit zueinander anderer Objekte. Dann jedoch muß dieser *positive* Sinn von Kausalität, der mithin den *positiven* Sinn von Ursache und Wirkung wie auch des Verhältnisses von beiden in sich selbst umfaßt, zunächst einmal auch grundsätzlich für dieses einzelne Objekt als solches gelten.

Denn sonst könnte Ihnen nicht verständlich werden, wie auch nur ein Teilsinn dieses positiven Sinns von Kausalität dieses einzelne Objekt als solches selbst betreffen könnte. Wird beim Übergang von diesem einzelnen Objekt zu einem andern einzelnen Objekt doch nur der positive Sinn von *Ursache* aus ihm hinaus in dieses andere hinein verlegt, wogegen ihm der positive Sinn der *Wirkung* dieser Ursache durchaus erhalten bleibt. Sogar der positive Sinn von *Ursache* jedoch, der aus ihm selbst *hinaus* verlegt wird, läßt sich aus ihm selbst *heraus* in etwas anderes als es selbst *hinein* nur dann verlegen, wenn er grundsätzlich erst einmal *in es selbst* hinein verlegt wird: Liegt er doch nach Kant gerade nicht von vornherein bereits in diesem oder jenem Objekt, wie nach Hume. Und daraus eben folgt: Es muß gedanklich die Gesamtheit dieses positiven Sinns von Kausalität auch für jedes solche einzelne Objekt zunächst einmal erwogen sein, wenn er zu jenem negativen sich negieren lassen soll, wodurch von ihm der positive Teilsinn einer Wirkung für dies einzelne Objekt zurückbleibt und allein der positive Teilsinn einer Ursache derselben auf ein anderes übergeht. Tatsächlich aber gilt sogar, daß er das nicht allein gedanklich ist, sondern durchaus auch anschaulich, nämlich in Form der durch das Subjekt auch dem Objekt unterstellten Zeit. Dadurch erscheint ein jedes Objekt einem Subjekt erst einmal als anderes Subjekt, und nicht nur, wenn es in Bewegung, sondern auch, wenn es in Ruhe ist, weil es in jedem Fall dann wie etwas erscheint, das seinen Körper absichtlich in Ruhe oder in Bewegung hält bzw. setzt: wie ein Subjekt[14].

An eben dieser Einsicht aber läßt es Kant von Grund auf fehlen und durch eben diese Einsicht ist ihm deshalb Reid von Grund auf überlegen. Mit zum Eindrucksvollsten unserer Überlieferung gehört denn auch, wie Reid sich klarmacht, daß ein jedes ursprüngliche Auftreten von etwas Anderem für ein Subjekt sich immer wieder in der Art und Weise eines Animismus abspielt, weil ein jedes Subjekt jedes Andere als sich zunächst einmal als anderes Subjekt ansieht, indem es dieses Andere als etwas wie sich selbst

14 Vgl. *Die Welt und wir*, Band 1, Teil 2, §§ 28–30.

betrachtet[15]. Und beeindruckend ist dabei insbesondere, daß Reid dies auch für Tiere einsieht, die ja in der Tat, soweit sie ein Bewußtsein wie etwa ein Wahrnehmungsbewußtsein haben, auch ein Selbstbewußtsein haben müssen und aus ihm heraus auch Anderes als sich zunächst einmal nur für Subjekte halten können: freilich ohne jede Selbsterkenntnis davon – wie auch unser Selbstbewußtsein noch nicht Selbsterkenntnis sein kann[16].

Das Fehlen dieser Einsicht aber wirkt bei Kant sich um so nachteiliger aus, als er genausowenig sieht, daß er sein Argument für Apriorität von Kausalität letztlich nur auf Grund von dieser Einsicht wirklich durchführen könnte. Wie gezeigt, versucht er nämlich dieses Argument – verkürzt gesprochen – so zu führen, daß ein Wechsel von empirischem Gehalt nur dann ein Wechsel von etwas an etwas Selbigem, nämlich ein einziges Ereignis sein kann, wenn er auch die Wirkung eines anderen Ereignisses als Ursache dafür sein kann[17]. So klar ihm aber auch geworden sein mag, daß er dieses Argument nur so – nur von der Wirkung hin zur Ursache – zu führen vermag[18], so unklar ist ihm offenbar geblieben, daß er damit einem Einwand ausgesetzt ist, dem nur mittels jener Einsicht zu begegnen wäre. Dieser Einwand lautet: Weshalb sollte dieses Argument denn nicht genausogut auch umgekehrt – auch von der Ursache zur Wirkung hin – sich führen lassen: dahingehend, daß ein Wechsel von empirischem Gehalt nur dann ein Wechsel von etwas an etwas Selbigem, nämlich ein einziges Ereignis sein kann, wenn er auch die Ursache von einem anderen Ereignis als der Wirkung davon sein kann?

Diesem Einwand aber ist tatsächlich nur aus jener Einsicht jenes Animismus zu begegnen: Dieses Argument für Apriorität von Kausalität läßt auf Grund von solchem Animismus in der Tat nur von der Wirkung her und hin zur Ursache sich führen. In Gestalt von einem animistisch als Subjekt verstandenen Objekt ist nämlich allenfalls die Wirkung dieses Subjekts in Gestalt von diesem Objekt etwas, das empirisch zugänglich sein kann, doch keinenfalls

15 A.a.O. S. 516f.; und nicht zufällig, so scheint es mir, wird Reid dies im Zusammenhang seiner Kritik an Humes und Lockes Kausalitätsauffassung klar, vgl. S. 518ff.
16 Vgl. *Die Welt und wir*, Band 1, Teil 2, §§ 31–33.
17 Vgl. oben S. 160–163.
18 Vgl. oben S. 163, Anm.13.

etwa die Ursache für diese Wirkung, nämlich das Subjekt als solches selbst, das oder die empirisch vielmehr unzugänglich bleiben muß. Infolge solcher Unzugänglichkeit kann diese Ursache im Unterschied zu dieser Wirkung also gar nicht zur Verfügung stehen, um jenes Argument genausogut auch umgekehrt von dieser Ursache her zu ermöglichen und so zu dieser Wirkung hin, so daß es auch tatsächlich nur in jener einen Richtung möglich ist: nur von der Wirkung her zur Ursache hin. Überhaupt erst dadurch wird denn auch das Argument als ganzes wirklich zwingend, nämlich daß zur Überwindung dieses Animismus dann ausschließlich diese *Ursache* für diese Wirkung außerhalb von diesem Objekt liegen müsse und desgleichen nur etwas Empirisches sein könne: nur ein anderes empirisches Ereignis.

Kant dagegen wird dies offenbar nicht klar, und da er Reid nicht kennt, wirkt sich auch dies verhängnisvoll bis heute aus. Denn konnte Reid sich diesen allgemeinen Animismus nicht erklären[19], so hätte Kant ihn doch auf seinen Grund zurückführen können. Damit aber wäre dieser Animismus nicht nur vor dem Schein der bloßen Zufälligkeit und Erbaulichkeit bewahrt geblieben, der ihn immer noch umgibt, – als ob statt solchem Animismus ursprünglich auch anderes, und zwar Solideres, Seriöseres erfolgen könnte. Damit hätte Kant auch noch die Möglichkeit besessen, die gesamte Systematik zu entfalten, wonach dieser Animismus nicht allein der Ursprung von Kausalität ist, sondern auch von Intersubjektivität.

Nicht zufällig ist nämlich jede dieser beiden etwas Nichtempirisches und damit etwas durch und durch bis heute Problematisches, weil vielmehr jede dieser beiden letztlich nur eine gewisse Spielart dieses Animismus ist, der darum auch genau und ernst genommen werden muß. Ist dieser Animismus doch in jedem Fall eines Objekts für ein Subjekt, wo dieses Objekt in der Tat ein anderes Subjekt ist, die für dieses andere Subjekt gerade angemessene Auffassung durch jenes andere Subjekt. Denn solch ein Objekt als ein Subjekt aufzufassen, heißt ja überhaupt nichts anderes als ihm zu unterstellen, daß es sich genauso wie das auffassende Subjekt selbst verhalten könne. Dies bedeutet nämlich überhaupt nichts anderes als die Unterstellung, daß es seinen Körper oder Leib desgleichen absichtlich in Ruhe oder in Bewegung setzen oder

19 Vgl. a.a.O., S. 516f.

halten könne, und das heißt zuletzt: spontan, von selbst, sich selbst im Sinn von Selbstbewegung einer Selbstverwirklichung bzw. Selbstverursachung. Ein jeder dieser Fälle nämlich ist genau der Fall, wo es bei diesem ursprünglichen positiven Animismus bleiben kann, das heißt, wo dieser ursprüngliche positive Animismus nicht zurückgenommen werden muß zugunsten jenes negativen abgeleiteten: Es handle sich um einen Fall, der *nicht* spontan, von selbst, sich selbst im Sinn von Selbstbewegung einer Selbstverwirklichung bzw. Selbstverursachung in Ruhe oder in Bewegung setzen oder halten könne, sprich, gerade *nicht* absichtlich: Handle es sich dabei doch vielmehr um einen Fall der bloßen *Fremd*bewegung einer *Fremd*verwirklichung bzw. *Fremd*verursachung, der zwar desgleichen Wirkung einer Ursache sein müsse, doch bloß einer Ursache in der Gestalt von etwas *Anderem* als sich selbst sein könne: bloß ein Fall von Kausalität im normalen Sinn des Wortes.

Nur ist eben auch noch dieser negative abgeleitete ein grundsätzlicher Animismus. Und so liegt der Grund dafür, daß wie Kausalität auch Intersubjektivität gerade etwas Nichtempirisches ist, denn auch nirgend anderswo als darin, daß es sich bei beiden eben nur um grundsätzlichen Animismus handelt: in Gestalt von Intersubjektivität um Animismus, wie er als ursprünglich-positiver Sinn von Ursache und Wirkung innerhalb von einer Einheit für ein anderes Subjekt beibehalten werden kann; und in Gestalt von Kausalität im normalen Sinn des Wortes dann um Animismus, wie er als ursprünglich-positiver auch zu abgeleitet-negativem Sinn von Ursache und Wirkung außerhalb von einer Einheit noch synthetisch weiter ausgestaltet werden muß. Erst dadurch kommt es demnach überhaupt zum Sinn von Ursache und Wirkung innerhalb von einer Zweiheit von Objekten, eben von Kausalität dazwischen, deren keines noch Objekt als anderes Subjekt ist, deren jedes dann vielmehr ein bloßes Objekt ist: auch wenn es sich dabei um Körper oder Leib von einem Subjekt handelt, wie er eine Ursache für eine Wirkung in Gestalt von einem anderen Objekt wird, das desgleichen Körper oder Leib von einem Subjekt sein kann.

Nur ist dies in beiden Fällen eben nichts empirisch Festgestelltes, bei Kausalität so wenig wie bei Intersubjektivität, sondern in beiden Fällen etwas nichtempirisch Unterstelltes: Aus dem Selbstbewußtsein eines Subjekts von sich selbst als etwas Nichtempirischem heraus, das dadurch ein Bewußtsein von sich selbst als Intention und damit als ursprünglicher Kausalität besitzt, kann auch die hieraus Anderem unterstellte Kausalität nur als etwas Nichtempirisches bestehen: sei es nun im Gleichsinn von ursprünglicher Kausalität der Intention bei einem anderen Subjekt im Fall von Intersubjektivität, sei es im Gegensinn von abgeleiteter Kausalität bloß zwischen anderem Objekt als Ursache und anderem Objekt als Wirkung.

Daran sehen Sie: Das Objekt als bloßes oder reines Objekt ist gerade nicht ursprünglich, wie die Empiristen meinen, sondern abgeleitet. Vielmehr ist ursprünglich das Objekt als anderes Subjekt, weil allererster Ursprung für dies alles eben nichts als Subjektivität ist. Und so haftet letztlich auch der objektivsten Objektivität von Kausalität zwischen bloßen zueinander anderen Objekten diese Subjektivität noch immer an. Als etwas Nichtempirisches besitzt danach auch diese Art von Kausalität immer noch etwas von Subjektivität: ganz so, als ob auch jedes bloße Objekt, wenn es eine Ursache für eine Wirkung in Gestalt von einem andern bloßen Objekt ist, ein Subjekt wäre. Und so ist und bleibt Kausalität gerade darin Apriorität, daß sie von Grund auf Subjektivität ist und als Kausalität innerhalb von Objektivität für ein Subjekt mithin zunächst einmal auch andere Subjektivität ist, deren Anschein sie als etwas Nichtempirisches auch zwischen bloßen zueinander anderen Objekten niemals ganz verliert.

Erst darin liegt denn auch die eigentliche, vollständige Antwort Kants auf Hume. Was sich bei Kant so einfach ausnimmt, die »Kausalität« als apriorische »Kategorie«, ist demnach viel komplexer und erklärt entsprechend auch viel mehr, als Kant gewärtigt, nämlich auch noch Intersubjektivität, für die er keine Theorie hat. Diese Antwort aber hält dadurch vor allem gleichsam rückwärts auch den Zugang offen zu Kausalität im eigentlich ursprünglichen und eigentlich verständlichen Gesamtsinn: zu Kausalität im positiven Sinn von Ursache und Wirkung in der unlösbaren Einheit einer Selbstbewegung als der Selbstverwirklichung bzw. Selbstverursachung des Subjekts selbst.

Im Hinblick darauf nämlich, was sich Kant dabei entgehen läßt, wird Ihnen aufgehen: Dies trotz besseren Wissens auf den Kopf zu stellen, um empiristisch darauf zu beharren, daß eigentlich verständlich nur Kausalität der Fremdbewegung einer Fremdverwirklichung bzw. Fremdverursachung zwischen Objekten sei, ist mittlerweile derart skandalös, daß es sich kaum noch überbieten läßt. Ist doch das bessere Wissen, das man dabei in den Wind schlägt, kein geringeres als das der neuesten Physik der Quantentheorie, ein Wissen, wie es Empirie dem Umfang und der Sicherheit nach nie zuvor erreicht hat. Demzufolge aber sind Kategorien wie zum Beispiel die der Substanzialität und Kausalität im Bereich des Mikroskopischen, wie es dem Makroskopischen zugrunde liegt, gerade aufzugeben. Hier kann nämlich nicht mehr allgemein von Mechanismus und Determinismus als Kausalität von Substanzialität bezüglich anderer Substanzialität im Sinn von jeweils Selbigem gesprochen werden. Derlei bleibt danach vielmehr beschränkt auf den Bereich des Makroskopischen, das für ein selber makroskopisches Subjekt – das heißt für ein Subjekt mit makroskopischen Organen seines Körpers oder Leibes – dasjenige ist, was ihm als erstes zum Objekt wird.

Doch der Grund dafür, daß Substanzialität und Kausalität als Kategorien für das Mikroskopische nicht gelten können, ist nach dieser Quantentheorie durchaus nicht der, daß im Bereich des Mikroskopischen so etwas nicht mehr wahrzunehmen und mithin empirisch nicht mehr zu erkennen sei. Denn das ist trivialerweise so, weil sich von Mikroskopischem im Sinn der Wahrnehmung empirische Erkenntnis überhaupt nicht mehr gewinnen läßt. Der Grund dafür ist danach vielmehr der, daß gänzlich unabhängig davon dieses Mikroskopische als objektivste Objektivität sich nicht mehr durch Kategorien des Makroskopischen wie Substanzialität und Kausalität fassen läßt. Das heißt: Nicht einmal mehr im Sinn des Nichtempirischen von apriorischen Kategorien des Subjekts kann im Bereich des Mikroskopischen von Substanzialität und Kausalität noch gesprochen werden.

Darin aber liegt zunächst einmal die glänzendste Rechtfertigung dafür, daß Substanzialität und Kausalität jeweils in der Tat gerade als das Nichtempirische von apriorischer Kategorie durch jene makroskopischen Subjekte in die Welt kommt, wie von Kant vertreten. Danach nämlich kann erst recht nicht gelten, daß etwa von seiten der Objekte – weder makroskopischer noch mikroskopischer – dergleichen in der Welt ist. Und so ist es eigentlich auch schon Skandal genug, wenn überzeugte Empiristen auch im Angesicht von solcher Empirie der Quantentheorie noch immer daran festzuhalten willens sind, daß ursprünglich und eigentlich verständlich nur der Sinn von Kausalität zwischen Substanzialität und anderer Substanzialität sei, sprich: nur zwischen Physischem oder Somatischem und anderem Physischen oder Somatischen. Doch damit keineswegs genug. Denn solche Empirie der Quantentheorie ergibt zugleich die glänzendste Bestätigung dafür, daß dieser Sinn von Kausalität zwischen Substanzialität und anderer Substanzialität gerade abgeleitet-negativer ist zu jenem positiv-ursprünglichen von Kausalität innerhalb von Subjektivität als Selbstbewegung einer Selbstverwirklichung bzw. Selbstverursachung.

Unübersehbar nämlich wird das für Sie ebenso wie auch für jeden Empiristen an dem Folgenden: Bloß deshalb, weil von Kausalität zwischen Substanzialität und anderer Substanzialität im Fall des Mikroskopischen laut Quantentheorie nicht mehr die Rede sein kann, hat laut Quantentheorie durchaus nicht noch des weiteren zu gelten, daß etwa im Fall des Mikroskopischen auch von Bewegungen oder Ereignissen nicht mehr die Rede sein kann. Ganz im Gegenteil kommt Empirie als Quantentheorie zu dem Ergebnis: Im Bereich des Mikroskopischen herrscht sogar derart durch und durch Bewegung und Ereignis als Geschehen, daß gerade fraglich wird, ob hier von so etwas wie Ruhe oder von Beharrlichkeit die Rede sein kann, die nach Kant ja Grundbestimmtheit jener Substanzialität sein soll und diese ihrerseits dann Grundvoraussetzung jener Kausalität. Denn etwas Selbiges, woran ein Wechsel zweier Eigenschaften statthat und wofür dann Kausalität nötig wird, ist Substanzialität danach nur als Beharrlichkeit in irgendeiner Spanne objektiver Zeit[20].

Dann aber muß genau so weit, wie beides für Objekte im Bereich des Mikroskopischen gerade *nicht* mehr gelten kann, für Objektivität als ein Geschehen im Bereich des Mikroskopischen ein Sinn von Subjektivität sich einstellen; und zwar einer, der den Sinn von Subjektivität, wie er sogar als der von Kausalität zwischen zueinander anderen makroskopischen Objekten auftritt, noch bei weitem überbietet. Denn das läuft dann letztlich auf Negierung dieses seinerseits schon durch Negierung jenes positiven Sinns entstandenen negativen Sinns hinaus, wonach Kausalität beim

20 Vgl. *Die Welt und wir*, Band 1, Teil 2, §§ 27–29.

Objekt doch gerade *nicht* wie beim Subjekt in Selbstbewegung einer Selbstverwirklichung als Selbstverursachung bestehen soll. Und so führt diese doppelte Negierung insgesamt auch zur Erneuerung von eben diesem ursprünglichen positiven Sinn von Subjektivität als Selbstbewegung einer Selbstverwirklichung bzw. Selbstverursachung, den Objektivität danach von sich her haben müßte. Nichts geringeres als dieser positive Sinn, der jetzt im Rahmen solcher Empirie als Quantentheorie sogar von vornherein auf objektiver Seite aufzutreten hätte, ist es also, den der Empirist verleugnet, wenn er weiterhin darauf beharrt, nur jener negative Sinn von Kausalität zwischen zueinander anderen makroskopischen Objekten sei ein ursprünglich verständlicher. Und das ist wahrlich skandalös. Denn förmlich auf der Hand liegt danach, daß vielmehr gerade umgekehrt nur dieser positive Sinn von Kausalität innerhalb von Subjektivität als Selbstbewegung einer Selbstverwirklichung bzw. Selbstverursachung ein ursprünglich verständlicher Sinn ist.

Genau in diesem Sinn verstehen Sie denn auch, daß es kein Zufall ist, wenn der Empiriker der Quantentheorie auf Schritt und Tritt Ergebnisse zur Kenntnis nehmen muß, nach denen die Natur als solche selbst, als Objektivität, sich so wie Subjektivität verhält, was ihn jedoch zutiefst befremdet, wenn auch nur, weil er der angemessenen Begrifflichkeit dafür ermangelt. Schließlich kennt er als Empiriker bloß jenen abgeleitet-negativen Sinn von Kausalität zwischen zueinander anderen makroskopischen Objekten, den er in der Quantentheorie für mikroskopische Objekte aber eben nur verneinen kann. Infolgedessen kehrt er damit faktisch zum ursprünglich-positiven Sinn von Kausalität innerhalb von Subjektivität als Selbstbewegung einer Selbstverwirklichung bzw. Selbstverursachung zurück – ob ihm das klar wird oder nicht. Und dieser ist laut Quantentheorie auch schon von vornherein von objektiver Seite her in unserer Welt, das heißt: nicht dadurch, daß er etwa erst von subjektiver Seite her in unsere Welt kommt: Die Natur als solche selbst und damit objektivste Objektivität tritt danach auf als subjektivste Subjektivität, nämlich als Subjektivität, die solcher Objektivität nicht mehr auf Grund von jenem Animismus unterstellt wird, wie sogar noch in Gestalt von jener Kausalität zwischen zueinander anderen makroskopischen Objekten, sondern wie sie solche Objektivität gerade ausmacht.

Denn auch jene subjektivste Subjektivität ist doch für sich, will sagen: ihrem Selbstbewußtsein nach, nicht dadurch Subjektivität, daß sie auch sich dies etwa animistisch unterstellte, was nur zirkelhaft sein könnte, sondern ganz von sich aus. Und als solche tritt laut Quantentheorie nun Objektivität von sich her auf, so daß sie auch von vornherein bereits den Sinn von Subjektivität besitzen muß, wenn anders sie geradezu der Inbegriff ist von Geschehen, Bewegung und Ereignis. Objektivste Objektivität ist danach subjektivste Subjektivität, ganz so, als wäre jene Animismus-Unterstellung durch ein Subjekt gar nicht nötig, um auf andere Subjektivität zu treffen: als vermöchte andere Subjektivität auch ohne jede Unterstellung jenes Animismus durch ein Subjekt für ein Subjekt aufzutreten, nämlich sich gewissermaßen von sich selbst her diesem Subjekt aufzudrängen. Denn die allgemeine Subjektivität im mikroskopischen Bereich entspringt für den Empiriker der Quantentheorie ja nicht etwa auf Grund von allgemeiner Unterstellung eines Animismus durch ihn, worauf Objektivität auch allgemein als andere Subjektivität antwortete, wogegen sie im makroskopischen Bereich dies nur vereinzelt tut: in jenen Einzelfällen anderer Subjektivität. Läßt der Empiriker der Quantentheorie doch diesen Animismus vollständig gerade hinter sich. Denn er vertritt ihn nicht einmal mehr abgeleitet-negativ: als jene Kausalität zwischen zueinander anderen Objekten; ganz zu schweigen davon, daß er ihn ursprünglich-positiv verträte, nämlich Intersubjektivität mit diesem Mikroskopischen betriebe. Ohne solches Zutun seinerseits kommt dieses Mikroskopische mithin auf diese Weise von sich selbst her auf ihn zu, so daß er objektivste Objektivität als subjektivste Subjektivität auch sozusagen gegen seinen Willen hinzunehmen hat.

Entsprechend haben Sie auch allen Anlaß, aufzuhorchen, wenn Sie vom Empiriker der Quantentheorie etwa gesagt bekommen, dieses oder jenes mikroskopische Geschehen vollziehe sich »spontan« oder »von selbst«, das heißt: *nicht* dadurch, daß es durch ein anderes Geschehen verursacht werde, wie durch Mechanismus und Determinismus zwischen makroskopischen Ereignissen. Gilt das in diesem negativen Sinn doch voll und ganz auch vom Geschehen jener Spontaneität der Subjektivität, die als Intentionalität nur jene Selbstbewegung oder Selbstverwirklichung als Selbstverursachung sein kann.

Nicht minder Anlaß aufzuhorchen haben Sie denn auch in all den Fällen, wo der Empiriker der Quantentheorie ein mikroskopisches Geschehen als ein Entstehen oder als ein Vergehen in absolutem Sinn bezeichnet, nämlich *nicht* im relativen Sinn von makroskopischen Ereignissen. Ist deren jedes doch ein Fall, wo etwas nur entsteht oder vergeht, indem etwas besteht, an dem in absolutem Sinn bloß eine Eigenschaft oder ein Akzidens entsteht oder vergeht, nämlich infolge von Kausalität auf Grund von Substanzialität: wie wenn an Holz etwa die Form von Tisch entsteht oder vergeht. Daß es nur Eigenschaften oder Akzidenzen sind, die hier in absolutem Sinn entstehen oder vergehen, liegt nämlich daran, daß dies grundsätzlich mit Subjektivität zu tun hat. Deshalb ist der Unterschied von Eigenschaft oder von Akzidens zu Ding oder Substanz auch so ein Rätsel, das wir noch zu lösen haben werden[21]. Demnach ist es abermals ein grundsätzliches Auftreten von objektivster Objektivität als subjektivster Subjektivität, wenn im Bereich des Mikroskopischen nunmehr Objekte selber absolut entstehen oder vergehen, und nicht, wie im Bereich des Makroskopischen, ausschließlich Eigenschaften oder Akzidenzen von Objekten als Substanzen oder Dingen.

Denn daß im Bereich des Mikroskopischen dies nunmehr für Objekte selber gilt, zieht unausweichlich nach sich, daß insofern solche mikroskopischen Objekte, gleich den Eigenschaften oder Akzidenzen makroskopischer Objekte, jeweils nur etwas an einer einzigen Substanz sein könnten, wie Empiriker der Quantentheorie dies selbst erwägen[22]. Letztlich wären mikroskopische Objekte demgemäß bloß Zustände der einen Welt oder Natur als Einzigkeit und Ganzheit, so daß sie auch Differenzen grundsätzlich nur innerhalb von ihr als einer einzigen Identität sein könnten. Und so träte sie gerade nicht als eine Vielheit von Identitäten wie von makroskopischen Objekten außerhalb einander auf, die miteinander höchstens im Verhältnis jenes Mechanismus und Determinismus stünden: als Substanzen in Kausalverhältnissen.

Nur soll es ja, und zwar gerade dieser Quantenthorie gemäß,

21 Vgl. dazu unten § 12, S. 456ff. Vorbereitendes dazu schon in *Die Welt und wir*, Band 1, Teil 2, § 19, S. 515ff., ferner § 25.
22 Vgl. z.B. H.Genz, *Die Entdeckung des Nichts*, München 1994, S. 116ff.

auch innerhalb von Welt oder Natur als Einzigkeit und Ganzheit bei Geschehen als Entstehen und Vergehen bleiben. Und das hätte somit zu bedeuten, daß Geschehen als Entstehen und Vergehen dieser mikroskopischen Objekte wie das jener Eigenschaften oder Akzidenzen makroskopischer Objekte innerhalb von dieser Welt oder Natur erfolgen müßte und mithin auch nur aus ihr heraus hervorgebracht erfolgen könnte, was die Objektivität als Subjektivität vollenden würde. Denn Geschehen als Entstehen und Vergehen jener Eigenschaften oder Akzidenzen makroskopischer Objekte tritt ja in der Regel nur kausal hervorgebracht durch andere solche makroskopischen Objekte auf, und nicht etwa, indem ein solches makroskopisches Objekt sie aus sich selbst heraus hervorbringt, was bei diesen mikroskopischen Objekten aber nunmehr allgemein der Fall sein müßte. Bringt ein makroskopisches Objekt ein Akzidens bzw. eine Eigenschaft von sich doch auch nur ausnahmsweise aus sich selbst heraus hervor. Das tut es nämlich nur in jenen Einzelfällen, wo ein solches makroskopisches Objekt der Körper oder Leib eines Subjekts ist: wo die Eigenschaft oder das Akzidens der Ruhe oder der Bewegung dieses Körpers oder Leibes eben das Ergebnis von absichtlichem In Ruhe- oder In Bewegung-*Setzen* oder -*Halten* dieses Körpers oder Leibes durch dieses Subjekt ist und mithin die Äußerung von ihm als Innerem. Von eben dieser Subjektivitätsstruktur indessen müßte danach die Natur oder die Welt als Ganzes sein, wenn anders sie als eine Einzigkeit jenes Geschehen von Entstehen und Vergehen mikroskopischer Objekte, die den makroskopischen zugrunde liegen, aus sich selbst heraus hervorbringt: wenn dies also *nicht* geschieht, indem es wie an makroskopischen Objekten auch an ihr als quasimakroskopischem Objekt bloß durch ein anderes makroskopisches Objekt hervorgebracht wird.

Dieses Negative aber wäre nur durch das entsprechend Positive zu bewältigen, das vorerst eben fehlt. Und zur Bewältigung desselben könnte allenfalls eine Begrifflichkeit verhelfen, die sich orientiert an der von Subjektivität als jener Selbstbewegung einer Selbstverwirklichung bzw. Selbstverursachung im Sinn der Äußerung von sich als Innerem, – wäre nur Begrifflichkeit von dieser Art auch widerspruchsfrei schon verfügbar. Jedenfalls ist es kein Zufall, daß genau in dieser Hinsicht die Empiriker der Quantentheorie von sich aus vor der immer weiter unbeantworteten Frage stehen:

In welchem Sinn kann es sich dabei überhaupt noch um die *Wirklichkeit* eines Geschehens handeln, wenn doch nicht im Sinn der Heteronomie von Kausalität zwischen Substanzialität und Substanzialität, wie im Bereich des Makroskopischen als Mechanismus und Determinismus zueinander anderer Dinge und Ereignisse. Zu einer Antwort darauf nämlich reicht trotz all ihrer Genauigkeit jene Statistik als Gesetzlichkeit einer Wahrscheinlichkeit für das Geschehen dieser Wirklichkeit nicht hin, denn den Verlust an Substanzialität und Kausalität des Geschehens dieser Wirklichkeit macht sie nicht wett.

Dazu gehört vielmehr, zu zeigen, daß Begriffe einer Äußerung von Innerem im Sinn der Selbstbewegung einer Selbstverwirklichung als Selbstverursachung durchaus nicht widersprüchlich sind, weil sie Begriffe jener Subjektivität sind, die es gibt, wodurch die Widersprüchlichkeit derselben ausgeschlossen ist. Und damit stünden sie auch dann, wenn Welt oder Natur als einzige und ganze nicht einfach gleich Ihnen oder mir Subjekt ist, zur Verfügung, um sogar schon dem Empiriker der Quantentheorie bei der Bewältigung seiner Probleme beizustehen. Nur hätte dies der Nichtempiriker der Reflexion, nämlich der Philosoph zu leisten, dessen allererste Aufgabe es dabei wäre, jenem Empiristen vorzurücken, daß er sich zu Unrecht auf die Empirie beruft, wenn er auf jenem Sinn heteronomer Kausalität zwischen zueinander anderen makroskopischen Objekten als dem einzigen und ursprünglich verständlichen beharrt. Denn damit setzt er sich sogar noch über den Empiriker der Quantentheorie einfach hinweg.

Dieses Skandalöse endlich aus der Welt zu schaffen, hieße denn auch für den Philosophen, umgekehrt gerade darauf zu bestehen: Es ist als einziger und ursprünglich verständlicher vielmehr nur jener Sinn von autonomer Kausalität innerhalb von Subjektivität als Selbstbewegung einer Selbstverwirklichung bzw. Selbstverursachung in unserer Welt, und auch nur aus dem Selbstbewußtsein jedes einzelnen Subjekts heraus. Und damit käme es für ihn auf den Versuch an, ob sich dieses Selbst*bewußtsein*, das als solches ja noch keine Selbst*erkenntnis* oder Selbst*vergegenständlichung* des einzelnen Subjekts sein kann, nicht auch zu solcher Selbst*erkenntnis* oder Selbst*vergegenständlichung* noch weiter ausgestalten ließe. Denn das wäre gleichbedeutend damit, dieses bloße Selbst*bewußtsein* einer Selbstbewegung oder Selbstverwirklichung als Selbstverursachung des einzelnen Subjekts auch noch in Selbst*erkenntnis* oder Selbst*vergegenständlichung* davon zu überführen, nämlich sie durch eine Theorie auch analytisch und synthetisch noch auf den Begriff zu bringen. Dazu aber gälte es zum einen, grundsätzlich am Sinn von Kausalität festzuhalten, daran nämlich, daß ein gänzlich grundloses Geschehen nicht verständlich werden kann. Zum andern aber ginge es auch darum, jegliche Dogmatik jenes Empirismus fernzuhalten, wonach angeblich nur jene Heterenomie der Kausalität zwischen zueinander anderen makroskopischen Objekten als der Grund für etwas überhaupt in Frage komme. Denn nicht einmal innerhalb von Empirie der Quantentheorie trifft derlei zu, da ihrgemäß der Grund für jenes mikroskopische Geschehen, das ihr Gegenstand ist, doch mit Sicherheit die Welt oder Natur ist und nicht etwas Außernaturales oder Außerweltliches. Mit gleicher Sicherheit jedoch ist sie der Grund für dies Geschehen nicht dadurch, daß sie es begründete, wie ein Ereignis oder Ding als Ursache ein anderes Ereignis oder Ding als Wirkung innerhalb des Makroskopischen im Sinn der Heteronomie begründet.

Dergleichen fernzuhalten, heißt für uns denn auch, nach andern Möglichkeiten für den Grund von etwas auszuschauen. Und von solchen Möglichkeiten, die schon Aristoteles im Rahmen seiner Theorie von den »vier Ursachen« erwogen hatte[23], käme auch von vornherein nur die dafür in Frage, die als Möglichkeit für einen immanenten Grund sich eignete, im Unterschied zu einem transzendenten Grund, wie dem der Ursache zu einer Wirkung als zwei zueinander anderen Ereignissen bzw. Dingen. Deshalb scheiden zwei von diesen Möglichkeiten auch von vornherein schon aus: die der Kausalität eines »Woher« und der Finalität eines »Wohin« einer Bewegung, die nach Aristoteles ja transzendente Gründe sind[24]. Doch dem zu lösenden Problem nach schiede dann auch von den beiden immanenten Gründen die »Materie« von etwas als der Grund für etwas aus, weil nach dem Ausscheiden der beiden transzendenten Gründe, deren jeder ein aktiver ist, auch nur ein anderer aktiver noch dafür in Frage kommen kann und nicht ein passiver, wie die »Materie«. Dem zu lösenden Problem nach käme

23 Nämlich »Form«, »Materie«, »Woher« einer Bewegung und »Wohin« einer Bewegung, vgl. z.B. *Physik* 194 b 23ff., *Metaphysik* 983 a 26ff.
24 Und zwar auch letztere, vgl. dazu oben § 3, S. 82ff.

dafür also letztlich nur die »Form« von etwas als der Grund für etwas in Betracht, die als aktiver Grund für etwas dieses Etwas aufschlußreicherweise nicht nur macht, sondern auch zu etwas Bestimmtem macht, womit verglichen dieses Etwas durch seine »Materie« nur etwas Unbestimmtes ist. So ist zum Beispiel Marmor eine Statue nur durch seine Form als eine Eigenschaft oder ein Akzidens, und Kalk ist beispielsweise Marmor oder Kreide nur durch seine Form als eine Eigenschaft oder ein Akzidens, was auch bis heute noch für jeden weiteren Bestandteil davon gilt. Und dem genau entsprechend ist ein Objekt auch ein Subjekt nur durch seine Form als eine Eigenschaft oder ein Akzidens, nämlich nur dadurch, daß es als ein Körper oder Leib in Ruhe oder in Bewegung eben absichtlich gesetzt oder gehalten ist und darin jene Äußerung von Innerem. Dem Vorigen zufolge aber müßte letzteres dann grundsätzlich auch noch für Welt oder Natur als Einzigkeit und Ganzheit gelten, als die sie sogar für Empirie der Quantentheorie bereits sich äußert.

Insgesamt sind wir als Philosophen dadurch jedenfalls geradezu darauf verpflichtet, das Materie/Form-Verhältnis einmal grundsätzlich für Welt oder Natur als Einzigkeit und Ganzheit durchzudenken, derzufolge nicht allein Objekt und Objekt, sondern auch Subjekt und Objekt nur als etwas innerhalb von ihr sich unterscheiden oder gar sich gegenübertreten können: nur als Differenzen innerhalb von ihr als einer einzigen Identität. Verpflichtet sind wir somit letztlich darauf, zu versuchen, ob sich das vorzügliche Modell des Aristoteles für die Entfaltung des Materie/Form-Verhältnisses, nämlich die Formung eines Materials wie Marmor oder Holz zu einer Statue, nicht vielleicht zu diesem Zweck verallgemeinern ließe. Ziehen doch sogar die Physiker als die Empiriker dieses Modell dafür heran[25], auch wenn sie ihre Schwierigkeiten damit haben, weil das letztlich auf ein nichtempirisches Verhältnis und ein nichtempirisches Modell dafür hinausläuft.

25 Vgl. z.B. H.Genz (oben S. 175, Anm.22)., S. 21f., S. 44f., S. 46ff., S. 56f., S. 59, S. 104.

§ 6. Kraft als etwas Nichtempirisches

Im Verlauf des letzten Paragraphen konnten Sie sich vergewissern, daß der Sinn von Selbstbewegung einer Selbstverwirklichung bzw. Selbstverursachung eines Subjekts nicht abhängig sein kann vom Sinn der Fremdbewegung einer Fremdverwirklichung bzw. Fremdverursachung von einem Objekt durch ein anderes. Denn abhängig sein kann gerade umgekehrt nur letzterer von ersterem. Entsprechend sicher können Sie sich sein, daß Ihnen keiner damit kommen kann, Sie hätten die Verständlichkeit des ersteren am Maßstab der Verständlichkeit des letzteren zu messen, weil dergleichen wie Verursachung ursprünglich nur empirisch zwischen Objekt und Objekt verständlich sei. Denn ursprünglich verständlich ist Verursachung danach gerade umgekehrt nur nichtempirisch innerhalb von einem und demselben nichtempirischen Subjekt, und zwischen Objekt und Objekt der Empirie nur davon abgeleitet: Eben daher ist und bleibt sie auch inmitten des Empirischen, zwischen empirischem Objekt und anderem empirischen Objekt, nur etwas Nichtempirisches und dennoch Wohlverständliches. Sofern es uns gelingen sollte, einen Weg zu finden, auf dem so etwas wie Selbstverursachung sich widerspruchsfrei denken ließe, wird es Ihnen darum auch nicht mehr als Einwand Eindruck machen können, daß Verursachung doch nur empirisch, zwischen Physischem oder Somatischem und anderem Physischem oder Somatischem, verständlich sei, und damit nur als Fremdverursachung. Empirisch nämlich ist sie nicht einmal als diese Fremdverursachung verständlich. Ganz im Gegenteil steht damit für Verursachung als solche fest: Sie kann, wenn überhaupt, dann auch als Fremdverursachung nur nichtempirisch, nur aus Selbstverursachung heraus verständlich werden. Und dies festzuhalten, wird jetzt um so wichtiger, als wir nach dieser Vergewisserung nun weiterführen müssen, was der vorige Paragraph ergeben hatte.

Darin war uns klar geworden, daß ein Subjekt als ein Handeln und Erkennen, kurz als Intendieren, nur das Nichtempirische der Wechselwirkung von Mentalem und Somatischem oder von Psychischem und Physischem sein kann, der letztlich eine Wechselwirkung der Natur mit sich zugrunde liegen muß. Und zwar in dem Sinn, daß in solcher Wechselwirkung der Natur mit sich auch die Natur nur etwas Nichtempirisches sein kann und sich mithin auch unterscheiden muß von sich als dem Empirischen, als das sie nur ein Artefakt, nur ein Erfolg von diesem Intendieren als dem Handeln und Erkennen von Subjekten sein kann. Und das Nichtempirische der Wechselwirkung mit sich selbst muß die Natur dabei auch in der Tat als solche selbst sein und nicht etwa als Ansichsein. Denn als letzteres vermag Natur allein auf seiten dieses Artefakts als des Erfolgs von Intendieren aufzutreten und nicht etwa auch bereits auf seiten dieses Intendierens selbst, wie Sie gesehen hatten. Dennoch muß auch so etwas wie Subjektivität als dieses Intendieren aus Natur hervorgegangen sein, phylogenetisch, und, ontogenetisch, immer wieder aus Natur hervorgehen, was Sie angesichts der überzeugenden Erfolge der Evolutionstheorie nicht bezweifeln können. Eben darin aber wird dann die Natur, die wir zum einen als etwas Empirisches empirisch kennen, uns zum andern auch als etwas Nichtempirisches zum Gegenstand der nichtempirischen Philosophie von ihr. Denn wie die Reflexion auf jenes Nichtempirische von Subjektivität oder Intentionalität kann auch die Reflexion auf die Natur, aus der so etwas wie ein Subjekt oder eine Intention jeweils hervorgeht, nur als Reflexion auf etwas Nichtempirisches erfolgen, als das die Natur für jede Empirie von Grund auf unzugänglich bleiben muß.

Das sehen Sie bereits an der »Versuchsperson«, die nur benötigt wird, weil sie durch Reflexion auf sich zu etwas einen Zugang hat, der jedem Theoretiker und Praktiker der Physiologie verschlossen bleiben muß. Das gilt jedoch genausosehr für die Natur, aus der auch die Versuchsperson als ein Subjekt oder als eine Intention hervorgeht. Denn gleich einem Subjekt oder einer Intention vermag auch das Hervorgehen eines Subjekts oder einer Intention aus der Natur, und damit die Natur als dieser Vorgang des Hervorgehens eines Subjekts oder einer Intention aus ihr, gerade nicht zum Artefakt für Empirie zu werden: auch nicht für die Empirie des Theoretikers und Praktikers der Physiologie. Als dieser Vorgang des Hervorgehens eines Subjekts oder einer Intention aus ihr muß die Natur vielmehr wie dieses Subjekt oder diese Intention für jede Empirie von Grund auf unerreichbar bleiben. Kann sie doch als dieser Vorgang auch nur jene Wechselwirkung mit sich selbst sein, wie sie jener Selbstbewegung einer Selbstverwirklichung bzw. Selbstverursachung zugrunde liegen und in diesem Sinn sonach auch voll und ganz schon innerhalb derselben liegen muß. Denn wenn sie außerhalb derselben läge, könnte letztere als grundsätzliches Selbstverhältnis nicht verständlich werden. Bildet die Natur doch auch nur dadurch jeweils einen unauflöslichen Zusammenhang eines Subjekts mit einem Körper oder Leib, was gleichfalls herzuleiten ist. Das Ganze solcher Wechselwirkung der Natur mit sich muß somit jeder Fremdbewegung einer Fremdverwirklichung als Fremdverursachung auch schon von vornherein entzogen und entsprechend unverfügbar sein: auch jeder Intention der Empirie des Physiologen. Denn auch jede Intention ist ja ein Fall von *Fremd*bewegung einer *Fremd*verwirklichung als *Fremd*verursachung, wenngleich aus *Selbst*bewegung einer *Selbst*verwirklichung als *Selbst*verursachung heraus, und daher eben von *intentionaler* Fremdbewegung oder Fremdverwirklichung als Fremdverursachung. Die ihr als Wechselwirkung mit sich selbst zugrunde liegende Natur vermag darum auch in der Tat nur noch zum Gegenstand der nichtempirischen Philosophie von ihr als etwas Nichtempirischem zu werden, eben der Naturphilosophie, die als Nichtempirie der Reflexion auf sie der Empirie einer Naturwissenschaft von ihr gar nicht ins Gehege kommen kann.

Entsprechend kann es gegen erstere durch letztere auch keinen Einwand geben, wie zum Beispiel den: Es lasse doch das Nichtempirische der Wechselwirkung von Natur mit sich als diesem Nichtempirischen sich nicht verstehen, und mithin auch nicht das Nichtempirische der Wechselwirkung zwischen Physischem und Psychischem oder Mentalem und Somatischem, der sie zugrunde liegen soll. Denn nur empirisch könne so etwas wie Wechselwirkung zwischen etwas überhaupt verständlich werden: ganz zu schweigen von der Wechselwirkung des Mentalen oder Psychischen mit sich als etwas Nichtempirischem. Ist doch auch jede Frage, wie in solchen Fällen ein Hinüber- und Herüberwirken eigentlich vonstatten gehen sollte und empirisch feststellbar sein könnte, ohne jeden Sinn und damit ohne jedes Recht, weil sie das auch schon ist bezüglich des Hinüber- und Herüberwirkens zwischen Physischem oder Somatischem und anderem Physischen oder Somatischen als dem Empirischen.

Daß die Natur in diesem Punkt vielmehr ein Gegenstand für nichtempirische Naturphilosophie ist, wird Sie freilich nicht verwundern, wenn Sie mitbeachten: Das ist die Natur nicht nur in diesem, sondern auch in anderen Punkten, welche miteinander, doch vor allem auch mit diesem einen Punkt eines Hervorgehens von Subjektivität aus der Natur zusammenhängen. Und so sollten Sie denn auch genau in diesem Sinn sich alle diese Punkte erst einmal vor Augen stellen, um herauszufinden, ob das Psychophysische Problem bzw. die Leib/Seele-Problematik sich nicht doch bezwingen ließe, wenn Sie dabei alle diese Punkte erst einmal vor Augen haben. Bei Versuchen dieser Art sind nämlich meines Wissens diese Punkte bisher niemals hinreichend beachtet worden. Und so könnte es allein schon daran liegen, daß es diesbezüglich bei Versuchen bisher auch geblieben ist und daß sie seither nicht einmal mehr ernsthaft unternommen werden, da sie mittlerweile fälschlich im Verdacht der Sinnlosigkeit stehen.

Daß die empirische Naturwissenschaft zur Erklärung dessen, was wir als empirische Objekte kennen, keinesfalls alleinzuständig ist, das haben Sie bereits an jenem Beispiel des Verhältnisses zwischen Substanz und Akzidens bzw. Ding und Eigenschaft gesehen, das zumindest jedem makroskopischen empirischen Objekt zugrunde liegt. Denn so gewiß es sich dabei nur handeln kann um etwas innerhalb dieses empirischen Objekts als solchen selbst, muß gleichwohl jede Empirie als solche selbst doch außerstande bleiben, beides auch nur angemessen zu thematisieren, weil dies nur zu empirisch-fälschlicher Verdinglichung von jedem dieser beiden führen kann. Entsprechend ist und bleibt ein jedes makroskopische empirische Objekt, indem es beides in sich selbst vereinigt, auch ein Gegenstand der nichtempirischen Naturphilosophie. Denn unabweisbar wird an ihm, daß die Erklärung der empirischen Natur auch eine Aufgabe für nichtempirische Naturphilosophie ist, eine Aufgabe, die ihr empirische Naturwissenschaft abzunehmen gar nicht in der Lage sein kann. Und so wird es auch geradewegs zum Nachweis werden für die Möglichkeit und Notwendigkeit nichtempirischer Naturphilosophie, daß sie als einzige erklären kann, aus welchem Grund ein jedes makroskopische empirische Objekt nur als das innere Verhältnis von Substanz und Akzidens bzw. Ding und Eigenschaft bestehen kann, sowie, in welchem Sinn es als Identität mithin auch eine solche Differenz in sich sein muß[1].

Nicht zufällig hängt denn auch *dieses* Nichtempirische inmitten

1 Vgl. unten § 12, S. 456ff.

von Empirischem mit *jenem* eng zuammen, nämlich mit der Kausalität zwischen zueinander anderen empirischen Objekten, und zwar noch viel weitergehend sowie aufschlußreicher, als Sie bisher sehen konnten. Klar war Ihnen bisher nur geworden, daß das nichtempirische Verhältnis zwischen Ding und Eigenschaft oder Substanz und Akzidens einem empirischen Objekt auch als empirischem Ereignis notwendig zugrunde liegen muß. Denn ein empirisches Ereignis kann zunächst einmal nur als ein Wechsel mindest einer Eigenschaft bzw. eines Akzidens an einem selbigen empirischen Objekt als Ding oder Substanz verständlich werden, kurz: nur als Veränderung desselben, die dann Wirkung einer Ursache als eines anderen Ereignisses sein muß. Und jedes davon muß mithin ein Fall des Auftretens von mindest einer Eigenschaft bzw. eines Akzidens an einem selbigen empirischen Objekt sein, um als ein Ereignis jeweils Ursache bzw. Wirkung eines anderen Ereignisses zu sein. Dann aber folgt aus diesem Nichtempirischen einer Kausalität dazwischen auch sofort noch etwas weiteres Entscheidendes für jenes Nichtempirische eines Verhältnisses von Eigenschaft bzw. Akzidens zu Ding oder Substanz im Rahmen jedes selbigen empirischen Objektes.

Denn für jeden solchen Fall ist dann das Akzidens oder die Eigenschaft das Wesentliche, weil ja überhaupt nur solcher Wechsel mindest eines Akzidens bzw. einer Eigenschaft an Ding oder Substanz im Rahmen eines selbigen empirischen Objektes dieses als empirisches Ereignis ausmacht. Trotzdem aber kann das keinesfalls bedeuten, diese Eigenschaft bzw. dieses Akzidens sei dabei Ursache für etwas oder Wirkung von etwas. Denn weder können Eigenschaften oder Akzidenzen, die an einem solchen Objekt wechseln, etwa voneinander Ursache bzw. Wirkung sein, noch auch von andern Eigenschaften oder Akzidenzen, die an einem andern solchen Objekt wechseln. Ursache bzw. Wirkung kann vielmehr nur ein Ereignis *insgesamt* sein, nämlich nur ein solcher Wechsel mindest eines Akzidens bzw. einer Eigenschaft an einem solchen Objekt als Substanz bzw. Ding *im ganzen*, und mithin gerade nicht ein bloßes innerliches Aufbaustück davon, wie eine Eigenschaft oder ein Akzidens als solche oder solches, ob nun wechselnd oder nicht.

Und doch wird immer wieder so gesprochen, wenn auch oftmals unausdrücklich, weil man sich dabei verschleiernd eines Ausdrucks wie zum Beispiel »Zustand« oder »Zustände« bedient. Denn immer wieder spricht man so, als ob es nicht Ereignisse und damit Dinge wären, die als Ursachen für etwas oder Wirkungen von etwas in Erscheinung treten, sondern Zustände von Dingen[2]. Doch auch Zustände von Dingen sind nichts anderes als Eigenschaften dieser Dinge, wie Sie bei genauer Analyse sehen, weil auch solche Zustände von Dingen etwas darstellen, das an Dingen wechseln kann. Denn ohne Zweifel können letztere als jeweils selbige aus einem Zustand übergehen in einen andern Zustand, wie zum Beispiel, wenn sie den Bewegungszustand wechseln, nämlich die Geschwindigkeit erhöhen oder senken.

Daran sehen Sie denn auch ferner, weshalb Ausdrücke wie »Zustand« zur Verschleierung der Tatsache sich eignen, daß mit »Zustand« nur soviel wie »Eigenschaft« gemeint sein kann. Geeignet sind sie nämlich dazu, mehr als eine solche Eigenschaft und so auch Wechsel oder Austausch einer solchen Eigenschaft durch eine andere solche Eigenschaft zu formulieren. Ohne weiteres entnehmen können Sie das beispielsweise einem Ausdruck wie »Bewegungszustand«, der ja nichts als »Zustand der Bewegung« ausdrückt. Also ist Bewegung gleichfalls eine Eigenschaft von etwas, wenn auch eine, die gerade mehr als eine Eigenschaft von etwas in sich einschließt, weil sie einen Wechsel oder Austausch solcher Eigenschaften darstellt, nämlich einen Raumkoordinaten- oder Ortswechsel von etwas. Und was könnte klarer sein als dies, daß eben darum die Bewegung als der Wechsel solcher Eigenschaften und mithin auch der Bewegungszustand dasjenige ist, was Ursache für etwas ist bzw. Wirkung von etwas. Denn die Verursachung von etwas durch etwas ist doch wohl die Bewegung von etwas durch etwas.

Eben darin aber liegt der Fehler: Keineswegs kann die Bewegung als der Wechsel solcher Eigenschaften und mithin auch der Bewegungszustand dasjenige sein, was Ursache für etwas ist bzw. Wirkung von etwas. Dies kann vielmehr nur das Bewegte sein, das die Bewegung als den Wechsel solcher Eigenschaften und mithin auch den Bewegungszustand ganz wie diese Eigenschaften selbst

2 Auf Schritt und Tritt z.B. in: *Emergenz*, hg.von W.Krohn, G.Küppers, Frankfurt a.M. 1992, und in: *Bewußtsein*, hg.von Th.Metzinger, Paderborn 1995.

nur hat, indem es sie nur an sich hat und damit auch nur an sich wechselt: ganz so, wie es eine Raumkoordinate oder einen Ort nur hat, so daß selbst Physiker den Ort von etwas auch gelegentlich die »Eigenschaft Ort« dieses Etwas nennen[3].

Was bei jenem Fehler tief verborgen und entsprechend tief im argen liegt, ist denn auch die Struktur eines empirischen Ereignisses als solchen selbst, weil man es ohne jede Analyse läßt und darum ständig so in Anspruch nimmt, als ob es der Struktur nach etwas in sich Einfaches sein könnte: »Punkt-Ereignis«, nur weil man ihm jeweils einen Raum- und Zeitpunkt zuordnet. Doch etwas in sich Einfaches kann es genausowenig sein wie ein empirisches Objekt als solches selbst, das als ein makroskopisches ein Fall von Ding mit Eigenschaft oder Substanz mit Akzidens sein muß. Infolgedessen muß auch ein empirisches Ereignis als ein makroskopisches ein Fall von Ding oder Substanz sein, woran mindest eine Eigenschaft oder ein Akzidens jeweils gerade wechselt: sei es auch bloß eine Raumkoordinate. Nur ist diese Art Struktur in jedem dieser Fälle eben eine nichtempirisch-innere, die dem Empiriker darum entgehen muß und die dann auch der empiristisch dem Empiriker ergebene Philosoph nicht zu Gesicht bekommen kann.

Und das hat Folgen, die geradezu verheerend sind, und nicht allein für die Philosophie des Physischen oder Somatischen, sondern vor allem auch für die des Psychischen oder Mentalen, sowie für die einer Wechselwirkung zwischen ersterem und letzterem. Dies nämlich ist der eigentliche Grund, weshalb man schon allein in der Physik, doch auch in der entsprechenden Philosophie, so unbekümmert von Ereignissen zu sprechen pflegt, daß man davon sogar auch im Bereich des Mikroskopischen noch spricht, soweit hier etwas vor sich geht. Kritiklos unterläßt man deshalb jede Frage, ob man damit nicht vielleicht Voraussetzungen macht, die nicht nur nicht erfüllt, sondern auch gar nicht zu erfüllen sind, weil im Bereich des Mikroskopischen womöglich ein empirisches Objekt gerade nichts von der Struktur einer Substanz mit Akzidens bzw. eines Dings mit Eigenschaft sein kann und damit auch nicht ein empirisches Ereignis als ein Wechsel von dem einen an dem

3 Vgl. z.B. J.Audretsch, K.Mainzer (Hg.), *Wieviele Leben hat Schrödingers Katze*, Mannheim 1990, S. 33.

andern. Was hier vor sich geht, bedürfte dann womöglich einer gänzlich anderen Begrifflichkeit als derjenigen von empirischen Ereignissen, weil es nun einmal so ist, daß uns der Begriff eines empirischen Ereignisses genau wie der eines empirischen Objektes nur vom Makroskopischen her zur Verfügung steht. Indem dies ohne deren Analyse aber eben unklar bleibt, droht ständig die Gefahr einer Verdeckung oder gar Verkennung dessen, was hier vor sich geht.

Womöglich noch verheerender jedoch wirkt der Begriff »Ereignis« sich als unanalysierter aus, wenn er wie selbstverständlich auch noch zur Beschreibung dessen dient, was im Bereich des Psychischen oder Mentalen vor sich geht. Denn von mentalen oder psychischen Ereignissen zu sprechen, wie es üblich ist, und insbesondere im englischsprachigen Bereich («mental events«), läßt an Gedankenlosigkeit sich schwerlich überbieten. Weiß man dabei doch entweder gar nicht, was man redet; oder man setzt eben damit all das schon voraus, was man dadurch gerade zu vermeiden vorgibt, nämlich das Mentale oder Psychische, so wie Descartes, als etwas Quasi-Substanzielles anzusetzen. Diesbezüglich hätte man vielmehr erst recht zu klären, was es eigentlich bedeuten soll, auch im Bereich des Psychischen oder Mentalen von Ereignissen zu sprechen, statt sich darauf zu verlassen, daß dies irgendeinen Sinn schon haben werde, weil auch hier ja irgendetwas vor sich gehe.

Doch das eigentlich Verheerende daran, das jede Theorie des Psychischen oder Mentalen schon von Grund auf scheitern läßt, das sehen Sie erst, wenn Sie zunächst noch weiter klären, was die unanalysierte Rede von Ereignissen bereits im Fall des Physischen oder Somatischen von Grund auf ungeklärt läßt. Denn vor einer cartesianischen Verdinglichung des Psychischen oder Mentalen wähnt man sich bereits gesichert, wenn man es als einen Fall von bloßer »Emergenz« aus Physischem oder Somatischem betrachtet oder auch als einen Fall von bloßem »Epiphänomen« zum Physischen oder Somatischen. Für angemessen nämlich hält man diese Auffassung, weil Psychisches oder Mentales als ein Fall von bloßem Epiphänomen oder von bloßer Emergenz des Physischen oder Somatischen gerade nichts sei, was mit letzterem in Wechselwirkung trete, nämlich weder Ursache für etwas in ihm sei noch Wirkung von etwas in ihm. Denn so etwas wie Wechselwirkung sei ja prinzipiell nur als empirische zwischen Empirischem und anderem Empirischen verständlich, nämlich zwischen Physischem oder Somatischem. Zu solcher Wechselwirkung aber könne sich das Psychische oder Mentale nur als etwas Zusätzliches obendrein ergeben, wie man empiristisch-fälschlich überzeugt ist: nur als eine Art von Überbau gewissermaßen, eben als ein bloßes emergentes Epiphänomen. Vonstatten gehe dies, wie etwa Flüssigkeit des Wassers sich zur Wechselwirkung zwischen mehr als einem Molekül des Wassers einstellt, ohne daß es dabei etwa auch noch zwischen dieser Flüssigkeit und diesen Molekülen ihrerseits zu einer Wechselwirkung kommt, was immer wieder als ein Standard-Beispiel dafür angeführt wird[4]. Und so sei man auch der Sonderstellung des Mentalen oder Psychischen im Unterschied zum Physischen oder Somatischen gerecht geworden, wie man sich zugute hält, sich aber nur zugute halten kann, weil man sich schon von letzterem als solchem falsche Vorstellungen macht.

Denn mangels jeder Analyse des Begriffs eines Ereignisses vermag man dabei überhaupt nicht einzusehen: Diese Sonderstellung emergenter Epiphänomene haben Eigenschaften im Bereich des Physischen oder Somatischen durchaus nicht nur in Einzelfällen, wie im Fall der Flüssigkeit des Wassers und dergleichen, sondern grundsätzlich und allgemein. In keinem Fall sind im Bereich des Physischen oder Somatischen es etwa Eigenschaften, die in Wechselwirkung miteinander oder gar mit Dingen träten, nämlich Ursache bzw. Wirkung voneinander oder gar von Dingen wären. Vielmehr tun und sind das hier in jedem Fall nur Dinge als Ereignisse, nämlich als Dinge, deren Eigenschaften wechseln, wofür aber eben jeder blind sein muß, der jede Reflexion auf nicht-empirisch-innere Strukturen von empirischen Objekten und empirischen Ereignissen verweigert. Erst die Reflexion darauf zeigt Ihnen nämlich, was noch weiter folgt, wenn gilt, daß nur Ereignisse *im ganzen* – oder Dinge, deren Eigenschaften wechseln, *insgesamt* – in Wechselwirkung miteinander treten und so voneinander Wirkung oder Ursache sein können.

Kann es doch gerade dann für Sie auch keinen Zweifel daran geben, daß in jedem Fall der Wechselwirkung von Ereignissen bzw. Dingen, als der Ursache bzw. Wirkung voneinander, eben nicht nur

4 Vgl. z.B. J.Searle, *Intentionalität*, Frankfurt a.M. 1991, S. 329.

dies es ist, was dabei vor sich geht. Vielmehr geht dabei eben auch ein Auf- und Abtreten von Eigenschaften noch vonstatten, weil ja nur ein Wechsel solcher Eigenschaften jeweils ein Ereignis ausmacht, einerlei, ob es dabei nun als die Wirkung oder als die Ursache von etwas aufgefaßt wird. Auch nur darin nämlich liegt der Grund für jenen undurchschauten Fehler, solche Eigenschaften für sich selbst als Ursache bzw. Wirkung voneinander aufzufassen, etwa wenn man davon redet, daß Bewegung als Bewegungszustand eines Dings die Ursache bzw. Wirkung von Bewegung als Bewegungszustand eines andern sei. An diesem Auf- und Abtreten von Eigenschaften – deren keine dabei Wirkung oder Ursache sein kann, weil solche Eigenschaften für sich selbst gerade keine Dinge und Ereignisse sein können – wird dann aber auch unübersehbar, daß es sich bei solchen Eigenschaften förmlich um die Musterfälle emergenter Epiphänomene handeln muß: auch dann, wenn sie als aufgetretene bestehen bleiben. Und das gilt schlechthin für alle Eigenschaften im Bereich des Physischen oder Somatischen, nicht nur für solche wie die Flüssigkeit von etwas.

Daran sehen Sie dann aber auch, wie nichtssagend es ist, wenn ständig so geredet wird, als ob es gegenüber diesem Physischen oder Somatischen um eine Eigentümlichkeit jenes Mentalen oder Psychischen sich handle, daß es emergentes Epiphänomen des Physischen oder Somatischen sei. Denn das gilt für jede Eigenschaft des Physischen oder Somatischen als solche: Eine Eigentümlichkeit jenes Mentalen oder Psychischen ist dies mithin so wenig, daß es vielmehr jede Eigentümlichkeit dieses Mentalen oder Psychischen beseitigt. Und der Schein, als sei damit etwas gesagt, ist denn auch nicht einmal geeignet, zu verbergen, daß es sich dabei in Wahrheit um Reduktionismus auf Materialismus handelt, dessen Widersinn sich auch durch seine Wiederholung nicht verdecken läßt. Ist doch der letzte Grund dafür, daß man dies immer weiter wiederholt, vermutlich der, daß man auch immer weiter aufrechthält: Man brauche nicht genau und ernst zu nehmen, daß schon jede Eigenschaft von etwas Materiellem selbst nichts Materielles ist und damit jeglichen Materialismus als Materie-Monismus schon von Grund auf widerlegt. Ist damit doch am Materiellen selbst nicht alles materiell, woran denn auch der Empirist nicht rütteln kann. Über den Abgrund, der sich in Gestalt von diesem Unterschied für jeden Empiristen auftut, meint man sich vielmehr hinwegsetzen zu können, so wie etwa Locke und Hume und Russell, die ihn einfach leugneten, indem sie jedes materielle Ding als bloßes »Bündel« seiner Eigenschaften deuteten[5]. Nur übersieht man dabei freilich, daß sie über diesen Abgrund damit nicht nur nicht hinweggekommen, sondern voll sogar in ihn hineingefallen, nämlich zwischen diesen Eigenschaften gleichsam durchgefallen sind. Denn jede einzelne von diesen Eigenschaften, so verdinglicht, müßte diesen Unterschied dann innerhalb von sich erneut besitzen.

Insgesamt folgt daraus also: Wenn auch das Mentale oder Psychische nur emergentes Epiphänomen sein kann und damit auch nur so etwas wie eine Eigenschaft des Physischen oder Somatischen, so kann die Eigentümlichkeit des ersteren dann auch nur in der Eigentümlichkeit des Sinns bestehen, *in dem* es Eigenschaft bzw. emergentes Epiphänomen des Physischen oder Somatischen sein soll. Und mindest soviel müßte danach mit zu dieser Eigentümlichkeit dieses Mentalen oder Psychischen hinzugehören: Gegenüber einer Eigenschaft bzw. einem emergenten Epiphänomen von Physischem oder Somatischem als dem Empirischen muß es vielmehr gerade als das Nichtempirische verständlich werden, das, obwohl es gleichfalls nur die Stellung einer Eigenschaft bzw. eines emergenten Epiphänomens des Physischen oder Somatischen besitzen kann, gleichwohl mit dem Empirischen dieses Somatischen bzw. Physischen in Wechselwirkung treten kann. Denn nur dogmatisch-empiristisch läßt sich letzteres in Zweifel ziehen.

Um diese Art von Weg zur Lösung der Leib/Seele-Problematik als des Psycho-physischen Problems tatsächlich zu beschreiten, können Sie jedoch von seiten des Empirischen als solchen noch viel mehr an Unterstützung finden, als Sie bisher schon gefunden haben. Hat doch dieses Physische oder Somatische, als das Empirische, an Nichtempirischem viel mehr noch aufzuweisen, als bisher schon aufgewiesen. Ja es handelt sich dabei sogar um solches Nichtempirische, das höchstens noch der Empirist verleugnen kann, doch nicht mehr der Empiriker als solcher, wie noch das des nichtempirisch-inneren Verhältnisses von Ding und Eigenschaft oder Substanz und Akzidens.

5 Vgl. oben § 2, S. 63 f.

Daß jene Kausalität zwischen Physischem oder Somatischem und anderem Physischen oder Somatischen als dem Empirischen nur etwas Nichtempirisches sein kann, bleibt nämlich keineswegs nur etwas Allgemeines und Abstraktes, wie es Ihnen bisher scheinen mochte, sondern tritt durchaus auch als etwas Konkretes und Besonderes hervor. Denn wie nicht nur dem Alltagsmenschen, sondern auch dem Physiker als dem Empiriker geläufig, ist Kausalität in dem Sinn Ursächlichkeit von etwas für etwas anderes, daß Ursache zum Beispiel »Kraft« ist, die etwas bewirkt[6]. Was aber solche Kraft betrifft, so müssen Sie von einem Physiker sich ernstlich fragen lassen: »Gibt es Kräfte in der Natur? Sind Kräfte ›Sachen‹? Eine sonderbare Frage, werden Sie vielleicht meinen. Überall beobachtet man Kräfte ... Denken Sie einmal etwas gründlicher nach: Sehen Sie Kräfte? Wohl kaum. Sie sehen, daß Körper langsamer werden, oder schneller«[7]. Und dasselbe gilt denn auch für Energie, so daß Sie sich von einem andern Physiker genauso ernstlich sagen lassen müssen: »Anders als die physikalischen Größen Länge und Zeit, ist die Energie nicht direkt durch Beobachtungen zu bestimmen. Sie ist eben eine »Rechengröße«, genauer, ein theoretischer Begriff, dem nichts direkt Beobachtbares entspricht, den man aber benötigt, um beobachtbare Gegebenheiten zu verstehen. Gut beobachtbar sind ... Vorgänge, die mit Energieübertragung zwischen zwei physikalischen Systemen gekoppelt sind«[8].

Etwas von Grund auf Nichtempirisches ist es infolgedessen, was der Physiker als der Empiriker in Anspruch nimmt, wenn er von Kraft oder von Energie spricht. Ja in Anspruch nimmt er es dabei sogar als etwas, das, obwohl nur etwas Nichtempirisches, von einem Objekt auf ein anderes Objekt übergehen kann[9], so daß der Physiker als der Empiriker mit diesem Nichtempirischen als einer »Rechengröße«, die Kausalvorgänge ausmacht, eben rechnen kann. Und ausgerechnet dies, mit etwas Nichtempirischem zu rechnen, was der Physiker als der Empiriker beständig tut, das

6 Vgl. z.B. W.Ebeling/R.Feistel, *Chaos und Kosmos*, Heidelberg 1994, S. 18f.

7 G.van de Lücht (Hg.), *ABC der Physik*, Köln 1975, S. 87.

8 A.a.O., S. 97f.

9 »Die Kausalität ist für natürliche Systeme an Energie- und Impulsflüsse gekoppelt.« R.Hedrich: *Komplexe und fundamentale Strukturen*, Mannheim 1990, S. 200.

sollte uns als Nichtempirikern verwehrt sein? Und nicht dürfen sollten wir das nur, weil wir mit solchem Nichtempirischen bloß qualitativ rechnen können, nämlich bloß auf es zu reflektieren vermögen, und nicht auch noch quantitativ, wie der Physiker? Zumal er selbst doch, um etwas quantifizieren zu können, es zunächst einmal qualifizieren muß. Dies kann uns vielmehr ganz im Gegenteil nur weiter noch darin bestärken, daß wir schon in Empirie dergleichen grundsätzlich nur nichtempirisch, und das heißt zuletzt, nur animistisch kennen, wie im vorigen uns klar geworden war. Wie aber, wenn Mentales oder Psychisches als jenes Nichtempirische, das solcher Kenntnis dieses Nichtempirischen zugrunde liegt und dem wir deshalb hinterher sind, seinerseits nur so etwas wie Kraft bzw. Energie von etwas wäre? Wie beim bloßen Objekt könnte dann auch beim Objekt als Subjekt nur der Körper oder Leib als solcher sichtbar werden, wie es ja der Fall ist, nicht jedoch das Subjekt als die Kraft bzw. Energie des Körpers oder Leibes, das bzw. die etwas absichtlich in Bewegung oder Ruhe setzen oder halten kann. Und wie auch könnte ein Subjekt als dieses Nichtempirische von Absicht jemals etwas anderes sein als Kraft bzw. Energie, woran es angesichts des Ausmaßes, in dem zumindest hier auf Erden die Natur schon Artefakt ist, keinen Zweifel geben kann? Und nicht mehr dieses Nichtempirische als solches wäre danach etwas Fragwürdiges, sondern nur noch, welcher Art es sei und wie es sich als solches auch begreifen lasse. Und das gilt nicht nur im Fall der Kraft bzw. Energie des bloßen Objekts für den Physiker als den Empiriker, der dieses Nichtempirische an ihm quantitativ begreift. Das gilt vielmehr auch für den Philosophen als den Nichtempiriker im Fall der Kraft bzw. Energie des Objekts als Subjekt, der dieses Nichtempirische an ihm qualitativ begreift.

Denn Hand aufs Herz, so muß der Philosoph den Physiker bedrängend fragen: Hat der Physiker als der Empiriker denn Kraft bzw. Energie, womit er quantitativ ständig rechnet, qualitativ überhaupt begriffen? Hat er sie nicht vielmehr qualitativ nur vorausgesetzt, nur unterstellt: genauso animistisch nämlich wie die jeweilige Kausalität, die auf sie zurückgehen soll? Muß er die Kraft oder die Energie doch selbst bereits als etwas Nichtempirisches gestehen, und so wird der Physiker als der Empiriker auf diese Frage schwerlich eine andere als positive Antwort geben können. Folglich wäre dafür, so etwas wie Kraft bzw. Energie auch qualitativ zu begreifen, ob nun auf der Seite des Objektes oder des Subjektes, der Alleinzuständige der Philosoph. Naturwissenschaft wäre danach Animismus als quantifizierender, Philosophie dagegen Animismus als qualifizierender.

Wie durch und durch Empirisches als solches selbst mit Nichtempirischem durchsetzt ist, wird indes noch deutlicher, wenn Sie hinzunehmen, was nach der Aussage von Physikern anstatt des Nichtempirischen der Kraft bzw. Energie an einem Objekt eigentlich zu sehen und mithin das eigentlich Empirische daran sei. Sichtbar werde an ihm nämlich nur sein Langsamer- bzw. Schnellerwerden, nicht jedoch die Kraft bzw. Energie, *durch die* es langsamer bzw. schneller wird, indem sie von ihm oder auf es übergeht. Denn sichtbar seien ja nur Größen wie die »Länge« oder »Zeit«, das heißt, der Raum- bzw. Zeitabstand von etwas gegenüber etwas anderem. Und so kann Langsamer- bzw. Schnellerwerden, nämlich das im Fall von Kraft bzw. Energie an einem Objekt einzig Sichtbare, dann auch nur solche Abstände desselben gegenüber einem anderen Objekt betreffen. Diese aber sind zuletzt nichts anderes als jene Raum- bzw. Zeitkoordinaten, so daß Langsamer- bzw. Schnellerwerden eines Objekts auch nur einen Wechsel solcher Raum- bzw. Zeitkoordinaten bildet, welche langsamer bzw. schneller wechseln. Was laut Physikern bei Vorgängen kausaler Übertragung einer Kraft bzw. Energie von einem Objekt auf ein anderes Objekt sichtbar wird als das Empirische daran, sind somit letztlich auch nur Eigenschaften oder Akzidenzen an Objekten als Substanzen oder Dingen, nämlich schneller oder langsamer an ihnen auf- und abtretende oder wechselnde. Was dabei übertragen wird, das ist und bleibt infolgedessen das gerade Nichtempirische daran, wogegen das Empirische daran gerade etwas ist und bleibt, was dabei auf- und abtritt oder wechselt, doch gerade nicht in dem Sinn, daß es dabei übertragen wird von einem auf ein anderes Objekt. Denn auf und ab tritt es ja jeweils an demselben Objekt, als ein Wechsel nämlich, der ein einziges Ereignis jeweils ausmacht, einerlei, ob dieses dabei nun die Ursache oder die Wirkung sei.

Noch deutlicher als vorhin sehen Sie daran noch einmal, daß in keinem solchen Fall etwa die Eigenschaften oder Akzidenzen das sein können, was dabei etwas bewirkt, die Ursache, bzw. was dabei bewirkt wird durch etwas, die Wirkung: auch nicht als die dabei auf- und abtretenden oder wechselnden. Das kann vielmehr in jedem solchen Fall nur ein empirisches Objekt als ein empirisches Ereignis insgesamt sein, woran das im eigentlichen Sinn dabei Bewirkende oder Bewirkte – die von einem auf das andere übergehende Kraft bzw. Energie – gerade unsichtbar und sonach nichtempirisch ist und bleibt. Gleichwohl sind dabei aber auch die Eigenschaften oder Akzidenzen als die auf- und abtretenden oder wechselnden noch etwas, das dabei in irgendeinem Sinn desgleichen vorgeht, ja sogar in dem Sinn vorgeht, daß gerade dies das eigentlich Empirische, weil einzig Sichtbare daran ist.

Unzutreffend wäre darum auch der Einwand, daß es falsch sei, dies als zwei verschiedene Vorgänge zu unterscheiden, da es sich dabei in Wahrheit doch um einen und denselben Vorgang handle. Handelt es sich dabei doch im einen Fall um jenes immer Nichtempirische und Übergehende von Kraft bzw. Energie, im andern Fall jedoch um dieses niemals Übergehende sowie Empirische von Eigenschaften oder Akzidenzen, deren Auf- und Abtreten dabei desgleichen statthat. Und so läßt sich denn auch dieses Auf- und Abtreten von Eigenschaften oder Akzidenzen gegenüber jenem Übergehen einer Kraft bzw. Energie noch angemessen charakterisieren: Im Unterschied zum bloßen Übergehen letzterer von einem auf ein anderes empirisches Objekt sind diese dabei wechselnden und somit auf- und abtretenden Eigenschaften oder Akzidenzen an empirischen Objekten eben etwas, das gerade absolut entsteht und absolut vergeht. Natürlich handelt es sich dabei um denselben Vorgang, nur daß er als dieser selbige, identische, sich in sich selbst differenziert, und zwar in der Art, daß er innerhalb von sich zu etwas wird, wodurch er sich selbst äußert, nämlich sich als etwas Nichtempirisches empirisch äußert. Und so muß dazwischen eben auch im Sinn von Vorgang unterschieden werden, wenngleich nicht, als handle es sich dabei um zwei Vorgänge im selben Sinn, wie wenn die Eigenschaften selbst verdinglicht würden, die als wechselnde sich dann wie Dinge auch verdrängen müßten. Und das wird durch jene Charakterisierung, daß es sich bei diesem Wechsel vielmehr um das Absolute von Entstehen und Vergehen dieser Eigenschaften handeln muß, denn auch vermieden. Und das heißt: Es handelt sich dabei im *selben* Sinn gerade nur um *einen* Vorgang, *innerhalb* von dem jedoch *zwei* Vorgänge von *unterschiedlicher* Bedeutung unterschieden werden müssen.

Daran müßten Sie nun förmlich sehen: Genau in der Bedeutung dieses Unterschiedes sind dann solche Eigenschaften oder Akzidenzen von empirischen Objekten als Substanzen oder Dingen jeweils auch gerade jene emergenten Epiphänomene jedes einzelnen empirischen Objekts als solchen selbst. Sie sind genau in diesem Sinn die Art und Weise, wie schon jedes einzelne empirische Objekt als bloßes solches selbst sich äußert, jedesmal, wenn es mit einem anderen empirischen Objekt als bloßem solchen selbst in Wechselwirkung tritt und dabei eben Kraft bzw. Energie von einem auf das andere übertritt, und umgekehrt. Denn dieses Nichtempirische von Kraft bzw. Energie, als das es sich auf diese Art empirisch äußert, ist ja keinesfalls das Nichtempirische, das Kant Ansichsein nennen könnte. Schließlich läßt es sich, obwohl nur etwas Nichtempirisches, vom Physiker sogar in einer ganz bestimmten Weise messen, der wir deshalb noch genauer werden nachzufragen haben. Und so bleibt es auch durchaus dabei, daß Ursache bzw. Wirkung solcher Wechselwirkung je und je nur das empirische Objekt oder empirische Ereignis insgesamt ist und mithin gerade nicht die Eigenschaften oder Akzidenzen von ihm. Sie als solche selbst sind vielmehr das, was ein empirisches Objekt dabei aus sich und nur aus sich heraus bewirkt, wenn auch nicht ohne jene zusätzliche Ursache zu sich als dieser Ursache, das heißt: zu sich als Ursache für diese seine Eigenschaften oder Akzidenzen. Und die Absolutheit von Entstehen und Vergehen als dem Wechsel oder Auf- und Abtreten von solchen Eigenschaften oder Akzidenzen macht dies dementsprechend kenntlich.

Denn auch das Verhältnis zwischen *actio und reactio* als der Wirkung und der Gegenwirkung, wie das *Dritte Newtonsche Gesetz* es ausdrückt, kommt für das Bewirken solcher Eigenschaften oder Akzidenzen keinesfalls in Frage. Formuliert es doch nur jene Gleichheit zwischen Kraft bzw. Energie im Rahmen einer Wechselwirkung zwischen mindest zwei verschiedenen empirischen Objekten, zwischen demjenigen also, was dabei in *jeder* Richtung – auch in *Gegen*richtung der *reactio* – als jenes Nichtempirische zu gelten hat. Und so sind Eigenschaften oder Akzidenzen als das – der Physik zufolge – eigentlich Empirische an den empirischen Objekten denn auch nicht im Sinn einer *reactio* eine Wirkung an empirischen Objekten: weder an dem einen noch auch an dem andern der empirischen Objekte, die an einer Wechselwirkung als der *actio und reactio* zwischen ihnen je und je beteiligt sind.

Vielmehr sind Eigenschaften oder Akzidenzen an empirischen Objekten stets nur etwas, das *bei* solcher Wechselwirkung zwischen ihnen, sprich, *bei* solchem Übergehen einer Kraft bzw. Energie als einem wechselseitigen, *aus* jedem einzelnen empirischen Objekt als solchem selbst heraus entsteht wie auch vergeht. Sie können darum auch bereits an jedem bloßen Objekt jeweils nur die Äußerung dieses Objekts als eines Inneren bilden: so als handelte es sich dabei um ein Objekt als ein Subjekt, das als ein Nichtempirisch-Inneres in ihnen sich empirisch äußert, eben als das Nichtempirisch-Innere der Kraft bzw. Energie von Absicht oder Intention. Denn *wie* die Eigenschaften oder Akzidenzen des empirischen Objektes dabei jeweils auf- und abtreten bzw. wechseln, nämlich langsamer bzw. schneller, *ist* ja auch genau die Art und Weise, *wie* das Nichtempirische von Kraft bzw. Energie dieses Objektes sich empirisch äußert: qualitativ ebenso wie quantitativ. Und genau so nimmt der Physiker dies ja auch in der Tat für sich und seine Wissenschaft in Anspruch.

Demnach sind die Eigenschaften oder Akzidenzen als die emergenten Epiphänomene des empirischen Objektes das aus jedem einzelnen Objekt als solchem selbst gewissermaßen Auftauchende, nämlich das dabei durch jedes einzelne Objekt als solches selbst Hervorgebrachte, nicht durch etwas Anderes als es. Entsprechend sind sie auch der Anteil einer Art von Selbstverwirklichung an jeder Fremdverwirklichung dieses Objektes – so als brächte dabei dieses Objekt solche Kraft bzw. Energie aus sich, von selbst, spontan auf: wie ein Objekt als ein Subjekt. Und tatsächlich wäre doch nicht das geringste anders, ginge solche Kraft bzw. Energie eines empirischen Objektes nicht von einem anderen empirischen Objekt auf dieses über, sondern aus ihm selbst hervor: wie im Fall eines Objektes als eines Subjektes. Denn aus ihm als solchem selbst hervorzugehen vermöchte sie auch dann nur in Gestalt von solchen Eigenschaften oder Akzidenzen als den auf- und abtretenden oder wechselnden. Schon zwischen Objekt und Objekt als bloßem solchen also waltet etwas, das es offenkundig gibt und das es doch nicht offensichtlich gibt. Entsprechend steht es auch dem Physiker nicht gut an, einerseits den Animismus zu verdammen, wenn er anderseits das Animistische der Kraft bzw. Energie sogar zu messen in der Lage ist, die auch als das Gemessene animistisch ist und bleibt. Denn kann es angesichts von solcher Offenkundigkeit, doch keineswegs auch Offensichtlichkeit der Kraft bzw. Energie zwischen Objekten eigentlich noch geisterhafter zugehen?

Doch, es kann durchaus, so haben Sie sich weiter klarzumachen, und es kann auch nicht nur, sondern geht tatsächlich noch viel geisterhafter zwischen ihnen zu: bereits von Objekt zu Objekt als bloßem solchen. Um das einzusehen, brauchen Sie nur mit hinzuzunehmen, daß es Übertragung einer Kraft bzw. Energie zwischen Objekten nicht nur in dem engsten Sinn von Stoßvorgängen zwischen festen Körpern gibt, den Sie zunächst vielleicht als einzigen vor Augen haben mochten. Vielmehr gibt es solche Übertragung auch in der Gestalt von Wellen beispielsweise, wie etwa von Wasserwellen, die sich durch das Wasser fortbewegen. Und die dadurch übertragene Kraft bzw. Energie wird dabei in die Richtung der Bewegung dieser Wellen übertragen. Keineswegs jedoch bewegt sich dabei auch das Wasser, das Substrat für diese Wellen, etwa seinerseits in Richtung der Bewegung dieser Wellen. Es bewegt sich vielmehr im Vergleich zu ihnen sozusagen auf der Stelle, nämlich auf und ab und damit quer zu ihnen, die der Physiker deswegen »transversale« Wellen nennt. Und dadurch unterscheidet diese Art der Übertragung einer Kraft bzw. Energie sich wesentlich von andern Fällen, wo Bewegung ihrer Übertragung und Bewegung des Substrats für ihre Übertragung in dieselbe Richtung gehen, wie etwa bei Stoßvorgängen zwischen festen Körpern.

Das Wesentliche dieses Unterschiedes sollten Sie sich klar vor Augen stellen, weil es uns in eigener Sache, nämlich auf dem Weg zur Lösung unseres Psycho-physischen Problems ein Stück voranbringt. Denn daß diese Übertragung einer Kraft bzw. Energie in die genannte Richtung dabei eine Sache der Bewegung nur der Wasser*welle* und mithin gerade nicht etwa des Wellen*wassers* ist, besagt, daß sie auch ausschließlich die Sache dieser Welle als der Wellen*form* des Wassers ist und damit als der Wellen*eigenschaft* des Wassers. Dennoch läßt, genausowenig wie von diesem Wasser selbst, auch von der Welle als der Form bzw. Eigenschaft des Wassers sich nicht sagen, daß sie etwa eine Form bzw. Eigenschaft des Wassers wäre, die sich dabei in die Richtung der Bewegung dieser Übertragung einer Kraft bzw. Energie bewege.

Einzusehen, daß dies nicht der Fall sein kann, ist um so wichtiger für Sie, da man wie selbstverständlich so zu sprechen pflegt, als ob es »eine Welle« sei, was durch das Wasser sich hindurchbewege. Eine Welle aber ist als Form bzw. Eigenschaft des Wassers jeweils nur der Inbegriff der Raumkoordinaten, die am Wasser dabei nur als quer dazu bewegtem wechseln oder auf- und abtreten. Und mag mithin auch die Bewegung »einer Welle« als der Form bzw. Eigenschaft an Wasser noch so sichtbar sein an Wasser und so auch das (der Physik zufolge) eigentlich Empirische an der Bewegung dieses Wassers, – keinesfalls ist sie es, was dabei in jene Richtung quer zur Richtung der Bewegung dieses Wassers übertragen wird und damit sozusagen wandert, sondern nur die vielmehr unsichtbare Kraft bzw. Energie. Und so ist das in diesem Fall noch geisterhafter als im Fall von Stoßvorgängen zwischen festen Körpern. Denn Bewegung einer Übertragung solcher Kraft bzw. Energie geht dabei ja gerade nicht mehr mit Bewegung des Substrats oder des jeweiligen Trägers dieser Kraft bzw. Energie einher, so daß sie auch mit ihr nicht mehr verwechselt werden kann. Sie geht vielmehr gewissermaßen eigene Wege, weil sie eben quer zu ihr verläuft. Zwar geht sie noch an ihr entlang, doch auch schon über sie hinweg, verläuft sonach in diesem Sinn auch schon gewissermaßen losgelöst von ihr.

Daß dies bereits in Fällen vor sich geht, wo ein mechanisches Substrat zugrunde liegt, *an dem* dies vor sich geht, ist denn auch wichtig für die Einsicht, daß dies auch in Fällen vor sich gehen kann, wo ein mechanisches Substrat gerade nicht zugrunde liegt, wie in den Fällen des Elektromagnetismus, wo die Physiker von »Feldern« sprechen. Damit nämlich liegt in diesen Fällen auch nichts Sichtbares mehr vor, an dem dies wenigstens noch stellvertretend sichtbar werden könnte, wie am Langsamer- bzw. Schnellerwerden flüssiger bzw. fester Körper. Und gleichwohl soll es sich auch in diesen Fällen darum handeln, daß durch solche Felder eine Übertragung einer Kraft bzw. Energie vonstatten geht, was aber eben vollends geisterhaft ist, weil es vollends losgelöst von jeglichem mechanischen Substrat erfolgen soll. Und da es grundsätzliche Schwierigkeiten macht, ein Feld zwar nicht mehr als mechanisches Substrat, doch sehr wohl weiter als Substrat und damit als dergleichen wie ein »nichtmechanisches Substrat« zu denken, drängen hier bereits die Physiker von sich aus auf Verabschiedung von jeglichem Substrat als solchem. Folgerichtig soll in Fällen solcher Felder jenes Wandern oder Übergehen einer Kraft bzw. Energie, wie es auch hier dem Langsamer- bzw. Schnellerwerden von etwas entsprechen soll, auch nur noch als ein ständiges Entstehen und Vergehen einer Kraft bzw. Energie erfolgen. Jedenfalls betonen jetzt die Physiker von sich aus: »Die elektromagnetischen Wellen beruhen nicht auf Schwingungen irgendeiner Substanz. Sie sind raumzeitliche Strukturen, die keinen materiellen Träger benötigen«. Es handle sich dabei vielmehr um einen »Wechsel der Feldenergie«, der als ein »ständiges Vergehen und Entstehen« derselben aufzufassen sei[10]. Dies aber kann nur heißen, daß die Kraft bzw. Energie dabei in dem Sinn wandert oder übergeht, daß sie von Ort zu Ort und Zeit zu Zeit entsteht oder vergeht und dennoch streng kausalgesetzlich wandert oder übergeht. Denn außer Frage steht dabei: Dieses Vergehen und Entstehen einer Kraft bzw. Energie läßt nicht allein am Anfang und am Ende, sondern auch dazwischen, also unterwegs von Zeit zu Zeit und Ort zu Ort etwas entstehen und vergehen, das zum einen etwas ist, das durch etwas verursacht wird, wie auch zum andern etwas ist, durch das etwas bewirkt wird. Dies vollzieht sich somit je und je von Ort zu Ort und Zeit zu Zeit, das heißt, nicht etwa nur am Anfang und am Ende, wo auch hierbei etwas Stofflich-Materielles mit im Spiel sein mag, wozwischen solch ein Wellenfeld besteht. Vielmehr vollzieht es sich auch unterwegs, und damit in Gestalt von diesem Wellenfeld gewissermaßen freischwebend dazwischen: eben schlechthin geisterhaft.[11]

Entsprechend schwierig wird es denn auch für die Philosophen, wenn sie sich im Anschluß an die Physiker dergleichen auch begreiflich machen wollen. Denn daß derlei quantitativ zu bewältigen ist, eben meßbar ist, reicht dafür ja nicht aus, weil mindest für die Philosophen doch zunächst einmal in Frage stehen muß, wie denn qualitativ zu begreifen ist, was quantitativ da gemessen wird.

Das schlechthin Geisterhafte daran zeigt sich nämlich darin, daß

10 G.van de Lücht (Hg.), *ABC der Physik*, Köln 1975, S. 141.
11 Vgl. z. B. K.Devlin, *Muster der Mathematik*, Heidelberg 1997, S. 237.

dies zum Zusammenbruch des Ganzen der Strukturen führen muß, auf Grund von denen über etwas Objektiv-Empirisches sich sinnvoll reden läßt. Unmöglich ist es nämlich, einerseits die Rede über ein Substrat, an welchem Eigenschaften oder Zustände als wechselnde entstehen und vergehen, aufzugeben, anderseits jedoch die Rede über Eigenschaften oder Zustände von etwas fortzusetzen, wie es Physiker und unkritisch an ihnen orientierte Philosophen ständig tun. Unmöglich ist das nämlich auch, wenn sie bloß damit fortfahren, von Ereignissen zu sprechen, weil auch der Begriff eines Ereignisses im Sinn einer Veränderung dadurch von Grund auf fraglich wird. Denn weder in Physik noch in Philosophie steht bisher eine Antwort auf die Frage zur Verfügung, wie es denkbar sein soll: Nicht nur die Veränderung von etwas – als der *relative* Wechsel eines Zustands oder einer Eigenschaft an diesem Etwas als dem dabei *nicht* auch selbst noch wechselnden Substrat – ist ein Ereignis dahingehend, daß es einerseits etwas Verursachtes und anderseits etwas Bewirkendes ist; vielmehr sei auch *absoluter* Wechsel – als ein Wechsel *ohne* etwas, das dabei nicht wechselt, nämlich *ohne* ein Substrat, das ihm in diesem Sinn zugrunde liegt – noch ein Ereignis dahingehend, daß es einerseits etwas Verursachtes und anderseits etwas Bewirkendes sei. Soll doch eben dies auch noch durch jedes solche Wellenfeld hindurch der Fall sein, wo es sich infolgedessen mindest unterwegs von Ort zu Ort und Zeit zu Zeit um ein gerade geisterhaft verursachtes oder bewirkendes Ereignis handeln muß. Denn ohne jegliches Substrat kann hier von Ort zu Ort und Zeit zu Zeit gerade keine Angabe mehr möglich sein, *was* eigentlich von einer Seite her verursacht ist oder nach anderer Seite hin bewirkend ist. Ein Wechsel *von* etwas, als ein Entstehen und Vergehen *von* etwas, soll nämlich auch noch dabei jeweils vor sich gehen – wie der *von* Eigenschaften oder Akzidenzen –, doch durchaus nicht auch noch jeweils *an* etwas als Bleibend-Selbigem.

Welche Problematik darin liegt, das sehen Sie sofort, wenn Sie es mit dem Vorigen vergleichen. Hatten wir es doch auch schon im vorigen zu tun bekommen mit Entstehen und Vergehen von etwas als schlechthin absolutem, nämlich mit dem absoluten Wechsel jener Eigenschaften oder Zustände, wie sie den Inbegriff des Langsamer- bzw. Schnellerwerdens bilden. Denn im grundsätzlichen Unterschied zur Kraft bzw. Energie, die dabei wandern oder übergehen soll, gilt dies von solchen Eigenschaften oder Zuständen gerade nicht, weil sie vielmehr nur dort, wo sie entstehen, auch vergehen und nur dort, wo sie vergehen, auch entstehen: eben absolut. Nur daß im vorigen dies eben je und je das selbige empirische Objekt als stofflich-materielles war, woran ein solcher Wechsel jeweils vor sich ging, worin jedoch auch dort schon einiges an Geisterhaftem lag. Denn als das Absolute eines Wechsels von Entstehen und Vergehen solcher Eigenschaften oder Zustände ließ dieser Vorgang sich ja nur verstehen als das Empirische der Äußerung eines empirischen Objekts von sich als Nichtempirisch-Innerem. Und dies bedeutete zuletzt so etwas wie den Anteil einer Selbstverwirklichung an einer Fremdverwirklichung, die ein empirisches Objekt gerade im Kausalzusammenhang mit mindest einem anderen empirischen Objekt erfährt. Entsprechend konnte jedes Auf- und Abtreten oder Bestehen solcher Eigenschaften oder Zustände, im Unterschied zum Wandern oder Übergehen einer Kraft bzw. Energie von einem auf ein anderes Objekt, auch nur als emergentes Epiphänomen von jedem einzelnen Objekt als solchem selbst begriffen werden.

Daß in Fällen solcher Felder nunmehr jedes einzelne Objekt im Sinn eines Substrats gerade wegfällt, heißt dann aber nicht, daß damit etwa auch der Anteil solcher Geisterhaftigkeit daran noch wegfällt. Ganz im Gegenteil bedeutet dies: Was vorhin gleichsam bloßer Anteil oder Teil war, fällt jetzt nicht allein nicht weg; es macht jetzt vielmehr umgekehrt sogar das jeweils Ganze aus und damit ein Ereignis, das in Geisterhaftigkeit geradezu besteht, ja eigentlich als Geisterhaftigkeit entsteht wie auch vergeht und trotzdem jeweils eine Ursache und eine Wirkung hat. Denn was am Vorigen gewissermaßen bloßer Anteil oder Teil war und nun je und je zum Ganzen wird, ist ja gerade dasjenige, was am Vorigen im eigentlichen Sinn Geschehen war und was vom Vorigen als einziges gewissermaßen übrig bleibt, nämlich der absolute Wechsel des Entstehens und Vergehens von etwas.

Kann es doch dabei keine Frage sein, daß es in jedem Fall sich um Geschehen handeln soll, so daß es sich in diesem Fall um ein Geschehen handeln muß, das aus der Sicht des vorigen Geschehens letztlich nur noch als Bewegung ohne ein Bewegtes gelten könnte, was jedoch zunächst einmal nach bloßem Verbalismus klingen muß: Wie sollte es Bewegung ohne ein Bewegtes, nämlich ohne etwas geben können, das auch *in* Bewegung *ist*, das heißt, im *Zustand* der Bewegung ist, die oder den es nur als Inbegriff der Eigenschaften hat, die an ihm wechseln? Wie das denkbar sein soll, kommt denn auch der Frage gleich, ob hier nicht an die Stelle von etwas Empirisch-Objektivem etwas Nichtempirisch-Subjektives, eben etwas Geisterhaftes tritt, weil im Bereich des Objektiven selbst. Denn Energie bzw. Kraft ist dort selbst dann schon geisterhaft, wenn sie als wandernde bzw. übergehende zumindest stellvertretend noch erkennbar ist, nämlich an einem langsamer bzw. schneller werdenden und damit sichtbaren Substrat, und so erst recht, ja vollends geisterhaft, wenn sie nun ohne ein Substrat dies nicht mehr ist.

Verfolgen Sie das alles nämlich bis hierhin, so sehen Sie: Es könnte auch ein nichtmechanisches Substrat für solcherart Bewegung hier nicht mehr in Frage kommen. Denn dies könnte nur das Wellenfeld als solches, und das heißt, als Ganzes sein, was aber unverständlich bleiben muß. Soll es doch um empirische Bewegung gehen, die nur als die von etwas gegen etwas anderes verständlich werden kann. Wogegen aber sollte sich das Feld als solches, das laut Physikern der leere Raum ist[12], eigentlich bewegen? Vielmehr kann es dabei ebenfalls nur um Bewegung gehen von etwas innerhalb des Feldes gegen etwas anderes innerhalb des Feldes, nämlich nur um Relativbewegung. Ohne ein Substrat und damit ohne ein Bewegtes müßte solche Relativbewegung aber Schein sein, denn Bewegung ohne ein Substrat und damit ohne ein Bewegtes könnte nur noch Absolutbewegung sein. Genauso konnte doch auch schon der absolute Wechsel von Entstehen und Vergehen jener Eigenschaften oder Akzidenzen – für sich selbst betrachtet – letztlich nur noch Absolutbewegung sein. Und nichts geringeres als diese ist es denn auch, was hier zum Problem wird, nämlich ob und wie sich derlei überhaupt verstehen lassen könnte.

Worauf empirische Naturwissenschaft hier als solche selbst gestoßen ist, indem sie zu Bewegung ohne ein Bewegtes vorgestoßen ist, das ist im Grunde reine Kraft bzw. reine Energie. Und deren Eigentümlichkeit erfordert hier schon, die gesamte Rede-

12 Vgl. a.a.O.

weise – nicht nur über ein Substrat, sondern auch über Eigenschaften oder Zustände eines Substrats – durch eine andere zu ersetzen, die sich vorläufig durch Rückgriff auf die Redeweise von der Welle als der Form gewinnen läßt. Denn dazu brauchen Sie bloß davon abzusehen, daß sie vorhin nur die Welle oder Form des Wassers war und damit gleichfalls nur der Inbegriff von Eigenschaften oder Zuständen des Wassers. Trotzdem nämlich war sie dabei mindestens dem Schein nach etwas, das gewissermaßen durch das Feld des Wassers sich hindurchbewegte, so als ob die Welle oder Form als solche selbst die Kraft bzw. Energie darstellte, die dabei tatsächlich durch das Feld des Wassers sich hindurchbewegte. Denn genau das, was im Fall der Wasserwelle bloßer Schein war, ist im Fall des Wellenfeldes eine Wirklichkeit, die sich begreifen lassen muß.

Ist doch die Kraft bzw. Energie hier eine, die sich durch das Wellenfeld hindurchbewegt, obwohl sie bloße Form der bloßen Welle ist, das heißt, obwohl auch hier sich kein Substrat als bleibend-selbiges hindurchbewegt. Und dennoch ist sie hier auch insbesondere darin eine Wirklichkeit, daß sie etwas Verursachtes sowie etwas Bewirkendes ist. Beides nämlich ist sie auch, wenn sie als beides nicht mehr gleich einem Substrat nach der Gesetzlichkeit von Mechanismus und Determinismus, sondern nur noch nach der von Statistik und Wahrscheinlichkeit bestimmbar ist, wie in der Quantentheorie. Nur muß hier fraglich werden, welcher Sinn von Kausalität sich ergeben soll, wenn sie nun nicht mehr dadurch für empirische Objekte hergeleitet werden kann, daß jeder Wechsel von etwas nur dann empirisches Ereignis als empirisches Objekt sein könne, wenn er als ein Wechsel an einem Substrat die Wirkung irgendeiner Ursache als eines anderen empirischen Ereignisses sein könne. Ohne jegliches Substrat kann nämlich solch ein Wechsel als ein Übergang von Kraft bzw. Energie in einem Wellenfeld, der je und je von einer Seite her verursacht und nach anderer Seite hin bewirkend ist, zum einen nur die bloße Form der bloßen Welle sein. Zum andern aber muß er trotzdem jeweils so entstehen und vergehen, daß er auch als bloße Form der bloßen Welle je und je bereits etwas Geformtes ebenso wie etwas Formendes ist. Denn er soll »Information« doch übernehmen ebenso wie weitergeben können. Darauf also hätte dies zuletzt hinauszulaufen, daß in Fällen solcher Felder eine Form als solche selbst schon etwas Formendes genausowie etwas Geformtes sein muß und mithin auch sein kann[13].

Folglich wird uns dadurch nichts geringeres zu denken auferlegt als eine Form, die auch als bloße Form schon formt und auch als bloße Form bereits geformt ist. Und das Ungeheuerliche daran sehen Sie am besten, wenn Sie es nicht nur mit dem Dynamischen der Form eines Bewegten wie des Wassers als der Wasserwelle, sondern auch noch mit dem Statischen der Form vergleichen, die auch jedes Ruhende zu dem macht, was es ist: zu einem Ding mit dieser oder jener Eigenschaft bzw. zu einer Substanz mit diesem oder jenem Akzidens. Und dazu ziehen Sie am besten das Modell des Aristoteles heran, wonach es eine ganz bestimmte Form ist, was zum Beispiel Marmor oder Holz zu einer Statue macht.

Auch dies ist nämlich bloßer Schein, wenn Sie es wörtlich nehmen. Denn was Marmor oder Holz im eigentlichen Sinn zu einer Statue macht, ist nicht die Form als solche, sondern ist der Bildhauer, der Marmor oder Holz als Material zu einer Statue formt, so daß es eine Form dann *hat* und als etwas von dieser Form dann eine Statue *ist*. Und so ist, was dabei auf Holz oder auf Marmor einwirkt, denn auch nicht die Form als solche, sondern nur der Meißel oder Hammer. Dementsprechend ist auch nicht die Form als solche, sondern gleichfalls nur der Meißel oder Hammer etwas, worauf dabei eingewirkt wird, nämlich durch den Bildhauer. Gerade deshalb aber eignet dies Modell sich dazu, Ihnen jenes Ungeheuerliche vorzuführen, das uns zu denken abverlangt wird. Denn was auch im Fall der Statue bloßer Schein ist, nämlich daß die Form als solche Marmor oder Holz zu einer Statue mache, ist in Fällen jener Felder abermals gerade Wirklichkeit, die uns begreiflich werden muß. Die Kraft bzw. Energie, die dort als bloße Form der bloßen Welle wandert oder übergeht, nämlich von einer Seite her verursacht und nach anderer Seite hin bewirkend, die bewegt sich dabei so, als könnte sich im Fall der Statue eine Form als solche selbst wie Meißel oder Hammer auf das Holz oder den Marmor zubewegen und mit ihm in Wechselwirkung treten, um

13 Das berühmte »Grinsen ohne Katze« (vgl. L.Carroll, *Alice im Wunderland*, Kap.6) wird denn auch von Physikern als treffende Veranschaulichung dafür immer wieder eingesetzt. Vgl. z.B. H.Genz, *Die Entdeckung des Nichts*, München 1994, S. 117, S. 170.

aus ihm die Statue zu formen. Jene Kraft bzw. Energie bewegt sich demnach so, als wäre dabei diese Form als solche selbst auch ihrerseits wie Meißel oder Hammer schon etwas Geformtes. Nur tritt damit eben auch die Geisterhaftigkeit als Ungeheurlichkeit dieses Vorgangs voll für Sie zutage.

Mag sie Ihnen aber auf den ersten Blick auch noch so unglaubwürdig scheinen, insbesondere im Hinblick auf das doch so Seriöse und Solide der Physik als der empirischen Naturwissenschaft, – daß gerade letztere auf derlei stoßen muß, kann Ihnen nicht als Zufall gelten. Vielmehr sehen Sie an einer weiteren Überlegung, die Sie gleichfalls am Modell der Statue durchführen können, daß es unausweichlich wird, dergleichen anzusetzen, wenn Sie einen kosmologischen Gesichtspunkt mitberücksichtigen. Denn wie kann es überhaupt zu einer Wechselwirkung zwischen etwas im normalen Sinn des Wortes kommen, wie zum Beispiel zwischen Marmor oder Holz und Hammer oder Meißel? Doch nur dadurch, daß es – möglichst kurz gesprochen – *mehr* als eines gibt[14], in diesem Falle Material *und* Werkzeug. Ist doch auch nur zwischen *mehr* als einem solche Wechselwirkung möglich, und nicht etwa auch noch ›zwischen einem‹ sozusagen, was allein schon der Grammatik nach unmöglich ist. Jedoch die Minimalbedingung dafür, daß es mehr als eines gibt, ist, daß es irgendeine Abgrenzung dazwischen gibt. Die aber kann allein durch irgendeine Form bestehen, die jedes davon hat und es zu dem macht, was es ist, die es jedoch auch irgendwie bekommen haben muß. Es sei denn, daß es mehr als eines immer schon gegeben hat als ein auch immer schon Geformtes, was jedoch nach unserer Einsicht in die Selbstausdehnung unseres Universums seit dem Urknall mehr als unwahrscheinlich ist: Zumal das Universum als ein Mechanismus zwischen einer absoluten Vielheit makroskopischer Objekte nach dem Vorbild der Physik von Newton ebenfalls nicht länger in Betracht kommt, sondern nur als die Bewegung einer relativen Vielheit mikroskopischer Objekte innerhalb von einer Einheit. Dieser Einheit aber könnten sie dann auch nur noch wie bloße Differenzen aus einer Identität heraus entsprungen sein.

Soll dies nicht unendlichem Regreß erliegen, könnte somit Ur-

14 Was auch ein Kenner der Physik sich klar macht, wie M.Jammer, in: *The Encyclopedia of Philosophy*, hg. P.Edwards, Bd.3, S. 211.

sprung dafür auch tatsächlich nur dergleichen wie die ursprüngliche Formung von etwas durch eine Form als solche selbst sein. Denn sonst müßte es, so wie es für die Statue als geformten Marmor einen Meißel oder Hammer geben mußte, auch noch für den Meißel oder Hammer als geformtes Material ein Material als formendes gegeben haben, nämlich als ein Werkzeug, und in diesem Sinn gewissermaßen immer wieder neue Hämmer oder Meißel. Eigentlicher Ursprung dafür könnte vielmehr nur sein, daß heraus aus einer ursprünglichen Einheit eine ursprüngliche Vielheit überhaupt erst tritt, indem zu solcher Vielheit solche Einheit sich auch überhaupt erst formt. Als solche aber kann sie eben nur noch so zu denken sein, daß sie durch sich als Form für sich dann auch zum Material für sich erst immer wird, wozu sie aber eben nur als ursprünglicher Vorstoß einer Kraft bzw. Energie des Formens in der Lage sein kann. Und als ursprünglicher könnte dieser Vorstoß eines Formens auch nur Vorstoß ohne Anstoß einer Kraft bzw. Energie sein: so als brächte ein Stück in sich einheitlichen Marmors aus sich selbst heraus die Kraft bzw. Energie auf, um sich aus sich selbst heraus zu formen in die Statue einerseits und in den Abfall anderseits, so daß es dadurch erst zu etwas wird, wozwischen Wechselwirkung im Normalsinn möglich wird.

Daß solcher Ursprung nicht unmöglich sein kann, dafür zeugt, daß solcher Ursprung mindestens als relativer sogar wirklich ist und deshalb möglich sein muß. Schon allein im makroskopischen Bereich ist nämlich keineswegs ein jeder Fall eines Ereignisses sogleich der Fall einer Veränderung eines Substrats als eines Bleibend-Selbigen, woran bloß Eigenschaften oder Akzidenzen wechseln. Und auch dies vermögen Sie sich wieder am Modell der Statue zu verdeutlichen. Sie brauchen dazu bloß, was Aristoteles versäumt hat, nachzuholen, nämlich sich zu überlegen, was genau denn den besonderen Erklärungswert desselben ausmacht. Er liegt darin, daß es Beispiel einer materiellen Teilung ist, die ohne Zweifel eine Wirkung einer Ursache und damit ein empirisches Ereignis ist. Sie ist jedoch ein ganz besonderes Ereignis dadurch, daß sie keineswegs eine Veränderung ist, die bereits ein bleibend-selbiges Substrat voraussetzt, woran Eigenschaften oder Akzidenzen wechseln können. Läßt doch eine materielle Teilung von etwas sich schlechterdings nicht als ein Wechsel mindest einer Eigenschaft bzw. mindest eines Akzidens an einem Ding bzw. an einer Substanz als etwas Selbigem verstehen. Nur auf den ersten Blick wird Ihnen dies vielleicht verwunderlich erscheinen: Sei doch auch die Form von etwas letztlich überhaupt nichts anderes als eine Eigenschaft oder ein Akzidens von etwas, weil es doch auch nur der in sich einheitliche Marmor sei, von dem sich sagen lasse, er bekomme dabei durch die Einwirkung des Hammers oder Meißels eine Form, ob nun die Form der Statue oder die des Abfalls, deren jede schließlich eine andere ersetze.

Letzteres ist aber keineswegs der Fall. Denn diese jeweilige Form ersetzt dabei durchaus nicht eine andere, tritt nämlich keineswegs nur sozusagen an die Stelle dieser anderen. Sie tritt vielmehr ursprünglich auf, das heißt, als Form an einer Stelle, wo es vorher eine Form noch gar nicht gab. Und darin unterscheidet sie sich eben auch von jeder Form, die nur an Stelle einer andern tritt, indem von dieser nur ein Übergang zu ihr erfolgt, weil erstere schon vorlag und durch sie auch etwas, das mit etwas anderem schon wechselwirken konnte. Mindest auf den zweiten Blick wird Ihnen dementsprechend aufgehen: Dies kann eben deshalb auch kein Fall einer Veränderung des Marmors sein, der dabei eine Form bekommt, weil er, genau indem er sie bekommt, als dieser in sich einheitliche Marmor ja gerade aufhört und zu dem der Statue oder dem des Abfalls wird, und dies vom Anfang bis zum Ende sozusagen Schlag auf Schlag. Der Marmor dieser Statue oder dieses Abfalls aber kann erst recht nicht das sein, was dabei verändert wird, weil er ja eben dadurch eben dazu überhaupt erst wird.

Das Entscheidende des Unterschiedes zwischen Teilung und Veränderung ersehen Sie denn auch sofort, wenn Sie noch einen andern Fall damit vergleichen. Das ist beispielsweise einer, wo auf solchen in sich einheitlichen Marmor nur in solcher Weise eingewirkt wird, daß er durch den Hammer oder Meißel nicht geteilt wird, sondern bloß gestoßen oder bloß geschoben wird, wobei als Eigenschaften oder Akzidenzen an Substanz bzw. Ding als selbigem oder als selbiger nur Raumkoordinaten wechseln. So gewiß in beiden Fällen nämlich eine Wechselwirkung zwischen in sich einheitlichem Marmor und dem Hammer oder Meißel statthat, so gewiß ist doch der Fall der Teilung dieses Marmors ein besonderer darin, daß durch ihn etwas entspringt, das fortan seinerseits in Wechselwirkung miteinander treten kann, was für den bloßen Fall einer Veränderung wie einer Ortsbewegung dieses Marmors eben nicht gilt[15]. Und gerade darin ist ein jeder Fall von Teilung, sei es auch nur die alltäglichste, ein Fall des relativen Ursprungs von etwas, das danach miteinander wechselwirken kann. Und darin ist er eben auch Modell für jenen Fall des absoluten Ursprungs von dergleichen, wenn Sie von der Einwirkung des Werkzeugs absehen. Ist er eben darin doch zuletzt auch nichts als später Zeuge dessen, was an jenem Anfang sich ereignet haben muß, wo weder so etwas wie Hammer oder Meißel noch auch so etwas wie Marmor oder Holz schon vorgelegen haben kann, wo vielmehr reine Kraft bzw. reine Energie der Form sich zu dergleichen allererst aus sich heraus gleichsam verdichtet haben muß. Und lernen wir nicht auch tatsächlich von der neuesten Physik, daß Masse, und zwar insbesondere auch Ruhemasse, letztlich nichts ist als geballte Energie gewissermaßen?

Was ein solcher relativer Ursprung als ein später Zeuge dafür noch bezeugt, ist denn auch etwas, das den Physikern die größte Schwierigkeit bereitet und das deshalb wir als Philosophen wieder wohl beachten sollten. Wenn Sie nämlich darauf reflektieren, was innerhalb von jedem solchen Fall des relativen Ursprungs von etwas durch Teilung von etwas der letzte Grund dafür ist, daß dergleichen überhaupt zustandekommen und vonstattengehen kann, so werden Sie nur eine Antwort finden können. Wie bei jedem anderen empirischen Ereignis ist der letzte Grund dafür nur der bekannte und vom Physiker auch so genannte Trägheitswiderstand, den jedes der daran beteiligten Objekte dabei leistet. Denn das Auftreten des Trägheitswiderstandes ist ja unabhängig davon, ob das einzelne daran beteiligte Objekt nun in beschleunigter oder in unbeschleunigter Bewegung ist. Erbrächte doch ein jedes davon diesen Widerstand auch dann, wenn sie im Zuge unbeschleunigter Bewegung miteinander in Berührung kämen und sonach in Wechselwirkung miteinander träten. Und die Schwierigkeit, sich klarzumachen, was hier eigentlich vonstatten geht, wird Ihnen denn auch daran deutlich, daß laut Physikern in jedem solchen Fall nicht nur die auf- und abtretenden Eigenschaften oder Akzidenzen, sondern

15 Solches Teilen ist sonach ein weiterer – und schlagender – Beleg dafür, was alles übergangen wird, wenn nur noch vom »Ereignis« ausgegangen wird. Und das gilt auch noch für das Gegenstück zum Teilen, nämlich für Zusammenfügen als Vereinigen von etwas.

auch die Kraft bzw. Energie als etwas zu betrachten sei, das hier »entsteht«[16]. Vermöchten Physiker doch das Entstehen von etwas als absolutes durch Physik auf keine Weise zu erklären, das von Kraft bzw. Energie genau wie das von Eigenschaften oder Akzidenzen.

Deshalb fügen sie im selben Satz hinzu, es handle sich dabei um ein Entstehen »durch dieselbe Wechselwirkung«[17], was dann aber schwierig für sie wird. Bloß vom *Ergebnis* einer Wechselwirkung nämlich läßt sich sagen, es entstehe »durch dieselbe Wechselwirkung«, nicht jedoch auch von den Kräften oder Energien, *aus denen* dies Ergebnis sich ergibt, weil Wechselwirkung ja nur als Zusammenwirken von zwei Wirkungen durch zwei Objekte überhaupt zustandekommt oder vonstattengeht. Nur darin liegt denn auch der Grund dafür, daß doch in jedem solchen Fall gerade eine Zweiheit solcher Kräfte oder Energien im Spiel ist, die sich nach dem *Dritten Newtonschen Gesetz* der Gleichheit zwischen *actio und reactio* verhalten, weil von ihnen jede in genau »entgegengesetzte Richtung«[18] als die andere wirkt und damit auch gerade auf ein »anderes Objekt«[19] als das, von dem sie ausgeht. Also muß auch gelten, daß nicht etwa *durch* dieselbe Wechselwirkung, sondern daß nur *bei* derselben Wechselwirkung diese Kräfte oder Energien entstehen. Denn es entsteht dabei doch jede davon vielmehr *durch* ein *einzelnes* Objekt, weil jeweils *durch* ein *anderes* Objekt: zuletzt sonach nur durch den Widerstand der Trägheit, den ein jedes dabei leistet.

Eben diese Trägheit aber ist es, was dem Physiker an dieser Stelle nicht behagt, so daß er – fälschlich – sie an eine andere verlegen möchte, nämlich an die Stelle dieser *Wechsel*wirkung *zwischen* beiden statt an die der *Wirkung* jedes *einzelnen* von beiden. Ist doch danach auch nur eben diese *Trägheit* jedes einzelnen Objekts der Ursprung jeder einzelnen von diesen Kräften oder Energien. Dies angemessen anerkennen nämlich heißt für einen Physiker auch heute noch sich eingestehen: »Der Ursprung des Trägheitsgesetzes liegt im Dunkeln«, und entsprechend von geradlinig-

16 Vgl. z.B. J.R.Ballif, W.E.Dibble, *Anschauliche Physik*, 2.Aufl. Berlin 1987, S. 115, wie auch M.Jammer, oben S. 204, Anm.13.
17 Vgl. a.a.O., wie auch M.Jammer, oben S. 204, Anm.13.
18 A.a.O.
19 Vgl. a.a.O.

gleichförmiger Trägheitsbewegung: »Man hat nie herausgefunden, warum sich die Dinge bis in alle Ewigkeit auf dieser Linie fortbewegen«[20]. Und warum liegt beides für den Physiker im Dunkeln? Weil es letztlich eine Wirkung ist, die jedes physikalische Objekt als einzelnes erbringt, das heißt, als solches selbst, nämlich durch sich, und nicht etwa durch etwas anderes als sich, mithin auch letztlich autonom, und nicht etwa heteronom. Doch nur das jeweils letztere davon ist für den Physiker als den Empiriker verständlich, während ihm das jeweils erstere davon gerade unverständlich bleiben muß.

Deshalb könnte er auch das, worauf sich solche Trägheit jedes einzelnen empirischen Objektes noch heteronom zurückführen ließe, nicht verstehen, nämlich jenen absoluten Ursprung reiner Kraft bzw. reiner Energie von Form als solcher, der erst recht nicht mehr heteronom verständlich werden könnte. Nur auf ihn, der so etwas wie einzelne empirische Objekte dadurch überhaupt erst abteilt, könnten nämlich solche einzelnen empirischen Objekte überhaupt zurückgehen. Und so könnte auch nur er es sein, worauf die Trägheit jedes einzelnen empirischen Objekts zuletzt zurückgeht und mithin auch jeder relative Ursprung jener Kraft bzw. Energie, die durch desselben Trägheit ja erneut einfach »entsteht«, wenn es mit Trägheit eines anderen in Wechselwirkung tritt. Was jeder dieser späten Zeugen jenes absoluten Ursprungs bei Begegnung mit dem andern Zeugen auszutauschen hat, ist in Gestalt von diesem relativen Ursprung wechselseitigen Entstehens zweier Kräfte oder Energien sonach nichts anderes als die Mitteilung der einen Kraft bzw. Energie von jenem absoluten Ursprung. Und das ist die Botschaft vom Entstehen solcher Kraft bzw. Energie nicht wechselseitig zwischen schon Geformtem, sondern einseitig nur als ein Formen, das aus sich heraus Geformtes allererst entspringen läßt, weil es ursprünglich auch zum Material für sich als Formen allererst durch sich als Formen wird.

Was jeder Physiker gestehen muß, doch nicht verstehen kann, daß nämlich schon in jedem Einzelfall der Wechselwirkung von empirischen Objekten jenes letztlich Nichtempirische von Kraft bzw. Energie gerade absolut und autonom entsteht, das könnte

20 R.P.Feynman, *Vom Wesen physikalischer Gesetze*, 2.Aufl. München 1993, S. 26.

jedem Philosophen – wenn auch nur, soweit er reflexionsbereit ist – zum Verstehen verhelfen: Grundsätzlich muß die Natur tatsächlich dazu in der Lage sein, als reine Formursache aufzutreten, worin Aristoteles bereits »enérgeia« erblickte, die sich schwerlich anders denn als reine Kraft bzw. reine Energie wird fassen lassen. Denn ein jeder Fall von relativem Ursprung, den der Physiker nicht leugnen, doch auch nicht erklären kann, verweist den Philosophen darauf, daß er letztlich nur durch einen Fall von solchem absoluten Ursprung zu erklären sein könnte. Und das hieße dementsprechend also doch: Im Anfang war die Kraft, nämlich: Im Anfang war die Energie.

Ein Fall von relativem Ursprung aber müßte dann auch insbesondere das Auftreten von uns als Subjektivität des Geistes oder des Bewußtseins einer Absicht und mithin des Handelns und Erkennens sein, wenn anders dies aus schon bestehender Natur hervorgeht als bereits Geformtem. Und so wäre es auch keineswegs ein Wunder, sondern zu erklären, träte all dies nur als Wirken einer reinen Formursache reiner Kraft bzw. reiner Energie auf. Nur daß diese eben – wie in Fällen jener Felder zwischen stofflich-materiellem Makroskopischen – bloß innerhalb von einem Körper zwischen Teilen dieses Körpers wirkte, weil sie damit dennoch grundsätzlich mit diesem Körper oder Teilen dieses Körpers wechselwirkte, wie auch dieser Körper oder Teile dieses Körpers umgekehrt mit ihr. Nicht zufällig hat denn auch Aristoteles bereits erwogen, was seitdem lateinisch ausgedrückt uns immer noch zu denken aufgegeben ist: *anima forma corporis*, wobei mit *forma* abermals »enérgeia« gemeint ist, die als Kraft oder als Energie sich nachvollziehen lassen müßte. Und so gälte denn in diesem Sinn, wenn auch nicht gleich: Im Anfang war die Tat, so doch auch nicht: Am Ende war die Tat, sondern: Dazwischen kam die Tat, sowie: Dazwischen kam das Wort, und demgemäß: Dazwischen kam das Artefakt; und falls auch noch: Im Anfang war das Wort, sowie: Im Anfang war die Tat, und demgemäß: Im Anfang war das Artefakt, so nur in einem andern Sinn.

III. UNSERE THEORIE UND PRAXIS IHRER FORM NACH

§ 7. Wir als psycho-physisches Problem

Behalten Sie im Blick, was Ihnen bisher einsichtig geworden ist, so müßte ferner für Sie einzusehen sein, wie die Problematik des Verhältnisses von Psychischem und Physischem oder Mentalem und Somatischen sich lösen ließe, dessen Problematisches im wesentlichen deren Wechselwirkung miteinander bildet. Klar ist nämlich, daß die Lösung nicht darin bestehen kann, die Wechselwirkung zwischen Psychischem und Physischem oder Mentalem und Somatischem, die als Hinüber- und Herüberwirken zwischen beidem vor sich gehen muß, etwa empirisch aufzuweisen. Denn aus prinzipiellen Gründen läßt sich nicht einmal die Wechselwirkung zwischen Physischem oder Somatischem und anderem Physischen oder Somatischen als dem Empirischen auch ihrerseits noch als etwas Empirisches erweisen, sondern nur als etwas Nichtempirisches ermitteln: als das Nichtempirische von Kraft oder von Energie und der damit verbundenen Kausalität, das aus Empirischem sich nur erschließen läßt. Infolgedessen kann erst recht nicht mehr gefordert werden, so etwas empirisch aufzuweisen, wo zumindest eins der Glieder, zwischen denen Wechselwirkung statthat, seinerseits nur etwas Nichtempirisches sein kann, wie das Mentale oder Psychische als solches, und wo somit auch erst recht noch das Verhältnis seiner Wechselwirkung mit Somatischem oder mit Physischem als dem Empirischen nur etwas Nichtempirisches sein kann. Und vollends gilt das, wo nicht einmal dieses Physische oder Somatische mehr als etwas Empirisches ermittelt werden, sondern seinerseits nur noch als etwas Nichtempirisches durch Reflexion erschlossen werden kann: dort nämlich, wo Mentales oder Psychisches nur einer Wechselwirkung von Natur mit sich entspringen kann, die jeweils von besonderer Art sein muß.

Wird darin doch Natur als solche selbst zu etwas Nichtempirischem, als das sie nur der Reflexion und damit auch nur der Naturphilosophie noch zugänglich sein kann. Denn wird Natur in solcher Wechselwirkung mit sich selber einerseits zum Psychischen oder Mentalen des Bewußtseins einer Intention, so wird sie im Erfolgsfall anderseits zum Artefakt durch sich als solche Intention, ob nun durch sich als Intention des Handelns oder des Erkennens. Und so hat Natur vor sich als dem Empirischen des Artefakts sich als das Nichtempirische der Intention dabei schon immer so zurückgezogen, daß als letztere sie jeder Art von Empirie entzogen bleiben muß und nur durch Nichtempirie einer Reflexion auf sich noch zu sich finden kann. Zu deren Anstrengung in der Gestalt von Philosophen ist Natur denn auch, wenn überhaupt, nur nach und nach imstande.

Daß jenes Psycho-physische Problem aus diesen Gründen sich nur nichtempirisch lösen lassen kann, heißt somit keineswegs, daß es sich durch die Annahme von etwas lösen lassen soll, das etwas anderes als Natur ist, welchen Sinns auch immer. Seine Lösung soll mithin auch keinesfalls durch die Voraussetzung von irgendeinem falschen Dualismus möglich werden: etwa gleich Descartes und seinem Zwei Substanzen-Dualismus, deren eine nur, die *res extensa*, eine naturale sei, die andere dagegen, die *res cogitans*, eine nichtnaturale. Jeder solche falsche Dualismus ist vielmehr gerade dadurch, daß nur eine Wechselwirkung der Natur mit sich die Lösung dieses Psycho-physischen Problems sein könne, schon von vornherein vermieden. Wohl aber bedeutet letztere als nichtempirische, daß diese eine, einzige Natur im vollen Umfang dessen, was sie alles in sich selbst umfaßt und was sie alles aus sich selbst erstellt, heranzuziehen sei, um diese ungelöste Problematik einer Lösung zuzuführen.

Offenkundig nämlich ist es, daß Natur als solche in sich selbst viel mehr umfaßt und aus sich selbst viel mehr erstellt, als Empiristen und Empiriker für möglich halten möchten. Selbst als das Empirische, als das Empiriker und Empiristen sie ausschließlich zu erwägen pflegen, geht sie in Empirischem durchaus nicht auf. Sie trägt vielmehr als dies Empirische auch Nichtempirisches noch förmlich an sich selbst zur Schau, wenngleich zu dieser Schau von solchem Nichtempirischen an ihr nur Reflexion gelangen kann. Tritt doch Natur in der Gestalt von jeglichem empirischen Objekt für ein Subjekt grundsätzlich nur als jene innere Struktur von Ding und Eigenschaft oder Substanz und Akzidens zutage. Trotzdem kann Natur als diese Eigenschaft oder als dieses Akzidens an Ding oder Substanz nicht so wie ein empirisches Objekt als Ganzes sichtbar werden: nicht so wie etwa der Teil eines empirischen Objekts an diesem Objekt sichtbar ist. Denn auch der Teil eines empirischen Objekts ist seinerseits noch ein empirisches Objekt, doch keineswegs auch noch die Eigenschaft eines empirischen Objekts als solche, sei es nun ein Ganzes oder nur ein Teil von einem Ganzen. Dennoch kann es keinen Zweifel daran geben, daß auch jede solche Eigenschaft eines empirischen Objekts zu diesem Objekt als empirischem und sonach zur Natur noch mit hinzugehört; und dies obwohl sie nicht auch ihrerseits ein eigenes empirisches Objekt ist, wie ein Teil, sondern als solche selbst nur etwas Nichtempirisches, weil nur ein Glied der nichtempirisch-inneren Struktur dieses Empirischen als *Ding mit* Eigenschaft oder *Substanz mit* Akzidens.

Die Eigentümlichkeit dieses Verhältnisses erfassen Sie am besten an der Form eines empirischen Objekts, weil sie geradezu das Musterbeispiel für die Eigenschaft eines empirischen Objekts ist, da vermutlich jede Eigenschaft eines empirischen Objekts auf eine Form desselben sich zurückführen läßt. Ein Teil eines empirischen Objekts ist nämlich immer gegenüber einem andern Teil dieses empirischen Objekts so abgegrenzt, daß es grundsätzlich für Sie möglich ist, auf einen Teil im Unterschied zu einem andern Teil dieses Objekts zu zeigen, weil er durch die Abgrenzung von ihm gerade sichtbar ist. Verglichen damit aber bleibt es Ihnen schlechterdings unmöglich, so wie auf den Teil eines empirischen Objekts im Unterschied zum übrigen etwa auch auf die Form eines empirischen Objekts im Unterschied zu ihm zu zeigen. Und das könnte Sie verwundern, weil doch auch die Form eines empirischen Objekts, ja eigentlich gerade diese Form desselben sichtbar sei, wenn nicht sogar das einzig Sichtbare an ihm.

Das liegt jedoch nur daran, daß, worauf Sie zeigen, wenn Sie auf die Form im Unterschied zu ihm zu zeigen meinen, keineswegs die Form im Unterschied zu diesem Objekt sein kann, sondern nur dieses empirische Objekt als solches selbst, das heißt, als das durch eben diese Form Geformte. Sichtbar nämlich kann auch überhaupt nur ein empirisches Objekt als das durch eine Form Geformte sein und nicht etwa auch eine Form als solche selbst noch, – so als wäre sie auch ihrerseits noch ein empirisches Objekt, wie etwa ein von andern abgegrenzter Teil desselben, und mithin auch ihrerseits noch ein durch eine Form Geformtes, was vielmehr sofort unendlichem Regreß erliegen müßte.

Sichtbar kann sie denn auch niemals werden, auch für Reflexion nicht, die vielmehr nur einzusehen vermag, daß zwischen einer Form und dem durch sie Geformten unterschieden werden muß. Denn letzteres kann eine Form nicht nur besitzen, sondern auch bekommen und verlieren. Eben darin ist es als empirisches Objekt denn auch unübersehbar jene nichtempirisch-innere Struktur von Ding mit Eigenschaft oder Substanz mit Akzidens, weil *etwas mit* einer bestimmten Form. Unübersehbar ist dann aber auch Natur als solche selbst in jedem Einzelfall eines empirischen Objekts der grundsätzliche Dualismus dieses nichtempirisch-inneren Verhältnisses dazwischen, nämlich zwischen diesem Nichtempirischen von Ding und Eigenschaft oder Substanz und Akzidens inmitten jedes einzelnen Empirischen. Und dieser innerliche Dualismus, der sich schlechterdings nicht reduzieren läßt, hält denn auch anders als ein äußerlicher, wie zum Beispiel jener Zwei Substanzen-Dualismus, jedem Einwand stand, auch dem des Empiristen und Empirikers. Ja ihm ist er sogar unüberwindlich, weil Natur als solche selbst gerade diesen Dualismus aufweist: als das Nichtempirische in sich als dem Empirischen.

Entsprechend kann auch nichts dagegen einzuwenden sein, in vollem Umfang von Natur als diesem Nichtempirischen inmitten des Empirischen Gebrauch zu machen, um für jene Problematik einer Wechselwirkung zwischen Psychischem und Physischem, die letztlich nur auf jenes Nichtempirische der Wechselwirkung von Natur mit sich zurückgehen kann, nach einer Lösung auszuschauen, die auch ihrerseits dann nur noch eine nichtempirische sein kann. Im Gegenteil: Daß diese Problematik bisher ungelöst ist, liegt gerade daran, daß zu ihrer Lösung die Natur als dieses Nichtempirische inmitten von Empirischem bisher nicht voll herangezogen worden ist, wie Sie noch sehen werden. Wäre doch an jener Sonderstellung jenes Psychischen oder Mentalen gegenüber Physischem oder Somatischem, die für die Problematik einer Wechselwirkung zwischen beidem ja der eigentliche Grund ist, keineswegs etwas Absonderliches, wenn das Psychische oder

Mentale diese Sonderstellung als die *Form* des Physischen oder Somatischen besäße, wie schon Aristoteles vermutete: *anima forma corporis.* Als *Eigenschaft* oder als *Akzidens* von Physischem oder Somatischem kann Psychisches oder Mentales nämlich schlechterdings nicht problematisch sein, denn mit dem Nichtempirischen der *Eigenschaft* oder des *Akzidens* an Ding oder Substanz ist die Natur als das Empirische doch schlechterdings nicht überschritten. Damit nämlich, daß Natur als das Empirische von Physischem oder Somatischem hervortritt, tritt Natur auch als das Nichtempirische von Eigenschaft oder von Akzidens an Ding oder Substanz inmitten des Empirischen hervor, kurz: auch als Form an dem durch solche Form Geformten. Und so tritt Natur denn auch als solche selbst bereits in der Gestalt von einem innerlichen Dualismus auf, der nur, wenn man ihn gröblich mißversteht, den Eindruck eines falschen äußerlichen macht.

Dies einzusehen ist denn auch notwendige Voraussetzung dafür, sich ferner einsichtig zu machen, was die eigentliche Problematik daran ist, die Sie jetzt sehen müßten: Problematisch ist gerade nicht der Dualismus eines innerlichen Gegenüber zwischen Form als Eigenschaft oder als Akzidens und Ding oder Substanz als dem dadurch Geformten; problematisch ist vielmehr allein der *Sinn*, *in dem* das Psychische oder Mentale diese Sonderstellung einer Form als Eigenschaft oder als Akzidens von Physischem oder Somatischem besitzt, weil dieser Sinn dann auch ein eigentümlicher, ja einzigartiger sein müßte. Hätte dieser Sinn von Psychischem oder Mentalem als der Form des Physischen oder Somatischen doch all das in sich aufzuweisen, was wir über dieses Psychische oder Mentale schon ermittelt haben: daß es nämlich nur der Inbegriff der Selbstbewegung einer Selbstverwirklichung bzw. Selbstverursachung sein könne, wenn es als Bewußtsein einer Absicht oder Intention eines Subjekts verständlich werden solle. Mindest soviel nämlich haben Sie im vorigen sich doch bereits zur Einsicht bringen können: *Wenn* es so etwas wie Subjektivität oder Intentionalität tatsächlich gibt, was wir alltäglich-umgangssprachlich als unzweifelhaft betrachten, dann auch nur, indem sie all das in sich mit umfaßt, was wir als notwendig zu ihr dazugehörig schon erweisen konnten. Denn all das ergibt sich schon allein aus der Semantik von Intentionalität als Subjektivität. *Daß* es dergleichen wirklich gibt, ist damit allerdings noch keineswegs erwiesen. Läßt dergleichen sich doch auch erst dann erweisen, wenn schon klar ist, wonach dabei überhaupt zu suchen sei.

Doch auch als etwas von der Art, von der das Psychische oder Mentale als die Form des Physischen oder Somatischen dann notwendig sein müßte, hat im vorigen sich schon Natur als solche selbst ergeben. Muß sie danach doch imstande sein, auch als Bewegung ohne ein Bewegtes aufzutreten, nämlich ohne etwas, das dabei bloß *in* Bewegung, nämlich bloß im *Zustand* der Bewegung, aber nicht *Bewegung* wäre. Eben darauf läuft es jedenfalls hinaus, wenn Physiker betonen, jenes »ständige Vergehen und Entstehen« einer Kraft bzw. Energie in einem Wellenfeld, wie beim Elektromagnetismus, habe als Bewegung ohne jegliches Substrat zu gelten, die gleichwohl jedoch von einer Seite her etwas Verursachtes ist und nach anderer Seite hin etwas Bewirkendes. Und daraus folgt: Bereits als solche selbst vermag Natur das Außerordentliche einer Form, die formt, zu sein, das heißt, als bloße Form, nämlich als reine Kraft bzw. Energie, die ohne einen Träger, der sie übertrüge, auftritt und ihr Werk verrichtet. Sie vermag dies so, als ob das Wirken einer bloßen Form als solcher, nämlich ohne jedes Wirken eines Hammers oder Meißels, Marmor oder Holz zu einer Statue formen könnte, wie wir uns zuletzt dies Außerordentliche am Modell des Aristoteles verdeutlicht hatten. Mindestens von dieser Art Bewegung ohne ein Bewegtes aber hätte auch das Außerordentliche jener Selbstbewegung einer Selbstverwirklichung als Selbstverursachung zu sein, als die allein so etwas wie Intentionalität von Subjektivität begreiflich werden könnte, wie wir uns zuvor schon deutlich machen konnten[1].

Es hätte somit vom Mentalen oder Psychischen zu gelten, daß es jenes Nichtempirische von bloßer Eigenschaft bzw. bloßem Akzidens an Physischem oder Somatischem als dem Empirischen im Sinn von solcher bloßer Form desselben wäre. Und das heißt: Es wäre die substratlose Bewegung eines ständigen Entstehens und Vergehens solcher Form, die gleichwohl dasjenige, dessen Form sie ist, durch sich auch in Bewegung oder Ruhe setzt bzw. hält: das Physische oder Somatische als Körper oder Leib von sich als Psychischem oder Mentalem des Bewußtseins einer Absicht eines Subjekts. Dies jedoch heißt dann zuletzt nur soviel, daß Natur, die

1 Vgl. oben § 3, S. 101 ff.

dazu grundsätzlich imstande sein muß, auch durch eine Wechselwirkung zwischen Teilen innerhalb von solchem Physischen oder Somatischen dazu imstande sein muß, eine Wirkung, die das Ganze dieses Physischen oder Somatischen dann als den Körper oder Leib von sich durch sich auch in Bewegung oder Ruhe setzt bzw. hält. Denn keine Frage kann es für Sie sein, daß ganz bestimmte Teile eines solchen Körpers oder Leibes, wie sie als Gehirn – im Unterschied etwa zu Niere oder Leber – miteinander wechselwirken, dasjenige sind, wodurch es zur Erstellung eines Subjekts kommt und damit zur Bewegung oder Ruhe eines Körpers oder Leibes durch ein Subjekt.

Doch bevor wir darauf eingehen, wie Zustandekommen von Mentalem oder Psychischem durch Wechselwirkung zwischen Teilen dieses Physischen oder Somatischen verständlich werden müßte, wenden wir uns erst einmal dem Nächstliegenden zu, daß nämlich Psychisches oder Mentales in der Tat im vorgenannten Sinn von Form des Physischen oder Somatischen sich grundsätzlich begreifen ließe. Denn genau in diesem Sinn von Form wird Ihnen dann auch klar, was dem bisher im Wege stand. – Nicht nur die grundverfehlte Meinung, eine Sonderstellung dieses Psychischen oder Mentalen anzunehmen, heiße, einen falschen äußerlichen Dualismus anzusetzen, so daß man entsprechend grundverfehlt vermeinte, diesbezüglich habe man sich vielmehr des Reduktionismus auf Materialismus zu befleißigen. Ist doch am innerlichen Dualismus zwischen Form als Eigenschaft oder als Akzidens und Ding oder Substanz als dem Geformten schlechterdings nichts falsch, weil er als etwas Nichtempirisches bereits inmitten des Empirischen von jedem materiellen Objekt vorliegt. – Als ein Hindernis im Wege stand dem vielmehr auch noch die nicht weniger verfehlte Meinung, solch ein alles andere als falscher Dualismus, wie seit Aristoteles bereits bekannt, vermöge nichts zu einer Lösung der Leib/Seele-Problematik beizutragen. Schlechthin unerfindlich müsse nämlich bleiben, wie es zwischen Form als Eigenschaft oder als Akzidens und Ding oder Substanz als dem Geformten überhaupt zu einer Wechselwirkung kommen könnte, weil doch stets nur ein empirisches Objekt oder Ereignis insgesamt mit einem andern solchen wechselwirken könne. Und so laufe dies am Ende doch wieder hinaus auf einen falschen Zwei Substanzen-Dualismus, wie er jenen schon zurückgewiesenen Versuchen in der

Tat zugrunde liegt, wonach als Ursache bzw. Wirkung von etwas auch Eigenschaften oder Zustände empirischer Objekte gelten können[2]. Und so kam man aus dem falschen Alternieren zwischen gleicherweise Falschem eben nicht heraus.

Der eigentliche Fehler aber lag bei all dem vielmehr darin, daß man außerstande war, sich Eigenschaft als Akzidens oder als Zustand an Substanz oder an Ding in jenem Sinn von Form, die formt und somit wirkt, zu denken, ohne daß bloß deshalb sie auch ihrerseits sogleich ein weiteres Substrat und damit gleichfalls Ding oder Substanz sein müßte. Letztlich also war man außerstande, solche Form als reine Kraft bzw. Energie zu denken, nämlich als substratlose Bewegung ohne ein Bewegtes, die trotzdem jedoch als etwas auftritt, *das mit* etwas, wie auch, *mit dem* etwas *wechselwirkt*. Und das ist eben dasjenige, was durch solche Form geformt wird, oder dasjenige, was durch solche Form zum Material für solches Formen wird. Denn ein von Grund auf neuer Sinn von Wechselwirkung stellt sich ein, wenn es bei dem, was miteinander wechselwirkt, sich einerseits um solche Form als reine Kraft bzw. Energie einer Bewegung ohne ein Bewegtes handelt, nämlich ohne ein Substrat: auch dann, wenn es bei dem, womit sie wechselwirkt, sich anderseits um etwas handelt, das als Ding oder Substanz sehr wohl Substrat ist, wie das Physische oder Somatische als das durch solche Form geformte Material. Und eben dieser neue Sinn von Wechselwirkung, der für alles weitere entscheidend wird, ist es, von dem man bisher überhaupt nichts ahnt.

Denn ganz im Sinn des falschen Alternierens zwischen jenem gleicherweise Falschen hält man es seit jeher und noch immer für die bare Selbstverständlichkeit: Soll eine Wechselwirkung zwischen Psychischem und Physischem oder Mentalem und Somatischem erfolgen können, muß wie Physisches oder Somatisches auch Psychisches oder Mentales doch zumindest wirklich oder existent sein, weil doch etwas, das es gar nicht gibt, auch gar nichts sein kann, *auf das* etwas oder *das auf* etwas *wirken* könnte. Und zumindest in dem Sinn, in dem ja auch die Form als Eigenschaft oder als Akzidens an Ding oder Substanz als dem durch sie Geformten *etwas* und nicht *nichts* ist, trifft das zweifellos auch zu. Nur nimmt man dabei ohne weiteres mit an: Wie eine solche Form

2 Vgl. oben § 6, S. 183 ff.

als Eigenschaft oder als Akzidens an Ding oder Substanz als dem Geformten, müsse Psychisches an Physischem oder Mentales an Somatischem dann etwas sein, das auch schon immer in dem Sinn besteht, daß es gewissermaßen auch schon immer zur Verfügung steht als etwas, *das auf* etwas oder *auf das* etwas wirken könne. Sei Bestehen als Zur Verfügung-Stehen desselben doch auch insbesondere für letzteres vorauszusetzen, denn das Psychische oder Mentale könne ja nur auf dem Wege einer Wirkung durch das Physische oder Somatische auf es als Form dann auch einen Gehalt in sich als Form empfangen.

Nur daß von beidem eben keine Rede sein kann: weder davon, daß dies Psychische oder Mentale, wenn es Form als Eigenschaft oder als Akzidens an Physischem oder Somatischem als Ding oder Substanz sein soll, wie sie nur ein Bestehen daran sein kann; noch auch davon, daß es ein Bestehen daran sein muß, weil nur dadurch möglich sein kann, daß dies Psychische oder Mentale durch dies Physische oder Somatische auch eine Wirkung auf sich selbst als Form und so auch einen Inhalt in sich selbst als Form empfängt. Denn weder ist es so, daß eine Form als Eigenschaft oder als Akzidens an Ding oder Substanz allein *bestehen* kann, da sie vielmehr auch zweifellos daran *entstehen* und *vergehen*, weil daran auch *wechseln* kann, wie Ihnen noch erinnerlich sein wird. Noch ist es so, als müßte etwas, das auf etwas oder auf das etwas wirken kann, auch ein Bestehen sein, weil es vielmehr auch ein Entstehen und Vergehen sein kann, nämlich auch ein Wechseln. So verhält es sich etwa bei reiner Kraft bzw. reiner Energie im Wellenfeld jenes Elektromagnetismus, die sogar Bewegung ohne ein Bewegtes, nämlich ohne ein Substrat ist, wie Sie gleichfalls noch erinnern werden.

Und so müßte Ihnen daraus auch erhellen: Woran es bisher fehlt, ist jede Fähigkeit, sich einsichtig zu machen: Auch bei solcherart Bewegung ohne ein Bewegtes, ohne ein Substrat, als ständiges Entstehen und Vergehen handelt es sich folglich zweifellos um Wirklichkeit von eigener Wirksamkeit, für die es also keineswegs erforderlich ist, daß sie die eines Bestehens sei[3]. Im Gegenteil:

3 Vor dieser Schwierigkeit steht auch die neuere Physik: Seit der Entdeckung des Elektromagnetismus sieht sie sich zur Anerkennung von substratloser Bewegung ohne ein Bewegtes innerhalb von einem Wellen-

Danach ist so etwas wie reine Kraft bzw. reine Energie als ein Entstehen und Vergehen *ohne* ein Bestehen, nämlich als Bewegung *ohne* ein Bewegtes, eben *ohne* ein Substrat, sogar von einer ganz besonderen Wirklichkeit der Wirksamkeit in einem ganz besonderen Sinn. Zutage treten muß dies denn auch dort, wo eine Wechselwirkung auftritt zwischen ihr als einem Etwas *ohne* ein Substrat und einem Etwas *mit* einem Substrat: wie bei der Wechselwirkung von Mentalem oder Psychischem, als bloßer Form solcher Bewegung ohne ein Bewegtes reiner Kraft bzw. Energie, und Physischem oder Somatischem als dem dadurch geformten Material. Und in der Tat kommt dieses ganz Besondere des Sinns von Wirklichkeit als Wirksamkeit hier auch zum Vorschein, daran nämlich, daß der Sinn von solcher Wechselwirkung, den allein man hier bislang zugrunde legt, sich hier vielmehr gerade umkehrt.

Pflegt man doch mit größter Selbstverständlichkeit bisher ausschließlich davon auszugehen: Jene »Affektion« zum Beispiel, als die Einwirkung von Physischem oder Somatischem auf Psychisches oder Mentales, tritt allein in dem Sinn auf, daß eine Mitwirkung durch das Mentale oder Psychische dabei auch bloß als *Reaktion* von letzterer auf erstere erfolgt, die somit gleichermaßen selbstverständlich als entsprechende *Aktion* vorausgesetzt wird. Empiristisch-dingverfallen, wie man ist, vermag man sich von vornherein nichts anderes vorzustellen, als daß jegliche Aktion dabei natürlich nur vom Physischen oder Somatischen als dem empirischen Objekt ausgehen könne, weil doch auch nur sie als ein empirisches Ereignis physiologisch nachzuweisen sei. Dagegen werde das Mentale oder Psychische, da es als solches nicht auch seinerseits etwas Empirisches und damit physiologisch Nachweisbares sei, auch nicht recht greifbar. Folglich könne dabei durch

feld gezwungen und hat den »Primat der Substanz« bzw. die »Substanzauffassung der physikalischen Realität« infolgedessen »abgeschafft«. So spricht sie »einen fundamentalen Satz der modernen Physik und der modernen Philosophie der Materie aus: Die Materie wirkt das, was sie wirkt, nicht, weil sie ist, was sie ist, sondern sie ist, was sie ist, weil sie wirkt, was sie wirkt«. Nur ist das eben schwierig, weil es danach etwas Wirkendes und damit etwas Wirkliches zu denken gälte, das gleichwohl nicht ein Substrat bzw. etwas Substanzielles wäre (M.Jammer, *Der Begriff der Masse in der Physik*, Darmstadt 1964, S. 163f.).

Mentales oder Psychisches, wenn überhaupt etwas erfolgen, so auch höchstens eine Reaktion darauf. Doch empiristisch-dingverfallen ist das dann auch gleich in mehr als einem Sinn.

Was nämlich erst einmal die Empirie als solche selbst betrifft, so ist das reine Willkür und Dogmatik. Denn gerade aus der Sicht der Empirie kann es im Rahmen einer Wechselwirkung zwischen einem Partner dieser Wechselwirkung und dem andern einen Vorrang oder Nachrang, wie zum Beispiel den eines Agierenden im Unterschied zu dem eines bloß Reagierenden, nicht geben. Trotzdem also wird dem Physischen oder Somatischen, bloß weil es ein empirisches Objekt oder Ereignis ist, der Vorrang des dabei Agierenden tatsächlich eingeräumt. Doch empiristisch-dingverfallen ist das auch noch darin, daß genauso willkürlich-dogmatisch das Mentale oder Psychische dadurch zurückgesetzt wird in den Nachrang des bloß Reagierenden, womit seine Verdinglichung besiegelt ist, was aber offenkundig macht, daß die damit verbundene Leib/Seele-Problematik auch nur eine selbstgemachte ist: Dogmatisch-empiristisch zum bloß Reagierenden herabgesetzt, kann Psychisches oder Mentales dann auch nur als etwas Quasi-Physisches oder -Somatisches noch gelten, das wie ein empirisches Objekt als Ding oder Substanz besteht, weil auch nur etwas immer schon Bestehendes in diesem Sinn ein Reagierendes sein kann.

Und so ist es auch eben dieser Sinn, der sich von Grund auf umkehren muß, sobald Sie sich vor Augen führen, daß diese empiristische Voraussetzung nicht stimmen kann, wenn gelten muß: Das Psychische oder Mentale ist gerade etwas Nichtempirisches, und nicht nur darum, weil es bloße Form an Physischem oder Somatischem sein muß, sondern auch deshalb, weil es nicht einmal als solche Form daran etwa bestehen, sondern nur entstehen und vergehen kann. Was dabei immer schon besteht, ist vielmehr umgekehrt gerade dieses Physische oder Somatische, woran das Psychische oder Mentale immer erst entsteht wie auch vergeht. Denn mindest heutzutage dürfte doch wohl außer Zweifel stehen, daß es auch immer erst aus ganz bestimmt organisiertem Physischen oder Somatischen heraus zum Auftreten von so etwas wie Psychischem oder Mentalem kommen kann. Und kommt es dazu, dann ist Psychisches oder Mentales durch die Art und Weise, wie es auftritt und mit solchem Physischen oder Somatischen dadurch in Wechselwirkung tritt, auch umgekehrt gerade das dabei

Agierende und dieses Physische oder Somatische entsprechend auch gerade umgekehrt das darauf Reagierende.

Denn tritt an Physischem oder Somatischem als immer schon Bestehendem dann Psychisches oder Mentales auf als immer erst Entstehendes gleichwie Vergehendes, so auch als etwas, das mit diesem Physischen oder Somatischen in Wechselwirkung immer wieder nur von sich aus tritt, denn Wechselwirkung nimmt es dann mit ihm auch immer wieder nur von sich aus auf. Und so vermag denn ersteres, gerade weil es immer schon besteht, auch immer erst zu reagieren auf das, was immer erst entsteht gleichwie vergeht, was eben dadurch gegenüber ersterem jedoch auch immer schon agiert. Daß letzteres nicht immer schon besteht, sondern gerade immer erst entsteht gleichwie vergeht, zieht eben dieses Eigentümliche, ja Einzigartige nach sich: Nicht nur tritt Psychisches oder Mentales nicht als etwas auf, das jeweils auf angeblich immer schon agierendes Physisches oder Somatisches bloß reagieren könnte, sondern umgekehrt vielmehr als etwas, das gerade immer schon agiert, so daß auch eben darauf vielmehr umgekehrt gerade Physisches oder Somatisches bloß reagieren kann.

Allein schon dadurch nämlich, daß das Auftreten von Psychischem oder Mentalem immer wieder nur als ebenso Entstehen wie Vergehen von ihm vor sich geht, hat jedes solche Auftreten bereits den Vorrang des Agierens gegenüber jedem anderen, mit dem es wechselwirkt und dem dann gegenüber ihm auch umgekehrt nur noch der Nachrang eines Reagierens zufällt. Kommt das erstere doch eben dadurch jedem anderen Agieren immer wieder schon zuvor und jedes andere Agieren gegenüber ihm sonach auch immer wieder schon zu spät, so daß es dann auch nur als Reagieren noch Agieren sein kann. Denn solang Entstehen wie Vergehen von ihm noch nicht vor sich geht, liegt auch noch überhaupt nichts vor, *das auf* etwas dann immer nur noch *re*agieren könnte, und sobald Entstehen wie Vergehen von ihm vor sich geht, tritt eben damit auch schon immer etwas auf, *auf das* dann etwas immer nur noch *re*agieren kann. Und so ist Auftreten von Psychischem oder Mentalem als ein immer wieder neu Entstehen wie Vergehen eben ein Zuvorkommen schlechthin und somit eine Apriorität, die dadurch unausweichlich wird, und zwar auf das natürlichste.

Das heißt zuletzt: Das Auftreten von Psychischem oder Mentalem ist als solches selbst bereits Agieren, hat mithin als solches selbst auch schon den Vorrang des Agierens gegenüber allem anderen, gerade weil es diesem gegenüber immer erst entstehen wie vergehen kann und dieses dabei immer schon bestehen muß. Auf Grund von diesem Vorrang des Agierens aber kann es dann auch nur in dem Sinn noch mit solchem anderen wechselwirken, daß dann dieses andere dabei auch nur noch Reagieren sein kann und so auch nur noch den Nachrang eines Reagierens *auf* Agieren haben kann.

Von all dem vielen anderen, das dabei immer schon besteht, kann dann jedoch auch nur noch das dafür in Frage kommen, *aus dem* solches Psychische oder Mentale immer erst entsteht gleichwie vergeht: das Physische oder Somatische des jeweils eigenen Körpers oder Leibes eines Subjekts. Muß zu einer Wechselwirkung zwischen Partnern – welchen Sinns auch immer – doch der eine Partner mit dem anderen zusammentreffen, und so muß doch auch für Psychisches oder Mentales als Agieren solches andere erreichbar sein, damit es mit ihm in Berührung kommen und in Wechselwirkung treten kann. Als das in diesem Sinn Agierende jedoch kann Psychisches oder Mentales schlechterdings nichts anderes erreichen und berühren, um mit ihm zu wechselwirken, als genau den Teil des Physischen oder Somatischen, der als Bestehen das Entstehen wie Vergehen dieses Psychischen oder Mentalen jeweils allererst aus sich heraus erstellt.

Erreichen und berühren, um mit ihm zu wechselwirken, kann das jeweilige Psychische oder Mentale also nur das jeweilige Physische oder Somatische, an das es eben deswegen auch unlösbar gebunden ist und so in eigentümlicher, ja einzigartiger Verbindung mit ihm steht: gerade im Verhältnis des Subjekts zu seinem Körper oder Leib. Und schlechthin ausgeschlossen ist es dementsprechend, solches Psychische oder Mentale könnte auch genausogut mit einem andern oder gar mit jedem andern Teil des Physischen oder Somatischen in solche Wechselwirkung treten, denn das wäre abermals der reine Spiritismus.

Mit der Eigentümlichkeit, ja Einzigartigkeit dieses Verhältnisses geht dann jedoch noch eine weitere einher: Auch jede Wechselwirkung zwischen diesen Partnern innerhalb dieses Verhältnisses ist eine ebenso besondere, die Ihnen angesichts der Umkehrung jenes Verhältnisses zwischen dabei Agierendem und Reagierendem in einem ersten Schritt schon einsichtig geworden ist, die sich jedoch noch weiter einsehen lassen muß. Von all dem Eigentümlichen, ja Einzigartigen steht jedenfalls bisher noch jede Einsicht aus.

Bisher ist nämlich die Besonderheit dieses Verhältnisses noch nicht einmal im allgemeinen eingesehen, wie zuletzt, geschweige denn im einzelnen, wohin wir ihm nun weiter nachzugehen haben. Schließlich müßte auch im einzelnen der Wechselwirkung zwischen solchen Partnern innerhalb dieses Verhältnisses das schon im allgemeinen aufgewiesene Besondere desselben wiederkehren. Denn auch jedes einzelne der beiden Glieder einer solchen Wechselwirkung zwischen ihnen könnte dann nur ein besonderes sein: die Einwirkung von Psychischem auf Physisches oder Mentalem auf Somatisches genausosehr wie auch die Einwirkung von letzterem auf ersteres.

Um dies zu sehen, vergewissern Sie am besten sich erst einmal dessen, daß die unauflösliche Gebundenheit von ersterem an letzteres der Stellung dieses ersteren als einer Form von diesem letzteren genau entspricht. Denn eine Form tritt grundsätzlich nur an etwas durch sie Geformtem auf, gleichviel, ob sie daran besteht oder entsteht oder vergeht. Und das gilt grundsätzlich auch für das ständige Entstehen wie Vergehen als das Auftreten von diesem Psychischen oder Mentalen, wenn es immer erst an immer schon bestehendem Physischen oder Somatischen entsteht gleichwie vergeht. Und wie es dabei zwischen solchem auch im einzelnen zu einer Wechselwirkung, nämlich auch zu einer Einwirkung des einen auf das andere kommen kann, und umgekehrt, ist nun des weiteren die Frage.

Damit nämlich, daß dabei nur einseitig das Psychische oder Mentale das Agierende sein kann, das Physische oder Somatische dagegen bloß das Reagierende, ist diese Frage keineswegs bereits beantwortet, sondern gerade erst gestellt, nur eben nicht mehr falsch, wie bisher. Kann von nun an doch nicht mehr die Rede von der Frage sein, wie denn zum Beispiel eine Einwirkung von Physischem oder Somatischem auf Psychisches oder Mentales als die »Affektion« des letzteren durch ersteres sich je begreifen ließe, wobei stillschweigend vorausgesetzt wird, ersteres sei dabei das Agierende und letzteres das Reagierende. Denn in der Tat muß das seit jeher und bis heute unbegreiflich bleiben, – doch auch nur infolge dieses stillschweigend Vorausgesetzten. Erst nach unserer

Umkehrung des Falschen dieser scheinbar selbstverständlichen Voraussetzung kann das begreiflich werden, wonach dieses »Affiziertwerden« des Psychischen oder Mentalen durch das Physische oder Somatische gerade umgekehrt nur das eines Agierenden durch ein bloß Reagierendes sein kann.

Die richtige anstatt der falschen Frage muß mithin auch lauten: Wie läßt sich ein solches umgekehrtes »Affizieren« begreifen? Welchen Sinn kann es besitzen, wenn etwas nicht dadurch »affiziert«, daß es agiert und etwas auf es reagiert, sondern gerade dadurch, daß es reagiert auf etwas, das agiert und das mithin die Ursache dafür ist, daß das andere auf es reagiert und so es affiziert? Denn keine Frage kann es sein: Es müßte trotz dieser Besonderheit doch auch ein solches Affizieren seinerseits ein Einwirken von etwas *auf* etwas und Eingehen von etwas *in* etwas und Übergehen von etwas *an* etwas bedeuten, um das Auftreten von jenem Inhalt innerhalb von jener Form erklären zu können.

Und tatsächlich kann doch keine Rede davon sein, dies wäre etwa dadurch ausgeschlossen, daß das Psychische oder Mentale das dabei Agierende gerade darum sei, weil dessen Auftreten dabei nur ständiges Entstehen wie Vergehen sei. Denn als ein ständig nur Entstehendes gleichwie Vergehendes ist Psychisches oder Mentales freilich nichts Bestehendes, bloß deshalb aber keineswegs sogleich auch einfach nichts; es ist vielmehr durchaus auch selber etwas, eben etwas, das nur nicht besteht, sondern entsteht gleichwie vergeht. Und in der Tat: Als etwas und nicht nichts bloß dasjenige anzusehen, was auch etwas Bestehendes ist, heißt, bloß das, was auch Substrat ist, dafür auszugeben.

Doch das ist allein schon angesichts des Auftretens von Kraft bzw. Energie als der Bewegung ohne ein Bewegtes innerhalb der Wellenfelder des Elektromagnetismus unhaltbar. Ja danach ist die Wirksamkeit, die *nicht* durch ein Substrat erfolgt, sogar die eigentliche Wirklichkeit, wie Kenner neuerer Physik vertreten[4]. Handelt es sich dabei also grundsätzlich um etwas und nicht nichts, dann ist auch schlechterdings nicht einzusehen, weshalb es sich dabei nicht auch um etwas handeln könnte, *auf das* etwas, sowie, *das auf* etwas einwirkt. Und so kann von solcher Einwirkung auch nicht in Frage stehen, *ob* sie möglich ist, sondern nur, *wie* sie möglich ist.

4 Vgl. oben S. 221, Anm.3.

Denn schlechterdings nicht einzusehen ist dann ferner, weshalb nicht auch, ohne daß ihm ein Substrat zugrunde liegt, ein solches Etwas es vermöchte, dahingehend aufzutreten, daß es auch mit einem anderen in Wechselwirkung träte. Ist es nämlich etwas und nicht nichts, so kann es grundsätzlich auch noch mit anderem zusammenkommen und zusammenwirken, eben wechselwirken, welcher Art auch immer diese Wechselwirkung durch die Art des Auftretens von einem so besonderen Etwas sein mag.

Was es gilt, ist demnach, der besonderen Art des Auftretens von einem solchen Etwas weiter nachzugehen, um von ihr her dann auch die besondere Art des Einwirkens auf es noch einzusehen, die sich aus ihr ergeben müßte. Dazu gehen Sie zunächst am besten von dem Negativen aus, um welche Art des Einwirkens es sich dabei gerade nicht wird handeln können. Daß es sich bei diesem Etwas nämlich nicht um solches handelt, das besteht, sondern das nur entsteht gleichwie vergeht, schließt dann von vornherein schon aus, es könnte eine Einwirkung auf es von solcher Art sein, wie man sie seit jeher im normalen Sinn des Affiziertwerdens von etwas durch etwas sich vorzustellen pflegt. Denn da man jenes Psychische oder Mentale hierbei grundsätzlich als etwas immer schon Bestehendes voraussetzt, meint man sich auch sicher sein zu können: Eine Einwirkung auf etwas gehe als die Affektion desselben nur vonstatten, wenn sie auch in irgendeinem Sinn etwas bewirkt, wobei das mindeste, was vor sich gehen müsse, wenn etwas bewirkt wird, dies sei, daß etwas bewegt wird. Und als dasjenige, was dabei bewegt wird, komme eben nur etwas Bestehendes in Frage, weil doch nur etwas Bestehendes sich in Bewegung setzen lasse: sei es, daß es in Bewegung ursprünglich gebracht wird, nämlich aus der Ruhe, oder daß es, wenn es in Bewegung ist, in quantitativ andere gebracht wird oder auch in Ruhe, kurz: daß es beschleunigt wird.

Nur wird in diesem Sinn dann jede Einwirkung auf Psychisches oder Mentales als die Affektion desselben schlechthin unverständlich, weil es eben damit auch zu etwas Quasi-Physischem oder -Somatischem gemacht wird, das jedoch als angeblich Bestehendes, das dabei angeblich bewegt wird, sich empirisch nicht ermitteln läßt. Doch gilt das eben auch bereits für jene Kraft bzw. Energie, die sich als solche selbst empirisch ebenfalls nicht feststellen läßt, sondern nur jenes Langsamer- bzw. Schnellerwerden als Beschleunigtwerden von Objekten, das ihr nur entspricht. Und daran sehen Sie, daß auch hier schon diese Kraft bzw. Energie als solche selbst gerade nicht wie ein empirisches Objekt etwas Bestehendes ist und aus diesem Grund mithin als solche selbst auch nichts empirisch Feststellbares ist.

Schon hier kann aber keine Rede davon sein, bloß deshalb etwa solche Kraft bzw. Energie als eine Wirklichkeit der Wirksamkeit zurückzuweisen, und erst recht nicht dort, wo sie nur als substratlos-absoluter Wechsel von Entstehen und Vergehen noch in Frage kommen kann, wie innerhalb von jenen Wellenfeldern des Elektromagnetismus. Trotzdem nämlich ist sie dort, ja eigentlich gerade dort, auch eine Wirklichkeit der Wirksamkeit, *die mit* etwas, sowie, *mit der* etwas in Wechselwirkung treten kann. Aus diesem Grund steht vielmehr letztlich auch bereits empirische Naturwissenschaft, und an ihrer Spitze die Physik, vor dem Problem: Wie läßt sich denken, daß auch ein substratlos-absoluter Wechsel des Entstehens wie Vergehens von Bewegung ohne ein Bewegtes es vermag, als eine Wirklichkeit der Wirksamkeit sich derart auszuwirken, daß *er mit* etwas, wie auch, daß etwas *mit ihm* eben wechselwirkt. Denn mathematisch freilich ist daran nichts problematisch, was der quantitativ funktionierende Formalismus des Elektromagnetismus zur Genüge zeigt. Doch ontologisch ist das alles andere als problemlos, weil der letztere ja gänzlich offen läßt, wie das, wofür er quantitativ so gut funktioniert, denn qualitativ eigentlich beschaffen ist[5]. Und so liegt darin auch eine Gemeinsamkeit des ontologisch bisher Ungedachten zwischen *solcher* Kraft bzw. Energie, wie schon empirische Naturwissenschaft sie behandelt, und *derjenigen*, die nur noch nichtempirische Naturphilosophie behandeln kann: derjenigen des Psychischen oder Mentalen.

Denn gemeinsam haben sie die ontologisch bisher ungelöste Problematik: Wie denn läßt sich denken, daß von etwas eine Wirkung ausgeht oder auch in etwas eine Wirkung eingeht, das sich ontologisch so verhält wie jene Wirklichkeit der Wirksamkeit einer Bewegung ohne ein Bewegtes, die als ein substratlos-ab-

5 Vgl. nochmals K.Devlin (*Muster der Mathematik*, Heidelberg 1997, S. 237), der hier klar zum Ausdruck bringt, daß dies bis heute noch »ein Rätsel« ist.

soluter Wechsel von Entstehendem gleichwie Vergehendem vonstatten geht. Wenn dieses Etwas nämlich nichts Bestehendes ist, sondern nur etwas Entstehendes gleichwie Vergehendes, dann ist zunächst einmal auch schon von vornherein die Möglichkeit entfallen, es könnte eine Wirkung auf es dahin gehen, daß es durch sie in Bewegung komme – sei es aus der Ruhe oder auch aus quantitativ anderer Bewegung – oder daß es durch sie auch in Ruhe komme, kurz: daß es beschleunigt werde. Ist doch all das an die Möglichkeit gebunden, grundsätzlich zu unterscheiden zwischen etwas, das *in* Ruhe oder *in* Bewegung ist, und dieser Ruhe und Bewegung gegenüber diesem Etwas als Bewegtem oder Ruhendem. Und diese Möglichkeit setzt dieses Etwas eben als etwas Bestehendes voraus, als ein Substrat, das hier jedoch nicht vorliegt, so daß hier auch diese Möglichkeit der Unterscheidung nicht gegeben ist.

Wie problematisch dies allein schon für Physik ist, scheint bisher noch gar nicht aufgefallen zu sein, wie Ihnen nicht entgehen wird. Denn ohne diese Unterscheidbarkeit besteht auch keine Möglichkeit, noch länger sinnvoll von etwas zu sprechen, das beschleunigt, nämlich langsamer bzw. schneller wird: Nur ein empirisches Objekt als Ding oder Substanz im Sinne von Substrat kann danach langsamer bzw. schneller und mithin beschleunigt werden, was mithin ans Makroskopische gebunden bleiben muß, wie etwa an das Makroskopische von Meßgeräten. Und so kann auch allenfalls dazwischen jenes ebenso Entstehen wie Vergehen reiner Kraft bzw. Energie des Wellenfeldes als substratlos-absoluter Wechsel von Bewegung ohne ein Bewegtes vor sich gehen, doch nichts davon vermag dann auch als solches selbst noch sinnvoll als etwas dabei Beschleunigtes zu gelten: als ein dabei Langsamer- bzw. Schnellerwerdendes.

Wie diese Problematik für Physik sich lösen ließe, nämlich ob dergleichen auch als etwas Selbständiges möglich und begreiflich wäre, wie es jeder Bildung von etwas Substrathaft-Makroskopischem vorauszugehen hätte[6], muß hier offen bleiben. Dies zu unternehmen, gliche dem Versuch, im strengsten Sinn das »panta rhei« des Heraklit zu denken, nämlich als Zusammenhang, der

6 Vgl. oben § 6, S. 204 ff.

durch und durch Bewegung ist und nichts als dies[7]. Was wir versuchen wollen, ist vielmehr nur, wie dergleichen als das Unselbständige des Psychischen oder Mentalen denkbar sei, das nur *an* Physischem oder Somatischem, nämlich als bloße *Form* desselben auftritt. Freilich ist auch dies noch schwer genug zu denken, weil es grundsätzlich als jene Form, die formt und somit wirkt, vonstatten gehen müßte. Trotzdem ist dies nicht ganz aussichtslos, weil solche Form als das Entstehende gleichwie Vergehende von reiner Kraft bzw. Energie am Physischen oder Somatischen auch nur als dem dabei Bestehenden entstehen und vergehen könnte. Hat dies daran dann doch immerhin einen gewissen Anhalt und so auch die Reflexion darauf einen gewissen Ansatz. Denn ist Physisches oder Somatisches dabei grundsätzlich immer schon etwas Bestehendes, so hat es dabei als Substrathaft-Makroskopisches dann auch schon immer eine Form, gleichviel, ob nun im ganzen als ein Körper oder Leib in Abgrenzung zu anderen, oder im einzelnen von Teil in Abgrenzung zu anderem Teil desselben Körpers oder Leibes. Kann es als etwas Substrathaft-Makroskopisches doch auch nur dadurch überhaupt bestehen gegenüber dem, woraus oder wodurch es ursprünglich entstehen muß oder entstanden sein muß[8]; und durch jede solche Form, durch die allein es etwas immer schon Bestehendes sein kann, muß es auch etwas immer schon Bestimmtes sein.

Bezüglich dieser Form jedoch, die Physisches oder Somatisches dabei als solches selbst schon immer haben muß, ist jene Form, die formt und somit wirkt, dann auch ein Formen dieses Physischen oder Somatischen, das eigentlich ein Überformen von ihm ist. Denn zusätzlich zu dieser Form, die es dabei schon haben muß, bekommt es dadurch ja noch eine weitere Form, so eigentümlich oder einzigartig sie in diesem Fall von immer erst Entstehendem gleichwie Vergehendem an immer schon Bestehendem auch sein mag, eben reine Kraft bzw. Energie einer Bewegung ohne ein Bewegtes. Und so müßte denn durch dieses Psychische oder Men-

7 Vgl. z.B. H.Genz, *Die Entdeckung des Nichts*, München 1994, S. 76, S. 170f., S. 236. – Zu dieser Unternehmung von ihm auszugehen wäre folglich auch in einem Sinn, der »panta ...« als den Plural einer Vielheit von Diskretem zu vermeiden hätte, also nicht einmal im Sinn der deutschen Übersetzung: Alles fließt, sondern recht eigentlich: Das Ganze fließt.
8 Vgl. oben S. 221, Anm.3.

tale als ein solches Überformen dieses Physischen oder Somatischen die Form des letzteren auch in die Form des ersteren in irgendeinem Sinn mit eingehen und sonach auch die mit ihr verbundene Bestimmtheit, so daß sie in diesem Sinn auch den Gehalt in Form des Psychischen oder Mentalen bilden müßte: Sein Entstehen wie Vergehen als substratlos-absoluter Wechsel von Bewegung ohne ein Bewegtes müßte das Entstehen wie Vergehen eines jeweils unterschiedlichen Gehaltes in ihm sein, je nach der Unterschiedlichkeit, wie das Bestehen dieses Physischen oder Somatischen, an dem es als Entstehen wie Vergehen eine zusätzliche Form ist, je und je beschaffen ist.

Die Unterschiedlichkeit seiner Beschaffenheit, die solches Physische oder Somatische durch seine jeweilige Form hat, hat es damit aber eben grundsätzlich als seine Eigenschaft bzw. als sein Akzidens an sich als einem Ding bzw. als einer Substanz, ob nun als Ganzem oder Teilen. Und was dies betrifft, so gilt gerade, daß bei jenem Psychischen oder Mentalen von all dem schlechthin nicht mehr die Rede sein kann: weder davon, daß es Ding oder Substanz sei, noch auch davon, daß es Eigenschaft bzw. Akzidens an Ding oder Substanz sei, und zwar auch nicht, wenn es etwas mit bestimmtem Inhalt ist. Und all dies eben deshalb nicht, weil es grundsätzlich kein Bestehen, sondern ein Entstehen wie Vergehen ist, und damit eben kein Substrat als Ding oder Substanz, woran sein Inhalt seine Eigenschaft oder sein Akzidens sein könnte.

Folglich ist, was vor sich geht, wenn die Bestimmtheit solcher Form des Physischen oder Somatischen in die Bestimmtheit eines Inhalts solcher Form des Psychischen oder Mentalen dabei übergeht, denn auch ein Übergang, der sprunghafter sich kaum noch vorstellen läßt: Indem aus solchem Physischen oder Somatischen heraus sich solches Psychische oder Mentale bildet, bildet auch Bestimmtheit dieses Physischen oder Somatischen sich in Bestimmtheit dieses Psychischen oder Mentalen derart um, daß solche Umbildung recht eigentlich die Umsetzung in ein von Grund auf anderes Medium bedeutet, die zuletzt als Übersetzung auch recht eigentlich die Überspringung eines Abgrunds ist. Denn damit öffnet sich, was wir als den Hiat zwischen Mentalem und Somatischem bzw. Psychischem und Physischem zwar kennen, doch bis heute nicht erkennen, nicht verstehen, nicht begreifen. Läßt er doch von keiner seiner Seiten her zur andern Seite hin sich überbrücken, was uns aber eben uneinsichtig bleiben muß, solange wir vermeinen, daß er eigentlich sich überbrücken lassen müßte, während es in Wahrheit einzusehen gilt, daß er sich gar nicht überbrücken lassen kann.

Was dabei auf der einen Seite die Bestimmtheit einer Eigenschaft an Physischem oder Somatischem ist, beispielsweise die der Krankheit oder Wunde eines Körpers oder Leibes, das ist dabei auf der andern Seite nämlich die Bestimmtheit eines Schmerzes, eben eines Inhalts innerhalb von jener Form des Psychischen oder Mentalen. Doch so weit auch immer Biologen, Mediziner, Physiologen solcherart Bestimmtheit im Kausalzusammenhang des Physischen oder Somatischen dabei verfolgen mögen, – durch die Umbildung und Umsetzung und Übersetzung von Bestimmtheit dieser Seite in Bestimmtheit jener Seite muß dabei der Schmerz als solcher selbst für sie bereits von vornherein und grundsätzlich verborgen bleiben. Denn empirisch feststellbar ist eben nur etwas Bestehendes, doch nichts Entstehendes gleichwie Vergehendes von reiner Kraft bzw. Energie einer Bewegung ohne ein Bewegtes. Bleibt als solches selbst doch derlei schon in Fällen jener Wellenfelder des Elektromagnetismus vielmehr etwas schlechthin Unsichtbares – und mithin erst recht im Zuge dieses Psychischen oder Mentalen, auch wenn es, ja eigentlich gerade weil es unlösbar an Physisches oder Somatisches gebunden bleibt. Und umgekehrt gilt das Entsprechende.

Wie grundsätzlich dazwischen jener Abgrund klaffen muß, ersehen Sie weiter daraus: Die Bestimmtheit jener Form, die Physisches oder Somatisches als solches selbst bereits besitzt, ist etwas, das bestehen, aber auch vergehen und entstehen kann, indem sich dieses Physische oder Somatische verändert. Doch auch dann ist dies Entstehen und Vergehen eben ein Entstehen und Vergehen *an* ihm als *Bestehendem* und somit eben bloßer Wechsel einer Eigenschaft bzw. eines Akzidens an ihm als Ding oder Substanz. In solchen Fällen aber muß dann auch in Form von jenem Psychischen oder Mentalen der Gehalt als die Bestimmtheit, zu der die Bestimmtheit dieser Form des Physischen oder Somatischen sich umsetzt, freilich wechseln. Schlechthin ausgeschlossen ist jedoch, es könnte sich auch dabei etwa um den Wechsel von etwas *an* etwas handeln, eines Etwas, das dann gleichfalls so etwas wie Eigenschaft bzw. Akzidens *an* Ding oder Substanz sein müßte, so daß dabei insgesamt Veränderung von etwas vor sich ginge. Als etwas Entstehendes gleichwie Vergehendes schließt Psychisches oder Mentales nämlich so etwas von vornherein schon aus. Denn so etwas setzt schon von vornherein etwas Bestehendes voraus, als das dies Psychische oder Mentale aber überhaupt nicht auftritt. Wechsel solchen Inhalts innerhalb von solcher Form ist somit keineswegs etwa Entstehen und Vergehen *gegen* ein *Bestehen* dieser Form. Er ist vielmehr *mit* dieser Form *zusammen* und sonach *wie* diese Form, nämlich *einhergehend* mit ihr substratlos-absoluter Wechsel eines bloß Entstehens wie Vergehens. Und das ist er, ob dabei nun Inhalt von derselben oder von verschiedener Art entsteht gleichwie vergeht, so daß im letzten Fall dies als vermittlungsloser Anschluß einer Art von Inhalt an die andere Art von Inhalt auftritt.

Demgemäß vermögen Sie auch die Besonderheit des Auftretens von selbigem oder verschiedenem Inhalt innerhalb von solcher Form des Psychischen oder Mentalen nur insoweit einzusehen, als Ihnen weiterhin vor Augen steht, wie sehr bereits das Auftreten von dieser Form als solcher selbst etwas Besonderes ist: Als etwas immer erst Entstehendes gleichwie Vergehendes hat dieses Psychische oder Mentale dabei als etwas Agierendes zu gelten und durchaus nicht als etwas bloß Reagierendes, das dabei vielmehr jenes Physische oder Somatische als etwas immer schon Bestehendes ist. Entsprechend ist im Sinn eines Agierens dieser Form das Auftreten von Inhalt in ihr dann gerade auch ein Aufnehmen von Inhalt in sie, das durch diese Form als solche selbst erfolgt. Tritt dieses Psychische oder Mentale auf als etwas immer erst Entstehendes gleichwie Vergehendes und so Agierendes, dann tritt auch Inhalt innerhalb desselben immer nur in dem Sinn auf, daß er im Zuge des Entstehens wie Vergehens von ihm gleichsam mit ihm mitgezogen und auf diese Weise mit in es hineingezogen wird, indem er selbst die Form dieses Entstehens wie Vergehens annimmt. Und dies weiter festzuhalten, ist für Sie besonders wichtig, um auch weiter zu vermeiden, daß es hinsichtlich von »Affektion« zu jenen falschen Vorstellungen kommt, als ob das Physische oder Somatische dabei agiere und das Psychische oder Mentale bloß entsprechend reagiere, während es sich doch gerade umgekehrt verhält.

Denn solche falschen Vorstellungen könnten abermals nur allzu leicht sich einstellen: angesichts des Abgrunds zwischen Physischem oder Somatischem und Psychischem oder Mentalem, der ineinem dabei aufgerissen wie auch überschritten wird, indem Bestimmtheit dieses Physischen oder Somatischen sich dabei in Bestimmtheit dieses Psychischen oder Mentalen umsetzt. Dadurch nämlich, daß das Psychische oder Mentale als die andere Seite dieses Abgrunds keineswegs ein immer schon Bestehendes, sondern ein immer erst Entstehendes gleichwie Vergehendes und so Agierendes ist, scheidet jede solche Vorstellung von vornherein schon aus, was für den eigentlichen Sinn von »Affektion« entscheidend wichtig wird.

Vollzieht sich dies doch dann durchaus nicht etwa so, als würde diese Form des Psychischen oder Mentalen dabei erst einmal entstehen und als sozusagen fix- und fertige danach erst mit Gehalt gefüllt. Das liefe nämlich abermals auf jene falsche Einwirkung einer Aktion des Physischen oder Somatischen hinaus wie auch auf jene falsche Mitwirkung des Psychischen oder Mentalen als die bloße Reaktion von ihm auf es. Vielmehr geht dabei umgekehrt gerade *durch* das immer erst Entstehen wie Vergehen als *Agieren* dieses Psychischen oder Mentalen – und so *durch* das immer schon Bestehen dieses Physischen oder Somatischen als *Reagieren*, das ja *mit* diesem Agieren immer schon *einhergeht* – auch Entstehen wie Vergehen eines Inhalts innerhalb von solchem Psychischen oder Mentalen immer schon *vonstatten*. Und ausschließlich dieser Sinn von Reagieren auf Agieren ist es dann, in dem dabei ein Affizieren vor sich geht, das heißt, in dem sich die Bestimmtheit dieses Physischen oder Somatischen dabei in die Bestimmtheit dieses Inhalts innerhalb von diesem Psychischen oder Mentalen *umsetzt* und mithin auf es auch *einwirkt* und in ihm sich *auswirkt*: auch wenn keine von diesen Bestimmtheiten sich mit der anderen in irgendeinem Sinn vergleichen läßt. Denn in der Tat sind sie sogar im Sinn einer *metabasis eis allo genos*, nämlich einer Überschreitung über jenen Abgrund und Hiat hinweg, auch inkommensurabel, unvergleichlich.

Trotzdem handelt es sich aber auch bei Affektion in diesem umgekehrten Sinn um *Einwirkung* von Physischem oder Somatischem auf Psychisches oder Mentales und um *Auswirkung* von ersterem in letzterem, die ohne Einschränkung im Sinn von Kausalität vor sich gehen: auch wenn *Mitwirkung* des Psychischen oder

Mentalen dabei nicht als die von immer schon Bestehendem erfolgen kann, sondern allein als die von immer erst Entstehendem gleichwie Vergehendem. Der Unterschied zu einer Mitwirkung durch etwas immer schon Bestehendes, das nur dem Schein nach als das einzige dazu imstande ist, beläuft sich demnach nur noch darauf, daß auch etwas immer erst Entstehendes gleichwie Vergehendes dazu imstande ist. Und dieser Unterschied geht somit dahin, daß es immer wieder nur, *genau indem* es zum Erstehen dieses Psychischen oder Mentalen als Entstehen wie Vergehen kommt, auch zum Erstehen eines Inhalts innerhalb von dieser Form des Psychischen oder Mentalen als Entstehen wie Vergehen kommt. Die Reaktion des Physischen oder Somatischen auf die Aktion des Psychischen oder Mentalen, durch die es dazu kommt, ist somit letztlich auch nur Reagieren von ihm als dem Material auf sein Geformtwerden durch ein Agieren, das recht eigentlich als Überformtwerden desselben vor sich geht. Denn zu der Form oder den Formen, die es als ein immer wieder schon Bestehendes besitzt oder bekommt oder verliert, gewinnt es dadurch eben zusätzlich die Form, die als ein immer wieder erst Entstehendes gleichwie Vergehendes dann immer wieder nur die reine Kraft bzw. Energie einer Bewegung ohne ein Bewegtes ist. Und dies ist nicht nur nicht unmöglich, sondern bietet sich als Möglichkeit auch förmlich an, sobald die Dingverfallenheit des Empirismus überwunden ist, wonach etwas angeblich etwas immer schon Bestehendes sein muß, damit auch etwas auf es einzuwirken und in ihm sich auszuwirken in der Lage sein kann.

Dies zu meinen, hieße nämlich, wenn Sie wieder das Modell des Aristoteles heranziehen: Eine Form wie die der Statue könne sich nur dann mit einem Material wie Marmor oder Holz als Inhalt füllen, wenn sie erst einmal bestehe, weil doch nur in etwas, das auch immer schon bestehe, etwas anderes eingehen könne, um es zu erfüllen: eben nur wie Wasser beispielsweise in ein immer schon bestehendes Gefäß. Denn schließlich habe solches Material auf solche Form auch einzuwirken und in ihr sich auszuwirken, um sie auszufüllen, was jedoch nur möglich sei, wenn sie auch immer schon bestehe. Dies kann aber eben allenfalls dem Dingverfallenen so scheinen.

Hätte doch nach diesem falsch verdinglichenden Beispiel dann der Bildhauer zunächst einmal die Form als solche selbst gleich einer Vase zu erzeugen, um sie auch mit einem Material wie Holz bzw. Marmor oder eben Wasser zu erfüllen und auf diese Art erst eine Holz- bzw. Marmor- oder eben Wasser-Statue zu erstellen, was jedoch absurd ist. Vielmehr gilt bereits bei diesem Physischen oder Somatischen als solchem selbst, daß dieser Bildhauer durchaus nicht erst, *nachdem* er eine Form erzeugt *hat*, sondern schon, *indem* er eine Form *erzeugt*, sie auch mit Material wie Marmor oder Holz erfüllt. Schon *dadurch, daß* dabei die Form entspringt, entspringt sie auch schon immer als die materialerfüllte Form, als Statue aus Marmor oder Holz, die dadurch eben auch schon immer einen Inhalt hat. Und das ist immerhin bemerkenswert, weil es sich dabei zwar um ein Entstehen dieser Form, doch nicht um ein Entstehen wie Vergehen von ihr handelt, sondern nur um ein Entstehen dieser Form, die als bestehende dann das Bestehen einer Statue ausmacht.

Denn auch schon allein durch ihr Entstehen aus dem Holz oder dem Marmor läßt sie sich mit dem Entstehen wie Vergehen jenes Psychischen oder Mentalen aus dem Physischen oder Somatischen vergleichen. Wird doch der dafür entscheidende Gesichtspunkt dadurch auch geradezu erzwungen. Ausgeschlossen nämlich ist dann auch der Einwand, die Vergleichbarkeit sei nicht gegeben, da im Fall der Statue doch keineswegs die Form es sei, womit das Holz oder der Marmor wechselwirke, um dadurch in diese Form als Material derselben einzugehen. Denn darauf, daß die Wechselwirkung vielmehr zwischen Holz bzw. Marmor und dem Hammer oder Meißel statthat, kommt es dabei gar nicht an. Ist das Entscheidende, worum es dabei geht, doch eigentlich, daß eine Form an einem Material und damit eine Statue überhaupt entsteht, gleichviel wodurch. Denn ob Sie dies Entstehen nun als Entstehen auf einen Schlag sich vorstellen mögen oder als in Einzelschläge, wie etwa der Bildhauer sie vornimmt, aufgeteiltes, – dies Entstehen ist niemals nur Entstehen der Form und so der Statue, sondern immer auch Entstehen des Inhalts dieser Form und damit dieser Statue.

Doch die Wichtigkeit des Sinns, in dem dies zutrifft, könnte Ihnen auf den ersten Blick entgehen. Denn Sie möchten dies zunächst vielleicht als trivial betrachten, ob nun als trivialerweise wahr oder trivialerweise falsch: als ersteres vielleicht, weil diese Form doch immer nur an einem Material wie Marmor oder Holz entstehe, das dann dadurch eben auch das Material der Statue sei; oder vielleicht als letzteres, weil dieses Material wie Marmor oder Holz als solches selbst doch dadurch keineswegs entstehe, sondern vorher schon bestehe. Daß dies dennoch zutreffend und wichtig ist, wird Ihnen jedenfalls nur einsichtig, wenn Sie in vollem Umfang das Besondere des Sinns erfassen, der mit diesem jeweiligen Material wie Marmor oder Holz als *Inhalt* dieser Form und damit dieser Statue einhergeht.

Kommt doch die Besonderheit desselben nicht einmal bei Aristoteles zu voller Geltung, der sich immerhin schon deutlich macht, daß eine Statue aus Marmor oder Holz in keinem Sinn mehr einfach Marmor oder Holz ist, sondern nur noch marmorn oder hölzern.[9] Denn das Ausmaß an Besonderheit des Sinns, in dem auf solche Weise dieser Marmor oder dieses Holz als *Inhalt* einer Form und damit einer Statue zum Ausdruck kommt, tritt voll erst dann zutage, wenn Sie sich des weiteren verdeutlichen, daß das entsprechend Umgekehrte ebenfalls nicht gilt, was aber Aristoteles sich offenbar nicht deutlich macht. Denn nicht nur gilt, daß eine Statue aus Marmor oder Holz in keinem Sinn mehr einfach Marmor oder Holz ist, sondern nur noch marmorn oder hölzern; vielmehr gilt auch umgekehrt, daß Marmor oder Holz in keinem Sinn als solches etwa hölzern und als solcher etwa marmorn wäre.

Wie sich Ihnen erst an beidem miteinander zeigt, ist dies vielmehr ausschließlich der besondere Sinn des Inhalts, den ein Material wie Marmor oder Holz *für das* ergibt, *in das* es eingeht: für die Form und damit für die Statue, in die es eingeht, und zwar *dadurch, daß* es in sie eingeht, nämlich *dadurch, daß* an ihm als Material die Form und so die Statue *entsteht.* Allein durch dies Entstehen entsteht auch etwas Hölzernes bzw. Marmornes und damit auch ein Inhalt innerhalb von Form bzw. Statue, welches auch die Ursache dafür sein mag: ob nun dergleichen wie ein durch den Bildhauer geführter Hammer oder Meißel, oder eine Form, die ganz von sich aus formt und somit wirkt. Und so gewiß natürlich deren Inhalt einer Hölzernheit bzw. einer Marmornheit auf Marmor oder Holz als deren Material zurückgeht, so gewiß ist er doch ein ausschließlich dieser Form bzw. Statue eigentümlicher, sprich:

9 Vgl. z.B. *Metaphysik* 1013 a 23ff. mit 1033 a 7ff.

einer, den es eben *erst* und *nur* durch ihr Entstehen geben kann. Und dieser Inhalt als Bestimmtheit innerhalb von dieser Form bzw. Statue entspringt dabei auch letztlich nur durch Überformtwerden der Form als der Bestimmtheit, die das Holz oder der Marmor selbst schon hat. Ist etwas doch auch Marmor beispielsweise nur durch die Bestimmtheit seiner Form, denn Marmor ist bekanntlich nichts als Kalk in einer ganz bestimmten Kristallisationsform, während Kalk in einer andern Kristallisationsform etwa Kreide ist.

Und eben darin ist auch der Bereich des Physischen oder Somatischen als solcher selbst schon ein Modell für den Bereich des Psychischen oder Mentalen, nämlich insoweit schon dort etwas entstehen kann: etwas aus etwas anderem, bzw. umgekehrt: aus etwas etwas anderes. Modell ist er dadurch zum einen dafür, daß ein Inhalt innerhalb von Psychischem oder Mentalem als der Form desselben diesem Psychischen oder Mentalen derart eigentümlich ist, daß er mit Physischem oder Somatischem auch unvergleichlich ist, obwohl er aus ihm als dem Material für diese Form des Psychischen oder Mentalen herstammt: wie etwa ein Schmerz aus einer Wunde. Ein Modell ist dies jedoch zum andern und vor allem auch noch dafür: Es ist das Entstehen dieser Form des Psychischen oder Mentalen, auch wenn es Entstehen wie Vergehen bildet, gegenüber dem Bestehen dieses Physischen oder Somatischen dann immer wieder ein Agieren, das aus ihm als einem Reagieren eines Materials auf es als Form desselben auch Gehalt in sich als diese Form selbst einholt, nämlich sich als dem Entstehenden gleichwie Vergehenden selbst zuzieht. Offenkundig wird auf diese Weise jedenfalls, daß eine Form dazu durchaus nicht etwas immer schon Bestehendes sein muß, weil sie dies nicht einmal bei Physischem oder Somatischem als solchem sein kann. Und so ist denn auch ein wesentlicher Teil des Affektionsproblems dadurch gelöst, nämlich erwiesen: Keineswegs hat Psychisches oder Mentales, um mit Physischem oder Somatischem in eine Wechselwirkung einzutreten, auch noch seinerseits so etwas wie ein immer schon Bestehendes zu sein, zumal dies letztlich doch auch nur in seiner fälschlichen Verdinglichung oder Versubstanzialisierung enden kann.

§ 8. Die Möglichkeit der Einwirkung von Psychischem auf Physisches und Physischem auf Psychisches

Freilich könnten Sie trotz aller vorigen Argumente weiterhin Bedenken hegen, ob dies wirklich eine bisher ausgelassene Möglichkeit für eine Lösung des bislang noch ungelösten Psycho-physischen Problems sei. Einmal zugestanden, daß die Sonderstellung des Mentalen oder Psychischen durch die Gemeinsamkeit als die Vergleichbarkeit mit so etwas wie reiner Kraft bzw. reiner Energie gegeben sei, so könnten Sie erwägen: Werde dies nicht wieder hinfällig, wenn schon von vornherein zu gelten habe, daß das Auftreten dieses Mentalen oder Psychischen trotz dieser seiner Sonderstellung grundsätzlich nur aus Natur heraus erfolgen könne und mithin auch letztlich einer Wechselwirkung von Natur mit sich entspringen müsse?

Diese Sonderstellung nämlich sei dann nur die einer – wenn auch eben ganz besonderen – Wechselwirkung zwischen Physischem oder Somatischem und anderem Physischen oder Somatischen, die dabei ihrerseits mit weiterem Physischen oder Somatischen in Wechselwirkung trete: ganz wie jene Wechselwirkung zwischen Meißel oder Hammer und den Händen eines Bildhauers doch ihrerseits dabei mit Material wie Marmor oder Holz in Wechselwirkung tritt. Und daran ist natürlich auch zumindest soviel richtig: Jener Körper oder Leib eines Subjekts, aus dem es als etwas Mentales oder Psychisches hervorgeht und aus dem es darum wie aus einem Material auch jeweils mit bestimmtem Inhalt auftritt, der besteht gleich diesem Material der Statue als etwas Physisches oder Somatisches, als das er eben auch in jede Wechselwirkung dieses Psychischen oder Mentalen mit ihm eingeht.

Doch durchaus nicht etwa folgt daraus: Dann hat auch dieses Psychische oder Mentale, das mit diesem Physischen oder Somatischen in Wechselwirkung tritt, dabei aus Physischem oder Somatischem heraus in dem Sinn aufzutreten, daß es seinerseits aus einer Wechselwirkung zwischen Physischem oder Somatischem und anderem Physischen oder Somatischen entspringen muß: als wäre jeweils insgesamt auch mindest dreierlei an Physischem oder Somatischem dabei im Spiel, wie bei der Statue das Material, das

Bestellscheine der Hauptbibliothek

Diese Scheine verwenden Sie bitte nur zur Bestellung von

- Monographien der Hauptbibliothek, die noch nicht im OPAC nachgewiesen sind
- Zeitschriftenbänden der Hauptbibliothek, die im OPAC noch nicht ***einzeln*** verzeichnet sind (eine Einzelbandaufnahme erkennt man an der an die Signatur angehängten [Bandzählung, z. B. H00/4 Z.A 675[39,3)

Bei Fernleihbestellungen bitte diesen Schein an den roten Leihschein

UB Erlangen-Nürnberg, Bestellschein

Verfasser
Titel Denken im Schatten des Nihilismus.

verliehen

nicht am Standort

Zeitschrift, Band, Seiten

Lesesaal

Ort, Jahr 1975

Phs. C 2988

Buchsignatur

Benutzernummer
/0/2/8/0/0/1/7/2/8/5/3/

L. Seiber

Nachname d. Benutzers in Druckbuchstaben

Werkzeug und die Hand des Bildhauers. Es gilt vielmehr im Gegenteil, daß dies nicht nur nicht folgt, sondern sogar auch ausgeschlossen ist, wenn anders die Besonderheit des Psychischen oder Mentalen als der Form von Physischem oder Somatischem auch weiterhin zu gelten hat. Sonst wäre es um diese nämlich abermals geschehen, weil das Psychische oder Mentale damit neuerlich verselbständigt und so verdinglicht würde, und zuletzt sogar auch nicht mehr bloß zu einem Ding, wie bei Descartes, sondern sogleich zu mehr als einem, die zu allem auch noch miteinander wechselwirkten.

Die Besonderheit des Psychischen oder Mentalen weiter zu bewahren, heißt sonach nicht nur, dergleichen weiter zu vermeiden, sondern auch noch, weiter festzuhalten, daß Mentales oder Psychisches nur aus Natur entstehen kann, und trotzdem jederlei Verdinglichung desselben zu vermeiden. Insgesamt heißt dies mithin, das Folgende als erste Konsequenz daraus zu ziehen und weiter zu verfolgen: Es entspringt das Psychische oder Mentale als Entstehen wie Vergehen einem Naturalen so, daß es mit einem anderen Naturalen als Bestehen wechselwirkt und letzteres darum das Reagierende auf ersteres als das Agierende ist. Dann jedoch muß dieses eine Naturale im genannten Sinn vor diesem andern Naturalen einen Vorrang haben wie auch dieses einen Nachrang gegenüber jenem. Innerhalb desselben Körpers oder Leibes eines Subjekts also müßte danach zwischen Physischem oder Somatischem und anderem Physischen oder Somatischen ein Unterschied bestehen, der genau in diesem Sinn des Vorrangs oder Nachrangs eine Auszeichnung des einen vor dem anderen bedeuten müßte.

Und an diesem Unterschied kann es tatsächlich keinen Zweifel für Sie geben angesichts von einem Tatbestand, der sich sogar empirisch feststellen läßt, wenn auch nur unter jener nichtempirisch-zusätzlichen Mithilfe einer Versuchsperson. Entstehen wie Vergehen von Mentalem oder Psychischem ist nämlich an Bestehen eines ganz bestimmten Körperteils gebunden: des Gehirns, und nicht etwa der Leber oder Niere. Nur in diesem Teil des Körpers oder Leibes eines Subjekts kann der Ursprung von ihm als dem Psychischen oder Mentalen liegen. Und so müssen andere Teile dieses Körpers oder Leibes sich von diesem Teil desselben auch grundsätzlich dadurch unterscheiden, daß sie gegenüber dem

Agierenden nur noch das Reagierende sein können, einerlei, auf welche Art. Denn im Vermitteln von Gehalt, wie vorhin schon gezeigt, geht deren Reagieren noch nicht auf. Und daß in diesem Sinn die Auszeichnung eines bestimmten Körperteils vor anderen sich nichtempirisch als notwendig deduzieren läßt, wogegen sie empirisch doch nur faktisch festzustellen ist, zeigt eben, wie erforderlich Philosophie als Reflexion ist, ohne die das Faktum dieser Auszeichnung für Empirie sich nicht erklären lassen könnte und mithin ein tiefes Rätsel bleiben müßte.

Denn empirisch gibt es schlechthin keinen Grund für sie, weil jede Auszeichnung von einem gegenüber einem andern Partner innerhalb von einer Wechselwirkung zwischen bloßem Physischen oder Somatischen als dem allein empirisch Feststellbaren eben reine Willkür und Dogmatik ist. Empirisch gibt es demgemäß auch schlechthin keinen Grund, weshalb nicht Psychisches oder Mentales – wenn es schon dergleichen geben sollte – in der Wechselwirkung zwischen allen Teilen eines Körpers oder Leibes gleichermaßen seinen Ursprung haben könnte, sondern ihn in einem ganz bestimmten Teil desselben haben müßte. Dieser Grund für diese Auszeichnung ist eben nur, daß Psychisches oder Mentales als *Agierendes* mit einem ganz bestimmten Teil von einem solchen Körper oder Leib zusammenhängen muß, wovon ausschließliche Empiriker jedoch nichts wissen können. Denn auch nur, indem ein *anderer* Teil *desselben* Körpers oder Leibes dabei das auf dies Agierende *Reagierende* ist, vermag es sich als dies Agierende auszuwirken, dahingehend nämlich, daß es ohne Spiritismus etwas Physisches oder Somatisches in Ruhe oder in Bewegung setzt bzw. hält: das Ganze oder andere Teile seines Körpes oder Leibes. Die Gebundenheit des Ursprungs von dergleichen an einen bestimmten Teil im Unterschied zu andern Teilen eines und desselben Körpers oder Leibes ist infolgedessen alles andere als eine Zufälligkeit, wie alleinige Empiriker jedoch vertreten müßten.

Als weitere Konsequenz daraus, daß Psychisches oder Mentales aus Natur entstehen muß und dennoch nicht durch eine zusätzliche Wechselwirkung zwischen Physischem oder Somatischem und anderem Physischen oder Somatischen entstehen kann, ist dann jedoch auch noch die folgende zu ziehen. Wie gezeigt, kann Psychisches oder Mentales nicht wie eine Statue in einer Wechselwirkung wie der zwischen Hand und Hammer oder Meißel seinen

Ursprung haben, welche zusätzlich zu einer Wechselwirkung wie der zwischen Marmor oder Holz und Hammer oder Meißel vor sich ginge, weil dies sonst Verdinglichung desselben nach sich zöge. Dies jedoch heißt dann des weiteren: Bei der Wechselwirkung der Natur mit sich, aus der Mentales oder Psychisches hervorgehen muß, kann es sich nicht um eine Wechselwirkung handeln, welche zusätzlich zu der mit jenem Physischen oder Somatischen als Reagierendem erfolgte, sondern eben nur um diese selbst.

Als das entsprechende Agierende zu diesem Physischen oder Somatischen als Reagierendem muß dieses Psychische oder Mentale somit zwar aus Physischem oder Somatischem hervorgehen, doch gerade nicht aus solchem, das dabei auch seinerseits mit anderem Physischen oder Somatischen in Wechselwirkung stünde. Positiv bedeutet dies infolgedessen: Es kann dasjenige Naturale, dem das Psychische oder Mentale als Entstehen wie Vergehen so entspringt, daß es mit etwas anderem Naturalen als Bestehen wechselwirkt und letzteres darum das Reagieren auf ersteres als das Agieren ist, dann grundsätzlich schon als dieses Naturale selbst nur eines und nicht etwa mehr als eines sein, wozwischen dabei Wechselwirkung vor sich ginge. Oder anders ausgedrückt: In jene eine Wechselwirkung der Natur mit sich, aus der Mentales oder Psychisches als das dabei Agierende hervorgeht und die keine andere als die mit jenem Physischen oder Somatischen als dabei Reagierendem sein kann, hat die Natur durch einen Teil von sich dann einzutreten, ohne daß dies Eintreten als solches selbst durch Mitwirken von irgendwelchem dritten Physischen oder Somatischen erfolgte.

Damit aber ist bereits zum zweiten Mal die Auszeichnung des ganz bestimmten Körperteiles hergeleitet, dem Mentales oder Psychisches entspringt, und die empirisch nur als unerklärtes Faktum hingenommen werden kann. Und diese Herleitung geht nunmehr dahin, daß in diesem Körperteil auch etwas ganz Bestimmtes vor sich gehen muß, soll ihm Mentales oder Psychisches entspringen können. Weiter nämlich gilt, daß die Besonderheit des Psychischen oder Mentalen andernfalls verdinglicht würde. Sie mit allen Konsequenzen festzuhalten, führt im Fall von dieser weiteren Konsequenz denn auch erneut dazu, daß nichtempirisch durch Philosophie als Reflexion ein Faktum sich erklären läßt, das empirisch unerklärlich bleiben muß. Zumal dies neue Faktum ohnehin schon dadurch auffällt, daß es mit dem vorigen, obwohl ein jedes davon ein empirisches ist, nicht recht übereinstimmt.

So gewiß es nämlich im genannten Sinn empirisch feststeht, daß der Ursprung von Mentalem oder Psychischem an das Gehirn als einen ganz bestimmten Körperteil gebunden ist, so wenig ist empirisch festzustellen, worin der Übergang von solchem Physischen oder Somatischen zu solchem Psychischen oder Mentalen im Gehirn denn eigentlich besteht. Läßt jener Abgrund und Hiat dazwischen sich doch nun einmal von keiner Seite her zur andern einfach überschreiten, sondern nur als ganzer der Philosophie und so der Reflexion sich unterwerfen, die alleinzuständig dafür ist. Denn auch als Physiologie dieses Gehirns hat Empirie es eben immer wieder ausschließlich mit Physischem oder Somatischem als solchem selbst zu tun, das immer wieder nur mit anderem Physischen oder Somatischen in Wechselwirkung es vermag, etwas hervorzubringen, und mithin gerade nichts Mentales oder Psychisches, wenn anders letzteres gerade nicht auf diese Weise aus Natur hervorgehen kann. Und damit wird erklärlich, daß Mentales oder Psychisches für Empirie verborgen bleiben muß, obwohl es seinerseits nur aus Natur hervorgehen kann, weil auch die gänzlich andere Weise, wie es aus Natur hervorgehen muß, für Empirie nicht zugänglich sein kann: auch im Gehirn nicht, wo allein es seinen Ursprung haben könne, wie selbst Empirie ermittelt.

Worauf es für Sie ankommt, wäre somit, einmal grundsätzlich zu überlegen: Welche Art von Schritt muß es denn sein, den die Natur aus sich als Physischem oder Somatischem zu sich als Psychischem oder Mentalem tut, wenn gegenüber dem Bestehen jenes Physischen oder Somatischen dieses Mentale oder Psychische als ständiges Entstehen wie Vergehen auftritt, nämlich als substratlos-absoluter Wechsel von Bewegung ohne ein Bewegtes, und das heißt: als reine Kraft bzw. Energie gleich jenen Wellenfeldern des Elektromagnetismus. Denn daß die Natur zu diesem Auftritt nur aus einem ganz bestimmten Teil heraus, im Unterschied zu andern Teilen eines und desselben Körpers oder Leibes, in der Lage sein kann, wie inzwischen deduziert, erlaubt dann weitere Deduktionen, wie allein sich solch ein Auftritt von ihr denken lassen könnte.

Daß es sich dabei um einen ganz bestimmten unter andern

Teilen eines und desselben Körpers oder Leibes handeln muß, gestattet Ihnen dann als erstes einzusehen: Dieser Auftritt kann nur ein Ergebnis nach sich ziehen, das mit dem Körper oder Leib, aus dem heraus es sich ergibt, nicht minder eng zusammenhängt, als diese Teile dieses Körpers oder Leibes unter sich zusammenhängen, nämlich mindestens so eng, daß es mit diesen Teilen wechselwirken kann, wie diese Teile das auch miteinander können. Insgesamt ist damit denn auch nichts geringeres deduziert als jene unauflösliche Gebundenheit des Psychischen oder Mentalen an das Physische oder Somatische des Körpers oder Leibes, dessen Teile unter sich auch diesen ganz bestimmten Teil besitzen, dem das Psychische oder Mentale je und je entspringt.

Sogleich als zweites aber wird für Sie dann deduzierbar: Diese unauflösliche Gebundenheit des Psychischen oder Mentalen an das Physische oder Somatische kann auch nur die von einer Form an das durch sie Geformte sein. Denn als Ergebnis, das sich nur aus Physischem oder Somatischem ergibt, ist dieses Psychische oder Mentale als Entstehen wie Vergehen gegenüber jenem als Bestehen auch nur etwas schlechterdings Substratloses, was es sonach mit jeder Form von Physischem oder Somatischem als solchem, wie mit jener Form der Statue, gemeinsam hat. Nur ist es eben als Substratlosigkeit jener reinen Kraft bzw. Energie gerade eine Form, die formt und somit wirkt und durch ihre Gebundenheit an Physisches oder Somatisches mit diesem dann auch wechselwirkt, worin sie sich von einer bloßen Form des Physischen oder Somatischen als solchen, wie von jener Form der Statue, auch wieder unterscheiden muß.

Was es für Sie zu denken gilt, ist demgemäß, wie für Natur es möglich werden kann, aus Physischem oder Somatischem als dem Bestehen von Substrathaftem heraus in Psychisches oder Mentales als Entstehen wie Vergehen von Substratlosem sich umzusetzen. Und die Möglichkeit zu einer solchen Umsetzung zu denken, kann auch keine grundsätzliche Schwierigkeit für Sie bedeuten, auch nicht angesichts ihrer Besonderheit, wonach Natur dies nicht aus allen Teilen, sondern jeweils nur aus einem ganz bestimmten Teil von einem Körper oder Leib heraus vermag. Den Schritt zu einer solchen Umsetzung zu tun, heißt nämlich nur, aus sich als einem Teil im Unterschied zu anderen heraus den Schritt zu sich als reiner Kraft bzw. Energie zu tun. Das heißt infolgedessen nur, den Weg, auf dem Natur zu sich als so etwas wie einem Teil im Unterschied zu andern Teilen allererst geworden ist, auch umgekehrt zu gehen, was als unmöglich nicht einsichtig sein kann. Spricht heute doch so gut wie alles dafür, daß tatsächlich gilt: Im Anfang war die Kraft[1]. Und zwar in dem Sinn, daß aus ihr als einem ständigen Entstehen wie Vergehen so etwas wie ein Bestehen von etwas Substrathaftem sich allererst gebildet hat, indem Natur aus sich als reiner Kraft, sprich Form, heraus sich zu etwas Geformtem allererst selbst eingeteilt hat und so auch zum Material für sich als dieses Formen und Geformte allererst sich selbst gemacht hat. Und einer Natur, die in der Lage war, zu solchem sich zu machen, sollte es unmöglich sein, als solches sich auch wieder rückgängig zu machen, wenngleich nur aus sich als einem jeweils ganz besonderen Einzelfall, sprich Einzelteil, heraus? Das wäre vielmehr unverständlich. Ist das doch auch grundsätzlich bloß eine neue Weise, wie sie als ein Formen, nämlich nunmehr als ein Überformen auftritt, wodurch sie auch bloß erneut zum Material für sich als Formen und Geformtes wird. Nur wird Natur dies nunmehr eben als ein Material, als das Natur sich innerhalb von sich schon ganz bestimmt und hochkomplex geformt hat, zu Gehirn zum Beispiel, und als das sie sich von anderer Natur bereits erheblich unterscheidet, so daß sie durch dessen neuerliche Überformung sich von anderer Natur auch nur noch weiter unterscheidet. Damit nämlich teilt Natur sich nunmehr auch noch ein in solches Naturale, das beseelt ist und das nicht beseelt ist, sprich, in solches Physische oder Somatische, das wie der Körper oder Leib eines Subjektes überformt durch Psychisches oder Mentales auftritt, und in solches, das dies nicht tut.

Fraglich für Sie bleiben kann verglichen damit vielmehr nur: Von welcher Art muß denn der Schritt sein, den Natur jeweils aus sich als einem solchen Einzelteil heraus zu tun hat, um als ein Sich-Überformen durch die Kraft bzw. Energie von Psychischem oder Mentalem aufzutreten, wenn dies Auftreten nicht seinerseits durch eine Wechselwirkung dieses Einzelteils mit anderem Physischen oder Somatischen erfolgen kann, wie schon gezeigt. Ja hiernach wird das um so fraglicher, da dieses Auftreten von Psychischem oder Mentalem als der Kraft bzw. Energie von Form, die formt und

1 Vgl. dazu oben § 6, S. 210f.

somit wirkt, als solches selbst durchaus das Eintreten in eine Wechselwirkung mit dem Physischen oder Somatischen sein muß, das unter seinen Teilen diesen Einzelteil besitzt. Von welcher Art muß also jenes ganz Bestimmte sein, das sich in diesem ganz bestimmten Einzelteil des Physischen oder Somatischen ereignet?

Denn tatsächlich muß es einerseits in vollem Sinn Ereignis sein, weil es nach einer Seite hin mit diesem Physischen oder Somatischen auch eine Wechselwirkung mindest nach sich ziehen muß. Doch muß es anderseits auch wieder in besonderem Sinn Ereignis sein, weil es als solches selbst gerade nicht auch noch von anderer Seite her auf eine andere Wechselwirkung zwischen diesem Einzelteil, bzw. Teilen dieses Einzelteils, und anderem Physischen oder Somatischen zurückgehen kann. Die Antwort kann sonach zuletzt nur lauten, daß es sich dabei um einen Fall von Spontaneität wird handeln müssen: um den Fall eines Ereignisses, das sich spontan ereignet. Ist doch eben dies gemeint, wenn Physiker zum Beispiel davon sprechen, daß sich Radioaktivität als der Zerfall eines Atoms spontan ereignet, nämlich ohne Fremdeinwirkung oder ohne Einwirkung von außen, was recht eigentlich bedeutet: ohne Mitwirkung von etwas anderem solchen und entsprechend ohne Wechselwirkung mit ihm. Und daß dieser Fall eines Spontanereignisses – tritt es als solches selbst erst einmal auf – mit anderem Naturalen auch in Wechselwirkung tritt, das dürfte Ihnen heute wahrlich nicht mehr fraglich sein, da Sie zum Beispiel Radioaktivität in ihren Auswirkungen kennen müßten.

Was wir im Zuge unserer Überlegungen als eine bloße Möglichkeit für die Natur bloß fordern können, ist infolgedessen etwas, das Empiriker – und nicht nur Physiker – seit längerem bereits als eine volle Wirklichkeit in der Natur auf Schritt und Tritt zur Kenntnis nehmen müssen. Radioaktivität ist dafür nämlich nur ein Beispiel unter vielen. Und so heißt es auch nicht mehr zu wagen, als etwa die Physiker es tun, nämlich aus Theorie heraus etwas durch ein Experiment Erweisbares vorauszusagen, wenn ich folgendes erwarte: Falls es Psychisches oder Mentales als etwas Besonderes gegenüber Physischem oder Somatischem tatsächlich gibt, und falls es Physiologie tatsächlich eines Tages dahin bringen sollte, etwas zu ermitteln, das ein letztes Physisches oder Somatisches vor jenem Übergang zu Psychischem oder Mentalem wäre, wird es sich dabei um ein Spontanereignis innerhalb des Naturalen handeln.

Und so wird genauso wie Physik auch Physiologie als Empirie an eben dieser Stelle naturaler Spontaneität ihr prinzipielles Ende finden müssen. Denn ab hier kann es für sie auch prinzipiell nichts weiteres Empirisches mehr zu entdecken geben, um auch diese Art eines empirischen Spontan- und damit Letzt- bzw. Erstereignisses noch weiter zu erklären und dadurch seinem Spontaneitätscharakter zu entgehen. Vielmehr wird wie Physik auch Physiologie an eben dieser Stelle stehenbleiben müssen und sich demgemäß mit einer nur noch negativen Einsicht zu bescheiden haben: Handelt es sich dabei auch im vollen Sinn um ein empirisches Ereignis, so jedoch um eines, das gerade *nicht* durch eine *Fremd*einwirkung eintritt, *nicht* durch etwas *Anderes* bewirkt wird, aber dennoch als empirisches auch selbst durchaus *Natur*ereignis ist.

Mit eben dieser Stelle aber ist dann auch der Wendepunkt bezeichnet, wo es für das Unternehmen Wissenschaft notwendig wird, im Ausgang von empirischer Naturwissenschaft einen Übergang zu nichtempirischer Naturphilosophie auf sich zu nehmen, jedenfalls wenn dieses Unternehmen Wissenschaft hier überhaupt noch eines Fortschritts fähig sein soll. Was Naturphilosophie zu weiterer Einsicht in empirische Spontanereignisse wie die der Radioaktivität auf seiten des Objekts als solchen beizutragen hätte, lassen wir erneut dahingestellt zugunsten dessen, was auf seiten von Objekten als Subjekten durch Naturphilosophie an weiterer Einsicht in empirische Spontanereignisse gewonnen werden kann. Denn mindestens von seiten der Subjekte hat Philosophie als Reflexion zu solchen Spontaneitätsereignissen auch einen eigenen Zugang, demzufolge sie geradezu alleinzuständig für sie ist. Ausschließlich nichtempirisch nämlich, durch Philosophie als Reflexion, läßt sich die Leere jener Negativität, bei der es Physiologie genauso wie Physik als Empirie bewenden lassen muß, mit Positivität erfüllen. Nur nichtempirische Philosophie als Reflexion vermag noch weitere Angaben zu machen darüber, was es mit Spontaneität in diesen Fällen, die Empiriker zwar noch ermitteln, doch nicht mehr erklären können, auf sich habe, nämlich welcher positive Sinn mit einem naturalen Spontaneitätsereignis sich verbinden lasse. Sie als einzige ist somit in der Lage, etwas, das Physik und Physiologie von jener Seite her empirisch schuldig bleiben muß, von dieser Seite her noch nichtempirisch nachzuholen und damit zu ergänzen.

Um wieviel aussichtsreicher dies für Reflexion inzwischen ist, ersehen Sie allein schon daraus, daß es mittlerweile innerhalb der Empirie als solcher selbst zur Feststellung von so etwas wie Spontaneität in der Natur gekommen ist. War dies doch alles andere als selbstverständlich angesichts der Vorgeschichte, die Physik und Physiologie als Empirie erst einmal hinter sich zu bringen hatten, um auch nur die Fähigkeit zur Kenntnisnahme von dergleichen zu gewinnen. Im Vergleich zu dieser Vorgeschichte ist das denn auch eine derart umwälzende Neuerung, daß Sie es nur erfassen, wenn Sie diese Vorgeschichte mit berücksichtigen, was in aller Regel nämlich unterbleibt. Ist diese Vorgeschichte doch im wesentlichen die der Newtonschen Physik, das heißt, des Mechanismus und Determinismus, dessen Weltbild nicht nur die Physik, sondern die Empirie im ganzen bis vor kurzem noch geradezu beherrschte.

Die empirische Natur war danach nichts als eine absolute Vielheit makroskopischer Objekte und entsprechender Ereignisse; und jedes davon konnte grundsätzlich nur durch ein anderes verursacht sein bzw. sich ereignen, so daß Naturalität wie Empirizität desselben in Erklärbarkeit durch eine Fremdeinwirkung auch geradezu bestand. Ein Auftreten von etwas ohne jede Fremdeinwirkung konnte es danach nicht geben, jedenfalls nicht als etwas Empirisches und Naturales. Und so mußte jeder, der wie Kant etwa vertrat, daß Psychisches oder Mentales nur auf Spontaneität beruhen könne, in Gefahr geraten, es bloß deshalb auch sogleich als etwas Nichtempirisches, und zwar im Sinn von etwas Außerweltlichem bzw. Außernaturalem anzusetzen. Und so ist auch Kant dieser Gefahr nicht ganz entronnen, wie Sie schon gesehen haben, insofern er ausgerechnet jene absolute Spontaneität der Freiheit als den Grund für alles Handeln letztlich auf Bewegungslosigkeit zurückzuführen versuchte, weil bei ihrem Auftreten ja »nichts geschieht«[2]. Denn jegliches Geschehen innerhalb des Naturalen und Empirischen galt doch von jenem Mechanismus und Determinismus her gerade nicht als ein spontanes, sondern als ein fremdverursachtes Geschehen.

Letztlich also ist, was sich bei Kant hier abspielt, nichts als die

2 Vgl. oben § 3, S. 104f.

Tragödie seiner Newtonschen Gefangenschaft, die eine Theorie der Subjektivität als etwas innerhalb von dieser Welt oder Natur verhindert und mithin, wenn überhaupt, so nur als etwas außerhalb derselben zuläßt, also nur als etwas letztlich Unglaubwürdiges. Nicht auszudenken ist es jedenfalls, um wieviel überzeugender er seine Theorie der Subjektivität als Spontaneität begründet haben würde, hätte Kant den Physikern und Physiologen als Empirikern entgegenhalten können: Keineswegs ist so etwas wie Spontaneität von vornherein bloß etwas Nichtempirisches und damit etwas Außernaturales oder Außerweltliches und dementsprechend Unglaubwürdiges. Denn Empirie als solche selbst muß Fälle solcher Spontaneität zur Kenntnis nehmen und mithin auch als etwas Empirisches und damit Innerweltliches und Innernaturales, eben als empirisches Naturereignis, das gleichwohl *nicht* durch ein anderes empirisches Naturereignis *fremd*verursacht ist. Gerade durch dies Negative ist sie somit als etwas Empirisches auch etwas Abgesichertes und damit alles andere als Unglaubwürdiges, weil man insoweit von ihr wissen, nicht etwa nur an sie glauben kann, oder auch nicht.

Doch damit keineswegs genug, so hätte Kant dann weiter zu argumentieren vermocht: Das Nichtempirische an so etwas wie Spontaneität kommt vielmehr erst zutage, wenn man sich mit jenem Negativen nicht zufrieden gibt, sondern versucht, es durch etwas entsprechend Positives einzulösen. Schließlich steht das Auftreten von so etwas wie Spontaneität doch als Naturereignis außer Zweifel, und so tritt es – wenn *nicht fremd*verursacht durch ein anderes – denn auch *von selbst* oder *von sich aus* auf. Erst dieses Positive, durch das jenes zwar Empirische, doch Negative und sonach auch Leere mit Gehalt gefüllt wird, ist dann etwas Nichtempirisches, dann aber eben auch gerade solches Nichtempirische, das nur die Kehrseite dieses Empirischen, mit ihm zusammen also eines und dasselbe ist: Ganz so, wie etwas Negatives und – als der Gehalt desselben – etwas Positives eben eines und dasselbe miteinander bilden, so zum Beispiel als Gehalt von »Nicht-Hund« etwa »Katze«. Kann doch etwas, das von selbst oder von sich aus vor sich geht, für Empirie auch in der Tat nicht mehr erreichbar sein, und zwar aus prinzipiellem Grund; für Empirie kann nämlich höchstens jenes letzte wie auch leere Negative, das *nicht fremd*verursacht vor sich geht, gerade noch soeben als das Äußerste von

Grenzfall zu erreichen sein: ganz so, als ob für Empirie zum Beispiel eine Katze nur gerade noch soeben als ein Nicht-Hund sich erreichen ließe, und als Katze ausschließlich für Nichtempirie der Philosophie als Reflexion.

Noch weiter also hätte Kant mit Argumenten gehen können: Spontaneität von dieser Seite her als etwas Positives, wenn auch Nichtempirisches in Anspruch nehmen, heißt infolgedessen keineswegs, sie über Welt oder Natur hinaus als etwas Jenseitiges anzusetzen, sondern durchaus innerhalb von Welt oder Natur als etwas Diesseitiges. Und so liegt von dieser Seite der Philosophie als Reflexion her auch nicht der geringste Grund vor, solcher Spontaneität bloß deshalb etwa den Charakter des Geschehens abzusprechen, weil hienieden alles, was geschieht, doch angeblich nur mechanistisch und deterministisch fremdbewirkt geschehe, so daß ausgerechnet Spontaneität nur in Bewegungslosigkeit bestehen könnte. Vielmehr gilt gerade umgekehrt: Nicht das geringste spricht dagegen, Spontaneität sogar als eine Art Geschehen oder eine Art Ereignis anzusetzen, das schlechthin Bewegung ist: ganz so, wie Subjektivität zum Beispiel als Intentionalität schlechthin Bewegung ist. Ist sie das doch in jedem Fall, nämlich gleichviel, ob auch der Körper oder Leib, dem sie entspringt und den sie dabei in Bewegung oder Ruhe setzt bzw. hält, nun seinerseits dabei tatsächlich in Bewegung oder Ruhe ist.

Auf diese Weise wäre somit Kant bereits an einen Punkt gelangt, von dem aus er noch weiter hätte kommen können und von dem zumindest wir nun weiter auszugehen haben, die wir mittlerweile aus der Newtonschen Gefangenschaft befreit sind. Denn an diesem Punkt ist nunmehr füreinander einzusetzen, was wir schon gewonnen haben. Wenn es Subjektivität im Sinn jener Besonderheit von Psychischem oder Mentalem gegenüber Physischem oder Somatischem tatsächlich gibt, so nur als naturale Spontaneität: Ihr Auftreten als Eintreten in jene Wechselwirkung mit bestimmtem Physischen oder Somatischen kann nur das eines Partners sein, der dazu *nicht* mit einem dritten Physischen oder Somatischen als Partner wechselwirken muß, der dies vielmehr *von selbst* oder *von sich aus* kann, der aufzutreten und in solche Wechselwirkung einzutreten demgemäß *spontan* vermag: nach Art jenes Ereignisses oder Geschehens einer Radioaktivität. Auch dieser eine Partner nämlich kann dann grundsätzlich nichts anderes sein als etwas

Physisches oder Somatisches, wie etwa das Gehirn als ganz bestimmter Teil des Körpers oder Leibes eines Subjekts. Und als solcher Teil muß Physisches oder Somatisches auch etwas ganz Bestimmtes sein: Muß es doch in der Lage sein, aus ihm heraus sich ganz *von selbst* oder *von sich aus*, eben ganz *spontan* zu so etwas wie reiner Kraft bzw. Energie eines substratlos-absoluten Wechsels von Bewegung ohne ein Bewegtes umzubilden, die als ein Entstehendes gleichwie Vergehendes mit dem Bestehenden des Physischen oder Somatischen, dem sie entspringt, dabei in Wechselwirkung tritt. Auf diese Weise nämlich tritt sie auf wie eine Form, die formt und somit wirkt und darum auch mit der Materie, der sie entspringt, in Wechselwirkung tritt, weil sie als solche Form recht eigentlich ein Formen ist, das die Materie, der es entspringt, dadurch zum Material für sich als solches Formen macht.

Was dabei vor sich geht, kann somit letztlich auch nur eine Wechselwirkung der Natur mit sich sein, die auf solche Weise als Identität in sich in Differenz tritt, dadurch nämlich, daß sie selbst es ist, was einerseits zur Form und eben damit anderseits zum Material für diese Form wird. Nur wird die Natur dies nunmehr aus bereits geformtem Material heraus, weil aus dem Physischen oder Somatischen heraus, nämlich aus dem Substrathaft-Makroskopischen des Körpers oder Leibes eines Subjekts, als das die Natur mithin zum Weiter- oder Überformen von sich selbst als diesem Körper oder Leib wird. Daran aber, daß sie dies spontan wird, dürfte letztlich nichts für Sie Verwunderliches sein. Vermag sie doch auch zu Substrathaft-Makroskopischem nur aus Substratlos-Mikroskopischem der reinen Kraft bzw. Energie heraus spontan zu werden, dadurch nämlich, daß sie aus sich selbst als reiner Kraft heraus zum einen ursprüngliches Formen und zum andern somit ursprüngliches Material für solches Formen wird. Erst damit nämlich wird sie ursprünglich zu mehr als einem, sprich, zu *einem* gegenüber *anderem* Geformten: sei es auch nur durch so etwas wie »spontane Symmetrie-Brechung« der »Selbstorganisation« dieser Natur, womit Empiriker sogar inzwischen rechnen. Ist es doch mit der Natur als einer ursprünglichen absoluten Vielheit von Objekten wie den makroskopischen, wozwischen nichts als Mechanismus und Determinismus walte, mittlerweile endgültig vorbei, wenn anders Newton als Gefängniswärter ein für alle Male ausgespielt hat.

Daß Natur als ursprüngliche Spontaneität sonach auch weiterhin zu Spontaneität imstande ist und damit auch zu Subjektivität, vermögen demgemäß nur die Empiriker und Empiristen zu bezweifeln, die entgegen besserem Wissen immer noch auf Empirie im Sinn von Newtonscher Physik beharren. Nur durch solcherart Dogmatik jedenfalls vermag man noch dem Eingeständnis zu entgehen, daß angesichts von eben dieser Spontaneität die Empirie als solche selbst am Ende ist, gerade weil zu dieser Spontaneität ersichtlich die Natur als solche selbst imstande ist, für die sich Empirie alleinzuständig wähnt. Denn festzustellen, *daß* Natur als solche selbst zu Spontaneität imstande ist, bedeutet ja durchaus nicht auch noch festzustellen, *wie* Natur als solche selbst dazu imstande ist. Zu jenem Positiven als der Kehrseite zu jenem Negativen nämlich, wonach die Natur sich nur *von sich aus* oder nur *von selbst* ereignen kann, wo sie *nicht fremd*verursacht sich ereignet, hat die Empirie nun einmal keinen Zugang.

Einen Zugang zu Natur als Spontaneität in diesem positiven Sinn des Sich von selbst-Ereignens hat vielmehr, wenn überhaupt ein Unternehmen, so nur das der Nichtempirie von Philosophie als Wissenschaft der Reflexion. Doch einen positiven Sinn von Spontaneität dieser Natur kann diese Wissenschaft dann auch zunächst allein für die Natur gewinnen, die allein ihr als der Reflexion auch zugänglich sein kann. Denn nur für die Natur vermag sie das, die Spontaneität als Subjektivität ist, – und für die, die es noch nicht ist, dann auch höchstens noch in einem abgeleitet-positiven Sinn von Vorgestalt derselben. *Wie* Natur als solche selbst zu Spontaneität im Fall von Subjektivität imstande ist, will sagen, *was* Natur als solche selbst erbringen muß, um sich zu Spontaneität als Subjektivität zu bilden, wird infolgedessen nur von seiten solcher Reflexion als Nichtempirie einzubringen sein. Das stellen wir jedoch auch hier zunächst zurück, weil dazu erst noch grundsätzlich zu klären ist, in welchem Sinn die Wechselwirkung zwischen Psychischem und Physischem oder Mentalem und Somatischem, die solcher Subjektivität zugrunde liegen muß, nicht nur als eine Einwirkung von letzterem auf ersteres erfolgen kann, wie vorhin vorgeführt[3], sondern zugleich auch umgekehrt als eine Einwirkung

3 Vgl. oben § 7.

von ersterem auf letzteres. Schon dafür aber ist es von entscheidender Bedeutung, festzuhalten, daß es eben grundsätzlich Natur ist, was sich dazu bildet, und daß es mithin auch grundsätzlich Natur bleibt, was in Rede steht, wenn über Spontaneität als Subjektivität die Rede ist. Denn diese Einwirkung von Psychischem auf Physisches oder Mentalem auf Somatisches, wie sie im Rahmen einer Wechselwirkung zwischen beidem vor sich gehen muß, kann letztlich nur als jene Selbstbewegung einer Selbstverwirklichung als Selbstverursachung ergehen: Jedenfalls muß sie das dann, wenn es sich dabei um Intentionalität von Subjektivität soll handeln können, wie semantisch längst ermittelt, weil sie eben darin ihren Ursprung haben müsse. Und so wird denn, kurz gesprochen, Subjektivität von seiten jener Nichtempirie der Philosophie als Reflexion auch voll im Sinn von solchem Selbstverhältnis einzubringen sein.

Dagegen nämlich könnten Sie von vornherein schon einen Einwand hegen, dahingehend, daß dies letztlich widersprüchlich werden müsse. Schließlich könne es doch keinen Zweifel daran geben, daß auch solche Subjektivität nur aus Natur entstanden sei, phylogenetisch, und, ontogenetisch, immer wieder aus Natur entstehe. Notwendigerweise aber laufe dies dann auch auf einen Widerspruch hinaus, wenn Subjektivität zum einen doch als *Selbst*bewegung einer *Selbst*verwirklichung im Sinn der *Selbst*verursachung entspringen soll, zum andern aber aus Natur entstanden sein oder entstehen soll und damit doch durch *Fremd*bewegung einer *Fremd*verwirklichung im Sinn der *Fremd*verursachung.

Ein Widerspruch und damit auch ein Einwand aber ist das nur, wenn Subjektivität dabei von vornherein als etwas Anderes als Natur vorausgesetzt wird: letztlich also wieder einmal so, als wäre sie, gut cartesianisch, gegenüber der Natur als *res extensa* eine Art *res cogitans*, was aber eben alles andere als überzeugend ist. Demgegenüber gilt es vielmehr festzuhalten: Da auch Subjektivität nur aus Natur entstanden sein oder entstehen kann, muß es auch gerade umgekehrt Natur als solche selbst sein, die zu so etwas wie Subjektivität aus sich heraus sich bildet und mithin als solche selbst sich auch aus sich heraus zu einem Selbstverhältnis bildet wie zu dem der Selbstbewegung einer Selbstverwirklichung im Sinn der Selbstverursachung.

In jedem Fall ist es danach Natur als solche selbst, die in Gestalt von jedem einzelnen von uns als Subjektivität in solch ein Selbstverhältnis zu sich tritt und damit eben als Mentales oder Psychisches auch zu Bewußtsein von sich kommt: womit sie zu all dem wird, was dazu nun einmal mit hinzugehören muß, wie etwa die Struktur einer Identität, die sich aus sich heraus zu einer Differenz in sich macht. Ist es doch Natur als solche selbst, die danach in Gestalt eines Empirikers wie etwa eines Alltagsmenschen oder eines Wissenschaftlers, so zum Beispiel eines Physikers, Erfahrung von sich macht: sich also auch als solche selbst nach einer Seite zum Erfahren macht sowie nach anderer Seite zum Erfahrenen. Und damit macht sie als Identität sich eben in sich selbst zur Differenz, wenn anders zwischen dem Erfahren und Erfahrenen als dem Erkennen und Erkannten eine Differenz besteht, die aber eben nicht besteht wie eine zwischen einer absoluten Vielheit von zwei Welten, sondern nur wie eine innerhalb von einer und derselben Welt als der Identität dieser Natur. Und auch Natur als solche selbst ist es danach, die in Gestalt von Philosophen nicht allein Erfahrung als empirische Erkenntnis von sich als empirischem Erkannten macht, sondern als nichtempirische Erkenntnis auch sich reflektierend noch bewußt macht, was allein es letztlich sein kann, wozu sie als Empirie sich beiderseits da macht. Sich nicht zu dieser Grundstruktur derselben als einer Identität mit einer oder mehr als einer Differenz in sich verstehen zu wollen, hieße jedenfalls, dogmatisch auf Natur als absoluter Vielheit von Objekten wie den makroskopischen gemäß der Newtonschen Physik beharren zu wollen, die heute aber schon allein empirisch widerlegt ist.

Um dies alles einzusehen, ist es denn auch von entscheidender Bedeutung, festzuhalten: Nicht einmal für Empirie kann es noch länger fraglich bleiben, daß zu so etwas wie Spontaneität bereits Natur als solche selbst imstande ist, mag Empirie als solche selbst auch nicht mehr in der Lage sein, die Spontaneität derselben über ihre Negativität hinaus auch noch als eine Positivität derselben zu erfassen. Jedenfalls muß danach die Natur als solche selbst schon generell dazu vermögend sein, spontan, von selbst, von sich aus in ein Selbstverhältnis zu sich einzutreten. Und speziell vermögen muß sie das dann auch als Spontaneität einer Intentionalität von Subjektivität, als die sie das spezielle Selbstverhältnis jener Selbstbewegung einer Selbstverwirklichung als Selbstverursachung sein muß, als das sie nur durch Reflexion ermittelt werden kann und somit nur durch Nichtempirie der Philosophie. Doch wohlgemerkt: Auch als Nichtempirie hat diese es dabei grundsätzlich mit Natur als solcher selbst zu tun und nicht mit etwas Jenseitigem außerhalb derselben, wie Sie für das Folgende beachten sollten. Schließlich ist es auch Natur als solche selbst, die sich spontan aus sich heraus zu Subjektivität gestaltet: aus sich selbst als dem Substrathaft-Makroskopischen heraus, das eben dadurch, daß sie sich aus ihm heraus zu ihr gestaltet, auch zum Körper oder Leib der jeweiligen Subjektivität wird.

Unsere heutige Gewißheit, daß vermöge ihrer Fähigkeit zur Spontaneität es die Natur als solche selbst sein muß, was sich zu so etwas wie Subjektivität aus sich heraus gestaltet, ist für uns denn auch ein Vorteil gegenüber Kant. Als Newtonscher Gefangener vermochte er sich nämlich daran, dies noch weiter zu verfolgen, nicht einmal von fern heranzuwagen: auch nicht dort, wo er im Zuge seiner Reflexionen selbst geradezu darauf gestoßen wurde, die Strukturen zu entfalten, die Natur als solche selbst jeweils besitzen muß, wo sie als Subjektivität hervortritt. Und nicht zufällig sind das die Stellen, wo Kant besonders auffällig mit seinen Reflexionen regelmäßig steckenbleibt und abbricht und entsprechend außerstande ist, zur Lösung des Problems der Wechselwirkung zwischen Psychischem und Physischem oder Mentalem und Somatischem auch nur das Kleinste beizutragen. Gilt dies doch auch nicht allein für jenes »Affektionsproblem« der Einwirkung von Physischem oder Somatischem auf Psychisches oder Mentales, sondern auch vor allem in der umgekehrten Richtung, nämlich wie denn eine Einwirkung von Psychischem auf Physisches oder Mentalem auf Somatisches sich denken ließe. Fraglos nämlich läuft Intentionalität von Subjektivität doch auch nach Kant nur dadurch ab, daß sie als Psychisches oder Mentales etwas Physisches oder Somatisches in Ruhe oder in Bewegung setzt bzw. hält: den jeweils eigenen Körper oder Leib. Denn Kant war, wenn auch Idealist, so doch gewiß nicht Spiritist.

Wo Kant sogar im Newtonschen Gefängnis noch darauf gestoßen wird, dem Psychischen oder Mentalen, das er Subjektivität nennt, könne letztlich nur Natur als solche selbst zugrunde liegen, ist zum Beispiel jener Text, der ihm nicht mehr gestattet, vor der Frage einer »Angeborenheit« und damit eben einer Naturalität derselben auszuweichen[4]. Und zumindest soweit kommt Kant dieser Frage hier auch nach, als er sich deutlich macht: Verstand und Sinnlichkeit, die er als die zwei grundlegenden Wesenszüge jeder Subjektivität betrachtet, müssen als Vermögen etwas »Angeborenes« und somit etwas Naturales sein, wie etwa die Organe der fünf Sinne, die der Sinnlichkeit zugrunde liegen. Gegenüber dieser Naturalität von ihnen als Vermögen oder Möglichkeiten aber müsse – so Kants schnelle Ablenkung davon und Überleitung auf sein eigentliches philosophisches Gebiet – die Wirklichkeit derselben durch Verwirklichung von ihnen als Vermögen oder Möglichkeiten unterschieden werden. Denn als bloße Naturalität eines Vermögens oder einer Möglichkeit ist weder Sinnlichkeit schon so etwas wie eine Anschauung noch auch Verstand schon so etwas wie ein Begriff, wozu sie als Vermögen oder Möglichkeiten vielmehr der Verwirklichung bedürfen, die etwas herbeiführt, »was vorher noch gar nicht existiert«[5]. Sie ist mithin ursprüngliche Erzeugung von so etwas wie Begriff und Anschauung als Psychischem oder Mentalem, die Kant als »ursprüngliche Erwerbung« von dergleichen auffaßt[6]. Weisen doch Verstand wie Sinnlichkeit als bloße Naturalität von »angeborenem« Organ noch nichts dergleichen auf, sind vielmehr nur Vermögen oder Möglichkeit dafür und nicht etwa schon Wirklichkeit davon.

Doch auch hier, wo ausnahmsweise einmal ausgesprochen wird, *daß* dies aus der Natur als solcher selbst hervorgehen muß, fehlt jede weitere Überlegung Kants, *wie* dies aus der Natur als solcher selbst entspringen kann, *was* also die Natur als solche selbst sein oder werden muß, damit der Ursprung von dergleichen aus ihr sich verstehen lassen kann. Dies hier noch weiter einzusehen aber wäre um so nötiger für Kant, da gleichfalls nur von der Natur als solcher selbst die Rede sein kann, wenn er vom »Vermögen« der »Erkenntnis« hier als einem »Grund« spricht, der »im Subjekt« jeweils »angeboren« ist, und von ihm sagt: Sei es nun so etwas wie Anschauung oder Begriff, so werde doch ein jedes davon seiner Stellung nach, als etwas Psychisches oder Mentales, von ihm »aus

4 Vgl. Bd.8, S. 221ff.
5 A.a.O., S. 221, Z.30.
6 A.a.O., S. 221, Z.29, S. 222, Z.33.

sich selbst a priori« zustande gebracht[7]. Denn nichts geringeres ist damit angesprochen als das Ganze seiner Theorie der Subjektivität im Sinn der Apriorität, wonach es letztlich die Natur als solche selbst sein muß, die irgendwie dazu imstande ist. Was Kant sich hier – und das heißt: spät – erst klar macht, ist mithin auch schon von Anbeginn für diese seine Theorie von einer nicht zu überschätzenden Bedeutung.

So spricht Kant zum Beispiel gleich am Anfang seiner Überlegungen von Sinnlichkeit und von Verstand als den »zwei Stämmen« unserer Erkenntnis, davon also, daß es zweierlei ist, woraus diese jeweils herstammt, daß indessen diese beiden Stämme ihrerseits »vielleicht aus einer gemeinschaftlichen, aber uns unbekannten Wurzel entspringen«[8]. Woran er hiermit aber so geheimnisvoll herumzurätseln scheint, das kann in Wahrheit überhaupt kein Rätsel oder gar Geheimnis sein, weil hinter dieser »Wurzel« sich nichts anderes als die Natur verbergen kann, und zwar gerade dann, wenn diese Wurzel die »gemeinschaftliche« beider, also letztlich eine und dieselbe Wurzel sein soll. Können doch schon hier, ja eigentlich gerade hier, Verstand genausosehr wie Sinnlichkeit nur als Vermögen oder Möglichkeit gemeint sein und sonach im Sinne von Organ als angeboren-naturalem. Denn als Wirklichkeit wie die von Anschauung oder Begriff sind Sinnlichkeit oder Verstand nach Kant von vornherein sich ausschließende Gegensätze: der Verstand als Wirklichkeit nämlich der Inbegriff von Spontaneität und Einfachheit, die Sinnlichkeit als Wirklichkeit jedoch der Inbegriff von Rezeptivität und Ausdehnung. Und diese Art der Gegensätzlichkeit von beiden hat sich Kant auch explizit bewußt gemacht[9].

Infolgedessen kann in diesem Sinn von Wirklichkeit eine »gemeinschaftliche Wurzel« beider auch noch nicht einmal vermutbar, weil von vornherein nicht denkbar für ihn sein. Daß sie es ist, zeigt vielmehr, daß sie die »gemeinschaftliche Wurzel« beider auch nur als Vermögen oder Möglichkeit und somit als Natur sein kann, und damit könnte umgekehrt diese Natur auch nur als eine und dieselbe die »gemeinschaftliche Wurzel« beider sein. Dies aber muß – und zwar gerade deshalb, weil es überhaupt kein Rätsel oder gar

7 A.a.O., S. 221f.
8 A 15 B 29.
9 Vgl. z.B. Bd.20, S. 271, Z.16.

Geheimnis sein kann – dem Gefangenen jenes Gefängnisses geradezu als etwas Ungeheuerliches gelten, weshalb er auf diese Weise hier vor ihm zurückweicht.

Denn als erstes heißt das dann sogleich: Als solche selbst muß die Natur vermögend sein, aus sich heraus als diese Spontaneität und Einfachheit hervorzutreten. – Doch als zweites heißt das dann zugleich: Als solche selbst muß die Natur vermögend sein, aus sich heraus auch noch als diese Rezeptivität und Ausdehnung hervorzutreten und im ganzen somit aus sich selbst als einer Einheit auch zu einer Zweiheit solcher Gegensätze. – Drittens aber heißt das dann vor allem, daß Natur als solche selbst auch noch vermögend sein muß, sich als dieses Naturale der Vermögen oder Möglichkeiten *für* Verstand und Sinnlichkeit zu Wirklichkeiten *von* Verstand und Sinnlichkeit selbst zu verwirklichen: zu Wirklichkeiten also, die dann jene Gegensätzlichkeiten zueinander sind. Denn auch erst als verwirklichte Vermögen oder Möglichkeiten sind Verstand bzw. Sinnlichkeit der Inbegriff von Spontaneität und Einfachheit bzw. Rezeptivität und Ausdehnung als jeweiligen Wirklichkeiten.

Die Verwirklichung dieser Vermögen oder Möglichkeiten aber kann Natur dann nur als Aktivität dieser Spontaneität zustande bringen, nicht etwa als Passivität dieser Rezeptivität. Infolgedessen muß Natur aus sich als dem Vermögen oder als der Möglichkeit für Spontaneität und Einfachheit heraus sich nicht allein zur Wirklichkeit von eben dieser Spontaneität und Einfachheit verwirklichen; sie muß vielmehr gerade dadurch auch noch sich als das Vermögen oder als die Möglichkeit für Rezeptivität und Ausdehnung zur Wirklichkeit von eben dieser Rezeptivität und Ausdehnung verwirklichen. Und schon allein der dafür durchwegs grundlegenden Spontaneität zufolge kann all dies dann letztlich auch erst außerhalb jenes Gefängnisses zu denken möglich werden.

Da er ihm jedoch nun einmal nicht entkommen konnte, blieb Kant insbesondere in einem Punkt gefangen, ja geradezu befangen, nämlich wie das Grundverhältnis von Verstand und Sinnlichkeit zu denken sei, wenn jedes einzelne Verhältnis zwischen ihnen grundsätzlich von dieser Spontaneität dieses Verstandes auszugehen habe. Denn das heißt dann auch: Von vornherein ist es Natur als solche selbst, was in Gestalt des Grundverhältnisses zwischen Verstand und Sinnlichkeit aus sich heraus das Selbstverhältnis zu sich aufnimmt, das Philosophie durch Reflexion dann als das Nichtempirische jenes Verhältnisses der Selbstbewegung einer Selbstverwirklichung im Sinn der Selbstverursachung ermittelt.

Mindest ansatzweise nämlich hatte sich auch Kant bereits verdeutlicht, dieses Grundverhältnis zwischen ihnen müsse durch die Reflexionsbegriffe von »Materie und Form« sich denken lassen[10]. Unter diese aber hätte dann auch Schritt für Schritt noch die Gesamtheit der Verhältnisse zwischen Verstand und Sinnlichkeit im einzelnen zu fallen[11], die er als »Schematisierung« von Verstand zu »Schemata« der Sinnlichkeit zu denken sucht: vom ersten bis zum letzten. Nur vermochte er dies schon von Anbeginn nicht angemessen durchzuführen, weil er wegen Newton kein Vertrauen dazu haben konnte, daß Natur als solche selbst zu dieser grundlegenden Spontaneität imstande sein muß. Und so konnte er auch nicht mehr sehen, wie angemessen dieses Reflexionsbegriffspaar von »Materie und Form« all dem tatsächlich ist.

Im Ansatz nämlich faßt er dabei selbst bereits »Materie« als das »Bestimmbare« und »Form« als die »Bestimmung« auf, durch die »Materie« als dies »Bestimmbare« jeweils »bestimmt« wird[12], was dann aber auch erst recht nur immer wieder eine Angelegenheit der Aktivität jener Spontaneität sein kann, zu der Natur von selbst oder von sich aus in der Lage sein muß. Bis zur vollen Durchführung dieser Notwendigkeit ist Kant indessen niemals durchgedrungen. Niemals hat er sich in vollem Umfang zu verdeutlichen vermocht: In diesem Sinn »bestimmend« muß Natur als Spontaneität dann so grundsätzlich sein, daß sie sich nicht allein als das »Bestimmende« der »Form« ganz aus sich selbst heraus erstellt, sondern durch sich als eben dies »Bestimmende« der »Form« auch sich als das »Bestimmbare« einer »Materie« für sich als diese »Form« noch: beides also ganz ursprünglich aus sich selbst heraus. Indem er dies »Bestimmbare« einer »Materie« vielmehr immer wieder als in irgendeinem Sinn gegeben oder vorgegeben aufzufassen suchte[13], ist er dieser Notwendigkeit immer wieder ausgewichen.

10 Vgl. z.B. A 266ff. B 322ff.
11 Vgl. a.a.O.
12 Vgl. a.a.O.
13 Vgl. z.B. A 86 B 118.

Und der eigentliche Grund dafür ist letztlich nur jene Befangenheit von Kant vor der Natur als dem Vermögen oder als der Möglichkeit für Spontaneität. Nur die Verwirklichung davon zur Wirklichkeit jenes Verstandes nämlich kann es sein, wodurch sich die Natur auch noch als das Vermögen oder als die Möglichkeit für Rezeptivität und so auch noch zur Wirklichkeit von jener Sinnlichkeit verwirklicht, so daß dann die Sinnlichkeit als Wirklichkeit von Rezeptivität auch nur durch den Verstand als Wirklichkeit von Spontaneität erstellt wird. Und so ist es letztlich auch Natur als solche selbst, die schon an dieser Ursprungsstelle von Verstand und Sinnlichkeit als Wirklichkeiten sich aus sich heraus nicht bloß zur Wirklichkeit der Spontaneität und damit des Verstandes als der Form verwirklicht, sondern eben dadurch auch zur Wirklichkeit der Rezeptivität und so der Sinnlichkeit als der Materie für diese Form. Der Ursprung beider ist Natur in der Gestalt von beiden somit auch gerade dahingehend, daß sie als Materie in bestimmter Form bereits von vornherein etwas Geformtes und mithin etwas Bestimmtes ist, indem sie auch von vornherein schon eine ursprüngliche Einheit beider bildet.

Daß Natur dazu auch einer hochkomplexen Organisation wie etwa des Gehirns bedarf, wird Ihnen danach nicht mehr als verwunderlich erscheinen können. Dann jedoch wird Sie auch umgekehrt genausowenig wundern können, daß Empiriker und Empiristen einfach auf verlorenem Posten stehen müßten, wenn sie vom Gehirn aus auch nur ansatzweise danach trachten wollten, solche innerliche Zweiheit jedes Psychischen oder Mentalen, nämlich diese Zweiheit aus Verstand und Sinnlichkeit, auch nur im Ansatz zu ermitteln. Und so kann und konnte denn auch von der Empirie her über derlei nie die Rede sein und wird es auch nie können. Denn tatsächlich ist Verstand genausosehr wie Sinnlichkeit als Wirklichkeit dann gleicherweise etwas Psychisches oder Mentales, das als unlösbare Einheit solcher Zweiheit aber eben jeder Empirie verschlossen bleiben muß, obwohl es insgesamt nur aus Natur als Spontaneität hervorgehen kann.

Hätte Kant sich die Natur als Spontaneität grundsätzlich vorstellen können, wäre ihm vielleicht auch aufgegangen, welche Möglichkeit sie bietet, sich dann auch den Ursprung von Mentalem oder Psychischem aus ihr als etwas Physischem oder Somatischem noch vorzustellen. Hatte Kant doch diese Art von Ursprung für das Psychische oder Mentale von Verstand und Sinnlichkeit als Wirklichkeiten ohnehin bereits erwogen, wie Sie sehen konnten. Jedenfalls ist nach Befreiung aus dem Newtonschen Gefängnis schon allein von Empirie her, und sonach Natur als solche selbst betreffend, eine aussichtsreiche neue Situation für uns geschaffen: Nicht nur muß von daher schon mit ihrer Spontaneität gerechnet werden, sondern auch noch damit, daß sie im Bestehen von Objekten wie substrathaft-makroskopischen durchaus nicht aufgeht. Ja von daher ist sogar damit zu rechnen, daß Natur ursprünglich vielmehr ein substratlos-mikroskopisches Entstehen wie Vergehen reiner Kraft bzw. Energie als absoluten Wechsel von Bewegung ohne ein Bewegtes bildet, woraus sie sich zu Objekten wie substrathaft-makroskopischen auch immer erst selbst einteilt. Danach wird Natur in der Gestalt von solchen ursprünglichen Teilen somit aus sich selbst heraus zu Form genauso wie auch zu Materie für Form. Und nicht mehr einzusehen ist dann, weshalb Natur, was sie auf diese Weise grundsätzlich aus sich heraus vermag, nicht auch aus sich als schon Substrathaft-Makroskopischem heraus vermögen sollte, wie aus Physischem oder Somatischem des Körpers oder Leibes eines Subjekts: etwa aus Gehirn als einem hochkomplex organisierten Teil von sich heraus.

Zumindest ist es aufschlußreich, daß jedenfalls die bisher ungelöste Problematik einer Wechselwirkung zwischen Psychischem und Physischem oder Mentalem und Somatischem auf dieser Grundlage sich lösen ließe. Eine Lösungsmöglichkeit ergäbe sich von daher nämlich nicht nur nach der einen Seite jener Einwirkung von letzterem auf ersteres, sondern auch umgekehrt, und insbesondere bis dahin, daß dann jegliches Mentale oder Psychische auch jene Einheit jener Zweiheit bilden muß, die Kant als diejenige von Verstand und Sinnlichkeit zu denken sucht. Ist mindestens als jene Einheit jener Zweiheit von Verstand als Spontaneität und Sinnlichkeit als Rezeptivität doch jegliches Mentale oder Psychische dann auch noch weiter herleitbar.

Tritt doch Mentales oder Psychisches als etwas auf, das gegenüber Physischem oder Somatischem als einem immer schon Bestehenden vielmehr nur etwas immer erst Entstehendes gleichwie Vergehendes sein kann, wie Ihnen vorhin klar geworden ist. Dann aber tritt es eben damit auch als etwas auf, das immer schon etwas Agierendes sein muß, so daß ihm gegenüber dieses Physische oder

Somatische dabei auch immer erst ein auf es Reagierendes sein kann. Als eben dies Agierende muß Mentales oder Psychisches dann aber auch spontan Agierendes sein, wenn anders jenes Physische oder Somatische es dabei auch spontan, von selbst, aus sich heraus hervorbringt, nämlich nicht, indem auch dieses Physische oder Somatische dabei mit anderem, dritten Physischen oder Somatischen noch seinerseits in Wechselwirkung steht. Mit Physischem oder Somatischem in Wechselwirkung tritt dabei vielmehr ausschließlich dieses Psychische oder Mentale als spontan Agierendes, dem gegenüber dieses Physische oder Somatische dann eben auch nur jenes auf es Reagierende sein kann.

Doch eben damit, daß durch dieses Psychische oder Mentale als spontan Agierendes dieses Physische oder Somatische zum darauf Reagierenden wird, wie Sie gesehen haben, wird dies letztere dann auch zu so etwas wie der Materie für dies erstere als Form, das dadurch einen ihm ganz eigentümlichen Gehalt bekommt, zum Beispiel den des Schmerzes wegen einer Wunde. So entsteht nur dadurch, daß an Holz oder an Marmor beispielsweise eine ganz bestimmte Form und so aus Holz oder aus Marmor eine ganz bestimmte Statue entsteht, auch etwas, das dann hölzern oder marmorn ist: etwas mit nur ihm selber eigentümlichem Gehalt, weil weder dieses Material als solches noch gar diese Form als solche hölzern oder marmorn sein kann[14].

So jedoch entspringt dieses Verhältnis von Materie und Form dann eben dadurch auch sogleich auf einmal jeweils mehr als einmal. Denn nicht nur zum einen als Verhältnis zwischen Psychischem und Physischem oder Mentalem und Somatischem entspringt es dann, sondern ineinem damit auch zumindest noch zum andern als Verhältnis innerhalb dieses Mentalen oder Psychischen als solchen, nämlich zwischen ihm als Spontaneität und ihm als Rezeptivität und damit zwischen ihm als Wirklichkeit eines Verstandes und als Wirklichkeit auch einer Sinnlichkeit. Steht letztere zu ersterem doch im Verhältnis von Materie zu Form *im* Ganzen dieses Psychischen oder Mentalen ebenso, wie jenes Physische oder Somatische *zum* Ganzen dieses Psychischen oder Mentalen im Verhältnis von Materie zu Form steht. Und für jedes einzelne

14 Vgl. oben § 7, S. 237 ff.

dieser Verhältnisse gilt auch, daß etwas zur Materie für diese Form dabei durch diese Form selbst wird.

An dieser Stelle aber müssen Sie den folgenden, weil wesentlichen Unterschied beachten: So gewiß auch Physisches oder Somatisches dabei durch Psychisches oder Mentales zur Materie für es als Form wird, so gewiß doch nur als jenes immer schon Bestehende für es als jenes immer erst Entstehende gleichwie Vergehende. Dagegen ist, was innerhalb des Ganzen dieses Psychischen oder Mentalen jeweils zur Materie für eine Form wird, keineswegs auch selbst ein immer schon Bestehendes. Wie dieses Psychische oder Mentale insgesamt ist es vielmehr nur etwas immer erst Entstehendes gleichwie Vergehendes. Und so vermag, was innerhalb desselben zur Materie für eine Form wird, dies auch nur mit dieser Form einhergehend, weil auch nur aus demselben Grund wie sie hervorgehend, zu werden: aus Natur als Spontaneität. Und in der Tat wird das Mentale oder Psychische zu jenen Wirklichkeiten von Verstand als Spontaneität und Sinnlichkeit als Rezeptivität jeweils ineinem, nämlich einfach dadurch, daß dieses Mentale oder Psychische als solches selbst zu einer Wirklichkeit wird, und das heißt: indem sich jenes Physische oder Somatische als das Vermögen oder als die Möglichkeit für es zur Wirklichkeit von ihm eben verwirklicht.

Heißt das doch zuletzt: Genau indem Natur als das Vermögen oder als die Möglichkeit für Spontaneität zur Wirklichkeit von Spontaneität wird, wird Natur auch noch als das Vermögen oder als die Möglichkeit für Rezeptivität zur Wirklichkeit von Rezeptivität und damit zu Verstand und Sinnlichkeit ineinem. Denn genau indem Natur sich aus sich selbst als Physischem oder Somatischem heraus spontan zu Psychischem oder Mentalem als Agierendem macht, macht sie als Physisches oder Somatisches sich auch zu dem auf dies Agierende noch Reagierenden, aus dem heraus sie sich als dies Agierende mithin auch einen Inhalt noch selbst zuzieht und sonach spontan auch rezeptiv wird. Eben dadurch also, daß Natur in der Gestalt dieses Mentalen oder Psychischen spontan wird, wird Natur in der Gestalt dieses Mentalen oder Psychischen auch rezeptiv: zu eben dem spontan Agieren nämlich, als das sie ein Reagieren auf sich auslöst und die Wirkung davon als ein Rezipieren in sich einfängt. Eben damit also, daß Natur in der Gestalt von solchem Psychischen oder Mentalen als etwas spontan

Agierendes auftritt, tritt sie auch als etwas rezeptiv Agierendes auf, das ja nicht weniger spontan Agierendes ist, wenn sein spontan Agieren auch ein Rezipieren ist. Sich selbst als *das* spontan Agierende *erstellen*, und, sich selbst als *dem* spontan Agierenden auch rezeptiv den einen oder andern *Inhalt* noch selbst *zuziehen*, ist dann eben eines und dasselbe, auch wenn innerhalb desselben Unterschiedliches zu unterscheiden ist: Nur innerhalb dieses Mentalen oder Psychischen als Einheit ist denn auch die Zweiheit von Verstand als Spontaneität und Sinnlichkeit als Rezeptivität etwas Verschiedenes und Unterscheidbares und so denn auch nur nichtempirisch mittels Reflexion darin zu unterscheiden.

Dementsprechend ist auch in der Tat nur nichtempirisch, nämlich nur durch Reflexion darauf noch einzusehen, daß Verstand als Spontaneität und Sinnlichkeit als Rezeptivität sich innerhalb desselben Psychischen oder Mentalen zueinander wie Materie zu Form verhalten, und daß der Verstand als Spontaneität von Form dabei Materie der Sinnlichkeit als Rezeptivität tatsächlich *aus* sich selbst, weil *durch* sich selbst hervorbringt. Danach nämlich macht Natur, genau indem sie sich spontan zur Form als dem »Bestimmenden« eines Verstandes macht, sich auch noch rezeptiv zu einer Sinnlichkeit als dem »Bestimmbaren« einer Materie für diese Form. Infolgedessen wird Natur, indem sie als die Einheit solcher innerlichen Zweiheit des Mentalen oder Psychischen hervortritt, auch schon immer zu etwas »Bestimmtem«, eben zu etwas daraus Geformtem, so daß auch Gehalt dieses Mentalen oder Psychischen schon immer die »Bestimmtheit« von ihm als einer »Geformtheit« annimmt. Und tatsächlich tritt nicht nur Mentales oder Psychisches als dies Geformte, sondern auch noch jeglicher Gehalt in Form dieses Geformten immer wieder nur als etwas auf, das gegenüber Physischem oder Somatischem als immer schon Bestehendem – aus dem heraus es auftritt – etwas immer erst Entstehendes gleichwie Vergehendes ist: ein substratlos-absoluter Wechsel reiner Kraft bzw. Energie als der Bewegung ohne ein Bewegtes. Eben darin hat das Psychische oder Mentale nämlich insgesamt, das heißt: im ganzen wie im einzelnen von jedem seiner innerlichen Aufbaustücke, scine Sonderstellung gegenüber Physischem oder Somatischem.

Die grundsätzliche Denkbarkeit von naturaler Spontaneität bis hin zur Denkbarkeit von all dem zu entfalten, wie es Kant verwehrt war, läßt uns schließlich aber auch noch einsehen: Durchaus denkbar wird es ebenfalls, daß nicht nur Physisches oder Somatisches auf Psychisches oder Mentales einwirkt, wie Sie sahen, sondern daß auch umgekehrt Mentales oder Psychisches zu einer Einwirkung auf Physisches oder Somatisches imstande ist. Ursprünglich ist es dies zwar nur auf das des jeweils eigenen Körpers oder Leibes eines Subjekts, doch vermittels dieses Körpers oder Leibes abgeleitet dann auch noch auf anderes Physisches oder Somatisches. Und dafür reicht im gegenwärtigen Zusammenhang auch schon die Einsicht in die grundsätzliche Möglichkeit davon, die alles weitere an Einzelheiten vorerst noch beiseite läßt. Im einzelnen wird dazu nämlich die gesamte innere Struktur dieses Mentalen oder Psychischen als Intention und damit als Bewußtsein einer jeweiligen Absicht von bestimmtem Inhalt zu berücksichtigen sein, weil eben davon abhängt, ob und wie ein Subjekt seinen Körper oder Leib nun in Bewegung oder Ruhe setzt bzw. hält. Nur soviel, nämlich daß es dies grundsätzlich kann, ja können muß, gilt es zunächst einmal als denkbar zu erweisen, was jedoch von hier aus dann auch nur noch eines Schritts bedarf.

Kann all dies grundsätzlich nur aus Natur hervorgehen, muß Natur auch grundsätzlich Vermögen oder Möglichkeit für Wirklichkeit von all dem sein, so hatten Sie gesehen. Denn aus der Wirklichkeit von etwas auf die Möglichkeit desselben läßt sich sicher schließen. Was nun aber – von der Wirklichkeit des Psychischen oder Mentalen her gesehen – bloß Vermögen oder Möglichkeit für dieses Psychische oder Mentale ist und somit erst noch der Verwirklichung zu dessen Wirklichkeit bedarf, das ist – für sich betrachtet – freilich seinerseits schon eine Wirklichkeit, eben die naturale jenes Physischen oder Somatischen, wie etwa des Gehirns. Und so ist es auch eben solche naturale Wirklichkeit, von der als dem Vermögen oder als der Möglichkeit für dieses Psychische oder Mentale die Verwirklichung dieses Vermögens oder dieser Möglichkeit zur Wirklichkeit von diesem Psychischen oder Mentalen ständig ausgeht. Solcherart Verwirklichung ist somit auch in dieser Hinsicht schon von Grund auf Selbstverwirklichung, die aus Natur als solcher selbst hervorgeht, weil Natur dabei nicht nur die Einheit dieser Zweiheit einer Möglichkeit als einer Wirklichkeit ist, sondern sich als diese Möglichkeit durch sich als diese Wirklichkeit auch noch verwirklicht. Was sie negativ als jenes bloße Spontaneitätsgeschehen ist, das ist sie positiv als dieses Selbstverwirklichungsgeschehen, worin sie aus sich als Physischem oder Somatischem heraus zu sich als Psychischem oder Mentalem übergeht und damit zu sich als Intentionalitätsgeschehen.

Hat dieser Übergang nun aber den Charakter einer Übersetzung oder einer Umsetzung von Physischem oder Somatischem in Psychisches oder Mentales, so muß dieses Physische oder Somatische, genau indem es je und je sich dazu umsetzt, je und je als solches letztlich auch verschwinden. Und dies insbesondere dann, wenn solche Umsetzung von Physischem oder Somatischem in Psychisches oder Mentales als die Übersetzung dieses ersteren als immer schon Bestehenden in dieses letztere als immer erst Entstehendes gleichwie Vergehendes von reiner Kraft bzw. reiner Energie erfolgt. Und in der Tat kann die Verwirklichung eines Vermögens oder einer Möglichkeit für etwas zu desselben Wirklichkeit auch nur als die Beseitigung dieses Vermögens oder dieser Möglichkeit als solcher oder solchem selbst erfolgen und mithin auch nur als die Beseitigung der Wirklichkeit, in der dieses Vermögen oder diese Möglichkeit besteht. Infolgedessen muß sie auch Beseitigung von Physischem oder Somatischem zugunsten von Mentalem oder Psychischem zur Folge haben.

Was folgt, ist also, was Sie als ein Faktum kennen und auf diese Weise sich mithin auch noch erklären können: Je nach dem, was intendiert wird, ist das Intendieren aufwendig bzw. unaufwendig, wird das Intendierende mithin auch, sei es stärker oder schwächer, sei es früher oder später, hungrig, so daß je nach Nahrungsnachschub für den Körper oder Leib des Intendierenden derselbe an Gewicht auch abnimmt oder zunimmt oder gleichbleibt usw. Und so bleibt auch das Prinzip der Masse- oder Energieerhaltung dabei voll gewahrt. Fast unvermeidlich drängt sich deshalb zum Vergleich, wenn auch als bloßes Bild, die Masse/Energie-Umsetzung auf, wie sie beim Antrieb von Rakete oder Auto vor sich geht, wenn deren Treibstoff, der ein Teil von deren Masse ist, in deren Antriebsenergie verwandelt wird und so als deren Treibstoff auch verloren geht. Und wirkt ein Vorgang, der in einen Körper derart eingreift, daß ein Teil von ihm gewissermaßen sich verflüchtigt, dann auf andere Teile dieses Körpers ein, kann das für Sie auch nicht mehr unverständlich sein, weil vielmehr unverständlich wäre, wenn es anders wäre: wie denn auch ganz allgemein der Vorgang der Verwirklichung der Möglichkeit für etwas zu desselben Wirklichkeit nicht ohne irgendeine Auswirkung sein kann, wenn er als die Beseitigung der Wirklichkeit erfolgen muß, in der die Möglichkeit besteht, die er verwirklicht.

Dann jedoch führt diese Art der Auffassung von Einwirkung des Psychischen oder Mentalen auf das Physische oder Somatische auch spätestens an diesem Punkt in einen Widerspruch, so könnte Ihnen scheinen. Hätte doch nicht nur dies Psychische oder Mentale als ein immer erst Entstehendes gleichwie Vergehendes dann grundsätzlich und durchwegs *als* Bewegung aufzutreten. Vielmehr hätte eben daher auch das Physische oder Somatische, auf das es dadurch einwirkt, als ein immer schon Bestehendes doch grundsätzlich und durchwegs *in* Bewegung aufzutreten. Und das stehe nicht im Einklang mit den Fakten, die wir kennen. Möge nämlich dies Mentale oder Psychische auch etwas sein, das ständig *als* Bewegung der Intentionalität eines Subjekts auftrete, könne doch durchaus nicht gelten, daß aus diesem Grund der Körper oder Leib dieses Subjekts dann etwas sei, das dabei ständig *in* Bewegung ist. Denn wie wir uns bereits verdeutlicht hätten, könne doch gerade aus Intentionalität heraus ein Subjekt seinen Körper oder Leib genausogut wie in Bewegung auch in Ruhe setzen, während es nach letzterem ihn ständig in Bewegung setzen müßte: an der Stelle jedenfalls, wo es auf die genannte Weise mindestens aus einem Teil von ihm hervorgeht. Und das müßte letztlich einen Widerspruch bedeuten.

Dieser Widerspruch ist aber nur ein Schein. Denn diese Folgerung, die ihn herbeizuführen scheint, stimmt mit den Fakten, die wir kennen, vielmehr bestens überein. Der Schein des Widerspruchs entsteht nur dadurch, daß Sie dabei, so als ob dies selbstverständlich sei, von vornherein schon ein erwachsenes Subjekt zugrunde legen, das im Intendieren schon erfahren ist. Das ist ein Subjekt aber keineswegs bereits von vornherein, das heißt, durchaus nicht schon von Anfang an. Denn jeder oder jede von uns kommt zunächst einmal als Kind zur Welt, das eben deshalb, weil es schon von Anfang an, ja pränatal sogar schon intendierendes Subjekt sein dürfte, solches Intendieren, als ein Intendieren dieses oder jenes inhaltlichen Etwas, nach und nach erst lernen muß.

Sobald Sie das berücksichtigen, sehen Sie sofort, wie richtig Sie gefolgert haben und daß diese Folgerung auch keinen Widerspruch herbeiführt. Denn Sie brauchen sich bloß in Erinnerung zu rufen, was Sie sicher schon einmal gesehen haben, nämlich wie sich Neugeborene sogar geraume Zeit nach der Geburt noch zu bewegen pflegen. Diese Art Bewegung, die zunächst einmal von unbeherrschter Fahrigkeit ist, als Bewegung aus Intentionalität heraus zu deuten, wäre nämlich keineswegs gewagt, verglichen damit, auch die Ruhe ihres Körpers oder Leibes, die von Zeit zu Zeit natürlich gleichfalls eintritt, etwa gleicherweise noch als Ruhe aus Intentionalität heraus zu deuten, was vielmehr absurd ist: etwa so absurd, wie beispielsweise einen ruhig daliegenden unbeseelten Körper anzusehen als jemanden, der heimlich auf der Lauer liege.

Im Vergleich zu jener Art Bewegung aus Intentionalität heraus ist vielmehr Ruhe aus Intentionalität heraus gerade etwas, das ein Subjekt aus Intentionalität heraus erst lernen muß, genauso nämlich, wie es aus Intentionalität heraus erst lernen muß, ursprünglich-fahrige Bewegung zu beherrschen, um sie ebenso wie Ruhe einzusetzen für das Intendieren dieses oder jenes inhaltlichen Etwas. Denn zunächst einmal geht, solcherart Bewegung zu beherrschen, auch nur dahin, solcherart Bewegung auf bestimmte Weise zu beenden, seinen Körper oder Leib aus ihr heraus sonach in Ruhe zu versetzen, was am Ende freilich gleichbedeutend damit wird, Bewegung seines Körpers oder Leibes auch schon auf bestimmte Weise zu beginnen. Jedenfalls ist jene ursprüngliche Fahrigkeit seiner Bewegung etwas, das ein Kind genausowenig wie seine Intentionalität als solche selbst etwa erst *lernen* muß. Vielmehr ist beides gleicherweise das, auf Grund wovon es überhaupt erst etwas lernen *kann*. Denn jedes Lernen, das ja immer Intendieren von etwas inhaltlich Bestimmtem ist, setzt dieses grundsätzliche Intendieren wie auch dieses grundsätzliche Sich-Bewegen immer schon voraus.

Entsprechend kommt es auch zu keinem Widerspruch, wenn diese Lösung unseres Psycho-physischen Problems ergibt, daß Spontaneität und somit auch Intentionalität eines Subjekts zunächst einmal ausschließlich als Bewegung seines Körpers oder Leibes zu ergehen habe, die als Einwirkung auf ihn auch nichts zu wünschen übrig lasse. In der fahrigen Bewegung aller Kinder, die sie erst allmählich zu beherrschen lernen können, findet dies vielmehr sogar seine Bestätigung, und noch dazu eine empirische. Intentionalität als Spontaneität von Subjektivität ist danach etwas, das zunächst einmal ausschließlich als die fahrige Bewegung ihres Körpers oder Leibes auftritt, in der sie zur Äußerung gelangt, gleichviel, wie es im einzelnen zu ihr im ganzen kommen mag und ob sich dies im Körper oder Leib durch Empirie auch noch zurückverfolgen läßt. Und jegliche Beherrschung von ihr als ursprünglich fahriger bis hin zur vollen Ruhigstellung von ihr geht grundsätzlich nachträglich vonstatten. Sie vollzieht sich nämlich immer erst umwillen von Erzielung eines inhaltlich bestimmten Etwas, dem als Inhalt solchen Intendierens dieses Intendieren selbst auch immer schon zugrunde liegen muß: als jene Spontaneität, die durch sich selbst auch noch zu jener Rezeptivität eines Gehaltes in sich selbst wird, beispielsweise eines Schmerzes, den es dann intentional zu lindern oder zu beseitigen versucht.

Erklären können Sie dann aber auch noch weiteres, das ebenfalls zur Lösung unseres Psycho-physischen Problems gehört. Ergibt sich doch aus vorigem auch noch der Grund dafür, wie prinzipiell es unsinnig sein muß, zu fragen: Wie denn sollte ein Subjekt es eigentlich bewerkstelligen können, als etwas Mentales oder Psychisches von Physischem oder Somatischem wie etwa vom Gehirn her auch auf anderes Physische oder Somatische des eigenen Körpers oder Leibes einzuwirken, um am Ende eines langen Weges der Verursachung zum Beispiel seinen Arm zu einer inhaltlich bestimmten Intention geeignet zu bewegen? Was nicht hindert, daß es sich bei dieser unsinnigen Frage um den Lieblingsunsinn derer handelt, die vor nichts zurückschrecken, um ihre vorgefaßte Überzeugung von der Hinfälligkeit jeder Sonderstellung des Mentalen oder Psychischen auch weiter aufrechtzuerhalten[15]. Die Unmöglichkeit, dergleichen zu beantworten, ist denn auch eine selbstgemachte Schwierigkeit, die auch nur scheinbar die Unlösbarkeit dieses Problems beweist und damit auch nur scheinbar die Unhaltbarkeit der Sonderstellung des Mentalen oder Psychischen ergibt. Denn was dabei in Wahrheit vor sich geht, ist vielmehr, daß Intentionalität von Subjektivität als jene Spontaneität sich immer schon bewegt und damit als Mentales oder Psychisches auch noch das Physische oder Somatische, dem sie entspringt, als seinen Körper oder Leib dann immer schon bewegt. Und immer erst aus sich als dieser immer schon ergehenden heraus, wie sie sich ur-

15 Vgl. dazu oben § 2, S. 38 ff.

sprünglich als solche fahrige Bewegung äußert, geht sie nach und nach dann auch noch dazu über, je und je um eines inhaltlich bestimmten Etwas willen, das sie jeweils intendiert, als solche selbst sich auch noch zu beherrschen. Und so geht sie eben dahin, sich je danach, wie bestimmt dies intendierte inhaltliche Etwas ist, auch selbst bestimmt darauf zu richten, nämlich ihren Körper oder Leib entsprechend zu bewegen oder stillzustellen.

Dann jedoch kann das dafür Entscheidende auch grundsätzlich nur etwas sein, das ihr als dem Bewußtsein einer Absicht eben zum Bewußtsein kommen kann, das heißt, zum Gegenstand ihres Bewußtseins der Erfahrung als empirischer Erkenntnis von ihm werden kann. Und das ist eben für ein grundsätzlich an Physisches oder Somatisches als Makroskopisches gebundenes Subjekt zunächst einmal auch grundsätzlich nur Makroskopisches von Körpern, unter denen es den Körper, der sein eigener Körper oder Leib ist, auch erst einmal kennen lernen muß. Und kennen lernen kann es ihn denn auch nur als den Körper, der, soweit er ihm als dem schon immer fahrigen Bewegen überhaupt gehorcht, dann auch unmittelbar gehorcht, wogegen andere Körper ihm, wenn überhaupt gehorchen, so nur mittelbar, das heißt, durch den unmittelbar gehorchenden vermittelt. Und so ist, was ein Subjekt auf Grund von seinem fahrig immer schon bewegten Körper überhaupt beherrschen kann, zunächst einmal auch nur, was es an diesem seinem Körper wahrzunehmen in der Lage ist: im postnatalen Zustand beispielsweise seine Saug- und Schrei-Organe und erst später auch noch seine Arme oder Beine usw. Doch wie weit auch immer ein Subjekt auf diesem Weg mit der Beherrschung seines Körpers oder Leibes kommen möge, so vermag es mit ihr doch grundsätzlich nur von außen an ihm anzusetzen. Und so kann für ein Subjekt denn auch erst sehr viel später und auch erst auf Grund besonderer anatomischer Erkenntnis möglich werden, Muskel etwa nur als solche selber anzuspannen, nämlich ohne dadurch etwa auch noch Arme oder Beine zu bewegen. Setzt verglichen damit doch ursprüngliche Beherrschung von Bewegung als ursprünglich fahriger zunächst einmal an Armen oder Beinen nur von außen und mithin auch nur als ganzen an.

Eben dies, nebst all seinen Voraussetzungen, ist es somit, was verkannt wird, wenn gefragt wird, wie es eigentlich vonstatten gehen soll, wenn vom Gehirn her ein Subjekt mental-intentional auch andere Teile seines Körpers in Bewegung setze, eine Frage, die auf Grund dieser Verkennung an den Rand der Albernheit gerät: Mental-intentional ist ein Subjekt als das Bewußtsein einer Absicht dabei nämlich über alles, was im einzelnen an der dadurch verursachten, ursprünglich fahrigen Bewegung mit beteiligt sein mag, immer schon von vornherein hinweg; und nicht etwa ist es zunächst einmal bei seinen »kleinen grauen Zellen« oder seinen »Nervenbahnen« usw. Dabei ist ein solches Subjekt vielmehr allenfalls bei so etwas wie seinen Armen oder Beinen, falls nicht auch sogar noch über sie hinweg bei andern Körpern, die es durch sie bloß bewegt bzw. ruhigstellt. Wird doch der eigene Körper allenfalls bei dessen frühkindlichem Kennenlernen als ein solcher selbst für ein Subjekt thematisch und danach nur ausnahmsweise. Denn thematisch für ein solches Subjekt werden in der Regel eben nur die andern Körper, die es durch den eigenen Körper bloß be-handelt. Ursprungshandlung oder Handlungsursprung ist ja immer wieder nur Bewegung oder Ruhe dieses eigenen Körpers, in die ein Subjekt ihn setzt, bzw. in der es ihn hält, und die als selbstbewirkte somit andere Körper auch nur fremdbewirkend noch be-treffen.

Was sich uns ergeben hat, bedeutet also nicht nur keinen Widerspruch zu dem, was wir als Faktum kennen, sondern sogar die Erklärung für es, ein Ergebnis also, das wir festzuhalten haben: Wenn Psychisches oder Mentales jeweils so entspringt, daß Physisches oder Somatisches als immer schon Bestehendes in es als immer erst Entstehendes gleichwie Vergehendes spontan sich umsetzt, dann entspringt es auch gerade dahingehend, daß es zumindest einen Teil des Physischen oder Somatischen, das dabei übrig bleibt, jeweils ursprünglich in Bewegung setzt. Tut es dies dann doch auch in irgendeinem Sinn wie jene Umsetzung von Treibstoff in Bewegung von Rakete oder Auto, die als Bild dafür sich angeboten hat. Wie bei Rakete oder Auto kann danach auch bei beseeltem Körper oder Leib ursprünglich nur Bewegung die unmittelbare Wirkung einer solchen Umsetzung von Physischem oder Somatischem in so etwas wie Kraft bzw. Energie sein. Wie im Fall einer Rakete oder eines Autos kann dies nicht genausogut auch Ruhe sein, die danach vielmehr, wenn sie gleichfalls Wirkung einer solchen Umsetzung sein soll, auch nur noch eine mittelbare Wirkung von ihr sein kann. Und das gilt entsprechend für Bewegung als beherrschte, wie etwa bestimmt gesteuerte, sei es nun quantitativ oder qualitativ oder beides.

Daran aber könnten Sie auch noch in anderer Hinsicht Anstoß nehmen: Läuft das nicht zuletzt, so möchten Sie vielleicht Bedenken hegen, ebenfalls auf eine Naturalisierung des Mentalen oder Psychischen hinaus? Und läßt sie dessen Sonderstellung gegenüber Physischem oder Somatischem nicht auch genauso fallen wie seit jeher und bis heute alle Unternehmungen, die aus der Not ihrer Begreifbarkeit sogleich die Tugend ihrer Preisgabe zu machen trachten? Ja wird derlei dadurch nicht sogar noch überboten, denn wer hätte körper- oder leibgebundene Subjekte jemals in Vergleich gezogen mit sich in Bewegung umsetzendem Treibstoff von Raketen oder Autos?

Davon aber sollten Sie sich nicht beirren lassen: Daß auch wir – und zwar auch dann, wenn wir die Sonderstellung des Mentalen oder Psychischen besitzen – als Subjekte aus Natur entstanden sind, wie Kant bereits erwogen hat, wird sich mit Argumenten mittlerweile schwerlich widerlegen lassen. Davon auszugehen, heißt jedoch durchaus nicht, eine Naturalisierung von uns vorzunehmen, wie sie jene Unternehmungen vertreten. Denn erklärtermaßen geht es ihnen dabei um Natur-Monismus, nämlich um Monismus der Natur als Physischem oder Somatischem, zugunsten dessen jede Sonderstellung von Mentalem oder Psychischem beseitigt werden müsse. Was sich uns ergeben hat, ist davon aber grundverschieden, da es einen grundsätzlichen Dualismus der Natur bedeutet, den Natur-Monisten nur im Zuge empiristischer Dogmatik mittels Reflexionsverweigerung verleugnen können, weil nach ihm Natur als solche selbst gerade dualistisch ist.

Natur als solche selbst ist es danach, was schon allein im Fall von jedem Physischen oder Somatischen als solchem jene grundsätzliche Zweiheit bildet, die uns als das nichtempirisch-innere Verhältnis zwischen Material und Form wie zwischen Ding und Eigenschaft oder Substanz und Akzidens bekannt ist, wovon auch Empiriker beständig ausgehen. Und Natur als solche selbst ist es danach, was nicht nur als etwas Substrathaftes wie Dinge oder wie Substanzen auftritt, sondern auch noch als etwas Substratloses wie jene reine Kraft bzw. Energie, aus der heraus sie zu etwas Substrathaftem erst wird, womit sie auch zu sich als Form, genauso wie zu sich als Material für sich als Form, aus sich heraus ursprünglich überhaupt erst wird. Und tritt Natur auf umgekehrtem Weg auch noch aus dem Substrathaften von Physischem oder Somatischem heraus als reine Kraft bzw. Energie hervor, so wird Natur als solche selbst dadurch auch noch zu einer ganz speziellen Zweiheit zwischen Form und Material. Denn diese Kraft bzw. Energie spielt dann an eben dem Substrathaften, dem sie entspringt, auch abermals die Rolle einer Form an einem Material, nur freilich jener ganz besonderen Form, die formt und somit wirkt und damit grundsätzlich bewegt, wenn auch zunächst bloß fahrig.

Also ist Mentales oder Psychisches auch keineswegs, wie man zu meinen pflegt, bloß »emergenter Zustand« oder »emergente Eigenschaft« des Physischen oder Somatischen, wie alle andern Eigenschaften oder Zustände desselben auch[16]. Mit solchem Physischen oder Somatischen und seinen Eigenschaften oder Zuständen kann Psychisches oder Mentales folglich auch nicht einfach gleichzusetzen sein. Als eine Form, die formt und somit wirkt, muß Psychisches oder Mentales vielmehr einen ganz besonderen Zustand oder eine ganz besondere Eigenschaft desselben bilden, die von bloßen Eigenschaften oder Zuständen des Physischen oder Somatischen als solchen sich von Grund auf unterscheiden. Setzen erstere doch letztere auch immer schon voraus, und bilden letztere im Unterschied zu ersteren doch auch vor allem noch nicht etwas, das als solches selbst schon formt und somit wirkt. Doch erstere tun dies sehr wohl und ziehen mithin auch einen weiteren Dualismus gegenüber dem durch sie Geformten nach sich.

Keiner dieser Dualismen aber ist etwa ein metaphysisch-schlechter Zwei Substanzen-Dualismus, wie der von Descartes. Vielmehr ist jeder dieser Dualismen einer der Natur als solcher selbst, ein ontologisch-guter also, mit dem auch Empiriker beständig rechnen. Nur tun sie das eben ohne jede Reflexion darauf und somit ohne jedes Wissen davon, daß sie keinen dieser Dualismen jemals auf einen Monismus werden reduzieren, sondern beide höchstens ignorieren können. Jeden dieser Dualismen kann vielmehr nur Nichtempirie der Philosophie als Reflexion zum Thema machen, die allein es denn auch noch vermag, durch etwas Positives auszufüllen, was von Empirie als etwas Negatives leergelassen werden muß: die naturale Spontaneität im Fall von Subjektivität als Selbst-

16 Vgl. oben § 6, S. 183 ff.

bewegung einer Selbstverwirklichung im Sinn der Selbstverursachung.

An deren grundsätzlicher Naturalität auch nur zu rütteln, gibt es darum keinen Anlaß, weil Natur als solche selbst danach von Grund auf dualistisch auftritt. Vielmehr gibt es allen Anlaß, diese grundsätzliche Naturalität derselben auszubauen. Denn nur dadurch, daß Natur als solche selbst zu somit naturaler Spontaneität imstande ist, kann widerspruchsfrei werden, daß Natur zu ihr auch noch als naturaler Selbstbewegung einer naturalen Selbstverwirklichung im Sinn von naturaler Selbstverursachung imstande ist. Natur als solche selbst ist es danach, was in Gestalt von jeder Subjektivität als Fall von Selbstbewegung einer Selbstverwirklichung im Sinn der Selbstversursachung hervortritt und in diesem Sinn als Psychisches oder Mentales von Bewußtsein einer Absicht, die Erfolg als etwas Anderes als sich beabsichtigt: schon im Erkennen, und erst recht im Handeln.

Was es gilt, ist somit keineswegs, das Naturale solcher Subjektivität etwa zugunsten eines Über-Naturalen für sie loszuwerden, was selbst Kant nicht ganz vermeiden konnte. Vielmehr gilt es, umgekehrt gerade dieses Naturale festzuhalten, um nach der Struktur zu fragen, die Natur als jene reine Kraft bzw. Energie aus sich heraus entwickelt haben muß und immer wieder neu entwickeln muß, wo sie als solche selbst auch noch in der Gestalt von Subjektivität hervorgetreten ist und immer wieder neu hervortritt. *Daß* Natur dies nur als reine Kraft bzw. Energie vermögen kann, sagt nämlich noch nichts Näheres darüber, *wie* Natur als reine Kraft bzw. Energie dies überhaupt vermögen kann. Mit jenem Negativen solcher reinen Kraft bzw. Energie als der spontan-substratlosen Bewegung ohne ein Bewegtes nämlich ist über das Positive ihrer inneren Struktur noch nichts entschieden, was vielmehr nur nichtempirisch beigesteuert werden kann. Bloß jenes Negative hätte Subjektivität sonach mit reiner Kraft bzw. Energie, wie sie bereits empirisch-physikalisch vor sich geht, zu teilen, während sie als reine Kraft bzw. Energie durch dieses Positive ihrer inneren Struktur sich gegenüber bloßer solcher reinen Kraft bzw. Energie auch wieder unterscheiden müßte. Und so wäre diese innere Struktur auch das Entscheidende, wodurch sich reine Kraft bzw. Energie als das Besondere von Psychischem oder Mentalem gegenüber Physischem oder Somatischem erstellte.

Die Besonderheit desselben insgesamt ist es denn auch, die Kant als Insasse jenes Gefängnisses nicht zu bewältigen vermochte, weil ihm jeder Ausgang aus ihm zu Natur als Spontaneität versperrt blieb. Deshalb mußte ihm nicht nur verborgen bleiben, wie Natur sich eben dadurch, daß sie sich zur Spontaneität jenes Mentalen oder Psychischen erstellt, auch noch zur Rezeptivität dieses Mentalen oder Psychischen erstellt, was Kant vergeblich als die Einheit von »Verstand« und »Sinnlichkeit« einer »Materie« und »Form« dieses Mentalen oder Psychischen zu denken trachtete. Verborgen bleiben mußte ihm dann vielmehr ferner: In Gestalt von Psychischem oder Mentalem wird Natur zu einer so besonderen Form, daß sie aus sich heraus nicht nur zu dieser Form wird, sondern auch zum Material für sich als diese Form, und zwar gleich zweifach, wie Sie sahen. Denn zum einen wird sie als das Physische oder Somatische, an dem sie als das Psychische oder Mentale auftritt, auch zum Material für es als Form von ihm. Zum andern wird Natur dann als Mentales oder Psychisches zur Form von sich als Physischem oder Somatischem gerade so, daß sie, genau indem sie je und je als diese Form an ihm entspringt, auch je und je noch einen Inhalt in sich einholt: aus genau dem Physischen oder Somatischen heraus, an dem sie nur entspringt, weil sie aus ihm heraus entspringt.

So aber konnte Kant erst recht nicht aufgehen, was Natur als jene reine Kraft bzw. Energie an innerer Struktur entwickeln muß, um zu Mentalem oder Psychischem als einer Form zu werden, die durch sich als diese Form auch Material für sich als diese Form wird. Wird Natur dabei doch auch zur Spontaneität gerade so, daß sie durch sich als diese Spontaneität auch noch zur Rezeptivität von Inhalt innerhalb von sich als dieser Spontaneität wird. Wie bereits erwähnt, legt nämlich Kant, was er »Verstand« und »Sinnlichkeit« zu nennen pflegt, in seiner Theorie der Subjektivität nicht nur als Inbegriff von Spontaneität und Rezeptivität zugrunde, sondern auch ineinem damit noch als Inbegriff von Einfachheit und Ausdehnung. Dann aber müßte jene innere Struktur dieses Mentalen oder Psychischen als Subjektivität gerade dahin gehen, daß Natur in der Gestalt desselben sich zu einer Einfachheit erstellt, aus der heraus sie sich ineinem damit auch zur Ausdehnung von dieser Einfachheit erstellt.

Im ganzen also hätte dies auf nichts geringeres als folgendes hinauszulaufen, was Sie nunmehr sehen müßten: In Gestalt dieses Mentalen oder Psychischen als Subjektivität müßte Natur danach imstande sein, in mehr als einer Hinsicht etwas in sich zu vereinigen und damit zu vereinbaren, das miteinander unvereinbar scheint, weil es als zueinander gegensätzlich gilt: nicht nur die Gegensätze Spontaneität und Rezeptivität, sondern auch noch die Gegensätze Einfachheit und Ausdehnung, die als sich ausschließende Gegensätze gelten. All dies nämlich müßte die Natur als Subjektivität in der Gestalt dieses Mentalen oder Psychischen jeweils ineinem sein, was aber insbesondere bezüglich dieses letzten Gegensatzes, der die innere Struktur von all dem bildet, nach wie vor als undenkbar erscheinen muß. Und in der Tat bleibt nicht allein für Kant, sondern bis heute unerfindlich, wie sich widerspruchsfrei denken ließe, daß all dies sogar als ein Ereignis aus Natur heraus erfolge, nämlich immer dann, wenn sie, und immer dort, wo sie als Selbstbewegung einer Selbstverwirklichung im Sinn der Selbstverursachung zu Subjektivität entspringe. Und so könnte sich all dies denn widerspruchsfrei auch nur denken lassen, wenn sich etwas vorführen ließe, das zum einen eben diese innere Struktur besitzt und das zum andern auch die Grundform des Mentalen oder Psychischen als Subjektivität darstellt. Als eben dieses Etwas aber läßt sich in der Tat die Zeit erweisen. Und nicht zufällig ist das Problem der Zeit genauso ungelöst wie das Problem der Subjektivität bzw. des Mentalen oder Psychischen, weil beides letztlich eine und dieselbe Problematik ist.

§ 9. Was uns affiziert, und, Wie uns etwas affiziert

Bevor wir von der Zeit her nochmals einen Durchgang durch die Systematik des Subjekts beginnen, nunmehr handlungstheoretisch, sollten Sie zunächst sich vergewissern, welchen Stand wir jetzt gewonnen haben. Da das Psycho-physische Problem nach vorigem gelöst ist, kann es letztlich auch kein »Affektionsproblem« mehr geben, woran Kant mit seiner Theorie der Empirie angeblich scheitert. Voll vor Augen führen sollten Sie sich aber, welchen Grund es hat, daß dieses »Affektionsproblem« vielmehr ein selbstgemachtes Scheinproblem ist, einen Grund, der weder Kant noch seinen Auslegern bis heute klar geworden ist.

Liegt dieser Grund doch darin, daß bis heute letztlich alle das Erkennen als die Theorie im Sinn des falschen Theoretizismus jener »Theoria« aufzufassen pflegen. Niemand scheint bisher auch nur entfernt zu ahnen, daß im Sinn von einzig wahrem Praktizismus vielmehr auch Erkennen oder Theorie bereits von Grund auf Handeln oder Praxis sein muß, eine Einsicht, zu der Kant schon unterwegs war. Mindest soweit nämlich war er zu ihr fortgeschritten, als er grundsätzlich schon eingesehen hatte, daß nicht etwa das Erkennen vom Erkannten abhängt, sondern umgekehrt gerade das Erkannte vom Erkennen. Ist nach Kant doch das Erkannte das Ergebnis des Erkennens, was zuletzt nur heißen kann, daß es Erfolg von ihm als Intendieren ist und damit letztlich Artefakt durch es als Handeln. Keinesfalls ist Kant zufolge etwa das Erkennen das Ergebnis des Erkannten, das als ein schon immer wirkliches Objekt dieses Erkennen im Erkennenden hervorruft, wie man schon seit jeher und trotz Kant noch immer meint. Das könnte nämlich nur bedeuten, daß es das Erkannte sei, das etwas unternimmt, was die Erkenntnis von ihm zum Ergebnis hat, und somit letztlich selber dafür sorgt, daß es erkannt wird, was absurder Animismus wäre[1]. Vielmehr ist, was etwas unternimmt, ausschließlich das Erkennende als Intendierendes, das denn auch immer nur und immer erst, wenn es Erfolg hat, das durch sich Erkannte als das durch sich Intendierte dann zu einem wirklichen Objekt hat, und das heißt: zu einem Artefakt durch sich. Denn hat

1 Vgl. dazu oben § 3, S. 87 ff.

es Mißerfolg, so hat es zwar auch dabei etwas zum Objekt, weil es auch dabei etwas intendiert, doch hat es dieses Etwas dann gerade nicht zu einem wirklichen Objekt und somit nicht zu einem Artefakt durch sich.

Da dieser Praktizismus des Erkennens als der Theorie jedoch von Kant nicht systematisch durchgeführt wird, bleibt er weiter anfällig für jenen falschen Theoretizismus, der im »Affektionsproblem« als einem Scheinproblem sich äußert: Wie soll denkbar sein, daß auch das Objekt des Erkennens als ein wirkliches Objekt erst immer Artefakt dieses Erkennens sein kann, wenn es doch schon immer das sein muß, was dem Erkennen seinen Inhalt liefert, dadurch nämlich, daß es das Erkennende schon immer affiziert, was es jedoch nur als schon immer wirkliches Objekt vermögen könne? Ein Erkennen eines ganz bestimmten Objekts nämlich sei ein Intendieren doch nur dadurch, daß es einen ganz bestimmten Inhalt hat und daß es diesen ganz bestimmten Inhalt dabei auch von eben diesem ganz bestimmten Objekt her hat. Denn was wäre selbstverständlicher, als daß ein Fall wie »Dies ist rot« bzw. »Dies ist rund« oder »Dies ist ein Baum« nur dann der Fall eines Erkennens dieses Baumes oder dieses Runden oder dieses Roten sei, wenn es auch eben dieses Rote oder dieses Runde oder dieser Baum ist, was ihm dabei seinen »... Baum«-Gehalt bzw. »... rot«-Gehalt bzw. »... rund«-Gehalt verschafft?

Trotz seines Fortschritts in die Richtung jenes Praktizismus aber bleibt Kant diesem falschen Theoretizismus letztlich wehrlos ausgeliefert. Seiner zu erwehren vermöchte Kant sich nämlich erst, wenn er ihm auch noch eine Lösung jenes Psycho-physischen Problems entgegensetzen könnte, über die er aber nicht einmal in Ansätzen verfügt. Denn auch durch sie erst, die geradezu den Grundstein dafür bildet, könnte Kant sich seines Praktizismus so weit vergewissern, um ihn durchzuführen und auf solche Weise gegen diesen falschen Theoretizismus durchzusetzen. Jedenfalls geht aus der Lösung, wie wir sie im vorigen gewonnen haben, Punkt für Punkt für Sie hervor, daß jeder solche Theoretizismus grundverfehlt sein muß.

Nicht im geringsten kann danach die Rede davon sein, ein Fall wie »Dies ist rot« bzw. »Dies ist rund« oder »Dies ist ein Baum« könne nur dann der Fall eines Erkennens dieses Baumes oder dieses Runden oder dieses Roten sein, wenn eben dieses Rote oder dieses Runde oder dieser Baum es sei, was ihm dabei den »...Baum«-Gehalt oder den »...rund«-Gehalt oder den »...rot«-Gehalt verschafft, indem es das Erkennende dabei auch immer schon entsprechend affiziert. Und zwar allein schon deshalb nicht, weil es von Grund auf unerfindlich bleiben muß, was es bedeuten könnte, daß ein jeder solche Fall seinen Gehalt von seinem Objekt her hat, wo doch keiner dieser Fälle jemals etwas Rotes oder etwas Rundes oder gar ein Baum sein kann. Vermag er das doch auch weder im ganzen noch im einzelnen von irgendeinem seiner innerlichen Aufbaustücke, sei es Anschauung oder Begriff bzw. Urteil. Denn der Abgrund und Hiat zwischen Mentalem oder Psychischem und Physischem oder Somatischem, den unsere Lösung voll berücksichtigt, hält sich auch bis in jede inhaltliche Einzelheit auf jeder seiner beiden Seiten durch, von denen keine mit der anderen in irgendeinem Sinn vergleichbar werden kann.

Doch damit längst noch nicht genug.

Nicht im geringsten kann danach des weiteren die Rede davon sein, es müsse das Objekt – das dem Erkennen von ihm angeblich den Inhalt liefere, indem es das Subjekt als das Erkennende schon immer affiziere – ein schon immer wirkliches Objekt sein, weil doch Affektion als die Verursachung oder Bewirkung dieses Inhalts auch nur von etwas schon immer Wirklichem ausgehen könne. Denn wovon diese Verursachung oder Bewirkung dieses Inhalts dabei ausgeht, ist gerade nicht etwas schon immer Wirkliches als etwas immer schon Bestehendes, wie Sie im vorigen gesehen haben. Ist doch das, wovon sie ausgeht, nicht einmal das immer schon Bestehende des jeweils eigenen Körpers oder Leibes eines Subjekts – ganz zu schweigen das von anderen. Wird etwas immer schon Bestehendes zum Körper oder Leib eines Subjekts doch immer erst als jener eine Teil von ersterem, der jeweils übrig bleibt, wenn jener andere Teil von ihm sich jeweils umsetzt in das immer erst Entstehende gleichwie Vergehende als das Agierende des Psychischen oder Mentalen. Und so kann denn auch nur *solches* immer schon Bestehende, an welchem solches immer erst Entstehende gleichwie Vergehende von Psychischem oder Mentalem als Agierendes dann immer schon *im Gange* ist, als Körper oder Leib eines Subjektes gelten.

Als Aktion geht Affektion sonach gerade nicht vom immer schon Bestehenden des Körpers oder Leibes eines Subjekts aus, denn dieser steuert dabei immer erst die Reaktion auf die Aktion der Affektion bei. Vielmehr geht sie ausschließlich vom Subjekt aus: vom Psychischen oder Mentalen als dem immer erst Entstehenden gleichwie Vergehenden und dadurch je und je spontan Agierenden. Und dieses macht, indem es etwas immer schon Bestehendes zum Körper oder Leib von sich als Subjekt immer erst selbst macht, dies immer schon Bestehende auch immer erst zum Reagierenden auf sich als das Agierende, das somit eben dadurch, daß es dessen Reagieren auf sich selber auslöst, sich auch einen Inhalt als die Wirkung von ihm selber zuzieht.

Doch auch dies ist noch nicht alles.

Vollends nämlich kann danach dann auch nicht mehr die Rede davon sein: Damit es sich dabei um ein Erkennen handeln könne, müsse durch Erkennen jeweils dasjenige zum Objekt gewonnen werden, das diesem Erkennen jeweils seinen Inhalt liefere, indem es das Erkennende dabei auch affiziere. Ganz im Gegenteil ist diese feste Überzeugung eine derart falsche, daß schon einige Gedankenlosigkeit dazugehört, um sie gleichwohl bis heute zu vertreten.

Denn als erstes ist es schon allein gedankenlos, den Sinn von Affizieren dabei immer wieder nur ganz allgemein als den eines Verursachens oder Bewirkens zu verstehen, wie es ausnahmslos geschieht. Nur daran nämlich kann es liegen, daß man es geradezu für selbstverständlich hält, im Fall eines Erkennens wie etwa »Dies ist ein Baum« müsse es eben dieser Baum sein, der dabei durch Affizieren des Erkennenden diesem Erkennen seinen Inhalt liefere. Geht dabei doch von diesem Baum zum Beispiel nichts als Reflektieren von Licht aus, und als Ab- bzw. Umlenken desselben kann es nur den allgemeinsten Sinn eines Verursachens oder Bewirkens haben, einerlei, was als das dadurch Nächstbewirkte oder Nächstverursachte zu gelten habe. Denn selbst dann, wenn als dies Nächste schon etwas am Körper oder Leib eines Subjektes gelten müßte, könnte es sich dabei nur um diesen allgemeinsten Sinn eines Verursachens oder Bewirkens handeln. Dieses aber ist durchaus nicht etwa *eo ipso* auch bereits ein Affizieren dieses Körpers oder Leibes, was vielmehr geradezu als lächerlich zu gelten hätte. Kann mit »Affizieren« doch nur ein besonderes Verursachen oder Bewirken ausgedrückt sein, nämlich das, wodurch ausschließlich ein Subjekt als etwas Psychisches oder Mentales affiziert wird.

Denn sonst würde beispielsweise auch ein Stein schon dadurch affiziert, daß er von Licht getroffen wird.

In diesem ganz besonderen Sinn wird demgemäß das Physische oder Somatische als solches selbst gerade niemals affiziert, schlechthin durch nichts, was immer auch an ihm bewirkt oder verursacht werde. Folglich kann es sich – und darin liegt die Kehrseite der vorigen Gedankenlosigkeit – auch bei dem Physischen oder Somatischen, *wodurch* in diesem ganz besonderen Sinn nur ein Subjekt als etwas Psychisches oder Mentales affiziert wird, immer wieder nur um etwas gleichfalls ganz Besonderes handeln. Immer wieder nämlich kann es sich dabei nur handeln um das jeweils letzte Physische oder Somatische, das vor dem Auftreten von Psychischem oder Mentalem als Agieren durch sein Reagieren darauf einen Inhalt dorthinein entstehen läßt. Und nach allem, was wir – auch empirisch – wissen, muß dies auch tatsächlich etwas ganz Besonderes innerhalb von etwas ganz Besonderem bilden, dem Gehirn, das eben dadurch als ein ganz besonderer Teil des Körpers oder Leibes eines Subjekts ausgezeichnet ist.

Nur dürften Sie nach dieser Analyse jetzt gleich mir den weiteren Eindruck haben, daß die vorige Gedankenlosigkeit wohl keinen Zufall darstellt, weil ihr eine noch viel schlimmere zugrunde liegt, die einem umgekehrten, doch darum nicht weniger absurden Spiritismus gleichkommt. Daß ein Subjekt ohne die Vermittlung seines Körpers oder Leibes ein Objekt wie etwa einen Baum auf irgendeine Weise zu beeinflussen vermöchte, – solchen Spiritismus würde man gewiß sogleich weit von sich weisen. Daß ein Objekt wie ein Baum ein Subjekt als Erkennendes dagegen so zu affizieren vermag, daß eben dadurch sein Erkennen von ihm seinen Inhalt hernimmt, – solchem umgekehrten, doch genauso abwegigem Spiritismus aber scheint man dabei heimlich durchaus anzuhängen.

Denn sonst bliebe unverständlich, welchen Sinn es haben könnte, zum Erkennen eines Objekts müsse *eben dieses* Objekt *eben diesen* Inhalt des Erkennens im erkennenden Subjekt verursachen oder bewirken, wenn nicht den Sinn, daß durchaus nicht irgendetwas Anderes dazwischen etwa dies bewerkstelligen müßte. Könnte dann doch jener scheinbar selbstverständlichen Voraussetzung zufolge auch nur dieses Andere an Stelle dieses Objekts dabei das Erkannte sein: in Fällen wie »Dies ist ein Baum«

zum Beispiel etwas Anderes als dieser Baum. Und da dies somit einen expliziten Widerspruch herbeiführen müßte, hängt man eben lieber jener impliziten Umkehrung des Spiritismus an. Man hält sich überzeugt, daß ein Objekt mit Geisterhand gewissermaßen, nämlich jegliches Dazwischen gleichsam übergreifend, es vermag, ein Subjekt zu beeinflussen: ganz wie ein spiritistisches Subjekt ein Objekt, nämlich ohne jegliche Vermittlung durch den Körper oder Leib dieses Subjekts.

Denn beides – nicht nur jenen Widerspruch, sondern auch diesen Widersinn von umgekehrtem Spiritismus – zu vermeiden, hieße nichts geringeres als einzusehen, daß sich jene doch so selbstverständlich scheinende und auch nur allzu liebgewordene Voraussetzung nicht halten läßt. Das könnte somit zwangsläufig auch nur die Einsicht nach sich ziehen: Von Grund auf hinfällig muß jene feste Überzeugung sein, es müsse ein erkennendes Subjekt durch das erkannte Objekt jeweils affiziert sein, denn auch nur, indem sein Intendieren eben dadurch seinen Inhalt habe, könne dieses Intendieren das Erkennen als die Theorie im Sinn der »Theoria« dieses Objekts sein. Und das, so scheint es, ist ja nun das letzte, was in Frage kommen könnte. Müßte das doch heißen, daß der ganze Theoretizismus, der darin zum Ausdruck kommt, nicht haltbar wäre, sondern einem radikalen Praktizismus weichen müßte, dessen Radikalität dem abendländischen Subjekt und seinem Welt- und Selbstverständnis aber eben nach wie vor genauso radikal zuwider ist. Viel lieber läuft es weiter seinen selbstgemachten angenehm-bequemen Illusionen vom Erkennen als Betrachten eines Objekts durch ein Subjekt aus dem Jenseits hinterher[2]. Nichts wissen will es jedenfalls von seiner unbequem-unangenehmen Aufklärung, daß es auch dabei sich vielmehr um eine grundsätzliche Wechselwirkung innerhalb des in sich einheitlichen Diesseits selber handeln muß, wenngleich es sich bei ihr auch wieder nur um eine ganz besondere Wechselwirkung handeln kann, weil in Gestalt von ihr Natur als solche selbst ursprünglich zu Intentionalität im Sinn von Praktizität wird.

Und in der Tat erfordert dies ein Umdenken, wie es sich radikaler kaum noch vorstellen läßt. Denn nicht nur muß es dann gerade etwas Anderes als das erkannte Objekt sein, was das

2 Vgl. oben § 4, S. 139.

erkennende Subjekt so affiziert, daß sein Erkennen dadurch seinen Inhalt hat, wenn auch noch jener umgekehrte Spiritismus und sein Widersinn vermieden werden soll. Bei diesem Anderen kann es sich dann auch letztlich nur um das erkennende Subjekt als solches handeln, das dabei *sich* affiziert, indem es dabei *sich* als dem Agieren jenes Psychischen oder Mentalen jeweils einen Inhalt zuzieht. Und dies deshalb, weil es dabei *durch* sich als Agieren eben *auf* sich als Agieren auch ein Reagieren jenes Physischen oder Somatischen noch auslöst, dem es als Agieren dabei je und je entspringt. Als eines und dasselbe folglich, als das ein Subjekt in diesem Sinn das Affizierende ist, als das Agierende nämlich, ist es auch das Affizierte, sowie umgekehrt. Und so sind Affizieren und Affiziertwerden auch keineswegs etwa verteilt auf Objekt und Subjekt, sondern vereint im Subjekt selbst. Durchaus nicht also ist ein Subjekt dabei *nur* das *Affizierte* und mithin auch nur das *Passiv*-Affizierte, weil das *Affizierende* und somit auch das *Aktiv*-Affizierende dabei angeblich das *Objekt* sei.

Daran können Sie denn auch zum ersten Mal in vollem Umfang sehen, welch ein Unsinn immer wieder unterlaufen muß, solange solch ein Subjekt dabei wie ein Quasi-Objekt aufgefaßt wird: Sogenannte Affektion eines Subjekts durch ein Objekt in dem Sinn, daß ein Objekt als schon immer wirkliches ein Subjekt als schon immer wirkliches beeinflusse, indem das letzte dabei passiv und das erste dabei aktiv sei, kann danach in der Tat nur Unsinn nach sich ziehen. Ihn förmlich zu vollenden aber heißt es, daraus dann sogleich auch weiter noch zu folgern: Könne ein »influxus physicus« in *diesem* Sinn nicht möglich sein, so auch in *keinem* Sinn; dann müsse vielmehr, was angeblich immer erst durch ihn bewirkt wird, jener Inhalt, immer schon bewirkt sein, wie nach Leibniz etwa durch »prästabilierte Harmonie«. Denn damit wird der eigentliche Fehler der Verdinglichung des Subjekts, wie der von Descartes, auch nur noch weiter ausgebaut.

Worauf es ankommt, ist vielmehr allein die Einsicht: Als Mentales oder Psychisches kann ein Subjekt gerade nicht etwas schon immer Wirkliches als etwas immer schon Bestehendes wie ein substrathaft-makroskopisches Objekt sein. Als Mentales oder Psychisches muß es vielmehr ein immer erst Entstehendes gleichwie Vergehendes im Sinne jener Wellenfelder des Elektromagnetismus sein. Demgegenüber muß gerade umgekehrt anscheinend nur das Physische oder Somatische, dem das Mentale oder Psychische als Subjekt je und je entspringt, ein immer schon Bestehendes, weil ein Substrathaft-Makroskopisches von hochkomplexer Organisation sein. Doch auch Affizieren als Agieren dieses Subjekts, wodurch Reagieren auf es als Agieren ausgelöst und damit Inhalt in es als Agieren eingeholt wird, ist nach vorigem durchaus »influxus physicus«, an welchem auch Substrathaft-Makroskopisches beteiligt ist. Nur handelt es sich dabei eben um »influxus physicus« von einer Art, die grundsätzliches Umdenken, weil grundsätzliches Neudenken erfordert. Danach nämlich gibt es die Natur durchaus nicht immer nur als etwas immer schon Bestehendes wie das Substrathaft-Makroskopische. Denn danach gibt es die Natur genausosehr auch noch als etwas immer erst Entstehendes gleichwie Vergehendes im Sinne des Substratlos-Mikroskopischen von Wellenfeldern. Und dies so grundsätzlich, daß Natur *als jenes* aus Natur *als diesem* dann auch immer erst hervorgehen kann, was mittlerweile Physiker sogar sich überlegen: Finden sie doch mehr und mehr sich auf den Urgrund von Natur als teilchenloser und so letztlich durchgehender Flüssigkeit verwiesen, wenn auch freilich widerwillig, weil von Grund auf denkunfähig, wie sie sich als solche widerspruchsfrei fassen ließe[3]. Schließlich ist so etwas wie das »panta rhei« des Heraklit wortwörtlich in der Tat nicht ohne weiteres begreiflich[4].

Diesbezüglich um- und neuzudenken aber heißt dann insbesondere, jenen falschen Theoretizismus des Erkennens endlich aufzugeben, um den radikalen Praktizismus zu entwickeln, den es fordert, weil es als Intentionalität von Subjektivität auch radikale Praktizität ist. Denn als Mentales oder Psychisches ist ein Subjekt von Grund auf jenes immer erst Entstehende gleichwie Vergehende als das spontan Agierende und somit Affizierende genauso wie auch Affizierte. Und so ist es gegenüber jedem Physischen oder Somatischen als immer schon Bestehendem – auch dem des jeweils eigenen Körpers oder Leibes gegenüber – dann von Grund auf etwas Anderes, und umgekehrt mithin auch letzteres etwas von Grund auf Anderes als ersteres. Dazwischen klafft denn auch

3 Neueste Belege dafür finden sich z.B. bei H.Genz, *Die Entdeckung des Nichts*, München 1994, S. 14, S. 76, S. 170f., S. 235f., S. 250f.
4 Vgl. oben § 7, S. 230 mit Anm.6.

erst einmal jener Abgrund und Hiat der prinzipiellen Andersheit und damit das Problem, wie etwas Anderem von jener Art es überhaupt soll möglich werden können, über ihn hinweg zu etwas Anderem von dieser Art zu kommen. Und was wäre – wie seit jeher, so bis heute – selbstverständlicher, als daß es dazu eben durch Erkennen kommen könne. Sei doch etwas Anderes von dieser Art dabei etwas Erkanntes dadurch, daß es als schon immer Wirkliches das Andere von jener Art als ebenfalls schon immer Wirkliches durch Affizieren beeinflusse und damit zu Erkennendem auch überhaupt erst mache, weil es auch erst damit überhaupt seinem Erkennen seinen Inhalt liefere. Hat letzteres doch auch – entgegenkommend, wie es ist – schon immer freundlich Fensterlein geöffnet, wie zum Beispiel zwei zu Seiten seines Kopfes und fünf weitere an dessen Vorderseite, um von draußen auch etwas hereinzulassen.

Nur wissen Sie inzwischen, daß dies alles Punkt für Punkt nicht stimmen kann. Denn weder ist es so, daß das dabei Erkannte auch das dabei Affizierende sein müßte, weil das dabei Affizierende vielmehr nur das Erkennende sein kann. Noch ist es so, daß das dabei Erkannte, weil es angeblich das dabei Affizierende sein muß, etwas schon immer Wirkliches als etwas immer schon Bestehendes sein müßte. Ist es doch nicht einmal so, daß das, was in der Tat das dabei Affizierende sein muß, dazu etwas schon immer Wirkliches als etwas immer schon Bestehendes sein müßte. Denn das dabei Affizierende vermag es vielmehr umgekehrt gerade nur als jenes immer erst Entstehende gleichwie Vergehende und so Agierende zu sein, als das es auch gerade umgekehrt nur jenes immer schon Bestehende und so schon immer Wirkliche zum Reagierenden überhaupt erst macht: nicht dieses etwa jenes.

Doch nicht einmal letzteres, als das dabei tatsächlich immer schon Bestehende oder schon immer Wirkliche, kann etwa auch als das dabei Erkannte gelten. Denn sonst müßte jegliches Erkennende zunächst einmal bei irgendetwas innerhalb von seinem Körper oder Leib sein, ja sogar bei so etwas wie »kleinen grauen Zellen« innerhalb seines Gehirns, was aber nicht der Fall ist, weil aus den bereits genannten Gründen gar nicht sein kann[5]. Doch erst recht kann dann nicht etwa dasjenige das dabei Erkannte sein,

5 Vgl. oben § 8, S. 269 ff.

worin dieses Erkennende als das dabei Agierende nicht nur das Affizierende, sondern als solches selbst auch noch das Affizierte ist, weil es als ein Agieren auch ein Reagieren auf sich auslöst: Das Erkannte kann dabei nicht etwa jener Inhalt innerhalb dieses Agierens sein, das sogenannte »Sinnesdatum« der empirischen Erkenntnis, das in theoretizistischer Erkenntnis-Theorie seit jeher und bis heute als ein letzter Rettungsanker dafür herzuhalten hat. Sonst müßte wiederum, da solcher Theorie zufolge das Erkannte doch das Affizierende sein soll, das »Sinnesdatum« auch die Ursache des Affizierens sein, wogegen es in Wahrheit dessen Wirkung ist. Und darin fände somit all dieses Absurde förmlich seine Krönung. Denn auf diese Weise wäre letztlich nicht nur alles auf den Kopf gestellt, sondern auch ein unendlicher Regreß in Gang gesetzt. Und letzter Grund für all dieses Absurde ist denn auch nur jener Theoretizismus, den es Punkt für Punkt durch einen Praktizismus zu ersetzen gilt.

Daß das Erkannte beim Erkennen keineswegs etwas schon immer Wirkliches als etwas immer schon Bestehendes sein kann und damit auch nicht etwas Affizierendes, liegt eben daran, daß es nur als etwas durch Erkennen immer erst Erwirktes das Erkannte sein kann: eben nur das Artefakt als der Erfolg durch das Erkennen als ein Intendieren, das in vollem Sinn ein Handeln ist. Der Abgrund und Hiat der prinzipiellen Andersheit dazwischen wird dabei nicht etwa dadurch überwunden, daß etwas *herüberkommt*: etwas schon immer Wirkliches bzw. immer schon Bestehendes hinein in etwas ebenfalls schon immer Wirkliches bzw. immer schon Bestehendes. Genau in diesem Sinn kommt dabei nämlich schlechthin nichts herüber, auch nicht jener Inhalt als das sogenannte »Sinnesdatum«. Denn als Inhalt in der Form von Psychischem oder Mentalem kann er ebenso wie dieses vielmehr immer erst und immer nur entstehen wie vergehen und mithin auch *durch* es *in* ihm immer erst und immer nur hervorgerufen werden, aber keineswegs etwa als solcher selbst in es herüberwandern.

Überwunden wird der Abgrund und Hiat der prinzipiellen Andersheit dazwischen nur, indem dabei gerade umgekehrt etwas *hinübergeht*, nämlich indem Mentales oder Psychisches als *Intention* ergeht, als die es ja von vornherein nur auf Erfolg ausgeht und damit nur auf etwas Anderes als sich. Auch so jedoch wird dieser Abgrund und Hiat der prinzipiellen Andersheit dazwischen nicht sogleich in dem Sinn überwunden, daß bloß dadurch dieses Psychische oder Mentale als das Intendieren von etwas Anderem dann dieses Andere auch immer schon als etwas *Wirklich*-Anderes *erzielte*, nämlich immer schon *erwirkte* und mithin *verwirklichte*. Denn zur Verwirklichung der Wirklichkeit von solchem intendierten Anderen kommt solches Intendieren nur, wenn es auch zum Erfolg und nicht etwa zum Mißerfolg führt, dessen Möglichkeit für Intendieren niemals ausgeschlossen werden kann.

Und in der Tat ist, was man schon seit jeher und bis heute fälschlich-theoretizistisch für die bloße »Wahrheit« des »Erkennens« hält, recht eigentlich die *Wirklichkeit* des *Gegenstandes* von Erkennen als dem *Intendieren*. Dieses aber kann nur etwas außerhalb von sich als den Erfolg für sich erzielen, der somit auch nur als durch es erwirkte Wirklichkeit des von ihm intendierten Anderen sich einstellen kann. – Und in der Tat ist, was man gleichfalls schon seit jeher und bis heute fälschlich-theoretizistisch für die bloße »Falschheit« des »Erkennens« hält, entsprechend auch recht eigentlich die *Unwirklichkeit* dieses *Gegenstandes* von Erkennen als dem *Intendieren*. Dieses nämlich intendiert auch dabei als Erfolg für sich ein zu verwirklichendes Anderes als sich, das es mithin auch als den zu verwirklichenden Gegenstand für sich vor sich hat, auch wenn dieser dabei unverwirklicht und sonach ein unwirklicher bleibt. – Und in der Tat ist, was man demnach schon seit jeher und bis heute fälschlich-theoretizistisch für »Erkennen« als etwas von Handeln Grundverschiedenes hält, recht eigentlich gerade nichts als Handeln. Und wie alles weitere, jeweils an es anschließende Handeln ist auch dieses jeweils ursprüngliche Handeln nichts als Intendieren der Verwirklichung von etwas Anderem als sich, das heißt, der Wirklichkeit desselben als Erfolg für sich.

Aus diesem Grund ist es denn auch kein Wunder, daß man schon seit jeher und bis heute außerstande bleibt, sich zu erklären, was mit »Wahrheit« oder »Falschheit« dieses fälschlich-theoretizistischen »Erkennens« eigentlich gemeint sein könnte. Da es nämlich solche »Wahrheit« oder »Falschheit« von »Erkennen« überhaupt nicht gibt, kann es auch überhaupt nichts zu erklären geben, sondern höchstens etwas aufzuklären: Es handelt sich dabei um nichts als selbstgemachte Illusionen des von Anbeginn sich selbst verkennenden Subjektes, die ihm jeden Blick dafür verstellen, daß vielmehr Erkennen schon nichts anderes als Handeln, eben Intendieren ist. Denn wie auch könnte sonst Erkennen ebenso wie Handeln überhaupt in eindeutigem Sinn ein Intendieren sein? Als solches Handeln aber hat Erkennen, anstatt so etwas wie »Wahrheit« oder »Falschheit« etwa *innerhalb* von sich, vielmehr nur seines Gegenstandes *Wirklich-* oder *Unwirklichkeit* als *Erfolg* bzw. *Mißerfolg* für sich gerade *außerhalb* von sich. Und in der Tat hat beim Erkennen das Erkennende genauso wie das Handelnde beim Handeln immer schon etwas zum Gegenstand: das dadurch zu verwirklichende Andere. Und zwar gleichviel, ob dieser oder dieses dabei nun durch jenes auch zu etwas *Wirklich*-Anderem *verwirklicht* wird und damit eben Artefakt wird, oder nicht, so daß im letzten Fall auch eben dieses Andere oder eben dieser Gegenstand es ist, was dadurch unverwirklicht bleibt.

Das können Sie denn auch an jeglichem elementaren und ursprünglichen empirischen Erkennen überprüfen, das als sogenanntes »Wahrnehmen« von etwas in der Außenwelt für jegliches Subjekt der Ursprung jeglichen Objekts ist. Denn auch nur in der Gestalt von sogenanntem »Wahrnehmen« wie »Dies ist rot« bzw. »Dies ist rund« oder »Dies ist ein Baum« kann ein Subjekt ursprünglich ein Objekt gewinnen, nämlich jenen Abgrund und Hiat der prinzipiellen Andersheit dazwischen überwinden. Schlechthin ausgeschlossen ist, daß ein Subjekt je anders als auf diese Art zu einem Objekt kommen könnte. Nur ist eben ein Subjekt in der Gestalt von solchem sogenannten »Wahrnehmen« bereits von Grund auf alles andere als ein bloßes »-nehmen«, wie es jener falsche Theoretizismus ständig mißversteht.

Denn jeglichen Gehalt, wie er in der Gestalt eines Subjekts von dieser Art etwa durch »...rot« bzw. »...rund« bzw. »...Baum« zum Ausdruck kommt, hat dieses Subjekt dabei zwar allein auf Grund von »Affektion« in sich. Bei dieser aber ist es eben schon von vornherein das Affizierende genauso wie das Affizierte, nämlich das dabei spontan Agierende, wie Sie bereits gesehen haben. Ist es doch auch nur als dies spontan Agierende das solchen Inhalt dabei Rezipierende. Als solches aber hat ein Subjekt diesen Inhalt dann auch schon von vornherein in sich als jener hochkomplexen Form des Psychischen oder Mentalen, wie es sich von Anschauung über Begriff bis hin zum Urteil dieses sogenannten »Wahrnehmens« gestaltet, was wir uns im einzelnen noch handlungstheoretisch werden klarzumachen haben. Solchen Inhalt hat ein Subjekt somit schon von vornherein und bis zuletzt, das heißt: auf jeder dieser Stufen seiner Selbstgestaltung, bloß als Material in sich als einer Form, als die es dann im ganzen eben Intention ist. Und als diese intendiert es denn auch nur, aus ihm als Material heraus durch sich als Form gerade etwas Anderes zu erformen, zu erwirken, das als Wirklich-Anderes dann Artefakt und so Erfolg von ihm als Intention ist: wie beim Bildhauer die Statue aus Marmor oder Holz.

Und in der Tat ist in Gestalt eines Subjekts wie »Dies ist rot« bzw. »Dies ist rund« oder »Dies ist ein Baum« von nichts als etwas Anderem die Rede, von einem Objekt, das dadurch aus dem jeweiligen Material heraus als etwas *Wirklich*-Anderes hingestellt wird. Denn etwas behaupten oder etwas Urteilen – und mithin auch: etwas wahrnehmen – bedeutet keineswegs, etwas als »wahr« hinstellen. Jedes davon heißt vielmehr, etwas als *wirklich* hinzustellen, weil keines davon etwa ein Behaupten oder Urteilen oder Wahrnehmen von *sich* ist, sondern nur von *Anderem* als sich. Und so wird solches Andere, wenn ein Behaupten oder Urteilen oder Wahrnehmen als Intendieren auch erfolgreich ist, dadurch als Wirklich-Anderes nicht nur *hin*gestellt, sondern dadurch als Wirklich-Anderes auch noch *her*gestellt, das heißt, *zu* etwas Wirklich-Anderem auch noch *verwirklicht* und mithin zum Artefakt. Zu seiner Statue kommt ja auch ein Bildhauer nur dadurch, daß er sie aus seinem Material erformt, erwirkt und so als Artefakt für sich verwirklicht.[6]

Wirklichkeit von solchem Anderen ist demnach immer wieder nur Ergebnis der Verwirklichung von solchem Anderen und ist mithin auch immer wieder nur im Sinne der Verwirklichtheit von solchem Anderen die Wirklichkeit desselben: auch schon beim Erkennen als dem sogenannten Wahrnehmen von ihm. Die Tatsache, daß das dabei Erkannte oder Wahrgenommene keineswegs das dabei Affizierende sein kann und so auch nicht das dieses Material als diesen Inhalt dafür Liefernde, vermag mithin auch überhaupt erst dieser Praktizismus zu erklären, während jener falsche Theoretizismus jegliche Erklärung dafür schuldig bleiben muß: Nur deshalb nämlich ist das ausgeschlossen, weil das Wahrgenommene des Wahrnehmens bzw. das Erkannte des Erkennens

6 Zu all dem Weiterführendes in § 12, S. 430 ff., S. 464 ff.

dies nur in dem Sinn des daraus allererst Erformten oder daraus allererst Erwirkten sein kann, das mithin auch nicht schon immer das sein kann, was dem vorweg schon immer jenen Inhalt als das Material für dieses Wahrnehmen oder Erkennen als ein Formen liefert. Schließlich kann doch auch nicht jene Statue, die jener Bildhauer erst zu erformen oder zu erwirken trachtet, das sein, was ihm dafür schon das Material wie etwa Holz bzw. Marmor liefert.

Denn auch dann, wenn diese Statue ihm dabei mißlingt, indem sie unverwirklicht bleibt, muß dieser Bildhauer das Material für sie schon immer zur Verfügung haben. Und genauso muß Erkennen oder Wahrnehmen auch dann, wenn das von ihm als wirklich hingestellte Andere zu etwas Wirklich-Anderem dadurch nicht wird, indem es gleichsam nicht zu einer Statue wird, als jenes Formen jenen Inhalt als das Material dafür schon immer haben. Und tatsächlich wird das auch an jedem Fall von sogenanntem »falschen« oder »irrtümlichen« Wahrnehmen oder Erkennen für Sie offenkundig. Immer nämlich ist es etwas inhaltlich-bestimmtes Anderes wie zum Beispiel das von Baum bzw. Rotem oder Rundem, was auch dabei zwar als wirklich *hin*gestellt wird, doch dadurch nicht auch als wirklich *her*gestellt wird, also unverwirklicht bleibt: wie jenes Andere von Statue, das trotzdem jenem Bildhauer dabei »vor Augen steht«, so dieses Andere von Baum bzw. Rotem oder Rundem, das auch dieser »falsch« bzw. »irrtümlich« Erkennende oder Wahrnehmende dabei »vor Augen hat«. Genauso offenkundig wird dann aber eben daran für Sie ferner: Auch ein jeder Fall von sogenanntem »wahren« Wahrnehmen oder Erkennen kann als Formen seinen Inhalt als sein Material nicht aus dem dadurch allererst Erformten und mithin Erwirkten haben als dem dadurch allererst Verwirklichten, dem dadurch nämlich allererst als wirklich *hin-* und *her*gestellten Anderen. Denn so wirklich es in diesem Fall auch wird, so kommt es dazu doch auch immer schon zu spät.

Was dabei affiziert, kann dann jedoch erst recht nicht das sein, was nach Kant als ein Ansichsein jedem wirklich-anderen empirischen Objekt zugrunde liegen muß. Nur mußte Kant auf dies Ansichsein als das Affizierende zwangsläufig verfallen, jedesmal, wenn er sich eingestehen mußte, daß als Kandidat dafür gerade ihm nicht das empirische Objekt im Sinn des Wirklich-Anderen gelten kann, weil doch gerade er das letztere als das betrachten muß, was immer erst als jenes Artefakt zustande kommen kann. Und damit mußte Kant sich auch in jene unlösbare Schwierigkeit verstricken, daß gerade er doch für Ansichsein so etwas wie Kausalität nicht in Anspruch nehmen kann: so wenig wie auch alles andere, was ihm zufolge überhaupt nur durch »Kategorien« in die Welt kommt. Ausgerechnet Kant vermochte nämlich mangels jeder Lösung für das Psycho-physische Problem, sprich: mangels jeder Theorie der Wechselwirkung zwischen Psychischem und Physischem oder Mentalem und Somatischem, das Subjekt als den Kandidaten dafür nicht zu sehen.

Was also affiziert, wenn hierfür keines davon in Betracht kommt: weder das empirische Objekt noch auch das nichtempirische Ansichsein, das ihm als dem Wirklich-Anderen zugrunde liegt? Indem wir diese Frage nunmehr stellen, kommen wir an einen Wendepunkt, von dem her die gesamte Problematik jener Systematik des Subjekts als Intention in einem Zug sich lösen läßt. Die schon gegebene Antwort nämlich lautet, wie Sie sich erinnern werden: Das, was affiziert, kann nur das Subjekt sein, das somit nicht nur affiziert, sondern auch affiziert wird, weil es als Agieren auftritt, das *sich* affiziert, indem es Reagieren auf sich als Agieren auslöst.

Spätestens an dieser Stelle aber, wo es wirklich Ernst mit ihr wird, könnten Sie Bedenken gegen diese Antwort hegen. Denn selbst wenn die Art der Argumentation als gültig zuzugeben sei, so möchten Sie vielleicht erwidern: Folgt aus ihr tatsächlich zwingend, daß das Affizierende dabei nur das Subjekt sein kann, das somit Affiziertes ebenso wie Affizierendes sein muß? Denn auch wenn richtig sei, daß dieses Subjekt dabei das spontan Agierende sein muß, so heiße dies doch längst noch nicht, daß es als dies Agierende auch schon das Affizierende sein muß, weil doch recht eigentlich erst das auf dies Agierende dann Reagierende das dies Agierende auch Affizierende sein könne; und dies insbesondere, wenn solches Affizieren jenes Liefern von Gehalt als Material für das Subjekt als Form bedeuten solle. Könne solcher Inhalt oder solches Material doch keinesfalls aus dem Subjekt als solchem selbst herstammen: auch nicht, wenn es das dabei spontan agierende Subjekt ist. Und wenn insbesondere in dieser Hinsicht der Belieferung mit Inhalt dieses Reagierende das dabei Affizierende sein müsse, sei es letztlich eben doch das Physische oder Somatische als etwas immer schon Bestehendes und damit ein empirisches Objekt, was affiziert. Zwar könne es nicht dasjenige sein, was als das dabei Affizierende auch das dabei Erkannte ist. Doch müsse es als dieses immer schon Bestehende von Physischem oder Somatischem und damit als empirisches Objekt empirisch auch zumindest grundsätzlich erkennbar sein, auch wenn es gegenüber dem, was dabei das Erkannte ist, erst immer etwas nachträglich Erkennbares sein könne.

Denn man brauche ja, so könnten Sie sich weiter überlegen, auch nur einmal anzunehmen, daß ein Reagieren auf Agieren gar nicht auftritt, weil zwar ein Agierendes, aber kein auf es auch Reagierendes auftritt. Dies ergebe, daß dann auch kein Affizieren auftritt, weil kein Affizierendes, und somit auch kein Affiziertes – mag es noch so sehr Agieren sein – und damit auch kein Inhalt innerhalb dieses Agierens. Und so trete Affizieren eben doch nur auf, wenn dem Agierenden auch etwas Reagierendes und dem Agieren somit auch ein Reagieren gegenübertrete, das mithin die eigentliche Ursache für solchen Inhalt sei. Und dieser gehe demnach in der Tat nur auf das Physische oder Somatische als etwas immer schon Bestehendes zurück und damit auf ein grundsätzlich empirisches Objekt.

Jedoch selbst wenn Sie diese Überlegung ernstlich anstellen sollten, müßten Sie sogleich erkennen, daß sie jeder Grundlage entbehrt. Die Annahme der Möglichkeit des Ausbleibens von Reagieren wegen Ausbleibens von Reagierendem ist nämlich ausgeschlossen. Denn sie wäre gleichbedeutend mit der Annahme der Möglichkeit des Auftretens von Psychischem oder Mentalem, ohne daß dies Auftreten aus Physischem oder Somatischem wie dem Gehirn heraus erfolgte. Letztlich also liefe sie darauf hinaus, die Möglichkeit des Auftretens von einem Subjekt anzunehmen, das dem Diesseits eines solchen Objekts gegenüber gleichsam aus dem Jenseits in die Welt kommt. Und so wäre diese Annahme der altbekannte Fehler, der nicht mehr in Frage kommen kann, nachdem uns klar ist, daß auch wir nur aus Natur hervorgehen können und mithin von dieser Welt sein müssen. Und das insbesondere dann, wenn jeder oder jede einzelne von uns aus jenem immer schon Bestehenden von Physischem oder Somatischem heraus als jenes immer erst Entstehende wie Vergehende von Mentalem oder

Psychischem und damit als spontan Agierendes hervorgeht, womit ersteres sonach als darauf Reagierendes auch notwendig einhergeht.

Denn das tut es dann gerade so, daß solches Reagieren auf es als Agieren dabei gar nicht unterbleiben kann, sondern erfolgen muß, weil eben dadurch, daß dieses Mentale oder Psychische als das spontan Agierende auftritt, dieses Physische oder Somatische *zum* Reagieren *gebracht* wird und mithin *zum* Reagierenden *gemacht* wird. Und dies unausweichlich deshalb, weil das jeweilige Auftreten von Psychischem oder Mentalem als ein jeweiliges Einteilen von Physischem oder Somatischem erfolgt, wie es sich radikaler kaum noch denken läßt.

Denn wie Sie sich erinnern werden, ist das Auftreten von Psychischem oder Mentalem als spontanes Umsetzen von Physischem oder Somatischem in so etwas wie reine Kraft bzw. reine Energie zu denken, wodurch solches Physische oder Somatische als ein Substrathaft-Makroskopisches verschwindet: wie der Treibstoff von Rakete oder Auto, der als Teil von deren Masse sich durch seine Explosion in deren Antriebsenergie verwandelt. Und als Vorgang innerhalb von einem und demselben, weil in sich zusammenhängenden Somatisch-Physischen kann so etwas auch in der Tat nicht ohne Reaktion des Teils, der dabei übrig bleibt, auf die Aktion der Explosion des Teils verlaufen, der dabei verschwindet. Und tatsächlich ist Verschwinden eines Teils von etwas und Erhaltenbleiben eines andern Teils von diesem Etwas eine Einteilung desselben, wie sie radikaler nicht mehr denkbar ist.

Genau so radikal ist dann jedoch auch undenkbar, es könnte innerhalb von in sich einheitlichem Physischen oder Somatischen eine Aktion wie eine Explosion auch ohne eine Reaktion erfolgen. Notwendig gehört dann letztere vielmehr zu ersterer hinzu, ja eigentlich mit ihr zusammen, weil sie letztlich eine in sich einheitliche Wechselwirkung miteinander bilden. Nur ist solche Wechselwirkung, wenn sie eine zwischem Psychischem und Physischem oder Mentalem und Somatischem ist, jeweils eine in sich einheitliche ebenso wie eine in sich einseitige. Wird in diesem Fall doch solche Wechselwirkung auch ganz ausschließlich und damit auch ganz einseitig durch das Agierende allein erstellt, und nicht etwa durch das Agierende und Reagierende in gleichem Maße, wie bei bloßen Dingen, noch gar etwa ausschließlich und damit einseitig durch das bloß Reagierende.

Genau in diesem Sinn ist denn auch jene Affektion die Sache der Aktion des Psychischen oder Mentalen und nicht etwa die der Reaktion des Physischen oder Somatischen. Denn eben weil sie je und je ausschließlich und mithin auch einseitig durch die Aktion hervorgerufen wird, tritt diese Reaktion, sobald sie je und je hervorgerufen ist, sofort auch je und je gerade einseitig und damit ausschließlich als etwas innerhalb der Reichweite dieser Aktion auf. Also handelt es sich dabei – was die Reaktion auf die Aktion der Affektion und damit den Gehalt betrifft, den sie dadurch empfängt – auch nur um eine Art Reflex dieser Aktion in sich. Infolgedessen ist sie Affektion mit Inhalt als Ergebnis in der Tat nur in dem Sinn, daß sie *sich* affiziert und so *sich* einen Inhalt holt: so wie man beispielsweise *sich* verbrennt und so *sich* Schmerzen holt, wenn auch *an* einem heißen Herd. Die Reaktion mitsamt dem Inhalt als Ergebnis der Aktion tritt bei Mentalem oder Psychischem als dem spontan Agierenden und so sich Affizierenden mithin von vornherein ausschließlich innerhalb von eben diesem Psychischen oder Mentalen selbst auf, und das heißt: nur innerhalb des Selbstverhältnisses, zu dem sich die Natur in der Gestalt von Psychischem oder Mentalem eines Subjekts bildet.

Dies jedoch hat eine Reihe aufschlußreicher Folgen, und die sollten Sie auch Schritt für Schritt als Folgerungen mitvollziehen: So als erste, was daraus für den Verlauf der Grenze folgt, die zwischen dem dabei Empirischen und Nichtempirischen sich einstellen muß, und weiterhin, wie einzigartig die Verhältnisse dazwischen sich gestalten müssen. Ausgeschlossen ist dann nämlich endgültig, daß es bei solcher Affektion mit solchem Inhalt als Ergebnis um etwas Empirisches sich handeln könnte, das sich auch durch Empirie zurückverfolgen lassen müßte. Und dies trotz der unbezweifelbaren Tatsache, daß das daran beteiligte Somatisch-Physische als solches nur etwas Empirisches sein kann, das sich in allen seinen Einzelheiten und Zusammenhängen auch empirisch untersuchen und erkennen lassen muß.

Denn damit wird, was bisher immer nur als Faktum hingenommen werden kann, erklärbar, nämlich daß vom Physischen oder Somatischen als dem Empirischen her Psychisches oder Mentales unerreichbar bleiben muß: auch für die weitestgehende Physiologie. Und dies zunächst ganz einfach deshalb, weil Mentales oder Psychisches doch je und je nur dadurch auftritt, daß sich Physisches oder Somatisches in es als reine Kraft bzw. reine Energie verwandelt und mithin als Physisches oder Somatisches dabei verschwindet, so daß es auf diese Art sich jeder Empirie von vornherein entzieht. Aus eben diesem Grund und somit auch in eben diesem Sinn kann Psychisches oder Mentales vielmehr schon als solches selbst von vornherein nur auftreten als etwas Nichtempirisches, zu dem Natur gerade dadurch wird, daß sie aus sich als Physischem oder Somatischem heraus zu jenem Selbstverhältnis des spontan Agierenden wird.

Zu diesem Nichtempirischen, das als spontan Agierendes unerreichbar wird für jede Empirie, gehört dann aber nicht nur dasjenige Physische oder Somatische, das sich in es verwandelt und schlechthin sonach in ihm verschwindet; es gehört zu diesem Nichtempirischen dann auch noch dasjenige Physische oder Somatische, das dies nicht tut, das vielmehr nur auf das dies Tuende, das damit zum spontan Agierenden wird, reagiert. Denn als das Reagierende auch zugänglich kann es ja immer wieder nur von dem Agierenden her werden. Wird es doch zum Reagierenden auch immer wieder erst durch das Agierende gemacht, weil es auch immer wieder erst durch sein Agieren zum Reagieren gebracht wird. Demgemäß gehört es als das *auf* dieses Agierende Reagierende *mit* diesem Agierenden auch so unlösbar zusammen, daß sie beide miteinander jenes Nichtempirische der, wenn auch in sich einseitigen, so doch in sich einheitlichen Wechselwirkung der Natur mit sich ausmachen: eben jenes Selbstverhältnis der Natur zu sich, als das sie in Gestalt von Psychischem oder Mentalem eines Subjekts auftritt.

Dadurch aber ist dann dieses daran mitbeteiligte Somatisch-Physische *als solches* zwar etwas Empirisches. Als derart *Reagierendes* jedoch ist es gerade etwas Nichtempirisches, weil dieses Reagieren von ihm eben immer wieder nur *ineinem mit* diesem Agieren auftritt und sonach auch immer wieder ganz *aufseiten von* diesem Agieren als dem Nichtempirischen des Psychischen oder Mentalen eines Subjekts. Denn natürlich ist dieses Somatisch-Physische dabei *als solches* auch empirisch zugänglich. Als derart *Reagierendes* jedoch ist es empirisch unzugänglich, weil sein Reagieren als bloßes Teilstück innerhalb des Ganzen jener Wechselwirkung von *Agieren und* Reagieren ins Nichtempirische derselben sich entzieht.

Was damit für Sie deduzierbar wird, ist denn auch nichts geringeres, als daß die Ihnen schon bekannte Situation der Physiologie von Grund auf unausweichlich sein muß. Was der Physiologe festzustellen vermag, kann schlechterdings nichts anderes sein als folgendes: Mentales oder Psychisches – das er nur nichtempirisch kennen kann, weil nur aus eigener oder fremder Reflexion – tritt auf »nicht ohne« dieses oder jenes »Zentrum« des Gehirns, das heißt: »nicht ohne« all das Physische oder Somatische, das sich im einzelnen darin durch Empirie ermitteln läßt. In diesem Sinn tritt etwa die Bewegung eines Autos ebenfalls »nicht ohne« Motor auf und, was den letzteren betrifft, auch »nicht ohne« Zylinder und dann, wiederum den letzteren betreffend, auch »nicht ohne« Kolben usw. Mit »nicht ohne« aber ist in beiden Fällen eben immer wieder nur eine notwendige Bedingung angegeben, nicht die hinreichende. Wird doch letztere in jenem Fall des Physiologen immer wieder erst erfüllt durch das spontan Sich-Umsetzen von Physischem oder Somatischem in Psychisches oder Mentales als spontan Agieren und Reagieren im Rahmen jener in sich einseitigen, aber in sich einheitlichen Wechselwirkung der Natur mit sich. Und eben darin zieht sie sich zu einem Selbstverhältnis und mithin zu etwas Nichtempirischem gleichsam zusammen und zurück. Infolgedessen bleibt der Physiologe als Empiriker dann auch davor zurück. Denn eben dadurch wird er dann auch eben davon ausgeschlossen: so als ob das Explodieren des Treibstoffs vor dem Kolben im Zylinder eines Motors sich empirisch nicht ermitteln ließe. Und wovon der Physiologe damit ausgeschlossen ist und bleibt, das ist sonach gerade die Gesamtheit des Geschehens von Aktion wie Reaktion mit Affektion, wodurch denn Intendieren auch bereits von vornherein Erkennen mit bestimmtem Inhalt sein muß, das als Handeln somit auch bereits von vornherein nur Intendieren eines inhaltlich-bestimmten Artefakts sein kann.

Worauf es ankommt, ist denn auch, wie Sie jetzt sehen müßten, keineswegs, durch eine Theorie sich einsichtig zu machen, was denn eigentlich die »Wahrheit« von »Erkennen« sci, weil das damit Gemeinte vielmehr nur die *Wirklichkeit* des *Gegenstandes* von Erkennen sein kann, der mithin das Artefakt als der Erfolg desselben sein muß, eben weil es Intendieren nur als Handeln sein kann[7]. Was es gilt, ist vielmehr eine Theorie der *Wirklichkeit* desselben, nämlich eine Theorie, die einsehen läßt, von welcher Art der Wirklichkeit dieses Erkennen als das Handeln eines Intendierens sein muß, wenn die Wirklichkeit von dessen Gegenstand nur die des Artefakts als des Erfolgs von solchem Intendieren sein kann. Diese Wirklichkeiten nämlich müssen dann auch Grundverschiedenheiten zueinander sein, da letztere sich in die von Erscheinung und Ansichsein gliedern muß, wogegen erstere von jeder dieser beiden grundverschieden sein muß und mithin auch beiden gegenüber nur von gänzlich eigener Art der Wirklichkeit sein kann[8].

Vermochte Kant doch nur, weil er vor einer solchen Theorie des nichtempirischen Subjekts zurückgeblieben war, nicht einzusehen: Dessen Wirklichkeit muß eine von Aktion wie Reaktion mit Affektion ineinem sein, die demgemäß gerade nicht auf irgendeine Wirklichkeit von irgendetwas Anderem zurückgehen kann. Am allerwenigsten läßt sie sich deshalb auf die des empirischen Objekts als Artefakts zurückführen, auch nicht auf die von ihm als nichtempirisch zu ermittelnder Erscheinung oder nichtempirisch zu ermittelndem Ansichsein, wenngleich Kant dies ständig irreführend in Betracht ziehen mußte. Denn nicht einmal die Natur, aus deren Wirklichkeit sehr wohl die Wirklichkeit des nichtempirischen Subjekts hervorgehen muß, kann dabei etwas Anderes als dieses Subjekt sein. Muß die Natur doch auch als solche selbst es sein, was zum Subjekt wird, nämlich was spontan in jenes Selbstverhältnis zu sich tritt.

Wie ausgeschlossen dies tatsächlich ist, wird Ihnen sofort einsichtig, wenn Sie im Blick behalten: Dabei kann noch überhaupt nichts Anderes zur Verfügung stehen, worauf sich Wirklichkeit von solcher Subjektivität zurückführen ließe. Die Natur kann nämlich weder als diejenige, als die sie dabei zum Subjekt wird, etwas Anderes als dieses Subjekt sein, noch auch als diejenige, als die sie dabei gerade nicht zum Subjekt wird, als die sie dabei vielmehr bloß zum Körper oder Leib von ihm wird: Nicht als erstere, weil sie als solche selbst dabei spontan zum Selbstverhältnis und mithin zum Subjekt wird, wie schon gesagt, und sonach etwas Anderes

7 Vgl. oben § 9, S. 287 ff.
8 Vgl. oben § 4, S. 144 ff.

als es von vornherein nicht ist; jedoch auch nicht als letztere, weil sie als diese etwas Anderes als solch ein Subjekt gleichfalls nicht etwa von vornherein schon ist, sondern im nachhinein erst wird.

Zu etwas Anderem als diesem Subjekt nämlich wird Natur als diejenige, als die sie dabei gerade nicht zum Subjekt wird, ja immer wieder erst, *genau indem* Sie dabei überhaupt zum Subjekt wird, weil sie als etwas *ohne* dieses Subjekt etwas *Anderes* als dieses Subjekt überhaupt nicht sein kann. Erst und nur bezüglich eines auftretenden Subjekts läßt denn auch mit Sinn sich noch von etwas Anderem als einem Subjekt sprechen. Aus demselben Grund mithin, aus dem Natur der Körper oder Leib eines Subjekts gerade nicht schon immer ist, sondern erst immer wird[9], gilt ferner, daß Natur auch etwas Anderes als ein Subjekt gerade nicht schon immer ist, sondern erst immer wird. Denn beides wird sie überhaupt nur, *dadurch daß* sie immer wieder neu zu diesem Subjekt als dem immer wieder erst Entstehenden gleichwie Vergehenden des Psychischen oder Mentalen wird.

Und das liegt nicht etwa an irgendeiner metaphysisch-schlechten »Dialektik«, sondern einfach daran, daß dies nur als jene Art von radikaler Teilung der Natur sich denken läßt: Aus sich als immer schon Bestehendem von Physischem oder Somatischem heraus setzt sich Natur zu reiner Kraft bzw. reiner Energie als hieraus immer erst Entstehendem gleichwie Vergehendem von Psychischem oder Mentalem um; gerade derart aber tut sie dies, daß dadurch nur ein Teil von ersterem zu letzterem als dem Subjekt gewissermaßen sich verflüchtigt und auf diese Weise unzugänglich wird, der andere Teil hingegen übrigbleibt und so zu etwas für dies Subjekt Zugänglichem wird. Ineinem also wird, indem der eine Teil auf diese Weise unzugänglich, nämlich zum Subjekt wird, dieser übrigbleibende ursprünglich nicht allein zum Körper oder Leib dieses Subjekts, sondern ursprünglich auch zu etwas Anderem als diesem Subjekt, und als beides eben etwas für es Zugängliches. Wohingegen dieses Subjekt selbst von beidem her gerade unzugänglich ist und bleibt: für die Versuchsperson der Physiologie genauso wie auch für den Experimentator.

Und wie radikal dies vor sich geht, wird Ihnen daran klar, wie allgemein dies in der Tat ineinem vor sich geht, so daß zunächst

9 Vgl. oben § 9, S. 280.

einmal tatsächlich dieses Andere allgemein als Körper oder Leib dieses Subjekts zu gelten hat: das dabei übrigbleibende Somatisch-Physische der Welt im ganzen. Gegenüber der Notwendigkeit, daß Physisches oder Somatisches, das an das dabei sich verflüchtigende angrenzt, Körper oder Leib des dadurch auftretenden Subjekts werden muß, ist nämlich jener Umstand, daß durchaus nicht alles Physische oder Somatische dadurch zum Körper oder Leib dieses Subjekts wird, nur die reine Kontingenz oder Faktizität. Hängt dies doch nur von Aufteilung oder Zusammenhang des Physischen oder Somatischen als solchen ab, daß nämlich faktisch-kontingent zwischen Gehirn und Händen beispielsweise ein Zusammenhang besteht, der zwischen Hand und Hammer oder Meißel eben nicht besteht, jedoch durchaus bestehen könnte usw. Und tatsächlich läßt sich ein Zusammenhang dazwischen herstellen, so daß Hammer oder Meißel, wenn von einer Hand gehalten und bewegt, mit ihr mechanisch mindest ebenso zusammenhängt wie Hand mit Arm durch Sehne oder durch Gelenk.

Das übrigbleibende Somatisch-Physische als Ganzes also ist es, das dabei zu etwas Anderem als diesem Subjekt und dadurch zu etwas für es Zugänglichem wird, es selbst dagegen zu etwas in diesem Sinn gerade für sich Unzugänglichem. Und so kann etwas Anderes, das *als* solches Anderes *erst* entspringt, *indem* ein solches Subjekt selbst entspringt, auch in der Tat nicht *schon* die Ursache dafür sein, *daß* ein solches Subjekt selbst entspringt: nicht einmal dafür, daß in der Gestalt von ihm als Form auch noch Gehalt in ihm als Form entspringt, das heißt, nicht einmal für die Affektion.

Der letzte Grund für all dies nämlich liegt nur darin, daß all dies zuletzt auf jene radikale Teilung der Natur in sich zurückgehen muß, die als der Ursprung von Mentalem oder Psychischem eines Subjekts auch nur eine ursprüngliche sein kann. Denn nichts von all dem, auch nicht diese Affektion, erfolgt etwa *erst nach* der Teilung, und so kann auch nichts davon etwa *durch* etwas *Anderes* erfolgen, weil es etwas Anderes ja auch *erst nach* der Teilung geben kann. Vielmehr erfolgt all das, auch diese Affektion, *schon bei* der Teilung als Aktion, die aus Natur heraus spontan erfolgt, weil doch auch Reaktion *schon bei* Aktion und nicht etwa *erst nach* Aktion erfolgt und so auch nicht *durch* etwas *Anderes* erfolgen kann, das es *erst nach* der Teilung geben kann.

Das könnten Sie zunächst befremdlich finden: Müsse etwas auf

Agierendes Reagierendes doch auch etwas Anderes sein als dies Agierende, was Sie aber nur auf Grund einer Voraussetzung befremdet, die hier nicht erfüllt ist. Denn das ist nur dort der Fall, wo immer schon bestehendes Anderes mit immer schon bestehendem Anderen in Wechselwirkung tritt, wie Ding mit Ding. So aber ist es hier, bei einer Teilung, eben nicht, weil etwas Anderes gegenüber etwas Anderem dabei immer wieder erst entspringt. Und in der Tat läßt sich mit Sinn von einer Teilung nur als der von etwas *Ungeteiltem* sprechen, also nur als einer *ursprünglichen* Teilung, was denn auch erst recht von dieser radikalen Teilung gelten muß als der Aktion, die aus Natur heraus spontan erfolgt. Liegt doch auch jener Marmor beispielsweise nur als *ungeteilter* für die Teilung durch den Hammer oder Meißel jenes Bildhauers zugrunde.

Nur daß diese radikale Teilung der Natur gerade nicht durch etwas Anderes als sie erfolgt wie Hammer oder Meißel, sondern eben aus ihr selbst heraus spontan, so daß Natur als *ungeteilte* und mithin als *selbige* es sein muß, was spontan nicht nur agiert, sondern spontan auch reagiert und so spontan auch affiziert: mit all dem also in der Tat zum Selbstverhältnis eines Subjekts wird. Und dies obwohl, ja eigentlich gerade weil Natur dabei zu etwas Anderem gegenüber etwas Anderem wird, denn *jedes* davon *werden* kann sie sinnvoll nur als eine, die noch *keines* davon *ist*: als eine, die noch *beidem* gegenüber eine in sich *einheitliche* ist.

Nur wird Natur dann auch als diese in sich einheitliche, die sie jeweils nur als ein Zusammenhang von Physischem oder Somatischem sein kann, bei solcher Einteilung in sich zu etwas, das vom dabei übrigbleibenden Somatisch-Physischen her unzugänglich ist: wie sie es auch als jenes Psychische oder Mentale eines Subjekts ist. Vom dabei übrigbleibenden Somatisch-Physischen her unzugänglich ist sie also nicht allein als dieses Psychische oder Mentale eines Subjekts; vielmehr ist Natur dies auch als dasjenige Physische oder Somatische, aus dem heraus sie sich spontan zu diesem Psychischen oder Mentalen eines Subjekts umsetzt und aus dem heraus sie sich ineinem damit dann auch erst zum dabei übrigbleibenden Somatisch-Physischen des Körpers oder Leibes dieses Subjekts bildet. Ist sie nämlich erst einmal zu beidem zueinander Anderen aus sich hervorgetreten, ist Natur als die, aus der heraus sie als ein jedes dieser beiden aufgetreten ist, vor jedem dieser beiden auch zurückgetreten. Und so kann sie zugänglich auch höchstens als das eine dieser beiden für das andere dieser beiden werden, nämlich nur als dasjenige Physische oder Somatische, als das sie dabei übrigbleibt, für sich als das Mentale oder Psychische eines Subjekts, als das sie dabei unzugänglich wird.

Nur daß Natur von sich als diesem dabei Unzugänglichen zu sich als diesem dabei Zugänglichen einen Zugang auch tatsächlich nur von sich als diesem Unzugänglichen her finden kann. Denn auch, wenn sie es ist, die beides ist, so ist sie beides doch auch nur als zueinander Anderes, zu dem sie sich, wenn auch in sich, geteilt hat. Demgemäß vermag sie zu sich als dem einen, zugänglichen Teil, wenn überhaupt zu kommen, dann auch nur aus sich noch als dem andern, unzugänglichen heraus. Und dies auch nur noch auf die eine Art, in der allein es möglich sein kann, ursprünglich aus sich heraus zu etwas Anderem als sich zu kommen, nämlich es zu etwas Anderem als sich aus sich heraus ursprünglich zu verwirklichen: aus sich als einem Material durch sich als eine Form und so zu einem Artefakt als dem Erfolg für sich als Intention.

Und in der Tat ist es auch unausweichlich, daß Natur bei jener radikalen Teilung ihrer selbst als jener einheitlichen, wodurch sie zu diesem Unzugänglichen genauso wie zu diesem Zugänglichen wird, in sich als ersterem für sich als letzteres ein solches Material gewinnen muß. Denn solche Teilung nimmt sie so vor, daß sie dabei ebenso spontan, wie sie aus sich heraus agiert, aus sich heraus auf sich als die agierende auch reagiert und damit sich als die spontan agierende durch sich als die spontan auch reagierende spontan auch affiziert. Daß solche Affektion auch jeweils jenen Inhalt zum Ergebnis hat, wird dadurch unausweichlich. Dieser aber muß dann auch tatsächlich solch ein Material sein, nämlich etwas, das Natur dabei *in* sich als *der* gewinnt, als die sie dabei *unzugänglich* wird, und zwar *von* sich als *der* gewinnt, als die sie dabei *zugänglich* wird, und das heißt gerade *in* sich selbst zum *Material für* etwas *Anderes* als sich selbst.

Denn das auf sich als dies spontan Agierende spontan auch Reagierende und so spontan sich auch noch Affizierende ist die Natur dabei ja auch genau als diejenige, als die sie dabei zu jenem *zugänglichen* Anderen gegenüber sich als *unzugänglichem* wird, so daß sie dadurch *von* sich als ersterer *in* sich als letzterer *für* sich als erstere dann auch noch etwas hinterläßt. Und auch nur dieses Etwas, als ein Inhalt, ist es dann, vermittels dessen die Natur *aus* sich als letzterer *zu* sich als ersterer noch kommen kann, wenngleich nur noch aus sich als einem *Material* durch sich als eine *Form* zu sich als einem *Artefakt*, weil eben nur noch als ein Anderes zu einem Anderen.

Denn so gewiß es sich bei diesem Material im vorgenannten Sinn um Material *von* solchem Anderen handelt und entsprechend auch um Material *für* solches Andere, so gewiß muß die Natur *aus* solchem Material heraus *zu* solchem Anderen erst einmal kommen. Und das heißt: Sie muß aus *sich* als diesem bloßen *Material* von ihm oder für es sich solches *Andere* als sich erst einmal *schaffen*: so wie jener Bildhauer zu seiner Statue erst einmal kommen muß und auch nur kommen kann, indem er sie aus seinem Material heraus selbst *schafft*. Und so vermag auch die Natur dies nur, wenn sie als jenes Intendieren mittels solchen Materials in sich auch zum Erfolg kommt und in ihm zu etwas Anderem als sich denn auch gerade als Artifizieren eines Artefakts für sich. Und immer wieder nur in der Gestalt von letzterem kommt die Natur mithin zu so etwas wie dem Empirischen für sich als Empirie desselben.

Deren eigentliche Empirizität ist demgemäß gerade Praktizität solchen Handelns, und nicht etwa jenes Fälschlich-Theoretizistische von »Wahrnehmen« oder »Erkennen« als »Betrachten« von etwas schon immer Wirklichem: Als das Empirische in diesem eigentlichen Sinn ist die Natur gerade nicht etwas schon immer Wirkliches, ist sie vielmehr gerade etwas immer wieder erst Verwirklichtes. Etwas schon immer Wirkliches ist sie gerade umgekehrt allein als die, aus der heraus sie jene Teilung in sich vornimmt und mithin auch nur als derjenige Teil von sich, als der sie dabei übrigbleibt: so daß sie dann, und zwar gerade vom Empirischen her, auch als beides nur noch etwas Nichtempirisches sein kann. Und dies obwohl sie jene Teilung in sich nur aus sich als jenem Physischen oder Somatischen heraus vollziehen kann, als das sie somit gleichfalls etwas Nichtempirisches sein muß.

Als dieses nämlich kann sie nur durch Reflexion und damit nur durch Nichtempirie der Philosophie ermittelt werden, welche stets erst nachträglich zu jeder Empirie auf die Bedingungen der Möglichkeit für Empirie noch reflektiert. Ermittelt sie auf diese Weise doch gerade das, was vorgängig zu jeder Empirie aus der Natur heraus, nämlich aus jenem Physischen oder Somatischen als Nichtempirischem heraus erfolgen muß, damit es innerhalb von ihr dann auch zu Physischem oder Somatischem als dem Empirischen für Empirie noch kommen kann. Als etwas Nichtempirisches ermittelt solche Reflexion dann aber insbesondere auch dasjenige Physische oder Somatische, als das diese Natur bei jener Teilung jeweils übrigbleibt im Unterschied zu demjenigen, als das sie bei jener Teilung je und je verschwindet und dadurch empirisch unzugänglich wird. Denn wird sie als das letztere dabei zu etwas nur für jene Reflexion noch nichtempirisch Zugänglichem, kurz: zu etwas Nichtempirischem, so wird sie als das erstere dabei gerade zu etwas empirisch Zugänglichem.

Nur kann die Natur den Zugang zu ihm dann zunächst einmal auch nur als Empirie gewinnen und mithin zunächst einmal auch nur zu ihm als dem Empirischen und damit als dem Artefakt aus jenem Material heraus. Und dieses geht dabei auf jene Affektion zurück, die weder Affektion durch dieses Artefakt sein kann, noch gar durch das Ansichsein, welches diesem Artefakt als dem Erfolg im Unterschied zum Mißerfolg zugrunde liegen muß. Sie kann vielmehr nur Affektion durch etwas beidem gegenüber Anderes sein: nur Affektion durch die Natur als das bei jener Teilung jeweils Ungeteilte. Denn auch zu dem nichtempirischen Ansichsein, das dem Artefakt als dem Empirischen laut Reflexion auf es als den Erfolg zugrunde liegen muß, kann die Natur bei dieser ihrer Teilung ja erst immer werden. Kann sie als Ansichsein doch auch immer nur auf seiten dieses Artefakts als des Erfolgs zugrunde liegen, aber niemals auch auf seiten jener Intention, weil in Gestalt von einer Intention, unendlichen Regresses wegen, die Natur nicht ebenfalls Erfolg oder auch Mißerfolg von sich als einer Intention sein kann[10]. Statt Wirklichkeit durch *Fremd*verwirklichung von etwas *Anderem* durch etwas *Anderes* muß die Natur als Intention vielmehr gerade Wirklichkeit der *Selbst*verwirklichung durch *sich* sein.

Als die Differenz, als die sie damit in sich als Identität entspringt, vermag sie sich darum empirisch niemals wieder aufzuheben, was die grundsätzliche Fehlbarkeit von jeder Empirie erklärt. Zu sich als jenem Anderen, als das sie dabei gegenüber sich als dem intentionalen Anderen der Empirie von ihm entspringt, vermag sie

10 Vgl. dazu nochmals oben § 4, S. 131 ff.

darum auch empirisch niemals endgültig zu kommen. Dies vermag sie vielmehr immer nur in dem Sinn, daß sie immer wieder und auch immer weiter zu ihm unterwegs ist. Denn auch immer nur aus jenem Material heraus ist sie zu ihm als einem Artefakt hin unterwegs. Und dies gerade so, daß sie an ihm auch immer wieder und auch immer weiter formt und bei Erfolg es dann auch immer wieder und auch immer weiter sich erformt, erwirkt und so verwirklicht: letztlich nur umwillen von Empirisch-Wirklich-Anderem als stimmig in sich selbst Zusammenhängendem. Denn in Gestalt der Intention eines Subjekts auf ein Objekt als den Erfolg für sich setzt die Natur sich eben grundsätzlich aufs Spiel und läßt mithin auch offen, inwieweit sie es gewinnen oder auch verlieren kann. Als solche Intention ergeht sie nämlich erst einmal ins Blaue gleichsam aufs Geratewohl; geht sie als solche doch auch nur aus sich als jenem bloßen Material heraus hinaus *ins* Nichts *auf* Etwas *aus*[11], das als bloß Intendiertes ihr sonach geraten oder auch mißraten kann.

Und in der Tat vermochte und vermag sie als Subjekt zu sich als Objekt auch nie anders als vermittels jener sogenannten »Sinnesdaten« innerhalb dieses Subjekts zu kommen. Und so wird sie dies auch nie auf andere Art vermögen, als indem sie sich *aus* sich als einem »Sinnesdaten«-Material *durch* sich als eine Form *zu* sich als einem Artefakt erformt, erwirkt und so verwirklicht. Und das gilt vom jeweils Nächsten, wie etwa alltäglichen Objekten, bis zum jeweils Fernsten, nämlich bis zum Makroskopisch-Größten wie auch bis zum Mikroskopisch-Kleinsten, das aus jeweils Nächstem, wie etwa aus Meßgeräten, sich erschließen lassen mag. Vor allem aber gilt das auch für alles, was auf solchem Wege sich als Körper oder Leib eines Subjekts ermitteln und bis ins Gehirn hinein zurückverfolgen lassen mag, wo all dies jeweils seinen Ursprung haben muß. Nur *dort* kann ein Subjekt mit »Sinnesdaten«-Material in sich als Form entspringen, und so kann auch immer wieder nur von *dort* her dann aus solchem Material durch solche Form noch etwas Anderes als ein Subjekt entspringen, eben ein Objekt als Artefakt daraus: als was auch immer dieses Artefakt sich inhaltlich als ein Erfolg der Intention eines Subjekts ergeben mag.

Doch was auch immer sich empirisch *bis* dort *hin* an Physischem

11 Vgl. oben § 4, S. 125 ff.

oder Somatischem ergeben mag, – bis *dort* hin, wo aus Physischem oder Somatischem heraus sich die Natur zur Empirie durch jene Teilung allererst erstellt, kann sie durch solche Empirie dann prinzipiell nicht kommen: auch nicht durch die Empirie der Physiologie. Denn dazu muß das alles immer schon im Gange sein. Bis *dort* hin kommen kann sie vielmehr nur, indem sie umgekehrt aus sich als Empirie heraus auch über sich als Empirie hinaus noch übergeht zu sich als Nichtempirie jener Reflexion auf sich als Empirie und damit zu sich als Natur-Philosophie.

Doch auch als diese *nichtempirische* Natur-Philosophie ist sie Natur-Wissenschaft, nämlich in Gestalt von Argumenten nicht nur *Wissenschaft*, sondern auch Wissenschaft von sich als der *Natur*, genauso wie sie es als die *empirische* »Naturwissenschaft« ist. Doch nur als erstere kommt die Natur auch noch zu sich als dem besonderen Physischen oder Somatischen, aus dem heraus sie innerhalb eines Gehirns zu jener ursprünglichen, radikalen Teilung von sich schreitet. Und nur daran, daß sie sich dabei gerade als etwas in sich Zusammenhängendes, das heißt, als etwas in sich Einheitliches, nämlich in sich Ungeteiltes jeweils einteilt, kann es liegen, daß sie dabei *in* sich als dem einen Teil noch jenes Material *für* sich als andern Teil gewinnt. Ist es dadurch doch in der Tat auch Material, das die Natur dabei *von* diesem andern Teil gewinnt, sprich, *von* dem dabei übrigbleibenden und reagierenden Somatisch-Physischen. Als dieses aber hängt sie auch bei ihrer Einteilung in sich als ihrer Abteilung von ihm dann immer noch in sich zusammen. Und so kann sie aus dem Material für ihn auch diesen andern Teil von sich, kurz: dieses Andere, als ein in sich Zusammenhängendes zum Artefakt als den Erfolg für sich als Intention gewinnen, auch wenn dieses Andere noch so oft zunächst einmal als Mißerfolg mißrät, das heißt, als Wirklichkeit des Artefakts gerade ausbleibt.

Dafür aber, daß sie sich als dies in sich Zusammenhängende von Artefakt auch nur gewinnen *kann*, *muß* die Natur dann auch schon immer als das ebenfalls in sich Zusammenhängende von Intendieren sich erstellen, als das sie gerade nicht ein Artefakt von sich, weil kein Erfolg oder auch Mißerfolg von sich sein kann. Als dieses Intendieren muß sie vielmehr – auch in jedem Fall von Mißerfolg bezüglich eines Artefakts als eines Anderen zu diesem Intendieren – immer schon als Wirklichkeit des letzteren in sich zusammenhängen. Und das muß sie also auch, wenn sie als Wirklichkeit des ersteren, des Artefakts, gerade ausbleibt und mithin gerade nicht auch noch als *dessen* Wirklichkeit in sich zusammenhängt. Selbst dann, wenn die Natur sich als die Wirklichkeit des Artefakts und damit des Erfolgs von sich als Intendieren einstellt, hängt sie also, da sie beides ist, als beides zwar auch noch zusammen, aber eben nicht mehr *in* sich, sondern nur noch *mit* sich, was denn auch zu unterscheiden ist. *In* sich zusammen hängt sie danach nämlich nur, wo sie Zusammenhang in dem Sinn ist, daß sie auch durchwegs wirklich ist, gleichviel, ob sie dabei nun ein Zusammenhang von bloß Teilbarem oder von bereits Geteiltem ist.

In diesem Sinn hängt die Natur *in* sich zusammen also erst einmal an ihrem Ursprung, dort, wo sie nach allem, was wir heute wissen können, jene ursprüngliche Kontinuität von ständigem Entstehen wie Vergehen reiner Kraft bzw. reiner Energie als dem substratlos-absoluten Wechsel von Bewegung ohne ein Bewegtes ist: das wörtlich zu verstehende »panta rhei« des Heraklit. Doch ein Zusammenhang *in* sich ist die Natur in diesem Sinn auch dann noch, wenn sie sich als diese Kontinuität zu einer Diskretion von mikroskopisch-kleinsten »Teilchen« in sich einteilt und aus ihnen sich auch weiter noch zu makroskopisch-größeren und -größten Teilen bildet, wie etwa zu Dingen als Substrathaft-Makroskopischem. Als jedes nämlich, in das die Natur im ersten Fall teilbar ist und im letzten Fall geteilt, muß sie auch gleichermaßen wirklich sein. Denn Teilbarkeit oder Geteiltheit und mithin auch Teilung von etwas besäße sonst nicht den geringsten Sinn, und umgekehrt entsprechend auch Zusammenfügung von etwas, wie die von kleineren Teilen der Natur zu größeren. Dann jedoch ist sie etwas *in* sich Zusammenhängendes in diesem Sinn auch insbesondere als das Substrathaft-Makroskopische oder Somatisch-Physische, aus dem heraus sie jeweils jene radikale Teilung in sich vornimmt. Und das ist sie dann in diesem Sinn auch noch als jeder Teil sowie auch noch als die besondere Zusammenfügung, sprich: Zusammenwirkung, nämlich Wechselwirkung zwischen diesen Teilen, als die sie durch jene radikale Teilung in sich auftritt. Denn als ein Zusammenhang – sei es von Physischem oder Somatischem, sei es von Psychischem oder Mentalem, sei es gar von Psychischem *und* Physischem bzw. von Mentalem *und* Somatischem – tritt die Natur dabei nur auf, wenn sie als jedes davon im genannten Sinn auch wirklich ist und so *in* sich zusammenhängt. Auch dieses Auftreten von ihr läßt sich daher noch grundsätzlich im Sinn von Teilung oder von Zusammenfügung fassen.

Eben davon aber unterscheidet sich der Sinn, in dem diese Natur auch dadurch ein Zusammenhang ist, daß sie aus all dem heraus sich auch als Artefakt noch intendiert, von Grund auf. Wirklich nämlich ist sie als das Intendieren eines Artefakts auch dann, wenn sie als dieses Artefakt, als das sie dabei ja gerade nicht schon immer wirklich ist, durch sich als dieses Intendieren auch nicht wirklich wird, indem sie als das letztere zum Mißerfolg statt zum Erfolg führt. Schon in diesem Fall kann die Natur dann nicht im vorigen Sinn mehr ein Zusammenhang *in* sich sein. Dazu nämlich müßte dieses Artefakt schon immer wirklich sein, was widersinnig ist.

Doch auch im andern Fall, das heißt, auch dann, wenn die Natur als dieses Intendieren zum Erfolg führt und als Artefakt mithin durch sich als Intendieren wirklich wird, kann sie als beides nicht im vorigen Sinn mehr ein Zusammenhang *in* sich sein, sondern nur noch ein Zusammenhang *mit* sich. Wird sie in diesem Fall, in dem sie gleichfalls beides wird, doch nur auf eine ganz besondere Art noch zu einer Identität mit einer Differenz in sich oder zu Anderem gegenüber Anderem, so daß sie als jedes dieser beiden eben nur noch *mit* sich, aber nicht mehr *in* sich ein Zusammenhang sein kann: Daß sie es *in* sich als *Identität* ist, das verbürgt nur noch, daß sie es trotz der Differenz dazwischen, wegen der sie es bloß *mit* sich ist, doch immerhin mit *sich* ist. – Zwar muß sie als Artefakt dann wieder ein Zusammenhang *in* sich sein, eben als ein *Wirklich*-Anderes *in* sich *stimmig* sein; als etwas nämlich, das zum Beispiel »Baum und Nichtbaum« wäre, kann sie gar nicht wirklich sein. – Doch kann sie als das Intendieren dieses Artefakts dann eben immer wieder nur *mit* ihm zusammenhängen, weil auch immer wieder nur *mit* ihm zusammenkommen, nämlich nur mit ihm als eben dadurch auch erst immer wirklich *werdendem* und nicht etwa schon immer wirklich *seiendem*. Da die Natur als Intendieren nämlich auf ein *Etwas*, eine zu verwirklichende *Wirklichkeit*, erst immer *aus*gehen kann, muß die Natur als Intendieren erst einmal ins *Nichts* gehen und mithin auch *über* sich als *Ganzes* erst einmal *hinaus*.

Aus diesem Grund läßt sich dergleichen denn auch nicht mehr als ein Teilen oder ein Zusammenfügen von schon immer Wirklichem verstehen, wie jener falsche Theoretizismus es versuchen muß, weil er ja das Erkennende sowohl wie auch das *zu* Erkennende als ein schon immer Wirkliches betrachtet. Denn je danach, ob er sich den Auftritt von Erkennendem oder Erkennen nun als etwas denkt, das aus dem Diesseits oder aus dem Jenseits her erfolgt, muß er es letztlich auch als Teilen oder als Zusammenfügen von schon immer Wirklichem erklären, als das es aber im genannten Sinn nur unverständlich bleiben kann. Aus unserer Sicht vertritt er damit nämlich, daß in jedem Fall empirisches Erkennen letztlich das Erkennen von Ansichsein sei, was schlechterdings unmöglich ist.

Vielmehr verhält es sich aus unserer Sicht gerade umgekehrt: Empirisches Erkennen ist Natur gerade nicht als etwas, das schon immer wirklich *ist*, sondern gerade nur als etwas, das erst immer wirklich *wird*. Denn *von* der Seite *her*, von der Natur dabei schon immer wirklich *ist*, kann sie nur jenes Teilen und Zusammenfügen als spontan Agieren wie Reagieren und Affizieren von sich sein, wodurch sie anderseits zum übrigbleibenden Ansichsein werden muß, als welches sie dabei jedoch gerade nicht zum Artefakt und so gerade nicht erkannt wird, sondern eben erst als Artefakt: Erst *nach* der Seite *hin*, nach der Natur als dies spontan Agieren wie Reagieren und Affizieren von sich erst immer wirklich *wird*, nämlich zu jenem immer erst Entstehen wie Vergehen von Mentalem oder Psychischem als Intendieren, *kann* sie – *muß* sie aber *keineswegs* – auch noch zum Artefakt als dem Erfolg von sich als Intendieren werden und so auch noch zum Erkannten von sich als Erkennen.

Das Entscheidende daran ist deshalb auch nicht, *daß* sie dies erst immer wieder als Entstehendes gleichwie Vergehendes von reiner Kraft bzw. reiner Energie wird und mithin als ein substratlos-absoluter Wechsel von Bewegung ohne ein Bewegtes. Vielmehr ist entscheidend, *wie* sie dies erst immer wieder wird, daß sie dies nämlich immer wieder erst als jenes Eigentümliche, ja Einzigartige der inneren Struktur von Psychischem oder Mentalem als dem Intendieren wird und damit als Bewußtsein einer Absicht eines Subjekts. Denn zum Beispiel in Gestalt von Wellenfeldern des Elektromagnetismus, wo sie gleichfalls dazu wird, wird sie dadurch noch nicht zu einem Subjekt. Erst als diese Eigenart von innerer Struktur der Absicht oder Intention, die wir noch handlungstheoretisch weiter aufzuklären haben, kann sich die Natur zu einem Wirklich-Anderen gegenüber einem Wirklich-Anderen derart machen, daß sie trotzdem als das eine davon im genannten Sinne *mit* dem andern davon, und sonach mit *sich*, zusammenhängt.

Denn möglich ist das nur, wenn die Natur als dasjenige Intendieren, sprich, als dasjenige Handeln, als das sie *ursprünglich* zum Erfolg und so zu sich als Artefakt gelangen kann, auch je und je noch ein *Erkennen* von ihm, nämlich ein *Bewußtsein* von ihm wird. Und umgekehrt ist das mithin nur möglich, wenn sie als das Andere des Artefakts oder Erfolgs auch je und je noch etwas *für* sich als das Andere des Intendierens oder Handelns wird. Ist dann doch das Erkennen *von* etwas als das Bewußtsein *von* etwas, das dadurch etwas *für* Erkennen oder *für* Bewußtsein ist, das Einzige, wodurch sie noch zusammenhängen kann: weil nämlich nicht mehr *in* sich, so auch nur noch *mit* sich, eben nur noch *für* sich als Erkenntnis oder als Bewußtsein *von* sich. Und das ist sie eben ursprünglich als Fremdbewußtsein der empirischen Erkenntnis, die wir Wahrnehmung von Außenwelt zu nennen pflegen, auf der jede Empirie als solche selbst beruht: alltägliche sowohl wie wissenschaftliche.

Daß diese Empirie als dieses *Fremd*bewußtsein aber überhaupt *Bewußtsein* ist, liegt daran, daß ihr jenes *Selbst*bewußtsein immer schon zugrunde liegen muß. Denn dieses *Selbst*bewußtsein ist nichts anderes als das Bewußtsein jener *Selbst*verwirklichung *zu* Intendieren, aus der jede *Fremd*verwirklichung *durch* Intendieren und mithin auch jedes Wirklich-Andere immer erst hervorgehen kann. Und damit kann auch das Bewußtsein davon als das *Fremd*bewußtsein der empirischen *Erkenntnis* von Empirisch-Wirklich-Anderem dabei immer erst aus jenem *Selbst*bewußtsein jener *Selbst*verwirklichung hervorgehen. Als Bewußtsein dieser *Selbst*verwirklichung kann dieses *Selbst*bewußtsein darum auch als solches selbst dabei noch nicht etwa *Erkenntnis* von sich sein, geschweige denn *empirische*. Als solches selbst ist es vielmehr wie diese Selbstverwirklichung nur etwas *Nichtempirisches*, das dabei nur im *Hintergrund* als *dasjenige* steht, *für* das im *Vordergrund* gerade das *Empirisch-Wirklich-Andere* steht. Und so ist dieses Selbstbewußtsein das Bewußtsein der *empirischen Erkenntnis* eben nur als *Fremd*bewußtsein dieses *Anderen*, wozu es auf den Stufen jener Selbstverwirklichung denn auch erst immer werden muß, was wir uns handlungstheoretisch auch noch weiter herzuleiten haben. Denn auch noch zur Selbst*erkenntnis* werden kann dies bloße Selbst*bewußtsein*, das zum Fremdbewußtsein der empirischen Erkenntnis wird, dann eben nur noch in Gestalt von *nichtempirischer* Erkenntnis der Philosophie durch Reflexion auf sich. Und solches Selbstbewußtsein solcher Selbstverwirklichung von sich ist die Natur auch nur als jene Spontaneität einer Aktion wie Reaktion mit Affektion von sich, worin sie nichts als Selbstverhältnis zu sich ist, weil sie dazu auch nur durch jene ursprüngliche radikale Teilung von sich wird.

Wo also ist das Affektionsproblem geblieben, darf ich Sie jetzt fragen, an dem Kant angeblich scheitert? Es ist *als Problem* verschwunden, darf ich Ihnen nunmehr sagen, da es keineswegs gelöst ist, sondern einfach aufgelöst, weil als ein bloßes Scheinproblem erwiesen. Kann doch keine Rede davon sein, daß Kant, nur weil er Affektion zulassen muß, Kausalität und Substanzialität auch noch für etwas anderes in Anspruch nehmen muß als für das Artefakt, für das allein er sie dem eigenen Ansatz nach in Anspruch nehmen darf. Denn Affektion, die er zulassen muß, erfolgt schon immer innerhalb des Selbstverhältnisses, in das durch jene Teilung in sich die Natur zu sich tritt und so zum Subjekt wird. Folglich stellt sich auch von vornherein kein Affektionsproblem, wie es ihm seit Jacobi ständig unrechtmäßig vorgehalten wird.

Denn keineswegs tritt solche Affektion erst immer innerhalb von irgendeinem Fremdverhältnis zwischen zueinander Anderem auf, wie etwa als die Affektion eines Subjekts durch das Empirische des Artefakts bzw. durch das Nichtempirische des ihm zugrunde liegenden Ansichseins. Und obzwar sie auch im Rahmen dieses Selbstverhältnisses bereits in vollem Sinn Kausalität sein muß, kann solche Affektion es hier gleichwohl noch nicht in dem Sinn sein, in dem sie es dem Ansatz Kants zufolge für das Fremdverhältnis zwischen Artefakten ist. Im Rahmen jenes Selbstverhältnisses muß sie es vielmehr in genau dem ursprünglichen Sinn sein, von dem derjenige Sinn, in dem sie es für dieses Fremdverhältnis zwischen Artefakten ist, nur abgeleitet sein kann. Denn gerade aus dem Selbstbewußtsein eines Subjekts kann Kausalität, als Apriorität auch einem Objekt unterstellt, nur jener Animismus sein, soweit er für ein Objekt als ein anderes Subjekt beibehalten werden kann –

als Grundlage der Intersubjektivität mit ihm – oder für es als bloßes Objekt aufgegeben werden muß: zugunsten der Verteilung von Kausalität auf zueinander andere Objekte als die Ursache bzw. Wirkung voneinander. Ist der ursprüngliche Grundsinn von Kausalität doch auch nur der von Selbstverursachung als Selbstverwirklichung der Selbstbewegung des Subjekts und seines Selbstbewußtseins von ihr. Und so ist, was Kant als Affektion zulassen muß, denn auch nichts anderes, als was Kant auch seiner Herleitung von Kausalität zwischen Objekt und Objekt zugrunde legen müßte, oder auch der Herleitung von Intersubjektivität zwischen Subjekt und Subjekt, was er aber eben schuldig blieb[12] und bleiben mußte, weil er im Gefängnis saß, dem als Gefängniswärter Newton vorstand.

Denn an Stelle des Problems der Affektion hat Kant vielmehr von Newton her nur das Problem der Subjektivität als Spontaneität der Selbstverursachung, das aber eben alles andere als ein Scheinproblem ist, das vielmehr im Zuge unserer Lösung jenes Psychophysischen Problems sogar noch mitgelöst wird. Ihrem vollen Umfang nach wird nämlich die Natur als jene Spontaneität gerade nicht bloß zum Agierenden, sondern eben dadurch auch noch zum auf sich als das Agierende Reagierenden und mithin auch noch zum sich als das Agierende Affizierenden, was Kant an jenem dunklen Ort jedoch verborgen blieb und bleiben mußte. Und dies alles wird sie eben letztlich nur auf Grund von sich als jener ursprünglichen radikalen Einteilung in sich und deren grundsätzlicher Spontaneität.

Für diese aber müßte Kant genausowenig wie Kausalität auch Substanzialität nicht in dem Sinn in Anspruch nehmen, in dem er sie seinem eigenen Ansatz nach nur für das Artefakt in Anspruch nehmen darf. Er käme somit auch mit ihr in keine für ihn unlösbare Schwierigkeit. Im Gegenteil: Er hätte ebenso wie gegenüber dieser Kausalität auch noch gegenüber dieser Substanzialität als den *objekt*-spezifischen Kategorien vielmehr *subjekt*-spezifische Kategorien bereitzustellen. Denn gegenüber dieser Kausalität als der *Fremd*verursachung wäre die *Selbst*verursachung als die subjekt-*spezifische* Kategorie vonnöten, und so auch noch gegenüber dieser Substanzialität eine subjekt-*spezifische* Kategorie, die aber beide

12 Vgl. dazu oben § 5, S. 159–170.

bei ihm fehlen. Und tatsächlich kann allein schon jener ursprünglichen radikalen *Teilung* wegen – zu der die Natur vermögend sein muß, um auch noch zu jener Spontaneität der Subjektivität als der Intentionalität zu werden – die Natur dabei nicht Substanzialität in dem Sinn sein, daß sie sich dabei bloß als selbige veränderte. Kann es sich doch bei Teilung prinzipiell nicht um Veränderung von etwas handeln, das als Selbiges dabei erhalten bliebe, weil es als Substanz oder als Ding dabei nur Eigenschaften oder Akzidenzen wechselte.

Das gilt denn auch bereits für Teilung im normalen Sinn der Fremdverursachung von etwas Anderem durch etwas Anderes, wie etwa für die Teilung jenes Marmors in die Statue und den Abfall durch den Hammer oder Meißel. Deshalb ist es auch kein Zufall, daß Kant nirgendwo auch nur den kleinsten Ansatz einer Theorie der Teilung als eines Ereignisses entwickelt, das sich *als Ereignis* vom Ereignis der Veränderung von etwas unterscheidet, weil im Unterschied zum letzteren beim ersteren gerade nichts als Selbiges erhalten bleibt. So ist zum Beispiel jener Marmor als ursprünglich ungeteilter durch die Teilung schlechterdings vergangen und entstanden durch sie jene Statue und jener Abfall und mithin Substanzen oder Dinge. Doch zugunsten der Veränderung als der vermeintlich einzigen Ereignisart erlaubt Kant nur die Möglichkeit eines Entstehens und Vergehens jener Eigenschaften oder Akzidenzen an Substanzen oder Dingen, aber nicht auch die eines Entstehens und Vergehens letzterer: Substanz sei vielmehr das, was bei Entstehen und Vergehen selbst gerade nicht entstehe und vergehe, sondern was dabei erhalten bleibe[13].

Schon zu Zeiten Kants kann dies jedoch nur von »Substanz« im Sinn von »Stoff« oder »Materie« oder »Masse« gelten[14], und mithin auch nur empirisch, doch durchaus nicht von »Substanz« im Sinn einer »Kategorie« und damit nichtempirisch. Und so wissen wir denn auch empirisch mittlerweile, daß »Substanz« im Sinn von »Stoff« oder »Materie« oder »Masse« ebenfalls entstehen und vergehen kann: *aus* Energie entstehen und *in* Energie vergehen kann, was Kant natürlich noch nicht wissen konnte. Für »Substanz« im

13 Vgl. z.B. A 188f. B 231f., B 232f.
14 Vgl. z.B. A 185f. B 228f.

Sinn einer »Kategorie« und somit nichtempirisch hätte Kant jedoch gleichwohl die Möglichkeit eines Entstehens und Vergehens von Substanzen gelten lassen müssen und so auch die Möglichkeit eines empirischen Ereignisses, das vom empirischen Ereignis der Veränderung einer Substanz als selbiger sich unterscheidet. Schließlich ist doch schon allein alltäglich als empirisches Ereignis nicht nur die Veränderung einer Substanz als selbiger geläufig, sondern auch die Teilung von Substanz als selbiger in mehrere Substanzen oder die Zusammenfügung mehrerer zu einer und mithin Entstehen und Vergehen statt Veränderung derselben.

Über ein empirisches Ereignis solcher Teilung und Zusammenfügung aber fehlt bei Kant tatsächlich jeder Ansatz einer Theorie; und dies obwohl ein jedes davon wie Veränderung auf *Fremd*verursachung zurückgehen und mithin wie sie auch unter Kants Kausalkategorie gehören muß. Und so fehlt auch von vornherein schon jede Vorarbeit für eine Theorie von so etwas wie Teilung und Zusammenfügung als dem *nichtempirischen* Ereignis jener Spontaneität der *Selbst*verursachung. Denn Teilung und Zusammenfügung kann es doch auch nur in jenem Sinn eines *Sich*-Teilens sowie *Sich*-Zusammenfügens der Natur sein, die dabei aus *sich* heraus nicht nur *agiert*, sondern aus *sich* heraus auch *auf* sich als agierende noch *reagiert* und so aus *sich* heraus sich auch noch *affiziert*. Doch weder als das Ungeteilte, als das die Natur sich dabei teilt, noch auch als das, zu dem sie sich durch solche Teilung teilt: als das Mentale oder Psychische von Intention so wenig wie als das dabei noch übrigbleibende Ansichsein, kann sie je etwas empirisch Zugängliches werden. Als all dies kann sie denn auch in keinem Sinn unter die nichtempirische Substanzkategorie gehören, unter die sie vielmehr immer wieder erst als das Empirisch-Wirklich-Andere der Artefakte fallen kann.

Die zusätzlichen nichtempirischen Kategorien, die sie auch noch als all dies faßbar werden ließen, könnten daher, wie bereits die nichtempirischen Kategorien der Artefakte, auch allein durch Nichtempirie der Philosophie als Reflexion entwickelt werden. Diese wäre somit auch noch sehr viel weiter auszubauen, als es der Gefangene Kant vermögen konnte. Ist doch die Natur auch schon allein als so etwas wie Kraft und Energie empirisch nicht recht faßbar, was Sie weiter sich vor Augen halten müssen. Denn empirisch faßbar ist sie schon allein als solche Kraft und Energie nur dadurch, daß es etwas gibt, das langsamer bzw. schneller wird[15], indem es als durch Kraft bzw. Energie bewegtes Selbiges, nämlich beschleunigtes Substrat, empirisch-stellvertretend für sie als bewegende oder beschleunigende auftritt. Die Natur als Kraft bzw. Energie für sich genommen, nämlich ohne solche Stellvertretung, wäre denn auch schon für Empirie nur etwas Nichtempirisches: so etwas wie Bewegung ohne ein Bewegtes. Und als ein substratlos-absoluter Wechsel in den Wellenfeldern des Elektromagnetismus ist sie das tatsächlich, wie erst recht auch noch im mikroskopischen Bereich, wo »alles fließt«. Und so liegt eben darin auch schon für die Empirie, zum Beispiel für die Quantentheorie, die grundsätzliche Schwierigkeit: Wie könnte die Natur als derlei überhaupt verständlich werden, wenn doch jede solche Stellvertretung von ihr durch etwas Substrathaftes hier schon von Grund auf nur Verfälschung von ihr sein kann.

Vollends aber gilt das eben dort, wo die Natur dergleichen in Gestalt von Psychischem oder Mentalem der Intentionalität eines Subjekts ist. Denn als dessen ständiges Entstehen wie Vergehen, ohne jegliches Bestehen, ist sie vollends unvertretbar durch etwas Bestehendes. Vertretbar ist sie dabei nämlich auch nicht durch den jeweils eigenen Körper oder Leib, den sie als dieses Subjekt dabei in Bewegung oder Ruhe setzt bzw. hält. Besonders in Gestalt dieses Subjekts muß die Natur vielmehr als etwas Nichtempirisches gewissermaßen ausgehalten oder durchgestanden werden: In Gestalt desselben kann sie nicht vermittels der Vertretung durch etwas Empirisches auch selbst noch als etwas Empirisches gewonnen werden. Als der Körper oder Leib dieses Subjekts ist die Natur durchaus nicht so etwas wie das Substrat als das Bewegte der Bewegung dieses Subjekts selbst, das etwa stellvertretend durch ihn als etwas Empirisches auch selbst noch als etwas Empirisches erkennbar würde, wie die Kraft oder die Energie eines empirischen Objekts an diesem als dem langsamer bzw. schneller Werdenden erkennbar wird.

In diesem Fall ist nämlich Kraft bzw. Energie eines empirischen Objekts stets etwas, das es nur durch Einwirkung von einem anderen empirischen Objekt empfangen kann. In jenem Fall des Körpers oder Leibes eines Subjekts aber ist die Kraft bzw. Energie,

15 Vgl. oben § 6, S. 190ff.

die er durch es empfängt, zwar gleichfalls die von etwas Anderem. Sie ist jedoch nicht die von einem anderen empirischen Objekt. Sie ist vielmehr nur die von einem nichtempirischen Subjekt als jenem Anderen der bloßen Form eines empirischen Objekts, die als substratlose gerade formt und somit wirkt, wenn sie als jene Spontaneität es in Bewegung oder Ruhe setzt bzw. hält und dadurch je und je zu ihrem Körper oder Leib macht. Und so ist sie darin, daß sie als substratlose Bewegung ohne ein Bewegtes jenes ebenso Entstehen wie Vergehen ohne jegliches Bestehen bildet, denn auch nicht einmal *vertretbar* durch etwas Empirisches, und damit ist sie eben etwas schlechthin Nichtempirisches. Und dafür gilt es dann auch allererst die nichtempirischen Kategorien als Begriffe zu entwickeln, unter denen die Natur auch noch als dieses Nichtempirische begreiflich werden könnte, kurz: schon als ein Subjekt und gerade nicht erst als ein Objekt für ein Subjekt.

Sehen Sie jedoch von allem Inhalt jener bloßen Form des Psychischen oder Mentalen ab, das jeweils am Bestehenden des Physischen oder Somatischen nur das Entstehen wie Vergehen von Bewegung ohne ein Bewegtes ist, so handelt es sich dabei eben um nichts anderes als die Form der Zeit und damit um *Natur als* Zeit. Als diese kann sie somit nur ein ganz besonderer Fall von reiner Kraft bzw. reiner Energie sein. Denn zu ihr muß sie sich dann aus sich als jenem Hochkomplex-Organischen eines Gehirns heraus entwickeln und mithin aus sich als einem Teil von sich heraus, zu dem sich die Natur aus sich als jener *ursprünglichen* reinen Kraft bzw. Energie heraus bereits entwickelt hat. Entsprechend kann es sich dabei auch nur um eine ganz besondere Entwicklung handeln, nämlich nur um eine Neuentwicklung der Natur zu reiner Kraft bzw. Energie als eine Hochentwicklung, die zu einer reinen Kraft bzw. Energie von einer in sich hochkomplex entwickelten Struktur führt. In Gestalt von ihr entwickelt die Natur sich denn auch noch zum Intendieren, und bei Erfolg von sich als Intendieren auch noch zum Artefakt und so zu etwas Anderem gegenüber sich als Intendieren. Und damit müßte diese hochkomplexe innere Struktur der reinen Kraft bzw. Energie, die sie als Zeit entwickelt, auch von einer Art sein, die verstehen läßt: Die Natur vermag ursprünglich zu all dem nur dann zu werden, wenn sie in Gestalt von sich als Intendieren auch noch ursprünglich zum *Bewußtsein* des *Erkennens* von sich als dem Artefakt wird und mithin zunächst einmal zum Selbstbewußtsein von sich als der Selbstverwirklichung, woraus Erkennen als das Fremdbewußtsein einer Fremdverwirklichung des Artefakts ja immer erst entspringen kann. Ist die Natur doch als dies Artefakt etwas grundsätzlich Anderes denn als dies Intendieren, so daß sie als letzteres nur dann *mit* sich als ersterem zusammenhängen kann, wenn sie *von* sich als ersterem *durch* sich als letzteres auch noch *Bewußtsein* des *Erkennens* hat, wie Ihnen einsichtig geworden ist. Und derlei könnte eben nur durch eine Theorie der inneren Struktur der Zeit erwiesen werden, die denn auch nicht zufällig noch immer aussteht: ebenso wie eine Theorie des Psychischen oder Mentalen als Bewußtsein der Intentionalität von Subjektivität.

IV. WIR ALS BEWUSSTSEIN

§ 10. Unser Selbstbewußtsein als der Ursprung von Bewußtsein

Nach der letzten Überlegung müßte Ihnen deutlich sein: Wenn überhaupt, läßt sich die Tatsache, daß die Natur Erfahrung von sich macht, indem sie ursprünglich zum Wahrnehmen genauso wie zum Wahrgenommenen wird, nur so erklären, daß sie zum ersteren als dem Bewußtsein eines Intendierens und zum letzteren als dem Erfolg und damit als dem Artefakt von diesem Intendieren wird. Und so tritt die Natur in jedem Fall von solcher Wahrnehmung – wie auch von aller weiteren, auf ihr beruhenden Erfahrung – jeweils innerhalb von sich als zueinander Anderes sich gegenüber: als Identität mit sich sonach in Differenz zu sich. Denn eine Intention und ihr Erfolg stehen sich als zueinander Anderes jeweils gegenüber. Dann jedoch muß, wie sie so etwas ermöglicht und verwirklicht, aus der inneren Struktur verständlich werden, welche die Natur als jene Spontaneität von reiner Kraft bzw. Energie gewinnt, indem sie zur Intentionalität als der besonderen Spontaneität von Subjektivität wird. Und das heißt: Erklärlich werden kann das nur aus der Natur als ständigem Entstehen wie Vergehen einer Kraft bzw. Energie, als welche sie zu Psychischem, Mentalem, Geistigem von Absicht als Bewußtsein wird. Und deren innere Struktur läßt sich auch in der Tat bis hin zum Ursprung eines Artefakts aus Zeit heraus entwickeln, wozu wir nun nochmals übergehen müssen, um dies insbesondere handlungstheoretisch herzuleiten.

Dazu sollten Sie jedoch das Wesentliche jener innerlichen Dreistufigkeit jeder Intention, wie sie bereits erkenntnistheoretisch hergeleitet wurde[1], schon vor Augen haben. Nunmehr nämlich kann

1 Vgl. G.Prauss, *Die Welt und wir*, Bd.1: *Subjekt und Objekt der Theorie*, Stuttgart 1990 und 1993.

es nur noch darum gehen, auch Theorie bereits als Praxis aufzuweisen: vom ursprünglichen Bewußtsein eines Intendierens oder Handelns bis zum ursprünglichen Artefakt. Erst danach nämlich können wir dann auch noch übergehen zu demjenigen, das daraus bloß abgeleitet ist: zum Artefakt und zum Bewußtsein eines Intendierens oder Handelns im normalen Sinn, in dem es ersteres bereits voraussetzt. Und auch dieser Aufweis wird nur aus der unverfälschten Zeit und ihrer inneren Struktur heraus vonstatten gehen können, nicht aus der zu einem eindimensionalen Raum verfälschten Zeit, die ihre innere Struktur dadurch verloren hat.

Mag nämlich für empirische Naturwissenschaft diese Art von Zeit-Verfälschung noch so nötig sein, weil nur in derartig verfälschter Zeit dergleichen wie Bewegung oder Ruhe als etwas Empirisches sich messen lassen, so ist eben darum solche Zeit-Verfälschung doch auch wieder rückgängig zu machen. Denn auch nur durch unverfälschte Zeit ist dann auch noch das Nichtempirische der ursprünglichen Zeit und damit auch das nichtempirische Subjekt als Zeit noch zu gewinnen. So gewiß durch diese Art von Zeit-Verfälschung nämlich vorwärts, hin zum Objekt als empirischem, der Vorhang gleichsam aufgeht, so geht eben dadurch rückwärts, hin zum nichtempirischen Subjekt, der Vorhang zu, der aber gleichfalls aufgezogen werden muß. Denn nur empirische und nichtempirische Naturwissenschaft miteinander können die Natur als jenes Ganze zu Gesicht bekommen, zu dem die Natur nicht nur als Objekt, sondern auch als Subjekt noch gehört, und zwar so grundlegend, daß sie als Objekt auch allein aus sich als Subjekt vollständig verständlich werden kann. Nur bedarf es eben, um den Vorhang auch noch rückwärts aufzuziehen, jener außerordentlichen Anstrengung der Reflexion, die schon allein zu jenem Zeit-Modell vonnöten ist, das deren innere Struktur zunächst einmal intuitiv vor Augen stellt[2]. Erst recht jedoch bedarf es solcher Reflexionsanstrengung, um die durch jenes Modell intuitiv erfaßte innere Struktur der unverfälschten Zeit auch diskursiv noch zu begreifen, weil die dazu nötigen Begriffe dafür keineswegs schon zur Verfügung stehen, sondern erst gebildet werden müssen.

Genau in diesem Sinne also gilt es für Sie nunmehr: Vorhang

2 Vgl. a.a.O., § 16 und G.Prauss, *Die innere Struktur der Zeit als ein Problem für die Formale Logik*, in: *Zs.f.philos.Forschung*, Bd.47, 1993.

auf!, das heißt: im Licht des Zeit-Modells nicht nur die Bühne des empirischen Objekts ins Auge fassen, sondern zusätzlich auch noch das nichtempirische Subjekt als den Zuschauerraum gewissermaßen, der zunächst jedoch noch gar nicht Raum ist, sondern erst einmal nur Zeit. Gerade damit aber ist der anstrengende Reflexionsweg schon gewiesen, der auch immer wieder nur von seinem Ausgangspunkt her, durch das Zeit-Modell, beleuchtet werden kann. Noch immer nämlich kann ich davon ausgehen, daß die innere Struktur der unverfälschten Zeit sich widerspruchsfrei charakterisieren läßt, weil ein strukturgleiches Modell für sie sich geometrisch konstruieren läßt. Denn damit, daß ein geometrisch idealer Gegenstand durch Konstruktion gerade geometrisch existent wird, legt er fest, daß eine angemessene und vollständige Charakterisierung für ihn widersprüchlich gar nicht sein kann, weil der Gegenstand zu einem widersprüchlichen Begriff ja gar nicht existent sein könnte.[3]

Jeder Geometer nämlich nimmt zu Recht für sich in Anspruch, daß er durch bestimmtes Zeichnen als bestimmtes Ausdehnen von Farbe beispielsweise das Erzeugen oder Konstruieren eines geometrisch idealen Punktes oder einer geometrisch idealen Linie bezeichnen kann. Entsprechend nehme ich denn auch nur dies für mich in Anspruch, wenn ich durch bestimmtes Zeichnen als bestimmtes Ausdehnen von Farbe das Erzeugen oder Konstruieren eines geometrisch idealen Gegenstands bezeichne, der sich dadurch als ein ganz bestimmtes Zwischending zu Punkt und Linie erweist.

Denn angenommen, mittels eines Kreidestücks zum Beispiel tue ich mit einer Hand genau das, was ich tue, wenn ich eine geometrisch ideale Linie in einem Zuge zeichne, lasse dabei aber mit der andern Hand unmittelbar im Anschluß an das Kreidestück noch einen Schwamm so folgen, daß durch diese Art von einem Zug bereits von vornherein nicht eine Linie, sondern immer wieder nur ein Punkt entspringt. Dann bildet sich dadurch ein Gegenstand, der zwar desgleichen geometrisch ideal und geometrisch existent sein muß, doch weder Punkt im Unterschied zu Linie

3 »Streng kann die Widerspruchslosigkeit eines Begriffes wohl nur durch den Nachweis dargelegt werden, daß etwas unter ihn falle.« (G.Frege, *Die Grundlagen der Arithmetik*, § 95).

noch Linie im Unterschied zu Punkt sein kann, sondern nur ein bestimmtes Zwischending dazwischen.

Darin aber ist es innerhalb von Raum gerade ein Modell für unverfälschte Zeit, weil seine innere Struktur und ihre innere Struktur sich voll entsprechen. Ein Modell für Zeit als reines Nacheinander nämlich ist es, weil es ohne jegliches Zugleich des Raumes bleibt. Denn das Entstehen einer räumlich-eindimensionalen Linie, die durch ihr Zugleich das reine Nacheinander solcher Zeit verfälschen würde, wird durch diese Art der Konstruktion desselben schon von vornherein verhindert. In Gestalt von diesem Zwischending als dem Modell für sie entsteht vielmehr von vornherein und immer wieder nur ein Punkt als reines Nacheinander. Seine Konstruierbarkeit macht somit offenkundig: Keineswegs ist das unmöglich, wie man schon seit je her meint, weil Nacheinander doch ein Fall von Ausdehnung, ein Punkt jedoch ein Fall von Nichtausdehnung sei, worein sich Zeit darum seit Zenon, Aristoteles und Augustinus immer wieder zu zersetzen scheint. Das wird durch diese Möglichkeit der Konstruktion dieses Modells jedoch als bloßer Schein entlarvt, der nur entsteht, weil man Verhältnisse, die offenkundig auf den Raum als ein Zugleich beschränkt sind, ohne weiteres auf die Zeit als reines Nacheinander überträgt. Denn bloß im Fall des Raumes schließen danach Punkt und Ausdehnung sich aus, das heißt, nicht auch im Fall der Zeit, weil Ausdehnung im Fall der Zeit gerade nur als Ausdehnung von Punkt auftritt.[4]

Infolgedessen stehen Ausdehnung und Punkt im Fall der Zeit in

4 Wenn es Ihnen nicht genau genug ist, dieses Zeit-Modell vermittels Kreidestück und Schwamm und Tafel zu gewinnen, können Sie es absolut-exakt durch eine bloße Forderung erzeugen. Widerspruchsfrei ist es nämlich, folgendes zu fordern: Angenommen werde das dynamische Erzeugen einer geometrisch-idealen Linie in einem Zug als das dynamische Ausdehnen eines geometrisch-idealen Punktes. Durch ein solches Ausdehnen sei dann auch eine Richtung dieses Ausdehnens sowie die zu ihr umgekehrte Richtung festgelegt. Und da ein solches Ausdehnen ja kontingent sei, lasse dann auch zusätzlich noch folgendes sich annehmen: In einem Zug erfolge solches Ausdehnen, indem genau so viel an Ausdehnung, wie dabei in der einen Richtung je und je entstehe, in der umgekehrten Richtung dabei je und je vergehe. Diese Forderung führt absolut-exakt zu dem Ergebnis jenes geometrisch-idealen Zwischendings von Punkt und Linie.

einem gänzlich anderen Verhältnis zueinander als im Fall des Raumes. Liegt doch Ausdehnung hier immer außerhalb von Punkt bzw. Punktuellem: wie die Ausdehnung der Linie außerhalb von Punkt, so auch die Ausdehnung der Fläche außerhalb des Punktuellen dieser Linie und die Ausdehnung des Körpers außerhalb des Punktuellen dieser Fläche. Diese Art Verhältnis zwischen Punkt und Ausdehnung im Fall des Raumes als Zugleich ist demgemäß von jener Art Verhältnis zwischen Punkt und Ausdehnung im Fall der Zeit als Nacheinander grundverschieden, was durch das Modell für sie verbürgt wird.

Als verschiedene Verhältnisse von Punkt und Ausdehnung sind sie dann aber voneinander nicht allein zu unterscheiden, sondern miteinander auch noch zu vergleichen. Denn ersichtlich weisen sie Gemeinsamkeiten miteinander ebenso wie Unterschiede zueinander auf, weil jedes davon ja ein jeweils unterschiedliches Verhältnis zwischen einem und demselben bildet: eben zwischen Punkt und Ausdehnung. Die damit angebahnte Lösung für das alte Rätsel Zeit hängt somit davon ab, für das Verhältnis zwischen Punkt und Ausdehnung im Fall der Zeit, wie das Modell es ausweist, die Begriffe allererst zu bilden, die es vollständig und angemessen charakterisieren können.

Haben Punkt und Ausdehnung doch *den* Begriffen nach, die für sie schon gebildet und verfügbar *sind*, zunächst auch ihren Sinn bloß einseitig aus dem Verhältnis, in dem sie im Fall des Raumes zueinander stehen. Und darin liegt die eigentliche Schwierigkeit der Lösung jenes alten Rätsels, die das Zeit-Modell bloß anbahnt. Danach nämlich gilt es letztlich nichts geringeres, als einerseits von diesem Sinn zwar auszugehen, ihn anderseits jedoch genau als den, als der er nicht der einzig mögliche sein kann, zurückzunehmen bis auf den, aus dem er als der andere mögliche sich bilden lassen muß. Denn eben dieser neue Sinn eines Verhältnisses von Punkt und Ausdehnung wird durch das Zeit-Modell geradezu erzwungen. Und im ganzen ist das denn auch gleichbedeutend mit der Aufgabe, den Sinn von Punkt und Ausdehnung zu einer Gattung zu erheben, um als Arten dieser Gattung, nämlich mittels Spezifikation derselben, die spezifischen Verhältnisse von Punkt und Ausdehnung im Fall der Zeit wie auch im Fall des Raumes zu gewinnen.

Schwierig aber ist das, weil durch dieses Zeit-Modell etwas

erzwungen wird, dem unsere Sprache und auch Logik, wie sie bisher ausgebildet sind, noch nicht gewachsen sind, sondern zu wachsen erst noch haben, um auch einem solchen Etwas noch gewachsen sein zu können. Eine Aufgabe für sich ist es mithin, ihr Wachstum zu befördern, weil nur dies die Mittel zur Verfügung stellen kann, um auch ein solches Etwas noch begrifflich zu bewältigen. Denn grundsätzlich ist unsere Sprache oder Logik vorläufig bloß dem gewachsen, das sich dem Verhältnis zwischen Punkt und Ausdehnung im Fall des Raumes als Zugleich fügt, was nach jenem Zeit-Modell jedoch das Nacheinander unverfälschter Zeit gerade nicht tut.

Was aus dem Modell für sie hervorgeht, ist denn auch nicht nur: Es müssen Punkt und Ausdehnung *zusammen* jene Gattung bilden für die beiden Arten des Verhältnisses von Punkt und Ausdehnung im Fall von Zeit und Raum, von denen also *jedes* eine Spezifikation von Punkt und Ausdehnung *zusammen* sein muß, was zunächst für sich allein schon merkwürdig genug ist. Vielmehr geht aus dem Modell für Zeit des weiteren hervor, daß zwischen Punkt und Ausdehnung bereits auf Gattungsebene ein asymmetrisches Verhältnis walten muß. Denn angemessen läßt sich dies Verhältnis nur als das von Punkt *mit Ausdehnung* bezeichnen, und nicht etwa umgekehrt als das von Ausdehnung *mit Punkt*, was noch viel merkwürdiger ist.

Ist das Spezifische der Zeit doch danach nicht einfach, daß sie ein Fall von Punkt *mit* Ausdehnung sein muß. Denn das ist bloß ihr Generelles, das sie danach mit dem Raum gemeinsam haben müßte. Ihr Spezifisches ist danach vielmehr, daß die Zeit ein Fall von Punkt *mit* Ausdehnung *nur innerhalb von sich* sein muß. Infolgedessen müßte das Spezifische des Raumes denn auch eben daraus, nämlich durch Negierung eben davon, sich ergeben: durch Negierung des Spezifischen der Zeit. Und die Negierung davon lautet eben dahingehend, daß der Raum dann *wie* die Zeit ein Fall von Punkt *mit* Ausdehnung sein müßte, doch ein Fall von Punkt *mit* Ausdehnung gerade *nicht* »nur innerhalb von sich« sein könnte. Und das hieße, positiv gewendet, daß der Raum ein Fall von Punkt *mit* Ausdehnung *auch außerhalb von sich* sein müßte.

Zeit und Raum, die bisher als undefinierbar gelten, wären damit erstmals definiert, und zwar auch förmlich schulgerecht nach Art und Gattung. Und sie wären es in einem Sinn, in welchem das Spezifische des Raums, wonach er Ausdehnung stets außerhalb von Punkt bzw. Punktuellem ist, als hergeleitet gelten könnte, nämlich aus der Zeit. Und so kann eine Herleitung hier auch nur einseitig erfolgen, nur als Herleitung von Raum aus Zeit, und nicht etwa genausogut auch umgekehrt, als Herleitung von Zeit aus Raum. Setzt dabei die Definition des Raumes die der Zeit doch schon voraus, wogegen die Definition der Zeit durchaus nicht etwa umgekehrt auch die des Raumes schon voraussetzt. Denn der Punkt *mit* Ausdehnung, von dem es darin heißt, er habe Ausdehnung gerade *nicht* »nur innerhalb von sich«, als Zeit, sondern *auch* »außerhalb von sich«, als Raum, ist ja in jedem Fall der Punkt der Zeit. Hat er doch Ausdehnung, indem er sie gerade »nicht nur« innerhalb von sich, sondern »auch« außerhalb von sich hat, dann in jedem Fall »auch« innerhalb von sich, wodurch er als die Zeit dem Raum zugrunde liegt, nicht umgekehrt.

Das je Spezifische von Zeit und Raum, und damit auch die Definierbarkeit von beiden, hängt sonach entscheidend davon ab, daß Punkt und Ausdehnung dabei nicht nur zusammenhängen, sondern auch von vornherein, bereits auf Gattungsebene, ein asymmetrisches Verhältnis zueinander bilden: das von Punkt *mit Ausdehnung*, und nicht etwa das umgekehrte: das von Ausdehnung *mit Punkt.* Um dies zu sehen, brauchen Sie nur zu versuchen, jene Art der Spezifikation von beiden dadurch vorzunehmen, daß Sie dabei umgekehrt von Ausdehnung *mit Punkt* ausgehen. Dann sehen Sie sofort, daß dadurch jede Möglichkeit für solche Spezifikation von vornherein entfällt. Denn durch die Charakterisierung einer Ausdehnung *mit* Punkt *nur innerhalb von sich* und einer Ausdehnung *mit* Punkt gerade *nicht* »nur innerhalb von sich«, sondern *auch außerhalb von sich*, vermögen Sie dann weder das Spezifische der Zeit noch das Spezifische des Raumes anzugeben. Vielmehr setzen Sie dadurch das letztere einfach voraus. Indem Sie nämlich von der Ausdehnung ausgehen und den Punkt zu ihr erst in das eine oder andere Verhältnis setzen, sind Sie wegen des Normalsinns beider außerstande, über die Verhältnisse hinauszukommen, welche zwischen Ausdehnung und Punkt im Fall des Raums bestehen. Denn jede Ausdehnung von Raum – ob nun von Linie, Fläche oder Körper – ist von der Art, daß sie Ausdehnung *mit* Punkt sein kann: sei es nur innerhalb von sich, sei es auch außerhalb von sich, oder *mit* Punkt als Grenze *an* sich, wie etwa die Linie als Strecke. Und das gilt genau entsprechend auch für die durch eindimensionalen Raum verfälschte Zeit.

Daran sehen Sie mit letzter Deutlichkeit: Das je Spezifische von Zeit und Raum läßt sich nur definieren, indem Sie umgekehrt gerade nur vom Punkt ausgehen und die Ausdehnung zu ihm erst in das eine oder andere Verhältnis setzen. Förmlich offenkundig nämlich wird daran, daß dieser Punkt dabei von vornherein den Vorrang haben muß und diese Ausdehnung dabei von vornherein den Nachrang. Also hängt das je Spezifische von Zeit und Raum – und dementsprechend das Informative der Definition von beiden – auch von vornherein von diesem asymmetrischen Verhältnis zwischen Ausdehnung und Punkt ab, worin letzterer vor ersterer von vornherein den Vorrang hat. Und nur, weil man dabei den Punkt bisher noch nicht einmal berücksichtigt, geschweige denn als vorrangig erkannt hat, hielt man Zeit wie Raum einfach für Arten bloßer Ausdehnung und wunderte sich darüber, daß sie als solche sich nicht definieren ließen. Nur daß dies auch bloß ein selbstgemachtes Scheinproblem ist, wie das Zeit-Modell es als ein solches dann entlarvt.

Worauf es für Sie ankommt, ist denn auch die Anstrengung der Reflexion, die dieses Zeit-Modell von vornherein und weiterhin erfordert. Wird doch durch das asymmetrische Verhältnis zwischen Punkt und Ausdehnung, das sich als innere Struktur der Zeit erweist, eine Begriffsbildung erzwungen, die zunächst einmal wie eine Zumutung für Sie erscheinen muß. Denn Zug um Zug muß sie der Sprache und der Logik nach wie eine Bildung in sich widersprüchlicher Begriffe wirken, was jedoch nicht stimmen kann, weil eine angemessene und vollständige Kennzeichnung von etwas Wirklichem ja widersprüchlich gar nicht sein kann. Und so wahr die innere Struktur der Zeit durch das Modell für sie sich geometrisch konstruieren läßt, so wahr ist sie auch geometrisch wirklich. Trotzdem wirkt bereits die Bildung des Begriffs von diesem Punkt *mit Ausdehnung*, im Unterschied zu jener Ausdehnung *mit Punkt*, wie eine Widersprüchlichkeit; und so wirkt auch erst recht die Bildung des Begriffs von einem Punkt *mit* Ausdehnung *nur innerhalb von sich*, was in die Bildung des Begriffs von einem Punkt *mit* Ausdehnung *auch außerhalb von sich* dann voll miteingeht. Doch gerade diese Art Begriffsbildung ist nicht nur widerspruchsfrei möglich, sondern auch notwendig, um durch solche widerspruchsfreien Begriffe endlich den Zusammenhang von Zeit und Raum begrifflich zu bewältigen. Bewältigt wird auf diese Weise nämlich auch noch der Zusammenhang, den ein Subjekt als das Bewußtsein einer Intention zum einen *in* sich bildet und zum andern *mit* dem Artefakt als dem Erfolg von solcher Intention. Und dafür gilt es eben, diese Anstrengung der Reflexion auch weiter aufrechtzuerhalten. Geht doch diese Art Begriffsbildung, wie sie durch jenes Zeit-Modell erzwungen wird, noch weiter, als Sie bisher sehen konnten.

Noch weiter nämlich könnten Sie der Meinung sein, daß diese Art Begriffsbildung nicht nachvollziehbar sei, auch wenn sie durch das Zeit-Modell erzwungen werde: *Daß* sie danach ohne Widerspruch sein *müsse*, mache nicht auch schon verständlich, *wie* sie danach ohne Widerspruch sein *könne*, und mit dieser Überlegung sähen Sie auch richtig. Denn es bleibt die Schwierigkeit, daß Punkt und Ausdehnung ihren Normalsinn nun einmal aus dem Verhältnis her beziehen, in dem sie innerhalb des Raumes zueinander stehen. Und so bleibt es problematisch, *wie* sie auch noch in ein anderes Verhältnis zueinander treten *können*, selbst wenn aus dem Zeit-Modell hervorgeht, *daß* sie auch noch in ein anderes Verhältnis zueinander treten *müssen*, eben innerhalb der Zeit.

Zu einer Antwort weiter aber führt Sie diese Frage, wenn Sie dabei mit berücksichtigen: Die im vorigen für Zeit und Raum gegebenen Definitionen sind informativ gerade dadurch, daß sie zirkelfrei sind. Und das heißt: Sie setzen Zeit und Raum als Nacheinander und Zugleich noch nicht etwa voraus, sie leiten beide vielmehr her, weil sie für beide auch nur Punkt und Ausdehnung voraussetzen. Die Frage, die noch bleibt, stellt sich mithin wie folgt: In welchem Sinn sind Zeit und Raum durch die für sie gegebenen Definitionen gegensätzlicher Verhältnisse von Punkt und Ausdehnung denn überhaupt als dasjenige hergeleitet, was sie sind, nämlich als Nacheinander und Zugleich? Ist doch von Nacheinander und Zugleich genausowenig wie von Zeit und Raum in den Definitionen beider schon die Rede. So gestellt, führt diese Frage aber auch sofort zu einer Antwort: Als ein Nacheinander und Zugleich sind Zeit und Raum durch die Definitionen gegensätzlicher Verhältnisse von Punkt und Ausdehnung genau in dem Sinn definiert, daß Punkt und Ausdehnung im Fall der Zeit nur ein dynamisches Verhältnis miteinander bilden, während Punkt und Ausdehnung im Fall des Raumes nur ein statisches Verhältnis miteinander bilden, worin Zeit und Raum, als Nacheinander und Zugleich, ihr eigentliches Wesen haben.

Darin finden Sie denn auch die Antwort auf die Frage, *wie* die Bildung des Begriffs von einem Punkt »mit« Ausdehnung »nur innerhalb von sich« denn ohne Widerspruch sein *kann*, wenn richtig sein soll, *daß* sie es im Fall der Zeit sein *muß*. Und diese Antwort lautet eben: Ohne Widerspruch kann der Begriff von dieser Art Verhältnis zwischen Punkt und Ausdehnung in dem Fall sein, in dem es sich um ein dynamisches Verhältnis zwischen beiden handelt, was bei Zeit als reinem Nacheinander ja auch in der Tat der Fall ist. Und das heißt: Als eine Widersprüchlichkeit erscheint dieses Verhältnis zwischen beiden nur, solange man es fälschlich als ein statisches Verhältnis zwischen beiden ansieht. Als ein solches aber ist es eben ausschließlich im Fall von Punkt »mit« Ausdehnung »auch außerhalb von sich« gegeben, nämlich ausschließlich im Fall des Raumes, der sein Wesen in der Tat aus diesem statischen Verhältnis zwischen beiden hat. Vermag doch dieser Punkt »mit« Ausdehnung »auch außerhalb von sich« nur dadurch aufzutreten, daß mit ihm, dem Punkt der Zeit als Nacheinander, solche Ausdehnung auch immer wieder miteinhergeht und genau in diesem Sinn sonach ein statisches Verhältnis mit ihm bildet, wodurch sie speziell zur Ausdehnung des Raumes als Zugleich wird. Und so ist es denn auch eben dieses statische Verhältnis, das sich immer wieder und auch immer weiter wiederholt, wenn Ausdehnung des Raumes als Zugleich stets außerhalb von Punkt bzw. Punktuellem liegt: als Linie, Fläche oder Körper.

Als ein Nacheinander und Zugleich sind Zeit und Raum sonach zuletzt auch nur die beiden Weisen, wie die beiden Möglichkeiten für Verhältnisse von Punkt mit Ausdehnung als das dynamische und statische Verhältnis zwischen ihnen zu den beiden Wirklichkeiten davon werden: zu der jeweiligen Konkretion aus Punkt *mit* Ausdehnung. Durch das dynamische Verhältnis zwischen beiden in Gestalt der Zeit ist denn auch zwischen beiden eine Widersprüchlichkeit bereits von vornherein vermieden, und so ist dadurch der Bildung des Begriffs von einem Punkt *mit* Ausdehnung *nur innerhalb von sich* ihr Sinn bereits von vornherein gesichert. Und das ausschließlich Dynamische dieses Verhältnisses im Fall von unverfälschter Zeit als reinem Nacheinander können Sie am Zeit-Modell genauestens verfolgen.

Jenes Zwischending von Punkt und Linie oder Punkt und Ausdehnung ist nämlich etwas durch und durch Dynamisches, das auch nur deshalb ein Modell für unverfälschte Zeit als reines Nacheinander sein kann. Dieses Zwischending vermochte ich nur dadurch zum Modell dafür zu bilden, daß ich jenes Kreidestück – und jenen Schwamm unmittelbar im Anschluß an es – in *Bewegung* setzte, beides also miteinander. Und das heißt für dieses Zwischending: Auf solche Weise zu ihm kommen kann es immer wieder *erst, indem* ich, und auch immer wieder *nur, soweit* ich dieses Kreidestück und diesen Schwamm, wie angegeben, in Bewegung miteinander setze. Umgekehrt bedeutet dies sonach: Um dieses Zwischending muß es *sofort* geschehen sein, *sobald* ich diese Art Bewegung beider miteinander unterlasse: sei es, daß ich beide überhaupt nicht mehr bewege, sei es, daß ich nicht mehr in unmittelbarem Anschluß an das Kreidestück den Schwamm bewege.

Denn das müßte heißen, daß die Bildung dieses Zeit-Modells – und damit dieses Zeit-Modell als solches – sofort unterbliebe, weil es dann zu einem Punkt *mit* Ausdehnung *nur innerhalb von sich* auch gar nicht käme, was es eben ausschließlich als das dynamische Verhältnis zwischen Punkt und Ausdehnung in der Gestalt dieser besonderen Bewegung geben kann. Denn ohne so besondere Bewegung käme es, wenn überhaupt zu einem Punkt, dann nur zu einem solchen, der ein Punkt *mit* Ausdehnung *nur außerhalb von sich* sein könnte, wie im Fall des Raumes. Und das heißt: Die *Bildung* dieses Zeit-Modells ist eigentlich das *Bilden* von ihm, weil es immer nur als ein Gebildet-*Werden* je und je *entspringt* und niemals auch als ein Gebildet-*Sein* etwa *besteht* und *fortbesteht*. Es ist sonach ein ständiges Entstehen und Vergehen eines Punktes und mithin ein immer wieder Neuentstehen und -vergehen dieses Punktes. Niemals nämlich handelt es sich dabei etwa um Entstehen zum Bestehen eines Punktes, sondern immer um Entstehen zum Vergehen dieses Punktes, der gerade darin Punkt *mit* Ausdehnung *nur innerhalb von sich* ist und als dieses reine Nacheinander eben das Modell für unverfälschte Zeit. Denn keines davon kann es jemals etwa als Bestehen, Stillstand oder Ruhe eines Punktes geben, sondern jedes davon immer nur als die Bewegung dieses ständigen Entstehens wie Vergehens eines Punktes und mithin auch nur als Werden ohne Sein desselben.

Dieses durch und durch Dynamische von beidem sehen Sie denn auch am besten daran, daß es sich bei beidem um die ganz besondere Art einer Bewegung handelt. Vollständig und angemessen charakterisieren können Sie es nämlich nur, indem Sie dafür auch noch den Begriff einer Bewegung ohne ein Bewegtes bilden, ein Begriff, der Ihnen auf den ersten Blick vielleicht desgleichen als ein Widerspruch erscheinen mag. Denn wo Bewegung sei, da müsse auch etwas Bewegtes sein, sprich: etwas, das als etwas Selbiges nur *in* Bewegung sei als seinem bloßen Zustand, der im Wechsel seines Abstands relativ zu anderem Selbigem bestehe. Nur vermag im Fall der unverfälschten Zeit dergleichen eben noch nicht aufzutreten, sondern gleichfalls erst im Fall des Raumes. Auch erst hier nämlich vermag dergleichen wie ein Etwas relativ zu einem andern Etwas aufzutreten, wie zum Beispiel abgegrenzt durch wechselseitig andere Punkte oder Ausdehnungen dieses Raumes als Zugleich. Erst so etwas kann denn auch etwas *in* Bewegung sein, nämlich als etwas Selbiges in *relativer äußerer* Bewegung gegen etwas anderes Selbiges, von denen jedes dann Bewegtes ist. Dagegen kann das reine Nacheinander unverfälschter Zeit noch nicht der Fall von etwas *in* Bewegung als der *relativen äußeren* Bewegung von etwas *Bewegtem* gegen etwas *anderes* Bewegtes sein. Es muß vielmehr der Fall von etwas *als* Bewegung sein, von etwas folglich, das *nichts anderes als* Bewegung *ist* und damit nicht auch noch etwas *Bewegtes* gegen etwas *anderes* Bewegtes. Solcherart Bewegung muß deswegen im Vergleich zu *relativer äußerer* Bewegung von etwas *Bewegtem* gegen etwas *anderes* Bewegtes auch als *absolute innere* Bewegung *ohne* jegliches Bewegte gelten.

Solcherart Begriffsbildung ist denn auch nicht nur widerspruchsfrei-möglich, sondern sogar sinngemäß-notwendig, um durch angemessene und vollständige Charakterisierung der Struktur des Zeit-Modells auch die Struktur der Zeit noch weiter zu entfalten. Die Besonderheit ihrer Bewegungsart ersehen Sie nämlich schon allein aus folgendem: Für meine Konstruktion von jenem Zwischending zu Punkt und Linie als dem Modell für Zeit beanspruche ich keine relative äußere Bewegung. Also kann auch jene absolute innere Bewegung, die zu konstruieren ich beanspruche, durch keine relative äußere Bewegung etwa als erschlichen gelten. Denn bei meiner Konstruktion von diesem Zwischending befinden sich in relativer äußerer Bewegung zueinander nur die Tafel einerseits und anderseits das Kreidestück zusammen mit dem Schwamm. Doch keines davon ist schon mein Modell, auch nicht mit jedem anderen davon zusammen. Jedes davon ist vielmehr nur Mittel, um mit jedem anderen davon zusammen mein Modell erst herzustellen.

Dessen Herstellen erfolgt nämlich *ausschließlich* als das Zeichnen jenes Zwischendings von Punkt und Linie, das *ausschließlich* als das ganz bestimmte *Abgehen* der Kreide *von* dem Kreidestück und *auf* die Tafel vor sich geht. Und diese dabei jeweils *abgehende* Kreide, die allein das Konstruieren meines Zeit-Modells bezeichnet, die befindet sich dabei als solche selbst auch schlechterdings in keiner relativen äußeren Bewegung: weder gegen Kreidestück noch gegen Schwamm noch gegen Tafel. – Gegen Tafel nicht, weil dort ein jeder Teil von dieser abgehenden Kreide jeweils *nur* ist, *wo* er ist, und so vom Schwamm *nur dort* auch wieder ausgewischt wird. – Doch genausowenig gegen Schwamm, weil jeder Teil von dieser abgehenden Kreide auch, genau insoweit er sich gegen Schwamm bewegen *würde*, durch ihn wieder ausgewischt wird. – Und genausowenig gegen Kreidestück, weil jeder Teil von dieser abgehenden Kreide auch, genau insoweit er sich gegen Kreidestück bewegen *würde*, durch den Schwamm gerade wieder ausgewischt wird.

Denn in allen dreien dieser Fälle ist für Sie entscheidend, zu beachten: Daß die jeweils abgehende Kreide freilich nur ein räumlich ausgedehnter Stoff ist, haben Sie dabei gerade zu vernachlässigen. Kann sie doch auch überhaupt nur dadurch *Zeichen für* das geometrisch ideale Zwischending zu Punkt und Linie sein, das als Modell für Zeit wie Zeit dabei Entstehen wie Vergehen eines Punktes ist. Und eben darin ist es ganz wie sie ein Fall von absoluter innerer Bewegung ohne jegliches Bewegte.

Wollen Sie sich das in voller Deutlichkeit vor Augen führen, stellen Sie sich eine durchsichtige Tafel vor, von deren Rückseite ich Ihnen dieses Zeit-Modell vollführe, und zwar so, daß dabei nur die abgehende Kreide für Sie sichtbar wird, nicht auch noch Kreidestück und Schwamm. Dann sehen Sie nichts anderes als die Bewegung eines Kreidepunktes. Und so müßten Sie, wenn Sie nicht wüßten, wie es zu dieser Bewegung kommt, sie für die relative äußere Bewegung eines Kreidepunktes halten, der als etwas Selbiges entlang der Tafel *in* Bewegung ist und damit *gegen* diese Tafel auch etwas *Bewegtes*, so wie umgekehrt auch diese Tafel gegen *ihn*. Indem Sie aber wissen, wie es zu ihr kommt, so können Sie diese Bewegung nur für dasjenige halten, was sie ist: ein ständiges Entstehen wie Vergehen eines immer wieder neuen Kreidepunktes. Der jedoch ist *keineswegs* als etwas Selbiges entlang der Tafel *in* Bewegung und mithin auch *gegen* diese Tafel nichts *Bewegtes*, so wie umgekehrt auch diese Tafel nichts *Bewegtes* gegen *ihn*.

Entsprechend handelt es sich dabei um Bewegung, die, obwohl sie sich von relativer äußerer Bewegung sichtlich überhaupt nicht unterscheiden läßt, gerade *keine* relative äußere Bewegung ist. Gerade *dadurch* aber wird sie fortlaufend zum *Zeichen für* die absolute innere Bewegung jenes geometrisch idealen Zwischendings von Punkt und Linie oder Punkt und Ausdehnung. Denn keineswegs ist dieser geometrisch ideale Punkt, der ebensosehr geometrisch ideale Ausdehnung ist, als das Geometrisch-Ideale eines Zwischendings dazu auch selbst noch etwas Räumlich-Ausgedehntes wie der Stoff der abgehenden Kreide. Eben dadurch aber hat ein solcher Punkt gerade jene volle Eigentümlichkeit, ja Einzigartigkeit seines Entstehens wie Vergehens als der absoluten inneren Bewegung *ohne* jegliches *Bewegte*, nämlich *nicht* von etwas *in* Bewegung, sondern *nur* von etwas *als* Bewegung. Und so ist er eben darin denn auch etwas durch und durch Dynamisches und damit für das gleichfalls durch und durch Dynamische der Zeit dann ein Modell.

Blicken Sie von hier zunächst zurück, so sehen Sie, daß schon die erste Analyse dieser unverfälschten Zeit an Hand dieses Modells für sie eine Struktur ergibt, die Sie schon kennen: Zum Entstehen wie Vergehen reiner Kraft bzw. Energie von der Struktur einer Bewegung ohne jegliches Bewegte muß Natur als solche selbst imstande sein. Kann sie zu so etwas wie Teilchen oder Teilen als etwas Bewegtem doch aus solcher Kraft bzw. Energie heraus erst immer werden, und auch immer nur durch ihre Spontaneität der Selbstbewegung einer Selbstverwirklichung im Sinn der Selbstverursachung, worauf sogar Empiriker inzwischen ständig stoßen. Dazu aber muß Natur auch insbesondere dort imstande sein, wo sie zu jener weiteren, radikalen Teilung von sich übergeht, indem sie aus sich selbst heraus sich auch noch einerseits zum Subjekt eines Intendierens bildet und zum Objekt als dem Artefakt zu diesem Intendieren anderseits, worauf nur Nichtempiriker durch Reflexion zu sprechen kommen können. Danach aber kann Natur als ersteres *mit* sich als letzterem nur dann zusammen*kommen* und zusammen*hängen*, wenn Natur als ersteres speziell *Bewußtsein* wird, nämlich *von* sich als letzterem, wie Sie gesehen haben[5].

Philosophisch denkbar werden kann das darum nur in dem Sinn, daß Natur dabei als jenes ebenso Entstehen wie Vergehen reiner Kraft bzw. Energie eine Struktur entwickelt, die im ganzen wie im einzelnen als innere Struktur jenes Mentalen oder Psychischen von Absicht als Bewußtsein für Sie wiederzuerkennen ist. Denn als Kriterium dafür steht Ihnen letztere semantisch-ontologisch ja bereits vor Augen. Sollte demnach in der inneren Struktur von Zeit und Raum, wie sie sich nunmehr auch entfalten läßt, tatsächlich diese innere Struktur jenes Mentalen oder Psychischen von Absicht als Bewußtsein für Sie wiederzuerkennen sein, so spräche damit einiges dafür, daß beider Rätsel dadurch auch gelöst ist, weil es letztlich eines ist. Denn die seit je her schon *intuitiv* verwendeten Bezeichnungen für beides als ein »Fließen« oder »Strömen« – wie »Bewußtseinsstrom« oder »Empfindungsfluß«, so »Zeitstrom« oder »Zeitfluß« – weisen ohnedies schon darauf hin, daß es kein Zufall wäre, wenn sich beides *diskursiv* ineinem lösen ließe.

Danach wären Zeit und Raum im ganzen wie im einzelnen gerade die Natur-Struktur, die sie als jene reine Kraft bzw. Energie von ständigem Entstehen wie Vergehen angenommen hätte, mit der Folge, daß sie in Gestalt derselben als die ganz spezielle Kraft bzw. Energie von Subjektivität als dem Bewußtsein der Intentionalität hervorgetreten wäre. In Gestalt von Punkt *mit* Ausdehnung und den verschiedenen Verhältnissen dazwischen hätte sich Natur als jene reine Kraft bzw. Energie gleichsam speziell verdichtet, so daß sie als ursprüngliche Zeit und ursprünglicher Raum erneut statt ein Bestehen vielmehr ein Entstehen wie Vergehen wäre: eben das von ständigem Ergehen einer Absicht als Bewußtsein von Mentalem oder Psychischem des Subjekts. In Gestalt von ihm ginge Natur dann ursprünglich-intentional aus sich *heraus* und

5 Vgl. oben § 9, S. 306 ff.

über sich *hinaus* auf etwas Anderes als sich *aus*. Und das bedeutete, daß dieses Andere dann immer nur das Andere zu ihr als Intention sein könnte, und Natur als beides insgesamt mithin gerade etwas *zu sich* Anderes sein müßte, nämlich *innerhalb* von sich als mit sich *Selbigem*, und damit in sich als *Identität* gerade *Differenz*.

Doch all das klingt erneut nach lauter Widersprüchlichkeiten. Schließlich kann doch nichts, so ist man mit der Sprache und der Logik bisher überzeugt, etwas *von sich* Verschiedenes oder etwas *zu sich* Anderes sein. Und dennoch ist es schlechthin unausweichlich, daß sogar Natur als solche selbst dergleichen sein muß, weil nur so erklärlich werden kann, daß sie aus sich heraus zum Intendieren eines dadurch Intendierten einerseits wie anderseits auch zum Erfolg als Artefakt von solchem Intendieren in der Lage ist. Entsprechend wäre es auch nicht verwunderlich, wenn solcherart Begriffsbildung auch weiterhin notwendig würde, und zwar zur begrifflichen Bewältigung von jeder dieser beiden Seiten: derjenigen von Natur als Subjekt ebenso wie derjenigen von Natur als Objekt.

Und tatsächlich wird es schlechthin unvermeidlich für Sie, solcherart Begriffe zu entwickeln, um zunächst die innere Struktur von Zeit und Raum im ganzen wie im einzelnen modellgemäß noch weiter zu entfalten. Denn es bleibt zwar richtig, daß durch das dynamische Verhältnis zwischen Punkt und Ausdehnung im Fall der Zeit die Widersprüchlichkeit jenes Begriffs von Punkt *mit* Ausdehnung *nur innerhalb von sich* von vornherein vermieden wird. Doch die entsprechende Dynamik ist als »absolute innere« Bewegung erst einmal nur abgegrenzt von relativer äußerer Bewegung und so auch nur negativ zu ihr bestimmt und damit inhaltlich noch leer, obwohl sie voll durch das Modell gedeckt bleibt. Hierin nämlich hilft dasselbe Ihnen auch nicht weiter, wenn Sie es intuitiv sich mittlerweile soweit angeeignet haben, daß Sie förmlich vor sich sehen, wie das durch es konstruierte Zwischending auch ohne Kreidestück und Schwamm und Tafel vorstellbar ist, weil es eben nicht von irgendeiner relativen äußeren Bewegung abhängt. Wäre es doch nicht einmal in diesem Fall des bloßen Kreideabgehens etwa auch diskursiv schon positiv für Sie bestimmt und somit auch noch nicht mit eigenem Gehalt erfüllt.

Den kann es vielmehr für Sie erst gewinnen, wenn Sie es auch diskursiv noch mittels von Begriffen weiter auseinanderlegen. Und das heißt: Begrifflich auseinanderlegen müssen Sie sich nunmehr auch noch, *wie* dies Zwischending bloß als *Bewegung* jeweils »Punkt *mit* Ausdehnung *nur innerhalb von sich*« sein kann, so daß es sich dabei um *absolute innere* Bewegung handeln muß, und nicht nur, *daß* es dies bloß als *Bewegung* jeweils sein kann. Offenkundig nämlich reicht dazu die Bildung des Begriffs von einem »Punkt *mit* Ausdehnung *nur innerhalb von sich*« als solche selbst noch gar nicht aus. Denn das Verhältnis zwischen beiden gibt sie zwar schon an, doch nicht auch schon als das Verhältnis der Bewegung, die den Widerspruch vermeidet.

Daß die Angabe dieser Bewegung dabei ausbleibt, sehen Sie nämlich daran: Der Versuch, sie einfach nachzuholen und das Verhältnis zwischen beiden einfach als Bewegung zwischen beiden anzusetzen, würde jenen Widerspruch dazwischen nicht nur nicht vermeiden, sondern ihn womöglich noch verstärken. Träte danach doch nicht bloß ein Punkt *mit* Ausdehnung *nur innerhalb von sich* auf, sondern *zwischen* diesem Punkt und dieser Ausdehnung auch noch Bewegung, die als eine *zwischen* ihnen dann auch nur als eine relative äußere Bewegung gelten könnte. Fälschlich-widersprüchlich würde Zeit mithin erneut und noch entschiedener in Punkt und Ausdehnung zerfallen, und abermals, weil dadurch ein Verhältnis zwischen beidem, wie es nur im Fall des Raumes statthat, auf sie übertragen wäre. Nur im Fall des Raumes nämlich kann sich etwas gegen etwas Anderes bewegen, wie auch umgekehrt.

Die Bewegung, die den Widerspruch von Punkt und Ausdehnung vermeidet, können Sie nur auf Begriffe bringen, wenn Sie sich auch weiterhin vor Augen halten, was Sie für die Zeit bereits vor Augen haben, eben Punkt *mit* Ausdehnung *nur innerhalb von sich*, wie das Modell sie Ihnen beide vorführt. Daß es dabei zu Bewegung *zwischen* Punkt und Ausdehnung noch gar nicht kommt, doch trotzdem zu Bewegung kommt, das sehen Sie dann am besten daran, daß es dabei immer wieder nur zu einem Punkt kommt: Eben weil dabei tatsächlich immer wieder nur ein einziger Punkt in Erscheinung tritt, erscheint es jedem, der nicht weiß, wie er zustande kommt, als ob es sich bei diesem Punkt um einen handelte, der als ein selbiger in relativer äußerer Bewegung ist, was er jedoch gerade nicht ist. Die Bewegung dieses Punktes also ist, wenn *keine* relative äußere, dann eine *absolute innere* in dem Sinn, daß im Fall der Zeit diese Bewegung nur ein *Sich*bewegen oder eine *Selbst*bewegung sein kann, nämlich nur ein *Sich*ausdehnen oder eine *Selbst*ausdehnung dieses jeweils einen Punktes. Nur in *diesem*, nunmehr *positiven* Sinn von absoluter innerer Bewegung einer *Selbst*bewegung ist er als ein immer wieder einziger ein Punkt *mit* Ausdehnung *nur innerhalb von sich*, weil nur im Zuge seiner *Selbst*ausdehnung.

Gilt es doch genau an dieser Stelle Ihrer Reflexionen jetzt auch noch die Anstrengung der Unterscheidung zwischen Zeit und Zeit-Modell. Denn nunmehr müssen Sie mit darauf reflektieren, daß es zwar *Modell für* Zeit ist, doch auch *nur* Modell für Zeit ist, sich von Zeit mithin auch wieder unterscheiden muß. Und einer seiner Unterschiede von ihr liegt gerade darin, daß es als Bewegung zwar nicht relative äußere Bewegung, sondern absolute innere Bewegung ist, als diese aber trotzdem noch in einer Hinsicht wesentlich in einem relativen äußeren Verhältnis steht: als Wirkung nämlich zu der Ursache für sie. Denn die sind Sie, verehrte Leserin, verehrter Leser, die Sie ebenso wie jenen immer wieder neuen Kreidepunkt auch jenen immer wieder neuen geometrisch idealen Punkt doch immer wieder neu erzeugen.

So gewiß Sie dadurch aber ein Modell für Zeit erzeugen, so gewiß doch damit nicht etwa auch diese Zeit als solche. Und genau in dieser Hinsicht ist das Zeit-Modell – ob nun durch Sie oder durch mich – auch immer fremdverursacht, doch nicht etwa auch die Zeit als solche. Denn es wäre schlechterdings absurd, zu meinen, erst und nur indem wir jenes Zeit-Modell erzeugen, gebe es auch diese Zeit als solche. Diese gab und gibt es vielmehr auch ganz ohne jedes Zeit-Modell. Nur deshalb nämlich, weil es diese Zeit als jenes ungelöste Rätsel gab und gibt, wird dieses Zeit-Modell als Ausgangspunkt für dessen Lösung überhaupt erforderlich. In eben dieser Hinsicht aber fragt es sich dann auch, wodurch verursacht es sie gab und gibt und wohl auch noch ein wenig weiter geben wird.

Natürlich nicht verursacht durch so etwas wie das Zeit-Modell, so könnten Sie vielleicht zu antworten versuchen, aber mindest *wie* das Zeit-Modell doch wohl desgleichen *durch* etwas verursacht, also gleichfalls fremdverursacht: Könne es doch keinen Zweifel daran geben, daß auch Zeit von dieser Welt sei und mithin auch durch und aus Natur entstehen wie vergehen müsse, also keineswegs *durch* etwas anderes als sie oder *aus* etwas anderem als ihr entstehen wie vergehen könne. Und wie könnte jemals etwas *aus* und *durch* Natur entstehen wie vergehen, wenn nicht fremdverursacht. Damit aber würden Sie voraussetzen, daß es auch etwas geben müsse, das die Ursache der Zeit in dem Sinn ist, in dem wir selbst die Ursache des Zeit-Modells sind, die in diesem Sinn sonach auch müsse vorgefunden oder aufgewiesen werden können.

Das jedoch ist prinzipiell unmöglich angesichts von Zeit als etwas für Natur als Ganzes schlechthin Grundlegendem, nämlich für Natur als das Empirische der Artefakte. Denn wie Empirie, ob als alltägliche oder als wissenschaftliche, sich jemals ohne die Zugrundelegung dieser Zeit vollziehen könnte, sei es auch nur als verfälschter, müßte Ihnen schlechthin unerfindlich bleiben. Aus und durch Natur entstehen wie vergehen kann sie danach nur noch in dem Sinn, in dem jenes Mentale oder Psychische als das Bewußtsein einer Intention eines Subjekts im ganzen wie im einzelnen das schlechthin Grundlegende für Natur als das Empirische der Artefakte ist: in dem des Nichtempirischen von Spontaneität dieser Natur als jener Selbstbewegung einer Selbstverwirklichung im Sinn der Selbstverursachung.

Daß irgendetwas oder irgendjemand auch die *Zeit* noch so erzeugt, wie ich das Zeit-*Modell* erzeuge, wäre nämlich eine anspruchsvolle Annahme. Sie möchte ich darum nur machen, wenn sich alle minder anspruchsvollen Annahmen als untauglich erweisen, wie zum Beispiel folgende: In der Gestalt der Zeit verhält sich die Natur noch einmal so, wie schon in der Gestalt des Urknalls, nämlich wie ein Punkt, der *sich selbst* ausdehnt, nicht durch etwas *anderes* ausgedehnt wird. Die Natur verhielte sich danach in der Gestalt der Zeit so wie mein Zeit-Modell, wenn es auch ohne mich zustande käme.

Kann es sich bei ihr doch ohnehin nur um ein ständiges Entstehen wie Vergehen reiner Kraft bzw. Energie als der Bewegung ohne jegliches Bewegte handeln. Folglich dürften Sie sich auch nicht wundern, wäre Zeit der erste Zug in jenem ständigen Entstehen wie Vergehen von Mentalem: eben das von Punkt *mit* Ausdehnung *nur innerhalb von sich*, nämlich als dessen *Selbst*bewegung einer *Selbst*ausdehnung. Läßt sich ein Verhältnis zwischen Punkt *und* Ausdehnung, das noch ursprünglicher als das von Punkt *mit* Ausdehnung *nur innerhalb von sich* sein könnte, doch auch schlechterdings nicht widerspruchsfrei denken. Und so ist denn das von Punkt *mit* Ausdehnung *auch außerhalb von sich* im Fall des Raumes auch schon abgeleitet von diesem ursprünglichen Verhältnis, so daß dadurch Raum von Zeit schon abhängt.

Insoweit sich deren innerer Zusammenhang als innere Struktur von Subjektivität erweisen ließe, wie sie über herleitbare Stufen zum Bewußtsein einer Intention eines Erfolgs wird, wäre darum auch erwiesen: Jene Widerspruchsfreiheit der inneren Struktur von Zeit und Raum als den verschiedenen Möglichkeiten für Verhältnisse von Punkt und Ausdehnung ist überhaupt nichts anderes als der Weg, den die Natur als reine Kraft bzw. Energie gefunden und beschritten hat und weiter findet und beschreitet, so daß sie auf ihm sich auch noch zum Bewußtsein der Erfahrung von sich bildet. Und das tut sie eben als ein *ursprüngliches* Intendieren, sprich, als ein *unintendiertes* Intendieren von etwas, und das heißt, als eine *unbeabsichtigte* Absicht auf etwas: Bekanntlich träumt und spielt Natur so vor sich hin, indem sie, wie etwa die Quantentheorie uns heute lehrt, tatsächlich *alle* Wege geht, die widerspruchsfrei möglich sind. Und einer davon ist denn auch der Weg, auf dem sie *absichtslos* zu einer Absicht wird, auf dem sie *ohne Intention* zu einer Intention wird, was gerade heißt: auf dem Natur zum *Ursprung* eines Intendierens wird.

Doch gleichursprünglich damit wird Natur dann auch zum Ursprung eines durch sie als dies Intendieren eben Intendierten. Und so wird Natur, wenn sie als dieses Intendierte zum Empirisch-Wirklich-Anderen und damit zum Erfolg für sich als dieses Intendieren wird, als solches Andere auch etwas *zu sich* Anderes. Und *mit* sich als dem Anderen zu sich *zusammenhängen* kann Natur dann eben nur noch, wenn sie dadurch auch noch zum *Bewußtsein*, eben zum Bewußtsein *von* sich als dem Anderen zu sich wird. Ihre Selbstverwirklichung von sich zum Intendieren kann daher von vornherein nur ihre Selbstverwirklichung zur Fremdverwirklichung von sich als Intendiertem sein, und beides demnach nur, wenn mit ihr auch von vornherein schon ein Bewußtsein von ihr miteinhergeht. Dieses aber muß dann als das Selbstbewußtsein ihrer Selbstverwirklichung zum Intendieren auch gerade ein Bewußtsein bilden, das dabei als solches selbst ein Fremdbewußtsein ihrer Fremdverwirklichung zum Intendierten wird. Infolgedessen wird es im Erfolgsfall zur empirischen Erkenntnis als Bewußtsein der Natur von sich als Artefakt und damit eben von sich als Empirisch-Wirklich-Anderem zu sich.

Aber wenn auch jeder einzelne dieser Begriffe widersprüchlich scheint, so kann gleichwohl doch keiner davon widersprüchlich sein. Denn halten Sie nur immer fest, daß Zeit im Unterschied zum Zeit-Modell nicht fremdverursacht sein kann, also selbstverursacht sein muß, weil nicht unverursacht sein kann, so wird für die weitere Entfaltung ihrer inneren Struktur auch noch die Bildung dieser weiteren Begriffe unausweichlich. Hat doch Zeit die innere Struktur, wie sie bisher bereits entfaltet ist, dann eben deshalb, weil Natur als jene Spontaneität der Selbstverwirklichung von sich zur Subjektivität als der Intentionalität zunächst einmal gerade die Gestalt von Zeit annimmt. Daß sie als Punkt gerade Punkt *mit* Ausdehnung *nur innerhalb von sich* ist, nämlich nur als eine *Selbst*ausdehnung oder als ein *Sich*ausdehnen dieses jeweils einen Punktes selbst, ist dann nichts anderes als eine erste Stufe dieser ihrer Selbstgestaltung, eben die zu einer *Selbst*bewegung oder einem *Sich*bewegen. Dementsprechend tritt Natur als solche Zeit denn auch zutage, nämlich in Gestalt von Psychischem oder Mentalem, das als ständiges Entstehen wie Vergehen von Bewegung ohne jegliches Bewegte eben reine Kraft bzw. Energie ist.

Und so wird die Bildung von entsprechenden Begriffen dadurch auch erneut notwendig: Wären Ausdrücke wie »sich« und »selbst« nicht schon gebildet und verfügbar, müßten sie, um die Struktur von solcher Ausdehnung als ganz besonderer Bewegung auszudrücken, erstmalig gebildet werden, und aus ihnen jeweils auch noch die verschiedenen Zusammensetzungen mit ihnen. Wird ihr Sinn durch diese eigentümliche, ja einzigartige Struktur doch auch geradezu erzwungen und auch – wohlgemerkt – als Sinn und nicht etwa als Unsinn. Danach nämlich existiert etwas, die Zeit, das nur durch solche Ausdrücke sich vollständig und angemessen charakterisieren läßt; und zwar zunächst *gemäß* dem Zeit-Modell, sodann jedoch vor allem auch noch *ungemäß* dem Zeit-Modell: die Zeit in ihrer vollen Eigentümlichkeit, ja Einzigartigkeit der Selbstverursachtheit.

Wie zwingend sich das alles in der Tat ergibt, ersehen Sie sogleich an folgendem: Das asymmetrische Verhältnis zwischen Punkt und Ausdehnung, in jenem unumkehrbar-einseitigen Sinn von Punkt *mit* Ausdehnung, bleibt innerhalb der absoluten inneren

Bewegung, die es einlöst und als widerspruchsfrei ausweist, voll erhalten. Wie von selbst führt dies denn auch noch zur Beschreibung und Erklärung jener »Anisotropie« der Zeit, die positiv die Einseitiggerichtetheit der Zeit bedeutet und seit je her von derselben ungelösten Rätselhaftigkeit ist wie die Zeit als solche. Denn im Unterschied zur Gleichgerichtetheit («Isotropie«) des Raumes hat die räumlich unverfälschte Zeit bereits als bloßes, reines Nacheinander diese Einseitiggerichtetheit; und nicht etwa besitzt sie diese erst als dasjenige Nacheinander, das in Zukunft, Gegenwart, Vergangenheit gegliedert ist. Infolgedessen müßte diese ihre Einseitiggerichtetheit sich auch ganz ohne die Inanspruchnahme dieser Gliederung beschreiben und erklären lassen: für das bloße, reine Nacheinander dieser räumlich unverfälschten Zeit. Doch nicht einmal zu einer dementsprechend unabhängigen Beschreibung von ihr ist man bisher in der Lage, von einer Erklärung ganz zu schweigen. Man vermag sie nämlich immer nur als ihre Einseitiggerichtetheit zur Zukunft hin zu kennzeichnen. Doch dieser gegenüber ist die räumlich unverfälschte Zeit als bloßes, reines Nacheinander noch ganz indifferent.

Eine von der Zukunft unabhängige Beschreibung dieser Einseitiggerichtetheit der Zeit ergibt sich Ihnen aber wie von selbst, sobald Sie die besondere Bewegung dieser Zeit, soweit sie bislang hergeleitet ist, zugrunde legen, nämlich jenes ebenso Entstehen wie Vergehen einer absoluten inneren Bewegung ohne jegliches Bewegte. Klarerweise nämlich ist diese Bewegungsart von einer Einseitiggerichtetheit hin zum Entstehen, und nicht etwa umgekehrt hin zum Vergehen, was vielmehr unmöglich wäre, wie das Zeit-Modell auch dies noch offenkundig macht. Denn aussichtslos von vornherein ist jegliche Erwartung, die Bewegung der Erzeugung dieses Zeit-Modells auch in der umgekehrten Richtung vornehmen zu können, nämlich statt dem Kreidestück unmittelbar den Schwamm vielmehr dem Schwamm unmittelbar das Kreidestück folgen zu lassen. Dadurch könnte es vielmehr erst recht zu diesem Zeit-Modell von vornherein nicht kommen. Ein Modell für Zeit ist es entsprechend auch noch durch die Art und Weise, wie es klarstellt: Widerspruchsfrei-möglich sowie sinngemäß-notwendig ist für Zeit nur der Begriff eines *Entstehens zum Vergehen* ohne jegliches Bestehen, und mithin gerade nicht auch umgekehrt noch der eines *Vergehens zum Entstehen* ohne jegliches Bestehen. Denn

Voraussetzung für das Vergehen dieser Zeit ist demgemäß, wenn auch nicht das Bestehen dieser Zeit, so doch zumindest das Entstehen dieser Zeit, wogegen das Entstehen dieser Zeit durchaus nicht umgekehrt auch das Vergehen dieser Zeit voraussetzt: jedenfalls gewiß nicht dann, wenn diese Zeit als ein Entstehen zum Vergehen ohne jegliches Bestehen etwas ist, das aus Natur heraus erst immer seinen Anfang nimmt. Als dieses nämlich könnte solche Zeit auch anfanglos sein, so daß sie vom Zeit-Modell sich dadurch gleichfalls unterschiede.

Aber nicht nur eine zukunftsunabhängige Beschreibung, sondern auch noch eine zukunftsunabhängige Erklärung dieser Anisotropie als Einseitiggerichtetheit der Zeit ist möglich. Denn als diese geht die Zeit auch nur auf jenes asymmetrische Verhältnis zwischen Punkt und Ausdehnung zurück, das bis in die Gestalt dieser besonderen Bewegung beider voll sich durchhält. Liegt dieses Verhältnis doch gerade darin, daß es sich dabei nur handeln kann um Punkt *mit Ausdehnung* und nicht um Ausdehnung *mit Punkt.* Als solches aber kehrt es in Gestalt jener besonderen Bewegung beider wieder, weil sie *Selbst*bewegung einer *Selbst*ausdehnung oder *Sich*bewegen eines *Sich*ausdehnens jenes *Punktes* ist, nicht umgekehrt. Das heißt genauer, daß dabei nur dieser *Punkt* zu dieser *Ausdehnung* sich *aus*dehnt und nicht etwa umgekehrt – *sit venia verbo* – diese *Ausdehnung* zu diesem *Punkt* sich *ein*dehnt, nämlich zu ihm gleichsam schrumpft. Und zwar ganz einfach deshalb nicht, weil eine Ausdehnung, von der dies auszusagen sinnvoll wäre, dabei gar nicht vorliegt, wohl aber ein Punkt, von dem dies auszusagen sinnvoll ist. Tritt dabei in Erscheinung doch auch immer wieder nur ein Punkt, und *aus* dehnt dabei denn auch immer wieder nur er *selbst* gerade *sich.* Denn wieder wäre nichts Spezifisches getroffen, wenn Sie umgekehrt von Ausdehnung ausgehen wollten, so daß es sich dabei dann auch nur um so etwas wie »Eindehnung« als Schrumpfung dieser Ausdehnung zu Punkt noch handeln könnte, weil dies wieder nur von einer Ausdehnung des Raumes gelten könnte und von einer Ausdehnung der Zeit sonach nur als verfälschter.

Erneut erweist sich Ihnen damit also, daß der Punkt dabei den Vorrang und die Ausdehnung dabei den Nachrang haben muß. Auch das Besondere dieser Bewegung nämlich, zu der beide mit hinzugehören, können Sie nur auf Begriffe bringen, wenn Sie dabei ausschließlich von Punkt ausgehen und zu ihm erst Ausdehnung in ein Verhältnis setzen, nicht jedoch im umgekehrten Fall. Und das ist nunmehr eben das Verhältnis seiner *Selbst*ausdehnung oder seines *Sich*ausdehnens, ein Verhältnis der Bewegung, die tatsächlich das von Punkt *mit* Ausdehnung *nur innerhalb von sich* ist und es somit auch gewissermaßen durch die Tat als widerspruchsfreimöglich ausweist. Ist doch jene Asymmetrie, als die Anisotropie solcher Bewegung des Entstehens zum Vergehen ohne jegliches Bestehen jener Zeit, auch nur die Konkretion gerade dieses asymmetrischen Verhältnisses von Punkt *mit Ausdehnung*, statt umgekehrt. Und als *spezielle* Konkretion von Punkt *mit* Ausdehnung *nur innerhalb von sich* ist solche Zeit denn auch die *einzig* mögliche, weil *einzig* widerspruchsfreie.

Wie ausgeprägt das Asymmetrische dieses Verhältnisses tatsächlich ist, geht Ihnen vollends aber erst auf, wenn Sie folgendes noch mitbeachten. Den genannten Vorrang vor der Ausdehnung hat jener Punkt nicht etwa so, als träte hier zunächst einmal ein Punkt für sich allein auf und zu ihm erst eine Ausdehnung dann zusätzlich und somit nachträglich hinzu. Denn wieder wäre damit nichts Spezifisches gewonnen, weil auch dies dann nur noch in der Weise, wie zu einem Punkt zum Beispiel eine Linie hinzutritt, sich verstehen ließe, so daß wieder räumliche, mithin verfälschende Verhältnisse sich eingeschlichen hätten. Vielmehr tritt ein Punkt dabei von vornherein nur auf, wenn ebenso von vornherein auch Ausdehnung noch auftritt, und gleichwohl hat er dabei von vornherein den vorgenannten Vorrang vor ihr. Überhaupt nur dadurch nämlich, daß dabei von vornherein auch Ausdehnung noch auftritt, kann es sich im ganzen dabei handeln um das Auftreten von Punkt *mit* Ausdehnung *nur innerhalb von sich*, die auch nur dadurch sein *Sich*ausdehnen bzw. seine *Selbst*ausdehnung sein kann und auch sein muß, weil sie nur als solcherart Bewegung widerspruchsfreimöglich ist. Und was dabei sonach von vornherein notwendig ist, das ist dabei auch weiterhin notwendig, sprich, für solcherart Bewegung als Gesamtverlauf.

Das können Sie denn auch noch am Modell verfolgen. Jenes Zeichnen als Erzeugen jenes Zwischendings von Punkt und Ausdehnung erfolgt durchaus nicht so, daß beides etwa auseinanderfällt. Es geht nicht dahin, daß zunächst einmal ein Kreidepunkt erzeugt wird und *erst dann* das Kreidestück zusammen mit dem

Schwamm bewegt wird. Dadurch nämlich würde auch *erst dann* aus diesem Kreidepunkt heraus, der ohne jegliche Bewegung ja noch gar nicht Zeichen für das Zeit-Modell ist, jener Kreidepunkt gebildet, welcher Zeichen für es ist. Kann doch auch davon keine Rede sein, daß etwa, letzteren zu bilden, zur notwendigen Voraussetzung hat, ersteren zu bilden. Denn auch Zeichnen einer ganz normalen räumlich-eindimensionalen Linie setzt keineswegs als notwendig voraus, zunächst einmal nur einen Kreidepunkt zu bilden, um *erst dann* aus diesem Kreidepunkt heraus, der als ein solcher ja noch keine Kreidelinie ist, die letztere zu bilden. Vielmehr läßt sich das auch schon von vornherein bewerkstelligen: dadurch, daß Bewegung eines Kreidestücks erst gar nicht senkrecht auf die Tafel hin erfolgt, sondern von vornherein nur schräg zu ihr. Als Wirkung davon nämlich kommt es bei Berührung mit ihr auch von vornherein schon zu Bewegung an ihr, so daß diese auch von vornherein schon Bildung einer Kreidelinie ist statt eines Kreidepunktes. Und das ist sie denn auch nicht allein von vornherein, sondern auch weiterhin, und daran kann sich schlechterdings nichts ändern dadurch, daß dem Kreidestück dabei unmittelbar auch noch der Schwamm folgt. Und so bleibt denn auch gesichert: Trotz dieses Zusammenauftretens von Punkt und Ausdehnung herrscht dabei zwischen ihnen jenes asymmetrische Verhältnis, so daß sich die Asymmetrie jener Anisotropie der Zeit darauf zurückführen und mithin dadurch erklären läßt.

Beachten aber sollten Sie, daß damit nicht auch schon das Asymmetrische dieses Verhältnisses von Punkt und Ausdehnung als solches selbst erklärt wird, sondern vorerst nur genauer noch beschrieben ist. So sicher nämlich es danach auch sein mag, *daß* er vor ihr jenen Vorrang haben *muß*, so bleibt doch damit offen, *wie* er vor ihr diesen Vorrang haben *kann*: in welchem *Sinn*, aus welchem *Grund*. Denn *daß* sich das Verhältnis zwischen Punkt und Ausdehnung dabei in keiner Hinsicht umkehren läßt, macht nur die Frage selbst noch dringlicher. Die Antwort darauf und mithin auch die Erklärung dafür kann vielmehr nur lauten: Diesen Vorrang vor ihr hat er ausschließlich in *dem* Sinn und aus *dem* Grund, daß nur er dabei die Ursache und auch nur sie dabei die Wirkung sein kann, und nicht etwa umgekehrt. Genau in diesem Sinn wie auch genau aus diesem Grund wird zur Bezeichnung der Besonderheit dieser Bewegung jene Einführung von Ausdrücken wie »sich« und »selbst« und von Zusammensetzungen daraus notwendig.

Dies jedoch bedeutet insgesamt: Obwohl es sich bei solcher *Selbst*bewegung einer *Selbst*ausdehnung nur um Selbst*verwirklichung* als Selbst*verursachung* im vollen Sinn des Wortes handeln kann, führt dies durchaus nicht zu dem Widersinn, ja Widerspruch, den man nur allzu gern darin erblicken möchte. Ja seit je her schon will man ihn darin um so lieber sehen, je weniger man ihn darin beweisen kann. Denn keineswegs läuft solche Selbstverursachung auf so etwas wie jene Tat von Münchhausen hinaus, wonach ein schlicht und einfach Selbiges sowohl die Ursache für sich als auch die Wirkung von sich wäre. Diesen Unsinn pflegt man vielmehr immer wieder nur zu unterstellen, um dem Sinn von so etwas wie *causa sui* sich erst gar nicht stellen zu müssen, der sich mittlerweile aber förmlich aufdrängt angesichts der neuesten Ergebnisse der Empirie für die Natur als eine in sich einheitliche Ganzheit. Und so läßt sich dafür, daß es sich dabei auch in der Tat um Sinn und nicht um Unsinn handelt, erstmals ein Beweis erbringen, eben durch den Aufweis jener inneren Struktur der Zeit und ihrer Widerspruchsfreiheit, die sich auch weiterhin bewahrheitet. Denn jenes asymmetrische Verhältnis zwischen Punkt und Ausdehnung im Fall der Zeit, das diese Widerspruchsfreiheit bisher bereits gewährleistet, ergibt nunmehr auch noch die Asymmetrie zwischen Ursache und Wirkung innerhalb der Zeit als Selbstverursachung.

Läuft letztere doch keineswegs in dem Sinn ab, daß schlicht und einfach nur ein Punkt als selbiger sowohl *für* sich als diesen selbigen die Ursache als auch *von* sich als diesem selbigen die Wirkung wäre. Denn das wäre in der Tat ein Widerspruch und somit Unsinn. Ab läuft sie vielmehr allein in dem Sinn, daß ein Punkt als selbiger die Ursache für sich als *Ausdehnung* von sich ist, so daß auch nur diese *Ausdehnung* von ihm die Wirkung von ihm ist, nicht etwa jener Punkt als selbiger. Aus diesem Grund geht solche Selbstverursachung des Ablaufs solcher Zeit gerade als die *Selbstaus*dehnung dieses *Punktes* vor sich und nicht etwa umgekehrt als so etwas wie *Selbstein*dehnung dieser *Ausdehnung* im Sinn von *Schrumpfung* zu ihm. Und so führt genau so weit, wie in Gestalt von Zeit als solchem Ablauf dieser Punkt als Ursache von dieser seiner Ausdehnung als seiner Wirkung unterscheidbar ist und bleibt, dies auch zu keinem Widerspruch und keinem Unsinn.

Denn daß dieser Unterschied dazwischen immer wieder nur ein Unterschied von etwas innerhalb der Zeit als Einheit beider sein kann, dadurch wird er nicht nur nicht geschwächt, sondern sogar noch bis zum Äußersten geradezu verstärkt und damit förmlich Wesensmerkmal dieser Zeit: Daß durch ihn jener Widerspruch vermieden und an Stelle seines Unsinns somit Sinn verbürgt wird, dadurch führt gerade dieser Unterschied vielmehr zum Grundsinn einer Differenz, zu der eine Identität sich ebenso aus sich heraus wie auch in sich hinein differenziert und so in sich zu etwas wird, als das sie nur ein *zu sich* Anderes sein kann. Und eben darin ist sie denn auch wesentlich das durch und durch Dynamische der Zeit als desjenigen Etwas, das seine Identität unmittelbar in seiner Differenz hat. Danach nämlich ist sie nichts als immer wieder neues *Sich*differenzieren und mithin auch ständig neues *in sich* Anderes als somit Anderes *zu sich*, so hart dies auf den ersten Blick für Sie auch wirken mag.

Trotz aller seiner Härte nämlich können Sie auch dies am Zeit-Modell noch nachvollziehen. Wie eben klar geworden ist, kann nicht einfach ein Punkt als selbiger sowohl *für* sich als diesen selbigen die Ursache als auch *von* sich als diesem selbigem die Wirkung sein. Es kann vielmehr nur so sein, daß ein Punkt als selbiger die Ursache für sich als *Ausdehnung* von sich ist, so daß auch nur diese *Ausdehnung* von ihm die Wirkung von ihm ist, und nicht ein Punkt als dieser selbige. Doch über solche Ausdehnung als eine Ausdehnung von diesem Punkt zu sprechen, kann dann grundsätzlich nur heißen, über diesen Punkt zu sprechen, *dessen* Ausdehnung sie ist. Entsprechend müßte es, auch ohne über solche Ausdehnung zu sprechen, möglich sein, dies alles gleichbedeutend auszusagen und dabei ausschließlich über diesen Punkt zu sprechen. Und die Möglichkeit dazu besteht auch in der Tat: Daß er als selbiger die Ursache für sich nur als die *Ausdehnung* von sich als selbigem sein kann, so daß er auch nur als die *Ausdehnung* von sich als selbigem die Wirkung von sich sein kann, heißt dann nämlich überhaupt nichts anderes als folgendes: Die Ursache für sich kann er als selbiger dann nicht für sich als selbigen sein, sondern nur für sich als anderen, so daß er auch die Wirkung von sich nicht als selbiger sein kann, sondern desgleichen nur als anderer. Als dieser aber kann er dann in jedem Fall auch nur ein *zu sich* anderer oder ein anderer *zu sich* sein. Denn auch nur als solcher kann er gleichbedeutend sein mit jener *Ausdehnung* als seiner *Selbst*ausdehnung. Und so wird auch dies noch für die innere Struktur der Zeit geradezu erzwungen, was Sie dem Modell für sie des weiteren entnehmen können.

Festzuhalten gilt es nämlich weiterhin: Modellgemäß tritt in Erscheinung dabei immer wieder nur ein Punkt als einziger, wie es ja auch nur daran liegen kann, daß die Bewegung dieses Punktes jedem, der nicht weiß, wie sie zustande kommt, als relative äußere Bewegung dieses Punktes gelten muß, will sagen: dieses einzigen als selbigen. Doch jedem, der Bescheid weiß, muß sie sich von Grund auf anders darstellen. So gewiß er dabei nämlich als ein immer wieder einziger auch als ein immer wieder selbiger zu gelten hat, so sicher kann seine Bewegung doch nicht eine relative äußere, sondern nur eine absolute innere Bewegung dieses Punktes sein. Und sie muß dahin gehen, daß eben dieser Punkt als immer wieder einziger und somit immer wieder selbiger dabei gleichwohl ein immer wieder anderer Punkt ist, der eben deswegen auch immer wieder nur ein *zu sich* anderer sein kann oder ein anderer *zu sich*. Genau in diesem Sinn ist jene Ausdehnung von ihm gerade seine *Selbst*ausdehnung, wozu er als Punkt *mit* Ausdehnung *nur innerhalb von sich* in ständiger Dynamik aus sich selbst hervorgeht wie auch wieder in sich selbst zurückgeht. Eben darin ist er denn auch Zeit als jenes ebenso Entstehen wie Vergehen ohne jegliches Bestehen reiner Kraft bzw. Energie als der Bewegung ohne jegliches Bewegte.

Daß dies trotz aller Härte unausweichlich ist, ersehen Sie daraus: Dem Modell gemäß kann es dabei zu einem weiteren Punkt, der als ein zweiter Punkt ein anderer Punkt zu jenem Punkt als erstem wäre, niemals kommen, oder gar zu mehr als einem weiteren. Denn dazu kommen könnte es auch nur, wenn es dabei auch noch zu irgendeinem Abstand zwischen ihnen käme. Können Punkte doch auch nur durch irgendeinen Abstand zwischen ihnen zueinander andere, nämlich individuell verschiedene Punkte sein, der darum auch gerade etwas anderes als Punkt dazwischen sein muß, nämlich Ausdehnung dazwischen[6], die mithin auch außerhalb von

6 Vgl. dazu G.Prauss, *Cassirers Stellungnahme zum Problem der nichteuklidischen Geometrien*, in: *Von der Philosophie zur Wissenschaft* (hg. E.Rudolph/J.O.Stamatescu), Hamburg 1997. – Vgl. ferner St.Hawking, R.Penrose, *Raum und Zeit*, Hamburg 1998, S. 46.

jedem dieser Punkte liegen muß. Infolgedessen kann es dabei auch erst recht zu keinem kommen, der als Punkt durch seinen Abstand zu dem anderen Punkt dann auch noch etwas anderes als dieser Abstand, nämlich etwas anderes als diese Ausdehnung dazwischen wäre. Kann es doch zu all dem niemals schon in bloßer Form von unverfälschter Zeit als reinem Nacheinander kommen, sondern immer erst in zusätzlicher Form des Raumes als Zugleich. Entsprechend wäre solche Zeit durch all das denn auch wieder einmal fälschlich-räumlich aufgefaßt: statt als ein Punkt *mit* Ausdehnung *nur innerhalb von sich* gerade als ein Punkt *mit* Ausdehnung *auch außerhalb von sich*, der aber solche Zeit bereits voraussetzt, die es daher ihm vorweg erst einmal zu begreifen gilt. Und dies erfordert eben jene volle Härte, diese Zeit als etwas immer wieder *zu sich* Anderes, weil immer wieder mit sich *Selbiges* zu denken.

Läuft dies doch unweigerlich darauf hinaus, einen Begriff von Andersheit in einem Sinn zu bilden, der sich vom Normalsinn einer Andersheit von Grund auf unterscheidet. Diese nämlich ist die Andersheit von einem Etwas gegenüber einem – eben andern – Etwas und mithin von *mehr* als einem Etwas, deren *jedes* etwas mit sich Selbiges ist. Im Verhältnis dieser Andersheit in diesem Sinn steht Zeit denn auch zu allem anderen als Zeit. Doch dem zuvor steht Zeit in einem gänzlich anormalen Sinn schon immer im Verhältnis einer Andersheit zu sich. Und diese muß zwar gleichfalls eine Andersheit bedeuten, doch gerade eine Andersheit von *einem* Etwas, welches als ein mit sich *Selbiges* sonach durch sie ein *zu sich* Anderes – nicht etwa *sein* muß, weil das widersprüchlich ist, sondern nur immer wieder *werden* kann. Denn abermals ist einzig die Dynamik solchen Werdens eine Möglichkeit für die Vermeidung dieses Widerspruchs, der sonst in dem Begriff der Andersheit als *Zu sich*-Andersheit, weil Mit sich-*Selbigkeit* von etwas unvermeidlich liegen müßte. Und so kann dergleichen auch nur dadurch möglich werden, daß dergleichen immer wieder neu zu Zeit als jenem Etwas wird, das in der Tat seine Identität unmittelbar in seiner Differenz hat. Wird es doch tatsächlich immer wieder neu *aus* sich *heraus* wie auch *in* sich *hinein* gerade *zu* sich different und eben darin auch *mit* sich identisch, weil es eben dadurch jene eigentümliche, ja einzigartige Identität des Zeitwerdens gewinnt. Und so muß denn genau in diesem Sinn dergleichen wie die *Selbst*ausdehnung jenes Punktes auch im vollen Sinn der Selbst-

verwirklichung als Selbst*verursachung* desselben widerspruchsfrei möglich sein.

Beachten aber sollten Sie, daß Ihnen damit abermals ein weiteres und weiterführendes Problem entgegentritt. Denn *daß* dies danach widerspruchsfrei möglich sein *muß*, sagt erneut noch nichts darüber, *wie* es danach widerspruchsfrei möglich sein *kann*. Ist in der bisherigen Gestaltung solcher *Selbst*verursachung als einer widerspruchsfrei möglichen doch immer noch ein Zug enthalten, der durch die bisherige Begriffsbildung für sie noch nicht erfaßt wird. Um auch ihn noch zu erfassen, wird auf unserem anstrengenden Reflexionsweg auch für diesen Zug noch ein Begriff erforderlich, mit dessen Bildung unser Weg sein erstes Ziel erreicht. Denn die bisherige Gestalt von *Selbst*verursachung beruht als widerspruchsfrei mögliche entscheidend darauf, daß ein Punkt als selbiger nicht einfach ebenso die Ursache für sich als selbigen wie auch von sich als selbigem die Wirkung ist, weil dies nicht widerspruchsfrei wäre. Vielmehr ist es so, daß er als selbiger die Ursache gerade nur für sich als ständig anderen und damit auch gerade nur als ständig anderer von sich als selbigem die Wirkung ist, was vorerst widerspruchsfrei ist. Und soll es dies auch weiter bleiben, darf sich daran auch nichts ändern. Tritt doch hier als das, was diesen Widerspruch verhindert, auch nur weiter das dynamisch-asymmetrische Verhältnis auf, worin der Punkt zunächst vor seiner Ausdehnung den Vorrang hatte und worin er nun entsprechend als ein mit sich selbiger vor sich als einem zu sich anderen den Vorrang hat, was denn auch weiterhin erhalten bleiben müßte.

Dann jedoch muß innerhalb von dieser asymmetrischen Dynamik dieser Punkt zwei grundverschiedene Rollen übernehmen. Diese müssen Sie denn auch von Grund auf unterscheiden, und zwar um so gründlicher, da dieser Punkt als selbiger es ist, der ihrer Grundverschiedenheit zum Trotz dabei in beiden diesen Rollen auftritt.

Eine dieser Rollen kennen Sie bereits, bei der es weiter bleiben muß. Das ist der vorgenannte Vorrang dieses Punktes vor der Ausdehnung, nach welcher Rolle dieser Punkt es sein muß, der als Ursache der Ausgangspunkt für seine Ausdehnung als Wirkung ist bzw. dafür, daß er als ein mit sich selbiger ein anderer zu sich wird. Kann es sich dabei doch nach wie vor auch nur um *Selbstaus*dehnung eines *Punktes* handeln, und nicht etwa umgekehrt um so etwas wie *Selbstein*dehnung einer *Ausdehnung* im Sinn von *Schrumpfung* zu ihm. Und entsprechend heißt das nunmehr: Kann es sich dabei doch auch nur darum handeln, daß ein Punkt als mit sich selbiger ein anderer zu sich wird, und nicht etwa um das Umgekehrte, nämlich so als würde dabei dieser Punkt als zu sich anderer ein mit sich selbiger.

In solcher nunmehr expliziter Form führt dies dann aber auch entscheidend weiter. Die Begründung dafür nämlich kann nur dahin gehen: Denn um ein *zu sich* anderer zu werden, muß doch dieser Punkt dann auch ein mit sich *selbiger* schon immer werden, wie es auch nur dann zum Werden jener *Ausdehnung* als einer *Selbst*ausdehnung jenes Punktes kommen kann, wenn es dabei auch immer schon zum Werden jenes *Punktes* kommt. Und beides nicht allein von vornherein, sondern auch weiterhin, sprich, im Gesamtverlauf von solcherart Bewegung, wie Sie dem Modell bereits entnommen haben. Danach also muß es dabei auch zum Werden dieses Punktes als des mit sich *selbigen* schon immer kommen und nicht etwa bloß zum Werden dieses Punktes als des zu sich *anderen*. Und das stellt Sie erneut vor ein Problem, weil das erneut in einen Widerspruch zu führen scheint.

Denn das klingt so, als liefe das nun doch darauf hinaus, daß dieser Punkt als mit sich selbiger dabei die Ursache für sich gerade *nicht nur* für sich als den *anderen* zu sich sei, sondern *auch noch* für sich als den mit sich *selbigen*. Und das bedeutete, daß dieser Punkt als mit sich selbiger dann also doch die Ursache für sich als mit sich selbigen wie auch von sich als mit sich selbigem die Wirkung sei, was unausweichlich widersprüchlich wäre und mithin auf keinen Fall in Frage kommen könnte. Zeigt das Zeit-Modell doch, *daß* dies alles ohne Widerspruch sein *muß*, und somit steht erneut in Frage, *wie* dies alles ohne Widerspruch sein *kann*. Und mindest negativ läßt sich zunächst daraus ermitteln, daß dann dieser Punkt als mit sich selbiger dabei nicht nur die Rolle dieser Ursache für sich als zu sich anderen spielen kann, daß er dann vielmehr auch noch eine weitere und davon grundverschiedene Rolle spielen muß. Dann nämlich könnte allenfalls durch diese zweite Rolle die Gesamtstruktur von all dem in sich widerspruchsfrei sein, wie das Modell für sie belegt: Zum Werden dieses Punktes auch noch als des mit sich selbigen kann es dann nur noch auf grundsätzlich andere Weise kommen als im Sinn der Ursache, die er als mit sich selbiger gerade *nur* für sich als anderen zu sich ist.

Denn bei dieser zweiten Rolle muß es sich dann auch um etwas handeln, das zu jener ersten Rolle etwas Zusätzliches darstellt, so daß diese zweite jene erste schon voraussetzt. Beide diese Rollen aber hat dann dieser Punkt als mit sich selbiger zu spielen, so daß er die zweite, zusätzliche Rolle dann gerade auch als derjenige Punkt zu spielen hat, als der er jene erste Rolle spielt: als jene Ursache für seine Ausdehnung oder für sich als anderen. Und wenn Sie auf dem Stand der Reflexion, der jetzt erreicht ist, wieder das Modell für Zeit heranziehen, sehen Sie auch diese zweite, zusätzliche Rolle ein, die dieser Punkt als Ursache für seine Ausdehnung oder für sich als anderen dabei des weiteren zu spielen hat: Zu der Gesamtstruktur, wie das Modell sie ausweist, kann es dann tatsächlich nur noch durch Erfüllung einer weiteren Bedingung kommen.

Möglich wird dies danach nämlich nur, wenn jener Vorrang, den der Punkt als mit sich selbiger dabei vor seiner Ausdehnung oder vor sich als anderem besitzt, als Vorrang dabei nicht etwa zu einem Nachrang wird, indem sein Vorrang davor etwa dazu führt, daß er davor zurückbleibt. Und tatsächlich kann, wenn Sie das Zeit-Modell berücksichtigen, keine Rede davon sein, als bliebe dabei jener Punkt, nur weil er dabei diesen Vorrang hat vor seiner Ausdehnung oder vor sich als anderem, etwa vor seiner Ausdehnung oder vor sich als anderem zurück. Im Gegenteil: Von vornherein und weiterhin geht er trotz seines Vorrangs davor vielmehr immer wieder mit einher damit und ist sonach bei seiner Ausdehnung oder bei sich als anderem auch immer wieder mit dabei, und zwar genau als der, der diesen Vorrang davor hat, weil immer wieder nur ein einziger im Spiel ist.

Für die Zeit als jene *Selbst*bewegung einer *Selbst*ausdehnung, die ja Selbst*verwirklichung* im Sinn der Selbst*verursachung* sein muß, heißt dies dann aber nichts geringeres als folgendes. Dergleichen kann sie widerspruchsfrei überhaupt nur dadurch sein, daß jener Punkt als mit sich selbiger dabei nicht nur die *Ursache* für sich als Ausdehnung oder als anderen ist, sondern daß er *als* die Ursache dafür von vornherein und weiterhin auch *bei* sich ist *als* dieser Ausdehnung oder *als* diesem anderen: Nur dadurch, daß er nicht bloß *Ursache* für sich als solche Wirkung von sich ist, sondern *als*

Ursache auch *bei* sich ist *als* dieser Wirkung von sich, führt ein solches Werden insgesamt auch schon von vornherein und weiterhin dann widerspruchsfrei auch noch Werden dieses Punktes als des mit sich selbigen herbei. Die Herstellung von sich als auch noch selbigem kann dabei immer wieder nur erfolgen durch die zusätzliche Herstellung eines *Zusammenhangs* mit sich als anderem oder mit sich als Ausdehnung, so daß er auch nur innerhalb von immer wieder neuer Herstellung dieses Gesamtzusammenhangs zur *Selbst*ausdehnung wird und damit eben anderer *zu sich*. Zum Werden dieses Punktes auch noch als des mit sich selbigen kann es dabei nur kommen, wenn er sich als anderen durch sich als selbigen nicht bloß *verursacht*, sondern *als* verursachten durch sich als selbigen auch noch *begleitet*, und so auch noch *bei sich* als dem anderen und dadurch eben anderer *zu sich* ist.

Daß dieser Punkt auf solche Weise immer wieder *bei* sich *ist*: als *Ursache* für sich auch *bei* sich als der *Wirkung* von sich, heißt dann aber eigentlich, daß dieser Punkt auf solche Weise immer wieder *zu* sich *kommt*: als *Ursache* für sich auch *zu* sich als der *Wirkung* von sich. Denn im ganzen kann es sich dabei ja nur um das Dynamisch-Asymmetrische von immer wieder neuem Werden handeln, das denn auch noch daran, und mithin erneut, hervortritt. Als ein einziger Gesamtzusammenhang besagt dies alles nämlich nichts geringeres als folgendes: Zu sich zu kommen, sprich, durch Selbstverwirklichung zur Wirklichkeit von sich zu kommen, muß hier notwendig bis dahin gehen, zu sich zu kommen, nämlich zum Bewußtsein solcher Wirklichkeit zu kommen, und das heißt: zum *Selbst*bewußtsein als Bewußtsein dieser *Selbst*verwirklichung zu kommen. Und so muß hier auch in einem einzigen Gesamtsinn, der in sich identisch ebenso wie in sich different sein muß, »zu sich zu kommen« von der gänzlich positiven doppelten Bedeutung sein »sich zu verwirklichen« und »sich dabei bewußt zu werden«: Diese Ursache für diese Wirkung, nämlich dieser Punkt als selbiger, kann nur, indem er auch noch zum Bewußtsein dieser Wirkung wird, mit dieser seiner Wirkung auch noch so zusammenkommen und dadurch mit ihr zusammenhängen, daß er dabei nicht allein zum *anderen* Punkt wird, sondern *als* anderer auch noch zum *selbigen*, und damit eben insgesamt zum *zu sich* anderen: Nur dadurch, daß es dabei auch noch zum Bewußtsein solcher Wirkung kommt, wird deren Ursache, der Punkt, dabei nicht bloß zur *Ausdehnung*, sondern *als* Ausdehnung auch noch zum *Punkt* und insgesamt denn auch zur *Selbst*ausdehnung als der *Selbst*bewegung einer *Selbst*verwirklichung im Sinn der *Selbst*verursachung. Kommt doch so etwas wie Bewußtsein überhaupt nur dadurch in die Welt, daß eben notwendig zusammenhängt: zu sich zu kommen, sprich, zur Wirklichkeit von sich zu kommen, und: zu sich zu kommen, nämlich, zum Bewußtsein dieser Wirklichkeit von sich zu kommen. Schließlich ist das nichts als Differenz innerhalb von Identität der Zeit als solcher, eben Selbstbewußtsein ihrer Selbstverwirklichung[7].

Die ganze Härte der Begriffsbildung, die bis hierhin erzwungen wird, ist somit notwendig, um das Intuitiv-Synthetische eines Begriffes wie »Bewußtsein« auch in das entsprechend Analytisch-Diskursive noch zu überführen. Bewußtsein ist danach zunächst einmal nur *Selbst*bewußtsein, nämlich ein *Sich*gegenüberstehen, das recht eigentlich ein immer wieder neu Sichgegenüber*treten* bildet. Und als solches ist es auch nur die notwendige Begleiterscheinung jener Selbstbewegung als der Selbstausdehnung jenes Punktes, dessen Selbstverwirklichung als Zeit entspringt und ohne Mitentspringen dieses Selbstbewußtseins von ihr nicht entspringen könnte. Widersprüchlichkeit von all dem wird denn auch erneut nur durch die asymmetrische Dynamik von all dem vermieden, deren Klarheit hier nichts mehr zu wünschen übrig läßt. Denn offenkundig handelt es sich dabei auch um einen immer wieder neuen Ursprung von etwas, einer Identität, die nur entspringt, indem aus ihr heraus genauso wie in sie hinein auch eine Differenz entspringt, nicht umgekehrt, vor der sie als Identität mithin auch einen immer wieder neuen Vorrang hat.

Entspringt doch dabei innerhalb von Zeit tatsächlich immer wieder neu ein Unterschied der Unumkehrbarkeit, wonach Be-

7 Kein Zufall scheint es mir zu sein, daß sich die Ausdrücke »zu etwas kommen« (in dem Sinn »zur Wirklichkeit von etwas kommen«) wie auch »zu sich kommen« (in dem Sinn von »zu Bewußtsein kommen«) in der Weise nutzen lassen, wie zuletzt geschehen. Diese Möglichkeit der Sprache scheint mir vielmehr nur auf Grund der Wirklichkeit der Sache zu bestehen, für deren Formulierung ich sie nutze. Und da sämtliche Bestandteile von diesen Ausdrücken elementar sind, müßte auch in andern Sprachen diese Formulierungsmöglichkeit bestehen. Denn soweit nicht diese Ausdrücke sogar bereits gebildet wären, müßten sie aus den beteiligten elementaren sich zumindest bilden lassen.

wußt-Begleitetes sich dabei von Bewußt-Begleitendem von Grund auf unterscheiden muß, obwohl es sich, ja eigentlich gerade weil es sich dabei um *Selbst*bewußtsein als den *Ursprung* von Bewußtsein handeln muß[8]. Und dieser Unterschied muß dahin gehen, daß Zeit sich dabei selbst bewußt nur wird, indem gerade einseitigerweise dasjenige, *was* dabei bewußt wird, ausschließlich die Zeit als *Ausdehnung*, und dasjenige, *dem* die Zeit als Ausdehnung dabei bewußt wird, ausschließlich die Zeit als *Punkt* ist, die dabei ja immer wieder neu zu beidem wird. Mit andern Worten: *Was* in der Gestalt von Zeit bewußt wird, ist ausschließlich dieser Punkt als *anderer* zu sich, und *wem* er als der zu sich andere in der Gestalt von Zeit bewußt wird, ist ausschließlich dieser Punkt als mit sich *selbiger*, der eben darin auch von vornherein und weiterhin als selbiger vor sich als anderem oder als Punkt vor seiner Ausdehnung dabei den Vorrang hat.

Von Anbeginn kommt denn auch eine Problematik – ganz zu schweigen eine unlösbare, wie seit je behauptet wird – hier gar nicht erst zustande: weder die der Selbstbewegung als der Selbstverwirklichung bzw. Selbstverursachung von etwas, noch auch die des Selbstbewußtseins von etwas. Zustande kam und kommt sie vielmehr immer wieder nur durch fälschliche Zugrundelegung räumlicher statt zeitlicher Verhältnisse von Punkt und Ausdehnung oder von Selbigkeit und Andersheit, wodurch die zeitlichen Verhältnisse dazwischen aber unbegreiflich bleiben müssen. Denn begreiflich werden können diese erst durch die Begriffsbildung von »Punkt *mit* Ausdehnung *nur innerhalb von sich*« oder von etwas Anderem im Sinn von etwas »*zu sich* Anderem, weil mit sich *Selbigem*«. Und in der Tat kann – auch bei Selbstbewegung als der Selbstverwirklichung bzw. Selbstverursachung – der Ursache die Wirkung nur als etwas *Anderes* gegenüberstehen; und so kann –

8 Beachten Sie, daß damit etwas aufgedeckt wird, was bisher anscheinend unbekannt ist. Es ergibt sich nämlich, daß »bewußt« zum einen seinem Sinn nach einfach und zum andern seinem Sinn nach zweifach und im ganzen seinem Sinn nach somit dreifach ist, was nunmehr expliziert wird. Denn »bewußt« hat danach einen und denselben Sinn, der dennoch ohne jeden schlechten Doppelsinn »bewußt begleitet« ebenso bedeutet wie »bewußt begleitend«, womit Unterschiedliches bezeichnet wird: mit ersterem die Ausdehnung, mit letzterem der Punkt. Und deren Differenz im Rahmen der Identität ursprünglichen Bewußtseins als des *Selbst*bewußtseins ist danach für dieses auch notwendig.

auch bei Selbstbewußtsein – demjenigen Etwas, *dem* dabei etwas bewußt wird, dasjenige Etwas, *das* dabei für es bewußt wird, nur als etwas *Anderes* gegenüberstehen. Nur steht dabei in Gestalt von solchem Anderen als *zu sich* Anderem dann etwas Selbiges gerade *sich selbst* gegenüber: was jedoch an diesem Gegenüber als der grundsätzlichen Andersheit von etwas Anderem nicht das geringste ändern kann, auch wenn es dieses Gegenüber innerhalb von ihm als diesem Selbigen ist, das durch dieses Andere gerade *zu sich* Anderes ist. Eben darin liegt denn auch der Grund dafür, daß unverfälschte Zeit zunächst einmal uns allen immer wieder nur als reines Nacheinander, sprich, als reine Ausdehnung bewußt sein kann, nicht etwa auch als Punkt, was bisher unerklärlich ist und dadurch, daß es jetzt erklärlich wird, auch förmlich den Beweis für das zuletzt gewonnene Ergebnis liefert.

Nur bedarf es, um das letztere zu halten, über die Zugrundelegung der spezifisch zeitlichen Verhältnisse von Punkt und Ausdehnung hinaus noch einer weiteren Einsicht, deren Fehlen bisher noch ein weiterer Grund für jene Problematik ist, die man für so etwas wie Selbstbewußtsein schon seit jeher als unlösbar ansieht. Daß es letztlich bloß das notwendige Selbstbewußtsein jener Selbstverwirklichung von Punkt *mit* Ausdehnung *nur innerhalb von sich* sein kann, dies einzusehen hängt von der weiteren Einsicht ab, daß etwas voll bewußt sein kann, ganz ohne daß es deshalb etwa auch bewußt im Sinne von erwähnt oder thematisiert sein müßte. Damit greife ich, zunächst in einem ersten Schritt, die wohlbekannte Unterscheidung auf zwischen »to mention something« und »to use something«, die ich dann auch sogleich in einem zweiten Schritt noch übernehmen werde[9]. Für den Sinn, in dem ein Selbstbewußtsein jener Zeit *von* sich als Ausdehnung *für* sich als Punkt im Zuge ihrer Selbstverwirklichung erstehen muß, wird nämlich als ein weiterer Begriff der eines nichtthematisierenden bzw. nichterwähnenden Bewußtseins notwendig, das trotzdem voll und ganz Bewußtsein dessen ist, das ihm bewußt ist. Und der Grund dafür, daß man in Selbstbewußtsein immer wieder eine unlösbare Problematik sah und sieht, der lag und liegt denn –

9 Nach Quine (vgl. *Mathematical Logic*, Cambridge 1941, 3.Aufl. 1955, § 4 Ende) geht sie zurück auf Frege (vgl. *Grundgesetze der Arithmetik*, Bd.1, Jena 1893, S. 4).

zusätzlich zu jenem anderen – auch wesentlich noch darin, daß man gänzlich ungerechtfertigt vermeint: Als solches selbst müsse Bewußtsein von etwas thematisierendes oder erwähnendes Bewußtsein dieses Etwas sein, weil etwas nur bewußt sein könne, wenn es auch erwähnt oder thematisiert sei. Dies jedoch trifft schlechterdings nicht zu. Das sollten Sie sich darum auch an einem Beispiel aus dem Umkreis des Empirischen verdeutlichen und dadurch sicherstellen: Dies läuft durchaus nicht etwa auf eine *petitio principii* hinaus, die bloß umwillen dieses Nichtempirischen der inneren Struktur der Zeit erfolgt, auf die wir nichtempirisch-philosophisch reflektieren.

Schon jedem Fall elementarster Empirie läßt sich bei angemessener Reflexion auf ihn entnehmen, daß Bewußtsein keineswegs nur als erwähnendes oder thematisierendes Bewußtsein auftritt, sondern auch als nichterwähnendes bzw. nichtthematisierendes. Die ursprünglichsten Fälle solcher Empirie sind nämlich immer wieder zweifellos die von Prädikationen wie zum Beispiel »Dies ist rot« und »Dies ist rund«. Denn darin kommt die ursprüngliche Wahrnehmung von etwas in der Außenwelt zum Ausdruck, und als solche ist die Wahrnehmung recht eigentlich das Wahrnehmungs*bewußtsein* von etwas. Genausowenig aber kann dabei in Zweifel stehen, daß in jedem solchen Fall durch einen Prädikator wie zum Beispiel » ... rot« und » ... rund« allein von dem die Rede ist, worauf dabei durch einen Indikator wie zum Beispiel »Dies ...« Bezug genommen wird: von einem Ding, und nicht etwa auch noch von seiner Eigenschaft, von Röte oder Rundheit, die es, wenn es rot ist oder rund ist, hat. Denn rot bzw. rund ist ja gerade nicht die Eigenschaft, sondern allein das Ding; sonst käme ein unendlicher Regreß in Gang, durch den sich das Gesamtverhältnis zwischen Ding und Eigenschaft von vornherein zerschlüge. Dementsprechend ist bei solcher Prädikation als dem Ausdruck solcher Wahrnehmung *bewußt* im Sinne von *erwähnt* oder *thematisiert* ausschließlich dieses Ding, und nicht etwa auch noch die Eigenschaft von ihm, obwohl es diese hat und diese auch gerade das ist, was ihm *prädiziert* wird.

Daß es trotzdem in der Tat nicht diese Eigenschaft ist, was dabei bewußt im Sinne von erwähnt oder thematisiert ist, geht denn auch unzweifelhaft für Sie daraus hervor, daß eine einschneidende Ausdrucks-*Änderung* notwendig wird, damit nicht nur ein solches

Ding, sondern auch noch die Eigenschaft von einem solchen Ding bewußt im Sinne von erwähnt oder thematisiert wird. Notwendig wird dafür nämlich nichts geringeres als der Übergang von so etwas wie »... rot« bzw. »... rund« zu so etwas wie »... Röte« oder »... Rundheit«, der denn auch sofort den weiteren Übergang von »... ist ...« zu »... hat ...« notwendig macht. Denn »Dies ist rot« bzw. »Dies ist rund« ist logisch nur mit »Dies *hat* Röte« oder »Dies *hat* Rundheit« gleichbedeutend, nicht jedoch mit »Dies *ist* Röte« oder »Dies *ist* Rundheit«, woraus klar die Andersheit der Eigenschaft zum Ding hervorgeht, das infolge eben dieser Andersheit von ihr die Eigenschaft nur *haben* und nicht etwa *sein* kann. Trotzdem aber muß die Eigenschaft dann auch in jedem Fall wie »Dies ist rot« bzw. »Dies ist rund« in vollem Sinne schon bewußt sein, und das heißt: auch schon in jedem Fall, in dem bewußt im Sinne von erwähnt oder thematisiert allein das – eben rote oder runde – *Ding* ist.

Denn sonst könnte Ihnen *erstens* nicht verständlich werden, daß gerade diese *Eigenschaft* es ist, die einem Ding in allen solchen Fällen prädiziert wird, was doch wohl nur möglich sein kann, wenn sie dabei auch schon voll bewußt ist. Und nur dann kann Ihnen *zweitens* auch verständlich werden, daß von jedem solchen Fall wie »Dies ist rot« bzw. »Dies ist rund« ein Übergang zu »Dies hat Röte« oder »Dies hat Rundheit« möglich ist. Denn daß genau die vordem unerwähnte oder unthematisierte Eigenschaft durch diesen Übergang nunmehr thematisiert oder erwähnt wird, läßt sich nur verstehen, wenn sie als vordem unerwähnte oder unthematisierte gleichwohl eine voll bewußte ist. Nur ist sie danach eben eine unerwähnt-bewußte oder unthematisiert-bewußte, die als solche erst durch diesen Übergang bewußt-erwähnt oder bewußt-thematisiert wird.

Darum folgt aus dieser mittels Reflexion vollzogenen Analyse nicht nur, daß Bewußtsein also keineswegs etwa als solches selbst erwähnendes oder thematisierendes Bewußtsein sein muß, sondern daß es auch ein nichterwähnendes bzw. nichtthematisierendes Bewußtsein sein kann, das trotzdem ein Vollbewußtsein dessen ist, das ihm bewußt ist. Vielmehr folgt daraus noch weiter: Mindestens in allen solchen Fällen wie in denen, die als Beispiele herangezogen wurden, steht erwähnendes oder thematisierendes Bewußtsein von etwas sogar auch noch in einer unumkehrbar-einseitigen und auch unlösbaren Abhängigkeit vom entsprechend nichterwähnenden bzw. nichtthematisierenden Bewußtsein eben dieses Etwas. Ohne Zweifel nämlich ist ein Fall wie »Dies hat Röte« oder »Dies hat Rundheit« etwas Abgeleitetes von einem Fall wie »Dies ist rot« bzw. »Dies ist rund« als dem entsprechend Ursprünglichen, und nicht etwa umgekehrt. Ja daraus folgt zuletzt sogar auch noch des weiteren, daß so etwas wie »Dies ist rot« bzw. »Dies ist rund«, als demnach ursprüngliches Wahrnehmungsbewußtsein von etwas, ein nichterwähnendes *und* ein erwähnendes oder ein nichtthematisierendes *und* ein thematisierendes Bewußtsein wiederspruchsfrei in sich selbst vereinen muß.

Dies alles aber scheint man bisher nicht einmal zu sehen, ganz zu schweigen davon, daß man ein zu lösendes Problem darin erblicken würde, das wir uns jedoch für eine Lösung vorzumerken haben[10]. Denn in der Gestalt jenes Bewußtseins, das ursprünglich Zeitbewußtsein als ein Selbstbewußtsein dieser Zeit sein muß, steht uns nunmehr sogar die grundsätzliche Problematik von ursprünglichem Bewußtsein gegenüber. Und für deren Lösung ist durch die zuletzt gewonnenen Ergebnisse zumindest soviel auch bereits gesichert: Nicht das mindeste zwingt uns dazu, Bewußtsein schon von vornherein als ein erwähnendes oder thematisierendes Bewußtsein dessen zu verstehen, das ihm bewußt ist. Schließlich tritt Bewußtsein nachweislich auch als ein nichterwähnendes bzw. nichtthematisierendes Bewußtsein auf, wie etwa bei den Eigenschaften eines Dings, wo dem erwähnenden oder thematisierenden Bewußtsein dieser Eigenschaften solches nichterwähnende bzw. nichtthematisierende Bewußtsein als ein Vollbewußtsein dieser Eigenschaften doch sogar auch immer schon zugrunde liegen muß. Im Gegenteil spricht hiernach einiges dafür, zumindest einmal zu erwägen, ob dies nicht vielleicht sogar für jegliches erwähnende oder thematisierende Bewußtsein gelten könnte. Gelten müßte es dann nämlich auch bereits für jedes ursprünglich-erwähnende oder -thematisierende Bewußtsein einer Wahrnehmung wie »Dies ist rot« und »Dies ist rund«, wodurch nur Dinge, und nicht etwa auch noch deren Eigenschaften, ursprünglich-erwähnt oder -thematisiert sind. Jedenfalls läßt man dies bisher unerwogen, was denn auch der eigentliche Grund dafür sein dürfte, daß man

10 Vgl. unten § 12, S. 464ff.

für die Rätselhaftigkeit des Phänomens Bewußtsein bisher nicht einmal den Ansatz einer Lösung findet.

Müßte nämlich auch schon solchem ursprünglich-erwähnendem oder -thematisierendem Bewußtsein nichterwähnendes bzw. nichtthematisierendes zugrunde liegen, könnte es sich dabei nur um Selbstbewußtsein handeln, weil es sich bei ersterem doch nur um unser ursprüngliches Fremdbewußtsein handeln kann. Denn in der Tat: Ausschließlich solches ursprüngliche Wahrnehmungsbewußtsein wie zum Beispiel »Dies ist rot« und »Dies ist rund« ist es, wodurch wir ursprünglich zu etwas *Wirklich-Anderem* als uns, zu einem *Objekt* in der *Außenwelt*, gelangen können. Und tatsächlich müßte jenes Selbstbewußtsein als ein diesem Fremdbewußtsein immer schon zugrunde liegendes Bewußtsein dann ein nichterwähnendes bzw. nichtthematisierendes Bewußtsein von sich selbst sein, weil ja ein erwähnendes oder thematisierendes Bewußtsein immer erst aus ihm hervorgehen könnte, nämlich immer erst als dieses Fremdbewußtsein. Und die Art seines Hervorgehens aus solchem Selbstbewußtsein wäre denn auch Sache einer Herleitung, die nur erfolgen könnte, wenn zunächst einmal der positive Sinn von Selbstbewußtsein als ursprünglich-nichterwähnendem bzw. -nichtthematisierendem Bewußtsein hergeleitet wäre.

Der jedoch stellt sich für Selbst- als Zeitbewußtsein, wie wir es bereits entfaltet haben, ganz von selbst ein, wenn Sie das zuletzt Ermittelte noch mitbeachten. Denn Bewußtsein auch noch als ein nichterwähnendes bzw. nichtthematisierendes Bewußtsein anzusetzen, ist danach für dieses Selbst- als Zeitbewußtsein nicht nur möglich, weil Bewußtsein nachweislich auch als ein solches auftritt, sondern ist für dieses Selbst- als Zeitbewußtsein auch notwendig, um es weiter widerspruchsfrei zu begreifen. Selbst- als Zeitbewußtsein könnte danach nämlich immer wieder nur Erfüllung einer *Vorbedingung für* oder Erstellung eines *Mittels für* ein Fremdbewußtsein als erwähnendes oder thematisierendes Bewußtsein bilden, wenn doch letzteres aus ersterem hervorgehen oder ersteres dem letzteren zugrunde liegen muß. Entsprechend hätte dann auch nicht nur negativ zu gelten, daß dies Selbst- als Zeitbewußtsein *kein* erwähnendes oder thematisierendes Bewußtsein sein kann. Vielmehr hätte dann des weiteren noch positiv zu gelten, daß es ein *benutzendes* Bewußtsein sein muß, welches das von ihm benutzte Mittel denn auch *bloß* benutzt und somit eben nicht auch schon erwähnt oder thematisiert, weil ein erwähnendes oder thematisierendes Bewußtsein dadurch allererst ermöglicht, also nicht bereits verwirklicht werden kann.

Auf diese Weise übernehme ich in einem zweiten Schritt auch noch das zweite Glied aus jener Unterscheidung von »to mention something« und »to use something«. Denn ohnehin kann dabei mit »Erwähnen« nur erwähnendes *Bewußtsein* von etwas gemeint sein, und so im Zusammenhang der Unterscheidung insgesamt auch mit »Benutzen« nur benutzendes *Bewußtsein* von etwas. Und dessen Einführung durch seine positive Abgrenzung von ersterem wirft denn auch weiteres Licht darauf, daß in der Tat nur solches Selbst- als Zeitbewußtsein den gesuchten Ursprung von so etwas wie Bewußtsein bilden kann. Muß dann doch das in diesem Sinn jeweils Bewußt-Benutzende und das in diesem Sinn jeweils Bewußt-Benutzte auch mit dem dabei Bewußt-Begleitenden und dem dabei Bewußt-Begleiteten zusammenfallen[11]: mit Zeit als Punkt und Zeit als Ausdehnung, die dessen *Selbst*ausdehnung ist, oder mit Zeit als Selbigkeit und Zeit als Andersheit, die deren Andersheit *zu sich* ist. Das als Mittel dabei immer wieder bloß Bewußt-Benutzte ist die Zeit allein als solche Ausdehnung von sich als Punkt oder als solche Andersheit zu sich als Selbigkeit; und das sich selbst als dieses Mittel dabei immer wieder bloß Bewußt-Benutzende ist sie allein als dieser Punkt oder als diese Selbigkeit. Und nur in diesem positiven Sinn von bloß benutzendem Bewußtsein wird sie immer wieder zum Sichgegenübertreten eines Selbstbewußtseins ihrer Selbstverwirklichung.

Noch weiter wird denn auch erklärlich, daß wir alle uns der Zeit erst einmal nur bewußt sind als der reinen Ausdehnung von reinem Nacheinander, und nicht etwa auch als Punkt. Denn in der Tat ist sie zunächst auch nur als reine Ausdehnung von reinem Nacheinander das Bewußt-Benutzte innerhalb von Selbstbewußtsein, wie es dem Bewußt-Erwähnten oder dem Bewußt-Thematisierten innerhalb von Fremdbewußtsein nur zugrunde liegt: der Empirie von Außenwelt. Infolgedessen kommen auch wir alle nicht umhin, uns solche Zeit als reines Nacheinander reiner Ausdehnung, als die allein sie das dabei Bewußt-Benutzte ist, zunächst

11 Für beides nämlich gilt entsprechend das, was in Anmerkung 8 auf S. 353 ausgeführt ist.

einmal nach Art der räumlich-eindimensionalen Linie als reiner Raumausdehnung vorzustellen. Als Folge davon also ist es für uns alle unvermeidlich, sie dadurch zunächst einmal auch zu verfälschen, was zum Zweck der Messung solcher Zeit für Empirie als Wissenschaft sogar auch unentbehrlich wird.

Erklärlich wird auf diese Weise aber auch vor allem noch, daß Zeit, sobald sie nicht mehr dieses bloß Bewußt-Benutzte ist, sondern auch ihrerseits noch zum Bewußt-Erwähnten oder zum Bewußt-Thematisierten wird, sofort auch nicht mehr bloße Ausdehnung ist, sondern zusätzlich auch noch zum Punkt wird, wodurch sie zu etwas in sich Widersprüchlichem zu werden scheint. Und das ist immer dann der Fall, wenn Zeit, statt als ein Mittel bloß benutzt zu werden zur Thematisierung von etwas Empirischem, vielmehr auch noch als solche selbst, das heißt, als etwas Nichtempirisches thematisiert wird, wie etwa bei Zenon, Aristoteles und Augustinus in Gestalt der Frage: Was ist Zeit? Denn dadurch scheinen Punkt und Ausdehnung von Zeit auch immer wieder unvermeidlich in Alternative zueinander aufzutreten. Den dadurch erzeugten Schein der Widersprüchlichkeit bereinigt erst das Zeit-Modell, aus dem heraus sich schließlich auch noch die Erklärung für den Ursprung dieses Scheins ergibt. Danach kann Zeit durchaus nicht nur als das entstehen wie auch vergehen, als das sie erst einmal nur das Bewußt-Benutzte ist, als Ausdehnung des Nacheinander; Zeit muß danach vielmehr auch als Punkt entstehen wie auch vergehen, als der sie erst einmal gerade umgekehrt nur das Bewußt-Benutzende und so gerade nicht auch das Bewußt-Benutzte ist.

Dann jedoch muß Zeit, sobald sie nicht mehr nur bewußt-benutzende und nicht mehr nur bewußt-benutzte ist, sondern als solche selbst auch noch bewußt-erwähnt oder bewußt-thematisiert wird, nicht allein als diese Ausdehnung, sondern mit dieser Ausdehnung *ineinem* auch als dieser Punkt noch zum Bewußt-Erwähnten oder zum Bewußt-Thematisierten werden. Schließlich ist sie diese Ausdehnung doch nur als Ausdehnung von diesem Punkt, so daß sie nur mit ihm *ineinem* auftritt und sonach auch nur mit ihm *ineinem* zum Bewußt-Erwähnten oder zum Bewußt-Thematisierten werden kann. Und widerspruchsfrei kann das eben nur im Anschluß an das Zeit-Modell geschehen. Und so wird Zeit dadurch denn auch als das noch zum Bewußt-Erwähnten oder zum Bewußt-Thematisierten, als das Zeit, solange sie nur die bewußt-benutzende und auch nur die bewußt-benutzte ist, noch nicht etwas Bewußtes ist, noch nicht einmal im Sinn von etwas nur Bewußt-Benutztem, nämlich auch als Punkt noch.

Damit aber, daß all dies dadurch erklärlich wird, wird es auch zum Beweis dafür, wie das Gesamtgefüge an Begriffsbildung dazu notwendig wird; und insbesondere zuletzt auch noch die Bildung des Begriffs von einem bloß benutzenden Bewußtsein, das gleichwohl ein Vollbewußtsein dessen ist, was ihm bewußt ist: So etwas wie Selbstbewußtsein einer Selbstverwirklichung als Ursprung jeglichen Bewußtseins kann schlechthin nicht anders zu begreifen sein denn als ein bloß benutzendes und so gerade nicht auch schon erwähnendes oder thematisierendes Bewußtsein. Und gleichwohl muß ihm schon voll bewußt sein, was bloß als ein Mittel von ihm bloß benutzt wird: jene *Ausdehnung von* ihm als Punkt bewußt *für* es als Punkt bzw. jene *Andersheit von* ihm als Selbigkeit bewußt *für* es als Selbigkeit. Und was in der Gestalt des Ursprungs von Bewußtsein als dem Selbstbewußtsein dieser Selbstverwirklichung zu Zeit an innerer Struktur derselben ständig ebenso entsteht wie auch vergeht, ist denn auch nichts als die Struktur von Kraft bzw. Energie, wie sie als das Bewußtsein einer Absicht auftritt: als Intentionalität von selbstbewußter Subjektivität.

Hat diese doch als solche selbst ihr Wesen auch von vornherein schon darin, etwas Anderes als sich zu intendieren, nämlich den Erfolg als Artefakt durch sich als Intention wie auch für sich als Intention: Durch sich als Selbstverwirklichung zu einer Intention und deren Selbstbewußtsein geht Natur in der Gestalt von Zeit als Subjekt schon von vornherein auf nichts als Fremdverwirklichung von etwas Anderem aus, das bei Erfolg derselben eben Artefakt derselben ist und damit etwas Wirklich-Anderes durch sie wie auch für sie. Als etwas Wirklich-Anderes zu ihr kann es dies aber eben nur sein, wenn sie ein Bewußtsein auch von ihm noch wird und somit nicht allein ein Selbstbewußtsein von sich selbst ist, sondern *als* ein Selbstbewußtsein auch ein Fremdbewußtsein noch von diesem Anderen als sich selbst wird. Und ursprünglich wird Natur dazu denn auch als sogenannte Wahrnehmung von ihm als sogenanntem Wahrgenommenen von ihr, das ursprünglich jedoch als solches schon recht eigentlich das Artefakt von ihr ist. Und der erste, grundlegende Teilschritt zur Erstellung der Natur als solcher

Intention, die nur durch weitere, auf ihm aufbauende Teilschritte zu einer vollständigen werden kann, erfolgt denn auch bereits durch das Entstehen wie Vergehen jener Zeit als Selbstbewußtsein ihrer Selbstverwirklichung.

Schon dabei nämlich ist Bewußtsein als das bloß bewußt-benutzende, als Punkt, ganz von sich weg und nur auf das bewußtbenutzte Mittel hin gewendet: nur auf jene Ausdehnung von sich als jenes Andere zu sich. Denn auch nur diese oder dieses ist dabei das erste Mittel, mittels dessen dann durch weitere solche Mittel schließlich diejenige Ausdehnung und dasjenige Andere zustande kommen kann, die oder das gerade nicht mehr nur in *zu sich* Anderem oder in *Selbst*ausdehnung *innerhalb* von einer Intention besteht, sondern in etwas Wirklich-Anderem zu ihr und somit *außerhalb* von ihr: in einem Artefakt als dem Erfolg von ihr. Auch nur vermittels von Erstellung solcher Mittel innerhalb von sich kann nämlich Selbstverwirklichung mit Selbstbewußtsein davon auch noch Fremdverwirklichung von etwas Wirklich-Anderem als sich mit Fremdbewußtsein davon werden. Dieses aber bildet dann auch nicht mehr nur benutzendes Bewußtsein dieser Mittel innerhalb von sich, es bildet vielmehr auch erwähnendes oder thematisierendes Bewußtsein noch von dem durch diese Mittel hergestellten Artefakt als etwas Wirklich-Anderem außerhalb von sich.

Nur kommt freilich alles darauf an, daß Sie beachten: Selbst ein solches Wirklich-Anderes außerhalb von einer Intention muß trotzdem noch in irgendeinem Sinn ein zu sich Anderes bleiben, der denn auch auf irgendeine Art noch aufweis- und verstehbar werden muß, wenn anders auch Intentionalität nur aus Natur hervorgehen kann. Dann nämlich muß Natur doch auch gerade beides sein: Intentionalität als Subjektivität sowohl wie auch Erfolg von ihr, als Artefakt durch sie für sie, und somit Wirklich-Anderes als sie. Infolgedessen kann Natur sogar auch noch in der Gestalt von diesem Wirklich-Anderen des Artefakts als des Erfolgs durch sich für sich als Intention nur etwas Anderes *zu sich* sein. Ist doch etwas Wirklich-Anderes als eine Intention dann auch natürlich nicht mehr etwas Anderes nur innerhalb von dieser Intention, wie etwa jenes *zu sich* Andere der Ausdehnung nur innerhalb von Punkt, sondern natürlich etwas Anderes außerhalb von dieser Intention. Sehr wohl jedoch ist es auch dann noch etwas Anderes innerhalb von der Natur, die beides ist: die Intention sowohl wie der Erfolg als Artefakt von ihr. Nicht etwa ist es dann sogleich auch etwas Anderes außerhalb von der Natur, die beides ist, so daß diese Natur auch in Gestalt von diesem Wirklich-Anderen zu einer solchen Intention noch Anderes *zu sich* sein muß. Sogar auch noch für das, wozu Natur dabei zuletzt in der Gestalt von solchem Artefakt als dem Erfolg von sich als Intention wird, für das Wirklich-Andere des empirischen Objekts, ist also wesentlich, wozu Natur dabei zuerst in der Gestalt von Zeit als jener Selbstverwirklichung mit Selbstbewußtsein wird: die Andersheit *zu sich* als Selbigkeit oder die Ausdehnung *von sich* als Punkt.

Nicht also dadurch einfach, daß Natur als reine Kraft bzw. Energie des ständigen Entstehens wie Vergehens von Bewegung ohne jegliches Bewegte auftritt, wird sie etwa auch schon zum Bewußtsein einer Absicht eines Subjekts. Denn als solche Kraft bzw. Energie tritt sie auch schon in Fällen von substratlos-absolutem Wechsel wie etwa in Wellenfeldern des Elektromagnetismus auf. Als das Bewußtsein einer Absicht eines Subjekts tritt Natur vielmehr erst dadurch auf, daß sie als reine Kraft bzw. Energie des ständigen Entstehens wie Vergehens von Bewegung ohne jegliches Bewegte jene ganz spezielle Form der Zeit annimmt: die Form von Punkt *mit* Ausdehnung *nur innerhalb von sich* und allem, was des weiteren daraus hervorgeht. Und so ist sie hier denn auch von einer Form, von der bei so etwas wie Wellenfeldern des Elektromagnetismus offenbar noch keine Rede sein kann. Das Entscheidende daran ist somit in der Tat das Eigentümliche, ja Einzigartige gerade dieser Form der Zeit.

Und das wird Ihnen einsichtig, wenn Sie des weiteren beachten, wie Natur als immer wieder neuer Ursprung dieser Form der Zeit sich überhaupt begreifen läßt und wie gerade nicht. Denn dieser Ursprung als das immer wieder neue Auftreten von Punkt *mit* Ausdehnung *nur innerhalb von sich* und allem, was damit einhergeht und sich daran anschließt, kann durch keinen der Begriffe, die bisher für ein Natur-Ereignis zur Verwendung kamen, zu begreifen sein. – Nicht durch den Begriff eines Ereignisses als der Veränderung von etwas, weil sie dieses Etwas als erhaltenbleibendes Substrat voraussetzt, das Natur als Kraft bzw. Energie in Form der Zeit jedoch nicht bilden kann. Läßt sich doch keins von beidem, was an letzterer beteiligt ist, als ein dem anderen dabei zugrunde liegendes Substrat begreifen, das dabei erhalten bliebe: weder Punkt noch

Ausdehnung. – Doch auch nicht durch den Begriff eines Ereignisses im Sinn der Teilung von etwas, wonach Natur ursprünglich etwa als die reine Flüssigkeit von Kraft bzw. Energie auftritt und erst durch Teilung in sich selbst dann nach und nach auch noch als Teilchen oder Teile. Denn durchaus nicht können Punkt und Ausdehnung, wozu Natur als Kraft bzw. Energie in Form der Zeit sich immer wieder ebenso differenziert wie identifiziert, etwa als Teile oder Teilchen innerhalb von ihr begreiflich werden. – Dann jedoch erst recht auch nicht durch den Begriff eines Ereignisses im Sinn einer Zusammenfügung von etwas, der den von so etwas wie Teilen oder Teilchen immer schon voraussetzt. Und tatsächlich kann die Art und Weise, wie Natur als Kraft bzw. Energie in Form der Zeit sich immer wieder identifiziert sowohl wie differenziert, auch nicht etwa als eine Zusammenfügung aus den Teilen oder Teilchen Punkt und Ausdehnung begriffen werden. Insbesondere daran sehen Sie, wie irreführend und behindernd es bis heute ist, wenn Kant das ursprüngliche Auftreten von Zeit (wie auch von Raum) als »Synthesis« im Sinn einer »Zusammensetzung« immer wieder wörtlich nimmt.

In unserem Zusammenhang ersehen Sie daraus jedoch erst recht, wie eigentümlich, ja wie einzigartig das Natur-Ereignis eines Auftretens von Kraft bzw. Energie in Form von Zeit tatsächlich sein muß. Konnten wir uns doch ihr Auftreten als jenes ständige Entstehen wie Vergehen von Mentalem oder Psychischem, das als Agieren Reagieren auf sich auslöst, nur als jene radikale Teilung der Natur in sich begreiflich machen, die ineinem damit auch eine Zusammenfügung mit sich ist. Begreiflich werden konnte dies uns nämlich nur in dem Sinn, daß ein Teil von etwas Physischem oder Somatischem wie etwa dem Gehirn als Hochorganisiert-Substrathaftem *zu* reiner Kraft bzw. Energie *spontan* sich *umsetzt* und sonach *zu* einer Form, die formt und damit wirkt, indem sie dabei mit dem andern Teil von diesem Physischen oder Somatischen auch wechselwirkt und er mit ihr. Entsprechend müssen alle solchen Fälle dahin gehen, daß dabei etwas *ab*geteilt *von* Physischem oder Somatischem genauso wird wie auch als Kraft bzw. Energie *mit* diesem Physischen oder Somatischen *zusammen*gefügt wird, das dadurch bewegt wird.

Nur handelt es sich dabei bloß um die Struktur, die das Natur-Ereignis des Mentalen oder Psychischen mit demjenigen Physischen oder Somatischen zusammen bildet, dem es auf genannte Weise je und je entspringt. Das heißt: Es handelt sich dabei gerade nicht etwa um die Struktur, die das Mentale oder Psychische als ein Natur-Ereignis dabei innerhalb von sich allein erstellt. Nur diese ist es denn auch, der mit keinem der Begriffe von Natur-Ereignis beizukommen ist, die bisher dafür zur Verfügung standen. Und nur sie erfordert darum zu ihrer Begreiflichkeit auch den gesamten Aufwand an Begrifflichkeit, den wir getrieben haben und noch weiter werden treiben müssen. Steht doch vorerst jedenfalls zumindest soviel fest: Was immer wieder hinter jenem Auftreten von Zeit und ihrer inneren Struktur steht, muß in jedem Fall Natur sein, die dabei jedoch zu einer Form von reiner Kraft bzw. Energie wird, deren Einzigartigkeit sich schwerlich über die im Anschluß an das Zeit-Modell entwickelte Begrifflichkeit hinaus noch weiter aufwärts ohne Widerspruch begreifen lassen wird.

Denn immer wieder tritt Natur dabei gerade so auf, daß sie gleichursprünglich ebenso zu Punkt wird wie zu Ausdehnung, und damit ebenso zu Selbigkeit wie auch zu Andersheit, bzw. zu Identität genauso wie zu Differenz. Nur daß sie dabei, dieser Gleichursprünglichkeit zum Trotz, vor sich als jeweils letzterem durch sich als jeweils ersteres den vorgenannten Vorrang immer wieder hat und hält. Wird sie doch auch nur dadurch immer wieder zum Subjekt eines Bewußtseins einer Absicht, nämlich ständig zum Entstehen wie Vergehen ohne jegliches Bestehen von Mentalem oder Psychischem als der Bewegung ohne jegliches Bewegte. Und tatsächlich ist Natur in der Gestalt von jedem solchen Subjekt überhaupt nichts anderes als Punkt, wie er zum sich selbst ausdehnenden wird, bzw. Selbigkeit, wie sie zur Zu sich-Andersheit, oder Identität, wie sie zur Differenz in sich wird. Eben darin nämlich wird Natur zum Subjekt als Sich-Gegenübertreten eines Selbstbewußtseins, das zum Fremdbewußtsein erst noch werden muß und auch nur werden kann durch ganz bestimmte Weiterbildung solcher innerer Struktur.

Genau aus diesem Grund ist ein Subjekt denn auch bis einschließlich von Fremdbewußtsein immer wieder vorrangiger Punkt vor nachrangiger Ausdehnung. Denn auch nur in Gestalt von solchem Punkt und solcher Ausdehnung als dem Sich-Gegenübertreten eines Selbstbewußtseins kann ein Subjekt auch noch ein Bewußtsein als »Begriff« oder als »Urteil« sein, wie es in »...rot«

bzw. »...rund« oder in »Dies ist rot« bzw. »Dies ist rund« zum Ausdruck kommt und als ein Fremdbewußtsein dann auch noch erwähnendes oder thematisierendes Bewußtsein von Empirisch-Wirklich-Anderem der Außenwelt ist. Und in alle solchen Formen von Bewußtsein einer Absicht muß denn auch der Inhalt eingehen, den ein solches Subjekt sich als dem Mentalen oder Psychischen durch seine Wechselwirkung mit dem Physischen oder Somatischen selbst zuzieht, wenn er schließlich zum empirischen Gehalt des Wirklich-Anderen werden soll, das als Erfolg dieses Bewußtseins einer Absicht eben Artefakt derselben ist.

Die Ur- und Grundform aller dieser weiteren Formen von Bewußtsein als Subjekt: das Selbstbewußtsein jener Zeit als Punkt mit Ausdehnung nur innerhalb von sich, wird aber schwerlich sich noch weiter aufwärts auf Begriffe bringen lassen oder gar auf einen höheren gemeinsamen Begriff von Punkt und Ausdehnung, was aber auch nicht nötig ist. Nur allzu klar macht diese Ur- und Grundform nämlich, daß und wie Natur tatsächlich für »Verstand *und* Sinnlichkeit« als Punkt *und* Ausdehnung des Subjekts die »gemeinschaftliche Wurzel« ist, die Kant bereits vermutete. Das ist sie dahingehend, daß sie immer wieder beides gleichursprünglich wird, doch nur, indem sie als der erstere dabei auch immer wieder vorrangig und als die letztere dabei auch immer wieder nachrangig wird. Denn nur dadurch wird sie zum erst einmal bloß benutzenden Bewußtsein einer Absicht.

Doch wenn auch vielleicht nicht weiter aufwärts, so läßt diese Ur- und Grundform von Bewußtsein als dem Selbstbewußtsein eines Subjekts sich sehr wohl noch weiter abwärts auf Begriffe bringen: bis zum Selbstbewußtsein, das auch noch das Fremdbewußtsein des Subjekts als einer in sich *vollständigen* Absicht ist und bei Erfolg derselben denn auch noch erwähnendes oder thematisierendes Bewußtsein von Empirisch-Wirklich-Anderem als Artefakt derselben.

§ 11. Unser Fremdbewußtsein als von Selbstbewußtsein abgeleitetes Bewußtsein der Vergegenständlichung von etwas Anderem

Doch wie gesagt: Mit allem, was nach unserer Herleitung von Zeit zu ihr hinzugehört, ist solche Zeit nur erstes Aufbaustück von jeder Absicht oder Intention, mit dem noch weitere einhergehen müssen. Denn sie können nur zusammen eine in sich vollständige Absicht oder Intention ergeben. Und an diesen weiteren Aufbaustücken muß es demnach liegen, wenn das Selbstbewußtsein als ein bloß benutzendes Bewußtsein solcher Zeit zur Grundlage für Fremdbewußtsein als ein auch erwähnendes oder thematisierendes Bewußtsein wird, das eine Absicht oder Intention vervollständigt. Im Zug der Abgrenzung des ersten aber hat sich auch das zweite dieser Aufbaustücke schon gemeldet, weil es gleichfalls nur als ein spezifisches Verhältnis zwischen Punkt und Ausdehnung entspringen kann, der Raum. Ihn müssen wir jedoch als dies Verhältnis nunmehr voll heranziehen, um es insbesondere bewußtseinstheoretisch, und das heißt am Ende eben absichtstheoretisch herzuleiten: Über jene Zeit hinaus hat jener Punkt als jenes Subjekt sich auch noch zu diesem Raum selbst auszudehnen, und zwar mit sich selbst als jener Zeit einhergehend, weil aus sich selbst als jener Zeit heraus hervorgehend. Nur dies führt nämlich auch noch zu dem zweiten Schritt des Aufbaus einer Absicht oder Intention, die bei Erfolg ein Artefakt als etwas Wirklich-Anderes als sich für sich besitzt.

Voneinander abzugrenzen galt es Zeit und Raum zunächst als ein Verhältnis zwischen Punkt und Ausdehnung im Sinn von Punkt *mit* Ausdehnung *nur innerhalb von sich*, als Zeit, wie auch im Sinn von Punkt *mit* Ausdehnung *auch außerhalb von sich*, als Raum. Schon daran zeigte sich, daß Zeit zwar ohne Raum, doch Raum nicht ohne Zeit sich definieren läßt, weil Punkt mit Ausdehnung *auch* außerhalb von sich, als Raum, ja einschließt Punkt mit Ausdehnung *auch* innerhalb von sich, als Zeit. Für das konkrete Auftreten von Zeit und Raum jedoch bedeutet dies nunmehr, daß Zeit zwar ohne Raum auftreten könnte, Raum dagegen umgekehrt nicht ohne Zeit auftreten kann, woraus erneut das eigentlich Synthetische auch dieses Auftretens von Raum für Sie erhellt: Zum

Ergehen einer Absicht oder Intention bedarf es eben einer weiteren Synthesis: nicht nur der Synthesis von Zeit, sondern auch noch der Synthesis von Raum, die über erstere hinaus erfolgen muß. Doch keine davon kann etwa den Sinn einer »Zusammensetzung« haben, sondern jede davon vielmehr nur den Sinn von ursprünglicher Ausdehnung, und beide miteinander somit auch nur den von Ausdehnung als gleichursprünglicher.

Bereits die Synthesis von Zeit ließ sich nicht so verstehen, als würden Punkt und Ausdehnung dabei zu Zeit »zusammengesetzt«, sondern nur dahin, daß ein Punkt dabei *sich* ausdehnt, nämlich *sich* zu jener Ausdehnung *nur innerhalb von sich*. Erst recht jedoch läßt sich die Synthesis von Raum nicht so verstehen, als würden Punkt und Ausdehnung dabei auch noch zu Raum »zusammengesetzt«, geschweige so, als würden Ausdehnung von Zeit und Ausdehnung von Raum dabei zu Zeit *mit* Raum »zusammengesetzt«. Erst recht vielmehr läßt sich auch diese Synthesis von Raum nur so verstehen, daß ein Punkt dabei *sich* ausdehnt, nämlich *sich* zu jener Ausdehnung »nur innerhalb von sich«, zu Zeit, *sowie des weiteren* zu jener Ausdehnung »auch außerhalb von sich«, zu Raum, weil beides eben *Selbst*ausdehnung eines und desselben Punktes ist.

Nur dehnt er dabei eben gleichursprünglich sich selbst gegensätzlich aus und wird dadurch zu einem Punkt, der Ausdehnung zum einen innerhalb von sich hat und zum andern außerhalb von sich hat. Beide aber hat er dann gerade so, daß er die letztere dabei auch immer wieder nur in unlösbarem Anschluß an die erstere besitzt, weil jede davon seine Selbstausdehnung ist, die letztere jedoch allein auf Grund der ersteren erfolgen kann. Denn Ausdehnung als Selbstausdehnung *nicht* »nur innerhalb von sich« als Punkt, sondern »auch außerhalb von sich« als Punkt zu haben, dies bedeutet eben, daß die letztere die erstere bereits voraussetzt.

Daran aber müßte Ihnen sofort aufgehen: Jenes asymmetrische Verhältnis zwischen Punkt und Ausdehnung als das von Punkt *mit Ausdehnung*, nicht umgekehrt, setzt sich auch hierein weiter fort. Denn auch im Zuge dieser weiteren Selbstausdehnung in Gestalt von Zeit *mit Raum* hat dieser Punkt vor dieser Ausdehnung den Vorrang und mithin auch diese Ausdehnung nach diesem Punkt den Nachrang: Wie es sich bereits im Fall von bloßer Zeit nur darum handeln kann, daß *Punkt* zu *Ausdehnung* sich *aus*dehnt, und nicht etwa umgekehrt, daß *Ausdehnung* zu *Punkt* sich *ein*-dehnt, nämlich schrumpft, so kann es sich erst recht auch jetzt im Fall von Zeit *mit Raum* nur darum handeln, und nicht etwa um das Umgekehrte. Nur erfolgt die weitere Selbstausdehnung dieses Punktes, wodurch er sich auch noch zu der Ausdehnung des Raumes ausdehnt, jetzt aus diesem Punkt heraus, wie er sich zu der Ausdehnung der Zeit schon ausdehnt, und mit Zeit einhergehend sonach auch ebenso aus Zeit heraus wie über Zeit hinaus.

So zwingend sich jedoch auch dieses weitere Verhältnis zwischen Punkt und Ausdehnung in der Gestalt von Zeit *mit Raum* ergeben mag, so zwingt es doch auch weiter dazu, erst einmal zu zeigen, daß es widerspruchsfrei ist. Es zwingt sonach auch weiterhin zur Bildung der entsprechenden Begriffe, die dafür desgleichen nicht schon zur Verfügung stehen. Ja noch entschiedener sogar muß Ihnen dieses weitere Verhältnis zwischen Punkt und Ausdehnung zunächst als eine Widersprüchlichkeit erscheinen. Handelt es sich dabei doch zum ersten Mal um ein Verhältnis zwischen beiden, das sie dahingehend bilden, weiterhin zwar gleichursprünglich miteinander aufzutreten, nunmehr aber eben miteinander gleichursprünglich außerhalb einander. Und so ist denn eben dadurch auch schon das Verhältnis vorgebildet, welches innerhalb des Raumes zwischen Punkt und Ausdehnung besteht, wo Punkt und Ausdehnung einander ausschließen, auch dann, wenn sie in diesem Sinne miteinander auftreten, wie etwa Linie mit Punkt als Grenze. Dieses letztere Verhältnis zwischen Punkt und Ausdehnung so zu verstehen, daß er sie dabei nicht nur außerhalb von sich, sondern auch innerhalb von sich besitze, wäre demgemäß ein Widerspruch.

Gerade dies jedoch hat sehr wohl für die ursprüngliche Ausdehnung von Raum zu gelten, welche gleichursprünglich mit der ursprünglichen Ausdehnung von Zeit erfolgen muß. Denn auch nur dann kann gelten, daß die erstere genauso wie die letztere ein Fall von Selbstausdehnung jenes Punktes ist. Trotz ihrer Gegensätzlichkeit zu jener Ausdehnung von Zeit, die Ausdehnung nur innerhalb von jenem Punkt ist, muß dann diese Ausdehnung von Raum, die Ausdehnung auch außerhalb von jenem Punkt ist, gleich der Ausdehnung von Zeit auch selbst noch innerhalb von diesem Punkt sein, was denn auch zunächst einmal wie eine Widersprüchlichkeit erscheinen muß. Und diese Widersprüchlichkeit betrifft erneut die Frage, wie eine Identität es soll vermögen können, aus sich selbst heraus wie in sich selbst hinein zu einer Differenz zu werden: nunmehr nämlich schon ein zweites Mal, und zwar sogar im Gegensatz zum ersten Mal. Denn in der Tat kann es sich auch bei dieser zweiten Ausdehnung zu Raum nur dann um eine zweite Selbstausdehnung jenes Punktes handeln, wenn auch in Gestalt von dieser zweiten Ausdehnung zu Raum noch dieser Punkt als Selbigkeit zu einer Andersheit sich ausdehnt, welche seine Andersheit zu sich ist oder seine Zu sich-Andersheit. Und widerspruchsfrei könnte dies nur dann sein, wenn sich auch noch unterscheiden ließe zwischen demjenigen Sinn, in dem die Ausdehnung des Raumes eine außerhalb von diesem Punkt ist, und demjenigen, in dem auch sie noch eine innerhalb von diesem Punkt ist.

Diese Unterscheidung aber wird tatsächlich möglich, wenn Sie weiterhin beachten: Dieses Auftreten von Raum erfolgt gerade nicht einfach als Auftreten von Ausdehnung, sondern als Auftreten von *Punkt mit* Ausdehnung, weil es als Auftreten von Punkt mit Ausdehnung *auch außerhalb von sich* erfolgt, und insgesamt sonach als Auftreten von Punkt mit Ausdehnung *auch innerhalb von sich*. Im Ganzen dieses Auftretens von *Punkt mit* Ausdehnung hat somit auch das Auftreten der Ausdehnung von Raum als derjenigen außerhalb von diesem Punkt noch ganz das Auftreten der Ausdehnung von Zeit als derjenigen innerhalb von diesem Punkt. Genau in diesem Sinn ist darum auch die Ausdehnung von Raum als eine außerhalb von diesem Punkt noch eine innerhalb von diesem Punkt: in dem Sinn nämlich, daß sie zwar nicht *als* Zeit auftritt, sehr wohl aber *wie* Zeit auftritt. Und das tut die Ausdehnung von Raum als eine außerhalb von diesem Punkt entsprechend *wie* die Ausdehnung von Zeit als eine innerhalb von diesem Punkt gerade so, daß beide miteinander eben immer wieder nur ein ebenso Entstehen wie Vergehen ohne jegliches Bestehen bilden. Diese Ausdehnung von Raum als ein Zugleich tritt danach widerspruchsfrei als ein Nacheinander von Zugleich auf: Wie im Fall von bloßer Zeit ein bloßer Punkt als einziger ein immer wieder neuer ist, so ist im Fall von Zeit mit Raum dann über diesen Punkt als einzigen hinaus auch eine Ausdehnung aus diesem Punkt heraus als einzige noch eine immer wieder neue. Und so gilt: Geht Ausdehnung des Raumes dabei *über* diesen Punkt *hinaus*, so geht genau so weit auch dieses Punktes Ausdehnung der Zeit dabei *auf*

Ausdehnung des Raumes *über*, so daß letztere als eine außerhalb von diesem Punkt genau in diesem Sinn auch selbst noch eine innerhalb von diesem Punkt ist.

Wie bereits in jenem Fall von Zeit *allein* ist somit auch in diesem Fall von Zeit *mit Raum* nur dadurch eine Widersprüchlichkeit in diesem asymmetrischen Verhältnis zwischen Punkt und Ausdehnung vermieden, daß es sich dabei um eine asymmetrische Dynamik beider handelt. Wie die erste kann es auch die zweite Selbstausdehnung jenes Punktes widerspruchsfrei nur dynamisch als ein Selbst*ausdehnen* geben, doch nicht etwa auch noch statisch als eine Selbst*ausgedehntheit*, die einfach bestehen würde. Vielmehr kann auch sie nur immer wieder ebenso entstehen wie vergehen. Somit ist sie auch als das Zugleich der Ausdehnung des Raumes außerhalb von diesem Punkt noch Nacheinander von Zugleich und damit Zeit als Ausdehnung auch innerhalb von diesem Punkt noch. Statisch daran ist ausschließlich das Zugleich der Ausdehnung des Raumes für sich selbst betrachtet, weil genau so weit, wie es aus diesem Punkt heraus und über diesen Punkt hinaus erfolgt, bezüglich dieses Punktes als des ständig andern je und je nur eine ganz bestimmte Ausdehnung des Raumes als Zugleich erfolgen kann. Als Folge davon kann auch jedes gegen etwas Anderes abgegrenzte Etwas *innerhalb* von ihm nur statisch etwas ganz Bestimmtes sein. Doch handelt es sich mit all dem zusammen eben um das Ganze eines Nacheinander von Zugleich und damit widerspruchsfrei um eine Identität mit einer Doppel-Differenz in sich oder um einen Punkt mit einer Doppel-Ausdehnung in sich.

Daraus ersehen Sie, daß nach wie vor, nämlich auch jetzt beim Raum noch, dieser Punkt als selbiger für das Spezifische von beidem, Zeit und Raum, der Ursprung ist und damit auch der Ausgangspunkt für unsere Definition als Spezifikation von beidem, Zeit und Raum. Als dieser Urpunkt ist ein Subjekt fortlaufend der Ursprung beider, dadurch eben, daß es oder er sich selbst zur Ausdehnung von beiden gleichursprünglich ausdehnt, und das heißt, zu Ausdehnung nur innerhalb von sich, zu Zeit, genausowie zu Ausdehnung auch außerhalb von sich, zu Raum. Nur hat es oder er im vorgenannten Sinn auch diese Ausdehnung von Raum als eine außerhalb von sich noch widerspruchsfrei innerhalb von sich, so daß in diesem Fall sich »außerhalb« und »innerhalb« nicht widersprechen. Mag daher auch die Begriffsbildung für diese weitere innere Struktur der Subjektivität von größter Härte sein, so läßt sich doch auch ihre Widerspruchsfreiheit erweisen.

Denn das Zeit-Modell läßt sich erweitern, und zwar so, daß es auch diesen Raum noch, der im vorgenannten Sinn recht eigentlich ein Zeit-Raum ist, miteinbezieht und dadurch zum Zeit-Raum-Modell wird. Ist doch dieser Raum ein Zeit-Raum in genau dem Sinn, daß er im Grunde gleichfalls Zeit als Nacheinander ist; nur ist er eben nicht mehr eines bloßen Punktes Nacheinander, sondern auch noch Nacheinander einer Ausdehnung aus diesem Punkt heraus und über diesen Punkt hinaus, die nur als solche, unbeschadet ihres Nacheinander, ein Zugleich ist und nur darin denn auch Raum. Und so gehorcht auch dieser ursprüngliche Raum noch ebenso wie jene ursprüngliche Zeit dem Zeit-Modell, das sich entsprechend zum Zeit-Raum-Modell erweitern läßt.

Denn nehmen Sie zum Stellvertreter für den Raum etwa die Linie als eindimensionalen Raum, wie Physiker dies häufig tun, so können Sie wie einen immer wieder neuen Punkt auch eine immer wieder neue Linie aus diesem Punkt heraus und über diesen Punkt hinaus als einen geometrisch-idealen Gegenstand sich konstruieren. Ohne weiteres nämlich können Sie ein scharfkantiges Kreidestück statt mit der Spitze vielmehr mit der Kante an der Tafel fortbewegen, so daß Sie statt einer Linie vielmehr eine Fläche an der Tafel zeichnen. Lassen Sie jedoch auch dabei wieder in unmittelbarem Anschluß an die Kante dieses Kreidestückes einen Schwamm so folgen, daß es dadurch schon von vornherein zur Zeichnung einer Fläche gar nicht kommt, sondern bei Zeichnung einer Linie bleibt, so bildet diese Linie nunmehr das genau Entsprechende zu jenem Punkt. Sie bildet dann das Nacheinander nicht nur eines Punktes, sondern auch noch einer Linie aus diesem Punkt heraus und über diesen Punkt hinaus, und so auch noch das Nacheinander von Zugleich als Raum im Sinn von Zeit-Raum. Und entsprechend ist auch noch ein Nacheinander von Zugleich des zwei- bzw. dreidimensionalen Raumes vorzustellen, auch wenn es technisch schwierig, ja unmöglich sein mag, dies mit Schwamm und Kreide an der Tafel vorzuführen. Und die grundsätzliche Möglichkeit der Konstruktion auch dieses geometrisch-idealen Gegenstandes wird mithin zum Nachweis dafür, daß auch diese innere Struktur der Subjektivität als Nacheinander von Zugleich im

Sinn von Zeit mit Raum als Zeit-Raum widerspruchsfrei möglich sein muß.

Trotzdem könnten Ihnen dabei Zweifel bleiben, wenn Sie weiterhin im Blick behalten: Dieser zweite Fall von Ausdehnung auch noch zu Raum kann doch ein Fall von Selbstausdehnung ebenfalls nur sein, wenn er wie jener erste Fall von Ausdehnung zu Zeit ein Fall von Selbstbewegung einer Selbstverwirklichung als Selbstverursachung in vollem Sinn ist. Widerspruchsfrei möglich aber sei das nur, wenn zwischen Ursache und Wirkung auch noch dabei jenes asymmetrische Verhältnis walte, wonach nur der Punkt die Ursache und nur die Ausdehnung die Wirkung sei, worin er vor ihr jenen Vorrang und sie nach ihm jenen Nachrang habe, wie sich beides in Gestalt von Zeit mit Hilfe des Modells für sie erweisen lasse. Nur bedeute dies, daß jener Punkt als selbiger nicht etwa ebenso die Ursache für sich wie auch die Wirkung von sich sei, sondern als selbiger nur Ursache für sich als anderen und so auch Wirkung von sich nur als anderer. Daß er als anderer ein *zu sich* anderer und damit auch als selbiger noch Wirkung von sich ist, sei danach vielmehr nur darauf zurückzuführen, daß dieser Punkt dabei noch eine zweite, zusätzliche Rolle spielt, indem er nicht nur diese Ursache für sich als diese Wirkung ist, sondern als diese Ursache auch immer wieder bei sich ist als dieser Wirkung. Und das heiße: Nicht etwa bleibt er, nur weil er vor der Ausdehnung von sich den Vorrang hat, vor dieser Ausdehnung von sich zurück, indem dabei sein Vorrang vor ihr etwa umschlüge in einen Nachrang nach ihr. Vielmehr hält er diesen Vorrang vor ihr durchwegs aufrecht, dadurch, daß er immer wieder neu gleichauf mit ihr auch miteinhergeht. Und so tut er dies mithin gerade dahingehend, daß er diese Ausdehnung von sich als diese Wirkung durch sich nicht allein verursacht, sondern als durch sich verursachte auch immer wieder durch sich als die Ursache für sie begleitet und so auch noch zum begleitenden Bewußtsein von ihr als dem Selbstbewußtsein von sich wird.

Als etwas Widerspruchsfreies sei so etwas wie Selbstbewegung einer Selbstverwirklichung im vollen Sinn der Selbstverursachung sonach nur möglich, wenn sie dabei auch noch Selbstbewußtsein von sich wird, wie es bei Zeitbewußtsein ja der Fall sei. Das Entscheidende für diese Widerspruchsfreiheit sei demnach letztlich nur, daß jener Punkt bei seiner Selbstausdehnung hinter dieser seiner Ausdehnung gerade nicht zurückbleibt, sondern als begleitendes Bewußtsein von ihr vielmehr immer wieder mit ihr miteinhergeht, was für jene erste Ausdehnung zu Zeit zwar gelte, doch für diese zweite Ausdehnung zu Raum gerade nicht mehr. Habe diese Ausdehnung von Raum doch ihr Spezifisches gerade darin, daß sie Ausdehnung aus diesem Punkt heraus und über diesen Punkt hinaus ist, wie sich dies denn auch ausdrücklich aus ihrer Definition im Gegensatz zu der von Zeit ergebe.

Umgekehrt bedeute das mithin, daß dieser Punkt genau in diesem Sinn *vor* seiner Ausdehnung bzw. *hinter* seiner Ausdehnung in diesem Fall sehr wohl zurückbleibt, so daß diese Ausdehnung, auch wenn sie Nacheinander von Zugleich ist, als Zugleich und so als das Spezifische des Raumes immer wieder neu *hinausgeht* über diesen Punkt und er sonach auch immer wieder neu *zurückbleibt* vor bzw. hinter dieser Ausdehnung. Und damit sei nicht mehr gewährleistet, daß es sich wie bei jener ersten auch bei dieser zweiten Selbstausdehnung widerspruchsfrei noch um Selbstbewegung einer Selbstverwirklichung als Selbstverursachung im vollen Sinne handelt. Denn das dafür notwendige Selbstbewußtsein solcher Selbstbewegung einer Selbstausdehnung dieses Punktes sei danach nicht mehr verbürgt, da *Miteinhergehen* dieses Punktes *mit* der Ausdehnung desselben als *Begleitbewußtsein* dieses Punktes *von* der Ausdehnung desselben hier nicht mehr gegeben sei.

In dieser Hinsicht aber haben Sie jetzt noch genauer abzuwägen: So gewiß das nämlich zutrifft, so doch nur insoweit, als Sie ausschließlich die Ausdehnung von Raum berücksichtigen und mithin die Ausdehnung von Zeit dabei vernachlässigen. Dies jedoch ist unzulässig, weil die Ausdehnung von Raum ja ohne die von Zeit hier gar nicht auftritt, sondern eben nur als jenes Nacheinander von Zugleich. Genau in diesem Sinn ist Ausdehnung von Raum als eine außerhalb von Punkt auch selbst noch widerspruchsfrei eine innerhalb von Punkt, weil dieses Nacheinander von Zugleich ja seinerseits, als Nacheinander, auch nur eine innerhalb von Punkt ist. Dementsprechend ist es eben diese Ausdehnung von Nacheinander als die Ausdehnung nur innerhalb von Punkt, die sich gleichwohl auch noch auf die gesamte Ausdehnung dieses Zugleich als eine außerhalb von Punkt erstreckt, so daß es sich dabei um Raum als jenen Zeit-Raum handelt. Und genau so weit, wie Zeit sich dabei auch auf Raum erstreckt, erstreckt sie somit auch ihr Selbstbewußtsein von sich selbst als Ausdehnung noch auf die Ausdehnung von Raum.

Für diesen Raum hat das mithin zur Folge, daß er in demselben Sinn, in dem er etwas innerhalb von Zeit ist, auch noch etwas innerhalb von deren Selbstbewußtsein ist: Tritt dieser Raum genau so weit, wie er als Ausdehnung eines Zugleich auftritt, als Nacheinander von Zugleich auf, dann tritt er genau so weit auch als bewußter Raum auf: eben als Zugleich des Raumes, dessen sich die Zeit als Selbstbewußtsein mitbewußt ist. Wird die Zeit als jener Punkt sich doch gerade jenes reinen Nacheinander als der reinen Ausdehnung von diesem Punkt bewußt und so zusammen damit denn auch noch der reinen Ausdehnung des reinen Nacheinander von Zugleich als Zeit-Raum.

Demnach ist auf diese Weise jener Punkt als Selbstbewußtsein nicht allein *bewußt bei* jener reinen Ausdehnung des reinen Nacheinander jener bloßen Zeit; er ist vielmehr auch noch *bewußt bei* dieser reinen Ausdehnung des reinen Nacheinander von Zugleich als nicht mehr bloßer Zeit, sondern als Zeit-Raum. Und so wird dadurch sehr wohl gewährleistet, daß Selbstausdehnung dieses Punktes auch im Fall von seiner Ausdehnung zu Raum noch widerspruchsfrei Selbstbewegung einer Selbstverwirklichung als Selbstverursachung im vollen Sinne ist, weil dieser Punkt auch davon noch in vollem Sinne Selbstbewußtsein ist, das eine Widersprüchlichkeit dabei vermeidet.

Ihr Bedenken, letzteres sei wegen dieser Ausdehnung von Raum als einer außerhalb von diesem Punkt nicht mehr verbürgt, kann demnach nicht besagen, von ihr trete dabei überhaupt kein Selbstbewußtsein auf. Vielmehr kann Ihr Bedenken nur bedeuten, daß es sich bei diesem Selbstbewußtsein, dem dabei sehr wohl auch solche Raumausdehnung noch bewußt ist, nicht mehr um ein *bloßes* Selbstbewußtsein handeln könne. Damit aber hätten Sie tatsächlich recht, weil *bloßes* Selbstbewußtsein in der Tat nur in Gestalt von jenem bloßen *Zeit*bewußtsein auftritt. Doch ist dieses Raumbewußtsein eben *auch* ein Zeitbewußtsein und entsprechend eben *auch* ein Selbstbewußtsein, nur kein *bloßes* Zeitbewußtsein mehr und damit auch kein *bloßes* Selbstbewußtsein mehr.

Mit ihm ineinem ist es vielmehr auch ein *Raum*bewußtsein noch und damit auch ein *Fremd*bewußtsein noch, das eben dadurch solchem Selbstbewußtsein selbst entspringt, indem ein solches Selbstbewußtsein selbst auf diese Weise auch noch Fremdbewußtsein wird: als das Bewußtsein jener Selbstausdehnung jenes Punktes zu der Ausdehnung von Zeit und Raum ineinem. Überhaupt nur dadurch nämlich, daß auf diese Weise solchem Fremdbewußtsein solches Selbstbewußtsein selbst zugrunde liegt, ist solches Fremdbewußtsein überhaupt Bewußtsein. Abermals entsteht denn auch der Schein, als sei es widersprüchlich, daß etwas *ineinem* Selbst- *und* Fremdbewußtsein oder Fremd- *und* Selbstbewußtsein sein soll, was sich auf den ersten Blick doch auszuschließen scheint. Und abermals ist es nur eine aufweisbare Asymmetrie, die verbürgt, daß dies gleichwohl nicht widersprüchlich ist.

Das sehen Sie sofort, sobald Sie mitbeachten, daß es sich bei jenem Nacheinander von Zugleich als jenem Zeit-Raum wieder einmal um ein asymmetrisches, weil unumkehrbares Verhältnis zwischen beidem handelt, nämlich zwischen Punkt und Ausdehnung. Denn so gewiß es, wie aus dem Zeit-Raum-Modell hervorgeht, ohne weiteres sinnvoll möglich ist, von jener in sich unlösbaren Einheit eines Nacheinander von Zugleich zu sprechen, so gewiß ist es unmöglich, sinnvoll auch noch die genaue Umkehrung davon zu denken, nämlich auch noch ein Zugleich von Nacheinander als entsprechend in sich unlösbare Einheit. Denn das wäre unvermeidbar widersprüchlich, nämlich über die bloß faktische Verfälschung dieser Zeit hinaus noch eine prinzipielle. Hieße das doch, Zeit nicht nur *wie* Raum, sondern *als* Raum sich vorzustellen.

Daraus folgt: Es kann die Zeit dabei als dieses Nacheinander zwar die Form dieses Zugleich von Raum sein, eben das, *in* dessen Form sein Auftreten erfolgt, nämlich *im* Nacheinander dieser Zeit; es kann jedoch durchaus nicht auch noch umgekehrt dieses Zugleich von Raum dabei die Form des Nacheinander dieser Zeit sein, eben nicht auch das, *in* dessen Form auch deren Auftreten erfolgte, nämlich *im* Zugleich von Raum. Mit andern Worten: Zwar hat Raum als ein Zugleich dabei die Form von Zeit als einem Nacheinander, nicht jedoch hat Zeit als dieses Nacheinander dabei etwa umgekehrt auch ihrerseits die Form dieses Zugleich von Raum.

Denn geht er immer wieder erst aus ihr hervor, nämlich aus ihr heraus genauso wie auch über sie hinaus, so geht er immer wieder zwar mit ihr einher, doch ohne damit etwa rückwärts auch zur Form von ihr zu werden. Vielmehr wird dabei gerade umgekehrt bloß vorwärts diese Zeit zur Form von diesem Raum, und dieser Raum, wenn auch noch seinerseits zur Form für etwas, dann desgleichen vorwärts bloß zur Form für etwas Anderes als diese Zeit. Und dadurch ist Bewußtsein dieser Zeit, womit Bewußtsein dieses Raums einhergeht, eben auch das Selbstbewußtsein dieser Zeit, womit das Fremdbewußtsein dieses Raums einhergeht, so daß Selbst- und Fremdbewußtsein dabei ohne jeden Widerspruch genauso unlösbar in Einheit stehen wie Zeit und Raum als Zeit-Raum: Wie dem Raum dabei die Zeit zugrunde liegt, so liegt dem Fremdbewußtsein dieses Raums dabei das Selbstbewußtsein dieser Zeit zugrunde, so daß dieses Fremdbewußtsein nur durch dieses Selbstbewußtsein überhaupt Bewußtsein ist.

Was wir uns damit herzuleiten in der Lage sind, ist denn auch nichts geringeres als der *Entwurf* oder die *Vorstellung* von etwas Anderem als sich, wodurch ein Subjekt sich zu etwas Anderem als sich den Zugang immer wieder selbst eröffnet und eröffnen muß, weil es nur dadurch überhaupt vermag, auch noch zu etwas Anderem als sich zu kommen. Denn zu sich kommt es ja schon als jene Selbstverwirklichung mit Selbstbewußtsein jener bloßen Zeit. Indem es sich als jener Punkt jedoch nicht nur zu Zeit, sondern mit Zeit einher auch noch zu Raum selbst ausdehnt, so daß es als dieser Punkt auch noch zum Selbst- wie Fremdbewußtsein dieses Zeit-Raums wird, wird ein Subjekt auch noch auf neue Weise als Identität zu einer Differenz in sich: nicht mehr nur wie auf alte Weise bloß als Zeit.

Als bloße Zeit ist dieses Subjekt nämlich auch ein bloßes Selbstbewußtsein als ein bloßes Sichselbstgegenübertreten. Denn als jener Punkt wird es sich dabei auch bloß jener Ausdehnung von sich als jenem Punkt zur bloßen Ausdehnung der Zeit bewußt, die auch bloß eine innerhalb von sich als jenem Punkt ist. Doch als nicht mehr bloße Zeit des Zeit-Raums wird ein Subjekt sich dann auch nicht mehr der bloßen Ausdehnung von Zeit als der bloß innerhalb von sich als Punkt bewußt; bewußt wird ein Subjekt sich dann vielmehr auch noch der Ausdehnung von Raum als einer nicht bloß innerhalb von sich, sondern als einer auch noch außerhalb von sich als Punkt. Und damit wird ein Subjekt dann auch nicht mehr bloßes Selbstbewußtsein, sondern *als* ein Selbstbewußtsein eben auch ein Fremdbewußtsein noch.

Sofern ein Subjekt dabei nämlich auch noch solche Ausdehnung von *Raum* als eine außerhalb von sich als Punkt ist, wird es sich dabei dann zwar auch dieser Ausdehnung noch selbst bewußt, weil sie als die von *Zeit*-Raum eben trotzdem auch noch eine innerhalb von Selbstbewußtsein dieses Subjekts ist. Es wird sich dabei dieser Ausdehnung von Raum als einer außerhalb von sich als Punkt jedoch gerade dahingehend selbst bewußt, daß solche Ausdehnung dann auch nur noch die Form für etwas Anderes als sich sein kann, von dem ein solches Subjekt dabei durch sein Selbstbewußtsein somit auch noch Fremdbewußtsein ist und darin das Bewußtsein des Entwurfs oder der Vorstellung von ihm. Durch seine Selbstausdehnung auch zu diesem Raum noch ist ein Subjekt nämlich nicht mehr – wie durch seine Selbstausdehnung bloß zu jener Zeit – ein *bloßes* Sichselbstgegenübertreten. Vielmehr ist es dadurch dann auch noch ein *solches*, das für sich *als* dieses Sichselbstgegenübertreten auch noch etwas *hat*, indem es dabei etwas *vor* sich hat, nämlich in Form von Ausdehnung als einer *außerhalb* von sich als Punkt etwas zum *Gegenstand* für sich als Punkt.

Entsprechend ist ein Subjekt dadurch insgesamt die Vorstellung bzw. der Entwurf von etwas Anderem als sich. Denn auch, wenn insgesamt dies alles innerhalb von Zeit als Nacheinander auftritt, kann Zugleich als Raum dabei nur *Vorwärts*-Form *für* etwas Anderes als dieses Subjekt sein, nicht etwa *Rückwärts*-Form *von* diesem Subjekt selbst. Und so hat dieses Subjekt dieses Andere als sich dabei *durch* sich *in* sich *für* sich zum *Gegenstand*, indem es dieses Andere als sich vermittels von all dem sich *vorstellt* oder sich *entwirft*. Nur so tut es dies nämlich, daß es dabei auch nur als Identität noch weiter in sich different wird, was denn auch noch weiterer begrifflicher Differenzierungen bedarf. Ist doch ein Subjekt auch noch in Gestalt von diesem *Gegenstand* in sich, als dem zunächst bloß *vorgestellten* oder bloß *entworfenen* Anderen als sich, nur noch ein weiteres Anderes *zu sich* als der Identität, die auch bereits das vorige Andere *zu sich* nur als Identität mit ihm als Differenz in sich ist. Denn bloß damit, daß ein Subjekt etwas Anderes als sich dadurch sich vorstellt oder sich entwirft als einen Gegenstand für sich, ist dieses Andere ja noch kein Wirklich-Anderes.

Vielmehr erfüllt auch damit ein Subjekt zunächst nur eine Vorbedingung, um als das Bewußtsein einer Absicht oder Intention zu etwas Wirklich-Anderem als sich zu kommen. Und dies auch obwohl es sich dabei sogar bereits um die Erfüllung einer zweiten solchen Vorbedingung handelt, die zu jener ersten noch hinzukommt, so daß auch noch die Erfüllung einer dritten nötig wird. Denn auch mit der Erfüllung dieser zweiten ist ein Subjekt noch nicht vollständig zu dem Bewußtsein einer Absicht oder Intention geworden, so daß es dadurch auch zum Erfolg als Artefakt und damit zum empirischen Objekt der Außenwelt als etwas Wirklich-Anderem noch nicht kommen könnte.

Was Ihnen unsere Herleitung hier erstmals sichtbar macht, ist denn auch der gesamte Umfang an Komplexität der inneren Struktur von Subjektivität, durch die allein es für sie möglich werden kann, als das Bewußtsein einer in sich vollständigen Absicht oder Intention zu solcher Objektivität zu kommen. Und so sollten Sie hier auch erst einmal Umschau halten und ins Auge fassen, was durch diese unsere Herleitung im einzelnen für Sie erklärlich wird.

Blicken Sie von hier aus erst einmal zurück, so finden Sie als erstes die Erklärung für das bisher unerklärte Faktum, daß zum Beispiel in Gestalt von »Stimmungen« oder »Gefühlen« eines Subjekts zwar Bewußtsein auftritt, das als solches selbst jedoch in keinem Sinn ein Fremdbewußtsein ist und somit nur ein Selbstbewußtsein dieses Subjekts sein kann. Tritt doch beispielsweise »Schmerz« nur dann auf, wenn er auch »empfunden«, und das heißt bewußt wird, weil ein Schmerz, der nicht bewußt-empfunden würde, gar nicht als ein Schmerz vorhanden wäre. Trotzdem bildet das Bewußtsein dieses Schmerzes keineswegs ein Fremdbewußtsein, weil durch Schmerzbewußtsein, welchen Inhalt es auch immer haben möge, ein Subjekt nur irgendwie »sich fühlt«, jedoch durchaus nicht etwas *Anderes* als sich selbst *sich vorstellt* oder *sich entwirft*. Vielmehr ist in Gestalt von solchem Schmerzbewußtsein ein Subjekt ein reines Selbstbewußtsein, nämlich gleichsam mit sich selbst allein. Entsprechend muß ein Fremdbewußtsein, das auch noch mit diesem Selbst- als Schmerzbewußtsein miteinhergeht, grundsätzlich auch noch von anderem Inhalt sein als dieses, soll ein Subjekt dadurch auch noch etwas Anderes als sich selbst sich vorstellen oder sich entwerfen können. Denn durch reines Selbstbewußtsein kann es dies noch keineswegs, gleichviel, ob letzteres – dem Inhalt nach – nun Selbst- als Schmerzbewußtsein oder schmerzfrei ein neutrales Selbstbewußtsein ist.

Die Tatsache jedoch, daß in Gestalt von solchem Schmerzbewußtsein, das wohl jedermann vertraut ist, solches reine Selbstbewußtsein durchaus vorkommt, läßt nur dadurch sich erklären, daß sehr wohl ein Selbstbewußtsein ohne Fremdbewußtsein, nicht jedoch ein Fremdbewußtsein ohne Selbstbewußtsein möglich ist. Und diese asymmetrisch-einseitige Möglichkeit hat ihren Grund gerade darin, daß durchaus ein Zeitbewußtsein ohne Raumbewußtsein, nicht jedoch ein Raumbewußtsein ohne Zeitbewußtsein möglich ist. Selbst wenn sonach mit Zeitbewußtsein Raumbewußtsein immer miteinhergehen würde, wäre dies doch nur etwas Synthetisch-Faktisches, nicht etwas Analytisch-Notwendiges, trotzdem aber gleichfalls etwas Apriorisches. Denn Raumbewußtsein ohne Zeitbewußtsein wäre widersprüchlich, Zeitbewußtsein ohne Raumbewußtsein aber keineswegs, wie Ihnen unsere Herleitung von beiden zeigt.

Kann somit stets erst letzteres aus ersterem hervorgehen, und nicht umgekehrt, so muß dabei auch jeder Inhalt zwar in ersteres miteingehen, doch bloß deshalb nicht sogleich auch jeder Inhalt noch in letzteres miteingehen. Vielmehr tut er dies, wenn er es tut, bloß faktisch, so daß er, wenn er dies nicht tut, es dann auch bloß faktisch nicht tut. Darum hat ein jeder Inhalt, der auf diese Weise faktisch innerhalb von ersterem zurückbleibt, innerhalb von bloßem Selbstbewußtsein, auch die Stellung eines bloßen Inhalts von »Gefühl« oder von »Stimmung« und dergleichen. Umgekehrt dagegen hat ein jeder Inhalt, der auf diese Weise faktisch über ersteres auch noch hinausgeht, nämlich über Selbstbewußtsein auch hinaus in Fremdbewußtsein noch miteingeht, auch noch eine andere Stellung: die entscheidend weitergehende des sogenannten »Sinnesdatums« als des Materials für Vorstellung oder Entwurf von Außenwelt. Doch wohlgemerkt: Zunächst einmal hat grundsätzlich auch er, der Inhalt eines solchen »Sinnesdatums«, jene Stellung eines Inhalts von so etwas wie »Gefühl« und »Stimmung«. Denn auch überhaupt nur dadurch ist er der *bewußte* Inhalt des *Entwurfs* oder der *Vorstellung* von etwas Anderem, nämlich das Entwurfs- oder das Vorstellungs*bewußtsein* davon.

Ist doch dieses Fremdbewußtsein auch formal, als Raumbewußtsein, überhaupt nur dadurch ein Bewußtsein, daß ihm jenes Selbstbewußtsein, das formal ein Zeitbewußtsein ist, zugrunde liegt. Und so liegt umgekehrt der Grund dafür, daß ein Bewußtsein *Fremd*bewußtsein ist, denn auch ausschließlich darin, daß es *Raum*bewußtsein ist, und damit ausschließlich in seiner Form und nicht etwa in seinem Inhalt. Ohne weiteres nämlich ist es möglich, daß ein Subjekt einen Inhalt, der allein in seinem Selbstbewußtsein als dem bloßen Zeitbewußtsein auftritt, wie der Inhalt von »Gefühl« oder von »Stimmung«, auch noch in sein Raumbewußtsein als sein Fremdbewußtsein einbringt, dadurch, daß es auch durch ihn noch ein Objekt sich vorstellt oder sich entwirft. Ja es ist gar nicht auszuschließen, daß ein unerfahrenes (ontogenetisch junges oder auch phylogenetisch frühes) Subjekt faktisch immer so verfährt und damit faktisch immer erst im Lauf seiner Erfahrungen zurücknimmt und als »Stimmung« oder als »Gefühl« sich selber zuschreibt, was es als Entwurf bzw. Vorstellung von einem Objekt aufrechtzuerhalten nicht vermag. Jedoch tut oft genug auch ein erfahrenes Subjekt dies immer noch, was Sie als »Projektionen« kennen. Deren Möglichkeit, wie auch die der Zurücknahme von ihnen, läßt sich nur erklären aus dem hergeleiteten Zusammenhang von Selbst- und Fremdbewußtsein, der verschiedenste Verschiebungen von Inhalten erlaubt, obwohl es sich bei ihm um jenen asymmetrisch-einseitigen handelt, wonach nur das erstere dem letzteren zugrunde liegt, nicht umgekehrt.

Was alles diese unsere Herleitung erklärt, geht Ihnen voll jedoch erst dann auf, wenn Sie hier auch vollständige Umschau halten, nämlich nicht nur Rückschau, sondern im Zusammenhang mit ihr auch Vorschau. Denn erst dann ergibt sich Ihnen ein Gesamtzusammenhang, aus dem auch der gesamte Umfang an Komplexität der inneren Struktur von Subjektivität hervorgeht. Das Verhältnis zwischen Zeit und Raum ist danach asymmetrisch-einseitig, indem die Zeit dabei die Vorwärtsform von Raum und nicht etwa der Raum die Rückwärtsform von Zeit ist. Vielmehr ist der Raum danach auch seinerseits die Vorwärtsform für etwas, das dann aber auch nur etwas Anderes als die Zeit sein kann, mithin nur etwas Anderes als das Subjekt, eben nur das Objekt[1]. Insbesondere absichtstheoretisch, und das heißt bewußtseinstheoretisch aber

1 Vgl. dazu weiter unten § 11, S. 398 ff.

zieht das einen weiteren Zusammenhang nach sich, der gleichfalls asymmetrisch-einseitig und dadurch ebenso erhellend ist wie seine Vorgänger. Erzwingt das doch noch eine weitere Differenzierung des Verhältnisses von Punkt und Ausdehnung, wie es im Fall des mit der Zeit einhergehenden Raums besteht.

Im Fall der bloßen Zeit besteht es nämlich darin, daß der Punkt dabei die Ausdehnung nur innerhalb von sich besitzt, nicht umgekehrt. Bewußtseinstheoretisch aber heißt das dann: Es ist der Punkt dabei ausschließlich das die Ausdehnung Bewußt-Begleitende und diese Ausdehnung auch umgekehrt ausschließlich das durch diesen Punkt Bewußt-Begleitete, so daß das Ganze eben Selbstbewußtsein ist, weil diese Ausdehnung dabei die Selbstausdehnung dieses Punktes ist. Im Fall der nicht mehr bloßen Zeit, sondern des mit der Zeit auch noch einhergehenden Raums jedoch besteht dieses Verhältnis auch nicht mehr bloß darin, daß der Punkt dabei die Ausdehnung auch außerhalb von sich besitzt, worauf wir uns bisher beschränkten. Es besteht in diesem Fall dieses Verhältnis vielmehr auch noch darin, daß die Ausdehnung dabei auch umgekehrt den Punkt noch außerhalb von sich besitzt, daß also das Verhältnis zwischen beiden erstmals umkehrbar ist, was im Fall der bloßen Zeit noch nicht gilt. Daß in deren Fall der Punkt die Ausdehnung nur innerhalb von sich besitzt, bedeutet nämlich, wie Sie sich erinnern werden, keineswegs, daß etwa auch noch umgekehrt die Ausdehnung den Punkt dabei nur innerhalb von sich besitzt, was hier vielmehr noch ohne Sinn ist, weil dies erst für Raum – und erst für Zeit als die durch Raum verfälschte – Sinn hat[2].

Daraus geht zunächst für Sie hervor: Die *Unumkehrbarkeit* jenes Verhältnisses von Punkt und Ausdehnung im Fall der bloßen Zeit und die *Umkehrbarkeit* dieses Verhältnisses von Punkt und Ausdehnung im Fall des mit der Zeit einhergehenden Raums stehen ihrerseits in einem unumkehrbar-asymmetrischen Verhältnis zueinander. Doch auch hinter diesem umkehrbar-symmetrischen Verhältnis zwischen Punkt und Ausdehnung im Fall des mit der Zeit einhergehenden Raums verbirgt sich noch ein unumkehrbar-asymmetrisches Verhältnis zwischen ihnen. Dieses tritt für Sie hervor, sobald Sie dazu übergehen, nicht bloß die Verhältnisse von Punkt

2 Vgl. oben § 10, S. 324ff.

und Ausdehnung, wie sie im Fall der Zeit oder im Fall des Raums bestehen, miteinander zu vergleichen, sondern auch noch das Verhältnis zwischen Ausdehnung und Ausdehnung mit dem Verhältnis zwischen Punkt und Punkt, die dabei ebenfalls bestehen. Dann sehen Sie nämlich, daß auch diese sich grundsätzlich voneinander unterscheiden.

Ist doch das Verhältnis zwischen Ausdehnung und Ausdehnung dabei von der Art, daß zur Ausdehnung der Zeit die Ausdehnung des Raums als eine zusätzliche Ausdehnung hinzukommt. Und so bilden sie, obwohl sie jeweils fugenlos zusammenhängen, auch zwei individuell verschiedene Ausdehnungen. Offenkundig für Sie wird das an dem Unterschied von Ausdehnung der Zeit als Nacheinander und von Ausdehnung des Raumes als Zugleich, zwei Ausdehnungen, deren letztere an erstere zwar unmittelbar anschließt, deren jede aber eben darum außerhalb der andern liegt, weil sonst der schon genannte Widerspruch bestünde, während jenes Nacheinander von Zugleich als jener Zeit-Raum widerspruchsfrei ist. – Dagegen ist, verglichen damit, das Verhältnis zwischen Punkt und Punkt dabei von gänzlich anderer Art, sprich: das Verhältnis zwischen Punkt, wie er im Fall der bloßen Zeit auftritt, und Punkt, wie er im Fall des mit der Zeit einhergehenden Raums auftritt. Denn keineswegs erfolgt das Auftreten von Punkt dabei dem Auftreten von Ausdehnung entsprechend, so daß etwa, wie zur Ausdehnung im Fall der Zeit die Ausdehnung im Fall des Raums als eine zusätzliche Ausdehnung hinzutritt, auch zum Punkt im Fall der Zeit der Punkt im Fall des Raums noch als ein zusätzlicher Punkt hinzuträte. Entsprechend handelt es sich dabei auch durchaus nicht so wie um zwei individuell verschiedene Ausdehnungen etwa auch noch um zwei individuell verschiedene Punkte, deren letzterer an ersteren sich unmittelbar anschlösse, wie jene zweite Ausdehnung an jene erste Ausdehnung sich unmittelbar anschließt. Und ersichtlich für Sie wird das auch allein schon daran, daß es schlechthin unerfindlich bleiben muß, was es bei Punkten eigentlich bedeuten soll, der eine schließe an den anderen sich unmittelbar an.

Von Grund auf anders als bei Ausdehnung im Fall von Zeit und Ausdehnung im Fall von Raum muß es bei Punkt im Fall von Zeit und Punkt im Fall von Raum vielmehr um individuell denselben Punkt sich handeln; und gleichwohl muß er als Punkt im Fall des mit der Zeit einhergehenden Raums verschieden sein, nämlich verschieden von sich selbst als Punkt im Fall der bloßen Zeit. Und diese Art Verschiedenheit als eine innerhalb von ihm ist ein besonders klarer Fall von Differenz innerhalb von Identität. Und diese läßt auch leicht sich nachvollziehen als die desselben Punktes, wie er sich zunächst im Fall der bloßen Zeit zur Ausdehnung verhält und wie er sich sodann im Fall der nicht mehr bloßen Zeit, sondern des mit der Zeit auch noch einhergehenden Raums zur Ausdehnung verhält. Denn einer und derselbe Punkt ist es, der sich dabei zur ersteren wie auch zur letzteren verhält, nur eben je verschieden. Und so ist es denn auch einer und derselbe Punkt, sprich derjenige, der die Ausdehnung im Fall der Zeit nur innerhalb von sich hat, der im Fall des Raums die Ausdehnung auch außerhalb von sich hat, so daß sie im Fall des Raums auch umgekehrt den Punkt noch außerhalb von sich hat.

Erst mit Ausdehnung im Fall des Raums zusammenhängend also ist derselbe Punkt nicht länger bloß ein solcher, welcher Ausdehnung nur innerhalb von sich besitzt, als Zeit, sondern auch noch ein solcher, welcher Ausdehnung auch außerhalb von sich besitzt, als Raum. Erst als ein solcher ist daher derselbe Punkt dann einer, welcher Ausdehnung auch *vor* sich hat, indem er durch sie *Vorstellung* oder *Entwurf* von etwas *Anderem* als sich ist, was bewußtseinstheoretisch heißt: Auf Grund von sich als Zeitbewußtsein ist er dadurch dann auch Raumbewußtsein, sprich: auf Grund von sich als Selbstbewußtsein ist er dadurch dann auch Fremdbewußtsein.

Was wir uns bisher nur kurzerhand als Fremdbewußtsein hergeleitet haben, so als ob es in sich einfach wäre, das erweist sich damit vielmehr wesentlich als in sich zweifach, so wie auch schon Selbstbewußtsein wesentlich als in sich zweifach sich erwiesen hat. Ist es doch das Sichgegenüberstehen von Punkt als dem bewußt-begleitenden und Ausdehnung als der bewußt-begleiteten, was insgesamt ursprüngliches Bewußtsein als das Selbstbewußtsein dieses Punktes ausmacht, weil er es von dieser Ausdehnung als seiner Selbstausdehnung hat. Die Zweiheit innerhalb von dieser Einheit eines Selbstbewußtseins aber wiederholt sich noch einmal im Fall des Selbstbewußtseins, das kein bloßes, sondern ein mit einem Fremdbewußtsein schon einhergehendes Selbstbewußtsein ist, indem es ihm zugrunde liegt. Sie wiederholt sich nämlich als die

Zweiheit des Sichgegenüberstehens von Punkt und Ausdehnung, wie beide innerhalb der Einheit jenes Zeit-Raums ins Verhältnis zueinander treten, dadurch, daß die Zeit dem Raum dabei zugrunde liegt und damit eben auch das Selbstbewußtsein dieser Zeit dem Fremdbewußtsein dieses Raums.

Denn so gewiß sie dabei erstmals auseinandertreten und mithin auch wechselseitig außerhalb einander liegen, so gewiß sind Punkt und Ausdehnung doch auch noch hier nur eine Zweiheit innerhalb von einer Einheit. Ist doch auch noch diese Ausdehnung im Fall des Raums, obwohl sie individuell verschieden ist von jener Ausdehnung im Fall der Zeit, nur eine weitere Selbstausdehnung dieses Punktes, der in beiden Fällen individuell derselbe ist und nur bezüglich seiner jeweiligen Ausdehnung verschieden. Und so handelt es sich dabei denn auch jedesmal um ein Sichgegenüberstehen von Punkt als dem bewußt-begeleitenden und Ausdehnung als der bewußt-begleiteten. Nur ist der Punkt dabei als individuell derselbe eben in Bezug auf erstere – auf Ausdehnung im Fall der bloßen Zeit – ein bloßes Selbstbewußtsein; in Bezug auf letztere jedoch – auf Ausdehnung im Fall der nicht mehr bloßen Zeit, sondern des mit der Zeit auch noch einhergehenden Raums – ist dieser Punkt ein nicht mehr bloßes Selbstbewußtsein, sondern auch noch ein auf ihm beruhendes Fremdbewußtsein: eben auch noch *Vorstellung* oder *Entwurf* von etwas *Anderem* als sich.

Als Fremdbewußtsein dieser Art tritt dieser Punkt im letzten Fall mithin gerade dadurch auf, daß er als der bewußt-begleitende und diese Ausdehnung als die bewußt-begleitete dabei genauso notwendig zusammenhängen wie auch auseinanderliegen. Und zusammen hängen sie dabei gerade dahingehend, daß Punkt und Ausdehnung im letzten Fall genauso wie im ersten Fall in jenem unumkehrbar-asymmetrischen Verhältnis miteinander stehen, indem auch dabei das Bewußt-Begleitende ausschließlich dieser Punkt ist sowie das Bewußt-Begleitete ausschließlich diese Ausdehnung ist, und nicht etwa umgekehrt. Und dies obwohl die beiden doch, im Unterschied zum ersten Fall, im letzten Fall gerade auseinander liegen und auf diese Weise erstmals auch in einem umkehrbar-symmetrischen Verhältnis zueinander stehen.

Trotzdem nämlich steht auch dabei dieser Punkt zu dieser Ausdehnung in jenem unumkehrbar-asymmetrischen Verhältnis. Demgemäß ist er gerade als der außerhalb von ihr gelegene der sie bewußt-begleitende und so auch sie gerade als die außerhalb von ihm gelegene dann die von ihm bewußt-begleitete. Das Femdbewußtsein des Entwurfs oder der Vorstellung von etwas Anderem als sich ist er dabei denn auch nur so, daß dieser Punkt mit dieser Ausdehnung auf eben diese Weise asymmetrisch-einseitig zusammenhängt, indem auch nur *er sie* – und nicht etwa *sie ihn* – dabei bewußt vor sich hat, so daß auch nur *er durch sie* – nicht etwa *sie durch ihn* – dabei Bewußtsein des Entwurfs oder der Vorstellung von etwas Anderem als sich ist, eben Fremdbewußtsein.

Nicht minder als im Fall von bloßem Selbstbewußtsein bilden demnach Punkt und Ausdehnung im Fall von Fremdbewußtsein, das in Selbstbewußtsein gründet, eine Zweiheit innerhalb von einer Einheit. Folglich handelt es sich dabei insgesamt um eine Doppelzweiheit innerhalb von einer Einheit: eben innerhalb von individuell demselben Punkt der für dies Ganze immer wieder grundlegenden Zeit, die auch dem Raum als Zeit-Raum noch zugrunde liegt. Und diese zweite Zweiheit zwischen Punkt und Ausdehnung, die zusätzlich zu jener ersten Zweiheit zwischen Punkt und Ausdehnung entspringt, nämlich auf Grund der ersten Selbstausdehnung jenes Punktes noch als eine zweite Selbstausdehnung dieses selben Punktes, kennen Sie genausogut wie jene erste. Ist doch der Gesamtzusammenhang von all dem immer wieder nichts als Subjektivität. Nur können Sie sich jetzt auch noch erklären, was Sie kennen.

Denn was Ihnen inhaltlich als »Stimmung« oder als »Gefühl« bekannt ist, wird formal als jene erste Zweiheit zwischen Punkt und Ausdehnung für Sie erklärbar; und was Ihnen inhaltlich als ein »Begriff« im Unterschied zu einer »Anschauung« bekannt ist, die auch »Sinnesdatum« heißt, das wird formal als diese zweite Zweiheit zwischen Punkt und Ausdehnung für Sie erklärlich. Unterscheiden sich die beiden Zweiheiten doch nicht allein in dem Sinn, daß die erste nur die Form von bloßem Selbstbewußtsein ist, wie es dem Inhalt nach bloß als so etwas wie »Gefühl« oder wie »Stimmung« auftritt, und die zweite erst die Form von Fremdbewußtsein auf der Grundlage von Selbstbewußtsein ist, wie es dem Inhalt nach auch noch als »Sinnesdatum« auftritt. Vielmehr unterscheiden sich die beiden Zweiheiten auch noch in dem Sinn, daß die zweite erst die Form ist, innerhalb von der ein Inhalt als bestimmter möglich wird, die erste aber nur die Form ist, innerhalb von der ein Inhalt, im Vergleich zu einem innerhalb der zweiten Zweiheit, nur als unbestimmter möglich ist.

Etwas Bestimmtes nämlich ist etwas ursprünglich nur, indem es jeweils etwas gegenüber etwas anderem ist, wie etwa eine Form im Unterschied zu ihrer Gegenform, oder ein Inhalt gegenüber seinem Gegeninhalt. So ist dies etwa der Fall bei Rotgehalt im Unterschied zu Blaugehalt als Nichtrotinhalt oder auch bei Rundform gegenüber Nichtrundform im Sinne von Konvex- gegen Konkavform, oder umgekehrt, was immer wieder nur *zusammen* und mithin auch nur *aufeinmal* möglich wird. In diesem ihrem Grundsinn aber hat dergleichen wie Bestimmtheit ihren Ursprung für ein Subjekt immer wieder erst in der Gestalt von Ausdehnung des Raumes als Zugleich, wie sie mit Ausdehnung der Zeit als Nacheinander miteinhergeht, und nicht etwa schon in der Gestalt von Ausdehnung der bloßen Zeit als bloßem Nacheinander.

Handelt es sich nämlich auch noch bei der ursprünglichen Ausdehnung des Raumes als Zugleich um jenes Nacheinander von Zugleich als jenen Zeit-Raum, ist sie als Zugleich doch je und je die ursprüngliche Grundform von Bestimmtheit. Denn erst innerhalb von ihr entspringt für ein Subjekt die Möglichkeit, zusammen und mithin aufeinmal jeweils etwas gegenüber etwas anderem abgegrenzt vor sich zu haben, wie zum Beispiel Rund- im Unterschied zu Nichtrundform im vorgenannten Sinn bzw. Rot- im Unterschied zu Nichtrotinhalt. Innerhalb von Ausdehnung der bloßen Zeit als bloßem Nacheinander nämlich ist, verglichen mit der Ausdehnung des Raumes als Zugleich, nur Unbestimmtheit möglich. Ist doch erstere auch immer wieder nur ein Punkt, der eine Ausdehnung nur dadurch bildet, daß er als ein einziger ein immer wieder anderer ist. Und zur Folge hat das eben, daß es innerhalb von ersterer zu einer Abgrenzung von etwas gegenüber etwas anderem, die ein Subjekt zusammen und mithin aufeinmal vor sich haben könnte, auch noch gar nicht kommen kann, ob nun im Sinn von Inhalt oder Form. Aus diesem Grund ist, wenn es dazu kommt, auch jedes solche etwas gegenüber etwas anderem, wie auch beides miteinander, jeweils ein Zugleich, ob nun im Sinn von Inhalt oder Form. Und so ist in der Tat etwa ein *Rot*gehalt ein Rot*zugleich* und eine *Rund*form auch ein Rund*zugleich*, was ebenso bei Gegenform und Gegeninhalt statthat, während ein entsprechendes Rot*nacheinander* oder auch Rund*nacheinander* ohne jeden Sinn ist. So etwas wie ein Rot*nacheinander* oder ein Rund*nacheinander* kann es vielmehr nur in dem Sinn geben, daß es sich dabei um Nacheinander eines Rot*zugleich* als eines immer wieder neuen handelt oder auch um Nacheinander eines Rund*zugleich* als eines immer wieder neuen, eben um Spezialfälle von Raum als jenem Zeit-Raum. Und das liegt denn auch ausschließlich daran, daß die Ausdehnung der bloßen Zeit als bloßes Nacheinander eben diejenige Ausdehnung ist, die ein Punkt nur innerhalb von sich besitzt, und daß mithin auch erst die Ausdehnung des Raumes als Zugleich dann diejenige ist, die dieser selbe Punkt auch außerhalb von sich besitzt, so daß er auch erst innerhalb von letzterer dann etwas gegenüber etwas anderem vor sich haben kann.

Erst dadurch also, daß derselbe Punkt im Zuge seiner zweiten Selbstausdehnung so etwas wie Ausdehnung auch je und je noch vor sich bringen kann, ermöglicht es ein solcher Punkt sich selber, daß er innerhalb von dieser Ausdehnung auch etwas gegenüber etwas anderem noch vor sich haben kann und damit etwas als etwas Bestimmtes vor sich selbst als etwas dadurch dann auf gleiche Art Bestimmtem. Denn auch nur, indem er so etwas wie die Bestimmtheit eines Rundgehalts bzw. eines Rotgehalts in dieser Weise vor sich hat, nämlich als das Bewußt-Begleitete vor sich als dem Bewußt-Begleitenden, hat dieser Punkt dann auch auf seine Art noch die Bestimmtheit eines Rundgehalts bzw. Rotgehalts: in dem Sinn nämlich, daß *sie ihm* – und nicht etwa *er ihr* – dann eben auch bewußt ist. Umgekehrt dagegen, nämlich ohne sie vor sich zu haben, könnte dieser Punkt diese Bestimmtheit niemals auch in sich noch haben, eben weil sie grundsätzlich die Ausdehnung erfordert, die erst seine zweite Selbstausdehnung liefert. Dieses Punktes erste Selbstausdehnung nämlich führt allein zu derjenigen Ausdehnung, die innerhalb von ihm verbleibt, so daß es innerhalb von ihr allein, und damit innerhalb von ihm allein, auch nur bei jener Unbestimmtheit bleiben kann.

Doch kann die zweite Selbstausdehnung eben nur auf Grund der ersten Selbstausdehnung dieses selben Punktes jeweils vor sich gehen. Und so können beide denn auch nur zusammen jeweils ein Sichgegenüberstehen von Punkt und Ausdehnung herbeiführen, worin Punkt und Ausdehnung, auch noch obwohl sie darin auseinanderliegen, asymmetrisch-einseitig zusammenhängen, nämlich er als das dadurch Bewußt-Begleitende und sie als das dadurch Bewußt-Begleitete, nicht umgekehrt. Und eben damit bildet dieses Ganze als ein Subjekt sich zu demjenigen Punkt und derjenigen Ausdehnung, die Ihnen als »Begriff« und »Anschauung« eines Subjekts bekannt sind. Dieses nämlich bildet sich dadurch als ein zunächst einmal nur Unbestimmtes zu etwas sodann auch noch Bestimmtem, sei es nun der Form oder dem Inhalt nach. Und auch nur so ergibt sich Ihnen eine Theorie, die wirklich zu erklären vermag, daß es so etwas wie »empirische Begriffe« gibt, indem dabei gerade nicht schon immer das vorausgesetzt wird, was erst immer herzuleiten wäre, nämlich das Zustandekommen von so etwas wie »empirischer Bestimmtheit« in Gestalt dieser Begriffe.

Denn zu deren Empirizität gehört notwendig ihre Faktizität, und gerade deren Ursprung ist es, der durch diese Theorie erklärt wird. Er kann nämlich nicht auf seiten der Objekte liegen, sondern nur auf seiten der Subjekte. Muß doch jeder Wahrnehmung, durch die allein Subjekte von Objekten wissen können, in Gestalt von Anschauung und von Begriff »empirische Bestimmtheit« immer schon zugrunde liegen, einerlei, ob dabei das Objekt der Wahrnehmung nun etwas Wirklich-Anderes ist oder nicht. Infolgedessen kann ihre »empirische Bestimmtheit« auch in keinem Fall von ihrem Objekt stammen, auch nicht dann, wenn dieses etwas Wirklich-Anderes ist. Zu meinen, daß »empirische Bestimmtheit« deshalb nur aus der Erinnerung des Subjekts stammen könne, heißt jedoch, im Zirkel zu erklären, weil Erinnerung in diesem Fall nichts anderes als Erinnerung an Wahrnehmung bedeuten kann.

Wie hergeleitet, kann »empirische Bestimmtheit«, ob nun eines Inhalts oder einer Form, vielmehr nur dorther stammen, wo Natur als Spontaneität zur Subjektivität wird, nämlich zu Mentalem oder Psychischem als dem Agieren, das ein Reagieren auf sich auslöst und in dieser Weise eben eine Wirkung in sich einholt. Zu »empirischer Bestimmtheit« solcher Wirkung kommen kann es innerhalb von solcher Subjektivität dann aber eben auch erst dort, wo sie formal von sich als Unbestimmtheit zu sich als Bestimmtheit übergeht: zu jener zweiten Selbstausdehnung nämlich auf Grund jener ersten Selbstausdehnung von sich selbst als jenem Punkt. Und dementsprechend bildet sich – so wie schon innerhalb von jener ersten Selbstausdehnung jede Unbestimmtheit, so auch innerhalb von jener an die erste anschließenden zweiten Selbstausdehnung jegliche Bestimmtheit – immer wieder nur als Empirizität im Sinn der Faktizität, für die eine Herleitung nicht möglich ist. Der Herleitung kann vielmehr nur die dafür jeweils notwendige Vorbedingung fähig sein, die Zeit wie auch der Raum als Zeit-Raum. Und erst innerhalb von solcher Zeit kann eben je und je nur faktisch sich die Unbestimmtheit von empirischem Gehalt wie dem von »Stimmung« oder von »Gefühl« ergeben; und so kann erst innerhalb von solchem Raum auch je und je nur faktisch die Bestimmtheit einer Form und eines Inhalts mit der Gegenform und mit dem Gegeninhalt sich ergeben, welche jeweils zur empirischen Bestimmtheit einer »Anschauung« sowohl wie auch eines »Begriffes« wird.

So können Sie auch erst im Zuge einer solchen Herleitung sich das erklären, was mit »Anschauung« und mit »Begriff« an Fakten miteinhergeht, was man aber schon seit je her lieber außer acht läßt, weil man sich sonst eingestehen müßte, daß man zur Erklärung davon außerstande ist. So pflegt man spätestens seit Kant etwa zu wiederholen, daß ein »empirischer Begriff« seinen »empirischen Gehalt« nur durch die »Anschauung« besitzen kann, mit der er eine »Einheit« bilden muß, soll er bezüglich eines Objekts »Sinn« oder »Bedeutung« haben. Das ist beispielsweise in der Wahrnehmung von ihm der Fall, die als ein wahres oder falsches Urteil über es ergeht, indem sie grundsätzlich von einer Form ist wie zum Beispiel »Dies ist rot« bzw. »Dies ist rund« oder »Dies ist ein Baum«. Nur bleibt man dabei, wie Kant selbst schon, jede Auskunft schuldig, welche Art der Einheit von Begriff und Anschauung denn dazu führen soll, daß darin er durch sie – nicht etwa sie durch ihn – empirischen Gehalt besitzt. Kann es sich dabei doch noch nicht um diejenige Einheit zwischen beiden handeln, welche allererst das Urteil mittels beider bildet, weil ja weder eine Anschauung noch ein Begriff bereits ein Urteil ist, und so auch beide miteinander nicht. Da innerhalb von jener Einheit nämlich beide von empirischem Gehalt sein müssen, bleibt auf diese Weise ohne Antwort, weshalb darin nicht genausogut auch sie durch ihn empirischen Gehalt besitzen sollte.

Daß allein schon diese Frage dabei ausbleibt, ist jedoch kein Zufall. Sie zu unterlassen nämlich ist erforderlich, um daran festhalten zu können, daß die Art, wie ein Begriff durch eine Anschauung seinen empirischen Gehalt besitzt, natürlich »analytisch« ist. Er hat ihn danach dadurch, daß er ihn durch »Analyse« dieser Anschauung gleichsam aus ihr herauslöst und in sich hereinholt: ganz im Sinn der unhaltbaren Überlieferung, wonach empirische Begriffe angeblich durch »Abstraktion« entspringen, was selbst Kant noch glaubt[3]. Das Unsinnige dieses festen Glaubens aber müßte offenkundig werden, wenn man sich gestehen wollte, daß es keinen Grund gibt, weshalb nicht genausogut auch umgekehrt die Anschauung durch den Begriff ihren empirischen Gehalt besitzen sollte, weil doch innerhalb von jener Einheit beider jedes davon gleicherweise ihn besitzen müsse. Denn im Sinn von »Analyse« oder »Abstraktion« ist dieses Umgekehrte eben offenbarer Unsinn. Und so geht der erste Schritt, um dies Problem zu lösen, denn auch dahin, daß im Sinn von »Abstraktion« und »Analyse« weder sie durch ihn noch er durch sie empirischen Gehalt besitzt.

Als Subjektivität im einzelnen hat vielmehr jedes davon seinen Ursprung so wie Subjektivität im ganzen, nämlich immer wieder nur synthetisch, wobei Synthesis auch nicht etwa Zusammensetzung, sondern ursprüngliche Ausdehnung im Sinn von Selbstausdehnung solcher Subjektivität als Punkt bedeutet. Und so kommt es denn im Zuge seiner zweiten Selbstausdehnung auf Grund seiner ersten Selbstausdehnung auch zu demjenigen Gegenüber zwischen Ausdehnung und Punkt, in welchem beide wechselseitig und mithin auch beide gleichursprünglich auseinandertreten. Und nur dadurch kommt es dabei gleichursprünglich auch zu derjenigen Ausdehnung und demjenigen Punkt, der dann Begriff und die dann Anschauung ist. Und so kommt es denn auch zum empirischen Gehalt von ihr genauso wie von ihm dabei gerade gleichursprünglich und synthetisch, so daß eben weder er seinen empirischen Gehalt durch sie noch sie ihren empirischen Gehalt durch ihn besitzt.

Vielmehr hat jedes davon den empirischen Gehalt danach nur dadurch, daß im Anschluß an die Synthesis der ersten Selbstausdehnung jenes Punktes gleichursprünglich auch noch die der zweiten Selbstausdehnung dieses selben Punktes vor sich geht. Denn erst durch beide Selbstausdehnungen zusammen wird für alles, was schon in die erste eingeht, die Gelegenheit eröffnet, auch noch in die zweite einzugehen, und das heißt, sich innerhalb von ihr

3 Vgl. zu all dem z.B. A 76ff. B 102ff. und B 130ff. mit Bd.9, S. 91ff.

dann auch auf Punkt und Ausdehnung als den Begriff und als die Anschauung noch zu verteilen. Und so verteilt sich eben alles, was dann faktisch auch noch in die zweite Selbstausdehnung jenes Punktes eingeht, faktisch auch noch gleichursprünglich auf Begriff und Anschauung, indem genau dann, wenn dabei empirische Bestimmtheit innerhalb von ihr sich bildet, auch empirische Bestimmtheit innerhalb von ihm sich bildet, sowie umgekehrt. Doch unbeschadet dieser ihrer Gleichursprünglichkeit kann sich empirische Bestimmtheit innerhalb von ihm nur dadurch bilden, daß empirische Bestimmtheit innerhalb von ihr sich bildet, nämlich nur indem in solcher Anschauung als solcher Ausdehnung sich Form im Unterschied zu Gegenform bzw. Inhalt gegenüber Gegeninhalt bildet. Deren jedesmalige empirische Bestimmtheit nämlich wird dabei nur dadurch zur empirischen Bestimmtheit auch noch des Begriffes als des Punktes, daß sie ihm dabei bewußt wird.

Ihm bewußt wird sie dabei jedoch gerade umgekehrt nur dadurch, daß der Punkt, der dabei zum Begriff wird, immer schon Bewußtsein ist. Das ist er nämlich immer schon als *Selbst*bewußtsein von sich, weil er es ja immer schon als Punkt der *ersten* Selbstausdehnung von sich ist. Denn zum *Begriff* als Punkt der *zweiten* Selbstausdehnung wird er ja auch immer erst durch diese zweite Selbstausdehnung *selbst*, mithin auch immer erst aus sich als Punkt der *ersten* Selbstausdehnung selbst *heraus*. Und damit wird er zum *Bewußtsein* des Begriffs als jenem *Fremd*bewußtsein denn auch immer erst aus sich als diesem *Selbst*bewußtsein selbst *heraus*. Nur dadurch nämlich wird er dies, daß er die Ausdehnung infolge seiner ersten Selbstausdehnung schon bewußt-begleitet, so daß er von ihr her auch die Ausdehnung infolge seiner zweiten Selbstausdehnung noch bewußt-begleitet, eben als die Anschauung durch sich als den Begriff zu ihr. Denn Fremdbewußtsein dieser Ausdehnung des Raumes als Zugleich ist der Begriff als Punkt dabei ja nur auf Grund von Selbstbewußtsein jener Ausdehnung der Zeit als Nacheinander, nämlich nur, weil ebenso, wie dabei Nacheinander in Zugleich von Raum als Zeit-Raum eingeht, auch das Selbstbewußtsein jener Zeit noch in das Fremdbewußtsein dieses Zeit-Raums eingeht.

Eben darin liegt der Grund für jenes Asymmetrisch-Einseitige, daß ein Subjekt sich, obwohl es jeweils beides ist, in der Gestalt von Anschauung und von Begriff durch den Begriff der Anschauung bewußt ist, und nicht etwa umgekehrt. Entsprechend tritt genau in diesem Sinn das Selbstbewußtsein, das er seiner Herkunft nach schon immer ist, hinter dem Fremdbewußtsein, das er seiner Herkunft nach erst immer wird, denn auch zurück, und zwar gerade weil das erstere dem letzteren dabei zugrunde liegt. Denn innerhalb der Einheit des Subjekts, das jeweils beides ist, kann der Begriff als Punkt – für sich allein betrachtet – nur als bloßes Selbstbewußtsein gelten: gleich dem Punkt der ersten Selbstausdehnung bloß zu Zeit als bloßem Zeitbewußtsein. Und das heißt: Als Selbstbewußtsein, das auch Fremdbewußtsein ist, kann der Begriff als Punkt nur mit der Anschauung zusammen gelten. Und dies eben weil er nur, indem er sich auch ihrer als der Ausdehnung des Raums als Zeit-Raums noch bewußt ist, sich dann auch noch eines Anderen als sich bewußt ist, das er dadurch sich entwirft bzw. vorstellt. Und recht eigentlich bedeutet dies, daß in Gestalt von Anschauung und von Begriff gerade ein *Subjekt* sich auch noch eines Anderen als sich bewußt ist, nämlich eines Objekts, dessen Vorstellung oder Entwurf es dadurch ist. Denn auch noch in Gestalt von Anschauung und von Begriff ist ein Subjekt nichts anderes als eine Indentität mit einer weiteren Differenz in sich.

Das Asymmetrisch-Einseitige von Begriff und Anschauung, wonach er nur durch sie seine empirische Bestimmtheit hat, beruht mithin gerade auf dem umgekehrten Asymmetrisch-Einseitigen von Begriff und Anschauung, wonach sie nur durch ihn eine bewußte ist, so daß ihre empirische Bestimmtheit auch nur als bewußte in ihm als Bewußtsein ist. Daß ein Begriff seine empirische Bestimmtheit nur durch eine Anschauung besitzt, hat daher rein bewußtseinstheoretische Bedeutung und sonach auch nicht das mindeste zu tun mit so etwas wie »Analyse« oder »Abstraktion« als dem Herauslösen sowie Herüberholen von empirischer Bestimmtheit aus der Anschauung in den Begriff. Empirische Bestimmtheit nämlich bildet sich auf jeder dieser beiden Seiten jeweils ursprünglich, in Anschauung als Ausdehnung genauso wie auch in Begriff als Punkt, und somit eben gleichursprünglich.

Darin liegt denn auch noch die Erklärung für ein weiteres Faktum, über das man ebenfalls bis heute noch hinwegzugehen pflegt: Empirische Bestimmtheit, die als Anschauung genauso wie auch als Begriff entspringt, muß deshalb jeweils zwar dieselbe sein, kann deshalb aber dennoch mit der jeweils anderen nicht vergleichbar sein. Allein schon ihre notwendige Selbigkeit in beiden Fällen übergeht man nämlich. Kann doch ein Begriff wie »rund« seine empirische Bestimmtheit nur durch eine Rundanschauung haben und entsprechend ein Begriff wie »rot« seine empirische Bestimmtheit nur durch eine Rotanschauung und auch ein Begriff wie »Baum« seine empirische Bestimmtheit nur durch eine Baumanschauung, und so weiter. Nicht jedoch kann dies auch überkreuz geschehen, wie Umgangssprache nahelegt, weil man in ihr auch kurzerhand von »roten Bäumen« oder »runden Bäumen« sprechen kann. Daß trotzdem jedes Urteil nur genau einen Begriff enthalten kann, woran die Prädikatenlogik keinen Zweifel läßt, nimmt man jedoch bis heute nicht recht ernst. Das hat zur Folge, daß man auch die strenge Selbigkeit empirischer Bestimmtheit von genau einem Begriff, und auch genau von einer Anschauung zu ihm, in einem Urteil nicht beachtet, und so auch nicht die genaueste Entsprechung beider zueinander. Eher fährt man fort, sogar mit Kant und Husserl noch daran zu glauben, mindest zwei Begriffe müsse jedes Urteil in sich selbst enthalten.

Dann jedoch sieht man erst recht nicht ein: Trotz dieser Selbigkeit empirischer Bestimmtheit von Begriff und Anschauung – und somit trotz dieser genauesten Entsprechung zwischen beiden – ist empirische Bestimmtheit, wie sie eine Anschauung wird, unvergleichbar mit empirischer Bestimmtheit, wie sie ein Begriff wird. Denn ein Rundgehalt oder ein Rotgehalt oder ein Baumgehalt zum Beispiel ist ein Anschauungsgehalt ja nur, indem er auch ein Ausdehnungsgehalt ist, weil ja Rundanschauung oder Rotanschauung oder Baumanschauung eben Rundausdehnung oder Rotausdehnung oder Baumausdehnung ist. Dagegen ist ein Rundgehalt oder ein Rotgehalt oder ein Baumgehalt nur dadurch auch noch ein Begriffsgehalt, daß er auch noch ein Punktgehalt ist, weil ja »rund«-Begriff und »rot«-Begriff und »Baum«-Begriff gerade »rund«-Punkt oder »rot«-Punkt oder »Baum«-Punkt ist. Entsprechend sind sie jeweils trotz der selbigen und so gemeinsamen empirischen Bestimmtheit miteinander unvergleichbar, nämlich ganz genauso, wie auch Punkt und Ausdehnung – die zu Begriff und Anschauung nur dadurch werden, daß sie miteinander nur als wechselseitig auseinandertretende zusammenhängen – unvergleichbar miteinander sind. Denn in genau dem Sinn, in dem hier Ausdehnung nicht

Punkt und Punkt nicht Ausdehnung ist, ist Begriff hier auch nicht Anschauung und Anschauung auch nicht Begriff.

Doch mangels Einsicht in all dies muß man wie Kant noch weiteres an Problematik übergehen. Mit Kant pflegt man zu wiederholen, Anschauung sei nicht Begriff, und umgekehrt, und Sinnlichkeit sei nicht Verstand, und umgekehrt. Doch dies bedeutet, das Problem zu überspringen, wie es möglich sein kann, daß nach Kant trotzdem ein jedes davon etwas innerhalb von Subjektivität sein soll und deshalb auch in irgendeinem Sinn etwas Mentales oder Psychisches sein müßte. Denn in welchem Sinn es dies auch nur sein könnte, dazu hatte weder Kant noch jemand vor ihm oder nach ihm etwas Einleuchtendes vorzuschlagen. Vielmehr pflegt man sich stattdessen schon seit jeher und bis heute uneinleuchtend zu behelfen: Sinnlichkeit als so etwas wie Anschauung, bzw. als Gefühl und Stimmung, sei nur etwas Psychisches und somit nur etwas Empirisches als ein »reales Sein«; Verstand hingegen als so etwas wie Begriff und Urteil sei ein »ideales Sein« und damit etwas Nichtempirisches und sonach ganz und gar nichts Psychisches.

Nur kann von so etwas wie »idealem Sein« bei Kant gar keine Rede sein: Nicht einmal hinsichtlich von Urteilen oder Begriffen kommt er auf dergleichen wie platonische Ideen, so sicher ist er sich, daß es bei all dem nur um etwas innerhalb von Subjektivität sich handeln kann und damit eben grundsätzlich nur um etwas Mentales oder Psychisches. Und in der Tat besteht auch überhaupt kein Anlaß, diesbezüglich sich zum Platonismus aufzuschwingen, um von dort herab dann alles Gegenteilige falsch-entrüstet als Psychologismus anzuprangern. Vielmehr braucht man bloß die Grundstruktur von Subjektivität *als ganze* in Betracht zu ziehen, die *im ganzen* nur als etwas Nichtempirisches ergeht: als Ausdehnung genauso wie als Punkt und so als Anschauung nicht weniger denn als Begriff.

Daß nämlich Subjektivität als beides von empirischer Bestimmtheit sein kann, heißt durchaus nicht, sie sei als Begriff oder als Anschauung dann auch etwas Empirisches. Denn keines davon kann ein Subjekt – sei es bei sich selbst, sei es bei anderen Subjekten – jemals als etwas Empirisches zum Gegenstand gewinnen: Kann es dies doch insbesondere nicht durch Wahrnehmung, auch nicht durch sogenannte innere («Introspektion«), die gar nicht möglich ist, da Wahrnehmung als solche selbst gerade äußere ist.

Und Subjektivität als ganze in Betracht zu ziehen, heißt eben, sie nicht nur als *Ausdehnung* der Zeit und *Ausdehnung* des Raumes zu berücksichtigen, was schon Kant tut, sondern auch als *Punkt* der Zeit und *Punkt* des Raumes noch, was Kant jedoch versäumt, von seinen Interpreten ganz zu schweigen. Denn gerade dieser Punkt ist es, der jeden Platonismus überflüssig macht, ein Punkt, den die bisherige Philosophie geradezu verdrängt. Und dies obwohl er immer wieder laut genug sich meldet und am lautesten bei Reflexion auf Zeit. Ihn trotzdem immer wieder zu verdrängen, schafft Philosophie, indem sie sich die Illusion von Zeit und Raum als reinen Ausdehnungen macht, wodurch sie denn auch unverständlich bleiben müssen. Nur mit diesem Punkt zusammen nämlich können sie verständlich werden, weil sie nur als dieses Punktes Selbstausdehnungen entspringen.

Und so kann es dabei denn auch schon von vornherein zu keiner Problematik kommen, wie »Verstand mit Sinnlichkeit« sich denn »vereinen« lasse, und das heißt: zu keiner Problematik der Versinnlichung als der »Schematisierung« des Verstandes, die berühmt-berüchtigt ist durch ihre prinzipielle Unlösbarkeit. Denn »vereint« sind beide ja von vornherein schon: Tritt doch Punkt sowohl wie Ausdehnung dabei bereits von vornherein nicht etwa je für sich, sondern nur dadurch auf, daß Punkt *mit* Ausdehnung auftritt: sei es als Punkt mit Ausdehnung *nur innerhalb von sich*, als Zeit, sei es als Punkt mit Ausdehnung *auch außerhalb von sich*, als Raum im Sinn von Zeit-Raum. Denn »Synthese« ist das alles weder als »Zusammensetzung« von etwas noch auch als Teilung von etwas, sondern als Selbstausdehnung von etwas: Als grundlegende Kraft bzw. Energie wird die Natur dadurch zuletzt auch noch zu Kraft bzw. Energie von höchstkomplexen Formen, deren vorerst letzte die von Punkt mit Ausdehnung als dem Begriff mit Anschauung ist.

Grundsätzlich hat all dies nämlich immer wieder nur die Stellung des Entstehens wie Vergehens von Bewegung ohne jegliches Bewegte: die von Subjektivität als Zeit. Und so hat diese Stellung denn auch noch der Raum als Zeit-Raum, was mithin auch für die Anschauung als Ausdehnung und den Begriff als Punkt noch gilt. Und so bedeutet es für den Charakter des Begriffs als Punkt sowie der Anschauung als Ausdehnung denn auch nicht die geringste Einschränkung, daß beide als ein immer wieder ebenso Entstehendes wie auch Vergehendes ein immer wieder Neues sind: Mentales eben als Bewußtsein. Haben sie doch ihren jeweils unterschiedlichen Charakter *gegeneinander* immer wieder nur durch ihr Verhältnis *zueinander*. Demgemäß bedeutet es auch keine Einschränkung für das Bewußtsein der empirischen Bestimmtheit, das sie *miteinander* bilden, daß es sich dabei desgleichen um ein immer wieder neu Entstehen wie Vergehen von Bewußtsein der empirischen Bestimmtheit handelt. Denn auch im Entstehen wie Vergehen beider *miteinander* bleibt doch das Verhältnis beider *zueinander* grundsätzlich gewahrt.

Vor allem aber ist dann das Bewußtsein der empirischen Bestimmtheit, das sie miteinander aufbauen, ohne jede Einschränkung auch das Bewußtsein der empirischen Bestimmtheit von etwas, das ein Subjekt dadurch sich vorstellt oder sich entwirft als ein Objekt im Sinn von etwas Anderem als sich. Kann letzteres seine empirische Bestimmtheit doch auch überhaupt nur durch Begriff und Anschauung besitzen, nämlich nur, indem in der Gestalt von beiden ein Bewußtsein als ein Selbstbewußtsein, das auch noch ein Fremdbewußtsein bildet, in sich selbst bereits empirische Bestimmtheit bildet. Denn gerade als Bewußtsein, nämlich als Bewußtsein des Entwerfens oder Vorstellens von etwas Anderem als sich selbst, steht es mitsamt seiner empirischen Bestimmtheit schon von vornherein doch aus sich selbst heraus auch *nur für* etwas Anderes als sich selbst.

Durch dasjenige nämlich, wodurch dies Bewußtsein als ein Fremdbewußtsein *nur* für etwas Anderes als sich selbst steht, durch Begriff und Anschauung, steht es gerade nicht etwa *auch* für sich selbst, in keinem Sinn. Denn für sich selbst steht es dabei auch insbesondere in dem Sinn nicht, daß es als dieses *Fremd*bewußtsein doch *Bewußtsein* nur als *Selbst*bewußtsein ist. Hat das Verhältnis eines *Stehens für* etwas sich innerhalb von bloßem Selbstbewußtsein doch noch überhaupt nicht ausgebildet. Und tatsächlich ist im Rahmen seines bloßen Selbstbewußtseins ein Subjekt doch weder eine *Anschauung von sich* noch ein *Begriff von sich*. Vielmehr ist ein Subjekt im Rahmen seines bloßen Selbstbewußtseins ja bloß ein Sich-Fühlen, welches *inhaltlich* als *irgendwie* Sich-Fühlen eben so etwas wie eine Stimmung oder ein Gefühl ist. Und das heißt: Sobald ein Subjekt nicht mehr nur Gefühl und Stimmung, sondern auch noch Anschauung von etwas und Begriff von etwas ist, ist es dies letztere sofort auch *nur* von etwas Anderem als sich und damit auf der Grundlage von sich als Selbstbewußtsein eben Fremdbewußtsein.

Nur aus diesem Grund ist es so schwierig für ein Subjekt, auch von sich als ursprünglichem Selbstbewußtsein noch so etwas wie Begriff und Anschauung zu bilden, wie im Anschluß an das Zeit-Modell vollzogen. Können doch Begriff und Anschauung hier nicht etwa ein Fremdbewußtsein bilden, weil das in sich widersinnig wäre. Vielmehr müssen sie in diesem Fall ein Selbstbewußtsein bilden, das dann gegenüber dem ursprünglichen jedoch ein abgeleitetes sein muß: das Selbstbewußtsein einer Selbst*erkenntnis* als der Selbst*vergegenständlichung* von Selbstbewußtsein eines Subjekts.

Das Entscheidende für ursprüngliches Fremdbewußtsein ist denn auch, daß es dazu erst durch die zweite Selbstausdehnung zum Zugleich des Raums als Zeit-Raums kommt, das dabei nicht etwa die *Rückwärts*form *von* Zeit als Nacheinander sein kann. Vielmehr kann es dabei nur die *Vorwärts*form *für* etwas Anderes als Zeit sein und mithin auch nur *für* etwas Anderes als das Subjekt dieses Bewußtseins, eben nur für ein Objekt[4]. Und »für« bedeutet hierbei nicht etwa auch schon soviel wie »von«. Denn auch noch Vorwärtsform *von* etwas Anderem als dem Subjekt und damit *von* einem Objekt kann das Zugleich des Raums als Zeit-Raums ja nur sein, wenn es sich dabei auch schon um ein *wirkliches* Objekt als etwas *Wirklich*-Anderes handelt, weil der Sinn der »Form *von* etwas« dies miteinschließt. Doch ist eben dies bei einem bloß entworfenen oder vorgestellten Objekt als bloß vorgestelltem oder bloß entworfenem Anderen noch nicht der Fall. Auch ohne dies kann das Zugleich des Raums als Zeit-Raums aber sehr wohl Vorwärtsform *für* etwas Anderes als das Subjekt sein und so *für* ein Objekt, weil der Sinn der »Form *für* etwas« dies gerade nicht miteinschließt.

Eben solcher »für«-Sinn ohne jeden »von«-Sinn ist denn auch genau der Sinn, in dem Zugleich von Raum als Zeit-Raum Vorwärtsform *für* ein Objekt oder *für* etwas Anderes als ein Subjekt ist. Und so rührt es nur von dieser Form her, nämlich nur von ihr als Ausdehnung der Anschauung her, daß der sie bewußt-begleitende

4 Vgl. dazu oben § 11, S. 381 f.

Begriff als Punkt dann auch gerade über sie hinweg das ursprüngliche Fremdbewußtsein dieses Anderen ist, *für* das sie dadurch Form ist. Und mit ihr zusammen ist er denn auch jenes *Stehen für* als das Bewußtsein von Entwurf bzw. Vorstellung desselben. Und um eigens festzuhalten, daß es als entworfenes oder vorgestelltes Anderes noch kein Wirklich-Anderes ist, sei es als bloßer Gegenstand bezeichnet, der bloß das Ergebnis der Vergegenständlichung von etwas Anderem ist, die nicht auch schon Verwirklichung von ihm zu etwas Wirklich-Anderem ist. Ermöglicht dies doch, jene Unterscheidung von drei Stufen innerhalb von Subjektivität auch noch bewußtseinstheoretisch durchzuführen, weil das ursprüngliche Fremdbewußtsein dieser Fremdvergegenständlichung dann auch genau die Zwischenstufe zwischen jener Selbstverwirklichung als erster Stufe ist und dieser Fremdverwirklichung als dritter.

Jene erste Stufe nämlich ist die jener Selbstverwirklichung mit ursprünglichem Selbstbewußtsein, das als solches noch in keinem Sinn ein Fremdbewußtsein ist, weil es als solches auch in keinem Sinn etwas vergegenständlicht. Erst auf dieser zweiten Stufe vielmehr wird die Selbstverwirklichung mit ursprünglichem Selbstbewußtsein jener ersten Stufe auch noch zur Vergegenständlichung von etwas, doch gerade nur im Sinn von etwas Anderem, und so auch noch zum ursprünglichen Fremdbewußtsein einer Fremdvergegenständlichung desselben. Diese aber ist in keinem Sinn etwa auch schon die Fremd*verwirklichung* von diesem Anderen zu etwas *Wirklich*-Anderem, sondern eben nur die Weiterführung jener *Selbst*verwirklichung mit Selbstbewußtsein, die dadurch auch noch zu der mit Fremdbewußtsein auf der Grundlage von Selbstbewußtsein wird. Genau in diesem Sinn von Fremdbewußtsein einer Fremdvergegenständlichung noch ohne Fremdverwirklichung ist Fremdbewußtsein auf der zweiten Stufe denn auch *als Bewußtsein* grundverschieden gegenüber Fremdbewußtsein auf der dritten Stufe.

So gewiß sie nämlich beide Fremdbewußtsein sind, so unterscheiden sie sich doch auch wieder dadurch, daß nur das der zweiten Stufe ursprüngliches Fremdbewußtsein ist, wogegen das der dritten Stufe nur ein davon abgeleitetes sein kann, weil ihm das ursprüngliche immer schon zugrunde liegen muß. Und dieser Unterschied besteht gerade darin, daß auch dieses ursprüngliche

Fremdbewußtsein auf der zweiten Stufe so wie jenes ursprüngliche Selbstbewußtsein auf der ersten Stufe noch ein bloß bewußt-benutzendes Bewußtsein ist, wogegen erst das Fremdbewußtsein auf der dritten Stufe als ein hiervon abgeleitetes Bewußtsein auch noch ein bewußt-erwähnendes oder bewußt-thematisierendes Bewußtsein ist. Und unterschieden wird auf diese Weise auch nur zwischen etwas Ihnen Wohlbekanntem, doch bis heute Unerklärtem, nämlich zwischen Urteil erst auf dritter Stufe und Begriff mit Anschauung bereits auf zweiter Stufe, worauf jedes Urteil von empirischer Bestimmtheit immer schon beruhen muß.

Denn deren Unterschied bedeutet ja recht eigentlich den Unterschied zwischen *Bewußtsein* in Gestalt des Urteils und *Bewußtsein* in Gestalt der Anschauung wie des Begriffs. Genau in diesem Sinn von jeweils unterschiedlichem *Bewußtsein* aber sind Begriff und Anschauung sowohl wie Urteil überhaupt erst mittels dieser Art von Unterscheidung zu erklären, eben nur bewußtseinstheoretisch. Denn ein Faktum ist es, daß empirische Bestimmtheit, so gewiß sie auf der zweiten Stufe in Gestalt der Anschauung sowohl wie des Begriffes auftritt, dies doch ebenso gewiß nicht in dem Sinne tut, daß der Begriff oder die Anschauung diese empirische Bestimmtheit etwa *hat*, nämlich zu seiner oder ihrer Eigenschaft. Denn keineswegs ist ein Begriff bzw. eine Anschauung, nur weil in der Gestalt von ihm bzw. ihr zum Beispiel die empirische Bestimmtheit eines Rotgehaltes oder Rundgehaltes oder Baumgehaltes auftritt, auch bereits ein Baum bzw. etwas Rundes oder etwas Rotes, was vielmehr ein lächerlicher Unsinn wäre. Etwas Rotes oder etwas Rundes oder auch ein Baum ist vielmehr nur der durch sie beide bloß entworfene oder vorgestellte Gegenstand, und auch erst dann, wenn er kein bloß entworfenes oder vorgestelltes Anderes, sondern auch ein Wirklich-Anderes ist. Erst letzteres ist nämlich etwas, das dann die empirische Bestimmtheit eines Rotgehaltes oder Rundgehaltes oder Baumgehaltes *hat*, eben zu seiner Eigenschaft.

In der Gestalt von Anschauung bzw. von Begriff dagegen tritt empirische Bestimmtheit eines Rotgehaltes oder Rundgehaltes oder Baumgehaltes nur in dem Sinn auf, daß der Begriff oder die Anschauung diese empirische Bestimmtheit eines Rotgehaltes oder Rundgehaltes oder Baumgehaltes *ist*, und nicht etwa bloß *hat*. Und daran ändert sich auch dadurch nichts, daß der Begriff als

Punkt sowie die Anschauung als Ausdehnung gerade unvergleichbar-unterschiedlich jeweils die Bestimmtheit eines Rotgehaltes oder Rundgehaltes oder Baumgehaltes *ist.* Denn daß ein *jedes* davon sie bloß *ist*, heißt ja gerade, daß ein *jedes* davon bloß ein *Mittel* ist, um *durch* es etwas *Anderes* als es, den *Gegenstand*, als etwas Rotes oder Rundes oder auch als einen Baum sich vorzustellen oder zu entwerfen: eben als genau das Andere, das dann, wenn es auch etwas Wirklich-Anderes ist, auch etwas Rotes oder Rundes ist oder ein Baum. Im Gegenteil: Gerade diese grundsätzliche Differenz von Anschauung als Ausdehnung und von Begriff als Punkt, wie sie im Rahmen der Identität *eines* Bewußtseins jeweils *eines* Gegenstandes auftritt, ist es, die sich jetzt bewußtseinstheoretisch herleiten und damit auch erklären läßt.

Bisher ließ diese Differenz sich nämlich nur als die zwischen Begriff als dem »Deutfähigen« und Anschauung als dem »Deutbaren« fassen, was zwar weiter zutrifft, was jedoch das »Deuten« als das Urteilen schon voraussetzt und insofern auch bloß analytisch ist anstatt synthetisch. Denn auf einen Gegenstand als etwas Rotes hin zum Beispiel als die Rotanschauung jeweils »deutbar« sein und als der »rot«-Begriff jeweils »deutfähig« sein, heißt ja nichts anderes, als auf je verschiedene Art die Deutung »Dies ist rot« als Urteil zu ermöglichen. Bewußtseinstheoretisch aber läßt die Differenz zwischen »Deutbarem« und »Deutfähigem« sich jetzt auch noch synthetisch und nicht mehr bloß analytisch fassen, nämlich ohne die Voraussetzung von »Deuten« als dem Urteilen. Denn bewußtseinstheoretisch wird sie einer Herleitung und damit auch einer Erklärung fähig.

Das Bewußtsein des Begriffs als des einer deutbaren Anschauung deutfähigen ist nämlich überhaupt nichts anderes als die innerliche Differenz zwischen Begriff als dem die Anschauung bewußtbegleitenden und Anschauung als der durch den Begriff bewußtbegleiteten, nicht umgekehrt. Und diese Differenz kommt wiederum der Differenz zwischen Begriff als dem die Anschauung bewußt-benutzenden und Anschauung als der durch den Begriff bewußt-benutzten gleich. Denn darin wiederholt sich letztlich nur noch einmal jene Differenz von Punkt und Ausdehnung auf erster Stufe. Ist doch innerhalb von jener Differenz der Punkt desgleichen der die Ausdehnung bewußt-begleitende und so bewußt-benutzende wie auch die Ausdehnung die durch den Punkt bewußt-begleitete und so bewußt-benutzte. Und das heißt in beiden Fällen: Es ist der Punkt dabei der *nur* bewußt-benutzende wie auch die Ausdehnung dabei die *nur* bewußt-benutzte. Und das heißt recht eigentlich: Es ist der Punkt dabei gerade nicht auch der bewußt-erwähnende oder bewußt-thematisierende sowie die Anschauung dabei gerade nicht auch die bewußt-erwähnte oder die bewußt-thematisierte.

Nur ist der Punkt auf jener ersten Stufe eben noch nicht der Begriff sowie die Ausdehnung auf jener ersten Stufe eben auch noch nicht die Anschauung, weil er sie hier nur innerhalb von sich besitzt, noch nicht auch außerhalb von sich, was vielmehr erst auf dieser zweiten Stufe statthat. Trotzdem aber ist auch diese Ausdehnung, die er hier außerhalb von sich besitzt, und so auch diese Anschauung in Form von dieser Ausdehnung nur das Bewußt-Benutzte durch Begriff bzw. Punkt als das auch nur Bewußt-Benutzende; und nicht etwa ist sie dabei schon das Bewußt-Erwähnte oder das Bewußt-Thematisierte durch ihn als auch schon Bewußt-Erwähnendes oder Bewußt-Thematisierendes. Genau in dem Sinn nämlich ist hier der Begriff als Punkt nur der bewußt-benutzende wie auch die Anschauung als Ausdehnung nur die bewußt-benutzte, daß sie miteinander *ein* Bewußtsein bilden, das durch beides eben über sich hinaus bei etwas Anderem als sich ist, wenn auch bloß im Sinn der Vorstellung bzw. des Entwurfs von ihm als bloßem Gegenstand, das heißt, als noch nicht Wirklich-Anderem. Bei genau dem Gegenstand ist dieses soweit ausgebildete Bewußtsein nämlich, der durch dessen Weiterbildung zum Bewußtsein eines Urteils *mittels* des Bewußtseins von Begriff und Anschauung dann erstmals das Bewußt-Erwähnte oder das Bewußt-Thematisierte ist.

Auf Grund der Art der Ausdehnung von Anschauung, die als Zugleich von Raum im Sinn von Zeit-Raum nur die Vorwärtsform für etwas Anderes sein kann, ist nämlich der Begriff als der sie nur bewußt-benutzende dabei auch über sie als die entsprechend nur bewußt-benutzte immer schon hinaus, bei einem Gegenstand, auch wenn er noch kein wirkliches, sondern ein nur entworfenes oder vorgestelltes Anderes ist. Und eben darin hat er auch genau die Schwierigkeit der Stellung eines Gegenstands, der einerseits nur innerhalb des Subjekts steht, der innerhalb desselben aber anderseits nur für das Objekt außerhalb des Subjekts steht. Und dieser Gegenstand ist es denn auch, den Kant zum Beispiel wegen seiner Schwierigkeit als den »transzendentalen« Gegenstand zu fassen sucht und Husserl nach Brentano wiederum als den »intentionalen« Gegenstand. Liegt diese Schwierigkeit, die der Verständlichkeit desselben immer noch im Wege steht, doch eben darin, daß es sich bei diesem Gegenstand um etwas handeln muß, worin ein Subjekt nunmehr schon ein zweites Mal nur etwas *zu sich* Anderes sein kann. Und damit ist er eben etwas, das noch ganz auf seiten dieses Subjekts selbst liegt, wenn auch freilich als Ergebnis äußerster Entäußerung desselben, nämlich in Gestalt von seiner zweiten Selbstausdehnung auf Grund seiner ersten Selbstausdehnung. In Gesamtgestalt von beiden ist ein Subjekt nämlich nicht mehr bloßes Selbstbewußtsein, sondern *durch* sein Selbstbewußtsein eben auch noch Fremdbewußtsein, weil es dadurch *für* sich als ein Selbst- *und* Fremdbewußtsein erstmals auch noch etwas gegenständlich hat.

Verwirklicht es sich doch zu Zeit und Zeit-Raum im genannten Sinn gerade dahingehend, daß es ursprünglich aus sich heraus- und über sich hinaus- auf Anderes als sich ausgeht und auf diese Weise sich in einem zweiten Schritt zu sich als Intention von etwas Anderem für sich verwirklicht. Denn zu deren innerer Struktur hat ein Subjekt sich dadurch immerhin schon soweit selbst verwirklicht, daß es solches Andere als sich selbst doch immerhin schon für sich selbst vergegenständlicht, wenngleich nicht schon für sich selbst auch noch verwirklicht. Demnach ist ein Subjekt dieses Andere als vorerst bloß für sich vergegenständlichtes denn auch noch selbst. Und damit ist ein Subjekt auch noch in Gestalt von solchem Anderen gerade nur ein *zu sich* Anderes oder ein Anderes *zu sich*, so daß es insgesamt dies auch gerade zweifach innerhalb von sich ist. Denn auch das Zugleich des Raums im Sinne jenes Zeit-Raums ist ein Subjekt ja noch innerhalb von sich als Zeit, weil es auch das Zugleich des Raums noch als ein Nacheinander von Zugleich ist. Eben darin liegt denn auch das äußerst Schwierige, weil nichts als Schwebende jenes Hinüber bloßen Vorstellens oder Entwerfens eines Gegenstands als eines bloß »transzendentalen« oder bloß »intentionalen«. Denn nur dann hat zusätzlich zum Diesseits seiner Herkunft aus einem Subjekt solches Hinüber auch ein Jenseits seiner Hinkunft zu einem Objekt, wenn dieses dabei nicht bloß Gegenstand wird, sondern auch noch wirkliches Objekt wird, während das Subjekt dabei in jedem Fall ein wirkliches Subjekt wird. Wird es dies dabei doch auch in jedem Fall, in welchem das Objekt dabei nicht wirklich wird, wie in dem Fall von Irrtum, Traum und Halluzination. Nur als die Wirklichkeit von jener inneren Gesamtstruktur ist ein Subjekt denn auch noch der gesamte Reichtum an Verhältnissen der Doppelzweiheit zwischen Punkt und Ausdehnung bis hin zu ihnen als Begriff und Anschauung.

Die Haltbarkeit von all dem trotz der Schwierigkeit von all dem aber sehen Sie ferner daran, daß auch noch ein weiteres bis heute unerklärtes Faktum durch all dies seine Erklärung findet. Trotz jeweiliger empirischer Bestimmtheit kann es sich bei so etwas wie Rotanschauung oder Rundanschauung oder Baumanschauung nicht um etwas handeln, das ein Baum ist oder rund ist oder rot ist, so steht fest. Und dementsprechend kann es auch bei so etwas wie »rot«-Begriff und »rund«-Begriff und »Baum«-Begriff sich nicht um einen Baum oder um etwas Rundes oder etwas Rotes handeln. Dies jedoch läßt sich wie folgt erklären: Es kann bei all dem immer wieder nur um reines Nacheinander von all dem sich handeln: auch noch bei Begriff als Punkt und Anschauung als Ausdehnung.

Mit all dem steht es somit auch von Grund auf anders, als ein Platon oder ein Descartes sowie ein bloßer Gegner von Descartes oder von Platon dies bis heute einzusehen vermag. Denn auch dem bloßen Gegner, der vermeint, sich vor platonischer bzw. cartesianischer Verdinglichung von all dem nur durch Leugnung jeder Sonderstellung von all dem bewahren zu können, bleibt von Grund auf uneinsichtig: Danach ist Begriff als Punkt sowohl wie Anschauung als Ausdehnung auch immer wieder nur ein ebenso Entstehen wie Vergehen von Begriff als Punkt und Anschauung als Ausdehnung: nicht minder als das Subjekt insgesamt. Entsprechend tritt auch dann, wenn dessen Inhalt, wie auf zweiter Stufe in Gestalt von Anschauung und von Begriff, empirische Bestimmtheit annimmt, solcher Inhalt gleichfalls immer wieder nur als ebenso Entstehen wie Vergehen solchen Inhalts auf.

Nach Form sowohl wie Inhalt also handelt es sich dabei immer wieder nur um etwas ebenso Entstehendes wie auch Vergehendes und somit auch um etwas immer wieder Neues. Und durchaus nicht ist von all dem etwa irgendeines etwas Bleibend-Dingliches, sei es als cartesianische »res cogitans« oder platonische »Idee«. Und eben darin liegt der Grund dafür, daß eine Rotanschauung keine rote Anschauung sein kann und eine Rundanschauung keine runde Anschauung und eine Baumanschauung auch kein Baum, und so auch die entsprechenden Begriffe nicht. Ein Baum zu sein und rund zu sein und rot zu sein, vermag vielmehr nur etwas, das als etwas Selbiges auch aufhören kann oder beginnen kann, ein Baum zu sein und rund zu sein und rot zu sein, indem es sich als dieses Selbige »verändert«. Eben dies jedoch vermag nur etwas, das etwas Bestehendes ist, nämlich nicht bloß etwas ständig ebenso Entstehendes als auch Vergehendes ist, wie ein Subjekt als das Nacheinander bloßer Zeit.

Das ist ein Subjekt nämlich nicht nur als das Nacheinander bloßer Zeit von »Stimmung« oder von »Gefühl« auf erster Stufe, sondern auch noch als das Nacheinander bloßer Zeit von Anschauung und von Begriff auf zweiter Stufe, ja sogar auch als das Nacheinander bloßer Zeit des durch die letzteren entworfenen oder vorgestellten Gegenstandes noch. Und so ist keines von all dem etwas Bestehendes, sondern jedes von all dem vielmehr nur etwas ebenso Entstehendes wie auch Vergehendes. Denn keines von all dem ist etwas anderes als eine Weise, wie Natur sich in Gestalt von Zeit und Zeit-Raum je und je zu Differenzen innerhalb einer Identität ausbildet, die als in sich vollständig differenzierte dann das Subjekt einer Intention ist.

Vielmehr ist etwas Bestehendes dann allenfalls ein Objekt als Erfolg der Intention eines Subjekts, demgegenüber es dann aber etwas Wirklich-Anderes sein muß und somit auch nur sein kann, wenn es etwas Wirklich-Anderes als Zeit und Zeit-Raum ist. Und das ist ein Objekt nur dann, wenn es das ständig ebenso Entstehende wie Vergehende beider überdauert und sonach Identität in einem gänzlich neuen Sinn ist, nämlich als »Beharrlichkeit« von »Ding« oder »Substanz«. Erst diese oder dieses ist dann auch noch etwas, das empirische Bestimmtheit *hat*, nämlich als »Akzidens« oder als »Eigenschaft«, indem es rot ist oder rund ist oder Baum ist. Und dies eben deshalb, weil erst »Ding« oder »Substanz« dann auch noch etwas ist, das sich als Selbiges »verändern« kann, da es empirische Bestimmtheit in Gestalt von »Akzidens« oder von »Eigenschaft« – die es bloß *hat*, nicht *ist* – als Selbiges dann auch noch »wechseln« kann. Und so gehört zum Sinn empirischer Bestimmtheit als des »Akzidens« oder der »Eigenschaft« von etwas denn auch wesentlich der Sinn der Möglichkeit von deren »Wechsel« als »Veränderung« von deren »Träger« mit hinzu: von »Ding« oder »Substanz«.

Sogar auch noch in diesem Fall eines Objektes also handelt es sich bei der Eigenschaft oder dem Akzidens von ihm als Ding oder Substanz um etwas, das eine Identität mit einer Differenz in sich ist, und sonach um eine innere Struktur, die sich vergleichen läßt mit der in jenem Fall eines Subjektes. Nur ist sie in diesem Fall eines Objektes eben insgesamt von einer so besonderen Art, wie sie in jenem Fall eines Subjektes noch nicht vorkommt, was denn auch gerade die Gemeinsamkeit sowohl wie Unterschiedlichkeit von beiden ausmacht. Unterscheidet sich danach ein Subjekt gegenüber einem Objekt doch gerade so, daß es Identität mit Differenzen innerhalb von sich noch *ohne* jegliche Beharrlichkeit der Substanzialität von *Wirklich-Anderem* als Zeit ist, sondern eben *nur als Zeit.* Denn auch noch Raum als ein Zugleich ist ja zunächst nur *Zeit*-Raum, nämlich nur ein *Nacheinander* von Zugleich, was somit auch noch gilt für jenen Gegenstand als bloß entworfenes oder vorgestelltes Anderes, nämlich auch noch für das Subjekt als zum zweiten Mal bloß *zu sich* Anderes. Und in all dem ist ein Subjekt eben einem Platon oder auch einem Descartes seit jeher und bis heute unverständlich, ganz zu schweigen von den bloßen Gegnern beider.

In dieser Art der inneren Struktur von Zeit und Zeit-Raum liegt denn auch noch die Erklärung für ein weiteres Faktum, das man der Erklärung meistens gar nicht für bedürftig hält, weil man es meistens gar nicht kennt. Sie hatten eingesehen: Es ist reine Empirizität als reine Faktizität, welchen Inhalt die Natur als ein Subjekt sich je und je selbst zuzieht, wenn sie als die Spontaneität jenes Agierens jenes Reagieren auf sich auslöst. Und des weiteren war Ihnen einsichtig geworden: Gleichfalls ist es reine Empirizität als reine Faktizität, ob ein solcher Inhalt dabei auch noch zur empirischen Bestimmtheit von Begriff und Anschauung auf zweiter Stufe wird, bzw. ob verglichen damit solch ein Inhalt in Gestalt von Stimmung oder von Gefühl empirisch unbestimmt auf erster Stufe bleibt.

Tritt nun aber all dies grundsätzlich nur in der Form des ständigen Entstehens wie Vergehens auf, in Form der bloßen Zeit auf erster Stufe ebenso wie auch in Form der Zeit als Zeit-Raum noch auf zweiter Stufe, wird für Sie auch folgendes noch einsichtig: Erst recht ist es dann reine Empirizität als reine Faktizität, ob auf zweiter Stufe, also in der Grundform von empirischer Bestimmtheit, solch ein Inhalt nicht vielleicht erneut zu einer Unbestimmtheit wird, die dann jedoch gerade eine Unbestimmtheit in der Grundform von empirischer Bestimmtheit ist. Daß diese Möglichkeit nicht auszuschließen ist, geht Ihnen sofort auf, wenn Sie berücksichtigen: Wegen dieser Form des ständigen Entstehens wie Vergehens von all dem beruht das Auftreten von so etwas wie Rotgehalt oder wie Rundgehalt oder wie Baumgehalt, wovon allein wir bisher sprachen, auf einer Voraussetzung, die nicht in jedem solchen Fall erfüllt sein muß. Denn überhaupt nur unter der Voraussetzung, daß dabei in die Anschauung als Ausdehnung hinein wie auch in den Begriff als Punkt hinein Gehalt *derselben* Art entsteht wie auch vergeht, kann es sich dabei handeln um so etwas wie empirische Bestimmtheit eines Rotgehaltes oder eines Rundgehaltes oder eines Baumgehaltes.

Was jedoch tritt auf, wenn dabei in die Anschauung als Ausdehnung hinein wie auch in den Begriff als Punkt hinein Gehalt *verschiedener* Art entsteht wie auch vergeht, indem dabei das Auftreten von Rotgehalt zum Beispiel endet *und* das Auftreten von Blaugehalt zum Beispiel anfängt, oder umgekehrt? Das Ende eines Rotgehaltes nämlich *ist* dabei der Anfang eines Blaugehaltes, sowie umgekehrt, so daß dann Rotgehalt und Blaugehalt dabei *ineinem* auftritt, anschaulich genauso wie begrifflich. Können sich die beiden dabei doch durchaus nicht etwa in das Vorher/Nachher einer Zeit als einer Ausdehnung im Sinn von einer Linie verteilen, weil Zeit nun einmal eine Ausdehnung im Sinn von einer Linie nicht ist, auch nicht auf zweiter Stufe jenes Zeit-Raums. Und Sie werden auch nicht leugnen können, daß so etwas wie das Ende eines Rotgehaltes und der Anfang eines anderen, zum Beispiel eines Blaugehaltes, immer wieder auftritt. Also kommen Sie auch nicht umhin, zu folgern, daß in jedem solchen Fall ein in sich widersprüchlicher Gehalt auftritt, begrifflich ebenso wie anschaulich.

Und solche Widersprüchlichkeit ist auch tatsächlich nichts als eine neue Form von Unbestimmtheit, weil im Fall eines Gehalts wie »rot und blau« im Sinn von »rot und nichtrot« diese beiden sich ihre empirische Bestimmtheit eben wechselseitig streitig machen. Und das Neue dieser Form von Unbestimmtheit liegt denn auch gerade darin, daß es sich dabei um Unbestimmtheit in der Grundform von empirischer Bestimmtheit handelt. Jede solche Widersprüchlichkeit ist nämlich eine jeweils ganz bestimmte und mithin auch eine jeweils ganz bestimmte Unbestimmtheit, eben beispielsweise die von »rot und nichtrot« gegenüber beispielsweise der von »grün und nichtgrün«. Muß doch jede solche Unbestimmtheit als die Widersprüchlichkeit von etwas mindestens zwei Glieder haben, deren jedes mindestens dem jeweils andern gegenüber von empirischer Bestimmtheit ist, so daß es sich dabei auch grundsätzlich bereits um Unbestimmtheit in der Grundform von empirischer Bestimmtheit handeln muß. Und eben darin unterscheidet diese Unbestimmtheit auf der zweiten Stufe sich auch grundsätzlich von jener Unbestimmtheit auf der ersten.

Doch zugleich ist diese Unbestimmtheit auf der zweiten Stufe auch noch grundlegend für etwas auf der dritten, was sich nämlich ohne sie gar nicht erklären ließe, was man aber hinsichtlich von dieser Widersprüchlichkeit in aller Regel zu verschweigen pflegt, obwohl es schon seit Zenon klar erkannt ist: Jeder Fall von Wahrnehmung eines Ereignisses der Außenwelt, der ja ein Fall von wahrem oder falschem Urteil über ein Ereignis sein muß, kann dies überhaupt nur sein, sofern er vom empirischen Gehalt her, und das heißt: von Anschauung und von Begriff her, widersprüchlich ist, als Urteil aber dennoch widerspruchsfrei ist.

Denn ein elementares Urteil auf der dritten Stufe kann ja nicht nur eine Form wie etwa »Dies ist rot«, sondern auch ein Form wie »Dies wird rot« annehmen. Das jedoch ist eine Form, in der ein Urteil einem Ding nicht eine Eigenschaft zuspricht, sondern den Wechsel zwischen einer Eigenschaft an ihm und einer andern Eigenschaft an ihm, mithin eine Veränderung von ihm als ein Ereignis. Sinnvoll aber kann ein Urteil von der Form »Dies *wird* rot« überhaupt nur sein, wenn darin von etwas die Rede ist, das nichtrot ist, so daß ein solches Urteil implizit den Sinn von »nichtrot« ebenso wie den von »rot« in sich enthalten muß und so im ganzen einen in sich widersprüchlichen[5].

Die Herkunft dieser Widersprüchlichkeit ist aber noch bis heute rätselhaft, weshalb man lieber über sie hinweggeht. Kann sie dann

5 Kant hat dies, auch wenn er es nicht systematisch durchführt, klar gesehen, wie etwa in B 48 und B 291f.

doch weder aus dem Urteil über ein Ereignis als ein Objekt stammen, noch gar aus dem Objekt als Ereignis selbst, weil dabei keines davon widersprüchlich ist. Denn widersprüchlich ist ja keineswegs ein Urteil wie »Dies wird rot«, sondern nur der ihm zugrunde liegende empirische Gehalt, bei dem es sich sonach nur handeln kann um den empirischen Gehalt von Anschauung und von Begriff, die einem Urteil schon von zweiter Stufe her zugrunde liegen müssen. Und so muß der Schritt von Anschauung und von Begriff zum Urteil mittels beider dann in jedem Fall gerade dahin gehen, auch noch solcher Widersprüchlichkeit, als einer Unbestimmtheit in der Grundform von empirischer Bestimmtheit, die Gelegenheit zu geben, irgendeine Weise von Bestimmtheit anzunehmen: sei es die von so etwas wie »Dies wird nichtrot«, sei es die von so etwas wie »Dies wird rot«. Denn jeder dieser beiden Fälle setzt ja eine und dieselbe Widersprüchlichkeit des Inhalts von Begriff und Anschauung voraus und damit eine und dieselbe Unbestimmtheit, welche sonach gegenüber jeder dieser beiden Arten von Bestimmtheit noch indifferent ist, weil auf zweiter Stufe eine Reihenfolge ihrer Glieder noch nicht möglich ist.

Der Schritt von zweiter Stufe her zu dritter Stufe hin steht somit in Entsprechung zu dem Schritt von erster Stufe her zu zweiter Stufe hin, weil er in beiden Fällen dahin geht, der Unbestimmtheit von Gehalt im Subjekt die Gelegenheit zu geben, irgendeine Art empirischer Bestimmtheit anzunehmen, deren Empirizität in jedem Fall nichts anderes als deren Faktizität ist. Und so kann solche Unbestimmtheit – auch im Sinn der Widersprüchlichkeit als Unbestimmtheit in der Grundform von empirischer Bestimmtheit noch – ihre Erklärung eben nicht vom Objekt her gewinnen, sondern nur aus dem Subjekt heraus. Sie muß daher für dingverfallene Empiristen, die allein empirische Objekte kennen, unerklärlich bleiben.

Ist doch in Gestalt empirischer Objekte die Natur geradezu der Inbegriff empirischer Bestimmtheit, – wenn auch freilich nur in Ruhefällen wie »Dies ist ein Baum« und »Dies ist rund« und »Dies ist rot«. Dagegen läßt sich in Bewegungsfällen wie zum Beispiel »Dies wird rot« empirische Bestimmtheit der Natur sogar in der Naturwissenschaft letztlich nur durch Näherung gewinnen. Als »Infinitesimalkalkül« erreicht sie nämlich nur, daß die Natur als ein Bewegungsfall ersetzt wird durch eine infinitesimale Zahl von

Ruhefällen, zwischen denen aber der Bewegungsfall als solcher letztlich immer wieder unbewältigt bleibt und damit immer wieder neu zum Zeugen jener Unbestimmtheit wird, aus der heraus so etwas wie Bestimmtheit überhaupt erst möglich werden kann. Und solche ursprüngliche Unbestimmtheit ist Natur denn auch gerade als das durch und durch Dynamische ursprünglicher Bewegung ohne jegliches Bewegte, wie als Feld von reiner Kraft bzw. Energie, worin es nur durch Setzung eines Ruhefalls zur Setzung von so etwas wie einer Bestimmtheit kommen kann.

Bestimmtheitssetzung aber ist notwendig für Natur, wo sie Bewußtsein der empirischen Erkenntnis *von* sich als der »Außenwelt« und *für* sich als die »Innenwelt« wird. Nur daß eben damit die Natur sich selbst aufs Spiel setzt, weil dabei gerade offen bleiben muß, inwieweit innerhalb von ihr es so etwas wie Ruhe und entsprechend auch so etwas wie Bestimmtheit geben kann, was dabei also immer wieder auf dem Spiel steht. Auf genau dem Spiel der Absicht oder Intention als dem Bewußtsein nämlich steht das immer wieder, weil ja nur etwas Bestimmtes für es zum Erfolg als Empirizität im Sinn der Faktizität eines Wirklich-Anderen werden kann. Und dieses Spiel eröffnet die Natur denn auch nur dadurch, daß sie zu einem Spezialfall jener Unbestimmtheit reiner Kraft bzw. Energie als der Bewegung ohne jegliches Bewegte wird: zu Zeit und Zeit-Raum.

Damit nämlich wird sie innerhalb von sich als solcher Unbestimmtheit erstmals zu einer Bestimmtheit, insofern sie innerhalb von sich als dem Kontinuum der Zeit zum Raum wird, der als ein Zugleich zu ihr als einem Nacheinander klar diskret ist, eben erstmals Ausdehnung auch außerhalb von ihr als Punkt: Wird dies doch durch das Nacheinander von Zugleich des Raums als Zeit-Raums nicht im mindesten beeinträchtigt. Und diese ursprüngliche Diskretion in ursprünglicher Kontinuität, als die ursprüngliche Bestimmtheit innerhalb von ursprünglicher Unbestimmtheit, ist denn auch noch die Gelegenheit für davon abgeleitetes Diskretes innerhalb von Kontinuität als davon abgeleitetes Bestimmtes innerhalb von Unbestimmtheit. Denn in Ausdehnung von Raum als einer außerhalb von Punkt vermag sich erstmals auch noch etwas gegenüber etwas anderem *zusammen* und mithin *aufeinmal* auszubilden und sonach empirisch-faktische Bestimmtheit beider zueinander. Hat sie hier doch immer wieder die Gestalt einer Alternative zwischen Diskretion und Kontinuität, nämlich von Punkt bzw. Punktuellem gegenüber Ausdehnung: des Punktes gegenüber einer Linie oder des Punktuellen einer Linie gegenüber einer Fläche oder auch des Punktuellen einer Fläche gegenüber einem Körper.

Nichts geringeres als dies steht denn auch auf dem Spiel, wenn die Natur diese Gelegenheit für solcherart Bestimmtheit ungenutzt vorübergehen läßt. Genau das tut sie nämlich, wenn sie trotz dieser Gelegenheit bei jener Unbestimmtheit bleibt, die sie ursprünglich ist, indem sie trotz dieser Gelegenheit zur Ruhe als Bestimmtheit gar nicht kommt, sondern auch weiterhin bei Unbestimmtheit als Bewegung bleibt, die sie ursprünglich ist. Denn nichts geringeres als dies ist es, wogegen die Natur verstößt, wenn sie, dieser Gelegenheit zum Trotz, auf zweiter Stufe jene Form der Widersprüchlichkeit als Unbestimmtheit in der Grundform von empirischer Bestimmtheit annimmt. Wird aus solcher Unbestimmtheit doch empirische Bestimmtheit immer erst auf dritter Stufe in Gestalt der Wahrnehmung eines bewegten Objekts, eben durch Bewußtsein eines Urteils wie »Dies *wird* rot«, und mithin auch nur alltäglich-ungenau, genau jedoch in keiner Weise, auch nicht wissenschaftlich.

Kurz gesprochen nämlich gilt gerade für Naturwissenschaft, wie Sie sich erinnern werden: Ein Bewegungsfall ist ein Bestimmtheitsfall nur als ein kalkuliert-infinitesimaler Ruhefall, der ihn genau jedoch gerade niemals in den Griff bekommt. Im Gegenteil: Hier auf empirischer Bestimmheit als empirischer Genauigkeit, sprich, als empirischer Alternative von diskret oder kontinuierlich zu bestehen, müßte wieder zu der Widersprüchlichkeit zurückführen, die sich – wie im Alltag, so auch in der Wissenschaft – allein durch Ungenauigkeit vermeiden läßt. An dieser nämlich ändert sich auch dadurch nichts, daß ihr die Wissenschaft den noblen Titel »Grenzwert« oder »Näherung« verleiht und sie dadurch gewissermaßen in den Adelsstand *der* Ungenauigkeit erhebt, mit der sich bestens rechnen läßt. Denn wie selbst Physiker sich eingestehen, wenn sie besonnen sind, liegt das an »unserem Unvermögen, die Zenonsche Aporie von diskret und kontinuierlich aufzulösen«[6]. Dann jedoch kann auch nur Unbesonnenen noch unverständlich sein, daß ferner

6 C.Kiefer, *Probleme der Quantengravitation*, in: *Philosophia Naturalis*, Bd.31, 1994, S. 312.

das berühmte »Meßproblem« der »Quantentheorie« bis heute keine Lösung hat. Gerade nach der Quantentheorie kann nämlich jeder Fall von Messung oder von Beobachtung und damit auch von Wahrnehmung zuletzt nur als ein Fall von »Selbstbeobachtung des Universums«[7] gelten. Dafür muß es sich jedoch als Kontinuität zur Diskretion selbst bringen, wie dies am »Zusammenbruch« von Kontinuität der »Wellenfunktion« bei Beobachtung bzw. Messung denn auch klar zutage tritt.

Soweit wir wissen aber bringt das Universum eben am differenziertesten gerade dort sich selbst als Kontinuität zur Diskretion, wo es sich selbst zum Subjekt von Bewußtsein wie etwa von Wahrnehmungsbewußtsein bildet. Tut es dies doch dadurch, daß es sich zu Zeit und Zeit-Raum bildet, auf der zweiten Stufe, und aus jedem davon dann auch noch zu weiterem solchem, auf der dritten Stufe. Denn soweit wir wissen, bringt es so etwas wie *ursprüngliche* Empirie *von* sich als »Außenwelt« *für* sich als »Innenwelt« erst dadurch überhaupt zustande. Deshalb kann es Ihnen nicht als Zufall gelten, daß auch solche Zeit noch jener Widersprüchlichkeit verfallen muß, sobald versucht wird, sie desgleichen durch Zugrundelegung der empirischen Alternative zwischen Diskretion und Kontinuität im Sinn empirischer Genauigkeit einer empirischen Bestimmtheit zuzuführen, wie seit Zenon.

Denn solche Zeit ist einerseits geradezu die Urform von Bewegung, in dem Sinn, daß erstere als ein Subjekt dann auch noch jeder anderen Bewegung immer schon zugrunde liegen muß, soll sie als solche auch nur ungenau für ein Subjekt zur Kenntnis kommen können. Anderseits ist solche Zeit auch noch geradezu die Urform von Bewegung in dem Sinn, daß letztere als tiefste Grundstruktur des Universums eine Kontinuität desselben bilden könnte, die noch diesseits aller Diskretion desselben läge, wie sie erst als die Alternative zwischen Ausdehnung und Punkt bzw. Punktuellem innerhalb der Ausdehnung von Raum aufträte. Muß doch Kontinuität der Ausdehnung von Raum mit Kontinuität der Ausdehnung von Zeit dann auch *als Kontinuität* von Grund auf unvergleichbar sein. Denn letztere ist ja gerade keine Kontinuität mit Diskretion in sich, liegt vielmehr jeder solchen immer schon zugrunde, wie etwa als Kontinuität von reiner Kraft bzw. Energie

7 Vgl. a.a.O, S. 324.

des Universums, das aus sich als dieser Kontinuität heraus zur Diskretion von so etwas wie »Teilchen« oder »Teilen« immer erst durch seine Selbsteinteilung wird. Und solche Kontinuität einer Bewegung, noch ganz ohne jegliches Bewegte, kann daher durch die Zugrundelegung der empirischen Alternative zwischen Diskretion und Kontinuität als Grundform von empirischer Bestimmtheit auch nur widersprüchlich werden und so auch nur unbegreiflich bleiben.

Hat doch solche Kontinuität gerade darin ihre einzigartige, weil eigentümlich-nichtempirische Bestimmtheit, wie etwa als Zeit, die auch als nichtempirische in vollem Sinn Bestimmtheit, nämlich widerspruchsfrei ist, was freilich erst das Zeit-Modell erweisen kann. Denn das vermag es eben nur, indem es dazu durchdringt, die empirische Alternative zwischen Diskretion und Kontinuität bei Raum und Räumlichem zugunsten räumlich unverfälschter Zeit für jeden einsichtig zurückzunehmen und auf diese Weise ein für alle Mal zu sichern, daß auch ein Bewegungsfall als ein Bestimmtheitsfall und damit als Genauigkeit erreichbar ist. Nur daß es dazu eben auch noch nichtempirischer Erkenntnis der Philosophie als Reflexion bedarf, die ihre eigene, nichtempirische Genauigkeit besitzt. Zumindest ist auf diese Weise vorgeführt: Als ein Bestimmtheitsfall läßt ein Bewegungsfall sich ganz gewiß nicht vom empirischen Objekt her fassen, das genaugenommen nur als Ruhefall Bestimmtheitsfall ist.

Möglich wird das vielmehr allenfalls vom nichtempirischen Subjekt als Zeit und Zeitbewußtsein her. Infolgedessen läßt sich nur von daher auch noch einsehen, was vonstatten geht, wenn nicht bloß innerhalb des nichtempirischen Subjekts Bewegung auftritt, sondern auch noch außerhalb desselben, nämlich auch noch innerhalb des von ihm wahrgenommenen empirischen Objekts. Droht damit doch das einzige Kriterium zu entfallen, das einem solchen nichtempirischen Subjekt für ein Objekt als ein empirisch-wirklich-anderes zur Verfügung stehen kann, nämlich im Gegensatz zu sich, als dem Bewegungsfall schlechthin, ein Ruhefall schlechthin zu sein. Denn als Bewegungsfall schlechthin ist ein Subjekt sich dabei ja auch immer wieder voll bewußt: als jene ursprüngliche Zeit mit jenem ursprünglichen Zeitbewußtsein nämlich, das sein Selbstbewußtsein ist. Sich über sich als bloßes solches Selbstbewußtsein noch hinaus zu jenem Selbst- und Fremdbewußtsein auszubilden, wie zu dem Bewußtsein jenes Zeit-Raums, geht denn auch bewußtseinstheoretisch schon entscheidend weiter. Anders als sein bloßes Selbstbewußtsein, das als solches noch in keiner Selbstvergegenständlichung bestehen kann, bildet sich sein über es hinausgehendes Fremdbewußtsein nämlich zum Bewußtsein der Vergegenständlichung von etwas aus, das darum auch nur etwas Anderes als dieses Subjekt sein kann, wenngleich vorerst nur entworfenes oder vorgestelltes Anderes.

Auch nur zu entwerfen oder vorzustellen als etwas Anderes ist es aber eben nur, wenn innerhalb des Raums als der Gelegenheit dafür sich faktisch auch Bestimmtheit dafür einstellt, unter der allein ein Ruhefall sich zu einem Bewegungsfall als Gegensatz und so als etwas Anderes entwerfen oder vorstellen läßt. Und damit droht, wenn faktisch Unbestimmtheit statt Bestimmtheit, nämlich Widersprüchlichkeit sich einstellt, nichts geringeres als die Gefahr für ein Subjekt, auch in Gestalt von Raum noch, der als Zeit-Raum ja Bewegungsraum ist, innerhalb von sich mit sich allein zu bleiben. Dem Subjekt droht damit die Gefahr, aus seinem *bloßen* Selbstbewußtsein nicht herauskommen zu können, sprich, sich nicht auch noch zu einem *solchen* Selbstbewußtsein ausbilden zu können, das auch noch ein *Fremd*bewußtsein ist. Denn innerhalb von sich als dem Bewegungsfall kann ein Subjekt einen Bewegungsfall ja schlechterdings nicht von sich unterscheiden: nicht einmal durch bloßes Vorstellen oder Entwerfen als Vergegenständlichen von etwas, das als etwas Wirkliches nur etwas Anderes außerhalb eines Subjekts sein könnte, eben ein Objekt.

Als ein Bewegungsfall ist ein Subjekt sonach auch außerstande, sich schon in Gestalt von Anschauung und von Begriff eines Objektes als eines Bewegungsfalls bewußt zu werden, wie es dies für ein Objekt als einen Ruhefall vermag, wenn anders die Voraussetzung dafür die widerspruchsfreie Bestimmtheit dafür ist. Aus diesem Grund ist vielmehr ein Subjekt als ein Bewegungsfall erst in Gestalt von Urteil zu einem Bewußtsein eines Objekts als eines Bewegungsfalls imstande. Doch auch zum Bewußtsein eines Urteils darüber ist ein Subjekt von solcher Art nur dadurch in der Lage, daß es dabei einen Ruhefall als eine Möglichkeit zumindest immer schon voraussetzt, was an jedem Urteil wie »Dies wird rot« ebenso hervortritt wie an jedem Urteil des »Infinitesimalkalküls«. Denn mit empirischen Gehalten – wie mit »rot« und »nichtrot«

oder mit entsprechenden Zeit/Raum-Koordinaten, die es ohne Widerspruch in sich enthalten muß – ist dabei immer schon Bestimmtheit angesetzt, die nur ein Ruhefall besitzen kann. Und damit stehen Sie eben vor der Frage, was bewußtseinsorganisatorisch und so auch bewußtseinstheoretisch zum Subjekt als dem Bewußtsein eines Urteils insgesamt gehören muß, damit es all dies auch nur im genannten Sinn der Empirie als Ungenauigkeit ermögliche.

Vor allem aber stellt sich Ihnen dadurch ferner das Problem, wohin es führen muß, wenn immer fraglicher für Empirie wird, ob es innerhalb des Universums überhaupt so etwas geben kann wie Ruhe und nicht vielmehr nur Bewegung. Angesichts der grundsätzlichen Schwierigkeit, die jeglicher Empiriker mit jeglicher Bewegung haben muß, kann jedenfalls die Möglichkeit ihrer Ausschließlichkeit nur noch entschiedener nach sich ziehen, was ohnehin schon längst in vollem Gange ist: Je weiter die Empiriker aufs Ganze gehen werden, desto weiter werden sie in Personalunion auch noch zu Nichtempirikern, nämlich zu Philosophen werden müssen, was vorauszusagen heutzutage keinerlei Prophetengabe mehr erfordert. Denn durch bloße Empirie als prinzipielle Halbheit ist das Ganze eben nicht zu haben, weder vom Objekt noch vom Subjekt her, sondern insgesamt allein durch zusätzliche Nichtempirie der Philosophie als Reflexion, die dadurch ihrerseits Naturwissenschaft ist: argumentierende Naturphilosophie.

§ 12. Unser Fremdbewußtsein als von Selbstbewußtsein abgeleitetes Bewußtsein der Verwirklichung von etwas Anderem

a) Fremdvergegenständlichungs- und Fremdverwirklichungsbewußtsein

Damit sind wir nun gerüstet, um Bewußtsein auch noch als erwähnendes oder thematisierendes Bewußtsein zu erklären, nämlich auch in dem Sinn noch, der als ursprünglicher, wenn nicht sogar als einziger zu gelten pflegt, in dem Bewußtsein auftritt. Doch das ist ein Irrtum, und durch ihn macht man sich selbst seit jeher und bis heute jegliche Bewußtseinstheorie unmöglich. Denn in Wahrheit ist Bewußtsein als erwähnendes oder thematisierendes Bewußtsein weder das ursprüngliche noch auch das einzige, weil es als solches vielmehr abgeleitet ist von einem anderen Bewußtsein, das ihm immer schon zugrunde liegt: von jenem bloß benutzenden Bewußtsein als gerade nicht erwähnendem oder thematisierendem. Und als das eigentlich ursprüngliche Bewußtsein bildet jenes bloß benutzende Bewußtsein auch gerade ursprüngliches Selbstbewußtsein, aus dem abgeleitetes Bewußtsein wie das Fremdbewußtsein als erwähnendes oder thematisierendes Bewußtsein zu erklären ist. Und nicht ist umgekehrt aus abgeleitetem Bewußtsein wie dem Fremdbewußtsein als erwähnendem oder thematisierendem Bewußtsein etwa ursprüngliches Selbstbewußtsein als ein bloß benutzendes Bewußtsein zu erklären.

Nur weil man immer wieder das Bewußtsein einer Wahrnehmung als Fremdbewußtsein wie »Dies ist ein Baum« und »Dies ist rot« und »Dies ist rund« für ein ursprüngliches Bewußtsein hält, gerät man nämlich in die ungelöste, weil auch unlösbare Schwierigkeit, daß so etwas wie Selbstbewußtsein, das es doch wohl ohne Zweifel gibt, dann widersprüchlich und mithin auch unerklärlich wird. Genau in diesem Sinn sagt selbst der späte Kant noch: Solches Selbstbewußtsein, nämlich »wie es möglich sei, daß ich, der ich denke, mir selber ein Gegenstand (der Anschauung) sein, und so mich von mir selbst unterscheiden könne, ist schlechterdings unmöglich zu erklären, obwohl es ein unbezweifelbares

Faktum ist«[1]. Denn wenn Bewußtsein seinem ursprünglichen Sinn nach *Fremd*bewußtsein wäre, müßte *Selbst*bewußtsein als *Bewußtsein* eben ›*Fremd*bewußtsein eines Subjekts von *sich selbst*‹ sein, was doch wohl ein Widerspruch in sich ist. Demgemäß kann Selbstbewußtsein keineswegs in irgendeinem Sinn einen speziellen Fall von Fremdbewußtsein bilden. Also ist es auch unmöglich, anzunehmen, seinem ursprünglichen Sinn nach sei Bewußtsein *Fremd*bewußtsein. Möglich ist vielmehr nur, das gerade Umgekehrte anzunehmen, nämlich seinem ursprünglichen Sinn nach sei Bewußtsein *Selbst*bewußtsein. Demgemäß muß Fremdbewußtsein auch gerade umgekehrt in irgendeinem Sinn einen speziellen Fall von Selbstbewußtsein bilden, nämlich ohne daß dies dann den umgekehrten Widerspruch bedeuten müßte.

Und tatsächlich kann ja keine Rede davon sein, daß zwischen Selbst- und Fremdbewußtsein auf der zweiten Stufe, wo sie – wie im vorigen entfaltet – unlösbar in Einheit miteinander stehen, irgendeine Widersprüchlichkeit bestünde. Unlösbar in Einheit miteinander stehen sie nämlich hier in dem Sinn, daß mit Fremdbewußtsein Selbstbewußtsein immer wieder unlösbar einhergeht, weil aus Selbstbewußtsein Fremdbewußtsein immer wieder erst hervorgeht, in der Weise nämlich, daß in Fremdbewußtsein Selbstbewußtsein immer wieder schon miteingeht. Denn auch nur durch ein darein miteingehendes Selbstbewußtsein ist ein Fremdbewußtsein überhaupt Bewußtsein. Widerspruchsfrei aber ist das in genau dem Sinn, in dem auch jenes Nacheinander von Zugleich als jener Zeit-Raum widerspruchsfrei ist und so auch das Bewußtsein davon als Begriffs- und Anschauungsbewußtsein eines Gegenstandes, der durch es als etwas Anderes vorgestellt oder entworfen wird.

Halten Sie das fest, geht Ihnen sofort auf, weswegen Kant in jene unlösbare Schwierigkeit gerät. In allen Einzelheiten zeigt sein Text, was er als selbstverständlich annimmt, was jedoch durchaus nicht selbstverständlich ist: sogar so wenig, daß es vielmehr falsch ist. Denn auch Kant setzt noch voraus, daß mindestens im Sinn der zweiten, wenn nicht gar auch noch der dritten Stufe, ein Bewußtsein von etwas nur dann bestehen könne, wenn dies Etwas dabei einen »Gegenstand«, ja ein »Objekt« für dies Bewußtsein bilde[2].

1 Bd.20, S. 270.
2 Vgl. a.a.O., Z.2f.

Müsse doch dies Etwas auch ein durch »Begriff« und »Anschauung« zumindest »vorgestelltes«[3] *Anderes* als das Subjekt sein, nämlich »Objekt« oder »Gegenstand« als etwas »außer« ihm[4]. Auf diese Weise geht mithin auch Kant noch davon aus, daß seinem Grundsinn nach Bewußtsein *Fremd*bewußtsein ist, was dann für Selbstbewußtsein jene unlösbare Schwierigkeit herbeiführt. Denn tatsächlich ist es dann auch »schlechterdings unmöglich zu erklären«, daß »ich mir meiner selbst bewußt bin«, wenn ich mir dabei in diesem Sinn von etwas Anderem »außer« mir ein »Objekt« oder »Gegenstand« sein soll, will sagen, »mich von mir selbst unterscheiden« soll[5].

Was Kant entgeht, ist jene innere Struktur der Zeit, durch die ein Selbstbewußtsein als ein Zeitbewußtsein auftritt. Richtig sieht er zwar, daß man Bewußtsein von etwas nur haben kann, wenn man von demjenigen Etwas, von dem man Bewußtsein hat, sich auch in irgendeinem Sinne unterscheidet. Fälschlich aber glaubt er, daß man sich nur dann von diesem Etwas unterscheiden kann, wenn dieses Etwas auch im Sinne dessen, was man dabei »außer« sich hat, »Gegenstand« oder »Objekt« ist, eben für Bewußtsein als »Begriff« und »Anschauung« von diesem Gegenstand oder Objekt. Kant sieht nicht, daß man von dem Etwas, von dem man Bewußtsein hat, sich auch im Sinne eines Etwas unterscheiden kann, das man dabei nicht »außer« oder *außerhalb* von sich hat, sondern *innerhalb* von sich. Ist doch auch nur in diesem Sinne jenes Zeitbewußtsein Selbstbewußtsein. Es ist das Bewußtsein jenes Punktes von sich selbst als jenem sich selbst ausdehnenden, der als solcher immer wieder innerhalb von sich verschieden von sich ist, indem er immer wieder nur in diesem Sinne *zu sich* Anderes oder Anderes *zu sich* ist, eben nur als jene Zeit.

Denn erst, wenn jener Punkt sich nicht mehr nur zu jener Zeit, sondern auch noch zu jenem Raum und somit insgesamt zu jenem Zeit-Raum ausdehnt, tut er dies auch noch zu einer Ausdehnung, die er dann nicht mehr nur als eine innerhalb von sich hat, sondern die er dann auch noch als eine außerhalb von sich hat. Und erst diese, in Gestalt von welcher jener Punkt in einem weiteren und

3 Vgl. a.a.O., Z.4, Z.10ff.
4 Vgl. a.a.O., Z.13f.
5 Vgl. a.a.O., Z.1–5 mit Z.13f.

neuen Sinne *zu sich* Anderes oder Anderes *zu sich* wird, ist es, in Gestalt von welcher jenem Punkt auch erstmals noch etwas zum Gegenstand wird. Jener Punkt ist denn auch erst in der Gesamtgestalt von solchem Zeit- *und* Raumbewußtsein erstmals Selbst- *und* Fremdbewußtsein, nämlich das Begriffs- und Anschauungsbewußtsein eines Gegenstandes, den sich dieser Punkt dadurch entwirft bzw. vorstellt, und das heißt: vergegenständlicht. Und so handelt es sich dabei auch gerade um ursprüngliches Vergegenständlichen von etwas, das dadurch zu einem ursprünglichen Gegenstand wird, da es dem zuvor zu einem Gegenstand für ein Bewußtsein als Begriff und Anschauung noch gar nicht werden kann.

Denn jenes Etwas, das auch bloßem Selbstbewußtsein zu Bewußtsein kommt, ist jene Zeit als jene Ausdehnung, die jener Punkt nur innerhalb von sich besitzt. Und so vermag sie ihm dabei auch nicht als Gegenstand und er sich ihrer auch nicht als Begriff mit Anschauung von ihr bewußt zu werden, weil es zur Bestimmtheit eines Etwas gegenüber einem andern Etwas, die einander je und je zusammen und aufeinmal gegenüberstehen, in Gestalt von bloßer Ausdehnung der Zeit noch gar nicht kommen kann. Vielmehr muß es für bloßes Selbst- als bloßes Zeitbewußtsein bei der Unbestimmtheit eines bloßen Etwas bleiben, das zum Beispiel als ein Inhalt bloßer »Stimmung« oder bloßen »Fühlens« auftritt, worin ein Subjekt als ein Sich-Fühlen mit sich allein ist. Auch als bloßes Selbstbewußtsein ist es folglich ein Bewußtsein von etwas, nur eben ohne jegliche Vergegenständlichung von diesem Etwas, folglich ohne jegliche Vergegenständlichung von sich, geschweige denn von Anderem als sich, und so in keinem Sinn etwa auch Fremdbewußtsein.

Also nicht einmal der Sinn von jenem Fremdbewußtsein zweiter Stufe, das noch kein erwähnendes oder thematisierendes Bewußtsein ist, vermag den Sinn von jenem Selbstbewußtsein erster Stufe zu erklären, und so erst recht auch nicht der Sinn von jenem Fremdbewußtsein dritter Stufe, das bereits erwähnendes oder thematisierendes Bewußtsein ist. Vielmehr vermag nur umgekehrt gerade jenes schon erklärte Selbstbewußtsein erster Stufe jenes Fremdbewußtsein zweiter wie auch dritter Stufe zu erklären, weil ein jedes davon überhaupt nur dadurch ein Bewußtsein ist, daß jenes Selbstbewußtsein als der Ursprung von Bewußtsein ihm zugrunde liegt. Und damit stehen Sie schließlich vor der Frage, wie aus jenem Selbstbewußtsein erster Stufe nicht nur jenes Fremdbewußtsein zweiter Stufe sich erklären läßt, sondern anschließend daran auch jenes Fremdbewußtsein dritter Stufe noch, das als erwähnendes oder thematisierendes Bewußtsein sich von beiden unterscheidet. Handelt es sich doch bei jedem dieser beiden – nicht allein bei jenem bloßen Selbstbewußtsein erster Stufe, sondern auch bei jenem Selbst- und Fremdbewußtsein zweiter Stufe – um ein bloß benutzendes Bewußtsein. Und das heißt: Es handelt sich dabei gerade nicht etwa um ein auch schon erwähnendes oder thematisierendes Bewußtsein, nicht einmal bei dem Bewußtsein zweiter Stufe. Denn von dem Bewußtsein erster Stufe unterscheidet es sich auch allein durch das, was dabei jeweils das Bewußt-Benutzende bzw. das Bewußt-Benutzte ist.

Im Fall von bloßem Zeit- als bloßem Selbstbewußtsein erster Stufe nämlich handelt es sich um Bewußtsein, das dabei ersteht, weil jene Ausdehnung durch jenen Punkt, der sie nur innerhalb von sich besitzt, bewußt-begleitet wird, so daß sie dabei die von ihm bewußt-benutzte ist und er dabei der sie bewußt-benutzende, nicht etwa umgekehrt. Im Fall von Zeit- und Raumbewußtsein als dem Selbst- und Fremdbewußtsein zweiter Stufe aber handelt es sich um Bewußtsein, das dabei ersteht, weil jenes Zeit- als Selbstbewußtsein dabei weiterhin besteht, doch so, daß es nun auch in dieses Raum- als Fremdbewußtsein noch miteingeht. Und das tut es eben dadurch, daß jetzt nicht nur jene Ausdehnung der Zeit, die jener Punkt nur innerhalb von sich besitzt, sondern auch diese Ausdehnung des Raums, die jener Punkt auch außerhalb von sich besitzt, durch jenen Punkt bewußt-begleitet wird. Das wird sie nämlich, weil dabei genau so weit, wie dieser Raum als ein Zugleich entspringt, er als ein Nacheinander von Zugleich entspringt, so daß dann jener Punkt als der die Ausdehnung der Zeit bewußtbegleitende auch noch zu jenem Punkt wird, der auch noch die Ausdehnung des Raums bewußt-begleitet. Und so ist es dann sowohl die Ausdehnung der Zeit wie auch die Ausdehnung des Raums, die dabei die von jenem Punkt bewußt-benutzte ist und er dabei der sie bewußt-benutzende, nicht etwa umgekehrt.

Und daran sehen Sie: Dasjenige, was dabei bewußt wird, ist sonach in jedem Fall die Ausdehnung, und dasjenige, dem dabei etwas bewußt wird, ist sonach in jedem Fall der Punkt, der damit eben Zeitbewußtsein als ein Selbstbewußtsein wird bzw. Zeit- und Raumbewußtsein als ein Selbst- und Fremdbewußtsein. Dasjenige, dem etwas bewußt wird, ist sonach in jedem Fall der Punkt als Selbstbewußtsein, dem im ersten Fall nur jene Ausdehnung der Zeit bewußt ist und im zweiten Fall auch diese Ausdehnung des Raums noch mitbewußt wird, so daß er durch sich als jenes Selbstbewußtsein auch noch dieses Fremdbewußtsein wird. Auch noch in diesem zweiten Fall ist dieser Punkt als der bewußt-benutzende sonach ein Selbstbewußtsein, welches nur bezüglich dieser Ausdehnung des Raums als der noch zusätzlich bewußt-benutzten auch noch zusätzlich ein Fremdbewußtsein ist.

Und in der Tat ist, wie Sie wissen, dieser Punkt mit dieser Ausdehnung formal dann ein Begriff mit einer Anschauung, der als ein Selbstbewußtsein nur durch sie auch noch zu einem Fremdbewußtsein eines Gegenstandes wird. Denn der Begriff als der die Anschauung bewußt-benutzende ist dann zusammen mit der Anschauung als der durch den Begriff bewußt-benutzten jeweils dasjenige Selbstbewußtsein, das ein Etwas sich entwirft bzw. vorstellt, welches, wenn es nicht nur vorgestellt oder entworfen, sondern auch noch wirklich ist, auch nur noch etwas Wirklich-Anderes sein kann als solches Selbst- wie Fremdbewußtsein. Kann doch Ausdehnung von Raum als das Formale jeder Anschauung auch nur die *Vorwärts*form *für* etwas *Anderes* als dieses Selbst- wie Fremdbewußtsein bilden, nicht etwa die *Rückwärts*form *von* diesem Selbst- wie Fremdbewußtsein *selbst*: von diesem Punkt als dem Begriff. Denn dessen Form ist ja gerade *nur* die Ausdehnung von Zeit als jenem Nacheinander, und mithin gerade *nicht* auch noch dieses Zugleich der Ausdehnung von Raum. Und so kann solche Ausdehnung von Raum als das Formale jeder Anschauung nur dann auch noch die Vorwärtsform *von* etwas Anderem sein, wenn dieses auch noch etwas *Wirklich*-Anderes ist und nicht etwas durch diese Form als bloße Vorwärtsform *für* solches Andere bloß *vorgestelltes* oder bloß *entworfenes* Anderes.

Entsprechend fragt es sich für Sie denn auch, was ferner noch notwendig wird, damit es dadurch auch zu solchem Wirklich-Anderen noch kommen kann. Zu all den unterschiedlichen Verhältnissen von Punkt und Ausdehnung auf jener ersten und auf jener zweiten Stufe von Bewußtsein kommt es nämlich immer wieder nur durch jene »Synthesis« der Selbstausdehnung jenes

Punktes, der durch sie sich selbst verwirklicht. Denn zu dieses Punktes Selbstverwirklichung vermag sie ohne Widerspruch ja nur zu werden, wenn sie auch zu dieses Punktes Selbstbewußtsein dieser seiner Selbstverwirklichung noch wird. Und das gilt eben auch noch für die Selbstverwirklichung der zweiten Selbstausdehnung dieses Punktes, dessen Selbstbewußtsein von ihr dann auch noch zum Fremdbewußtsein eines Gegenstands für diesen Punkt wird, der ihn dadurch ursprünglich vergegenständlicht. Ist all das bis einschließlich von diesem Gegenstand auf zweiter Stufe doch nichts anderes als solche Selbstverwirklichung von diesem Punkt. Denn auch noch in Gestalt von diesem Gegenstand als bloß entworfenem oder vorgestelltem Anderen ist dieser Punkt bloß etwas *zu sich* Anderes bzw. etwas Anderes *zu sich*, das noch nicht etwas *Wirklich*-Anderes *als er* ist. Dieser Punkt ist nämlich auch noch in Gestalt von jenem Raum als jenem Zeit-Raum nichts als eine Differenz in sich als der Identität der Zeit, so daß er auch als jenes Selbst- und Fremdbewußtsein dieses Gegenstandes auf der zweiten Stufe noch nicht das Bewußtsein eines Wirklich-Anderen sein kann.

Das kann er vielmehr nur, wenn er auch über solches Selbst- *und Fremd*bewußtsein, das dies letztere ja bloß als das Bewußtsein der ursprünglichen Vergegenständlichung von etwas bildet, noch hinausgeht und aus ihm heraus auch noch zu einer weiteren, dritten Stufe von Bewußtsein übergeht. Und soll es dadurch dann zu einem Gegenstand als einem nicht mehr bloß entworfenen oder vorgestellten Anderen, sondern als einem auch noch Wirklich-Anderen für das Bewußtsein dieses Punktes kommen können, so auch nur durch eine weitere, dritte Stufe seiner Selbstverwirklichung. Entsprechend kann sie auch nur aus der zweiten Stufe seiner Selbstverwirklichung hervorgehen, nämlich wie die zweite aus der ersten Stufe seiner Selbstverwirklichung hervorgeht: als die »Synthesis« der Selbstausdehnung dieses Punktes. Nur muß diese dritte gegenüber jener zweiten sowie ersten Stufe seiner Selbstverwirklichung dann auch noch von besonderer Art sein.

Denn sie kann dann nicht mehr nur, wie jene erste, eine bloße Selbstausdehnung zu der Ausdehnung von Zeit mit Zeitbewußtsein als dem Selbstbewußtsein bilden. Sie kann dann auch nicht mehr nur, wie jene zweite, eine bloße Selbstausdehnung zu der Ausdehnung von Zeit und Raum mit Zeit- und Raumbewußtsein als dem Selbst- und Fremdbewußtsein bilden. Kann doch solche Selbstverwirklichung der Selbstausdehnung dieses Punktes auch sogar auf dieser zweiten Stufe in Gestalt von Selbst- *und Fremd*bewußtsein bloß zur Fremd*vergegenständlichung* von etwas führen, das dadurch nur entworfenes oder vorgestelltes Anderes sein kann und nicht auch schon *Wirklich*-Anderes. Solche Selbstverwirklichung der Selbstausdehnung dieses Punktes muß dann vielmehr über diese bloße Fremd*vergegenständlichung* von etwas Anderem hinaus auch noch in irgendeinem Sinn zu einer Fremd*verwirklichung* von diesem Anderen zu etwas Wirklich-Anderem weitergehen.

Auch noch dazu nämlich muß sie übergehen, solches Andere nicht nur in Gestalt eines entworfenen oder vorgestellten Gegenstands ursprünglich zu *vergegenständlichen*, sondern als eben diesen Gegenstand auch noch ursprünglich zu *verwirklichen*. Denn grundsätzlich kann all dies nur aus *Selbst*verwirklichung hervorgehen, so daß es auch grundsätzlich nur durch *Verwirklichung* zustande kommen kann und somit, was die *Wirklichkeit* von einem solchen *Gegenstand* als etwas *Anderem* betrifft, auch nur durch Selbst- *und Fremd*verwirklichung. Und so kann eben auch nur irgendeine Weiterbildung solcher Selbstverwirklichung der Selbstausdehnung dieses Punktes – und entsprechend auch nur irgendeine Weiterbildung seines Selbst- und Fremdbewußtseins davon – auch noch dazu führen, daß jenes bloß entworfene oder vorgestellte Andere dann auch noch zu *Wirklich*-Anderem werden kann und jenes Selbst- und Fremdbewußtsein auch noch zum Bewußtsein dieses *Wirklich*-Anderen. Denn auch nur durch solche Weiterbildung jenes Selbst- und Fremdbewußtseins, das als letzteres nur Fremd*vergegenständlichungs*bewußtsein jenes bloß entworfenen oder vorgestellten Anderen ist, kann dies Bewußtsein auch noch Fremd*verwirklichungs*bewußtsein dieses Anderen werden und dies Andere für es auch noch ein *Wirklich*-Anderes.

Im ganzen aber heißt das nichts geringeres, als daß die Selbstverwirklichung der Selbstausdehnung dieses Punktes sich zu einer *Absicht* oder *Intention* erstellen muß, wenn sie auch noch zu ursprünglicher Fremd*verwirklichung* von etwas Anderem zu etwas *Wirklich*-Anderem soll werden können. Denn der Sinn, in dem dies alles grundsätzlich die Sache der *Verwirklichung* von etwas sein muß, ist auch gar kein anderer als derjenige des *Ergehens* einer

Absicht oder Intention, das nichts als *Aus*gehen *auf* etwas ist. Und zwar ist es der Sinn des Ausgehens auf etwas Anderes, das etwas *durch* dies Ausgehen *selber* erst noch zu *verwirklichendes* Anderes als diese Absicht oder Intention ist. Nur in diesem Sinn wird Ihnen nämlich auch noch einsichtig, daß eine Absicht oder Intention auf nichts als auf Erfolg ausgeht, nämlich auf nichts als auf die *Fremd*verwirklichung von eben diesem erst noch zu verwirklichenden Anderen als dieser Absicht oder Intention, da letztere als solche selbst dabei ja immer schon verwirklicht ist: durch jene *Selbst*verwirklichung. Und in der Tat ist eine Absicht oder Intention auch nur in diesem Sinn ursprünglicher Verwirklichung für Sie erklärlich, nämlich einer *Fremd*verwirklichung aus *Selbst*verwirklichung heraus.

Hat es doch schlechthin keinen Sinn, von einer Absicht oder Intention zu sprechen, wo Verwirklichung als eine *Fremd*verwirklichung von etwas Anderem immer wieder nur auf eine weitere *Fremd*verwirklichung von etwas Anderem zurückgeht, wie normalerweise im Bereich der makroskopischen Objekte, wo Natur als ein Ereignis immer wieder nur die Wirkung ist von einer Ursache als einem anderen Ereignis. Hier von einer Absicht oder Intention zu sprechen, wäre denn auch nichts als jener Animismus, und zu diesem werden Sie wohl kaum zurückkehren wollen. Von einer Absicht oder Intention zu sprechen, hat vielmehr nur dort Sinn, wo Verwirklichung als eine *Fremd*verwirklichung von etwas Anderem auf eine *Selbst*verwirklichung zurückgeht, nämlich auf die Selbstverwirklichung zu eben solcher *Absicht* oder *Intention* von etwas Anderem. Sie aber ist von so besonderer Art, daß sie auch nicht einmal auf eine weitere solche *Selbst*verwirklichung zurückgehen kann – da sie sonst gar nicht erst zustande kommen könnte, weil unendlichem Regreß erliegen müßte – und genau in diesem Sinn auch immer wieder etwas Ursprüngliches bilden muß. Denn eine Absicht oder Intention eines Subjekts kann eben, wie Sie schon gesehen haben, nicht auch ihrerseits auf eine weitere Absicht oder Intention dieses Subjekts zurückgehen[6].

Zum Sinn von Absicht oder Intention gehört jedoch nicht nur, daß sie als Fremdverwirklichung aus Selbstverwirklichung hervorgeht, sondern auch noch, daß sie aus dem Selbstbewußtsein dieser

6 Vgl. dazu oben § 1, S. 19 ff.

Selbstverwirklichung heraus ergeht, das auch dem Fremdbewußtsein dieser Fremdverwirklichung zugrunde liegt. Denn in der Tat tritt eine Absicht oder Intention nur auf, wenn sie als Fremdverwirklichung durch Selbstverwirklichung auch noch *bewußt umwillen ihrer selbst* ergeht, um nämlich *für sich selbst bewußt* Erfolg zu haben in Gestalt von etwas eben dadurch Fremdverwirklichtem als Wirklich-Anderem. Genau in diesem Sinn von ursprünglichem Selbstbewußtsein ursprünglicher Selbstverwirklichung jedoch, das als der Ursprung von Bewußtsein auch noch dieses Fremdbewußtsein dieser Fremdverwirklichung erklärt, ließ eine Absicht oder Intention ihrem Gesamtsinn nach bereits im vorigen sich herleiten: Kann so etwas wie Selbstverwirklichung doch ohne Selbstbewußtsein von sich widerspruchsfrei gar nicht denkbar sein[7]. Und so etwas wie eine Absicht oder Intention vermag in diesem Sinn denn auch nur zu erstehen oder zu ergehen, wo Natur auch noch in der Gestalt von so etwas wie jener Zeit und jenem Zeit-Raum auftritt, der als solcher selbst, als Nacheinander von Zugleich, ja noch nichts Wirklich-Anderes als Zeit ist. Eben dies bedeutet nämlich, daß Natur dabei in der Gestalt von einem Subjekt auftritt. Subjekt nämlich ist Natur als etwas, das nicht nur auf jener ersten und auf jener zweiten, sondern auch auf dieser dritten Stufe noch, wo es dann vollständig zu einer Absicht oder Intention wird, nichts als Zeit ist, nichts als Punkt ist, wie er Selbstbewußtsein seiner Selbstverwirklichung ist. Und erst dies führt dann auch noch zur Herleitung des Sinns, in welchem Fremdverwirklichung und Selbstverwirklichung sich *als Verwirklichung* von Grund auf voneinander unterscheiden müssen.

Auch noch Fremdbewußtsein einer Fremd*verwirklichung* – und nicht nur, wie auf zweiter Stufe, einer Fremd*vergegenständlichung* – ist nämlich dieser Punkt als dieses Selbstbewußtsein seiner Selbstverwirklichung auf dritter Stufe grundsätzlich nur in Bezug auf etwas Wirklich-Anderes. Das heißt: Er ist es nicht bloß dann, wenn diese Fremdverwirklichung durch eine Absicht oder Intention als Selbstverwirklichung auch zum Erfolg als etwas Wirklich-Anderem führt. Er ist es vielmehr auch noch dann, wenn sie zum Mißerfolg und somit nicht zu etwas Wirklich-Anderem führt. Denn intendiert oder beabsichtigt wird dabei stets Erfolg, nie

7 Vgl. dazu oben § 10, S. 346ff.

Mißerfolg, und so auch stets die Fremdverwirklichung von etwas Wirklich-Anderem. Infolgedessen ist auch dieses *Fremd*bewußtsein davon stets ein Fremd*verwirklichungs*bewußtsein davon, auch wenn faktisch die beabsichtigte oder intendierte Fremdverwirklichung dabei zustande gar nicht kommt, weil etwas Wirklich-Anderes dadurch zustande gar nicht kommt.

So gewiß es nämlich stets Erfolg, nie Mißerfolg ist, worauf eine Intention bzw. eine Absicht jeweils ausgeht, eben Fremdverwirklichung von etwas Anderem zu etwas Wirklich-Anderem, so kann es dazu doch gerade deshalb nicht einfach so kommen, wie es dabei zur Verwirklichung der Absicht oder Intention als solcher kommt. Denn dazu kommen kann es ja nicht einfach in der Weise einer Selbstverwirklichung, auch wenn sie solche Fremdverwirklichung beabsichtigt bzw. intendiert. Daß es zur Wirklichkeit der Absicht oder Intention gekommen ist, bedeutet nämlich keineswegs, daß es durch sie auch schon zur Wirklichkeit des Anderen gekommen ist, dessen Verwirklichung sie intendiert oder beabsichtigt als den Erfolg für sich. Und so ist diese Fremdverwirklichung als die durch jene Selbstverwirklichung beabsichtigte oder intendierte denn auch *als Verwirklichung* von jener Selbstverwirklichung verschieden, weil sie immer wieder *nur* beabsichtigt bzw. intendiert ist und mithin auch immer wieder *fehlbar* ist, was keineswegs auch schon für jene Selbstverwirklichung als solche gilt. Denn weder auf der ersten noch der zweiten noch der dritten Stufe – insoweit auch sie noch Stufe jener Selbstverwirklichung ist, nämlich die der Absicht oder Intention als solcher – läßt sich diese Selbstverwirklichung in irgendeinem Sinn als eine fehlbare Verwirklichung verstehen. Dies hätte nämlich zur Voraussetzung, daß eine Absicht oder Intention dabei bereits zugrunde läge, was jedoch nicht zutrifft. Tritt doch eine Absicht oder Intention vielmehr ursprünglich erst auf dritter Stufe auf. Und zwar tritt sie hier auf als eine Selbstverwirklichung, die eine *Fremd*verwirklichung beabsichtigt bzw. intendiert – nicht etwa sich als diese *Selbst*verwirklichung – und somit eine Fremdverwirklichung, die diese Selbstverwirklichung von erster bis zu dritter Stufe als gerade nicht beabsichtigte oder intendierte immer schon voraussetzt. Und so kann Verwirklichung im Sinn der Selbstverwirklichung als intentions- bzw. absichtsloser denn auch nur als unfehlbare gelten.

Diese Herleitung des Sinns, in welchem Selbstverwirklichung

und Fremdverwirklichung sich *als Verwirklichung* von Grund auf unterscheiden, liefert Ihnen dann jedoch auch noch die Herleitung des Sinns, in welchem Selbstbewußtsein solcher Selbstverwirklichung und Fremdbewußtsein solcher Fremdverwirklichung sich *als Bewußtsein* ebenfalls von Grund auf unterscheiden. Denn der Sinn von Fehlbarkeit bzw. Unfehlbarkeit der Verwirklichung im Fall von Fremd- bzw. Selbstverwirklichung muß dann auch noch zur Geltung kommen für das Fremdbewußtsein dieser Fremdverwirklichung bzw. für das Selbstbewußtsein dieser Selbstverwirklichung. Und geltend macht er sich denn auch tatsächlich dahingehend, daß dieses Selbstbewußtsein dieser unfehlbaren Selbstverwirklichung dann ein Bewußtsein stets von *etwas* sein muß, nie von *nichts* sein kann: von etwas eben, das im Sinn der Wirklichkeit durch Selbstverwirklichung dabei schon immer wirklich ist. Entsprechend macht sich dieser Sinn auch umgekehrt noch dahin geltend, daß dann jenes Fremdbewußtsein jener Fremdverwirklichung als fehlbarer Verwirklichung durchaus nicht ein Bewußtsein stets von etwas sein muß, nie von nichts sein kann, sondern im Gegenteil sehr wohl auch eins von nichts sein kann. Genau im Sinn der Wirklichkeit durch Fremdverwirklichung ist nämlich deren Fremdbewußtsein eins von nichts dann jedesmal, wenn diese Fremdverwirklichung als *fehlbare*, weil *nur* beabsichtigte oder intendierte, auch tatsächlich *fehlschlägt*, und das heißt: wenn sie zum Mißerfolg statt zum Erfolg als dem Beabsichtigten oder Intendierten führt. Als ein Erfolg beabsichtigt bzw. intendiert ist dabei aber eben nur Verwirklichung von etwas Anderem zu etwas Wirklich-Anderem. Infolgedessen kann der Mißerfolg von solcher Absicht oder Intention auch nur darin bestehen, daß es durch sie zu etwas Wirklich-Anderem dabei nicht kommt, also *zu nichts* kommt, so daß Fremdbewußtsein solcher Fremdverwirklichung in solchem Fall auch eins *von nichts* ist.

Eben damit ist denn auch ein erstes Wesensmerkmal hergeleitet, das ein jeder Fall von ursprünglich erwähnendem oder thematisierendem Bewußtsein dann besitzen muß. Denn hergeleitet ist auf diese Weise nichts geringeres als folgendes: Es muß ein jeder Fall der ursprünglichen Wahrnehmung von etwas in der Außenwelt ein Fall von Absicht oder Intention sein, welche zum Erfolg führen kann, doch auch zum Mißerfolg; und das der Absicht oder Intention nach Wahrgenommene, nämlich Andere der Außenwelt kann etwas Wirklich-Anderes nur bei Erfolg sein, und das heißt, nicht auch bei Mißerfolg. Statt etwas Wirklich-Anderes kann es bei Mißerfolg vielmehr nur etwas sein, dessen Verwirklichung zu etwas Wirklich-Anderem dabei gerade *nur* beabsichtigt bzw. intendiert wird, etwas also, das dadurch gerade *nicht* verwirklicht wird, und damit kann es auch genau in diesem Sinn nur *nichts* sein. Demgemäß kann das Bewußtsein solcher Absicht oder Intention, die nur auf die Verwirklichung von solcher Wirklichkeit, die dabei ausbleibt, ausgeht, auch nur das Bewußtsein dieser Wirklichkeit, die dabei ausbleibt, bilden, eben das von nichts.

Und in der Tat ist dies ein Wesensmerkmal jeder ursprünglichen Wahrnehmung von Außenwelt, weil solche Wahrnehmung tatsächlich auch mißlingen kann, wie jedem von uns wohlbekannt ist, wenngleich jeder von uns sich erst einmal Illusionen machen muß darüber, worin solcher Mißerfolg recht eigentlich besteht. Denn überwältigt vom Erfolg – der dabei überwiegend eintritt, so daß überwiegend Wirklichkeit dabei verwirklicht wird – muß jeder von uns diese Wirklichkeit der Außenwelt zunächst einmal für etwas halten, das er in der Wahrnehmung durchaus nicht immer erst verwirklicht. Vielmehr muß es ihm aus diesem Grunde erst einmal als etwas gelten, das für ihn schon immer fix und fertig vorgegeben sei und so von ihm auch in der Wahrnehmung nur rezeptiv noch hingenommen werde. Eben darum könne jener Mißerfolg genausowenig wie dieser Erfolg etwa in solcher Wirklichkeit bestehen, die eintritt oder ausbleibt, sondern nur in etwas innerhalb von solcher Wahrnehmung, das ihr dann auch als »Wahrheit« oder »Falschheit« eines »Irrtums« angedichtet wird. Sei sie bezüglich solcher Wirklichkeit doch auch nichts anderes als reinste »Theorie«, weil sie als reinste Rezeptivität noch nicht das mindeste zu tun habe mit so etwas wie Spontaneität als Praxis der Verwirklichung von etwas. Und so wird es Sie auch nicht verwundern können, daß man noch bis heute nicht verstehen kann, was mit »Wahrheit« oder »Falschheit« solcher »Theorie« – nicht nur im Fall der Wahrnehmung – denn eigentlich gemeint sein könnte. Sucht man dabei doch auch ständig an der falschen Stelle, nämlich auf der falschen Seite.

Denn die sogenannte »Wahrheit« oder »Falschheit« ist ja überhaupt nichts anderes als Erfolg bzw. Mißerfolg von Wahrnehmung wie auch von aller weiteren, auf ihr aufbauenden Empirie: nur beides eben aus dem vorgenannten Grunde fälschlich in die Empirie als angebliche »Theorie« zurückverlegt, wo beides dann – nebst dieser »Theorie« – auch unverstehbar werden muß. Zwar trifft es durchaus zu, daß schon von Anbeginn der Wahrnehmung es Empirie als solche selbst ist, was Erfolg bzw. Mißerfolg hat; nur hat sie ihn eben keineswegs als etwas innerhalb von sich, als angebliche »Wahrheit« oder »Falschheit«, sondern eben ausschließlich als etwas außerhalb von sich: als Wirklichkeit bzw. Unwirklichkeit. Statt als passiv-rezeptive »Theorie« tritt Empirie denn auch von Anbeginn der Wahrnehmung vielmehr schon als spontanaktive Praxis auf: als das Ergehen von Absicht oder Intention. Und letzteres kann auch nur als das Ausgehen auf Verwirklichung von etwas Anderem zu etwas Wirklich-Anderem und somit eben nur als Praxis einen eindeutigen Sinn von Absicht oder Intention besitzen, der mithin auch schon für sogenannte »Theorie« in voller Geltung sein muß. Denn daß auch schon angebliche bloße »Theorie« den Sinn von Absicht oder Intention besitzen muß, kann keinem Zweifel unterliegen. Nur daß dieser Sinn als ein entsprechend bloßer »theoretischer« bis heute gleichfalls nicht verständlich werden kann. Und das liegt eben gleicherweise daran, daß auch sogenannte »Theorie«, wenn sie von Anbeginn der Wahrnehmung schon Absicht oder Intention sein muß, dies dann auch schon von Anbeginn der Wahrnehmung im vollen Sinn der Praxis sein muß.

Deshalb läßt Intentionalität und damit Spontaneität der Subjektivität sich auch bereits von Anbeginn der Wahrnehmung nur als Praktizität begreifen statt als »Theoretizität«, und so auch nur in Begriffen der *Verwirklichung* von etwas. Ohne sie muß Ihnen nämlich jene einzigartige Verzweigung der Verwirklichung von etwas, wie sie in Gestalt der Einheit jeder Absicht oder Intention am Werk ist, unbegreiflich bleiben. Denn allein im grundsätzlichen Sinn einer Verwirklichung verzweigt sie sich zu Selbstverwirklichung von etwas *und* zu Fremdverwirklichung von etwas, nämlich dahingehend, daß sie als schon immer *un*fehlbare *Selbst*verwirklichung von *sich* auf *Fremd*verwirklichung als *fehlbare* Verwirklichung von immer erst noch zu verwirklichendem *Anderem* als sich gerichtet ist. Für diesen Praktizismus liefert Ihnen denn auch das Bewußtsein solcher Empirie, und zwar von Anbeginn des Wahrnehmungsbewußtseins solcher Empirie, geradezu den schlagenden Beweis. Ergibt er sich doch als der Nachweis dafür, daß auch nur im Sinn von eben diesem Praktizismus das Bewußtsein solcher Empirie der Ursprung von erwähnendem oder thematisierendem Bewußtsein ist.

Denn mit der Illusion, daß Empirie von Anbeginn der Wahrnehmung von etwas in der Außenwelt angeblich nichts als sogenannte »Theorie« sei, geht noch eine weitere Illusion einher: Auch das, was Empirie von Anbeginn der Wahrnehmung von etwas in der Außenwelt tatsächlich immer wieder ihrem Wesen nach sein muß, nämlich Bewußtsein als *Behauptung* oder *Urteil*, sei sie nur im Sinn von solcher bloßer »Theorie«. Und ist nicht spätestens mit dieser Einsicht in das *Urteil* oder die *Behauptung* als das Wesensmerkmal aller Empirie auch deren Sinn der bloßen »Theorie« geradezu gerechtfertigt? Denn ist er es nicht um so mehr, als »Wahrheit« oder »Falschheit« doch auch immer die einer *Behauptung* oder eines *Urteils* ist, so wie auch umgekehrt *Behauptung* oder *Urteil* immer etwas ist, das »wahr« ist oder »falsch« ist? Und was könnte demnach klarer sein als dies, daß etwas, das doch bloß eine *Behauptung* oder bloß ein *Urteil* ist, entsprechend auch bloß eine »Theorie« und keine Praxis ist? Greift etwas, das bloß *Urteil* oder bloß *Behauptung* ist, in Wirklichkeit doch auch noch gar nicht ein; geschweige denn, daß es – selbst wenn es Absicht oder Intention sein sollte – die Verwirklichung der Wirklichkeit von etwas Anderem als dieser Absicht oder Intention beabsichtigen oder intendieren würde. Als Behauptung oder Urteil ist es eine Absicht oder Intention vielmehr bloß dahingehend, daß es solche Wirklichkeit der Außenwelt als vorgegebene bloß wiedergeben will, was eben auch zu bloßer »Theorie« von ihr, zu bloßer »Wahrheit« oder »Falschheit« von ihr führt.

Nur ist das alles eben nichts als ein Zusammenhang von Illusionen, die sich wechselseitig stützen, so daß sie seit jeher und bis heute nichts als theoretizistische Verblendung nach sich ziehen. Das alles aber können Sie sofort durchschauen, sobald Sie sich die Frage stellen, worin denn das Behaupten oder Urteilen als das Wesensmerkmal aller Empirie besteht. Denn nicht allein für jene bloße »Wahrheit« oder »Falschheit« bloßer »Theorie« als *angebliches* Wesensmerkmal aller Empirie fehlt noch bis heute jegliche Definition, sondern vor allem auch für dieses *Urteilen* oder *Behaupten* als das *nachweisliche* Wesensmerkmal aller Empirie von Anbeginn der Wahrnehmung. Nur ist für etwas, das es gar nicht gibt – wie »Wahrheit« oder »Falschheit« bloßer »Theorie« – eine Definition auch gar nicht möglich, während etwas, das es sehr wohl gibt, wie Empirie als *Urteilen* oder *Behaupten*, sich sehr wohl auch definieren läßt. Und wenn ich richtig sehe, ist es Frege, der als erster dazu ansetzt, und zwar so, daß immerhin ein Teil von seinem Ansatz zu dieser Definition tatsächlich weiterführt[8].

Zu urteilen oder zu behaupten, wie er dies mit Recht als synonym betrachtet, heißt nach Frege immer, *etwas* zu behaupten oder auch zu urteilen, nämlich immer irgendeinen »Inhalt«, der durch dieses Urteilen oder Behaupten eine ganz bestimmte »Form« bekomme. Denn an deren Stelle könne solcher Inhalt, wie er meint, auch eine ganz bestimmte andere Form bekommen, nämlich die des Fragens, so daß er durch sie statt zum geurteilten oder behaupteten genausogut auch zum gefragten Inhalt werden könne. Lasse sich zu einem Urteil, so die überzeugende Begründung Freges, doch auch immer die entsprechende »Satzfrage« bilden. Und so sei es eben immer erst die »Form« oder die »Kraft« des Urteilens bzw. des Behauptens oder auch des Fragens, wodurch solch ein Etwas oder Inhalt *zu* einer Behauptung oder einem Urteil oder auch *zu* einer Frage immer erst in Kraft *gesetzt* oder in Form *gebracht* wird. Diese Einsicht Freges aber dürfte sich wohl schwerlich widerlegen lassen. Und genauso zwingend ist dann auch die weitere Einsicht Freges, daß, etwas zu urteilen oder zu behaupten, heißen müsse, dieses Etwas – einen Inhalt – mittels dieser »Kraft« bzw. »Form« als etwas *»hinzustellen«*, worin Behaupten oder Urteilen seinem Grundsinn nach auch zweifellos besteht.

Nur soll in diesem Sinn von »etwas hinstellen« nach Frege gelten, daß »etwas behaupten« oder »etwas urteilen« dann soviel heiße wie »etwas als *wahr* hinstellen«, was aber nicht zu halten ist. Doch unhaltbar ist dies – ganz unabhängig von der Illusion der »Wahrheit« oder »Falschheit« von Behauptung oder Urteil als der bloßen »Theorie« – auch noch aus einem weiteren Grund, den Wittgenstein bereits mit Recht dagegen geltend macht[9]: Bestünde Urteilen oder Behaupten im Als *wahr*-Hinstellen von etwas, jenem

8 Zum Folgenden vgl. G.Prauss, *Frege über Frage und Behauptung*, in: *Erfahrung und Urteilskraft*, hg. R.Enskat, Würzburg 1999.
9 Vgl. *Tractatus logico-philosophicus* 4.442.

Inhalt, könnte es sich dabei nur um seinen eigenen Inhalt handeln, weil ja »Wahrheit« oder »Falschheit« nur auf seiten von Behauptung oder Urteil selbst auftreten kann. Und in der Tat faßt Frege dieses Etwas, diesen Inhalt, anfangs als »Begriff« und später als »Gedanken« auf, wie er in Urteil oder in Behauptung jeweils eingeht. Und so könnte sich Behaupten oder Urteilen, bestünde es tatsächlich im Als *wahr*-Hinstellen von etwas, jeweils auch nur auf sich selbst beziehen, eben weil auch nur es selbst wahr oder falsch sein kann. Und das, so Wittgenstein zurecht, ist eben prinzipiell unmöglich, weil Behauptung oder Urteil sich gerade niemals auf sich selbst beziehen kann, sondern immer nur auf etwas Anderes als sich selbst. Kein Zufall ist es deshalb, daß es nicht gelingen will, ein Beispiel für Behauptung oder Urteil vorzulegen, worin diese – logisch und semantisch einwandfrei – sich jeweils auf sich selbst beziehen.

Was Frege dabei übersieht, ist denn auch nichts geringeres als folgendes: Bereits durch den »Gedanken« oder den »Begriff«, durch den sie einen »Inhalt« als das Etwas haben, *das* geurteilt oder *das* behauptet wird, beziehen sich Behauptung oder Urteil stets nur von sich weg auf etwas Anderes hin, auf einen Gegenstand. Und das gilt insbesondere dort, wo Urteilen oder Behaupten immer wieder seinen Ursprung hat, in Empirie, die schon von Anbeginn der Wahrnehmung von Außenwelt nur Empirie von einem Gegenstand als etwas Anderem ist. Aus diesem Grund ist denn auch stets nur dieser Gegenstand als dieses Andere das Etwas oder Inhaltliche, das durch Urteil oder durch Behauptung dann als etwas »hingestellt« wird. Und genau in diesem Sinn führt darum dieses »Hinstellen« als die Grundbedeutung von Behaupten oder Urteilen auch zu deren einzig möglicher Definition: Kann sich Behaupten oder Urteilen nicht auf *sich selbst* beziehen, sondern nur auf *Anderes* als sich selbst, so kann es auch nicht dahin gehen, daß es *sich selbst* als *wahr* hinstellt, sondern nur dahin, daß es etwas *Anderes* als sich selbst, nämlich gerade einen *Gegenstand*, als *wirklich* hinstellt. Und so heißt »etwas behaupten« oder »etwas urteilen« eben keineswegs »etwas als *wahr* hinstellen«, das dann auch das Behaupten oder Urteilen selbst sein müßte, weil dabei auch nur es selbst wahr oder falsch sein könnte. Vielmehr heißt »etwas behaupten« oder »etwas urteilen« demgemäß »etwas als *wirklich* hinstellen«, das gerade etwas *Anderes* als das Behaupten oder

Urteilen selbst sein muß, weil dabei auch nur etwas *Anderes* als das Behaupten oder Urteilen selbst wirklich oder unwirklich sein kann.

Denn das Behaupten oder Urteilen als solches selbst kann dabei ja durchaus nicht wirklich *oder unwirklich*, sondern *nur wirklich* sein, weil es nur dann, wenn es auch wirklich ist, auch ein Als wirklich-Hinstellen von etwas Anderem als sich selbst sein kann. Und auch nur dadurch, daß es dies von etwas *Anderem* als sich selbst ist, kann es überhaupt synthetisch, nämlich ursprünglich-informativ sein, worin alle Empirie bestehen muß. Dagegen wäre es ansonsten analytisch, nämlich tautologisch-uninformativ, womit es jeder Empirie zuwiderlaufen müßte. Denn tatsächlich wäre ein Als *wirklich*-Hinstellen von sich selbst – von Urteilen oder von Behaupten selbst, das dabei doch nur wirklich sein kann – offenkundig tautologisch-uninformativ, weil letztlich analytisch. Tief verborgen bleibt dies letztere denn auch, solange man vermeint, daß Urteilen oder Behaupten vielmehr im Als *wahr*-Hinstellen von sich selbst bestehe. Dadurch nämlich wird der Schein erzeugt, als bilde es trotz dieses seines Selbstbezugs etwas Synthetisches und so auch etwas Ursprünglich-Informatives, weil ja »Wahrheit« oder »Falschheit« dieser Wirklichkeit des Urteilens oder Behauptens etwas Anderes als diese Wirklichkeit zu sein scheint. Und so wird denn auch verdeckt, daß eigentlich synthetisch und mithin auch ursprünglich-informativ im Sinn der Empirie nur jener ursprüngliche Fremdbezug eines Als *wirklich*-Hinstellens von etwas *Anderem* als dem Behaupten oder Urteilen selbst sein kann.

Denn insgesamt bedeutet das: Synthetisch und mithin auch ursprünglich-informativ kann ein Als *wirklich*-Hinstellen nicht von etwas sein, das dabei wie Behaupten oder Urteilen selbst schon immer wirklich ist. Das kann es vielmehr nur von etwas sein, das dabei umgekehrt gerade nicht schon immer wirklich ist, sondern das dabei allenfalls erst immer wirklich wird, oder auch nicht. Und dies ist eben etwas, das infolgedessen, wenn es wirklich wird, auch dadurch wirklich wird, daß es als wirklich hingestellt wird, so daß es dadurch dann auch als wirklich hergestellt wird, kurz: verwirklicht wird. Denn wirklich wird es dann durch jene Selbstverwirklichung zu einer Absicht oder Intention, die schon in der Gestalt von Urteil oder von Behauptung voll am Werk ist und gerade jene Fremdverwirklichung von etwas Anderem als sich beabsichtigt bzw. intendiert. Und so ist eben nicht etwa die angebliche »Wahrheit« oder »Falschheit« von Behaupten oder Urteilen selbst, sondern die Wirklichkeit oder Unwirklichkeit von diesem Anderen als ihm selbst jeweils Erfolg bzw. Mißerfolg dieses Behauptens oder Urteilens als einer Absicht oder Intention. Und eben darauf läuft denn auch jene Definition hinaus, zu der schon Frege ansetzt und zu der sich auch nicht im entferntesten eine Alternative absehen läßt.

Entsprechend ist es auch kein Zufall, daß gerade das Entscheidende an Urteil oder an Behauptung, nämlich jene »Form« als »Kraft« des Urteilens oder Behauptens, nur als jenes »Hinstellen« verständlich werden kann, das somit seinerseits in einer *Form* als *Kraft* des Hinstellens bestehen muß. Und so kann insbesondere dort, wo Urteilen oder Behaupten immer wieder seinen Ursprung hat, nämlich in Empirie von Außenwelt als immer wieder ursprünglichem Wirklich-Anderem, solche Form als Kraft des Hinstellens dann auch nur im Als *wirklich*-Hinstellen von etwas Anderem bestehen. Und das in dem Sinn, daß es dadurch solches Andere zu etwas *Wirklich*-Anderem erst immer zu *verwirklichen* beabsichtigt bzw. intendiert, und zwar auch immer schon von Anbeginn der Wahrnehmung von Außenwelt. Zum Ausdruck kommt darin denn auch nicht nur der ganze Praktizismus, der an Stelle jenes Theoretizismus schon für das Behaupten oder Urteilen wesentlich sein muß. Vor allem findet darin auch noch seinen Ausdruck, daß Behauptung oder Urteil als Bewußtsein ursprünglich auch nur erwähnendes oder thematisierendes Bewußtsein bilden kann, das auch genau im Sinn dieses Als *wirklich*-Hinstellens von etwas *Anderem* als sich selbst erfolgen muß, und zwar auch immer schon von Anbeginn des Wahrnehmungsbewußtseins von etwas als Außenwelt. Und dieser Sinn hängt wesentlich mit jenem anderen zusammen, wonach *Wahrnehmungs*bewußtsein jenes *Fremd*bewußtsein einer *Fremd*verwirklichung von etwas *Anderem* zu etwas *Wirklich*-Anderem sein muß, die als *intentionale* oder als *absichtliche* Verwirklichung nur eine *fehlbare* Verwirklichung sein kann.

Denn eben dies kann jene *Selbst*verwirklichung zur Absicht oder Intention als solcher selbst, *die* allererst die Fremdverwirklichung von etwas Anderem zu etwas Wirklich-Anderem *beabsichtigt* bzw. *intendiert*, gerade *nicht* sein. Solche Selbstverwirklichung muß vielmehr *als Verwirklichung* gerade eine *unfehlbare* sein. Denn sie kann keineswegs auch ihrerseits auf eine Absicht oder Intention zurückgehen, weil ja so etwas wie eine Absicht oder Intention als solche selbst vielmehr gerade umgekehrt auf sie zurückgeht. Auch nur dies vermeidet hier einen unendlichen Regreß, der sonst das Auftreten von so etwas wie Absicht oder Intention von vornherein verhinderte. Aus diesem Grund geht denn auch nicht nur dasjenige, was auf jener ersten Stufe und auf jener zweiten Stufe auftritt, *voll* auf solche Selbstverwirklichung zurück; aus diesem Grund geht vielmehr auch noch dasjenige, was auf jener dritten Stufe auftritt, *halb* auf solche Selbstverwirklichung zurück. Ist doch die erste Hälfte jener dritten Stufe diese Absicht oder Intention als solche selbst, die Subjekthälfte, der die andere, die Objekthälfte, wenn verwirklicht, ja als Außenwelt von etwas Wirklich-Anderem gerade gegenübersteht. Entsprechend geht sie als die zweite Hälfte jener dritten Stufe anders als die erste Hälfte nicht auf Selbstverwirklichung, sondern auf Fremdverwirklichung zurück, auch wenn es sich bei letzterer um eine handelt, welche ihrerseits auf Selbstverwirklichung zurückgeht. Und so ist es auch erst diese Fremdverwirklichung von etwas Anderem zu etwas Wirklich-Anderem, wie sie bloß *durch* die Selbstverwirklichung zu dieser Absicht oder Intention erfolgt, die als absichtliche oder intentionale eben eine *fehlbare* Verwirklichung desselben ist. Und *fehlbar* ist sie in genau dem Sinn, daß sie trotz aller *Form* als *Kraft* des Urteilens oder Behauptens eben bloß den Sinn eines Als wirklich-*Hinstellens* besitzt, das keineswegs nur deshalb auch bereits den Sinn eines Als wirklich-*Herstellens* besitzt.

Denn so gewiß sie dabei etwas Anderes als wirklich *hin*stellt, so gewiß ist dabei ebenfalls, daß sie dies Andere dadurch nur dann auch noch als wirklich *her*stellt, wenn dies Andere sich dabei auch als Wirklich-Anderes noch *ein*stellt und nicht *aus*bleibt, was genauso möglich ist. Denn so gewiß es immer die Verwirklichung als Fremdverwirklichung von etwas Anderem zu etwas Wirklich-Anderem ist, was dadurch intendiert wird, so gewiß ist damit ferner, daß sie dadurch immer auch *nur* intendiert wird, nämlich dadurch niemals etwa auch noch *garantiert* wird, eben weil es sich dabei um etwas Anderes handeln soll. Aus diesem Grund ist es auch immer wieder nur die reine Kontingenz, Tatsächlichkeit, Faktizität, und das heißt eben: immer wieder nur die reine Empirizität der Außenwelt, wenn solches Andere dadurch als Wirklich-Anderes sich *ein*gestellt hat und mithin dadurch als wirklich nicht nur *hin*gestellt ist, sondern auch noch *her*gestellt ist. Ändert das doch überhaupt nichts daran, daß es dabei in der Tat als wirklich *her*gestellt gerade *dadurch* wird, daß es als wirklich *hin*gestellt wird, weil es ohne ein Als wirklich-*Hin*stellen von etwas Anderem zur Empirizität von Außenwelt als Wirklichkeit von solchem Anderen auch gar nicht kommen könnte.

Eben daher ist Als wirklich-*Hin*stellen von etwas Anderem – und sonach alles, was von erster bis zu dritter Stufe mit zu ersterem hinzugehört – zwar nicht die hinreichende, doch sehr wohl eine notwendige Bedingung für Als wirklich-*Her*stellen von diesem Anderen. Entsprechend ist denn auch ein jedes davon eine der »Bedingungen der Möglichkeit für« Empirie, und auch von Anbeginn der Wahrnehmung von etwas in der Außenwelt. Und damit ist ein jedes davon – als »Kategorie« sowie als »Schema« – dies dann je und je auf seine Weise auch gerade als *Bewußtsein*, das doch angeblich nichts anderes als reine »Theorie« sei. – Auf der ersten Stufe ist dies nämlich jenes bloße Selbstbewußtsein bloßer Selbstverwirklichung zu bloßer Zeit. – Und auf der zweiten Stufe ist dies jenes Selbstbewußtsein einer Selbstverwirklichung zu Zeit *und Raum* als jenem *Zeit*-Raum, das auf solche Art auch noch zum Fremdbewußtsein wird. Doch wird es damit vorerst bloß zum Fremdbewußtsein der Vergegenständlichung von etwas zu etwas bloß vorgestelltem oder bloß entworfenem Anderen, von einem Gegenstand, wie er für das Bewußtsein des Begriffes und der Anschauung sich bildet. Denn als bloß entworfenes oder vorgestelltes Anderes ist ein solcher Gegenstand ja noch kein Wirklich-Anderes. – Und auf dritter Stufe schließlich ist dies jenes Selbstbewußtsein einer Selbstverwirklichung, die sich auf Grund der Fremd*vergegenständlichung* von etwas zum *entworfenen* oder *vorgestellten* Anderen auch noch zur Fremd*verwirklichung* von solchem Anderen zu etwas *Wirklich*-Anderem verwirklicht, eben zum Als *wirklich*-Hinstellen von einem Gegenstand als einem vorgestellten Anderen. Und dieses nicht mehr bloße *Vor*stellen von einem Gegenstand als einem Anderen, sondern auch noch *Hin*stellen von einem Gegenstand als einem *Wirklich*-Anderen ist gerade jene *Form* als *Kraft* des Urteilens oder Behauptens, wie es als *Bewußtsein* einer Absicht oder Intention schon jeder *Wahr-*

nehmung von Außenwelt zugrunde liegt. Statt angebliche bloße Rezeptivität ist solche Wahrnehmung denn auch von Anbeginn schon eigentliche Spontaneität: Bewußtsein als ein Kraftakt oder eine Energieleistung des Formens als Agierens.

b) Thematisierendes und nichtthematisierendes Bewußtsein von etwas

Dies angeblich so »theoretische« Bewußtsein ist entsprechend auch bereits von Grund auf vielmehr praktisch: Was auf diese dreistufige Art sich aufbaut, ist Bewußtsein einer *Absicht* oder *Intention* als *Praxis* der *Verwirklichung* von etwas, die bzw. das auf keiner dieser Stufen auch nur im geringsten einen Sinn von bloßer »Theorie« besitzen kann, wonach auch noch »erwähnendes« Bewußtsein klingt. Als durchwegs praktisches Bewußtsein ist es vielmehr ausschließlich »thematisierendes« Bewußtsein, in dem Sinn, in dem nicht zufällig schon »Thema« als die Wurzel dieses Ausdrucks auftritt, nämlich in dem Sinn von »Setzen«, »Stellen«, »Legen«. Deshalb eignet er sich dafür, auch noch jenes *Hin*stellen von etwas, eben das Als *wirklich*-Hinstellen von etwas zu bezeichnen, nämlich ganz im Sinn von *Praxis* als der Absicht oder Intention einer *Verwirklichung* von einem Gegenstand, der dazu auch schon immer als ein ganz bestimmter vorgestellt sein muß. Denn auch nur dadurch kann für eine Absicht oder Intention als ein Bewußtsein überhaupt entschieden sein, *was* sich als wirklich hinstellen läßt.

So kann ein Bildhauer zum Beispiel eine Statue aus einem Material wie Marmor mittels Werkzeug zu verwirklichen nur dann versuchen, wenn er – der Verwirklichung von dieser Statue vorweg – sich diese Statue als einen ganz bestimmten Gegenstand schon immer vorzustellen vermag. Und so hat solche Praxis als Versuch einer Verwirklichung von etwas denn auch nur für etwas Sinn, das dabei wie die Statue gerade nicht schon immer wirklich ist, doch keineswegs auch noch für etwas, das dabei sehr wohl schon immer wirklich ist. Schon immer wirklich ist dabei jedoch tatsächlich alles, was dabei notwendige Bedingung für Verwirklichung der Wirklichkeit von dieser Statue ist: nicht nur der Marmor und der Hammer oder Meißel, sondern auch vor allem noch die Statue als der zunächst bloß *vor*gestellte Gegenstand, *den* es dabei als wirklich allererst noch *her*zustellen gilt.

Doch auch noch jeder Schlag des Bildhauers *mit Hilfe* dieses Hammers oder Meißels *auf* den Marmor muß dabei zu dem gehören, was dabei schon immer wirklich sein muß. Denn schon immer wirklich sein, nämlich ergehen muß auch er, gleichviel, ob diese Statue durch ihn nun wirklich wird oder auch nicht. Ist dabei jeder solche Schlag doch überhaupt nichts anderes als der Versuch, die Statue als wirklich *her*zustellen. Entsprechend kann auch jeder solche Schlag, gerade weil er bloß *Versuch*, das heißt, bloß *Absicht* oder *Intention* eines Als wirklich-Herstellens der Statue ist, nicht einfach eben damit auch schon ein Als wirklich-*Her*stellen der Statue *sein*. Für sich genommen kann vielmehr auch jeder solche Schlag nur ein Als wirklich-*Hin*stellen derselben sein, das zum Als wirklich-*Her*stellen der Statue nur im Erfolgsfall wird, den auch der Bildhauer bloß *intendieren*, doch nicht *garantieren* kann. Auch jeder solche Schlag ist somit ein Als wirklich-*Hin*stellen der Statue gerade dadurch, daß er Wirklichkeit der Wirksamkeit von *Form* als *Kraft* eines *Verwirklichungs*versuchs ist. Und so muß bis zum Als wirklich-*Hin*stellen einschließlich dann all dies auch in der Tat zu dem gehören, was dabei schon immer wirklich sein muß, so daß nur die als ein Gegenstand erst einmal *vor*gestellte und sodann auch noch als wirklich *hin*gestellte Statue dabei auch unwirklich sein kann, weil jeder Schlag mißlingen kann.

Genau Entsprechendes gilt denn auch schon für alles, was von jener ersten Stufe bis einschließlich dieser ersten Hälfte jener dritten Stufe auftritt. Jedes davon muß dabei schon immer wirklich sein, auf Grund von jener Selbstverwirklichung als einer unfehlbaren, keines davon kann dabei auch einmal unwirklich sein. Demgemäß kann jenes Selbstbewußtsein solcher Selbstverwirklichung auch nie von nichts, muß vielmehr stets von etwas ein Bewußtsein bilden. Unwirklich kann dabei vielmehr nur sein, was als diese zweite Hälfte jener dritten Stufe auftritt, nämlich der erst einmal *vor*gestellte und sodann als wirklich *hin*gestellte Gegenstand als etwas Anderes. Demgemäß kann jenes Selbstbewußtsein solcher Selbstverwirklichung, wie es die erste Hälfte jener dritten Stufe bildet, auch nur als das *Fremd*bewußtsein solcher *Fremd*verwirklichung, die es als Selbstbewußtsein solcher Selbstverwirklichung *beabsichtigt* bzw. *intendiert*, einmal von nichts anstatt von etwas ein Bewußtsein bilden. Das besagt: Es kann dies nur als das thematisierende Bewußtsein des Behauptens oder Urteilens, das gerade im Als *wirklich*-Hinstellen von einem vorgestellten Gegenstand als etwas Anderem besteht. Und solcherart Bewußtsein bildet es denn auch in jedem Fall von Mißerfolg, von »Falschheit« oder »Irrtum«, wie er theoretizistisch heißt und wie er schon von Anbeginn des Wahrnehmungsbewußtseins möglich ist: in der Gestalt von Urteil oder von Behauptung wie »Dies ist ein Baum« und »Dies ist rot« und »Dies ist rund«. Und so erlaubt Ihnen auch jeder solche Fall, dies alles Schritt für Schritt von erster Stufe an zu überprüfen.

So gewiß nämlich in jedem solchen Fall der als ein *Wirklich*-Anderes *hin*gestellte Gegenstand ein *Wirklich*-Anderes nicht ist, so daß Bewußtsein davon eben das von nichts ist, so gewiß kann dies doch auch nur davon gelten, aber keineswegs auch noch von irgendetwas, das ansonsten daran mitbeteiligt ist. Bleibt dieser Gegenstand als *Wirklich*-Anderes dabei aus, so daß das *Fremd*bewußtsein als das Fremd*verwirklichungs*bewußtsein davon eins von nichts ist, so bedeutet dies doch keineswegs, daß deshalb etwa auch die Zeit der ersten Stufe dabei ausbleibt, so daß etwa auch das *Selbst*bewußtsein als das Selbst*verwirklichungs*bewußtsein davon eins von nichts sein müßte. Vielmehr ist es dabei immer eins von etwas, eben das von Zeit und so das Zeitbewußtsein, das dem Wahrnehmungsbewußtsein auch in jedem Fall zugrunde liegt, im Mißerfolgsfall ebenso wie im Erfolgsfall. Und tatsächlich ist es undenkbar, ein Fall von Urteil oder von Behauptung wie »Dies ist ein Baum« und »Dies ist rot« und »Dies ist rund« vermöchte jemals ohne solches Zeitbewußtsein aufzutreten, weil mit »Dies...« in jedem solchen Fall »Dies *jetzt*...« gemeint ist.

Das Entsprechende gilt aber auch noch für den Raum als Zeit-Raum auf der zweiten Stufe. Denn bleibt auf der dritten Stufe jener Gegenstand als *Wirklich*-Anderes aus, so daß das *Fremd*bewußtsein als das Fremd*verwirklichungs*bewußtsein davon eins von nichts ist, so bedeutet dies doch keineswegs, daß deshalb etwa auch der Raum als Zeit-Raum dieser zweiten Stufe dabei ausbleibt, so daß auch das *Selbst*bewußtsein als das Selbst*verwirklichungs*bewußtsein davon eins von nichts sein müßte. Vielmehr ist es dabei gleichfalls immer eins von etwas, eben das von Raum als Zeit-Raum und so das Zeit-Raum-Bewußtsein, das dem Wahrnehmungsbewußtsein auch in jedem Fall zugrunde liegt, im Mißerfolgsfall ebenso wie im Erfolgsfall. Und tatsächlich ist es ausgeschlossen, daß ein Fall von Wahrnehmen als jenem Urteilen oder Behaupten es vermöchte, ohne dies Zeit-Raum-Bewußtsein aufzutreten, weil in jedem solchen Fall mit »Dies ...« nicht bloß »Dies *jetzt*...« gemeint ist, sondern auch »Dies *hier*...«, und insgesamt sonach »Dies *hier und jetzt*...«. Noch deutlicher womöglich läßt sich das auf dieser zweiten Stufe für Sie einsehen, weil Zeit-Raum-Bewußtsein als das *Selbst*bewußtsein einer Selbst*verwirklichung* zu Zeit-Raum hier ja in Gestalt jenes Begriffs- und Anschauungsbewußtseins auftritt.

Denn allein schon, was jenes Begriffsbewußtsein anbetrifft, ist es undenkbar, daß Bewußtsein eines Wahrnehmens als eines Urteilens oder Behauptens jemals ohne ein Begriffsbewußtsein möglich werden könnte, das daher im Mißerfolgsfall ebenso wie im Erfolgsfall auftritt. Und tatsächlich muß doch jedes Urteil in der Wahrnehmung einen Begriff wie » ... Baum« und » ... rot« und » ... rund« enthalten, der ja überhaupt nichts anderes als Begriffs*bewußtsein* ist: wie diese Wahrnehmung und dieses Urteil auch gerade Urteils- oder Wahrnehmungs*bewußtsein*. Doch auch noch, was jenes Anschauungsbewußtsein anbetrifft, ist es undenkbar, daß Bewußtsein eines Wahrnehmens als eines Urteilens oder Behauptens jemals ohne Anschauungsbewußtsein möglich werden könnte, das daher im Mißerfolgsfall ebenso wie im Erfolgsfall auftritt. Dieses Anschauungsbewußtsein aber ist nichts anderes als jenes Gegenstandsbewußtsein und mithin das Fremdbewußtsein einer Fremdvergegenständlichung von etwas zu etwas entworfenem oder vorgestelltem Anderen.

Denn dasjenige, *dem* dabei etwas bewußt wird, ist gerade der Begriff, und dasjenige, *was* diesem Begriff dabei bewußt wird, ist gerade diese Anschauung, nicht etwa umgekehrt. Und deren Form als Raum – nämlich als Ausdehnung, die der Begriff als jener Punkt der Zeit dabei nicht mehr nur innerhalb von sich, sondern auch außerhalb von sich hat – ist nur *Vorwärts*form *für* etwas *Anderes* als diese Zeit und damit auch nur Form *für* ein *Objekt*, so daß dies auch für jeden Inhalt solcher Form noch gilt. Sie ist nicht etwa *Rückwärts*form *von* dieser *Zeit* und damit etwa Form *von* einem *Subjekt*. Und das gilt denn auch obwohl es sich, ja eigentlich gerade weil es sich bei diesem Raum als dieser Ausdehnung um jenen *Zeit*-Raum handelt, der dadurch wie diese Anschauung und wie dieser Begriff nur etwas Subjektives ist. Gerade deshalb nämlich handelt es sich dabei insgesamt um das Bewußtsein des Entwurfs oder der Vorstellung von einem Gegenstand als etwas Anderem, das dadurch noch kein Wirklich-Anderes werden kann: genausowenig wie die Statue des Bildhauers durch bloßes Vorstellen oder Entwerfen dieses Bildhauers schon wirklich werden kann.

Entsprechend handelt es sich dabei auch nur um das Fremdbewußtsein einer bloßen Fremd*vergegenständlichung* von etwas Anderem, die noch nicht im geringsten etwa auch schon eine Fremd*verwirklichung* von solchem Anderen zu etwas Wirklich-Anderem ist, nicht einmal eine bloß beabsichtigte oder intendierte. Demgemäß ist auch das *Fremd*bewußtsein davon noch kein Fremd*verwirklichungs*bewußtsein, sondern nur ein *Selbst*verwirklichungsbewußtsein. Denn auch dieser Gegenstand als dieses bloß entworfene oder vorgestelle Andere geht noch voll auf jene Selbstverwirklichung allein zurück. Nur daß sie als die Selbstausdehnung jenes Punktes eben seine zweite Selbstausdehnung ist: nicht bloß zu Zeit, wie jene erste, sondern auch zu Raum als Zeit-Raum. Und weil sie als diese eine unfehlbare ist, so ist auch das Begriffs- und Anschauungsbewußtsein, nämlich dieses Fremdbewußtsein dieses Gegenstandes als des bloß entworfenen oder vorgestellten Anderen, ein Bewußtsein stets von etwas, nie von nichts.

Und in der Tat ist es undenkbar, daß Bewußtsein eines Wahrnehmens als eines Urteilens oder Behauptens wie »Dies ist ein Baum« und »Dies ist rot« und »Dies ist rund« sich jemals bilden könnte, ohne daß sich auch schon immer solch ein Gegenstand als das durch Anschauung und durch Begriff schon immer *vor*gestellte Andere gebildet hätte, *das* auf Grund von all dem durch die Bildung eines solchen Urteils dann als wirklich *hin*gestellt wird. Das besagt: Bleibt dabei dieses *Wirklich*-Andere aus, als das ein solcher Gegenstand – ein solches *vor*gestelltes Anderes – dadurch *hin*gestellt wird, dann ist zwar das Urteil als Bewußtsein des Als wirklich-Hinstellens von etwas, sprich, das Fremd*verwirklichungs*bewußtsein eins von nichts statt eins von etwas. Keineswegs jedoch ist dann auch das Begriffs- und Anschauungsbewußtsein dieses *Gegenstandes* als des dabei *vor*gestellten Anderen, das heißt, das Fremd*vergegenständlichungs*bewußtsein eins von nichts statt eins von etwas. Denn als Wirklich-Anderes *hin*stellen läßt sich auch nur etwas, doch nicht nichts, und somit auch nur etwas, das als *vor*gestelltes Anderes, sprich, als vorgestellter *Gegenstand* schon immer wirklich ist. Und der liegt einer Wahrnehmung als einem Urteil denn auch immer schon zugrunde: ebenso wie das Begriffs- und Anschauungsbewußtsein dieses Gegenstandes.

Und tatsächlich ist es immer wieder solch ein Gegenstand, was einer Wahrnehmung als einem Urteil gleichsam *vor*schwebt: so wie auch dem Bildhauer die Statue als ein Gegenstand, der dabei erst noch wirklich werden soll. Schwebt dieser Wahrnehmung als diesem Urteil doch ein solcher Gegenstand auch dann vor, wenn er als das *Wirklich*-Andere, als das er dabei *hin*gestellt wird, sich bei Mißerfolg nicht *ein*stellt, sondern *aus*bleibt. Denn indem er dann als etwas *Wirklich*-Anderes zwar *hin*gestellt, doch nicht auch *her*-gestellt wird, ist es auch gerade dieser Gegenstand, der dem zum Trotz dann auch durch Wahrnehmung als Urteil nur wie durch Begriff und Anschauung noch *vor*gestellt wird: So stellt auch der Bildhauer bei jedem Schlag, der zum Erfolg nicht führt, trotz dieses Schlags die Statue als Gegenstand nur *vor*, was er auch ohne diesen Schlag schon tut.

Genau in diesem Sinn, so müßten Sie jetzt sehen, ist erst das Wahrnehmen als Urteilen oder Behaupten erstmals und sonach ursprünglich das thematisierende Bewußtsein einer Absicht oder Intention. Thematisierend aber ist es eben darin, daß es etwas Anderes nicht bloß *vor*stellt, sondern dieses vorgestellte Andere, diesen Gegenstand, auch noch als etwas *Wirklich*-Anderes *hin*-stellt. Und so ist, *was* es thematisiert, denn auch zum einen durchaus dieses vorgestellte Andere, dieser Gegenstand; jedoch thematisiert es ihn zum andern wiederum gerade so, daß es ihn auf das Wirklich-Andere hin, als das es ihn dabei ja hinstellt, auch gerade überschreitet, weil er als das *vorgestellte* Andere etwas *Wirklich*-Anderes auch noch gar nicht *ist*. Ausschließlich dieses Wirklich-Andere, als das er dadurch hingestellt wird, ist es denn auch, was dabei durch das Bewußtsein einer Absicht oder Intention – kurz: was dabei der Absicht oder Intention nach – insgesamt thematisiert wird. Und tatsächlich ist in jedem Fall von Wahrnehmungsbewußtsein als Bewußtsein eines Urteils wie »Dies ist ein Baum« und »Dies ist rot« und »Dies ist rund« auch stets nur vorwärts über dieses Wirklich-Andere die Rede und nie etwa rückwärts über jenen Gegenstand als das bloß vorgestellte Andere, geschweige über Anschauung oder sogar über Begriff. Und dies auch dann, wenn solches Wirklich-Andere sich dabei gar nicht einstellt, sondern ausbleibt: eben weil trotzdem der Absicht oder Intention nach ausschließlich von ihm die Rede ist. Und das obwohl ein jedes solche »Dies ...« dabei durchaus erst einmal anzusetzen hat bei jenem Gegenstand als einem vorgestellten Anderen, um ihn als etwas Wirklich-Anderes hinstellen zu können: eben weil trotzdem ein jedes solche Urteil insgesamt ausschließlich im Als wirklich-Hinstellen von ihm besteht, indem es als Bewußtsein einer Absicht oder Intention ausschließlich ausgeht auf Als wirklich-Herstellen von ihm.

Bewußtsein als ursprüngliches Thematisieren von etwas hat daher nur Sinn für etwas, das dabei gerade nicht schon immer wirklich ist, das dabei vielmehr allenfalls erst immer wirklich wird, oder auch nicht. Das gilt sonach für alles, was dabei von erster und von zweiter Stufe her schon immer wirklich ist und was dabei infolgedessen auch nicht für thematisierendes Bewußtsein, sondern nur für nichtthematisierendes bewußt sein kann: Bewußt sein kann dies alles nur für ein benutzendes Bewußtsein, das dies alles nur benutzt, um durch dies alles eben etwas Anderes zu thematisieren, und dem dies alles trotzdem, ja recht eigentlich gerade deshalb voll bewußt sein muß. Nur dadurch nämlich kann auf dritter Stufe das Bewußtsein einer Wahrnehmung als Urteil, das im vorgenannten Sinn ausschließlich etwas Wirklich-Anderes der Außenwelt thematisiert, auch noch ein nichtthematisierendes Bewußtsein bilden, nämlich auch noch jenes Zeit- und Raumbewußtsein, wie es zum Begriffs- und Anschauungsbewußtsein eines dadurch vorgestellten Gegenstandes wird. Denn als ein solcher selbst ist dieser dabei ebenso wie Zeit und Raum bzw. wie Begriff und Anschauung gerade nichts Bewußt-Thematisiertes, sondern nur etwas Bewußt-Benutztes. Also nicht einmal das *Fremd*bewußtsein als das Fremd*vergegenständlichungs*bewußtsein auf der zweiten Stufe ist dabei schon ein thematisierendes Bewußtsein, sondern erst das Fremdbewußtsein als das Fremd*verwirklichungs*bewußtsein auf der dritten.

Doch erst recht gilt dies dann auch für das noch, was dabei nicht einmal das Bewußt-Benutzte ist, sondern gerade das Bewußt-Benutzende. Und das ist auf der dritten Stufe eben das Bewußtsein einer Absicht oder Intention als Urteil in der Wahrnehmung. Denn rückwärts sozusagen ist es ein benutzendes Bewußtsein, das ausschließlich das bewußt benutzt, was ihm von erster und von zweiter Stufe her bereits zugrunde liegt; und vorwärts sozusagen ist es ein thematisierendes Bewußtsein, das durch das, was es bewußt benutzt, ausschließlich etwas Wirklich-Anderes der Außenwelt bewußt thematisiert; es selbst jedoch ist dabei weder das Bewußt-Benutzte noch gar das Bewußt-Thematisierte, sondern eben ausschließlich das einerseits Bewußt-Benutzende wie auch das anderseits Bewußt-Thematisierende. Denn gleichsam janusköpfig ist es so die unlösbare Einheit eines Selbst- und Fremdbewußtseins, das nur dadurch widerspruchsfrei ist, daß es das erstere Bewußtsein und das letztere Bewußtsein eben nicht im selben Sinne von Bewußtsein ist.

Bei erstem Hinsehen nämlich könnte Ihnen diese Einheit leicht als widersprüchlich gelten, weil doch hier auf dieser dritten Stufe nunmehr beides, *Selbst*bewußtsein ebenso wie *Fremd*bewußtsein, ein *Verwirklichungs*bewußtsein bilden soll: das *Selbst*bewußtsein Selbst*verwirklichungs*bewußtsein gleicherweise wie das *Fremd*bewußtsein Fremd*verwirklichungs*bewußtsein. Ist auf jener zweiten Stufe jene Einheit eines Selbst- *und* Fremdbewußtseins doch nur deshalb keine widersprüchliche, weil dort nur *Selbst*bewußtsein Selbst*verwirklichungs*bewußtsein bildet, während *Fremd*bewußtsein Fremd*vergegenständlichungs*bewußtsein bildet, wobei Fremd*vergegenständlichung* und Selbst*verwirklichung* nicht im geringsten widersprüchlich sind. Denn in der Tat ist jener Gegenstand als jenes bloß entworfene oder vorgestellte Andere, welches noch kein Wirklich-Anderes ist, auch nur ein Fall von *Selbst*verwirklichung: die Art und Weise nämlich, wie durch jene zweite Selbstausdehnung auch zu jenem Raum noch jener Punkt der Zeit ein zweites Mal nur etwas *zu sich* Anderes oder etwas Anderes *zu sich* wird.

Darin aber unterscheidet sich von jener zweiten Stufe diese dritte Stufe nunmehr prinzipiell. Auch darüber geht nämlich jener Punkt der Zeit auf dieser dritten Stufe noch hinaus, indem er jenes zweite *zu sich* Andere oder Andere *zu sich*, den Gegenstand als etwas bloß entworfenes oder vorgestelltes Anderes, nunmehr auch als etwas Wirklich-Anderes noch hinstellt. Geht er damit doch auch über sich als Fremdvergegenständlichungsbewußtsein noch hinaus, indem er dadurch dann auch noch zu sich als Fremdverwirklichungsbewußtsein übergeht. Und beides tut er hier auf dritter Stufe eben insgesamt nur als das in sich dreistufige *Selbst*bewußtsein seiner in sich dreistufigen *Selbst*verwirklichung, so daß er als dies *Selbst*verwirklichungsbewußtsein erst auf dritter Stufe auch zum *Fremd*verwirklichungsbewußtsein wird. Und widerspruchsfrei wird er dies denn auch nur, weil er dabei ersteres nur als benutzendes Bewußtsein wird und letzteres nur als thematisierendes Bewußtsein wird, was *als Bewußtsein* etwas Grundverschiedenes ist. Entsprechend kann er beides auch in unlösbarer Einheit des Bewußtseins jener Absicht oder Intention als Praxis der Verwirklichung von etwas werden. Und so muß man auch, solange man es nicht vermag, gerade *innerhalb* dieses Bewußtseins zwischen ihm als dem benutzenden und ihm als dem thematisierenden zu unterscheiden, außerstande bleiben, so etwas wie Selbstbewußtsein, wodurch so etwas wie Fremdbewußtsein überhaupt Bewußtsein ist, sich widerspruchsfrei zu erklären.

Denn genau so lange muß man auch der festen, aber falschen Überzeugung sein, Bewußtsein habe seinen Ursprung als thematisierendes Bewußtsein, weil man es zunächst nur von der Empirie her kennt, wo es als Wahrnehmung von Außenwelt ja in der Tat ein ursprünglich thematisierendes Bewußtsein ist. Das ist es aber eben *nur* als *Fremd*bewußtsein, so daß *Selbst*bewußtsein als *genauso* ursprünglich thematisierendes Bewußtsein und mithin als so etwas wie ›Fremdbewußtsein von sich selbst‹ auch nur noch widersprüchlich werden kann. In Wahrheit gilt jedoch genau das Umgekehrte. Denn dem ursprünglich thematisierenden Bewußtsein, das dies nur als Fremdbewußtsein ist, liegt als der eigentliche Ursprung von Bewußtsein vielmehr Selbstbewußtsein immer schon zugrunde: als ursprünglich nichtthematisierendes, sondern ursprünglich bloß benutzendes Bewußtsein. Von der Empirie her kann man dieses aber gar nicht kennen. Denn als etwas Nichtempirisches kann es auch erst der nichtempirischen Erkenntnis gegenständlich werden, die auch erst an Hand des Zeit-Modells den angemessenen Zugang dazu findet. Dementsprechend läßt sich das Zustandekommen dieses Selbstbewußtseins, wie es diesem Fremdbewußtsein hier auf dritter Stufe immer schon zugrunde liegt, von erster Stufe her auch Schritt für Schritt für Sie verfolgen.

Denn auf jeder dieser Stufen ist es letztlich nichts als jener Punkt der Zeit, der als das Selbstbewußtsein seiner Selbstverwirklichung im Sinn der Selbstausdehnung Schritt für Schritt bis zum Bewußtsein eines Urteils in der Wahrnehmung sich bildet: zum Bewußtsein einer Absicht oder Intention als Praxis der Verwirklichung von etwas Wirklich-Anderem. Ist doch auch nicht nur das, was auf der zweiten Stufe als Begriff auftritt, sondern auch das noch, was als Urteil auf der dritten Stufe auftritt, eigentlich *Punkt als* Begriff bzw. *Punkt als* Urteil, wie er schon von erster Stufe her auf zweiter und von zweiter Stufe her auf dritter auftritt. Und so sind Begriff und Urteil jeweils auch recht eigentlich Begriffs*punkt* sowie Urteils*punkt*, weil sie nichts anderes als jener Punkt der Zeit sind, wie er nicht allein auf erster Stufe, sondern auch auf zweiter und auf dritter Stufe jeweils unterschiedlich sich verhält zu Ausdehnung als seiner Selbstausdehnung.

Denn gerade so verhält er sich zu ihr zunächst allein als derjenigen Ausdehnung, die er nur innerhalb von sich besitzt, als Zeit. Gerade so jedoch verhält er sich zu ihr sodann auch noch als derjenigen Ausdehnung, die er auch außerhalb von sich besitzt, als Zeit-Raum, der formal dann Anschauung und dadurch Gegenstand als vorgestelltes Anderes für diesen Punkt ist, so daß dieser dann Begriff von ihm ist. Doch gerade so verhält er sich zu ihr zuletzt auch noch als derjenigen Ausdehnung, die er nicht nur, wie letztere, auch außerhalb von sich besitzt und so als einen Gegenstand oder als etwas Anderes *vor*stellt, sondern die er darüber hinaus auch noch als etwas *Wirklich*-Anderes *hin*stellt, so daß er dann auch noch Urteil ist. Indem er nämlich als ein selbiger dabei zu jeder solchen Ausdehnung in ein je unterschiedliches Verhältnis tritt, wird dieser Punkt der Zeit dabei auch selbst zu etwas jeweils Unterschiedlichem. So wird er damit etwa zum Begriff und dann zum Urteil als je unterschiedlichem Bewußtsein dieser Ausdehnung, so daß er jeweils unterschiedlich sie bewußt begleitet und dadurch bewußt benutzt. Denn auch nur als ein solches dreistufig benutzendes Bewußtsein, das als drittstufig benutzendes dann zum thematisierenden Bewußtsein wird, kann das Bewußtsein einer Absicht oder Intention verständlich werden. Auch nur so kann nämlich solches in sich dreistufiges Selbstbewußtsein als das Selbstverwirklichungsbewußtsein auf der dritten Stufe dann zum

Fremdbewußtsein als dem Fremdverwirklichungsbewußtsein werden.

Denn bereits auf erster Stufe tritt so etwas wie Bewußtsein als das Selbstbewußtsein einer Selbstverwirklichung nur auf, weil jener Punkt die Ausdehnung durch Selbstausdehnung, die er hier als Zeit bloß innerhalb von sich besitzt, aus dem genannten Grund bewußt benutzt, indem er sie bewußt begleitet. Doch als ein genau in diesem Sinn bewußt begleitender und so bewußt benutzender begleitet und benutzt der Punkt dann auch auf zweiter Stufe noch den Raum als weitere Ausdehnung durch Selbstausdehnung, die er hier als Zeit-Raum nicht bloß innerhalb von sich besitzt, sondern auch außerhalb von sich. Denn da es sich bei diesem Raum um einen *Zeit*-Raum handelt, liegt ihm nicht nur jene Zeit, sondern mit ihr auch jenes Zeitbewußtsein als das Selbstbewußtsein dieses Punktes immer schon zugrunde, das im ganzen somit nunmehr zum Zeit-Raum-Bewußtsein wird. Durch diesen Punkt bewußt benutzt wird dabei also nicht mehr nur die Ausdehnung der Zeit, sondern auf Grund der Ausdehnung der Zeit als der bewußt benutzten auch die Ausdehnung des Raums. Infolgedessen wird die Ausdehnung der Zeit auf zweiter Stufe, wo die Ausdehnung des Raums zum ersten Mal bewußt benutzt wird, schon zum zweiten Mal bewußt benutzt, weil sie zum ersten Mal bewußt benutzt ja schon auf erster Stufe wird, wo nur die Ausdehnung der Zeit und nicht auch schon die Ausdehnung des Raums bewußt benutzt wird.

Auf diese Weise wird mithin genauso widerspruchsfrei, wie aus bloßer Zeit der Zeit-Raum und aus bloßem Zeitbewußtsein das Zeit-Raum-Bewußtsein wird, so auch aus bloßem Selbstbewußtsein noch das Selbst- und Fremdbewußtsein, nämlich aus dem Selbstbewußtsein als dem Selbstverwirklichungsbewußtsein dann auch noch das Fremdbewußtsein als das Fremdvergegenständlichungsbewußtsein. Auch die Ausdehnung des Raums als Zeit-Raums bleibt darum noch innerhalb der Ausdehnung der Zeit, auch wenn sie innerhalb der Zeit als Ausdehnung gerade außerhalb der Zeit als Punkt ist. Eben dadurch nämlich kommt es dazu, daß der Punkt der Zeit sich als bewußt benutzender nicht nur auf jene Ausdehnung der Zeit, sondern auch über sie hinaus auf diese Ausdehnung des Raums als Zeit-Raums noch erstreckt. Infolgedessen ist sie als durch diesen Punkt bewußt benutzte auch die

Anschauung von einem Gegenstand als etwas vorgestelltem Anderen, das er als der Begriff dann vor sich hat. Und das genau Entsprechende muß auch noch für das Urteil als die erste Hälfte auf der dritten Stufe gelten, weil es gleichfalls nur das Selbstbewußtsein einer Selbstverwirklichung sein kann, die darum auch wie die der ersten und der zweiten Stufe eine Selbstausdehnung jenes Punktes sein muß, wenngleich eine ganz besondere.

Freilich könnten Sie die Möglichkeit für eine dritte solche Selbstausdehnung auf den ersten Blick als zweifelhaft betrachten, weil die Möglichkeiten dafür durch die erste und die zweite Selbstausdehnung jenes Punktes Ihnen schon als ausgeschöpft erscheinen. Und dies um so mehr, als das Gelingen dieser ganzen Herleitung doch jene Einsicht zur Voraussetzung hat, wonach Zeit und Raum gerade nicht einfach bloß Ausdehnungen sind, wie man bislang vermeine, sondern ursprünglich die Ausdehnungen jenes Punktes, nämlich seine Selbstausdehnungen: Vermeine dies doch auch selbst Kant noch und vermöge deswegen nicht auszuschließen, daß Subjekte auch von gänzlich anderer »Sinnlichkeit« sein könnten als von der in Form von Zeit und Raum; dagegen lasse Kant dies nicht auch für die Formen des »Verstandes« offen, was er aber eigentlich entsprechend offen lassen müßte, so daß dies auch rein dogmatisch bleibe. Folglich sei das eine so unhaltbar wie das andere, weil vielmehr beides, Formen des »Verstandes« wie der »Sinnlichkeit«, nur in verschiedenen Verhältnissen von *Punkt zu* Ausdehnung oder von *Ausdehnung zu* Punkt bestehen könnten. Lasse sich doch insbesondere das Urteil auf der dritten Stufe nur als Punkt verstehen, weil es auch nur als Punkt sein könne, was es wesentlich sein müsse, nämlich entweder – noch einmal fälschlich-theoretizistisch ausgedrückt – »wahr« oder »falsch«, indem es gleichfalls sich als Punkt zu Ausdehnung verhalte. Doch durch Zeit und Raum, als Punkt mit Ausdehnung *nur innerhalb von sich* und Punkt mit Ausdehnung *auch außerhalb von sich*, seien die Möglichkeiten für Verhältnisse von Punkt zu Ausdehnung oder von Ausdehnung zu Punkt bereits erschöpft. Die Möglichkeit einer Alternative dazu, die »Verstand« und »Sinnlichkeit« erkennender Subjekte zu erklären vermöchte, könne daher nicht bestehen. Denn die formal noch übrigbleibende, die Möglichkeit für Ausdehnung *nur außerhalb von Punkt*, sei doch als eine Möglichkeit für Ausdehnung im Sinn der *Selbst*ausdehnung jenes Punktes undenkbar. Entsprechend undenkbar sei denn auch jede Möglichkeit für noch ein weiteres Verhältnis zwischen Punkt und Ausdehnung als seiner Selbstausdehnung in Gestalt des Urteils auf der dritten Stufe.

Bei genauerem Zusehen aber werden Sie entdecken, daß dies keineswegs der Fall ist. Es besteht vielmehr, wenn auch nur eine einzige, so doch durchaus noch eine weitere und damit eine dritte Möglichkeit für ein Verhältnis zwischen Punkt und Ausdehnung als seiner Selbstausdehnung, das die dritte Stufe jenes Urteils förmlich ausmacht. Und erst diese insgesamte Dreiheit von Verhältnissen erschöpft so vollständig die Möglichkeiten für Verhältnisse von Punkt und Ausdehnung als Selbstausdehnung, daß eine Alternative dazu, die so etwas wie erkennende Subjekte als »Verstand« und »Sinnlichkeit« erklären könnte, nicht mehr denkbar ist. Denn dazu wäre nichts geringeres erforderlich, als hinter deren jeweilige Gleichursprünglichkeit von Punkt und Ausdehnung, mit denen ja die beiden Grundprinzipien der Geometrie erreicht sind, noch zurückzugehen. Ein Weg, der auch noch hinter sie zurückzuführen vermöchte, ist jedoch nicht abzusehen.

Um diese dritte Möglichkeit der Selbstausdehnung einzusehen, brauchen Sie sich bloß vor Augen führen, daß jene zweite nur auf Grund von jener ersten Selbstausdehnung möglich ist. Denn jener Punkt kann Ausdehnung nur dann als Raum *auch* außerhalb von sich besitzen, wenn er Ausdehnung *zunächst* als Zeit *nur* innerhalb von sich besitzt, so daß er, wenn er Ausdehnung *sodann* als Raum *auch* außerhalb von sich besitzt, *auch* innerhalb von sich noch Ausdehnung als Zeit besitzt. Auf Grund von eben dieser Zeit als dafür immer schon zugrunde liegender kann eben dieser Raum daher *zunächst* auch überhaupt nichts anderes als jener *Zeit*-Raum sein, der überhaupt nur, weil ihm diese Zeit dann immer schon zugrunde liegt, als Ausdehnung die zweite *Selbst*ausdehnung jenes Punktes sein kann. Solch ein *Zeit*-Raum aber ist er darin, daß er das Zugleich, das er als Raum ist, zwar nicht *als* Zeit, aber *wie* Zeit als ein *Nacheinander von* Zugleich ist, was im Unterschied zum Umgekehrten widerspruchsfrei ist. Und solches Nacheinander von Zugleich ist dieser Raum, indem er letzteres als ständig neues ist: als ständiges Entstehen wie Vergehen von Zugleich, das dadurch ständiges Einhergehen mit Zeit als Nacheinander ist. Als ein ursprüngliches Zugleich hat so auch dieser Raum noch ganz das

Auftreten von jener Zeit als jenem Nacheinander, das recht eigentlich als immer wieder gleicherweise Auf- wie Abtreten erfolgt. Nur ist, was dabei immer wieder gleicherweise auf- wie abtritt, eben nicht mehr bloß ein Punkt, sondern aus ihm heraus auch eine Ausdehnung als ein Zugleich noch.

In genau dem Sinn von dieser zweiten auf Grund jener ersten Selbstausdehnung jenes Punktes aber ist dann auch die Möglichkeit für eine dritte Selbstausdehnung dieses Punktes noch geschaffen. Denn auf Grund der Ausdehnung durch jene erste Selbstausdehnung ist die Ausdehnung durch diese zweite eben diejenige Ausdehnung, die jener Punkt gerade *nicht* nur innerhalb von sich, sondern *auch* außerhalb von sich besitzt. Auf Grund von dieser Ausdehnung, die jener Punkt sonach als das Zugleich des Raums zwar außerhalb von sich besitzt, doch als das Nacheinander von Zugleich des Raums auch innerhalb von sich besitzt, ist dann jedoch als weitere Ausdehnung durch Selbstausdehnung folgende noch möglich. Jener Punkt vermag sich selbst dann auch zu einer Ausdehnung noch auszudehnen, von der weiter gilt, daß er sie als Zugleich des Raums zwar außerhalb von sich besitzt, doch *nicht* als Nacheinander von Zugleich des Raums *auch* innerhalb von sich besitzen soll.

Dies aber könnte Ihnen jetzt erneut als unmöglich erscheinen, weil Sie damit wieder vor der Frage stehen, wie denn eine Ausdehnung in diesem Sinn sich dann auch noch als eine Ausdehnung durch *Selbst*ausdehnung jenes *Punktes* denken lassen sollte. Wäre eine Ausdehnung, die er zwar außerhalb von sich besäße, aber *nicht* auch innerhalb von sich besäße, dann doch eine Ausdehnung, die er *nur* außerhalb von sich besitzen könnte. Und von einer solchen sei nicht einmal einzusehen, wie sie auch nur mit ihm zusammenhängen könnte; ganz zu schweigen davon, daß sie sich auch noch als eine Ausdehnung verstehen ließe, zu der jener Punkt sich selbst ausdehnen könnte, wie zu jener ersten und zu jener zweiten. Vielmehr müsse diese dritte Ausdehnung, verglichen mit den beiden vorigen, als weiteres Ergebnis einer Selbstausdehnung jenes Punktes unverständlich bleiben, möge sie als Ausdehnung *nur* außerhalb von ihm formal auch möglich sein.

Beachten sollten Sie dabei jedoch, daß diese dritte Ausdehnung durch diese dritte Selbstausdehnung mit den beiden vorigen gerade nicht mehr ohne weiteres verglichen werden kann. Verbirgt sich hinter dieser dritten doch gerade jene Einheit einer Selbst- und Fremdverwirklichung, von denen letztere gerade nicht wie erstere als eine unfehlbare, sondern bloß als eine fehlbare Verwirklichung erfolgen kann. Genau in diesem Sinn kann dann jedoch auch diese dritte Ausdehnung als das Ergebnis dieser dritten Selbstausdehnung bloß noch fehlbar sein, worin sie sich von jener ersten und von jener zweiten unterscheiden muß. Und das bedeutet: Diese dritte Ausdehnung kann eben bloß noch eine sein, die jener Punkt *nur* außerhalb von sich besitzen *soll*, wie schon gesagt, die er jedoch bloß *dadurch, daß* er sie in diesem Sinn besitzen soll, nicht auch bereits *besitzt*. Doch auch schon dafür, daß er diese dritte Ausdehnung in diesem Sinn auch nur besitzen *soll*, ist jene erste ebenso wie jene zweite eben eine notwendige Vorbedingung, weil ja nur auf Grund von beiden, deren keine eine fehlbare sein kann, sich diese dritte überhaupt im vorgenannten Sinn erzeugen läßt: Wie jene Ausdehnung durch jene zweite Selbstausdehnung nur auf Grund von jener Ausdehnung durch jene erste möglich ist, so ist auch diese Ausdehnung durch diese dritte Selbstausdehnung nur auf Grund von dieser Ausdehnung durch diese zweite möglich, und so mittelbar auch nur auf Grund von jener Ausdehnung durch jene erste Selbstausdehnung.

Denn wie jene Zeit als Nacheinander notwendige Vorbedingung ist für jenes Nacheinander von Zugleich als Zeit-Raum, so ist auch dieses Zugleich als dieser Raum dann notwendige Vorbedingung für Zugleich, das *nicht* ein *Nacheinander* von Zugleich sein soll, oder für Raum, der *nicht* ein *Zeit*-Raum sein soll. Eben dafür aber ist dann eben mittelbar auch jenes bloße Nacheinander jener bloßen Zeit noch notwendige Vorbedingung. Läßt doch ein Zugleich als Raum in diesem Sinn auch nur entgegen diesem Nacheinander dieser Zeit sich ausdehnen. Und diese Ausdehnung dieses Zugleich hat auch in vollem Sinn als eigene und neue Ausdehnung zu gelten, weil ein Raum als ein Zugleich in diesem Sinn bis einschließlich der zweiten Stufe auch noch gar nicht auftritt. Deshalb kann die Ausdehnung dieses Zugleich auch nur als dritte Stufe einer Ausdehnung durch Selbstausdehnung jenes Punktes gelten.

Grundsätzlich ist nämlich jener Punkt zu einer Selbstausdehnung, die auch noch zu einer Ausdehnung eines Zugleich als Raum führt, in der Lage, mag es sich dabei zunächst auch nur um

Nacheinander von Zugleich als Zeit-Raum handeln können. Dann jedoch ist jener Punkt genauso grundsätzlich zu einer Selbstausdehnung in der Lage, die auch noch zu einer Ausdehnung eines Zugleich als Raum *entgegen* dieser Zeit als diesem Nacheinander führt. Denn diese dritte Ausdehnung durch Selbstausdehnung ist ja letztlich nur der Gegensatz zu jener zweiten Ausdehnung durch Selbstausdehnung, so wie jene zweite Ausdehnung durch Selbstausdehnung ihrerseits ja nur der Gegensatz zu jener ersten Ausdehnung durch Selbstausdehnung ist. Und erst mit dieser in sich einheitlichen Dreiheit solcher Ausdehnung durch Selbstausdehnung jenes Punktes sind die Möglichkeiten für Verhältnisse von *Punkt zu* Ausdehnung oder von *Ausdehnung zu* Punkt tatsächlich ausgeschöpft.

Was damit hergeleitet ist, wird Ihnen freilich erst ersichtlich, wenn Sie es im einzelnen betrachten. Daß auch diese dritte Ausdehnung noch eine Ausdehnung durch Selbstausdehnung ist, vermögen Sie als erstes überhaupt nur dadurch einzusehen, daß auch diese dritte Ausdehnung noch ganz das Auftreten der Zeit besitzt, das heißt recht eigentlich: das Auftreten des ständig Auf- und Abtretens von Zeit als Nacheinander. Zwar kann diese dritte Ausdehnung nur dahin gehen, ein Zugleich, das *nicht* ein *Nacheinander* von Zugleich sein soll, bzw. einen Raum, der *nicht* ein *Zeit*-Raum sein soll, zu erzeugen. Eben deswegen vermag sie dazu aber auch nur auszugehen von dem Raum, der *Zeit*-Raum ist, als dem Zugleich, das *Nacheinander* von Zugleich ist. Läßt sich doch auch nur *aus* diesem, das Zugleich als *Nacheinander* von Zugleich ist, dann noch das *zu* diesem *gegensätzliche* Zugleich erzeugen, das *Nicht*nacheinander von Zugleich sein soll: wie sich auch nur *aus* jenem bloßen Nacheinander das *zu* diesem gegensätzliche Zugleich als Nacheinander von Zugleich erzeugen läßt. Auch die Erzeugung des Zugleich noch, das Nichtnacheinander von Zugleich sein soll, erfolgt mithin zuletzt nur aus der *Zeit* heraus, auch wenn es als *Nicht*nacheinander von Zugleich nun *aus* der Zeit *heraus* gerade *über* Zeit *hinaus* und somit *dahin* geht, etwas grundsätzlich *Anderes* als diese Zeit zu bilden.

Soll es dadurch doch tatsächlich nichts geringeres als etwas *Wirklich*-Anderes zu dieser Zeit sein und mithin ein wirkliches *Objekt* zu ihr als dadurch wirklichem *Subjekt*, nämlich als dadurch vollständiger *Absicht* oder *Intention.* Allein schon aus der Formulierung, die hier immer wieder nötig wird, daß es dies dadurch nämlich nur sein »soll«, ersehen Sie: In der Tat vermag dann diese dritte Selbstausdehnung jenes Punktes nur auf ein Als wirklich-*Hin*stellen von etwas Anderem hinauszulaufen und mithin auch nur auf jenen Ursprung einer Absicht oder Intention, der sich bereits ergeben hat. Die unlösbare Einheit einer Selbst- und Fremdverwirklichung ist deren Ursprung hiernach nämlich in genau dem Sinn, daß innerhalb von solcher Einheit diese Fremdverwirklichung nur eine fehlbare und diese Selbstverwirklichung nur eine unfehlbare sein kann.

Eben das ergibt sich denn auch aus der Art und Weise, wie durch diese dritte Selbstausdehnung diese in sich zweifache Verwirklichung vonstatten geht, was Ihnen deutlich wird, wenn Sie noch weitere Einzelheiten davon in Betracht ziehen. Wie gesagt, kann sie ja nur aus jenem Nacheinander von Zugleich heraus erfolgen und mithin auch nur aus letzterem Zugleich heraus noch über es hinaus ein weiteres Zugleich erzeugen, das Nichtnacheinander von Zugleich sein soll. Dann aber kann es sich bei diesem zweiteren Zugleich nicht einfach handeln um ein weiteres Zugleich im Sinn des ersteren, indem dies erstere als solches nur erweitert würde. Ist und bleibt doch ersteres gerade Nacheinander von Zugleich, woran sich dadurch folglich auch nichts ändern könnte. Also fragt es sich für Sie sofort, in welchem Sinn das erstere als Nacheinander von Zugleich denn eigentlich Zugleich ist, um von diesem Sinn her dann den Gegensatz zu ihm zu finden. Und sobald Sie diese Frage auch nur stellen, haben Sie auch schon die Antwort: Ersteres ist dies nur in dem Sinn eines Zugleich *nach innen*, und das heißt, indem es Ausdehnung von der Art ist, daß jede Teilung von ihr nur zu Teilen führen kann, die miteinander nur zugleich sein können. Eben dies gehört zum Wesen des ursprünglich subjektiven Zeit-Raums als der Ausdehnung, die jener Punkt auch außerhalb von sich besitzt.

Der Gegensatz zu diesem Zeit-Raum, der als Nacheinander von Zugleich in diesem Sinn Zugleich *nach innen* ist, kann dann jedoch auch überhaupt nichts anderes als der Sinn eines Zugleich *nach außen* sein, dem ein Zugleich nach innen immer schon zugrunde liegt. Entsprechend kann auch nur in diesem Sinn aus dem Zugleich heraus, das ein Zugleich nach innen ist, und über das Zugleich hinaus, das ein Zugleich nach innen ist, auch noch

Zugleich nach außen zu erzeugen sein, und so gerade nicht im Sinn bloßer Erweiterung dieses Zugleich nach innen. Folglich kann, in diesem Sinn aus dem Zugleich nach innen ein Zugleich nach außen zu erzeugen, auch nur dahin gehen, aus dem Zugleich nach innen als dem Nacheinander von Zugleich dann ein Nichtnacheinander von Zugleich als das Zugleich nach außen zu erzeugen. Denn ein »Außen« zum Zugleich nach innen als dem Raum ist ja auf dessen zweiter Stufe nur das Nacheinander, das als Zeit von erster Stufe her zugrunde liegt. Gehört die Zeit als Nacheinander hier auf zweiter Stufe doch durchaus nicht etwa in das »Innen« dieses Raums als das Zugleich, indem etwa auch sie noch Teil davon sein könnte und sonach zugleich mit andern Teilen davon. Denn als Nacheinander schließt die Zeit dabei an das Zugleich als Raum zwar bruchlos an, jedoch nur wie die Grenze ans durch sie Begrenzte, die kein Teil von ihm ist. Dann jedoch kann, aus Zugleich nach innen auch Zugleich nach außen noch zu bilden, nur darauf hinauslaufen, das vom Zugleich nach innen her bereits zugrunde liegende Zugleich von ihm auch noch nach außen hin zu übertragen: das Zugleich nach innen eben auch noch als Zugleich nach außen hinzustellen. Auch nur dahin also kann dies letztlich gehen, dieses Zugleich als etwas hinzustellen, das zwar ebenfalls Zugleich nach innen sei, jedoch kein Nacheinander von Zugleich nach innen, sondern eben ein Nichtnacheinander von Zugleich nach innen sei, und somit eben etwas Wirklich-Anderes gegenüber diesem Nacheinander von Zugleich nach innen, nämlich ein Zugleich nach innen *und* nach außen.

Aber wohlgemerkt: Nur ein Als Wirklich-*Hin*stellen kann solche erstmalige Fremdverwirklichung durch drittmalige Selbstverwirklichung als drittmalige Selbstausdehnung jenes Punktes sein. Und damit kann sie auch tatsächlich nur noch als die Absicht oder Intention einer Verwirklichung von etwas Anderem zu etwas Wirklich-Anderem ergehen, die auch nur noch eine fehlbare Verwirklichung auf Grund von unfehlbarer sein kann. Demgemäß bedeutet dies recht eigentlich: Solche Verwirklichung vermag auch nur noch jenes *Urteilen* oder *Behaupten* als *Bewußtsein* einer Absicht oder Intention zu sein. Als solches aber kann sie eben nur noch dahin gehen, dieses Zugleich nach innen auch noch *als* Zugleich nach außen *aufzufassen* oder es auch *für* Zugleich nach außen noch *zu halten*, was gerade heißt, es auch *als* etwas Wirklich-Anderes noch *hinzustellen*, das es bloß deshalb aber eben nicht sogleich auch sein muß.

Dann jedoch kann solches ursprüngliche Fremdbewußtsein solcher ursprünglichen Fremdverwirklichung auch nur das ursprünglich *thematisierende* Bewußtsein bilden, das dabei hervorgeht aus dem *nicht*thematisierenden Bewußtsein als dem Selbstbewußtsein jener Selbstverwirklichung im Sinn der Selbstausdehnung jenes Punktes. Demgemäß kann letzteres ein nichtthematisierendes Bewußtsein auch nur in dem Sinn von bloß benutzendem Bewußtsein bilden. Und tatsächlich können Zeit und Raum, als Nacheinander und Zugleich, dabei nur das sein, was es bloß bewußt benutzt und dadurch vielmehr etwas Wirklich-Anderes bewußt thematisiert, indem es das Zugleich auch noch als ein Zugleich entgegen Nacheinander hinstellt und sonach als ein Nichtnacheinander von Zugleich. Ausschließlich das mithin, als was es dadurch etwas hinstellt, nämlich dieses Wirklich-Andere, als das es dadurch jenes vorgestellte Andere hinstellt, ist dabei etwas Bewußt-Thematisiertes, und nicht etwa jene dazu bloß bewußt benutzte Zeit als solche oder jener dazu bloß bewußt benutzte Raum als solcher. Und so gilt: Auch dann, wenn diese Art der Fremdverwirklichung von etwas Anderem zu etwas Wirklich-Anderem bloß dazu führt, daß es als Wirklich-Anderes dadurch zwar *hin*gestellt wird, aber nicht als Wirklich-Anderes dadurch auch *her*gestellt wird, ist ausschließlich dieses Wirklich-Andere das dadurch Bewußt-Thematisierte.

Auch im letzten Fall ist somit das Als wirklich-Hinstellen selbst, das ein Zugleich nach innen auch als ein Zugleich nach außen hinstellt, voll im Gange, eben als die drittmalige Selbstausdehnung jenes Punktes. Letztere besitzt als erste Hälfte dieser dritten Stufe demnach gleichfalls nur das immer wieder neue Auf- und Abtreten der Zeit als Nacheinander jenes Punktes, der zuletzt zum Urteil wird. Gleichwohl jedoch geht sie als letzteres nur dahin, das Zugleich, das Nacheinander von Zugleich ist, auch noch auszudehnen zum Nichtnacheinander von Zugleich, oder den Raum, der Zeit-Raum ist, auch noch zu einem auszudehnen, der kein Zeit-Raum ist, sondern als zweite Hälfte dieser dritten Stufe eben etwas Wirklich-Anderes gegenüber solchem Nacheinander solcher Zeit. Die drittmalige Selbstausdehnung jenes Punktes liefe somit letztlich auf die Fremdausdehnung dieses Wirklich-Anderen hinaus: auf dessen Fremdverwirklichung durch Selbstverwirklichung.

Wird jener Punkt, der erst durch jene zweitmalige Selbstausdehnung zum Begriff wird, doch auch erst durch diese drittmalige noch zum Urteil. Das Ergebnis einer »Synthesis« kann letzteres mithin auch nur im Sinn von solcher Ausdehnung durch Selbstausdehnung jenes Punktes sein, und nicht etwa im Sinn einer »Zusammensetzung«, einerlei woraus. Nicht einmal der Begriff, der ihm in jedem Fall zugrunde liegt, ist nämlich etwas, das ein Urteil bloß »enthält«, indem es sich aus ihm und anderem bloß »zusammensetzt«, wie man dies noch bis heute nicht nur meint, sondern sogar auch zu verstehen meint. Zugrunde liegt dem Urteil der Begriff vielmehr nur so, wie jener Punkt dabei von vornherein und weiterhin zugrunde liegt, indem er nämlich als derselbe nicht nur zum Begriff wird, sondern als Begriff auch noch zum Urteil. Wird er zu ihm doch auch in genau derselben Weise, wie er schon zu jenem allerersten Punkt wird, dem nicht zufällig bisher noch jeder solche Name fehlt: durch seine Selbstausdehnung. Denn auch nur, indem dadurch aus jenem Punkt zum einen jeweils eine ganz besondere Ausdehnung hervorgeht, wird dadurch zum andern jener Punkt bezüglich solcher Ausdehnung auch jeweils selbst zu einem ganz besonderen: zu jenem bisher namenlosen in Bezug auf jene Ausdehnung von bloßer Zeit auf erster Stufe; zum Begriff bezüglich jener Ausdehnung von Zeit und Raum auf zweiter Stufe; und zum Urteil in Bezug auf jene auch noch als Zugleich nach außen hingestellte Ausdehnung eines Zugleich nach innen.

Doch nicht eines dieser drei Verhältnisse von Punkt und Ausdehnung kann als der Fall einer »Zusammensetzung« beider sich verstehen lassen, ganz zu schweigen eines der Verhältnisse, die damit auch noch zwischen Punkt auf erster und auf zweiter und auf dritter Stufe sich ergeben sowie zwischen Ausdehnung auf erster und auf zweiter und auf dritter Stufe. Und erst recht nicht können sie verständlich werden als durch »Teilung« von etwas hervorgegangen. Beidem gegenüber sind diese Verhältnisse vielmehr von eigentümlicher, ja einzigartiger Struktur. Und diese ist zuletzt auch noch an jenem Anderen aufweisbar, wenn es als etwas Wirklich-Anderes durch solch ein in sich einheitliches ebenso wie dreiheitliches Urteil nicht bloß *hin*gestellt wird, sondern auch noch *her*gestellt wird, sprich: auch noch verwirklicht wird.

c) Unser Ding- und Eigenschaftsbewußtsein als die ursprüngliche Einheit von Thematisieren und Prädizieren

Was alles dadurch herzuleiten ist, ersehen Sie nämlich noch an weiteren Einzelheiten, die als Fakten längst bekannt sind, doch bis heute jeglicher Erklärung trotzen: nicht nur die auf Subjektseite, wie Begriff und Urteil, sondern auch noch die auf Objektseite, wie Substanz und Akzidens bzw. Ding und Eigenschaft. Für ein Subjekt von jener in sich einheitlichen ebenso wie dreiheitlichen inneren Struktur vermag ein Objekt, etwas Wirklich-Anderes als ein Subjekt, nur als die unlösbare Einheit von Zugleich nach innen und nach außen aufzutreten, so hat unsere Herleitung ergeben. Damit aber ist nichts anderes als die »Beharrlichkeit« umschrieben, die nach Kant das »Schema« des Objekts als der Substanz ausmacht, das er zunächst aus Zeit allein und dann aus Zeit und Raum heraus zu konstruieren versuchte. Etwas nämlich, das nicht nur Zugleich nach innen, sondern als Zugleich nach innen auch Zugleich nach außen ist, das ist auch *gegen* Zeit als Nacheinander noch Zugleich und somit als *Nicht*nacheinander von Zugleich etwas Beharrliches, Zeitüberdauerndes. Und in der Tat kann ein Objekt für ein Subjekt, das immer wieder nur als jenes Nacheinander jenes immer wieder neuen Urteilspunktes auftritt, etwas Wirklich-Anderes nur sein, indem es etwas Wirklich-Anderes als solches Nacheinander ist, mithin etwas Beharrliches von jener inneren Struktur eines Zugleich nach innen und nach außen. Dann jedoch vermag die Wirklichkeit als die Beharrlichkeit von etwas vorgestelltem Anderen für ein Subjekt nur dadurch aufzutreten, daß es solches Andere, das es als wirklich, nämlich als beharrlich hinstellt, dadurch auch als wirklich, nämlich als beharrlich herstellt: was ein Subjekt dadurch aber eben nicht einfach erzwingen, was sich dadurch vielmehr immer nur für es ergeben kann, oder auch nicht.

Und hergeleitet ist auf diese Weise, was als Faktum längst bekannt ist, doch bis heute nicht erklärt ist: Empirie kann nie Gewißheit sein, wie man dies fälschlich-theoretizistisch auszudrücken pflegt, weil sie als vielmehr praktizistische Verwirklichung von einem vorgestellten Anderen zu einem Wirklich-Anderen nie unfehlbar sein kann. Und dazu stimmt genau, daß schon von Anbeginn der Empirie dem Wahrgenommenen der Wahrnehmung, das durch das Urteil in der Wahrnehmung als wirklich, nämlich als beharrlich hingestellt wird, niemals etwa einfach anzusehen ist, ob es dies auch tatsächlich ist. Das kann sich vielmehr immer nur als reine Kontingenz, Tatsächlichkeit, Faktizität ergeben, eben nur als Empirizität; und daran ändert sich auch dadurch nichts Grundsätzliches, daß schon im Alltag und erst recht dann in der Wissenschaft sich dies in immer größerem Zusammenhang ergibt und darin wechselseitig stützt. Als tatsächlich verfehlt kann solch ein Fall von Fremdverwirklichung daher auch nur in dem Sinn gelten, daß er sich im Rahmen dieses größeren Verwirklichungszusammenhangs nicht widerspruchsfrei halten läßt.

Auch dieses Faktum aber hat seine Erklärung letztlich darin, daß es ausgeschlossen ist, einem Zugleich nach innen, das auch noch als ein Zugleich nach außen hingestellt wird, etwa einfach anzusehen, daß es auch noch ein Zugleich nach außen ist. Denn mag es dadurch nun als solches auch noch hergestellt oder nur hingestellt sein, – ein Zugleich nach innen und nach außen ist als solches schlechterdings nichts Inhaltliches, sondern etwas rein Formales. Wird es dadurch doch auch nur, genau soweit es ein Zugleich nach innen ist, auch noch als ein Zugleich nach außen hingestellt, so daß, wenn es als solches dadurch auch noch hergestellt wird, es auch nur, genau soweit es ein Zugleich nach innen ist, dann auch noch ein Zugleich nach außen ist. In jedem Fall ist es mithin, ob nun als ein bloß hingestelltes oder dadurch auch noch hergestelltes, nur das rein formale Ineinander eines in sich zweifachen Zugleich, eben das Ineinander von Zugleich nach innen wie auch von Zugleich nach außen. Und so ist es in den Fällen, wo es zwar als solches hingestellt, doch dadurch nicht auch hergestellt wird, als dies bloß formale Ineinander von Zugleich auch jeweils bloß ein dritter Fall, wo jener Punkt sich selbst bloß dahin ausdehnt, daß er dadurch bloß ein *zu sich* Anderes oder Anderes *zu sich* wird: eine dritte Differenz bloß innerhalb seiner Identität als jener Zeit.

Denn ob es dadurch nun zu einem Wirklich-Anderen wird, das unter dieser Form eines Zugleich nach innen und nach außen auftritt als ein wirklich-anderes Objekt für ein dann umgekehrt auch selber wirklich-anderes Subjekt, oder auch nicht, ist ja nur jene Empirizität als reine Faktizität, Kontingenz, Tatsächlichkeit. Es als ein solches, sei es nun bloß hinzustellen oder dadurch auch noch herzustellen, kann von daher in der Tat nichts Inhaltliches zum Ergebnis haben. Vielmehr kann es als das bloß Formale eines Urteils, nämlich jener Kraft des Urteilens als eines Formens dann auch seinerseits bloß zu etwas Formalem führen: zu der Form des Objekts durch die Form des Subjekts. Als Beharrlichkeit kann Wirklichkeit von einem Objekt für ein solches Subjekt eben nur in dem Formalen dieses in sich zweifachen Zugleich bestehen, dem seine Zweifachheit sich nicht als etwas Inhaltliches ansehen läßt. Denn daß es sich bei ihr um ein *Nicht*nacheinander von Zugleich als jene *dritte* Möglichkeit für Ausdehnung, die jener Punkt *nur* außerhalb von sich hat, handelt, ist für einen solchen Punkt gerade niemals feststellbar.

Und in der Tat muß jeglicher bestimmte Inhalt, soll er sich als wirklich, nämlich als beharrlich auf der dritten Stufe auch nur hinstellen lassen, von der zweiten Stufe her schon immer zur Verfügung stehen. Als bestimmter aber kann er hier sich nur gebildet haben, wenn er hier in irgendeinem Sinn die Form eines Zugleich nach innen angenommen hat, auch wenn er dadurch nur ein Nacheinander von Zugleich nach innen ist, und so zum Beispiel auf- wie abtritt als ein Rotzugleich oder ein Rundzugleich oder ein Baumzugleich. An solchem Inhalt aber kann sich grundsätzlich nichts ändern, wenn er auch noch als Nichtnacheinander von Zugleich, sprich, als etwas Beharrliches und damit Wirklich-Anderes hingestellt wird, was als Weiterbildung des entsprechenden Begriffs zum Urteil wie »Dies ist ein Baum« und »Dies ist rund« und »Dies ist rot« geschieht. Noch kann, wenn er auf diese Weise als ein Baum oder als etwas Rundes oder Rotes nicht nur hingestellt, sondern dadurch auch hergestellt wird, diesem Roten oder diesem Runden oder diesem Baum die Wirklichkeit als die Beharrlichkeit desselben einfach angesehen werden, so als wäre sie ein zusätzlicher Inhalt: »Sein ... ist kein reales Prädikat«, wobei »real« soviel wie »inhaltlich« bedeutet.

Aber nicht nur diese Fakten lassen sich durch diese Herleitung erklären, sondern auch noch weitere, so daß dies insgesamt auch umgekehrt noch dafür spricht, daß diese Herleitung ihr Ziel erreicht. Zumindest wird man, wenn man diese Fakten voll berücksichtigt und nicht mehr wie bisher vernachlässigt, wohl schwerlich eine andere Erklärung für sie finden können als durch diese Herleitung.

Sie hat zuletzt dazu geführt, daß noch ein drittes Mal sogar jener

Begriff notwendig wurde, der Sie gegen diese ganze Herleitung am ehesten bedenklich machen könnte: der Begriff von etwas, das ein *zu sich* Anderes oder Anderes *zu sich* ist, als Begriff einer Identität, die eine Differenz *in sich* besitzt. Und doch vermag ausschließlich die durch ihn begriffene Struktur ein Faktum zu erklären, das bisher unerklärlich ist: Gerade dort, wo immer wieder ursprünglich für ein Subjekt ein Objekt auftritt, nämlich in der Wahrnehmung von ihm als Wahrgenommenem, hat dieses Objekt immer wieder die Struktur einer Substanz mit Akzidens bzw. eines Dings mit Eigenschaft. Gerade dann, wenn es tatsächlich etwas Wirklich-Anderes als das wahrnehmende Subjekt ist, tritt nämlich jedes wahrgenommene Objekt zum Beispiel als ein Baum oder als etwas Rundes oder Rotes auf. Daß es mithin ein Baum ist oder rund ist oder rot ist, kann jedoch nur heißen, daß es etwas ist, das Baumform oder Rundheit oder Röte *hat*, nämlich als Eigenschaft an sich als Ding; und nicht etwa kann dies bedeuten, daß es Baumform oder Rundheit oder Röte *ist*, weil es als Ding mit dieser seiner Eigenschaft gerade nicht einfach zusammenfallen kann. Daß es als Ding die Eigenschaft nur *haben*, doch nicht *sein* kann, heißt dann aber weiter, daß es sie auch nur als etwas *Anderes* haben kann, das eben darum aber auch nur etwas Anderes *innerhalb* von diesem Ding sein kann, nicht etwas Anderes *außerhalb* von ihm und so auch nicht ein anderes Ding.

Genau an dieser Stelle aber scheitert noch bis heute jeglicher Versuch, die Eigenschaft im Unterschied zum Ding nicht bloß auf diese Weise negativ, sondern auch positiv zu charakterisieren, weshalb das Verhältnis zwischen beidem eins der größten ungelösten Rätsel bleibt, um das man immer wieder einen möglichst großen Bogen macht. Denn auch nur allzu offenkundig kann es keine Lösung sein, ein Ding bloß als ein »Bündel« solcher Eigenschaften aufzufassen, weil dann jede nur ein Teil und darum wieder nur ein Ding sein könnte, was erneut vor dieses Rätsel stellen müßte. Doch auch dadurch läßt es sich nicht lösen, daß man es als Scheinproblem gewissermaßen auflöst: Sei doch ohnehin so etwas wie ein Ding im Unterschied zu einer Eigenschaft empirisch gar nicht aufzufinden. Das gilt nämlich umgekehrt genauso, weil auch eine Eigenschaft im Unterschied zu einem Ding empirisch gar nicht aufzufinden ist, wie man jedoch vermeint. Tritt als etwas Empirisches doch auch nur solches auf, das immer wieder schon von vornherein die Einheit beider ist als das Verhältnis zwischen Ding und Eigenschaft.

Das sehen Sie sofort, wenn Sie das Musterbeispiel einer Eigenschaft von einem Ding heranziehen, nämlich seine Form, durch die es beispielsweise Baum ist oder rund ist oder rot ist. Denn tatsächlich ist auch Farbe eines Dings zuletzt nur Form, nämlich nur Oberflächenform als je verschiedene Kristallisationsstruktur desselben, die dann je verschieden auch das Lichtspektrum zerlegt. Als Form jedoch wird sie dadurch nicht aufgelöst und bildet somit als unaufgelöste Form von einem Ding gerade Farbe dieses Dings. Entsprechend ist, was im Normalsinn Form heißt, auch nur aufgelöste Form im Unterschied zu Farbe als unaufgelöster. Und da jegliches im Rahmen von Zugleich des Raums ursprünglich Wahrgenommene als Wirklich-Anderes ursprünglich auch allein die Eigenschaft von Form und Farbe haben kann, ist ursprüngliche Eigenschaft von ihm grundsätzlich Form von ihm, ob nun als aufgelöste oder als unaufgelöste. Musterbeispiel einer Eigenschaft von einem Ding ist solche Form von einem Ding denn auch gerade darin, daß sie in genau dem Sinn, in dem es sie nur *hat*, nicht *ist*, zwar etwas Anderes als dieses Ding ist, doch bloß deshalb nicht sogleich ein anderes Ding als dieses Ding ist. Denn die Form von einem Ding ist eben nicht auch selbst wieder ein Ding, was förmlich evident ist.

Umgekehrt gilt dann jedoch des weiteren, daß auch das, was diese Form nur *hat*, nicht *ist*, kein anderes Ding als dieses Ding ist und mithin auch keines, das erst noch zu suchen und empirisch nicht zu finden sei. Anstatt ein anderes Ding ist es vielmehr gerade dieses Ding als solches selbst, nämlich als das empirisch auftretende, das die Form oder die Eigenschaft als etwas Anderes nur *hat*, nicht *ist*. Denn auch nur unter einer jeweils ganz bestimmten Form als einer jeweils ganz bestimmten Eigenschaft, die jeweils etwas ganz bestimmtes Inhaltliches ausmacht, ist es als ein dadurch jeweils ganz bestimmtes Ding etwas Empirisches. Als Möglichkeit für eine auch noch positive Charakterisierung dieses einzigartigen Verhältnisses von Ding und Eigenschaft oder von Ding und Form besteht dann aber auch nur eine einzige und gleichfalls einzigartige: Die Form oder die Eigenschaft als etwas Anderes, das es nicht ist, sondern nur hat, ist das, wodurch etwas ursprünglich Wahrgenommenes und so Empirisches als Ding gerade etwas *zu sich* Anderes oder etwas Anderes *zu sich* ist. Bis hinein in jedes Ding als ein Objekt für ein Subjekt erstreckt sich dessen innere Struktur des dreimaligen *zu sich* Anderen oder Anderen *zu sich*, die es als dreimalige Ausdehnung durch Selbstausdehnung jenes Punktes bildet. Diese ist es nämlich, die im Fall von etwas Wirklich-Anderem auf letzteres nun übergeht, so daß dann auch nicht mehr nur jener Punkt, sondern auf Grund von jenem Punkt auch etwas Wirklich-Anderes als jener Punkt noch etwas *zu sich* Anderes oder Anderes *zu sich* ist. Auch ein jedes Objekt tritt infolgedessen immer wieder nur als Fall einer Identität mit einer Differenz in sich auf, eben als Spezialfall eines Dings mit Form als Eigenschaft. Und dies kann nur auf das Subjekt zurückgehen, welches dem zuvor schon in sich dreifach Fall einer Identität mit einer Differenz in sich ist, weil dies anderweitig unerklärlich bleiben müßte. Eben damit wird das Faktum des Verhältnisses von Ding und Eigenschaft oder von Ding und Form, das positiv nur so verständlich werden kann, auch zum Beleg für das Gelingen dieser Herleitung. Als solches nämlich ist es gleichsam das Fossil einer Evolution, nach der das Objekt gleichsam Spiegelbild des Subjekts sein muß, und nicht etwa umgekehrt, wie man noch immer überwiegend meint.

Denn das begreifen Sie sofort, wenn Ihnen weiterhin vor Augen steht, wodurch es überhaupt zur Wahrnehmung von etwas Wahrgenommenem als etwas Wirklich-Anderem kommen kann. *Ergibt* es sich, daß ein Zugleich nach innen, das auch noch als ein Zugleich nach außen hingestellt wird, dadurch dann als ein Zugleich nach außen auch noch hergestellt wird, so ergibt sich damit ferner: Dieses dadurch Wirklich-Andere muß dann als etwas Wahrgenommenes die unlösbare Einheit eines in sich zweifachen Zugleich sein, eben ein Zugleich, das nicht nur ein Zugleich nach innen, sondern auch noch ein Zugleich nach außen ist. Des weiteren jedoch ergibt sich damit: Diese unlösbare Einheit beider kann sich dadurch dann auch nur als ein Verhältnis beider bilden, dahingehend, daß Zugleich nach innen dabei *in* Zugleich nach außen *eingeht* und mithin auch *an* Zugleich nach außen *auftritt*, so daß letzteres als wirklich-anderes Ding dann ersteres zur Form von sich oder zur Eigenschaft von sich gewinnt. Und je nach dem, wie ein Zugleich nach innen schon auf zweiter Stufe als ein inhaltlich bestimmtes auftritt, so etwa als Baumzugleich oder als Rundzugleich oder als Rotzugleich, wird es dadurch auf dritter Stufe dann zur Baumform oder Rundform oder Rotform von Zugleich nach außen als dem wirklich-anderen Ding mit solcher Form als seiner Eigenschaft.

Infolgedessen ist es jeweils auch nur das Zugleich nach außen, nämlich nur das wirklich-andere Ding, das dabei das Zugleich nach innen als die Form oder die Eigenschaft bloß hat, nicht etwa umgekehrt, so daß dieses Verhältnis abermals ein asymmetrisch-einseitiges ist. Und in der Tat kann keine Rede davon sein, daß etwa umgekehrt die Form oder die Eigenschaft das Ding hat statt das Ding die Form oder die Eigenschaft. Ist doch auch nur das wirklich-andere Ding durch seine Form als seine Eigenschaft ein *zu sich* Anderes oder Anderes *zu sich*, nicht etwa umgekehrt, und so auch nur das wirklich-andere Ding eine Identität mit dieser Form bzw. Eigenschaft als Differenz *in sich*, nicht etwa umgekehrt. Auch dieser Vorrang gegenüber diesem Nachrang innerhalb dieses Verhältnisses jedoch geht nur zurück auf dessen Herkunft: nur auf dessen Übergang von einem Subjekt auf ein Objekt. Kommt es dabei nämlich nicht zu einem solchen Ding, weil es als etwas Wirklich-Anderes zwar hingestellt wird, aber dadurch nicht auch hergestellt wird, bleibt es dabei auch bei jenem Punkt als jenem dreimaligen *zu sich* Anderen oder Anderen *zu sich:* bei ihm als der Identität mit jener dreimaligen Differenz *in sich.* Entsprechend bleibt es dann auch bei dem Vorrang jenes Punktes gegenüber seiner dreimaligen Ausdehnung durch Selbstausdehnung als dem dreimaligen Nachrang innerhalb von ihm allein.

Denn insgesamt geht er als dadurch vollständige Absicht oder Intention auch nur auf solche Wirklichkeit als die Beharrlichkeit von solchen Dingen aus, mag er sie als Erfolg erzielen oder sie als Mißerfolg verfehlen. Und so folgt, daß das, worauf er dadurch ausgeht, immer wieder nur Zugleich nach außen, nicht etwa Zugleich nach innen ist, und dies obwohl Zugleich nach außen und Zugleich nach innen dabei als Zugleich gewissermaßen deckungsgleich sind. Denn als etwas *in* bzw. *an* Zugleich nach außen, nämlich als die Form oder die Eigenschaft desselben, hebt Zugleich nach innen sich empirisch von Zugleich nach außen überhaupt nicht ab. Und dennoch, ja recht eigentlich gerade deshalb ist, *als was* Zugleich nach innen dabei hingestellt wird, ausschließlich Zugleich nach außen. Und so ist denn auch, *als was* Zugleich nach innen dabei im Erfolgsfall auch noch hergestellt wird, ausschließlich Zugleich nach außen, weil Zugleich nach innen ja als solches selbst dabei schon immer vorliegt.

Ein Zugleich nach innen ist daher genau in diesem Sinn gerade dasjenige, was einem Zugleich nach außen dabei – immer schon, jedoch auch immer nur – zugrunde liegt. Und zwar gleichviel, ob ersteres, wie bei Erfolg, als letzteres nun auch noch hergestellt oder bloß hingestellt wird, wie bei Mißerfolg. Jedoch nur im Erfolgsfall liegt das erstere dem letzteren dann auch noch als die Form oder die Eigenschaft von ihm als wirklich-anderem Ding zugrunde. Denn nur dann, wenn aus dem ersteren auch noch das letztere und somit etwas Wirklich-Anderes tatsächlich wird, ein Ding, wird auch noch dieses erstere zu etwas Wirklich-Anderem, eben zur Form als Eigenschaft an diesem Ding. Dagegen liegt das erstere im Mißerfolgsfall bloß als das zugrunde, auf Grund dessen es auch noch als letzteres bloß hingestellt wird, nämlich für ein wirklich-anderes Ding mit einer wirklich-anderen Form als Eigenschaft desselben bloß gehalten wird, doch ohne dies zu sein. In jedem solchen Fall jedoch tritt ein Zugleich nach innen nur als etwas auf, das dabei nur zugrunde liegt. Es bildet dabei gleichsam nur den Hintergrund, vor dem nur etwas Anderes als er, nämlich auf Grund von dem nur ein Zugleich nach außen in den Vordergrund tritt: nur das als ein Wirklich-Anderes hingestellte oder dadurch auch sogar noch hergestellte Ding. Nicht einmal dann mithin, wenn letzteres als wirklich-anderes Ding tatsächlich auftritt und sonach auch ein Zugleich nach innen als die Form bzw. Eigenschaft an ihm tatsächlich auftritt, kann es etwa diese Eigenschaft bzw. Form als ein Zugleich nach innen sein, was dabei in den Vordergrund tritt.

Vielmehr kann auch dann nur dieses Ding es sein, was dabei als Zugleich nach außen in den Vordergrund tritt und vor dem auch dann die Form bzw. Eigenschaft als ein Zugleich nach innen in den Hintergrund tritt. So gewiß es aber ausschließlich ein solches Ding ist, was dabei als Vordergrund eines Zugleich nach außen jeweils auftritt, so gewiß ist es doch auch ausschließlich eine solche Form bzw. Eigenschaft als Hintergrund eines Zugleich nach innen, unter der es jeweils auftritt. Und so gilt für jedes solche Ding als eine in sich einheitliche Ganzheit daraus: Kann ihm als dem Vordergrund eines Zugleich nach außen seine Form bzw. Eigenschaft als Hintergrund eines Zugleich nach innen nur zugrunde liegen, kann es auch nur etwas sein, das sie als etwas Anderes bloß *hat*, nicht *ist*. Entsprechend ist ein Ding durch sie als dieses Andere innerhalb von sich gerade etwas *zu sich* Anderes oder Anderes *zu sich*, so daß es eben dadurch auch eine Identität mit einer Differenz *in sich* ist. Und so folgt denn auch für jedes Ding als eine in sich einheitliche Ganzheit: Daß ein solches Ding etwa ein Baum *ist* oder rund *ist* oder rot *ist*, kann dann nur bedeuten, daß es Baumform oder Rundform oder Rotform (Röte) *hat*, nicht *ist*, weil es durch sie gerade *Anderes* zu sich, gerade *Differenz* in sich als einer dadurch ganz besonderen Identität ist. Denn das ist ein Ding dann als das wahrhaft einzigartige Verhältnis zwischen einer Form und dem durch sie Geformten. Ist es dann doch auch das wahrhaft einzigartige Ergebnis einer Formung als Thematisierung, wie sie nämlich als thematisierendes Bewußtsein eines Urteils in der Wahrnehmung ergeht und ausschließlich ein Ding als etwas Wahrgenommenes thematisiert. Und dies obwohl es sich bei einem solchen Ding gerade dann, wenn es dadurch zu etwas Wirklich-Anderem tatsächlich wird, um etwas handeln muß, das auch noch eine Form bzw. Eigenschaft als etwas Wirklich-Anderes an sich besitzen muß. Denn trotzdem kann es nicht die Form bzw. Eigenschaft sein, was dabei thematisiert wird, sondern eben ausschließlich das Ding, das sich jedoch auch ausschließlich auf Grund von seiner Form bzw. Eigenschaft thematisieren läßt.

Was damit hergeleitet und sonach erklärt wird, ist denn auch nicht nur das bislang unerklärte Faktum, daß für jedes wahrnehmende Subjekt jedes wahrgenommene Objekt das Verhältnis eines Dings mit Eigenschaft, einer Substanz mit Akzidens, annehmen muß. Auf diese Weise hergeleitet und mithin erklärt wird vielmehr noch das weitere Faktum: Als ursprüngliches Bewußtsein eines Subjekts von einem Objekt kann jede Wahrnehmung von etwas Wahrgenommenem, nämlich jedes ursprüngliche Urteil darüber auch nur Prädikation sein. Als ein zu erklärendes Faktum aber ist das Wesen der Prädikation bisher noch nicht einmal bekannt, und so erweist in diesem Fall sich das Gelingen unserer Herleitung schon daran, daß sie beides überhaupt erst aufdeckt. Kann es nämlich ausschließlich das Ding sein, was dabei thematisiert wird, nämlich für thematisierendes Bewußtsein auftritt, stehen Sie sofort vor der Frage: Wie denn kann die Form bzw. Eigenschaft des Dings dann bei thematisierendem Bewußtsein überhaupt noch mit im Spiel sein, wenn sie dabei doch gerade nicht thematisiert sein kann. Denn *daß* die Form bzw. Eigenschaft des Dings dabei noch mit im Spiel sein *muß*, kann keine Frage sein, wenn jedes Ding sich ausschließlich auf Grund von ihr thematisieren läßt. In Frage stehen kann danach vielmehr nur noch, *wie* die Form bzw. Eigenschaft dann auch noch bei thematisierendem Bewußtsein mit im Spiel sein *kann*.

Auf diese Frage aber kann es nur noch eine Antwort geben, vorerst eine negative und im Anschluß an sie die entsprechend positive: Auch noch bei thematisierendem Bewußtsein mit im Spiel sein kann die Form bzw. Eigenschaft dann nur als *nicht*-thematisierte; sie vermag dabei mithin auch nur für *nicht*thematisierendes Bewußtsein aufzutreten, das infolgedessen dem thematisierenden Bewußtsein immer schon zugrunde liegen muß, so daß thematisierendes durch *nicht*thematisierendes Bewußtsein immer erst ermöglicht werden kann. Und das durch *nicht*thematisierendes ermöglichte thematisierende Bewußtsein ist denn auch nichts anderes als das prädizierende Bewußtsein, das als Faktum zwar bekannt ist, das auf diese Weise aber nicht nur hergeleitet, sondern das durch seine Herleitung in seinem Wesen überhaupt erst aufgedeckt wird. Denn ein prädizierendes Bewußtsein ist dieses thematisierende Bewußtsein überhaupt nur dadurch, daß es dasjenige, *was* es prädiziert, die Form bzw. Eigenschaft, gerade nicht thematisiert, sondern ausschließlich dasjenige, *dem* es diese prädiziert, das Ding. Gleichwohl gehört das, *was* es, und das, *dem* es prädiziert, zur Einheit eines prädizierenden Bewußtseins jeweils unlösbar und wesentlich zusammen, weil es ein *thematisierendes* Bewußtsein dessen, *dem* es etwas prädiziert, auch nur auf Grund von sich als einem *nicht*thematisierenden Bewußtsein dessen sein kann, *was* es jenem prädiziert. Und dieses dadurch nunmehr aufgedeckte Wesen von Prädikation wird Ihnen auch an jedem Beispiel für sie nachvollziehbar.

Was in einem Fall wie »Dies ist rot« thematisiert wird, ist ausschließlich dasjenige, *dem* hier etwas prädiziert wird, sprich: ein Ding, nicht etwa dasjenige, *was* ihm hierbei prädiziert wird, nämlich eine Form bzw. Eigenschaft. Entsprechend gilt das auch für jeden andern solchen Fall wie »Dies ist rund« oder »Dies ist ein Baum«. Nicht nur durch »Dies ...«, sondern auch noch durch »... rot« und » ... rund« und » ... Baum« wird dabei ausschließlich ein Ding thematisiert, nicht etwa seine Form bzw. Eigenschaft, wie es auch ausschließlich ein Ding sein kann, was rot » ... ist ...« oder rund » ... ist ...« oder Baum »... ist ...«, und nicht etwa eine Form bzw. Eigenschaft. Statt dasjenige, was dabei thematisiert wird, ist die Form bzw. Eigenschaft vielmehr dasjenige, was dabei prädiziert wird, nämlich dem, das dabei eigentlich thematisiert wird, einem Ding. Und diesem prädizieren läßt die Form bzw. Eigenschaft sich auch nur dann, wenn sie gerade nicht thematisiert wird. Schlechterdings unmöglich ist es nämlich, eine Form bzw. Eigenschaft auch dann noch einem Ding zu prädizieren, wenn sie selbst thematisiert wird. Und der Grund dafür liegt eben darin, daß sie etwas Anderes als ein Ding ist, auch wenn sie die Form bzw. Eigenschaft von einem Ding ist. Und das können Sie denn auch desgleichen jedem Fall entnehmen, wo tatsächlich auch noch eine Form bzw. Eigenschaft von einem Ding thematisiert wird.

Kann doch auch noch etwas Anderes als ein Ding, wie seine Form bzw. Eigenschaft, erst dann thematisiert sein, wenn sie nicht mehr, wie durch »... rot« zum Beispiel, prädiziert ist, nämlich erst durch »... Röte« beispielsweise, wodurch sie tatsächlich nicht mehr prädiziert sein kann. Das sehen Sie sofort, wenn Sie versuchen, dasjenige, was Sie mittels »... rot« von einem Ding aussagen, auch noch mittels »... Röte« von ihm auszusagen. Denn der Übergang von » ... rot« zu » ... Röte« zwingt Sie dann auch zu dem Übergang von » ... ist ...« zu » ... hat ...« noch, eben weil Sie mittels » ... Röte« auch noch etwas Anderes als dieses Ding thematisieren. Denn so thematisieren Sie auch noch seine Form bzw. Eigenschaft, die vordem nicht thematisiert, sondern gerade prädiziert war. Und so kann die Form bzw. Eigenschaft als nun auch noch thematisiertes Anderes auch nur noch etwas sein, das dieses Ding dann nur noch » ... hat ...« und nicht mehr » ... ist ...«, weil es nur rot » ... ist ...«, doch nicht etwa Röte » ... ist ...«. Das angemessene » ... ist ...« des Prädizierens schlüge damit nämlich um in das unangemessene » ... ist ...« des Identifizierens, so daß zur Vermeidung dessen hier anstatt des » ... ist ...« das » ... hat ...« notwendig wird: Gerade Ding ist es, nicht etwa Form bzw. Eigenschaft, die es vielmehr nur hat, und damit » ... ist ...« es eben auch gerade » ... rot«, nicht etwa » ... Röte«, die es vielmehr ebenfalls nur » ... hat ...«. Und prädiziert wird so etwas wie Röte also auch gerade nicht in einem Fall wie »Dies hat Röte«, weil sie hier vielmehr thematisiert ist, sondern nur in einem Fall wie »Dies ist rot«, wo sie gerade nicht thematisiert ist. Und so wird in einem Fall wie »Dies *hat* Röte« denn auch anders als in einem Fall wie »Dies *ist* rot« gerade *beides*, Ding *und* Form bzw. Ding *und* Eigenschaft thematisiert. Und anders als in einem Fall wie »Dies *ist* rot« wird dann in einem Fall wie »Dies *hat* Röte« auch nur das noch prädiziert, was dieses » ... hat...« für *beides* ausdrückt: zwischen beidem nämlich jene asymmetrisch-einseitige Relation des Habens, wonach eben nur das Ding die Form oder die Eigenschaft hat, und nicht etwa umgekehrt. Erneut jedoch ist diese Art der Relation von beidem, als erneuter Fall der Form oder der Eigenschaft von beidem, dann auch etwas, das sich nur, wenn es als solches selbst gerade nicht thematisiert wird, beidem prädizieren läßt[10]. Und schwerlich werden Sie ein Gegenbeispiel dazu finden.

Dieser Sinn des Prädizierens ist mithin von einer Einzigartigkeit, die jener andern Einzigartigkeit des Sinns entspricht, in dem ein Ding durch seine Form bzw. Eigenschaft ein Anderes zu *sich* ist. Denn das heißt, daß es dadurch gerade nicht etwa ein Anderes zu einem *Anderen* als sich ist, nämlich nicht etwa zu einem andern *Ding*. Und in der Tat ist eine Form bzw. Eigenschaft von einem Ding gerade nicht ein anderes, weiteres Ding an diesem Ding, auch wenn sie von dem Ding, an dem sie Form bzw. Eigenschaft ist, unterscheidbar ist. Das ist sie nämlich nicht etwa empirisch, wie aus unserer Herleitung bereits hervorging, sondern nur durch

10 Begriffe, die wie »...rot« und »...Röte« jeweils eine und dieselbe Form bzw. Eigenschaft betreffen, unterscheiden sich mithin bloß darin, daß dieselbe sich durch ersteren *nur* prädizieren und durch letzteren auch *nur* thematisieren läßt. Doch muß dies alles freilich jedermann verborgen bleiben, der da meint, durch einen Übergang wie den von »...rot« zu »...Röte« gehe man von einem Ding als etwas Individuellem zum entsprechend Allgemeinen über; etwas Individuelles nämlich könne nur ein Ding sein. Dies ist denn auch rein dogmatischer Monismus, der den nachweislichen Dualismus des Verhältnisses von Form bzw. Eigenschaft zum Ding gerade preisgibt und entsprechende Ontologie verweigert. Kann doch eine Form bzw. Eigenschaft von einem individuellen Ding, die nicht auch selbst ein Ding, nämlich kein Teil von diesem Ding sein kann, nur eine individuelle sein. Vgl. dazu G.Prauss, *Auf der Flucht vor individuellen Eigenschaften, oder, Der verkannte Platon*, in: *Amicus Plato Magis Amica Veritas,* Festschr. f. W.Wieland, hg. R.Enskat, Berlin 1998.

Reflexion und somit auch nur nichtempirisch, was auf diese Weise daraus mithervorgeht. Eben dazu aber steht das Prädizieren in genauester Entsprechung. Seine Einzigartigkeit liegt darin, diese Form bzw. Eigenschaft *als* dieses Andere, wodurch ein Ding nur etwas zu *sich* Anderes ist, zu *übergehen*, nämlich *über* sie *hinweg* gerade *aus*zugehen *auf* etwas: auf dieses *Ding*. Nicht das mithin, *worauf* das Prädizieren dabei ausgeht, ist die Form bzw. Eigenschaft, sondern nur das, *wovon* es dabei ausgeht, weil ein Ding sich stets nur *unter* einer solchen Form bzw. Eigenschaft *thematisieren* läßt, dem sie sich dabei denn auch stets nur *prädizieren* läßt, so daß sie sich dabei gerade *nicht* auch ihrerseits *thematisieren* läßt. Und eben darin liegt denn auch der Ursprung und das Wesen aller Empirie, nämlich der Wahrnehmung von etwas Wahrgenommenem, das dabei stets *als etwas* wahrgenommen wird, als »... rot« oder als »... rund« oder als »... Baum«, ein Etwas, welches dem dadurch Thematisierten aber eben auch nur prädiziert wird und nicht etwa seinerseits auch noch thematisiert wird.

d) Empirisches und nichtempirisches Bewußtsein von etwas

Eben darum ist es dann jedoch auch schon der erste Schritt aus Empirie heraus und über Empirie hinaus in Reflexion als nichtempirisch-philosophische Erkenntnis *über* Empirie, wenn dieses Etwas, das zunächst nur prädiziert wird, nun stattdessen auch noch seinerseits thematisiert wird, wie durch »... Röte« und dergleichen. So gewiß der Übergang von »Dies ist rot« zu »Dies hat Röte« nämlich einerseits noch innerhalb von Empirie erfolgt, so geht er hier doch anderseits auch schon zu etwas über, das sich innerhalb von Empirie allein nicht mehr verständlich machen läßt. Verstehen läßt es sich vielmehr nur innerhalb von zusätzlicher Reflexion *auf* Empirie und damit auch nur innerhalb von nichtempirischer Philosophie der Empirie. Denn jede Antwort auf die Frage, was denn so etwas wie diese Röte sei, die solch ein rotes Ding nur haben kann und die daher auch etwas Anderes als dieses Ding sein muß, kann dann auch nicht mehr als empirische erfolgen, sondern nur als philosophisch-ontologische. Ist nämlich am thematisierten Ding als dem Empirischen erst einmal auch noch seine Form bzw. Eigenschaft als etwas *Anderes* an ihm *thematisiert*, ist Empirie hier prinzipiell am Ende und gerade Nichtempirie der Philosophie als Reflexion gefragt. Ist dann doch *wie* ein Ding auch noch die Form bzw. Eigenschaft von einem Ding thematisiert, *obwohl* sie solches Andere an diesem Ding gerade *nicht* im Sinn von einem anderen *Ding* an ihm ist und mithin auch *nicht* im Sinn von etwas anderem *Empirischen* an ihm als dem Empirischen.

Doch jene Frage auch von dorther zu beantworten, von woher sie sich damit erstmals stellt, nämlich vom Ding her, ist schlechthin unmöglich. Denn von dorther muß der Sinn von etwas Anderem, durch das etwas ein *zu sich* Anderes ist, oder von einer Differenz, durch die etwas eine Identität mit dieser Differenz *in sich* ist, schlechthin unverständlich bleiben. Ist von dorther doch der Sinn von etwas Anderem beschränkt auf den von einem *Ding*, das etwas Anderes nur gegenüber einem anderen *Ding* ist, und so auch der Sinn von Differenz beschränkt auf den von einem *Ding*, das nur zu einem andern *Ding* in Differenz steht, die denn auch nur *zwischen* ihnen liegt als *mehreren* Identitäten. Und von dorther ist es dann auch unausweichlich, jenes einzigartige Verhältnis eines Dings zu seiner Form bzw. Eigenschaft erst einmal zu verdinglichen, nämlich die Form bzw. Eigenschaft für einen Teil des Dings zu halten und mithin auch ihrerseits noch für ein Ding, wie schon seit Platon und bis heute. Und sobald dies als unhaltbar eingesehen ist, wie bereits seit Aristoteles, läßt jene Frage sich von dorther denn auch nur noch negativ beantworten. Denn danach ist die Form bzw. Eigenschaft von einem Ding zwar *etwas* an ihm, doch *kein Teil* von ihm, wofür die positive Einlösung bis heute aussteht, weil sie sich von dorther eben prinzipiell nicht geben läßt.

Denn hat ein Ding die Form bzw. Eigenschaft nur so, wie etwas, das durch eine Form bzw. Eigenschaft etwas *Geformtes* ist, sie eben hat, dann kann ein Ding auch nur als das Ergebnis einer *Formung* sich erklären lassen. Nur durch jene Formung als Thematisierung läßt es sich verständlich machen, und mithin auch nur von dorther, von woher sie ihren Ausgang nimmt: vom Subjekt als thematisierendem Bewußtsein eines Urteils her, das in die Wahrnehmung von etwas Wahrgenommenem eingeht. Denn von dorther muß dann auch die Art der inneren Struktur des Subjekts auf dem Weg des Wahrnehmens von Wahrgenommenem in dieses Wahrgenommene als solches selbst miteingehen: eben die Struktur einer Identität mit einer Differenz *in sich*, durch die sie etwas *zu sich* Anderes ist. Und nur von dorther hat denn auch ein wahrgenommenes Ding noch diese einzigartige Struktur, durch die es als ein Objekt für ein Subjekt gleichsam jenes Spiegelbild von diesem Subjekt ist. Geht jene Formung als Thematisierung doch gerade dahin, ein Zugleich nach innen auch noch als Zugleich nach außen nicht nur hinzustellen, sondern dadurch im Erfolgsfall auch noch herzustellen. Folglich muß dieses Zugleich nach innen, worin ein Subjekt ein zu sich Anderes ist, in diesem Fall auch in dieses Zugleich nach außen eingehen, so daß letzteres als Ding durch ersteres als seine Form bzw. Eigenschaft dann seinerseits ein zu sich Anderes sein muß.

Doch nicht nur auf die Frage nach der Form bzw. Eigenschaft des Dings ergibt sich Ihnen damit eine positive statt bloß eine negative Antwort, sondern auch noch auf die Frage nach dem Prädizieren dieser Form bzw. Eigenschaft als einem ganz besonderen *Bewußtsein von* ihr. Denn auch dieses läßt sich vom Objekt her, nämlich vom Thematisierten her, nur negativ verstehen, eben nur als nichtthematisierendes Bewußtsein. Haben wir es *positiv* als *prädizierendes* Bewußtsein doch bisher nur als Bewußtsein dessen, *dem* es etwas prädiziert, verstanden, und das es dadurch *thematisiert*, jedoch nicht auch schon als Bewußtsein dessen, *was* es dem Thematisierten prädiziert. Daß Prädizieren nämlich ein Bewußtsein auch von dem noch sein muß, *was* es prädiziert, kann keine Frage für Sie sein. Denn unerklärlich wäre Ihnen sonst die Möglichkeit des Übergangs von einem Fall wie »Dies ist rot« zu einem Fall wie »Dies hat Röte«, der genau das, was der erste Fall nur prädiziert, von ihm her nun sogar thematisiert. Entsprechend unterscheidet sich das eine Form bzw. Eigenschaft bloß prädizierende Bewußtsein gegenüber dem ein Ding thematisierenden Bewußtsein auch tatsächlich nur in jenem Sinn des bloß »benutzenden« Bewußtseins gegenüber dem »erwähnenden«, was wir zunächst nur als ein Faktum hingenommen haben[11], das wir hier nun aber gleichfalls herzuleiten in der Lage sind.

Denn in der Tat ist eine Form bzw. Eigenschaft danach nur das, was dabei nur *benutzt* wird, *um* dadurch nur etwas *Anderes* zu thematisieren, ein Ding, zugunsten dessen diese Form bzw. Eigen-

11 Vgl. oben, § 10, S. 353 ff.

schaft mithin gerade übergangen wird. Kann es doch auch nur eines und dasselbe sein, was als das Über*gehen* der *Form* bzw. *Eigenschaft* das *Über*gehen zum *Ding* ist. Folglich kann es sich dabei auch nur um ein Bewußtsein als *Thematisieren* dieses *Dings* und *Prädizieren* dieser *Form* bzw. *Eigenschaft* ineinem handeln, nämlich nur um *zweierlei* Bewußtsein *innerhalb* von *einem*. Denn was dabei nur benutzt wird, ist recht eigentlich ja nur jenes Zugleich nach innen. Kann es doch zur Form bzw. Eigenschaft an einem Ding nur werden, wenn die *Einheit* dieses Prädizierens und Thematisierens als Bewußtsein *eines* Urteils auch erfolgreich wird, indem dieses Zugleich nach innen auch noch als Zugleich nach außen nicht bloß hingestellt wird, sondern dadurch auch noch hergestellt wird. Bleibt das nämlich aus, so bleibt es auch nur dabei, daß Zugleich nach innen auch noch als Zugleich nach außen auf der dritten Stufe auch nur hingestellt wird und so für ein Ding mit einer Form bzw. Eigenschaft sonach auch nur gehalten wird, doch ohne dies zu sein. Und so ist das Bewußtsein eines Urteils dann gerade das Bewußtsein eines Irrtums, das etwas entworfenes oder vorgestelltes Anderes dann auch als etwas Wirklich-Anderes zwar auffaßt, aber ohne daß es etwas Wirklich-Anderes auch wäre.

Aus diesem Grund ist innerhalb von einem Urteil als Bewußtsein, nämlich innerhalb der Einheit dieses Prädizierens und Thematisierens, das Bewußtsein von der Form bzw. Eigenschaft, die es dabei nur prädiziert, denn auch nur ein benutzendes Bewußtsein von ihr. Ein thematisierendes Bewußtsein innerhalb der Einheit dieses Urteils ist aus diesem Grund vielmehr nur das von diesem Ding, das aber auch gerade *durch* das prädizierende Bewußtsein von der Form bzw. Eigenschaft thematisiert wird. Trotz der Grundverschiedenheit von beidem aber bildet beides eben miteinander immer wieder *ein* Bewußtsein *eines* Urteils, das daher auch trotz der Grundverschiedenheit von Form bzw. Eigenschaft und dem durch sie Geformten immer wieder nur *ein* Ding mit Form bzw. Eigenschaft betrifft. Infolgedessen muß auch das Bewußtsein, das als prädizierendes und als thematisierendes ein grundverschiedenes Bewußtsein bildet, innerhalb von *einem* Urteil als Bewußtsein widerspruchsfrei sein: ganz so, wie auch das Ding, das es betrifft, trotz seiner Form bzw. Eigenschaft, durch die es etwas *zu sich* Anderes ist, als *ein* Ding widerspruchsfrei ist.

Um so bedeutsamer jedoch ist diese Herleitung von zweierlei

Bewußtsein innerhalb von *einem* als thematisierendem *und* prädizierendem Bewußtsein *eines* Urteils, da es sich bei deren Grundverschiedenheit auch nur um die von Selbst- und Fremdbewußtsein handeln kann, das demnach innerhalb von *einem* Urteil als Bewußtsein widerspruchsfrei sein muß. Denn bei deren Grundverschiedenheit kann es sich nicht etwa um die von grundverschiedenem *Fremd*bewußtsein darin handeln, deren eines darin das thematisierende des Dings und deren anderes darin das nichtthematisierende der Form bzw. Eigenschaft desselben wäre. Dies zu meinen, hieße nämlich wieder einmal, fälschlich Ding und Eigenschaft bzw. Form als etwas Wirklich-Anderes immer schon vorauszusetzen, so daß dies den Mißerfolgsfall, in dem beides gar nicht auftritt, wieder einmal nicht erklären könnte. Vielmehr kann es sich darin bei dem Bewußtsein von der Form bzw. Eigenschaft, das sie bloß *prädiziert* und somit bloß *benutzt*, indem es dadurch nur ein *Ding* thematisiert, tatsächlich nur um Selbstbewußtsein handeln.

Denn das ursprünglich und eigentlich Benutzte ist dabei ja nur jenes Zugleich nach innen auf der zweiten Stufe, *wie* es auf der dritten Stufe auch noch als Zugleich nach außen *hingestellt* wird. Auch nur im Erfolgsfall nämlich wird es dadurch als Zugleich nach außen auch noch hergestellt, so daß dieses Zugleich nach innen auch nur im Erfolgsfall dann auch noch zur Form bzw. Eigenschaft am Ding als diesem dadurch Hergestellten wird. Dieses Zugleich nach innen auf der zweiten Stufe aber ist als jener *Zeit*-Raum ja nur das Ergebnis jener Selbstverwirklichung, auch wenn sie dadurch, daß es sich dabei schon über jene bloße Zeit hinaus um jenen Zeit-*Raum* handelt, schon als jene Fremdvergegenständlichung erfolgt. Denn keineswegs ist sie als diese auch schon eine Fremdverwirklichung, noch nicht einmal im Sinn der Absicht oder Intention. Zu dieser wird sie vielmehr erst *mit Hilfe* jener Fremdvergegenständlichung dann auf der dritten Stufe, dadurch eben, daß sie auch noch dazu übergeht, solches Zugleich nach innen auch noch als Zugleich nach außen hinzustellen.

Entsprechend ist auch das Bewußtsein davon ursprünglich und eigentlich nur das Bewußtsein von diesem Zugleich nach innen auf der zweiten Stufe, *wie* es als Bewußtsein auf der dritten Stufe *übergeht* zu dem Bewußtsein, das dieses Zugleich nach innen auch noch als Zugleich nach außen hinstellt: *wie* es also auch noch zum

Bewußtsein von Zugleich nach außen *durch* Bewußtsein von Zugleich nach innen *wird*. Und dies gleichviel, ob es als das Bewußtsein von Zugleich nach außen auch erfolgreich wird, indem es das Zugleich nach innen auch noch als Zugleich nach außen nicht bloß hinstellt, sondern dadurch auch noch herstellt, oder nicht. Denn als Bewußtsein einer damit nunmehr vollständigen Absicht oder Intention ist es in jedem Fall Bewußtsein mit gerade dieser inneren Gesamtstruktur. Als das Bewußtsein von Zugleich nach innen auf der zweiten Stufe aber ist es eben bloßes *Selbst*bewußtsein bloßer *Selbst*verwirklichung, weil es hier *Fremd*bewußtsein auch als bloßes Fremd*vergegenständlichungs*bewußtsein ist, doch nicht etwa auch noch als Fremd*verwirklichungs*bewußtsein. Und so ist das Femdbewußtsein auf der dritten Stufe, das im Unterschied zum Fremdbewußtsein auf der zweiten Stufe als dem bloßen Fremd*vergegenständlichungs*bewußtsein dann auch noch ein Fremd*verwirklichungs*bewußtsein bildet, letztlich auch nichts anderes als dieses Selbstbewußtsein einer Selbstverwirklichung, *wie* es zum Fremdbewußtsein einer Fremdverwirklichung hier *über*geht. Denn zu ihm *über* geht es dann auch nur in dem Sinn, daß es selber *zu* ihm *wird*, indem es selber *in* es *eingeht* und mithin auch *in* ihm *auftritt*, so daß letzteres auch nur *durch* ersteres dann überhaupt *Bewußtsein* ist.

Für dieses Selbstbewußtsein innerhalb von Fremdbewußtsein auf der dritten Stufe liefert Ihnen jenes prädizierende Bewußtsein von der Form bzw. Eigenschaft denn auch den schlagenden Beweis, weil es gerade innerhalb von dem das Ding thematisierenden Bewußtsein auftritt. Denn auch nur das letztere ist dabei Fremdbewußtsein in dem Sinn von Fremdverwirklichungsbewußtsein, nämlich das Bewußtsein vom als etwas Wirklich-Anderes zumindest hingestellten Ding. Doch keineswegs ist dies etwa auch noch das erstere, weil es durchaus nicht etwa zusätzlich auch noch die Form bzw. Eigenschaft als etwas Wirklich-Anderes hinstellt, nämlich sie durchaus nicht auch noch ihrerseits thematisiert: auch dann nicht, wenn sie im Erfolgsfall als das Wirklich-Andere der Form bzw. Eigenschaft am Wirklich-Anderen des Dings tatsächlich auftritt. Daß sie dabei vielmehr bloß als prädizierte und so auch bloß als benutzte auftritt, das beweist mithin geradezu: Genau wie diese Form bzw. Eigenschaft an diesem Ding nur gleichsam Ausläufer jenes Zugleich nach innen ist, so auch dieses Bewußtsein von der

Form bzw. Eigenschaft nur gleichsam Ausläufer jenes Bewußtseins von Zugleich nach innen.

Doch ist dieses Zugleich nach innen dabei eben auch nur das Ergebnis jener Selbstverwirklichung, und so ist dabei auch dieses Bewußtsein von ihm nur das Selbstbewußtsein jener Selbstverwirklichung: auch wenn die letztere schon eine Selbstverwirklichung als eine Fremdvergegenständlichung und so das erstere auch noch ein Selbstbewußtsein als ein Fremdvergegenständlichungsbewußtsein ist. Mithin geht dabei, wie aus dem Zugleich nach innen allererst das Ding hervorgeht, so auch noch das Fremdverwirklichungsbewußtsein dieses Dings dann aus dem Selbstbewußtsein als dem Fremdvergegenständlichungsbewußtsein von Zugleich nach innen allererst hervor. Entsprechend geht in dieses Ding jenes Zugleich nach innen als die bloß benutzte Form bzw. Eigenschaft genauso ein, wie auch in dieses Fremdbewußtsein als das Fremdverwirklichungsbewußtsein dieses Dings noch jenes Selbstbewußtsein als das Selbstverwirklichungsbewußtsein eingeht. Und so tritt es als das bloß benutzende Bewußtsein von Zugleich nach innen denn auch bis hinein in das thematisierende Bewußtsein von Zugleich nach außen als dem Ding noch auf: als das bloß prädizierende Bewußtsein von der Form bzw. Eigenschaft, das so gerade innerhalb von ihm als dem das Ding thematisierenden Bewußtsein auftritt. Und zusammen bildet dieses derart grundverschiedene Bewußtsein denn auch jeweils *ein* Bewußtsein *eines* Urteils als die *Einheit* eines Selbst- *und* Fremdbewußtseins. Widerspruchsfrei und mithin auch möglich ist dergleichen wie Bewußtsein als die Einheit dieses *Selbst-* und *Fremd*bewußtseins darum auch nur dadurch, daß zwar beides, doch durchaus nicht beides in demselben Sinn, Bewußtsein ist. Nur Fremdbewußtsein nämlich ist dabei thematisierendes Bewußtsein, während Selbstbewußtsein dabei nur benutzendes Bewußtsein ist.

Dies zu beachten, ist um so bedeutsamer für Sie, als dies noch weitere Folgen nach sich zieht. Denn nicht allein das bloß Bewußt-Benutzte ist dabei dann nichts Bewußt-Thematisiertes. Vielmehr ist etwas Bewußt-Thematisiertes dann erst recht auch das nicht, was dabei nicht einmal als das bloß Bewußt-Benutzte gelten kann, sondern nur als das bloß Bewußt-Benutzende. Und das ist eben jener Punkt, wie er von jener ersten Stufe bis zu jener dritten Stufe jene dreimalige Ausdehnung durch Selbstausdehnung immer wieder nur bewußt-begleitet und in diesem Sinn auch immer wieder nur bewußt-benutzt. Genau in diesem Sinn ist dieser Punkt denn auch noch auf der dritten Stufe in Gestalt des Urteils jener ständig auf- wie abtretende Punkt der Zeit. Nur hat er hier dann auch noch jene dritte Ausdehnung durch Selbstausdehnung gleichsam vor sich: auch noch jene Ausdehnung eines Zugleich nach außen, als das er hier jene zweite Ausdehnung eines Zugleich nach innen mindest hinstellt. Und so ist er in Gestalt des Urteils – für sich selbst betrachtet, nämlich nur als das dies alles bloß Bewußt-Benutzende betrachtet – denn auch hier nur Selbstbewußtsein seiner Selbstverwirklichung zu Zeit und somit Zeitbewußtsein. Auch noch Fremdbewußtsein als ein Fremdverwirklichungsbewußtsein ist er dabei nämlich nur bezüglich des mit ihm einhergehenden Raumbewußtseins von Zugleich nach innen *und* nach außen, das als ein bloß Hingestelltes aber wie das Raumbewußtsein von ihm eben immer wieder nur ein ständig Auf- wie Abtreten von Zeit ist. Etwas Wirklich-Anderes als all dies ständig Auf- wie Abtretende solcher Zeit kann dann vielmehr auch immer erst ein Ding, das heißt, ein Raum sein, der als ein Zugleich nach außen nicht bloß hingestellt wird, sondern dadurch auch noch hergestellt wird.

Kann doch jener Punkt dann immer wieder nur auf Grund von all dem durch ihn bloß Bewußt-Benutzten auch etwas bewußt-thematisieren, nämlich als etwas Wirklich-Anderes hinstellen. Nur als solches in sich dreistufige Selbstbewußtsein solcher in sich dreistufiger Selbstverwirklichung von sich vermag er auszugehen auf Fremdverwirklichung von etwas Anderem als sich *durch* solche Selbstverwirklichung von sich. Und so vermag er dann zum Fremdbewußtsein als dem Fremdverwirklichungsbewußtsein davon auch nur *durch* das Selbstbewußtsein solcher Selbstverwirklichung von sich zu werden. Folglich wird er dadurch auch gerade zum Bewußtsein einer Absicht oder Intention von etwas Wirklich-Anderem, das er als den Erfolg für sich beabsichtigt bzw. intendiert. Und daß all dies, was dabei bloß Bewußt-Benutzendes bzw. bloß Bewußt-Benutztes ist, dabei gerade nichts Thematisiertes ist, liegt eben daran, daß all dies dabei gerade das ist, was dabei schon immer wirklich ist und auch sein muß, soll dabei auch noch etwas Anderes als all dies wirklich werden können. Das dabei Thematisierte wiederum kann dabei umgekehrt gerade nicht schon immer wirklich sein. Sonst könnte nämlich das Thematisieren als Versuch der Fremdverwirklichung durch Selbstverwirklichung und damit als Bewußtsein einer Absicht oder Intention von etwas allererst noch zu verwirklichendem Anderen nicht sinnvoll sein.

Entsprechend können Sie zur Überprüfung sich vor Augen führen, daß es auch immer wieder nur ein Ding sein kann, was sich genau in diesem Sinn thematisieren läßt, und nicht etwa auch noch die Form bzw. Eigenschaft von ihm. Tritt nämlich bei erfolgreichem Thematisieren ein Ding als etwas Wirklich-Anderes tatsächlich auf, so tritt dann eben dadurch auch die Form bzw. Eigenschaft von ihm als etwas Wirklich-Anderes mit auf, jedoch gerade ohne daß auch sie als dieses Wirklich-Andere durch Thematisieren aufträte. Und dies eben weil sie beim Thematisieren eines Dings nur prädiziert wird und mithin gerade nicht auch selbst thematisiert wird. Doch genau in diesem Sinn einer Thematisierung läßt sich eine wirklich-andere Form bzw. Eigenschaft an einem wirklich-anderen Ding dann auch nicht nachträglich und zusätzlich zu diesem Ding thematisieren. Denn sinnvoll sein kann dies danach auch nur von etwas, das dabei gerade nicht schon immer wirklich ist, das dabei vielmehr durch Thematisieren erst immer wirklich wird, oder auch nicht. Und das ist eben ausschließlich das Ding.

Genau aus diesem Grund muß denn auch zwangsläufig zunächst einmal der Schein entstehen, als ob so etwas wie ein Ding an einem Ding thematisiert sei, wenn dann nachträglich und zusätzlich zu einem Ding auch noch die Form bzw. Eigenschaft an diesem Ding einfach thematisiert wird, wie zum Beispiel durch den Übergang von »Dies ist rot« zu »Dies hat Röte«. Demgemäß verstehen Sie sofort, weshalb die auch noch ihrerseits einfach thematisierte Form bzw. Eigenschaft an einem Ding zunächst einmal den Schein erwecken muß, als wäre sie ein Teil von diesem Ding, der seinerseits ja ebenfalls ein Ding ist. Und verständlich für Sie wird so auch des weiteren, weshalb es, selbst nachdem dies als ein Fehler eingesehen ist, bei der bloß negativen Einsicht bleiben muß, sie sei kein Teil von ihm, und zur entsprechend positiven Einsicht, was denn sonst sie sei, nicht kommen kann: bis heute nicht.

Denn möglich werden kann das eben erst auf Grund der Einsicht, was denn eigentlich geschieht, wenn nachträglich und zusätzlich zum Ding auch noch die Form bzw. Eigenschaft des Dings als solche selbst thematisiert wird. Tritt sie doch als solche selbst, das heißt im Unterschied zu einem Ding – wodurch allein sie etwas Fragwürdiges wird – dann *durch* Thematisierung überhaupt erst auf, weil vordem eben nur das Ding als solches selbst auftritt. Denn als bloß prädizierte ist sie ja auch in der Tat nur innerliches Aufbaustück von diesem Ding als solchem selbst, das dadurch nur ein *zu sich* Anderes ist. Und damit ist sie auch nur etwas, das bloß *in* es als das dabei Auftretende *eingeht* und mithin gerade nicht als solches selbst auch seinerseits wie dieses Ding noch auftritt.

Dann jedoch kann diese Form bzw. Eigenschaft auch durch Thematisierung nicht in dem Sinn auftreten wie dieses Ding, das durch Thematisierung überhaupt erst als ein Wirklich-Anderes auftritt. Ist die Form bzw. Eigenschaft doch als ein Wirklich-Anderes auch in der Tat schon immer aufgetreten, indem als ein Wirklich-Anderes das Ding auftritt. Infolgedessen fragt es sich sofort, in welchem Sinn eine Thematisierung einer Form bzw. Eigenschaft denn überhaupt erfolgen kann, und somit auch, in welchem Sinn ein Auftreten von einer Form bzw. Eigenschaft denn durch diese Thematisierung überhaupt erfolgen kann. Und darauf kann es dann auch nur noch eine Antwort geben: Nur in dem Sinn kann das möglich sein, daß eine Form bzw. Eigenschaft gerade als dasjenige thematisiert wird und mithin als dasjenige auftritt, als das sie in dieses Ding bloß eingeht.

Dann jedoch kann in dem Sinn, daß sie als dieses in das Ding bloß Eingehende doch gerade *für sich selbst* thematisiert wird und dadurch sonach im Unterschied zu diesem Ding auch *für sich selbst* als etwas auftritt, unter ihr auch nur jenes Zugleich nach innen noch verstanden werden. Nur von ihm kann nämlich gelten, daß die Form bzw. Eigenschaft aus ihm hervorgegangen ist, indem es eingegangen ist in dieses Ding. Denn nur dieses Zugleich nach innen ist ein Wirklich-Anderes als dieses Ding, so wie auch umgekehrt nur dieses Ding ein Wirklich-Anderes ist als dieses Zugleich nach innen. Und zu einem Wirklich-Anderen als diesem Ding führt die Thematisierung dieser Form bzw. Eigenschaft von diesem Ding auch in der Tat, da es die »... Röte« nur noch haben, doch nicht sein kann, weil es ja nur »... rot« sein kann. Indem es »... rot« ist aber ist es durch die Form bzw. Eigenschaft als prädizierte statt thematisierte eben nur ein Anderes *zu sich*; entsprechend ist die

Form bzw. Eigenschaft dabei auch keineswegs ein Wirklich-Anderes *als es.*

Eben darum fällt die Form bzw. Eigenschaft denn auch zunächst einmal geradezu ins Niemandsland, wenn sie statt prädiziert durch »...rot« vielmehr thematisiert durch »...Röte« wird, so daß sie dadurch auch zunächst einmal zu jenem heimatlosen Wirklich-Anderen an diesem Ding wird und so letztlich unverstehbar bleibt. Ja unverstehbar muß sie sogar bleiben, jedenfalls solange nicht verstanden wird, daß durch ihre Thematisierung letztlich rückwärts dasjenige Thema wird, aus dem sie herstammt: das Zugleich nach innen auf der zweiten Stufe. Auch nur dieses nämlich ist der Grund dafür, daß am thematisierten Ding als wirklich-anderem die prädizierte Form bzw. Eigenschaft schon immer wirklich ist und nicht etwa erst immer wirklich wird, indem auch sie thematisiert wird, wie das Ding: Auch darin ist die Form bzw. Eigenschaft vielmehr nur gleichsam Ausläufer jenes Zugleich nach innen, das dabei schon immer wirklich ist. Wird doch auch immer erst aus ihm als dem schon immer wirklichen heraus auch noch Zugleich nach außen als das Ding verwirklicht, so daß dadurch das schon immer Wirkliche dieses Zugleich nach innen zum schon immer Wirklichen der Form bzw. Eigenschaft am wirklich-anderen Ding wird.

Eben daraus aber folgt für Sie dann auch der Sinn, in dem allein dieses Thematisieren dieser Form bzw. Eigenschaft als letztliches Thematisieren von Zugleich nach innen überhaupt Thematisieren sein kann. Denn das kann es eben darum nicht mehr in dem Sinn sein, daß dann etwas, das dabei schon immer gegenständlich ist, jedoch durchaus nicht auch schon immer wirklich ist, dadurch auch noch als wirklich hingestellt wird und mithin dadurch erst immer wirklich wird, oder auch nicht. Ist dies doch sinnvoll danach nur beim Ding als solchem selbst. Thematisieren kann es eben darum vielmehr nur noch im gerade umgekehrten Sinn sein, daß dann etwas, das dabei schon immer wirklich ist, jedoch durchaus nicht auch schon immer gegenständlich ist, dadurch erst immer gegenständlich wird, oder auch nicht. Wird nämlich bei Thematisierung eine Form bzw. Eigenschaft von einem Ding etwa als Teil von diesem Ding verkannt, so wird sie dadurch eben in genau dem Sinn nicht gegenständlich, daß sie dadurch mit etwas verwechselt wird, das sie nicht ist: mit einem Ding. Tatsächlich gegenständlich wird sie vielmehr erst, wenn sie mit ihm nicht mehr verwechselt wird, sondern als das erkannt wird, was allein sie als etwas Thematisiertes sein kann: jeweils das Zugleich nach innen, das in dieses Ding als ein Zugleich nach außen eingeht.

Und tatsächlich ist dieses Zugleich nach innen dabei zwar schon immer wirklich, doch durchaus nicht auch schon immer gegenständlich. Gegenständlich ist dabei vielmehr nur *durch* dieses Zugleich nach innen als die bloße *Vorwärts*form für etwas *Anderes* gerade dieses *Ding* als ein dadurch *entworfenes* oder *vorgestelltes* Anderes, das deshalb nicht auch schon ein *Wirklich*-Anderes ist. Und das gilt nicht bloß für dieses Zugleich nach innen, sondern auch für alles andere, was dabei im Zusammenhang mit ihm schon immer wirklich ist: ob nun als das dabei Bewußt-Benutzte oder das dabei Bewußt-Benutzende. Obwohl dabei schon immer wirklich, ist doch nichts von all dem dabei etwa auch in irgendeinem Sinn schon immer gegenständlich, weil es insgesamt, nämlich bis einschließlich des Urteils als der ersten Hälfte jener dritten Stufe, nur das Subjekt bildet. Gegenständlich kann all das dabei schon immer Wirkliche vielmehr erst immer werden, nämlich immer erst von dem her, das für ein schon immer wirkliches Subjekt als erstes gegenständlich wird: von dem gerade nicht schon immer wirklichen, sondern erst immer zu verwirklichenden Objekt her. Das kann es aber eben auch erst dann, wenn dieses Subjekt dieses Objekt *als* ein solches, nämlich *als* erst immer zu verwirklichendes auch erkennt und nicht als ein schon immer wirkliches verkennt, als das es angeblich schon immer vorgegeben und mithin als solches auch erst immer hinzunehmen sei.

Dann nämlich öffnet sich von dort her auch der Zugang zum Gesamtzusammenhang dieses Subjekts, wodurch es erstmals für sich gegenständlich wird: sei es von oben abwärts durch Thematisierung von sich selbst als Zeit mit Hilfe jenes Zeit-Modells; sei es von unten aufwärts durch Thematisierung von sich selbst als Zeit-Raum des Zugleich nach innen, als das es durch die Thematisierung jener Form bzw. Eigenschaft an einem Objekt selbst zum Thema wird. Denn in der Tat ist es auch eben diese Form bzw. Eigenschaft an diesem Objekt, in Gestalt von der dieses Subjekt sogar auch noch bis in dieses Objekt miteingeht, wenn auch freilich nicht thematisiert, sondern nur prädiziert. Sie zu thematisieren statt zu prädizieren, führt darum gerade umgekehrt und somit rückläufig dazu, daß dieses Subjekt nicht nur dieses Objekt, sondern zusätzlich zu ihm auch noch sich selbst thematisiert und so auf diesem Weg zum ersten Mal auch noch sich selbst vergegenständlicht. Und so wird denn diese Lösung für dieses sonst unlösbare Rätsel dieser Form bzw. Eigenschaft an diesem Objekt auch noch förmlich zum Beweis für eben dieses Subjekt.

Und in der Tat tritt so etwas wie ein *Vergegenständlichungs*bewußtsein im Gesamtzusammenhang dieses Subjekts nur als ein *Fremd*vergegenständlichungsbewußtsein auf, das auch nur in ein *Fremd*verwirklichungsbewußtsein eingeht. Denn das *Selbst*bewußtsein, das ihm als Bewußtsein immer schon zugrunde liegen muß, da es nur dadurch überhaupt Bewußtsein bilden kann, ist dabei nur ein Selbst*verwirklichungs*bewußtsein und nicht etwa auch ein Selbst*vergegenständlichungs*bewußtsein. Und dies eben weil all das, was ihm dabei bewußt ist, nur das von ihm als Bewußt-Benutzendem Bewußt-Benutzte ist: nur jene jeweilige Ausdehnung, die als die jeweilige Selbstausdehnung jenes Punktes jeweils von ihm nur bewußt-begleitet wird. Und so kann *Selbst*vergegenständlichung all dessen, was dabei schon immer wirklich ist, denn auch erst immer nachträglich zur *Fremd*vergegenständlichung von dem erfolgen, was dabei gerade nicht schon immer wirklich ist: erst immer nachträglich zur *Fremd*vergegenständlichung des Dings als des auf Grund von all dem immer erst noch zu verwirklichenden, worin Empirie besteht.

Gerade darin liegt denn auch die ganze Schwierigkeit der Reflexion und damit der Philosophie als nichtempirischer Erkenntnis von all diesem Nichtempirischen des Subjekts, wie es auch noch im Empirischen des Objekts auftritt. Schwierig ist das nämlich dadurch, daß es dabei darum geht, schon immer Wirkliches erst immer zu vergegenständlichen, weil dafür die entsprechenden Begriffe eben nicht schon immer zur Verfügung stehen können, sondern immer erst gebildet werden müssen, wie mit Hilfe jenes Zeit-Modells. Denn grundsätzlich hat dieses Nichtempirische des Subjekts eben nur die Form der Zeit. Im Unterschied zu dieser nichtempirischen Erkenntnis nämlich sind jener empirischen Erkenntnis die entsprechenden Begriffe immer schon verfügbar, weil sie ja nur dahin geht, schon immer Gegenständliches – das heißt: schon immer durch Begriffe Gegenständliches – erst immer zu verwirklichen. Und eben darin liegt denn auch die ganze Leichtigkeit dieser empirischen Erkenntnis im Vergleich zu jener nichtempirischen.

Denn Empirie hat danach vom erst immer zu verwirklichenden Objekt doch schon immer eine Vorstellung, von welcher her sie es sich gleichsam leisten kann, gelassen abzuwarten, ob sich dieser Vorstellung gemäß etwas Empirisches verwirklichen läßt oder nicht, und ob auf Anhieb oder erst nach Fehlschlag und Berichtigung, und ob nur in alltäglich-kleinerem oder auch noch in wissenschaftlich-größerem Zusammenhang. In jedem Fall ist nämlich die Natur als Inbegriff der Außenwelt empirischer Objekte danach immer erst das Artefakt, sprich, der Erfolg von solcher Empirie als Absicht oder Intention. Verglichen damit hat Philosophie als Reflexion und sonach als Nichtempirie seit jeher schon den Stachel des schon immer Wirklichen, das sich bis heute nicht recht auf Begriffe bringen läßt, und sei es auch nur den der Form bzw. Eigenschaft am Ding. Im Unterschied zu der durch diese anhaltenden Schwierigkeiten aufgehaltenen Nichtempirie kommt Empirie mit Leichtigkeit voran. Denn schon allein bezüglich jener Vorstellung, die jene Form der Einheit von Begriff und Anschauung hat, braucht sie nur gelassen abzuwarten, was auf deren zweiter Stufe sich von jener ersten Stufe her an Inhalt einstellt und mithin zum Inhalt dessen wird, was Empirie auf dritter Stufe dann als wirklich herstellt oder auch bloß hinstellt.

Nur in solchen Fällen, wo auch Empirie es ihrerseits zu tun bekommt mit etwas, wovon sie gerade nicht schon immer eine solche Vorstellung besitzen kann, gerät auch Empirie noch ihrerseits in Schwierigkeiten. Das sind immer wieder diejenigen Fälle, wo für Empirie als solche selbst, nämlich empirisch, auch die Zeit noch auftritt und nicht nur der Raum. Empirisch nämlich tritt für Empirie zunächst einmal tatsächlich nur der Raum auf, weil sie grundsätzlich nur dahin gehen kann, jenes Zugleich nach innen auf der dritten Stufe auch noch als Zugleich nach außen hinzustellen, nämlich jenes Nacheinander von Zugleich auch noch als ein Nichtnacheinander von Zugleich. Denn nur das jeweils letztere, wenn es als solches dadurch auch noch hergestellt wird, ist dann als etwas Beharrliches auch etwas Wirklich-Anderes als ein Subjekt und somit ein empirisches Objekt für dieses nichtempirische Subjekt, das ja als Zeit gerade nicht beharrt. Jenes Zugleich und damit jener Raum ist als ein *Nacheinander* von Zugleich und damit als ein

Zeit-Raum aber eben *subjektiver* Raum, so daß dieses empirische Objekt für dieses nichtempirische Subjekt zunächst einmal auch nur objektivierter subjektiver Raum sein kann.

Doch wird mit der Objektivierung dieses subjektiven Raums zusammen freilich zwangsläufig auch noch die subjektive Zeit objektiviert, weil dieser Raum als ein Zugleich ja selbst das Auftreten von Zeit als einem Nacheinander hat. Nur tritt bloß deshalb diese Zeit nicht auch sogleich wie dieser Raum als ein empirisches Objekt auf. Denn selbst dann, wenn die Objektivierung dieses subjektiven Raums erfolgreich ist, so daß in Form eines Zugleich nach innen auch noch ein Zugleich nach außen und so auch noch ein empirisches Objekt tatsächlich auftritt, tritt an dem Empirischen dieses Zugleich durchaus nicht auch noch dieses Nacheinander als etwas Empirisches auf. Denn im Unterschied zu jenem subjektiven Raum ist dieser objektive Raum als solcher selbst: als ein empirisches Objekt, in keinem Sinn etwa auch selbst noch *Nacheinander* von Zugleich oder auch selbst noch *Zeit*-Raum. Vielmehr ist er als Zugleich nach innen, das auch noch Zugleich nach außen ist, gerade ein *Nicht*nacheinander von Zugleich, das auch nur dadurch objektiv-empirisches Zugleich ist. Und so kann dann ein genausosehr empirisch-objektives Nacheinander hier auch noch nicht den geringsten Sinn besitzen.

Den kann es vielmehr erst in der Gestalt eines Bewegungsfalls statt eines Ruhefalls bekommen. Denn tatsächlich tritt der Fall eines empirischen Objekts – als Fall eines Zugleich nach innen, das auch noch Zugleich nach außen ist – nur auf, wenn er zumindest in Bezug auf jenen Punkt des jeweiligen Urteils auch ein Ruhefall ist. Tritt er doch nur auf, indem sich ein Zugleich nach innen durch ein Urteil auch noch als Zugleich nach außen herstellen läßt, so daß das letztere das erstere als eine ganz bestimmte Form bzw. Eigenschaft wie Baumform oder Rundform oder Rotform in der Tat besitzt und eben darin Ruhefall ist. Eben davon nämlich ist ein jeder Fall, wo etwas eine solche ganz bestimmte Form bzw. Eigenschaft gerade nicht besitzt, sondern bekommt oder verliert, dann grundverschieden, weil er vielmehr eben darin dann in irgendeinem Sinn auch ein Bewegungsfall sein muß. Doch so gewiß ein Ruhefall, bezüglich jenes jeweiligen Urteilspunktes, in Gestalt eines Zugleich als eines Raums allein auftreten kann, so daß darin etwas Empirisch-Objektives auftritt, so gewiß ist dies doch für einen

Bewegungsfall unmöglich. Er vermag vielmehr nur in Gestalt von einer zusätzlichen Zeit als einem zusätzlichen Nacheinander aufzutreten, so daß darin ebenfalls etwas Empirisch-Objektives auftritt.

Von einem Bewegungsfall jedoch, und zwar gerade von einem empirisch-objektiven, kann ein Subjekt keineswegs schon immer eine Vorstellung besitzen wie von einem Ruhefall, nämlich in Form von Anschauung und von Begriff mit in sich widerspruchsfreiem Gehalt wie »... rot« und »... rund« und »... Baum«. Gerade der empirische Gehalt eines Bewegungsfalls ist nämlich immer ein entsprechend in sich widersprüchlicher Gehalt, der widerspruchsfrei immer erst in Form von einem Urteil werden kann, indem er sich durch dieses Urteil faktisch in ein objektives Nacheinander einer objektiven Zeit verteilen läßt. Gerade als ein dadurch widerspruchsfreier jedoch muß jeglicher empirische Bewegungsfall für Empirie als solche selbst ein unlösbares Rätsel bleiben. Denn eine empirische Bestimmtheit, die jener empirischen Bestimmtheit eines Ruhefalls entspräche, läßt sich für einen Bewegungsfall nun einmal nicht erreichen. An der prinzipiellen Ungenauigkeit von jedem Urteil, das einen Bewegungsfall als wirklich hinstellt, zeigt sich dies denn auch schon zur Genüge: so bereits im Alltag, wenn etwas zum Beispiel »... rot« nicht »... ist ...«, sondern gerade »... wird ...«, worin die einzige Bestimmtheit die von »... rot« ist und mithin als die von einem Ruhefall dabei auch immer schon vorausgesetzt wird; so jedoch auch noch in allen Wissenschaften, weil sie jeglichen Bewegungsfall mit Hilfe des »Infinitesimalkalküls« ersetzen müssen durch eine infinitesimale Zahl von Ruhefällen, die allein dabei bestimmt und gleichfalls dafür immer schon vorausgesetzt sind.

Ist doch ein empirischer Bewegungsfall als solcher selbst für Empirie als solche selbst nicht zu bewältigen. Und das liegt eben daran, daß in der Gestalt einer empirischen Bewegung jenes nichtempirische Subjekt, das als das Nacheinander jener Zeit ja schlechterdings nichts anderes als Bewegung ist, dann vollends unabweisbar auch in der Gestalt eines empirischen Objekts noch auftritt. Damit nämlich tritt auch die zunächst nur nichtempirisch-subjektive Zeit dann als empirisch-objektive Zeit noch auf. Doch auch als solche wird sie dadurch nicht etwa zu einem weiteren empirisch-objektiven Raum, etwa zu einem eindimensionalen gegenüber einem dreidimensionalen. Vielmehr bleibt sie auch als solche dabei Zeit und somit das Problem, wie sich dergleichen überhaupt begreifen lassen kann, und nunmehr auch noch auf empirisch-objektiver Seite, nicht mehr bloß auf nichtempirisch-subjektiver. Geht es *hier* doch auch bloß darum, wie ein Subjekt von sich selbst als Zeit ein Zeitbewußtsein nicht nur als ein bloßes Selbstbewußtsein haben kann, das ja noch keine Selbsterkenntnis oder Selbstvergegenständlichung ist, sondern eben auch sehr wohl noch als das einer Selbsterkenntnis oder Selbstvergegenständlichung.

Doch *dort* geht es dann auch noch darum, wie ein Subjekt nicht nur von *sich selbst* als Zeit Bewußtsein haben kann, sondern auch noch von Zeit als derjenigen eines *Anderen* als sich selbst und damit *Fremd*bewußtsein, das als Fremd*vergegenständlichungs*bewußtsein somit auch noch das Bewußtsein einer Fremd*erkenntnis* bilden muß: Ist etwas objektiv-empirisch *Anderes*, nur weil es faktisch ebenso wie in empirisch-objektivem Raum auch in empirisch-objektiver Zeit noch auftritt, etwa auch sogleich ein anderes Subjekt? Und gibt es sich in einem Fall, wo dieses objektiv-empirisch Andere sogar auch noch Bewegungsfall ist, dann sogar auch noch als Subjekt offen zu erkennen und in einem Ruhefall gerade nicht? Denn das liegt nahe, weil ein Subjekt von sich selbst als der Bewegung jener subjektiven Zeit doch immerhin ein Selbstbewußtsein als ein Vollbewußtsein davon hat. Kann dieses Subjekt doch auch nur auf Grund von jener faktisch-unausweichlichen Objektivierung auch noch solcher subjektiver Zeit dann auch eine Bewegung noch in Form derselben als etwas Empirisch-Objektives vor sich haben.

Was liegt also für es näher, als daß auch da drüben hinter allem ein Subjekt als Absicht oder Intention steht? Denn was sonst, wenn kein Subjekt? Doch wie auch immer das im Einzelfall entschieden werden mag, – auf diese Weise geht, in Empirie als solche und als ganze, Nichtempirie notwendig mit ein, von der sie somit insgesamt auch abhängt. Ist in jedem Fall doch Fremderkenntnis dann auch noch auf *diese* Weise abhängig von Selbstbewußtsein, das ja prinzipiell nur jenes nichtempirische Bewußtsein bilden kann.

Denn zu entscheiden auf empirisch-objektives Anderes im Sinn von anderem *Subjekt*, heißt, einen Fall von Fremdverwirklichung durch Selbstverwirklichung mit Selbstbewußtsein anzunehmen, nämlich Absicht oder Intention als etwas Nichtempirisches. Und das kann einem Subjekt nur von seiner *eigenen* Absicht oder Intention her ursprünglich bewußt sein und mithin auch nur aus seinem *eigenen* Selbstbewußtsein seiner *eigenen* Selbstverwirklichung als etwas Nichtempirischem heraus. Danach ist sogenannte »Intersubjektivität« durchaus kein bloßes »Zwischen« von Subjekt und anderem Subjekt als angebliche Symmetrie, wie man zu meinen pflegt. Sie ist vielmehr Asymmetrie *von* einem Subjekt *her* jeweils *zu* einem andern Subjekt *hin*, auch wenn ein jedes Subjekt sie erbringt. In keinem Fall tritt nämlich Subjektivität für Subjektivität einfach empirisch und in diesem Sinn symmetrisch auf, weil sie danach in jedem Fall vielmehr gerade etwas Nichtempirisches inmitten von etwas Empirischem ist.

Dies jedoch auch dann, wenn umgekehrt entschieden wird. Denn zu entscheiden auf empirisch-objektives Anderes im Sinn von *bloßem* anderen *Objekt*, heißt, einen Fall von *bloßer* Fremdverwirklichung vorauszusetzen, nämlich *ohne* Selbstverwirklichung mit Selbstbewußtsein, und das heißt gerade *nicht* mit Absicht oder Intention. Die bloße *Negation* davon kann aber eben grundsätzlich nur unter der *Voraussetzung* davon erfolgen und mithin auch ihrerseits nur das entsprechend Nichtempirische ergeben, das dann gleichfalls dafür immer schon zugrunde liegen muß: Nur als Zurücknahme der grundsätzlichen Unterstellung anderer Subjektivität, und damit letztlich auch nur als Zurücknahme von »Intersubjektivität«, tritt dann »Kausalität« ins Spiel. Und sie bedeutet im Normalsinn eben *bloße* Fremdverwirklichung, will sagen Fremdverwirklichung, die *nicht* auf Selbstverwirklichung zurückgeht, sondern immer wieder nur auf Fremdverwirklichung von Anderem durch Anderes: »Das kann doch nicht *von selbst* geschehen, sondern nur durch etwas Anderes *verursacht*, und so weiter«, was jedoch genausosehr bloß nichtempirisch unterstellt wird.

Nur aus dieser ihrer Herkunft wird für Sie denn auch verständlich: Ebenso wie jene »Substanzialität«, als das Verhältnis zwischen Form bzw. Eigenschaft und Ding, ist auch diese »Kausalität«, als das Verhältnis zwischen Ding und Ding, empirisch weder festzustellen noch gar zu erklären: schon seit jeher und bis heute nicht. Kann beides doch auch nichts als jenes Nichtempirische von Subjektivität inmitten des Empirischen von Objektivität sein: ganz so, wie für Subjektivität auch andere Subjektivität nur solches Nichtempirische inmitten des Empirischen von Objektivität sein kann.

Doch wenn auf Grund der Unterstellung anderer Subjektivität durch Subjektivität die unterstellte für die unterstellende tatsächlich auftritt, so tritt ebenso wie diese unterstellende auch diese unterstellte nur in dem Sinn auf, daß sie dabei schon immer wirklich ist und deshalb dabei auch erst immer gegenständlich werden kann, oder auch nicht. Und keineswegs tritt dabei Subjektivität etwa wie Objektivität in dem Sinn auf, daß sie dabei schon immer gegenständlich ist und deshalb dabei auch erst immer wirklich werden kann, oder auch nicht. Genau in diesem Sinn ist Objektivität vielmehr etwas Empirisches, doch Subjektivität gerade etwas Nichtempirisches, und dies auch dann, wenn sie als solche Subjektivität auf seiten solcher Objektivität auftritt, nämlich als wirklich-andere Subjektivität für Subjektivität. In grundsätzlichem Unterschied zu solcher Objektivität ist solche Subjektivität auch dann nicht etwas, das wie Objektivität für Subjektivität etwa erst immer auftritt als Ergebnis einer Fremdverwirklichung durch letztere. Auch dann ist vielmehr solche Subjektivität gerade etwas, das schon immer auftritt als Ergebnis einer eigenen Selbstverwirklichung, und somit auch genauso auftritt wie die Subjektivität, für die sie dabei auftritt.

Etwas schon immer Wirkliches und eben darin Nichtempirisches ist Subjektivität mithin auch nicht allein als eine, die zur *Selbst*erkenntnis oder *Selbst*vergegenständlichung von sich als jenem Selbstbewußtsein ihrer Selbstverwirklichung gelangt, als das sie ja noch keine Selbsterkenntnis oder Selbstvergegenständlichung von sich sein kann. Etwas schon immer Wirkliches und darin Nichtempirisches ist Subjektivität vielmehr auch noch als eine andere, wenn nämlich umgekehrt dann eine gleichfalls andere zur *Fremd*erkenntnis oder *Fremd*vergegenständlichung von ihr als jenem Selbstbewußtsein ihrer Selbstverwirklichung gelangt. Genau in diesem Sinn von Nichtempirischem als dem dabei schon immer Wirklichen kann Subjektivität für Subjektivität denn auch grundsätzlich nie wie Objektivität für Subjektivität erreichbar werden: weder Subjektivität für *sich* im *Selbst*verhältnis einer *Selbst*erkenntnis oder *Selbst*vergegenständlichung, noch andere Subjektivität für *sie* im *Fremd*verhältnis einer *Fremd*erkenntnis oder *Fremd*vergegenständlichung. Grundsätzlich nie kann demnach Subjektivität zu Subjektivität gelangen wie zu Objektivität, indem sie erstere wie letztere durch Absicht oder Intention erst immer als Erfolg verwirklicht und mithin als Artefakt erst immer herstellt, oder nicht. Denn jeder solchen Fremdverwirklichung ist Subjektivität, dort wo sie auftritt, immer schon durch ihre eigene Selbstverwirklichung zuvorgekommen. Und genau in diesem Sinn von Nichtempirischem als dem dabei schon immer Wirklichen muß darum Subjektivität für Subjektivität vielmehr grundsätzlich unerreichbar bleiben.

Erreichbar werden kann – so wie im Selbstverhältnis auch im Fremdverhältnis – Subjektivität für Subjektivität dann grundsätzlich nur nachträglich, indem sie eben als etwas schon immer Wirkliches zu etwas Gegenständlichem erst immer wird, oder auch nicht. Das wird sie nämlich nur, wenn sie – so wie im Selbstverhältnis auch im Fremdverhältnis – nicht mit etwas Anderem als Subjektivität, etwa mit Objektivität, verwechselt wird: nur dann mithin, wenn sie auch tatsächlich als *das*, was sie schon immer *ist*, vergegenständlicht und erkannt wird. Andernfalls führt dies dazu, daß Subjektivität für Subjektivität zwar auftritt, doch gerade so, daß Subjektivität an Subjektivität vorbeigeht statt daß Subjektivität für Subjektivität begegnete – so wie im Selbstverhältnis auch im Fremdverhältnis.

Folglich kommt dabei auch alles darauf an, daß Subjektivität von sich als jenem Selbstbewußtsein ihrer Selbstverwirklichung, aus dem heraus sie jene Unterstellung anderer Subjektivität vollzieht, gerade eine *angemessene* Selbsterkenntnis oder Selbstvergegenständlichung gewinnt. Denn nur aus ihr heraus kann Subjektivität von dieser unterstellten anderen Subjektivität als einem Selbstbewußtsein ihrer Selbstverwirklichung dann auch noch eine angemessene *Fremd*erkenntnis oder *Fremd*vergegenständlichung gewinnen. Hängt doch eben davon nicht nur ab, *ob* Subjektivität für Subjektivität begegnet statt daß Subjektivität an Subjektivität vorbeigeht, sondern auch, *wie* Subjektivität für Subjektivität begegnet, was denn auch noch heißt, wie Subjektivität *mit* Subjektivität dann *umgeht*: ob nur wie mit Objektivität als Artefakt, oder auch anders, und dies nicht allein im Fremdverhältnis, sondern auch im Selbstverhältnis. Noch in einem weiteren und neuen Sinn bedeutet nämlich das entsprechende Bewußtsein dann als solches selbst schon Handlung oder Praxis und mithin auch die entsprechende Bewußtseinstheorie schon Praxis- oder Handlungstheorie. Und das eröffnet dann auch eine weitere und neue Dimension an

Problematik, die ich Ihnen aber erst als zweiten Teil im zweiten Band werde entwickeln können.

Inhalt

Erster Teil: Form und Inhalt einer Absicht als Bewußtsein

I. Selbstkritik an unserem Empirismus 1

II. Unsere Theorie und Praxis ihrem Inhalt nach 109

III. Unsere Theorie und Praxis ihrer Form nach 213

Häufiger zitierte Literatur:
Kant, *Akademieausgabe*, zitiert nach Band und Seite; Kant, *Kritik der reinen Vernunft*, zitiert nach erster (=A) und zweiter (=B) Auflage; G.Meggle, A.Beckermann (Hg.), *Analytische Handlungstheorie*, 2 Bände, Frankfurt a.M. 1977 (zitiert als AH1 und AH2); U.Pothast (Hg.), *Seminar: Freies Handeln und Determinismus*, Frankfurt a.M. 1978 (zitiert als FH).